Für meine Kinder

Hannah und Jonathan

Nordamerika 1756:

Im Siebenjährigen Krieg kämpfen die britische und die französische Krone um ihre Vorherrschaft in Nordamerika.
Besonders das fruchtbare Ohio-Tal ist das Ziel ihrer kolonialen Expansionspläne.
Zwischen den Fronten der europäischen Mächte stehen die Lenapé-Indianer, die in den Kriegswirren versuchen, ihr von den Engländern vertriebenes Volk vor dem Untergang zu bewahren.
Das Ohio-Tal wird ihre Zuflucht.
Als die Gewalt eskaliert, werden zwei deutsche Mädchen im pennsylvanischen Grenzland von Lenapé-Indianern entführt und in die Wildnis verschleppt.
Ein Abenteuer beginnt, in dem sich das Schicksal der beiden Mädchen unauflösbar mit dem des Lenapé-Volkes verbindet, an dessen Ende ihnen zwar die Flucht gelingt, die Rückkehr in ihre eigene Kultur jedoch fast unmöglich scheint.

Prolog

1826

Reverend Timothy Alden bahnte sich seinen Weg durch die belebten Straßen von Pittsburgh. Kutschen und Pferdefuhrwerke verstopften die Straßen und der stinkende Schlamm spritzte bis zu seinen Rockschößen hinauf. Pittsburgh gehörte noch nicht zu den Städten, die bereits über den Luxus gepflasterter Straßen verfügte. Die kalte, trockene Februarluft reizte seine Nase und sein Atem stand ihm in kleinen, weißen Wolken vor seinem Gesicht, doch nichts vermochte seine Stimmung am heutigen Tag zu dämpfen.
Es war ihm gelungen, den alten Mann zu finden.
Hugh Gibson wurde in diesem Sommer fünfundachtzig Jahre alt. Heute war vermutlich die letzte Gelegenheit, das Geheimnis zu lüften und seine Geschichte, die ganze Geschichte zu erfahren.
Vor Aufregung rieb Alden seine kalten Hände aneinander und klopfte an die Tür der schäbigen Pension, in der der alte Mann lebte. Alden war ein schlanker Mann mittleren Alters, der sein ganzes Leben als Reverend in verschiedenen Indianerreservaten zugebracht hatte, wo man des Glaubens an Gott besonders bedurfte und so sehr er sich auch bemüht hatte, zu seiner Gemeinde ein distanziertes Verhältnis zu bewahren, so hatte ihn das Leben dieser Menschen, dieser Wilden, doch in seinen Bann gezogen. Er konnte sich von der Faszination, die ihre kindliche Neugier und ihre seltsamen Auffassungen in ihm auslösten, nur schwer lösen. Umso mehr interessierte er sich für jene Menschen, die aus seiner eigenen Kultur kamen und sich freiwillig entschieden, zumindest eine Zeit lang bei den Indianern zu leben. Hugh Gibson war einer von ihnen.
Eine untersetzte Frau mit einer schmutzigen Haube öffnete ihm schlecht gelaunt die Tür. „Mr. Gibson?“, fragte der Reverend sie knapp. Sie musterte ihn eine Weile eindringlich mit glasigen Augen, als wollte sie abschätzen, ob sie ihm antworten sollte. Der feine Rock und die weiße Manschette unter dem Kragen des Reverends schienen sie jedoch davon zu überzeugen, dass dieser Besucher es wert war, ihren Atem an ihn zu verschwenden. „Oben links“, stieß sie zwischen ihren bräunlich verfärbten Zahnstumpen hervor. Alden

roch den widerwärtig süßlichen Geruch, der ihrem Mund entströmte, und wandte sein Gesicht ab.
Rasch drängte er sich ohne ein weiteres Wort an ihr vorbei nach innen.
In dem Flur roch es nach Essen und schlecht gelüfteten Räumen, außerdem verströmte der Körper der Wirtin einen intensiven Geruch nach Schweiß und Alkohol, sodass Alden seine Nase rümpfte. Er wandte sich der wackligen Treppe mit den ausgetretenen Stufen zu.
„Er hat noch nich' bezahlt, der alte Gauner", rief die Frau ihm hinter her. „Aber den tragen 'se wohl nur noch in 'ner Kiste hier 'raus."
Ihr schrilles Lachen begleitete den Reverend die Treppe hinauf in das Obergeschoss und die ausgetretenen Holzstufen knarrten laut unter seinen Schritten. Als er die Tür fast erreicht hatte, verlangsamte er seinen Schritt.
Lange hatte er überlegte, welche Worte bei dieser Gelegenheit die richtigen sein konnten.
Es war nicht leicht gewesen, den alten Mann ausfindig zu machen, zumal er bis vor wenigen Tagen noch nicht einmal seinen richtigen Namen gekannt hatte. Doch Alden gehörte nicht zu jener Sorte Mensch, die vor solchen Herausforderungen zurückschreckte.
Er hatte unermüdlich nach Spuren seiner Geschichte gesucht, in Meldebüchern, Militärakten, Zeitungsarchiven, in verstaubten Bibliotheken und halb zerfallenen Briefen und Protokollen, die in Philadelphia vor sich hinschimmelten. Schließlich hatte ihn die Spur hierher nach Pittsburgh zurückgeführt, in diese schäbige Pension, genau an den Ort, der in den Ereignissen eine so zentrale Rolle gespielt hatte.
Gott schien manchmal eine seltsame Art von Humor zu besitzen, dachte Alden mit einem leisen Seufzen. Dann streckte er seine Hand aus und klopfte vorsichtig, aber deutlich an die Tür.
Eine ganze Weile geschah gar nichts. Er befürchtete bereits, den alten Mann verpasst oder sich in der Tür geirrt zu haben, als sich drinnen schlurfende Schritte näherten und der Riegel davor umständlich zurückgeschoben wurde.
Als sich die Tür schließlich öffnete, sah ihn ein uralter Mann aus müden, von tiefen Falten umgebenen Augen an. Er war von großer und hagerer Statur und das schüttere Haar hing ihm lang in seine zerfurchte Stirn.

„Ja, bitte?“, fragte er ihn mit krächzender Stimme und musterte den Besucher eindringlich aus zusammengekniffenen Augen.
Nervös strich sich Alden über seinen Rock und räusperte sich. „Mr. Gibson? Mein Name ist Reverend Timothy Alden. Ich komme im Auftrag der Massachusetts Historical Society. Man schickt mich, um Ihnen einige Fragen über Ihre Zeit bei den Delaware-Indianern unter Häuptling Shingas …“ Die Tür hatte sich mit einem lauten Knall direkt vor seinem Gesicht geschlossen.
Einen Moment lang starrte Alden das Holz verwirrt an. „Mr. Gibson?“, fragte er schließlich in die Stille dahinter. Er klopfte an die Tür. „Mr. Gibson, wenn ich ungelegen komme …“
„Verschwinden Sie!“, dröhnte es durch die Tür.
„Mr. Gibson, geben Sie mir einige Minuten Zeit!“ Mutig presste der Reverend sein Ohr an das Holz. „Mr. Gibson, ich möchte Ihnen doch nur einige Fragen stellen. Ihre Geschichte könnte viele Menschen dort draußen interessieren!“
Hinter der Tür blieb alles still. Unsicher trat Alden von der Tür zurück und dachte nach.
Offensichtlich fand Gibson keinen Gefallen an seinem Besuch. Noch während Alden darüber nachdachte, welche Strategie er verfolgen sollte, um mit dem alten Mann doch noch in ein Gespräch zu kommen, öffnete sich die Tür plötzlich wieder mit einem lauten Quietschen.
Der alte Mann stand vor ihm und sah ihn an.
„Meine Geschichte?“, grunzte er und leckte sich über seine aufgesprungenen Lippen.
Alden beeilte sich, zu nicken. „Mr. Gibson, die Historiker unseres Landes sind gerade erst dabei, sich mit den Kriegsereignissen von vor über siebzig Jahren zu beschäftigen. Ihre Erinnerungen sind für uns von unschätzbarem Wert.“
Gibson musterte ihn eine Weile aus hellblauen, unergründlichen Augen. Dann trat er beiseite und ließ ihn in sein dunkles und stickiges Zimmer eintreten.
Alden blieb dicht an der Tür stehen und sah sich um.
Das kleine Zimmer war nur spärlich möbliert. Lediglich ein einfaches Bett, ein kleiner Tisch und eine Wäschetruhe standen darin. Er konnte nur wenige persönliche Dinge entdecken.

Zögernd trat er auf den Tisch zu und legte seinen Hut darauf ab.
Gibson ging, schwer auf einen Stock gestützt, an ihm vorbei zum Fenster und sah hinauf in den wolkenlosen Winterhimmel. Kleine Eisblumen schmückten die schmutzigen Fensterscheiben.
Alden ließ sich unaufgefordert auf dem knarrenden Stuhl nieder und breitete seine Schreibutensilien vor sich aus: Das kleine schwarze Notizbuch und die feine Feder, die er in ein Tintenfass tauchte. Dann richtete er seinen Blick auf Gibsons gekrümmten Rücken.
Er konnte den Atem des alten Mannes rasseln hören und das schwere Schnaufen, das ihm verriet, dass bereits die wenigen Schritte zur Tür eine große Anstrengung für ihn bedeutet hatten.
Alles in ihm brannte darauf, Gibson all die Fragen zu stellen, die ihm auf der Zunge lagen, seit er vor einiger Zeit den Zeitungsausschnitt aus dem Jahr 1759 gefunden hatte, mit dem seine Suche vor so vielen Monaten begonnen hatte, doch Gibson starrte unverwandt auf die grauen Häuserzeilen vor seinen Fenstern, als habe er die Anwesenheit des Reverends bereits wieder vergessen und Aldens Gedanken wollten keinen passenden Anfang finden.
Einige Minuten vergingen in beklemmendem Schweigen, in denen Alden mit zunehmender Ungeduld auf seinem Stuhl herumrutschte.
Langsam wandte sich der alte Mann schließlich zu ihm um.
„Was wollen Sie von mir?“ Seine Stimme klang müde.
Alden holte tief Luft und straffte sich.
„Mr. Gibson, meine Nachforschungen haben ergeben, dass Sie als Junge zu jener Gruppe bedauerlicher Siedler gehörten, die zwischen 1755 und 1759 von den Indianern im Grenzgebiet entführt worden sind.“ Er mochte sich täuschen, doch es schien, als habe er bei seinen Worten etwas in Gibsons Augen aufflackern gesehen, es konnte Überraschung sein, vielleicht aber auch Schmerz, doch seine Züge verschwanden zu rasch hinter der faltigen Gleichgültigkeit eines Altmännergesichtes, als dass er es hätte bestimmen können.
„Doch damit nicht genug. Sie wurden von Häuptling Shingas und seinen Brüdern adoptiert, eben jenen Männern, die die Indianer im Krieg gegen Pennsylvania und gegen England angeführt haben.“
Der alte Mann kniff die Augen zusammen. „Wie haben Sie mich gefun-

den?“
Alden kramte umständlich in seiner Tasche herum und zog schließlich einen vergilbten Zeitungsausschnitt hervor. Erzählungen von Maria le Roy und Barbara Leininger stand darauf in altertümlichen Schriftzeichen geschrieben und darunter: Welche viereinhalb Jahre unter den Indianern gefangen gewesen, und am 6ten May in dieser Stadt glücklich angekommen. Aus ihrem eigenen Mund niedergeschrieben und zu Druck befördert. Philadelphia im Jahre 1759.
Da Gibson keine Anstalten machte, den Zeitungsartikel näher in Augenschein zu nehmen, schob Alden ihn über den Tisch zu ihm hinüber. „Dort steht, falls Sie kein Deutsch verstehen …“, setzte der Reverend an, doch der alte Mann unterbrach ihn heftig: „Ich weiß, was da steht!“ Alden wusste nicht, was er von diesem Gefühlsausbruch zu halten hatte. Offenbar lösten diese Erinnerungen, solange sie auch zurückliegen mochten, heftige Gefühle in dem Alten aus.
„Wie ich eingangs erklärt habe, ist Ihre Lebensgeschichte aus diesem Grund von höchstem Wert für uns. Sie sollten sie jemandem erzählen, bevor …“
Der Reverend schalt sich, noch während er sprach, in Gedanken einen Narren für seine Ausdrucksweise, doch Gibson beendete seinen Satz mit einem bitteren Lächeln in seinem faltigen Gesicht: „Bevor ich sterbe?“ Alden nickte. Das Gespräch nahm einen unguten Verlauf, es entglitt ihm. Er hatte nicht damit gerechnet, auf soviel Widerstand zu treffen, vielmehr hatte er sich einen vereinsamten Greis vorgestellt, der froh war, mit jemandem sprechen zu können. Doch Gibson mochte alt sein, hinter seinen trüben Augen blitzte noch immer ein wacher Verstand. Und noch etwas, das Alden nicht zu erfassen vermochte, ein seltsamer Eindruck von sehr lebendigem Schmerz, der sich trotz des hohen Alters des Mannes noch immer nicht in Bitterkeit umgewandelt hatte.
„Immerhin geht es um die frühe Geschichte unseres Landes, den Kampf um Freiheit und Gerechtigkeit.“ Der Klang seiner eigenen Worte ließ den Reverend neues Zutrauen schöpfen und er sprach mit lauter Stimme weiter: „Man ist sich inzwischen sicher, dass sich die Unabhängigkeitserklärung der Vereinigten Staaten von Amerika vom Englischen Königreich nie ereignet hätte, wenn der französisch-indianische Krieg die Kolonien nicht vor

mehr als siebzig Jahren zu einem eigenständigen Handeln gegenüber der britischen Krone herausgefordert hätte.“ Aldens Wangen röteten sich vor Erregung beim bloßen Gedanken an die Bedeutung der von ihm entdeckten Geschichte.

„Überlegen Sie nur, welchen Verlauf das Schicksal unserer Nation genommen hätte, wenn es diesen Krieg nie gegeben hätte. Die Vereinigten Staaten von Amerika hätten sich vermutlich nie zu dem formiert, was sie heute sind: Einem Versprechen für Fortschritt und Wohlstand, für jeden …“

Ein missbilligendes Knurren des alten Mannes ließ Alden mitten in seiner Rede verstummen. Mit offenem Mund starrte er ihn an. Gibson stieß seinen Stock so heftig auf den Boden, dass das ganze Zimmer zu beben schien.

„Ersparen Sie mir das!“, schnauzte er. „Die Vereinigten Staaten von Amerika gründen auf der blutigen Vertreibung der Menschen, denen dieses Land Jahrtausende lang gehörte. Und der von Ihnen so viel gerühmte Fortschritt entspringt der Tatsache, dass die Hälfte der Staaten, die sich heute Amerika nennen, andere Menschen versklaven und ausbeuten.“

Alden erblasste und schluckte. Schon wieder hatte ihn der Alte aus der Fassung gebracht. „Mr. Gibson“, setzte er an, doch dieser winkte ab. „Sie sind jünger als ich. Sie sind in dem Glauben groß geworden, dass Sie in einem Land leben, das Unglaubliches vollbringt. Verstehen Sie mich nicht falsch, ich bin für die Freiheit, ich habe selbst im Unabhängigkeitskrieg gekämpft.“ Der alte Mann seufzte schwer. „Aber dies ist nicht der Teil meines Lebens, der Sie so brennend interessiert, nicht wahr?“

Alden nickte langsam. Er begriff, dass er eine andere Taktik anwenden musste, wenn er zu dem alten Mann durchdringen wollte.

„Mr. Gibson“, versuchte er es erneut, „das Interesse an der Geschichte dieses noch so jungen Landes ist groß, die Menschen wollen etwas darüber erfahren, wie unsere Väter diesem Kontinent die Zivilisation abgerungen haben, sie brauchen neue Helden, mit denen sie sich identifizieren können und auf die sie sich berufen können. Bedenken Sie nur, welch überwältigendes Interesse der Geschichte von Mary Jemison entgegengebracht wird, die ihr ganzes Leben unter Indianern in New York zugebracht hat.“

Gibson schnaubte verächtlich.

„Mr. Gibson“, Aldens Stimme nahm nun einen verschwörerischen Ton an,

„Sie haben Dinge erlebt, die uns heute unvorstellbar erscheinen. Lassen Sie uns daran teilhaben."
„Damit Sie daraus einen Schundroman machen können wie aus der Geschichte von Mary Jemison? Ich werde Ihnen etwas sagen: Jemand wie Sie, ein weltfremder, gotteshöriger Gelehrter sollte sich nicht anmaßen, über Dinge zu schreiben, von denen er keine Ahnung hat. Was wissen Sie schon über die Schöpfung? Nichts, gar nichts!", polterte Gibson. Sein Ausbruch schien ihn zu erschöpfen, denn er zitterte heftig. „Die Lenapé waren ein stolzes Volk, ich habe in meinem ganzen Leben keine tapferen Männer mehr gesehen, als diese Krieger." Er seufzte tief und ließ sich schwerfällig auf die Kante seines schmalen Bettes sinken. Ein eigenartiger Ausdruck zog über sein Gesicht und die Erinnerung an längst vergangene Begebenheiten ließ seine Augen leuchten.
„Die Indianer nannten mich Munhut`takiswilluxissohipon, einen großen Sack voll weißem Mehl." Er stieß ein trockenes Lachen aus, das in einen heftigen, rasselnden Hustenanfall überging. Als er sich wieder gefasst hatte, sagte er leise: „Es waren andere Zeiten damals, mehr als siebzig Jahre sind seitdem vergangen, und dennoch steigt mir manchmal dieser Geruch nach Leder und Hirschfleisch in die Nase, als sei es erst gestern gewesen, dass ich mit Shingas und seiner Gruppe das Ohio-Tal durchstreift habe. Meine Eltern waren Iren, sie waren so bettelarm, dass sie drei Jahre für die Überfahrt schuften mussten. Man wusste nicht viel über diese Neue Welt, nur dass es genug Land für alle gab - und Indianer …"
Aldens Feder flog über das Papier seines Notizbuches, um jedes der Worte des alten Mannes festhalten zu können.
Vor seinen Augen wurde die Geschichte, die er hinter den Berichten in ein paar vergilbten Zeitungsfetzen erahnt hatte, lebendig und längst vergangene Menschen und Ereignisse nahmen durch Gibsons Worte vor seinem inneren Auge Gestalt an.

*

1737

James Logan ging in die Hocke und ließ etwas von der noch feuchten Erde des frühen Tages durch seine Finger rieseln. Triumphierend ballte er seine Faust und richtete sich wieder auf, um die drei Männer vor ihm anzusehen. Aus jeder seiner Gesten sprach die Selbstsicherheit eines Mannes, der es verstand, aus Staub Gold zu machen, und diese Kunst würde er am heutigen Tag zur Vollkommenheit bringen. Und die Beine der schnellsten Läufer westlich des Atlantiks würden ihm dabei helfen.

„Ein guter Tag, nicht? Wie weit werdet ihr kommen?", fragte er die drei durchtrainierten Männer vor sich, deren geölte Wadenmuskel in der Sonne glänzten und deren Augen immer wieder den Horizont absuchten. Seine Männer hatten in allen Ecken der Kolonie nach den besten Läufern gesucht und diese Drei gefunden: Edward Marshall, Solomon Jennings und James Yeats. Er hatte nichts zu befürchten. Thomas Penn, der Sohn des Koloniegründers selbst, stand hinter ihm. Oder besser hinter seinem Geld. James Logan hatte es mit Landspekulationen zu beachtlichem Reichtum gebracht, manch einer sagte, er gehörte zu den einflussreichsten Männern ganz Neu-Englands. Das hatte auch der Eigentümer der Kolonie eingesehen.

William Penn hatte die Kolonie Pennsylvania vor mehr als siebzig Jahren im Gegenzug für den Erlass einer beträchtlichen Schuldensumme vom englischen König selbst erhalten und der tiefreligiöse Quäker war hierhergekommen, um hier, auf dem unberührten Boden der Neuen Welt, seine eigene Utopie des friedlichen Zusammenlebens zu schaffen. Aus diesem Grund hatte er, noch bevor er den ersten Fuß auf nordamerikanischen Boden setzte, einen Brief an die Indianer aufgesetzt, in denen er ihnen als seine Brüder die Hand zu ewigem Frieden reichte. Seitdem hatte man die Indianer, die kaum genug Verstand hatten, um zu begreifen, was Geld oder ein Vertrag war, für jede kümmerliche Meile ihres Landes überaus fürstlich belohnt. Unnötig zu erwähnen, dass man auf diese Weise kaum Profit machen konnte. Doch die Tage des alten William Penn waren nun vorbei. Seine Söhne hatten die Kolonie geerbt und waren durchaus weltlicheren Dingen zugetan als ihr Vater. Vor allem brauchten sie ständig Geld. Und um an dieses zu gelangen, brauchten sie Logan und seinen Geschäftssinn.

„Ich denke, fünfzig, sechzig Meilen sind zu schaffen", riss ihn einer der Männer aus seinen Gedanken. Jennings hüpfte unruhig von einem Bein auf das andere, um seine Muskeln in der kühlen Septemberluft nicht zu verspannen.
„Kommt drauf an, wie schwierig der Weg ist. Ich meine, durch die Wildnis zu laufen ist etwas anderes, als einer Straße zu folgen." Yeads sah an ihm vorbei auf die dichten Wälder, die sich vor ihnen ausbreiteten.
„Das habe ich vorausgesehen und habe einige meiner Männer beauftragt, euren Weg nach Westen so hindernisfrei wie möglich zu gestalten." Logans Gesicht verzog sich zu einem selbstgefälligen Grinsen. „Darüber hinaus wird euch ein Trupp meiner Männer folgen und euch mit allem Nötigen versorgen. Ich muss euch nicht daran erinnern, dass jede Meile zählt, die ihr in den nächsten Stunden zurücklegen werdet." In freudiger Erwartung schnalzte er mit der Zunge.
Eine Bewegung am Waldrand hinter ihnen fing seinen Blick ein und er beschattete seine Augen mit seiner auffällig feingliedrigen Hand.
„Na endlich!", rief er und rückte seinen Hut zurecht. „Da kommen ja auch unsere indianischen Beobachter und ihr Freund und Helfer", sagte er. Vier Reiter kamen auf die Gruppe zu, drei von ihnen trugen ihr schwarzes Haar lang über ihre nackten Schultern. Ihre hellen, ungegerbten Leggins waren mit bunten Mustern bemalt. „Indianer", sagte Yeats und spie verächtlich in den Staub.
Der vierte Reiter war ein kleiner weißer Mann in steifer schwarzer Kleidung, unter dessen Hut die ergrauten Schläfen zu sehen waren. Die Gesichter der Neuankömmlinge verrieten keine Miene, als sie ihre Pferde anhielten und abstiegen.
Die drei Indianer waren von großer und hochgewachsener Statur, sie vermieden es, den anderen Männern in das Gesicht zu sehen und starrten an ihnen vorbei in die unendlichen Weiten des Tals zu ihren Füßen.
„Meine Herren", Logan tippte sich an den Hut und der Mann mit dem schwarzen Hut schenkte ihm ein knappes Nicken, während die Indianer ihn aus ausdruckslosen, dunklen Augen anstarrten, doch Logan ignorierte sie. Er kannte diese an Aufsässigkeit grenzende Stumpfheit der Indianer und sie beeindruckte ihn nicht. Stattdessen konzentrierte er sich auf den Mann in

ihrer Mitte.
Conrad Weiser wirkte schmächtig neben seinen indianischen Begleitern, sein schmales, scharf geschnittenes Gesicht mit den dunklen, seltsam traurigen Augen stach zwischen ihren dunklen Gesichtszügen und den hohen Wangenknochen hervor, und dennoch wirkte er nicht wie ein Fremder zwischen ihnen, etwas an der Art, wie er sich bewegte, mit den Füßen kaum das Gras berührte, geschmeidig sein Pferd an einen Baumstamm band, ähnelte auf beunruhigende Art und Weise der seiner indianischen Begleiter. Stirnrunzelnd sah Logan ihm dabei zu. Er und Conrad Weiser waren alte Bekannte, doch Logan hätte nicht sagen können, dass sie Freunde waren.
Er war ein Geschäftsmann, während Weiser, nun ja, was war Weiser denn eigentlich? Man erzählte sich die wildesten Gerüchte über diesen schmächtigen Mann mit dem aufrechten Gang, doch auch dies war nicht ungewöhnlich in diesem Teil der Welt. Es hieß, der kleine Mann habe seine Jugend unter den Irokesen in den endlosen Nadelwäldern und an den glitzernden Seen hoch im Norden zugebracht, doch er habe sie verlassen, um ein gottgefälliges Leben hier in den sanften Hügeln und Wäldern in Pennsylvania zu führen, doch seine Verbindungen zu den Wilden hatte er nie abgebrochen. Bei mehr als einem Vertrag oder einer Verhandlung hatte er der Kolonie seine Dienste als Dolmetscher erwiesen. Doch Logan wusste den außergewöhnlich schweigsamen Mann mit den stechenden Augen nach all den Jahren nicht einzuschätzen, ein Umstand, der ihm nicht gefiel. James Logan gehörte zu jener Sorte Männer, die die Dinge gern unter ihrer Kontrolle hatten.
„Nun, ich denke, wir können beginnen!“ Logan zog eine verkratzte, silberne Taschenuhr aus seinem Revers, deren Deckel in der Morgensonne glänzte. Beinahe zärtlich klappte er sie auf und sah auf das Ziffernblatt. „Es ist exakt neun Uhr!“, sagte er so laut, dass es weithin zu hören war. Weiser warf ihm einen misstrauischen Blick zu. Mit einem lauten Schnappen klappte er seine Taschenuhr zu und musterte die Anwesenden eindringlich. „Meine Herren, wir sprechen uns am morgigen Tag um die Mittagszeit.“
Er hob seine Finger an den Mund und stieß einen lauten, gellenden Pfiff aus und die Spannung in den Körpern von Yeats, Jennings und Marshall entlud sich gleichzeitig, als ihre Beine über den braunen Staub des Tals hinab flogen und sie mit ungeahnter Geschwindigkeit auf den Waldrand zutrugen. Der

jüngste der drei Indianer schwang sich auf sein Pferd und jagte den Läufern hinterher.
Logan sah ihnen noch eine Weile mit einem zufriedenen Lächeln hinterher und wandte sich dann dem weißen Mann hinter ihm zu. Die beiden anderen Indianer standen mit unbeweglicher Miene bei ihren Pferden. Die Dinge würden nun ihren Lauf nehmen, im wahrsten Sinne des Wortes, dachte Logan und sein Lächeln wurde noch eine Spur breiter. Einen guten Geschäftsmann machen eben auch seine unkonventionellen Ideen aus, kalkuliertes Risiko, dies war das Gebot der Stunde.
Weiser starrte mit düsterem Gesichtsausdruck in das Tal hinab, wo die drei Läufer nur noch als kleine dunkle Punkte am Waldrand zu erkennen waren.
„Weiser, was ist mit Euch? Kein Gefallen an diesem Spaziergang zu früher Morgenstunde?“
Weiser richtete seinen stechenden Blick auf Logan, doch dieser hielt ihm stand. „Ihr haltet Euch für genial, nicht wahr?“, erwiderte er kalt. Logans Lächeln verschwand aus seinen Augen, nur seine Mundwinkel blieben zu einer grinsenden Maske erstarrt. „Nun, nicht genial, aber zumindest für sehr geschäftstüchtig, findet Ihr nicht?“ Er nahm eine längliche, mit Gold beschlagene Dose aus seiner Westentasche, in der er einige süß duftende Zigarren aufbewahrte, eine neue Modeerscheinung aus Europa, die den Tabakanbau in den nordamerikanischen Kolonien zunehmend interessant machte.
Mit einem Streichholz entzündete er die Spitze der Zigarre und nahm einen kurzen Zug daran.
Conrad trat einen Schritt zur Seite, um der süßlichen Rauchwolke zu entgehen, mit der dieser sich umgab. Es widerte ihn an, mit welcher Selbstverständlichkeit die Europäer das heilige Kraut der Indianer nur zu ihrem Genuss verbrannten.
„Es gibt keinen Vertrag, oder?“
Genüsslich sog Logan erneut am spitzen Ende der Zigarre und stieß den eingeatmeten Rauch dann in kleinen Wölkchen aus. Sein ebenmäßiges Gesicht hätte eine gewisse Schönheit besessen, wenn dieser Eindruck nicht durch seine verschlagenen Augen und seine schmalen, blutleeren Lippen zunichte gemacht worden wäre. Trotz seines langen Rittes hierher blinkten die Sporen an seinen Reitstiefeln und sein Hemd leuchtete in strahlendem Weiß. Sein

aschblondes Haar trug er mit einer kleinen roten Seidenschleife zusammengebunden, deren Farbton zur Farbe seines roten Rockes passte.
„Was tut das zur Sache? Ihr habt selbst gehört, dass Sassoonan und die anderen Delaware Häuptlinge den Vertrag anerkannt haben. Letztlich müssen sie sich unserem Willen fügen, immerhin haben wir sie zu Häuptlingen gemacht. Ohne uns wären sie nichts. Im Übrigen war das nicht meine Idee, sondern die unseres verehrten Kolonieeigentümers Thomas Penn."
Conrad Weiser musterte James Logan mit unverhohlener Verachtung.
Die Tage des alten William Penn, Thomas Vater, der mit seiner Vision von einer freien Kolonie in der Neuen Welt Nordamerikas 1680 aus England gekommen war, und in dessen Augen alle Menschen jeder Hautfarbe und Herkunft Brüder waren, waren endgültig vorbei.
Sein Sohn Thomas steckte bis zum Hals in Schulden.
Diese hatte er sich durch Landverkäufe an gierige Spekulanten vom Hals geschafft, Spekulanten wie James Logan, in denen sich, wie so oft in diesem jungen Land, Geschäft und Politik vermischten.
Die einzige Schwierigkeit daran war nur, dass ihnen dieses Land nicht gehörte. Noch nicht.
„Weiser, Ihr betrachtet die Sache von der falschen Seite aus. Es gibt ein Dokument, es ist anerkannt und vor allem wird es vielen Menschen eine neue Heimat geben. Was ist schlecht daran?"
„Dieses Land ist bereits die Heimat von Menschen! Das Volk der Lenapé siedelte dort vermutlich schon, als wir noch mit den Römern kämpften. Was wollt Ihr tun, wenn sie Eure kleine List durchschauen und sich weigern, ihr Land zu verlassen?"
„Ihnen bleibt keine Wahl. Verlassen sie das Land nicht freiwillig, werden die Irokesen sie dazu zwingen. Pflegt Ihr nicht selbst persönliche Kontakte zu der Irokesen-Liga, unseren verehrten indianischen Verbündeten aus dem Norden?"
Conrad blieb ihm die Antwort schuldig, doch sein blutleerer Gesichtsausdruck sprach Bände. Der kleine Mann kochte vor Wut.
„Nun, wie auch immer. Morgen Mittag wird uns das Land von hier bis westlich des Lehigh Rivers gehören. Diese drei Männer werden weiter nach Westen laufen, als je zuvor ein Indianer an einem Tag gelaufen ist. Alles

Land innerhalb des Bereiches, den sie durchlaufen, gehört ab morgen Mittag der Kolonie von Pennsylvania und damit mir."
Weiser schüttelte verständnislos seinen Kopf.
„Ist Euch klar, was Ihr da tut? Den Lenapé ist jeder Gedanke an Betrug völlig fremd. Sie denken, es geht hier um einen ehrlichen Handel, zu dem sie durch ihre Vorfahren verpflichtet sind. Doch Ihr betrügt sie nach Strich und Faden. Thomas Penn hat diesen Vertrag aus Geldgier gefälscht, der besagt, dass schon William Penn das Land von ihnen gekauft haben soll und nun habt Ihr drei Männer angeheuert, trainierte Läufer, die die doppelte Strecke zurücklegen, von dem zurücklegen werden, was die Delaware als gerechtfertigt empfinden. Das ist Betrug! Was glaubt Ihr, was Ihr mit dieser Sache anrichtet? Es wird Blutvergießen geben, Unschuldige werden sterben, auch auf dieser Seite der Koloniegrenze. Niemals werden die Lenapé ihre Heimat so einfach aufgeben, soviel ist sicher."
Logan kniff die Augen zusammen und sah Weiser fest in das Gesicht. Weisers moralische Bedenken konnten ihn nicht beeindrucken. Diese Wilden waren gar nicht in der Lage, einen Krieg zu führen. Dieses Land in Besitz zu nehmen, war die gottgegebene Aufgabe eines jeden Christen. Vor allem, wenn er Geschäftsmann war. Dieses Land würde in wenigen Jahren pures Gold wert sein. Immer mehr Siedler kamen in die Kolonien der Neuen Welt, schon waren die alten Grenzen zu eng für all die Menschen, die Freiheit und vor allem eigenen Grund und Boden suchten. Und er, James Logan, würde ihnen beides geben. Zu einem angemessenen Preis, versteht sich.
„Ihr macht Euch zu viele Gedanken", erwiderte er und lächelte kühl. Conrad Weiser war ein Narr, er erinnerte ihn an diese puritanischen Eiferer in Massachusetts. Diese Männer verstanden nichts von dem unendlichen Reichtum, der in diesen Wäldern und Tälern verborgen lag. Sie glaubten tatsächlich, diese Wilden hätte ein Anrecht auf dieses Land, dass sie seit Jahrtausenden ungenutzt ließen. Es war an der Zeit, dass sich jemand dieser Dinge annahm. Jemand wie James Logan. „Niemand kommt ins Fegefeuer, weil er ein paar Wilde hinters Licht geführt hat." Er verengte seine Augen zu schmalen Schlitzen. „Wie mir zu Ohren gekommen ist, habt auch Ihr gerade Land ganz hier in der Nähe erworben. Wenn Ihr Euren Besitz ausdehnen wollt, so stehe ich gerne zu entsprechenden Gesprächen bereit."

Mit einem abschätzigen Seitenblick auf die beiden wartenden Indianer, die ihre Unterhaltung gewissenhaft ignoriert hatten, ließ er Weiser stehen und ging zu seinem Pferd. Weiser sah ihm noch eine ganze Weile nach, bis sein Pferd von den Bäumen verschluckt wurde. Etwas in ihm wusste, dass Ärger bevorstand. Großer Ärger. Die friedlichen Zeiten in der Kolonie der brüderlichen Liebe waren vorbei. Und dies war erst der Anfang.

*

1742

Es war bereits dunkel, als die Versammlung in Logstown eröffnet wurde.
Die Erde hatte die letzten warmen Sonnenstrahlen des schwindsüchtigen Sommers in sich aufgesogen und strahlte sie in die kühle Septemberluft ab.
Die Häuptlinge der Irokesen-Liga hatten ihr Lager an einem großen Ratsfeuer errichtet und erwarteten nun gespannt die Häuptlinge des Delaware-Stammes.
Jeder der Stämme, die sich zur Liga der Irokesen zusammen geschlossen hatten, war durch einen oder mehrere Häuptlinge vertreten, die Seneca, die Cayuga, die Mohawk, die Oneida und die Tuscarora.
Sie bildeten eine verschworene, mächtige Gemeinschaft, deren Macht sich von dem Gebiet der Großen Seen bis tief hinab in die Wälder des Allegheny Gebirges erstreckte.
Viele der Alten konnten noch heute erzählen, dass es der Liga vermutlich gelungen wäre, den ganzen nordamerikanischen Kontinent und seine unzähligen Indianerstämme zu unterwerfen, wenn nicht die Ankunft der Weißen ihren Eroberungsfeldzügen gegen ihre Nachbarvölker ein jähes Ende bereitet hätte. Doch die Irokesen waren geschickte Politiker.
Rasch hatten sie sich an die veränderten Verhältnisse angepasst und ihre Herrschaft über viele ihrer Nachbarn benutzt, um sich den Engländern in Nordamerika als treue Verbündete anzubieten. Thomas Penn, der Erbe der Kolonie Pennsylvania hatte sie in den vergangenen Tagen großzügig beschenkt, damit sie die Indianer des Lenapé-Stammes daran erinnerten, wem sie zu gehorchen hatten.

Die Liga der Irokesen hatte sich einst zusammen geschlossen, um Kriege unter den einzelnen sechs Stämmen zu verhindern. Jeder dieser Stämme verwaltete sich selbst, mit eigenen Kriegs- und Friedenshäuptlingen und einem eigenen Territorium. Obwohl sie alle die gleiche Sprache sprachen, hatte jeder dieser Stämme einen eigenen Dialekt entwickelt und auch sonst gab es einige Unterschiede unter ihnen. Doch nach außen traten sie als ein geschlossener Verband auf, dessen Entscheidungen in der großen Ratsversammlung in Onondaga gefällt wurden, wohin jeder Stamm seine Häuptlinge sandte. Die Tuscarora waren der letzte Stamm gewesen, der sich ihnen angeschlossen hatte, von den unglücklichen Huronen, dem Bruderstamm der Irokesen im Norden einmal abgesehen. Nachdem die Irokesen als eines der ersten nördlichen Indianervölker von holländischen Händlern Feuerwaffen erhalten hatten, waren sie zu einem schrecklichen Vernichtungskrieg aufgebrochen und hatten die Dörfer der benachbarten Stämme einfach niedergebrannt. Auch den Lenapé, die an den Ufern des Delaware-Flusses südöstlich des Großen Seengebietes, wo die Irokesen ihre Hausmacht hatten, lebten, hatte die Konföderation eine Lektion erteilt. Das einst so stolze Nachbarvolk hatten sie kurzerhand zu schwachen Frauen erklärt, die weder in den Krieg ziehen, noch Waffen tragen durften. Die Konföderation war es, die entschied, wo und ob das Volk der Lenapé lebte. Doch ihre „Neffen“, wie die Irokesen das unterworfene Volk abschätzig nannten, zeigten sich außerordentlich widerspenstig. Sie weigerten sich, ihr Gebiet zu verlassen, obwohl es nun rechtmäßig der Kolonie von Pennsylvania gehörte.
George Croghan starrte mit einem dümmlichen Grinsen in die Dunkelheit. „Reichlich ungemütlich hier draußen“, knurrte er. „Woher seid Ihr Euch so sicher, dass sie kommen werden?“ Conrad Weiser stand steif neben dem jungen Mann und sah in die gleiche Richtung, in der sich der Wald dunkel gegen die untergehende Sonne abzeichnete. „Sie werden kommen, ihnen bleibt keine andere Wahl.“
Croghan schnalzte mit der Zunge. „Wir haben eine Menge Ärger mit diesem Indianerpack gehabt. Verluste, viele Verluste.“ Conrad musterte ihn mit einem abschätzigen Blick. Croghan sprach mit der ungehobelten Zunge eines Mannes, der in seinem Leben nur wenig Bildung genossen hatte, dem aber geschäftliches Glück zuteil geworden war, obwohl sich Weiser sicher war,

dass auch dies nicht seinem Geschick, sondern eher seiner Hinterhältigkeit zuzusprechen war. Männer wie Croghan bekamen den Hals nie voll. Doch anders als bei James Logan, der seine Zeit nicht mit irgendwelchen aufsässigen Indianern verschwendete, war Croghan der Schützling von Sir William Johnson, einem der mächtigsten Männer Neu-Englands, man hätte ihn gar einen Baron nennen können. Er besaß mehr Land, als sich ein europäischer Fürst vorstellen konnte und zugleich unterhielt er ausgezeichnete Kontakte zu der Liga der Irokesen. Heute hatte er seinen Bluthund Croghan hierher geschickt, um die Dinge zu überwachen. Wieder spürte Weiser, wie unwohl er sich in seiner Rolle bei dieser Veranstaltung fühlte.

Etwas bewegte sich am Waldrand vor ihnen und riss ihn aus seinen düsteren Gedanken. „Sie kommen." Weiser strich sich zum wiederholten Male sein Hemd glatt.

Eine unangenehme Aufgabe lag vor ihm. Thomas Penn, der sich zum neuen Gouverneur seiner eigenen Kolonie gemacht hatte, hatte ihn nach Logstown geschickt, damit er die Gespräche zwischen den Indianern aufzeichnete und ihnen damit offiziellen Charakter verlieh. Doch Weiser wusste, dass er sich damit am Unrecht gegen die Delaware-Indianer mit schuldig machen würde. Shickellamy schien sein Unbehagen zu spüren, denn er trat neben ihm. Es gehörte nicht zu den Wesenszügen seines schweigsamen Gefährten, des breitschultrigen Mohawk-Indianers, viele Worte mit ihm zu wechseln.

Sie konnten Tage miteinander verbringen, ohne dass sie einen Satz sprachen. Doch Shickellamy war sein Bruder. Ihre Seelen waren miteinander verbunden, seit sie als Jungen gemeinsam durch die unendlichen Wälder oben im Norden von New York gestreift waren, nachts gemeinsam an den Lagerfeuern gesessen und die Wölfe heulen gehört hatten. Unzählige Male hatten sie das heilige Tabakkraut gemeinsam geraucht, den uralten Liedern und Weisen der Ältesten gelauscht. Auch wenn Conrad nicht mehr das Leben eines Indianers führte, Shickellamy war sein Bruder, mehr als es jeder leibliche Bruder je hätte sein können.

Was auch immer in ihm vorging, Shickellamy fühlte es.

Weiser holte tief Luft, als er die Pferde des Delaware-Häuptlings Sassoonan und seiner Begleiter näher kommen sah. Der Häuptling schwankte bedenklich, als er sich mit seltsamer Unbeholfenheit von seinem Pferd sinken ließ.

„Er ist betrunken", murmelte Weiser. „Um so besser", frohlockte Croghan neben ihm und rieb sich die Hände. Weiser fragte sich für einen Moment, wie viele Männer seiner Sorte die unzähligen Schiffe aus England noch ausspucken würden, geldgierige Männer ohne jeden Anstand und vor allem, ohne jeden Geist. Hatte Gott diesen wunderbaren Teil der Welt wirklich der Verdammnis preisgegeben?

Mit unsicheren Schritten näherte sich der klein gewachsene und früh gealterte Sassoonan dem Feuer, das ihnen als Versammlungsort diente. Sein Gesicht war von tiefen Falten zerfurcht, zwischen denen seine trüben Augen wie kleine Löcher herausstachen. Für Indianer ungewöhnlich waren seine Schläfen schlohweiß und sein langes Haar hing ihm ungekämmt ins Gesicht. Der Alkohol hatte den einst so stolzen Indianerhäuptling schwer gezeichnet, das Licht in seinen Augen war schon vor langer Zeit erloschen und er lebte nur noch als Hülle, als willenlose Marionette der englischen Kolonialherren und der irokesischen Herrscher, die sein Volk, das stolze Volk der Lenapé, vor langer Zeit unterworfen hatte und den Männern ihre Waffen genommen hatten. Frauen waren die Männer des Lenapé-Stammes seitdem, schwache, wehrlose Weiber. Stumm starrten sich Sassoonan und seine Begleiter mit den Mitgliedern der Irokesen-Liga an. Weiser wusste, was diese Blicke zu bedeuten hatten, denen ein Europäer nur wenig Aufmerksamkeit zumessen würde. Sie bedeuteten Krieg.

Es war Canatasego, ein Angehöriger des Seneca-Stammes und Sprecher der Irokesen-Liga, der sich schließlich würdevoll wie eine Katze von seinem Platz am Feuer erhob und sein Wort an die Delegation der Lenapé richtete. Seine Augen funkelten und der Schatten seines Haares, das er nach Art der Irokesen bis auf einen schmalen Streifen längs über seinen Schädel abrasiert und die verbleibende Strähne mit etwas Bärenfett zu spitz nach oben ragenden Stacheln geformt hatte, zuckte über sein Gesicht und verliehen seinen Zügen etwas Furcht einflößendes.

„Ich sehe, ihr seid gekommen." Seine Stimme schien leise zu vibrieren, doch wie immer bei solchen Gelegenheiten wechselte sie die Tonlage nicht, seine Worte klangen monoton.

Auch die anderen Irokesen rund um das Lagerfeuer erhoben sich und starrten die Neuankömmlinge, die in einiger Entfernung stehen geblieben waren, mit drohenden Mienen an. Weiser las die stille Verachtung in den Augen seiner Brüder, den Irokesen, unter denen er, der Sohn deutscher Einwanderer aus dem beschaulichen Württemberg, wie einer von ihnen aufgewachsen war. Sassoonan sah Canasatego unter halbgeschlossenen Lidern an. Für einen Augenblick schwankte er und Weiser befürchtete bereits, er würde stürzen, doch er streckte eine zitternde Hand aus und stützte sich auf die Schultern der Männer, die ihn begleitet hatten.

„Wie könnt ihr es wagen, über Land zu verfügen?" Canasategos Worte waren weit über das Knistern der Flammen zu hören und Conrad spürte, wie sich Shickellamy neben ihm versteifte. Nur auf Croghans Gesicht breitete sich ein zufriedener Gesichtsausdruck aus. „Wir haben euch erobert, erinnert ihr euch nicht? Wir haben euch eure Waffen abgenommen und schwache Weiber aus euch gemacht, Röcke solltet ihr tragen! Was fällt euch ein? Man sollte euch an den Haaren packen und durchschütteln für euren Ungehorsam. Ihr seid großzügig entschädigt worden dafür, dass ihr euch eine neue Heimat sucht und nun steht ihr hier wie Kinder, die ihr Spielzeug zurück haben wollen? Ihr seid Frauen!

Hört den Befehl eines weisen Mannes: Verlasst euer Land am Delaware River. Es ist nicht länger eure Heimat. Ihr habt es bei dem Wettlauf vor fünf Jahren verloren! Ihr selbst habt in die Abmachung eingewilligt. Die weißen Männer sind einen Tag lang gelaufen. Fünfundsiebzig Meilen haben die Schritte des Schnellsten durchmessen. Es ist nicht länger euer Land. Zieht fort! Wir erlauben euch, das Wyoming-Tal zu besiedeln. Geht dorthin! Ihr habt keine Rechte mehr an diesem Land! Dieser Wampum-Gürtel ist das Zeichen dafür, dass wir euch, euren Kindern, euren Enkelkindern und all euren Nachfahren für alle Zeit verbieten, Land zu besitzen oder zu verkaufen! Euer Land gehört uns! Habt ihr vergessen, dass wir über euch gebieten, seit unsere Väter eure Väter besiegt haben? Wenn ihr euch benehmt, wie ungehorsame Kinder, dann werden wir euch strafen wie ungehorsame Kinder!"

Seine Worte klangen wie eine bösartige Beschwörung, ohne jede Melodie und ohne die geringste Miene zu verziehen, hatte er sie den Männern auf der anderen Seite des Feuers entgegengeschleudert, die sie wie tödliche Pfeile treffen mussten. Mit dem Wampum-Gürtel in der Hand ging Canasatego auf die Gruppe der Lenapé zu.

Conrad Weiser legte den Kopf in den Nacken und sah hinauf in den sternenklaren Nachthimmel. Der Mond war als eine blasse Scheibe hoch über ihnen zu sehen. Dies war der einzige Weg, um Frieden zu schaffen. Wenn sie das Volk der Lenapé nicht von den Grenzen der Kolonie vertrieben, würde es Krieg geben, Krieg mit den Siedlern, die dieses Land mit jedem Tag mehr in Besitz nahmen. Die Lenapé waren unberechenbar, sie waren keine Politiker wie die Liga der Irokesen, sie hatten noch nicht einmal richtige Anführer, mit denen sich verhandeln ließ. Sie lebten als Jäger in den Wäldern, kleine Gruppen, die sich nur im Winter mit ihren Familien zusammenfanden, stolze Krieger. Man konnte sie nicht kontrollieren. Deshalb musste man sie vertreiben, solange noch Zeit dafür war.
Conrad griff nach seiner Feder und sagte sich, dass dies ein Dienst am Frieden war, dass er dies auch tat, um seine Familie vor Blutvergießen zu beschützen, doch etwas in seinem Inneren wusste, dass dies eine Lüge war. Dann begann er mit sorgfältiger Handschrift, Canasetegos Worte zu übersetzen und aufzuschreiben, so wie es sein Auftrag war, obgleich ihm schmerzhaft bewusst war, dass er damit die stolzen Lenapé-Krieger zu einem Leben als gedemütigte und geächtete Flüchtlinge verdammte.

*

1755

Schwüle Hitze herrschte in dem Kommandozelt.
Für Mai war es ungewöhnlich warm in diesem Teil der Kolonien.
General Edward Braddock lockerte die Halsmanschetten seiner Uniform und strich sich gedankenverloren über das leichte Doppelkinn, das ihn bereits seit seiner Jugend begleitete.
Das Jucken seiner Perücke machte ihn wahnsinnig und er wünschte sich zurück in den kühlen schottischen Sommer in Perthshire.
Sie gefiel ihm nicht, diese neue Welt.
Die Dinge verhielten sich nicht, wie er es gewohnt war, auch das Wetter nicht.
Mit Beginn des neuen Jahres war er als General-Kommandant der Britischen

Krone für Nordamerika in Virginia angekommen.
Der seit Jahrhunderten andauernde britisch-französische Konflikt der Alten Welt hatte in Nordamerika einen neuen Schauplatz eröffnet. Das Gebiet um den Ohio River und seine Nebenflüsse, westlich der Grenzen Pennsylvanias, Virginias und Marylands war für beide Seiten von Interesse, insbesondere die neuenglischen Kolonien liebäugelten mit dem Siedlungsland für den stetig wachsenden Bevölkerungsstrom, der aus der Alten Welt in die Neue strömte.
Der neue General-Gouverneur Neu-Frankreichs, der eitle und selbstgefällige Marquis de Duquesne, hatte die unglaubliche Dreistigkeit besessen, ein französisches Fort mit seinem Namen direkt an der Grenze der englischen Kolonie Pennsylvania zu errichten, obgleich seine Streitmacht der britischen um ein Vielfaches unterlegen war.
Doch da gab es noch die Indianer, Wilde, Barbaren, mehr Tiere als Menschen, mit denen Duquesne sich verbündet hatte und die England im letzten Sommer zu einem schrecklichen Verhängnis geworden waren.
Braddock seufzte. Ein weiterer unberechenbarer Faktor in dieser Wildnis, fernab jeder Kultur.
Sie gefiel ihm nicht, diese Neue Welt.
Er betrachtete die Karten, die vor ihm ausgebreitet auf dem Tisch lagen.
Für diese Sache benötigte man keine besondere Genialität, dessen war sich Braddock bewusst. Entschlossenheit und Führungsstärke waren gefordert und dies war vermutlich auch der Grund, warum der britische Staatssekretär William Pitt, die rechte Hand und engster Vertrauter des verehrten König Georges II., ihn im Auftrag der britischen Krone hierher geschickt hatte. Er sollte den Karren wieder aus dem Dreck ziehen.
Die Nachrichten aus den Kolonien hatten im Königreich gelinde ausgedrückt, für eine gewisse Panik gesorgt.
Die Rolle Britannias als See- und Weltmacht stand auf dem Spiel, wenn es ihm nicht gelang, die Franzosen zurückzudrängen.
Mit ausgestrecktem Finger fuhr der General die Linie nach, die seine Männer seit Wochen in die Wildnis schlugen.
Sein Plan war zugleich schlicht und genial.
Englische Soldaten und Hilfskräfte aus den umliegenden Kolonien schlu-

gen eine breite Schneise in die undurchdringlichen Wälder des Allegheny Gebirges. Ein Tross von knapp zweitausend bewaffneten Männern würde auf dieser Straße auf das Fort zu marschieren und die Franzosen vertreiben.
Zufrieden lehnte sich Braddock bei der Vorstellung seines Sieges zurück und schob seine Perücke ein wenig beiseite, um seine gequälte Kopfhaut zu entlüften. Dann faltete er seine Hände vor seinem Bauch und malte sich in Gedanken den strahlenden Empfang aus, den man ihm nach seiner Rückkehr in London am Hof des Königs bereiten würde.
Er sah verärgert auf, als er aus seinen Gedanken gerissen wurde. Der junge Colonel George Washington trat ein.
„Sir, die Indianerhäuptlinge, die Sir Johnson angekündigt hat, sind so eben eingetroffen." Braddocks Gesicht verfinsterte sich bei seinen Worten.
Seine bisherigen Erfahrungen mit den indianischen Verbündeten hatten ihn nicht gerade von deren Nutzen überzeugt. Bei seiner Ankunft in Nordamerika hatte er die wenigen Indianer, die sich der britischen Armee zu diesem Zeitpunkt bereits angeschlossen hatten, in Aughwick vorgefunden, wo sie auf Kosten der Kolonie Pennsylvanias durchgefüttert wurden und zu allem Überfluss ihre Frauen als Huren an die Soldaten verkauften.
Braddock hatte kurzen Prozess gemacht und alle Indianer bis auf wenige Kundschafter nach Hause geschickt. Diese hatten sich bei der Durchführung seines Schlachtplans als überaus nützlich erwiesen, denn die Schneise, die seine Soldaten mühsam der Wildnis abrungen, folgte einem alten Indianerpfad.
Washington selbst hatte im letzten Jahr einschneidende Erfahrung mit den indianischen Verbündeten gemacht. Auf einer Erkundungsexpedition in das Ohio-Gebiet hatte er sich in ein Scharmützel mit französischen Soldaten verwickeln lassen, in dessen Folge einer seiner Männer, ein Irokese namens Tanachrisson, dem französischen General den Schädel spalte, obwohl man sich bereits unter der weißen Flagge angenähert hatte. Ein Skandal, der nur einmal mehr bewies, wie wenig diese langhaarigen Indianer von ehrenvoller Kriegsführung verstanden. In England war man von diesem Zwischenfall entsetzt gewesen und Staatssekretär William Pitt hatte erkannt, dass er Nordamerika bisher zu wenig Beachtung geschenkt hatte. Nicht zuletzt aus diesem Grund hatte man Braddock auf seine Mission in die Neue Welt ge-

schickt.
Wie konnte man einen solchen Bengel auch mit einer so wichtigen Aufgabe betrauen, dachte der General-Kommandant bei sich, als er den Colonel von der Seite musterte. Ein weicher Zug lag in seinem jugendlichen Gesicht, der jedoch von seinen klaren Augen überstrahlt wurde, aus denen Kalkül und Entschlossenheit sprachen.
Er gab sich einen Ruck und sagte mit gewohnter Strenge laut zu Washington: „Na schön, dann wollen wir sie doch wie zivilisierte Männer empfangen."
An einen Leutnant gewandt, fuhr er fort: „Schafft mir einen Protokollführer her und führt die Männer zu mir, natürlich nachdem sie gründlich nach Waffen durchsucht worden sind."
Braddock konnte sich diesen Seitenhieb auf den jungen Washington nicht verkneifen.
Bereits die Erscheinung der Indianer rief in Braddock ein Gefühl tiefer Verachtung hervor. Sie trugen das Haar an den Seiten kurz geschoren, den breiten Streifen in der Mitte trugen sie zu Zöpfen, in die sie Perlen und Federn eingeflochten hatten, wie es die Huren in den Straßen von London taten.
Ihre Gesichter waren mit wilden Mustern schwarz und rot bemalt. Sie gehörten zu dem Volk der Delaware, das man nach dem Namen des Mannes benannt hatte, der den Fluss entdeckt hatte, an dem sie lebten. Einst sollten sie gefürchtete Krieger gewesen sein, doch nun waren sie Vertriebene, Flüchtlinge, unterworfen von den mächtigen Irokesen aus dem Norden. In den Augen des Mannes, den ihm Washington als Häuptling Shingas vorstellte, glühte ein gefährliches Funkeln und von seinem Körper ging etwas Raubtierhaftes aus, als stünde man einer Katze gegenüber, die auf die Gelegenheit wartete, aus ihrem Versteck hervorspringen zu können und ihrem Opfer die Kehle durch zu beißen.
Braddock musterte die Männer eindringlich. Er konnte eine gewisse Ähnlichkeit in ihren Zügen ausmachen. Pisquetumen schien der ältere Bruder von Shingas zu sein, sein Haar war bereits von grauen Strähnen durchzogen und seinen Augen fehlte die Angriffslust seines Bruders, vielmehr stand eine kühle Entschlossenheit darin geschrieben.
Tamaqua war der Jüngste der Indianer, aus dessen Zügen die eigentümliche Zurückhaltung sprach, die Menschen mit ausgeprägter Empfindsamkeit ei-

gen war.
Der General sah die Indianer aus zusammengekniffenen Augen an und verschränkte seine Arme in der von ihm gewohnten Art hinter seinem Rücken, während er langsam vor ihnen auf- und abschritt. Er war es gewohnt, sich Autorität zu verschaffen und er hielt diese ganze Veranstaltung für überflüssig. Er war der General-Kommandant der englischen Truppen in Nordamerika, Statthalter einer Herrschaft, die die ganze Welt umspannte. Wozu sollte er sich mit ein paar Wilden in Lederkitteln befassen? Aber dieser überaus eitle Sir Johnson hatte nicht locker gelassen in seinem Anliegen, und aus Gründen, die Sir Braddock nicht ganz nachvollziehen konnte, legte man im englischen Königshaus viel Wert auf die Meinung dieses Emporkömmlings der Neuen Welt.
„Nun, meine Herren, Sir Johnson war so freundlich, mir mitzuteilen, dass sie ihrem Vater, König George II. von England, ihre Dankbarkeit erweisen und ihm auf seinem Feldzug gegen die französischen Eindringlinge mit ihren bescheidenen Mitteln beistehen möchten."
Die Indianer blickten ihn aus dunklen Augen an, ohne dass er darin irgendeine Regung lesen konnte. Ihre bartlosen Gesichter blieben starr. Mit gerunzelter Stirn fuhr Braddock fort: „Ich persönlich habe meine Zweifel, dass einer von ihnen auch nur einen einzigen ausgebildeten Soldaten der Krone ersetzen könnte, doch ihr Wissen über die Gegend unseres geplanten Angriffs könnte uns durchaus von Vorteil sein."
Noch immer schwiegen die Indianer. Braddock bemerkte, dass ihm keiner der Männer in die Augen blickte. Eine Unsitte, die bei ihnen sehr verbreitet war, wie er bereits festgestellt hatte und ein weiterer Beweis ihrer natürlichen Verschlagenheit war. Ein ehrlicher Mann hatte von einem Blick nichts zu befürchten.
Abgelenkt von diesen Gedanken hatte Braddock seine Rede vergessen und starrte die Männer an.
„Sir", meldete sich Washington in das peinliche Schweigen, „die Geschenke."
Es dauerte einen Augenblick, bis Braddock begriff, wovon der Colonel sprach. Dieser rettete die Situation, in dem er selbst die Anweisung gab, die Geschenke hereinzubringen.

Vor den Augen der Indianer wurden einige Fässer Rum, mehrere Gewehre, grob gewebte Hemden und einige reich verzierte Handspiegel ausgebreitet. Auf Shingas Gesicht trat nun ein beinahe wohlwollender Ausdruck, auch wenn das Funkeln aus seinen Augen nicht verschwand.
Er murmelte etwas zu einem seiner Brüder und dieser verschwand nach draußen. Kurz darauf kehrte er mit einigen Bärenfellen zurück.
Mit zunehmender Anspannung verfolgte Braddock die langwierige Prozedur und hoffte insgeheim, endlich zum eigentlichen Grund dieses Treffens gelangen zu können.
Es gab wichtigere Angelegenheiten, die seiner Aufmerksamkeit bedurften. Doch zu seinem Ärger ließen sich die Indianer nun in einem Kreis auf dem Boden nieder und zogen eine längliche Holzpfeife, die mit kunstvollen Schnitzereien verziert war, aus einer ihrer Taschen. Tamaqua öffnete einen kleinen Lederbeutel, den er an seinem Gürtel trug, und entnahm ihm etwas getrocknetes Tabakkraut. Shingas stopfte es so dann in den Kopf der Pfeife und Pisquetumen entzündete es mit zwei kleinen Feuersteinen.
Er sog mit spitzen Lippen daran und stieß den Rauch in kleinen, süß duftenden Wölkchen aus.
Shingas und Tamaqua taten es ihm mit einer in Braddocks Augen unfassbaren Gleichmütigkeit nach. Er schnaubte leise. Diese Indianer verschwendeten seine Zeit.
Shingas beobachtete den General unter halbgeschlossenen Lidern, als er sagte: „Große Entscheidungen sind zu treffen, ein langer Kriegszug steht bevor. Mein Volk hat viel zu verlieren. Unsere Zukunft und die unserer Kinder steht auf dem Spiel und unsere Leute haben mich und meine Brüder hierher geschickt, um mit euch zu sprechen. Doch wir sind Fremde, wir Lenapé'wak und ihr Jenkise, und unsere Gedanken folgen verschiedenen Richtungen. Damit wir einander verstehen lernen, rauchen wir gemeinsam Tabak und unsere Gedanken werden wie der Rauch eins werden und in den Himmel emporsteigen."
Bei seinen Worten stieß der General ein verächtliches Zischen aus. Diese Wilden verschwendeten tatsächlich seine kostbare Zeit. Ein General der Britischen Krone würde sich niemals zu einem heidnischen Ritual mit ein paar roten Barbaren auf dem Zeltboden herablassen. Er straffte sei-

ne Schultern und fragte, ohne auf Shingas Worte einzugehen: „Wie viele Männer habt ihr?“
Shingas öffnete langsam seine Augen. „Viele“, antwortete er und richtete seinen stechenden Blick zum ersten Mal auf Braddock. Seine glühenden Augen schienen sich in die des Generals hinein zu bohren, er schien in den Gedanken des Generals lesen zu können.
‚Es wohnt kein starker Geist in diesem schwitzenden Körper‘, dachte er, als er Braddocks ausladenden Bauch betrachtete, und doch wird er von einer großen Gier angetrieben.‘
Er kniff die Augen zusammen und musterte den General eindringlich. Laut sagte er: „Wenn wir unsere Männer mit euch in den Krieg schicken, so fragen wir uns, was aus dem Land wird, um das wir mit euch kämpfen sollen. Wie ihr wisst, sind bereits viele meines Volkes von unserer Heimat am Lenapwihìtàk an den Allegewi Sipu gezogen und haben dort ein neues zu Hause gefunden.“
Shingas hielt inne, als er in die verständnislosen Gesichter des Generals und seiner Leute blickte. „Am Ohio River, wie ihr Wapsitàk ihn nennt“, erklärte er schließlich, „meine Leute sind dort hingezogen, nach dem ihr uns von dem Land unserer Väter nach Westen vertrieben habt. Nun sagen die Irokesen, dass wir auch dort nicht bleiben können. Wenn es Krieg geben wird, dann werden auch viele meiner Männer sterben. Was wird mit dem Land geschehen, auf dem ihr Blut vergossen wird?“
Braddock sah den Häuptling verständnislos an. „Es gehört dem König von England“, erwiderte er. Seine Antwort schien Shingas nicht zufriedenzustellen, denn der Häuptling fuhr fort zu fragen: „Was wird mit meinem Volk geschehen? Wenn wir euch helfen, eure Feinde von den Ufern des Allegewi Sipu zu vertreiben, so fordern wir, dass sich kein Wapsitàk dort niederlassen wird, keine Siedler, die Zäune und Farmen bauen, die den Wald roden und unser Wild jagen, keine Händler, die meinen Leuten Rum verkaufen und keine Kontrolle durch die Liga der Irokesen.“
Für einen Augenblick herrschte eine beklemmende Stille in dem Zelt des Kommandanten, in dem Braddock nach Luft schnappte.
„Niemals“, stieß er schließlich hervor, als er seine Fassung wiedererlangt hatte, „wird ein Wilder dieses Land besitzen oder bewohnen.“

Shingas zog bedächtig an der Pfeife. Kleine Rauchwolken stiegen langsam zum Dach des Kommandozeltes auf. Auf sein Zeichen hin erhoben sich die Indianer.
„Wir werden morgen weitersprechen", sagte der Häuptling und ein warnender Ton schwang in seiner Stimme mit, den Braddock jedoch überhörte.
Er sah die Indianer aus kalten Augen an. „Es ist gesagt, was zu sagen ist", antwortete er, „im Namen König George II. fordere ich euch auf, uns zu unterstützen und ihr werdet angemessen entlohnt werden. Doch das Ohio-Tal gehört ausschließlich seiner Majestät und keinem Haufen halb nackter Wilder." Er gab sich keine Mühe, den verächtlichen Klang seiner Stimme zu dämpfen. Shingas neigte den Kopf. „Ihr habt recht." Seine Stimme klang auf unheimliche Weise fast freundlich. „Es ist gesagt, was zu sagen ist." Dann verließen er und seine Brüder das Kommandozelt des Generals und verschwanden kurz darauf auf ihren Pferden in der Dunkelheit.

*

Der mächtige Lauf des Susquehanna strömte durch die herbstlich gefärbten Wälder der nördlichen Ausläufer der Allegheny Mountains.
In allen Rot- und Gelbtönen leuchteten die hohen Bäume und Pisquetumen erinnerte sich daran, dass er einmal gehört hatte, dass die Weißen diese Jahreszeit Indian Summer nannten, den indianischen Sommer. Sonnenlicht flutete durch die Baumwipfel entlang des Susquehannas und glitzerte in kleinen Wellen auf dem Fluss. An vielen Stellen war das Laub bereits zu einer dichten Schicht auf den Waldboden herabgefallen und raschelte unter den Hufen seines Pferdes. Seit sein Bruder Shingas als Häuptling das Volk der Lenapé, der Menschen, wie sie sich selbst nannten, anführte, war er nicht mehr hier gewesen.
Als kleiner Junge hatte er an diesen Ufern gespielt, als sein Volk seine Heimat an den Ufern des östlich gelegenen Delaware-Flusses verlassen musste und auf der Suche nach einer neuen Heimat nach Westen gezogen war.
Ein Teil seines Volkes hatte sich nach ihrer Vertreibung auf die Anweisung der Irokesen hier niedergelassen und Teedyuscung zu ihrem Anführer gemacht.

Die anderen waren unter der Führung seines Bruder Shingas noch weiter nach Westen gezogen, hatten die Grenzen der weißen Kolonien und den Einfluss der mächtigen Liga der Irokesen soweit wie möglich hinter sich gelassen. Es hatte Streit gegeben zwischen Shingas und Teedyuscung. Shingas wollte Teedyuscung nicht als Häuptling anerkennen und beanspruchte die alleinige Herrschaft über ihr Volk. Niemals, so erzählten die Alten an den Feuern, hatte es so etwas unter den Delaware gegeben, ein Volk mit zwei Häuptlingen war wie ein Mensch mit zwei Köpfen. Doch es waren schwere Zeiten, schreckliche Zeiten, das Wort der Ältesten zählte nichts mehr.

Manchmal erschien es ihm, als habe ein tiefer Riss, wie mit einem scharfen Tomahawk geschlagen, sein Volk erschüttert und die einstmals starke Gemeinschaft der Lenapé, der Menschen, in viele Einzelteile zerschmettert.

Das Dorf Jenkiklahmus, in dem Teedyuscung und sein Teil des Stammes lebten, schmiegte sich in einer sanften Flussbiegung an die Ufer des Susquehannas.

Die Menschen in der kleinen Siedlung begrüßten ihn freundlich bei seiner Ankunft; viele der Älteren hatten seinen Onkel Sassoonan, den ersten Häuptling der Delaware, wie die Weißen sein Volk nannten, gekannt. Noch bevor Pisquetumen abgesessen hatte, trat Teedyuscung, „Der-die-Erde-zum-Beben-bringt“, aus einer der Hütten. Obgleich er bereits ein Mann in gesetztem Alter war, lag in seinen Zügen noch immer etwas Jungenhaftes, das durch die schlaksigen Bewegungen seiner langen Arme noch unterstrichen wurde.

„Hei“, begrüßte er ihn. Pisquetumen bemerkte seine trüben Augen und die unsicheren Schritte, mit denen ihn Teedyuscung zu seiner Hütte führte. Auch Teedyuscung sprach, wie so viele seiner Brüder, dem flüssigen Gift der Weißen zu, das die Sinne verwirrte und den Körper schwächte.

Teedyuscungs Hütte war klein und unordentlich, eines Häuptlings unwürdig. Es stank nach Unrat und Schnaps. Nur wenig Licht fiel durch eine Lücke in der Wand herein und die stützenden Äste waren ruß geschwärzt.

Eine kleine Feuerstelle brannte in seiner Mitte, deren Rauch nur schlecht durch einen kleinen Abzug in der Decke entwich.

Pisquetumen ließ sich auf dem gestampften Fußboden nieder und kreuzte seine Beine vor sich. Teedyuscung setzte sich ihm gegenüber und schob die

Glut der Feuerstelle mit einem Stock zusammen.
Eine junge Frau brachte dem Gast Wasser in einer Holzkelle und ein duftendes Maisbrot. Teedyuscung füllte seinen eigenen Becher bis zum Rand mit einer scharf riechenden Flüssigkeit und hielt ihn Pisquetumen hin.
Als dieser den Schnaps ablehnte, stürzte Teedyuscung den Becher mit nur einem Zug hinunter und sah Pisquetumen dann aus brennenden Augen an. Dann zog er eine kleine und schmucklose Holzpfeife aus einer Tasche und stopfte sie ungelenk mit etwas Tabakkraut. Er inhalierte den ersten Zug und reichte sie hustend an Pisquetumen weiter. Dieser ergriff die Pfeife und sog bedächtig daran. Er sah Teedyuscung lange an. Teedyuscung gehörte zum Klan der Schildkröte.
Jeder Lenapé gehörte einem Klan an, es gab drei verschiedene, den des Bären, des Wolfes und der Schildkröte. Die Symbole dieser Tiere dienten ihnen als Erkennungsmerkmale, jeder Klan hatte bestimmte Aufgaben und niemals durften ein Mann und eine Frau aus dem gleichen Klan heiraten. Pisquetumen gehörte zum Klan des Wolfes, ebenso wie seine Brüder. Zu diesem Klan hatten die mutigsten Krieger und die erfolgreichsten Jäger seines Stammes gehört.
Teedyuscung befüllte seinen Becher von Neuem. Pisquetumen konnte förmlich spüren, wie der Alkohol die Gedanken seines Gegenübers vernebelte und er verfluchte das Feuerwasser des weißen Mannes in Gedanken. Nur die Krankheiten, die seit einigen Jahren unter seinen Brüdern tobten, hatten mehr Opfer gefordert.
Nachdem die Männer eine ganze Weile rauchend beieinandersaßen, war es Teedyuscung, der das Schweigen brach: „Was führt dich zu mir, mein Bruder? Die Falten auf deiner Stirn verraten mir, dass dich keine freudigen Nachrichten nach Jenkiklahmus bringen."
Pisquetumen schüttelte den Kopf. „Es sind keine freudigen Zeiten, mein Bruder. Ich komme im Auftrag meines Bruder Shingas, dem Anführer aller Lenapé." Die Lenapé kannten vor der Ankunft der Europäer keine Häuptlinge, die Führung in Kriegs- und Friedenszeiten oblag den Männern, die am Geeignetsten dafür waren, doch deren Macht beruhte einzig auf der Anerkennung der anderen. Teedyuscung wurde nur nicht von allen als ein solcher Führer anerkannt. Doch der weiße Mann verstand sich auf diese Art

der indianischen Politik nicht. Aus diesem Grund hatten sie einfach Shingas zum Anführer und Sprecher aller Lenapé gemacht.
Pisquetumens Anspielung ließ Teedyuscung offensichtlich ungerührt, sodass Pisquetumen fortfuhr: „Mein Bruder, es ist Zeit, allen Streit unter den Lenapé zu vergessen.
Es gibt einen mächtigen Feind, den wir nur gemeinsam besiegen können."
Teedyuscung nickte bedächtig, sein Kopf schien schwer vom Alkohol zu sein. Er kämpfte sichtlich darum, seine Lider nicht allzu weit zu schließen.
„Ich höre dich, mein Bruder." Seine Worte klangen weich von der Wirkung des Schnapses.
Pisquetumen faltete seine Hände in den Schoß und sagte: „Die mächtige Liga der Irokesen will uns erneut vertreiben, nachdem die weißen Siedler uns bereits das Land unserer Vorväter im Osten genommen haben. Sie sagen, das Land auf dem dieses Dorf und alle anderen Dörfer der Lenapé im Westen stehen, gehört uns nicht, und wir müssen es verlassen. Es soll der Kolonie von Pennsylvania gehören." Er sah Teedyuscung an. „Doch damit nicht genug. Die weißen Feinde der Jenkise, die Franzosen aus dem Norden, wollen dieses Land ebenfalls für sich. Wir sollten mit den Jenkise gegen sie kämpfen, doch ihr Anführer, Häuptling Braddock hat uns gedemütigt wie kleine Kinder. Uns bleibt keine Wahl, als selbst zu den Waffen zu greifen und gegen die Jenkise und die Liga der Irokesen zu kämpfen. Shingas ist auf dem Weg nach Fort Duquesne, um sich mit den Franzosen zu verbünden."
Teedyuscung blinzelte überrascht.
„Es ist die einzige Möglichkeit, uns von der Herrschaft unserer Onkel, der Irokesen aus dem Norden zu befreien und wieder zu Männern, zu Kriegern zu werden", fuhr Pisquetumen fort. „Das Andenken unserer Vorfahren ist vergessen. Wir sind von den Menkwe zu Frauen gemacht worden, die nicht mehr für sich selbst entscheiden. Wir haben unser Land aufgegeben und ziehen seitdem heimatlos umher. Immer mehr Lenapé verlassen den Susquehanna und folgen uns in das weite Tal des Ohio-Flusses. Doch auch dort sind wir nicht länger sicher. Die Jenkise haben ihre langen weißen Arme auch bis dorthin ausgestreckt, sie gieren nach unserem Land. Deshalb ist es Zeit zu kämpfen."
Teedyuscung schwieg. Seine Augen waren geschlossen.

Pisquetumen befürchtete bereits, er sei über seine Rede eingeschlafen, doch dann hob er ruckartig den Kopf und antwortete: „Dein Bruder Shingas ist ein weiser Mann." Mit einem Seufzen führte er erneut den Becher an die Lippen. „Und er ist ein großer Krieger. Du hast recht, es hat viele Streitigkeiten zwischen uns gegeben."
Ein misstrauischer Blick traf ihn aus Pisquetumens Augen.
„Doch", so sprach Teedyuscung weiter, nachdem er zwei Schlucke getrunken hatte, „geht es auch meinem Volk nicht gut. Wir hungern. Bruder Onas bedroht auch unsere Siedlungen."
Pisquetumen unterbrach ihn ungeduldig: „Dein Volk ist mein Volk." In seiner Stimme schwang ein bedrohlicher Unterton mit, doch Teedyuscung lehnte sich gelassen zurück und winkte ab.
„Natürlich, natürlich." Mit einem Poltern ließ er seinen Becher auf die Erde fallen.
„Wenn meine Brüder in den Kampf ziehen, dann werden wir an ihrer Seite kämpfen. Du hast recht, mein Bruder. Es ist Zeit, die Röcke abzulegen und wieder zu Männern zu werden."

*

Die Männer kamen nur langsam voran. Obwohl sich mehrere Hundert Mann eine Schneise in die Wildnis schlugen, schien sich das Dickicht der Allegheny-Wälder gegen sie verschworen zu haben. Es war George Washington schlicht ein Rätsel, mit welcher Leichtigkeit sich die Indianer selbst zu Pferde durch die dicht beieinanderstehenden Bäume, das Buschwerk und den schlammigen Boden bewegten. Doch sie schleppten natürlich auch nicht annähernd soviel Ausrüstung mit sich herum, wie sie es taten.
Braddock hatte darauf bestanden, ganze Wagenladungen an Proviant, Waffen, aber auch Zelte, Tische und sogar einen Teil seiner Bibliothek mit in das Feld zu nehmen. Washington war sich nicht sicher, ob Braddock überhaupt einen Unterschied zwischen diesem Teil der Welt und Europa machte, wo er zweifellos einen Ruhm als ungeschlagener Feldherr in den Indienkriegen innehatte. Ihr Tross kam nur langsam voran. Der schwer bepackte Zug quälte sich durch das unwegsame Gelände nach Westen, um ein winziges französisches

Fort einzunehmen. Der Weg in das Ohio-Gebiet rief ungute Erinnerungen in Washington wach. Noch kein Jahr war es her, dass er sich unweit von hier, an einem Ort, den man heute Great Meadows nannte, in jenes unselige Scharmützel hatte verwickeln lassen, in dessen Folge dieser halb verrückte Irokese Baron Jumonville den Schädel gespalten hatte. Eigentlich hätte die so vielversprechende politische und militärische Karriere des einundzwanzigjährigen Washington mit dieser Bluttat ein jähes Ende finden sollen, doch er hatte mächtige Fürsprecher, die sich für ihn eingesetzt hatten, namentlich den Gouverneur von Virginia, Robert Dinwiddie.

Dinwiddie war neben seinem Amt als Gouverneur auch noch an der vor wenigen Jahren gegründeten Ohio Company beteiligt, die viel Geld investiert hatte, um mit eben jenem Land zu spekulieren, dass die papistischen Franzosen nun mit ihrem lächerlichen Fort besetzt hielten. Es war Washingtons Aufgabe gewesen, sie auf ihren Irrtum hinzuweisen. Doch die unglaubliche Überheblichkeit, mit der ihm der Legardeur de St. Pierre beim gemeinsamen, unwidersprochen sehr stilvollen Dinner mit erlesenen Weinen erklärt hatte, dass Frankreich unter keinen Umständen bereit war, das Ohio-Gebiet zu räumen, sondern dass man es ganz im Gegenteil als Verbindung mit dem von La Salle entdeckten Lousiana-Territorium im Süden erhalten wolle. Und dass man im Übrigen auch im fernen Versailles davon überzeugt war, den englischen Truppen die Stirn bieten zu können. Washington und seinen Männern war nichts anderes übriggeblieben, als das Feld zu räumen und Jamestown und Philadelphia die Nachricht zu überbringen.

Bei seiner zweiten Expedition in die unberührte Wildnis war es dann zu jenem unsäglichen Zwischenfall gekommen, bei denen Jumonville sein Gehirn eingebüßt hatte. Man hatte in London nicht lange gezögert. Der schwelende Krieg mit Frankreich, der nicht nur Nordamerika, sondern die gesamte bekannte und eroberte Welt betraf, sollte zum Anlass genommen werden, die Franzosen ein für alle Mal aus Nordamerika zu vertreiben. Es war vielen Briten ohnehin ein Rätsel, wie sie sich mit einer so geringen Stärke an Männern über einen so langen Zeitraum in Neu-Frankreich hatten halten können. Selten waren mehr als wenige Tausend französische Soldaten in der Kolonie am St. Lorenz stationiert, von einigen Händlern einmal abgesehen. Doch den Franzosen war es gelungen, in das komplizierte

Beziehungsgeflecht mit den nördlichen Stämmen einzudringen, sie zu ihren Partnern und Komplizen zu machen und tief in die Wälder entlang der großen Seen vorzudringen, umgeben von den kriegerisch gesinnten Irokesen, die in unregelmäßigen Abständen auch einen der jesuitischen Missionare unter den Franzosen zu Tode folterten.
Doch Washington wusste, worin dieser verhältnismäßige Erfolg begründet lag. Frankreich hatte bisher kein tatsächliches Interesse an einer Siedlungskolonie in Nordamerika gehabt. Man wollte Pelzhandel betreiben. Gleichzeitig ging von den Stämmen des Waldlandes eine unglaubliche Faszination auf die französischen Soldaten aus, mehrere Hundert mochten in den Stämmen und Siedlungen westlich des St. Lorenz verschwunden sein, aufgesogen von der Lebensweise jener Heiden, verloren für jede Zivilisation. Man nannte sie die Waldläufer, coreur de bois, sie waren das Verbindungsglied des hochherrschaftlichen Frankreich mit der Wildnis des nordamerikanischen Hinterlandes. Washington selbst hatte von französischen Kommandanten gehört, die mit ihren indianischen Verbündeten um das Lagerfeuer tanzten oder auch ihre indianischen Gefangenen nach deren Art zu Tode folterten. Nichts davon wäre in Neu-England möglich gewesen. Bis auf einige Quäker in Pennsylvania war sich jeder weiße Mann von hier bis nach New York darüber im Klaren, dass die Indianer dem Expansionsdrang der europäischen Siedler weichen mussten. Doch seit der Franzose La Salle auf seiner wahnsinnigen Expedition den Mississippi entlanggesegelt war und ein Gebiet entdeckt hatte, dass er nach seinem König Louisiana genannt hatte, schien sich die Interessenlage der Franzosen im Ohio-Gebiet verändert zu haben. Man wollte ein zusammenhängendes französisches Territorium in Nordamerika errichten. Es verstand sich von selbst, dass dies nur Krieg zur Folge haben konnte, denn auch die englischen Siedler erhoben bereits seit Längerem Anspruch auf dieses bewaldete Tal im Schatten der Allegheny Mountains mit seinen unzähligen Flüssen und Nebenflüssen, seinem Reichtum an Jagdwild und dem fruchtbaren Boden.
Es war kurz nach Mittag und die Sonne stand hoch über den eintausendzweihundert Männern, die unter Washingtons Führung mit leichtem Gepäck voraus geritten waren.
Braddock hatte darauf verzichtet, Scouts vorauszuschicken, sodass sich

Washington mehr blind und aufgrund seiner Erinnerungen an das Gebiet voran tastete. Sie hatten den Monongahela-Fluss an einer seichten Stelle passiert und erklommen nun einen sanften Hügelkamm, der ein Vorläufer der Allegheny Gebirge war. Washington wollte die Männer an dieser Stelle rasten lassen, um auf den schwerfälligen Tross hinter ihnen zu warten. Natürlich wussten die Kommandanten in Fort Duquesne längst Bescheid über jede ihrer Bewegung, es würde ihnen nur aufgrund ihrer zahlenmäßigen Überlegenheit und ihrer schweren Bewaffnung gelingen, das Fort dem Erdboden gleichzumachen.
Vögel zwitscherten in den Bäumen über ihnen und der Wald roch feucht und frisch nach einem Sommertag. Ein entsetzlicher Schrei zerriss die Luft und plötzlich verwandelte sich der friedliche Wald um Washington in ein Inferno. Schüsse fielen, die Männer um ihn herum sanken getroffen zu Boden. Sein eigenes Pferd stürzte unter ihm, tot durch einen Kopfschuss. Washington rollte sich ab, gelangte wieder auf die Füße und hob vorsichtig den Kopf. Niemand war zu sehen, kein Feind, kein Gewehrlauf. Die Schüsse schienen aus den Bäumen selbst zu kommen und von überall her, unterbrochen nur von den gellenden Schreien von … von Indianern.
„Das ist eine Falle!“, brüllte Washington. Er riss am Zügel des Pferdes eines getroffenen Soldaten, das herrenlos umherirrte, und schwang sich darauf. „Formiert euch!“, bellte er über den Lärm, „zum Hügel!“ Einige Männer schienen seinen Befehl gehört zu haben und folgten ihm, doch Washington konnte sehen, wie sie links und rechts neben ihm zu Boden sanken. Man hatte sie erwartet, hier in den undurchdringlichen Wäldern vor Fort Duquesne, die Franzosen und ihre indianischen Verbündeten. Und sie waren ihnen in die Falle getappt. Es gelang Washington, einige Männer am Fuße des Hügels zu sammeln, sodass die Anhöhe ihnen Deckung geben konnte, doch diese Sicherheit war trügerisch, da niemand von ihnen einen der Feinde ausmachen konnte, nur Bewegungen zwischen den dicht stehenden Baumstämmen. Einige Männer schossen in die Luft, andere einfach um sich, wobei sie ihre flüchtenden Kameraden trafen.
„Feuer einstellen!“, schrie Washington. „Zurück zum Fluss!“
Die Männer jagten auf ihren Pferden hinunter zu der Stelle, wo sie den Monongahela überschritten hatten und wo sich gerade die ersten Männer

des schwer beladenen Haupttrupps unter der Führung von Colonel Dunbar an die Überquerung machten. Auch sie wurden von dem Angriff überrascht, Panik brach aus, als sie die gellenden Schreie der Indianer und ihre flüchtenden Kameraden sahen. Nur Sekunden vergingen, bis sich das Wasser des Monongahelas mit dem Blut der britischen Soldaten und Siedler rot verfärbte.

*

Das Licht der tief stehenden Oktobersonne fiel mit mattem Goldglanz durch das kleine Küchenfenster, als Marie ihre Schürze löste und nach dem Korb griff, in den sie ein noch warmes Malzbrot und einige getrocknete Küchenkräuter gelegt hatte. Eine ihrer langen, tiefschwarzen Haarsträhnen hatte sich aus dem Knoten an ihrem Hinterkopf gelöst und fiel ihr in weichen Locken um das Gesicht. Marie war ein schönes Mädchen, von zierlicher Gestalt, an der jedoch trotz ihres jungen Alters von nur fünfzehn Jahren bereits deutliche Rundungen zu erkennen waren. Ihr schmales Gesicht mit der fast durchscheinenden Haut wurde von ihren runden, dunklen Augen überstrahlt, die sie ernsthafter wirken ließen als die anderen Mädchen hier draußen. Das Leben hier am Rande der Kolonien war hart. Die nächste Stadt, die nächste Kirche lagen viele Stunden weit entfernt. Die harte Arbeit auf den Feldern ließ die Frauen früh altern, viele von ihnen starben im Kindbett, weil es niemanden gab, der ihnen in ihren schwersten Stunden beistehen konnten.

Hier draußen gab es nichts. Nur den Wald und die Wildnis. Und dennoch legten beinahe täglich Schiffe an den Häfen der Ostküste an, mit denen zu Tausenden neue Menschen aus Europa in das Land strömten, die Neue Welt, wie man den Kontinent so verheißungsvoll getauft hatte, Menschen, die es satthatten, in Europa für die fremden Herren der Kirche und des Adels zu schuften und sich ihr mühsam Erarbeitetes durch immer neue Kriege und Steuern zu Nichte machen zu lassen. Hier, hier draußen, in diesen undurchdringlichen Wäldern, den endlosen, fruchtbaren Tälern, den unüberwindbaren Bergen im Westen und der unbekannten Weite dahinter lag die Freiheit und wartete auf die, die den Mut dazu hatten.

Maries Familie war eine dieser Familie gewesen. Seit zwei Jahren lebten sie hier auf ihrer Farm am Penn's Creek am Rande der Kolonie von Pennsylvania. Sie waren auf vielen Umwegen aus der Schweiz hier hergekommen. Und ihre Familie hatte einen hohen Preis für dieses neue Leben bezahlt.
Mit einer fahrigen Bewegung strich sich Marie die Haarsträhne aus dem Gesicht und bückte sich dann, um unter den Küchentisch zu spähen, der sich unter der Last der vielen Vorratskörbe bog, die darauf standen.
„Marianne?“
Keine Spur war von dem kleinen Mädchen zu sehen. Marie richtete sich auf und sah sich suchend um. „Marianne, wo steckst du? Wir müssen bald aufbrechen, wenn wir vor Einbruch der Dunkelheit zurück sein wollen!“
Ein undeutliches Schmatzen war aus dem Küchenschrank zu vernehmen. Marie lächelte und schlich sich leise an die schwere Holztür, die sie mit einem Schwung öffnete und tatsächlich leuchtete Mariannes roter Haarschopf zwischen den Schüsseln und Körben hervor. Das Gesicht des kleinen Mädchens war über und über mit Sommersprossen bedeckt, wie sie im Übrigen jedes der Gesichter der Villar-Familie zierten, unverkennbar leuchteten sie auch in den Gesichtern von Mariannes Brüdern. Marianne schmatzte genüsslich. Sie nagte so eben den letzten Bissen von einem der kleinen, süßen Äpfel ab, die im Garten hinter dem Haus wuchsen, und krabbelte nun mit Unschuldsmiene aus dem Schrank.
„Bist du noch immer nicht satt, Marianne?“, lachte Marie.
Das Mädchen grinste verlegen. „Mein Vater sagt immer, ich hätte besser ein Junge werden sollen, weil ich soviel esse wie alle meine Brüder zusammen.“
Beim Sprechen lispelte sie ein wenig durch die Lücke, die ihre Schneidezähne hinterlassen hatten.
Ihre Eltern Thomas und Magda Villar hatten sie in der Obhut der Familie Le Roy zurückgelassen, um in der nahe gelegenen Indianersiedlung einige Fässer Rum gegen Felle einzutauschen, die den einzig wirklich wirksamen Schutz gegen den nahenden Winter boten. Obwohl die Villars die nächsten Nachbarn der Le Roys waren, lagen ihre Farmen mehr als eine Stunde Fußweg voneinander entfernt.
Draußen sank die Sonne bereits tiefer und Marie ordnete rasch ihre von der

Arbeit zerzausten Haare und schlang sich ein Tuch um die Schultern.
Dann streckte sie ihre Hand nach Marianne aus, die diese mit klebrigen Fingern griff und sie verließen das Haus durch die Hintertür in den Hof, wo ihr Bruder Jean und ihr Vater Jacques gerade damit beschäftigt waren, einige Holzstämme zu zerteilen und klein zu hacken.
Als die Mädchen an ihnen vorbei gingen, sahen die beiden Männer von der Arbeit auf.
Ihr Vater stützte sich auf den Stiel seiner Axt und wischte sich mit seinen Hemdsärmeln den Schweiß von der Stirn.
„Wo wollt ihr denn hin?“, fragte er sie mit gerunzelter Stirn.
„Aber Vater“, lächelte Marie und strich ihm zärtlich über das Gesicht. „Hörst du mir denn nie zu? Ich habe dir doch heute Morgen gesagt, dass ich zum Leininger-Hof möchte, weil Barbaras Mutter krank ist.“
„Es sieht nach Regen aus“, sagte er sorgenvoll und legte den Kopf in den Nacken.
Marie streckte sich und gab ihm einen Kuss auf die Wange. „Mach dir keine Sorgen, wir sind vor Einbruch der Dunkelheit zurück. Und ein bisschen Regen wird uns nicht umbringen.“
„Soll ich euch nicht lieber begleiten?“, fragte Jean sie. „Als wir vorhin im Wald waren, haben wir Schüsse gehört.“
„Das werden einige Jäger gewesen sein“, wischte Marie seine Bedenken beiseite. „Seid unbesorgt. Wir sind zurück, bevor es Zeit zum Abendessen ist.“
Mit flinken Schritten verließen die Mädchen den Hof und folgten dem schmalen und gewundenen Weg entlang des Penn’s Creek, der dicht an ihrem Haus vorbei lief.
Ein wenig bekümmert dachte Marie, dass dies wohl für lange Zeit der letzte Besuch bei Barbara sein würde, denn der lange, dunkle Winter stand kurz bevor und dann wären ihr Vater und ihr Bruder für viele Tage und Wochen die einzige Gesellschaft, die sie hatte.
Barbara war die älteste Tochter der Familie Leininger, einer deutschen Familie aus dem württembergischen Reutlingen, die bereits einige Jahre vor den Le Roys in die nordamerikanische Kolonie Pennsylvania ausgewandert waren. Das Leben im Grenzgebiet war einsam und hart. Oft vergingen viele Wochen, ohne dass man einen anderen Menschen als die Familie und die

Knechte sah, trostlose, endlose Tage, in denen Marie sich bei der Arbeit in ihren Gedanken verlor.
Umso schneller hatten die beiden Mädchen Freundschaft geschlossen und nutzten jede der spärlich gesäten Gelegenheiten, einander auf den abgelegenen Farmen im Grenzland zu besuchen.
Der Penn's Creek, der nach dem berühmten Gründer der Kolonie William Penn benannt worden war, war ein Nebenfluss des mächtigen Susquehanna Flusses, an dessen Ufer sich dichte Laubwälder schmiegten.
Der Weg zu den Leinigers folgte dem Lauf des Flüsschens und das welke Herbstlaub raschelte unter den Füßen der beiden Mädchen.
Die meisten Bäume hatten ihre Blätter bereits verloren und der kalte Wind, der ihnen unter ihre Röcke wehte, ließ bereits eine Ahnung von der nahen Kälte des Winters aufkommen.
Marie schlang ihr Tuch fester um ihre Schultern. Marianne löste sich von ihrer Hand, um auf einem der umgestürzten Baumstämme zu balancieren, die den Wegesrand säumten.
„Warum sollen wir vor der Dunkelheit zurück sein?", fragte sie Marie, während sie vorsichtig einen Fuß vor den anderen setzte. „Na, weil der Wald nach Sonnenuntergang sehr gefährlich sein kann", antwortete Marie, „es gibt Wölfe und Bären, die nur darauf warten, kleine Mädchen zu überfallen und aufzufressen." Sie konnte ein kurzes Lächeln nicht unterdrücken, als sie sah, wie sich die Augen des kleinen Mädchens für einen Augenblick vor Schreck weiteten.
„Aber außerdem", fuhr sie mit ernster Stimme fort „gibt es auch böse Geister und Zwerge in den Wäldern, die nur in der Dunkelheit hervorkommen. Das hat dir dein Vater doch bestimmt erzählt?" Marianne stand wie zur Salzsäule erstarrt und sah sie aus entsetzt aufgerissenen Augen an. „Davor habe ich keine Angst", antwortete sie schließlich und reckte entschlossen ihr Kinn, „mein Vater sagt immer, ich sei eine Hexe, wegen meiner roten Haare. Und", sie sah Marie triumphierend an, „als Hexe habe ich vor bösen Geistern nichts zu befürchten."
Marie lachte und kam nicht umhin, dem kleinen Mädchen zuzustimmen.
„Aber vor den Babys fürchte ich mich", sagte Marianne plötzlich.
Verwundert sah Marie sie an. „Weshalb fürchtest du dich denn vor Babys?

Sie sind doch ganz klein und so herzerweichend unschuldig!"
Das Mädchen schüttelte den Kopf. „Meine Mutter sagt immer, wenn sie noch ein Baby bekommt, dann wird sie sterben. Sie ist bei der Geburt von Johann fast verblutet."
Betroffen blieb Marie stehen. „Aber das ist doch nicht die Schuld des Babys, wenn die Mutter bei der Geburt stirbt! Das passiert hin und wieder." Tröstend schloss sie Marianne in die Arme, aber diese machte sich los. „Wessen Schuld ist es dann, Marie?", fragte sie sie und ihre tiefbraunen Augen wurden groß. Marie seufzte tief.
„Nun, in der Bibel steht, dass es Evas Schuld ist, die erste Frau. Weil sie ungehorsam war, hat Gott ihr zur Strafe die Schmerzen der Geburt gegeben. Aber um ehrlich zu sein, ich weiß es nicht." Ihre Antwort konnte Marianne nicht zufrieden stellen.
„Ist Johann deshalb gestorben?" Ihr kleiner Bruder hatte den ersten Winter in der Neuen Welt nicht überlebt. Fieber hatte ihn dahin gerafft. „Nein", antwortete Marie mit fester Stimme, „Johann ist gestorben, weil es Gottes Wille war. Er wollte ihn lieber wieder bei sich haben."
Marianne lächelte. „Ja, das kann ich verstehen, er war auch ein besonders schönes Kind, mit so zarter Haut und rosigen Bäckchen." Sie machte einen großen Satz auf einen anderen Baumstamm und verschwand dann zwischen den Bäumen, um im nächsten Moment an einer anderen Stelle wieder aufzutauchen. Offensichtlich konnten die traurigen Gedanken nicht allzu lange von ihr Besitz ergreifen.
Als sie die letzte Biegung des Weges schließlich hinter sich ließen, entdeckte Marie zu ihrer Überraschung drei fremde Pferde, die vor dem Haus der Leiningers angebunden waren, doch bevor sie sich darüber wundern konnte, ließ ein spitzer Freudenschrei sie sich herumdrehen und sie sah Regina, Barbaras kleine Schwester, mit fliegenden Locken aus dem Stall auf sie zu laufen. „Marie", schrie das Mädchen, „Marie, du bist es! Barbara, komm schnell, sieh nur, wer hier ist!"
Barbara, die wie eine ältere Ausgabe von Regina aussah, kam hinter ihrer Schwester aus dem Stall und fiel Marie freudestrahlend um den Hals.
„Wie schön, dich zu sehen!", rief sie mit leuchtenden Augen. Ihre Wangen waren gerötet und die blonden Locken standen ihr so widerspenstig vom

Kopf ab, dass sie sie immer wieder mit einer Hand nach hinten schieben musste.

Die beiden kleinen Mädchen waren bereits laut plappernd zwischen den Stallungen verschwunden, als Marie und Barbara gemeinsam auf das Haus der Leinigers zu gingen.

„Mein Vater hat Besuch“, erklärte Barbara, als sie Maries fragenden Blick auf die fremden Pferde bemerkte. „Conrad Weiser, du hast doch bestimmt von ihm gehört …“

Als sie die Veranda fast erreicht hatten, löste sich plötzlich ein riesiger Schatten von der Hauswand. Marie stieß vor Schreck einen lauten Schrei aus, als sie in ein dunkles, von Narben und schwarzen Linien durchzogenes Gesicht blickte. Der Indianer war gewiss drei Köpfe größer als sie und sah sie aus unergründlichen, schwarzen Augen an.

Er wirkte so unheimlich, dass Marie unwillkürlich einen Schritt zurückwich.

„Oh“, machte Barbara, „sei unbesorgt. Er gehört zu Weiser.“ Rasch zog sie Marie an ihm vorbei ins Innere des Hauses.

„Gruselig, hmm?“ Barbaras grüne Augen blitzten, als sie die Tür hinter Marie verschloss. „Am Anfang hatte ich auch Angst vor ihm, aber er tut niemandem etwas zuleide. Er ist Weisers Bruder, verstehst du? Also, die beiden sind zusammen aufgewachsen und na ja, seitdem weicht ihm dieser Mohawk-Indianer nicht mehr von der Seite. Man erzählt sich schreckliche Sachen von ihm. Mehr als hundert Männer soll er bei lebendigem Leibe skalpiert haben und die Narbe auf seinem Gesicht trägt er, weil es einmal jemand bei ihm versucht hat, doch während sie noch an seinem Gesicht herumschnitten, ist er aufgewacht und hat sie alle getötet.“

Barbara lief bei ihren eigenen Worten ein wohliger Schauer über den Rücken. Marie warf einen vorsichtigen Blick aus dem Fenster, wo die Gestalt des Mohawk-Mannes bereits wieder mit den Schatten der Hauswand verschmolzen war.

„Wie geht es deiner Mutter?“, wechselte sie das Thema. Der Indianer war ihr unheimlich und sie fühlte sich nicht wohl in der Nähe eines solch blutrünstigen Wilden. Barbara sah sie verwundert an. „Meine Mutter? Sie ist mit unserem Knecht zur Mühle gefahren und kehrt erst morgen zurück. Weshalb fragst du?“ Marie seufzte. „Weil euer Knecht unserm Michel gesagt hat, dass

sie mit Fieber im Bett liegt und da habe ich ihr ein paar Sachen zusammengepackt." Barbara winkte ab. „Ach so, nein, sie ist längst wieder wohlauf. Stell dir vor", flüsterte sie Marie verschwörerisch ins Ohr. Sie strich sich über ihre widerspenstigen blonden Haare, die sie mit einem grünen Band zusammengebunden hielt.
Marie schien es, als leuchteten ihre Wangen heute noch röter als sonst.
„Conrads Sohn Samuel ist bei ihm", erklärte Barbara ihr mit einem verlegenen Lächeln.
Eine Strähne löste sich aus ihrem Band und fiel ihr in das Gesicht. Marie lächelte und strich ihr über die Locken.
„Du siehst bezaubernd aus."
Barbara holte tief Luft und öffnete leise die Tür, die in die Küche führte, wo Barbaras Bruder Martin, ihr Vater, ein fremder Mann, der jener Conrad Weiser sein musste, sowie ein weiterer, jüngerer Mann, der wohl sein Sohn war, an dem langen Holztisch vor dem Ofen saßen.
„… es scheint, als habe Braddock schmerzhaft gelernt, dass in diesem Teil der Welt Kriege nur mit oder gegen die Indianer gewonnen werden, niemals aber ohne sie."
„Da sprecht Ihr ein weises Wort, Weiser." Barbaras Vater schmunzelte über sein Wortspiel und wischte sich dann mit seinen groben, schwieligen Händen den Bierschaum aus seinem Bart, der die Pockennarben auf seinen Wangen nur unzureichend verdecken konnte.
„Er hat seine Männer auf geradem Wege in die Hölle geschickt. Man sagt, die Schneise, die er in die Wildnis hat schlagen lassen, sei gepflastert mit den Leichen seiner Männer."
Conrad Weiser nickte betroffen.
Sein Sohn Samuel bemerkte die Mädchen und lächelte ihnen schüchtern zu. Marie konnte sehen, wie Barbara das Blut in die Wangen schoss.
„Das ist die Art, wie man in Europa Krieg führt", erklärte Conrad Weiser. „Unsere Väter könnten uns davon Einiges berichten." Sebastian nickte zustimmend. Die Familie Weiser und die Familie Leininger kannten sich schon seit vielen Generationen. Conrads Vorfahren stammten aus dem württembergischen Herrenberg und sein Vater gehörte, ebenso wie Sebastians Vater, zu den Blauen Dragonern, einer leicht berittenen Kavallerieeinheit, die dem

Herzog unterstellt war.
„Für Europäer gehören zu einem Krieg Männer in Uniform, eine offizielle Kriegserklärung und große Schlachtheere, die sich unter der Führung eines genialen Feldherrn Mann gegen Mann gegenüberstehen."
„Braddock hielt sich für einen dieser genialen Feldherrn", brummte Sebastian in seinen Bierkrug. Conrad nickte ernst. „Doch die Indianer führen eine uns völlig fremde Art von Krieg. Die Delaware-Indianer unter ihrem Anführer Shingas waren bereit, sich mit ihm zu verbünden. Hätte er auf sie gehört, wäre Fort Duquesne nun in britischer Hand. Er aber hat es vorgezogen, sie zu beleidigen. Damit hat er sein Schicksal besiegelt. Es waren genau jene Indianer, die ihn und seine Männer in den Wäldern um Fort Duquesne erwarteten."
Marie schauderte. Die schrecklichen Ereignisse um die gescheiterte Erstürmung von Fort Duquesne hatte nicht nur in Tulpehocken für Entsetzten gesorgt.
Braddocks gewaltige Armee von mehreren Tausend Männern war von den Indianern aus dem Hinterhalt zusammengeschossen worden, bevor sie Fort Duquesne überhaupt erreicht hatten. General Braddock selbst war dabei zu Tode gekommen und lag nun zwischen jenen Bäumen beerdigt, die seinen Plänen zum Verhängnis geworden waren.
„Einer seiner Offiziere, ein gewisser Washington hat ihm ein christliches Begräbnis zu teil werden lassen. Das ist mehr als die armen Seelen erhalten haben, die er mit seinem Größenwahn in den Tod geschickt hat." Ehrliche Betroffenheit war auf Samuels Gesicht zu lesen. „Was denkt Ihr, wie geht die Sache weiter? Ich meine, die Franzosen werden das Ohio-Gebiet nicht freiwillig räumen."
Conrad seufzte nachdenklich. „Noch immer gibt es keine offizielle Kriegserklärung zwischen England und Frankreich, aber dies ist wohl nur noch eine Frage der Zeit. Auch wissen wir nicht, ob sich die Indianer tatsächlich mit den Franzosen verbündet haben, oder aber ob die Sache mit Fort Duquesne nicht nur eine Racheaktion an Braddock war. Es ist auf jeden Fall von größter Wichtigkeit, die Indianer auf unsere Seite zu ziehen."
„Und da kommt Ihr ins Spiel, nicht wahr?" Barbaras Vater schlug Weiser so heftig auf die Schulter, dass dieser fast mit seinem Gesicht gegen seinen

Bierkrug schlug. Er räusperte sich verlegen, doch die langjährige Freundschaft mit Sebastian ließ es ihn mit einem nachsichtigen Lächeln übergehen.
„Wie immer werde ich der Kolonie Pennsylvania zur Verfügung stehen, um in den Angelegenheiten mit den Indianern zu vermitteln."
„Ich verstehe, Conrad. Bescheidenheit ist eine wichtige Tugend."
„Aber es wird ja nun gerade viel Wind um diesen Johnson gemacht, nicht wahr?", fuhr Martin dazwischen, „er hat im Norden bei Lake Champlain einen ersten Sieg gegen Frankreich errungen." Sein Vater warf ihm einen missbilligenden Blick zu, doch Conrad nickte zustimmend. „Seine indianischen Verbündeten vom Stamme der Mohawk haben es ihm ermöglicht."
„Was ist mit uns? Ich meine, wenn es Krieg gibt, sind wir hier dann noch sicher?", fragte Martin aufgeregt mit einem Funkeln in den Augen, das einem aufmerksamen Beobachter verriet, dass ihm diese Vorstellung nicht nur Angst einflößte, sondern auch Abenteuerlust.
„Man erzählt sich, weiter im Westen habe es Überfälle von Indianern auf weiße Händler gegeben", gab Samuel vorsichtig zu bedenken.
„Das weiß wohl nur Gott allein. Wenn es Krieg gibt, werden die Regierung in Philadelphia und Gouverneur Morris für den Schutz der Siedler hier an der Grenze sorgen müssen. Aber im Moment sieht es so aus, als habe man uns uns selbst überlassen." Conrad hob den Blick und lächelte Barbara und Marie, die sich noch immer schüchtern an der Tür herumdrückten, aufmunternd zu. „Doch, meine Herren, vielleicht sollten wir uns freundlicheren Themen zu wenden." Marie bemerkte die verstohlenen Blicke, die Samuel und Barbara wechselten und Barbaras Wangen von Neuem dunkelrot verfärbten.
Sebastian Leininger hielt seinen Krug seiner Tochter hin und sagte: „Unsere Krüge sind leer. Marie, erzähl, wie es den Le Roys geht. Habt ihr die Ernte gut herumbekommen?"
Sie wollte etwas erwidern, doch Barbara kam ihr zuvor „Ach Vater, lass sie doch. Immer nur Arbeit, wer will das schon hören?" Ihr Vater legte die Stirn in tiefe Falten und versuchte, seine Tochter strafend anzusehen.
„Weil es die Arbeit ist, die neben dem Glauben ein gutes Christenleben ausmacht, auch deines!" Das Bier hatte seine Zunge weich gemacht, sodass aus dem harten Tadel eine halb belustigte Zurechtweisung wurde.
Barbara schüttelte widerspenstig die blonden Locken. „Ja, natürlich

Vater, aber auch ein Christ muss sich einmal erholen.“ Sie ließ ihm keine Gelegenheit, sie ein zweites Mal zu ermahnen, sondern wandte sich wieder an Marie: „Die Wilhelmine vom Friedershof heiratet im nächsten Frühjahr und stell dir vor, ihr Zukünftiger ist ein Ire! Dabei haben die doch außer Trinken und Prügeleien nichts im Sinn. Aber ihr Vater hatte wohl Angst, dass er sie gar nicht mehr aus dem Haus bekommt, bei dieser Nase und diesen Hüften.“

„Barbara“, fuhr ihr Vater auf. „Hast du nichts anderes im Kopf, als dummen Tratsch zu erzählen? So ist es, das Weibervolk.“ Er hatte seine buschigen Augenbrauen zu einer wütenden Falte zusammengezogen, doch in seinen Augen blitzte es belustigt.

Es begann bereits zu dämmern, als Marie und Marianne sich auf den Heimweg machten.

Nebel stieg von den Flussufern auf, als sie den schmalen Weg entlang des Penn’s Creek zurück liefen, und die beinlangen Röcke der Mädchen sogen sich rasch mit Feuchtigkeit voll und schlugen ihnen nass gegen die Beine.

Auf halber Strecke mussten sie ein dichtes Wäldchen passieren; es war nun fast dunkel und der Mond verbarg sich hinter den Wolken, als Marie plötzlich Hufgetrappel näher kommen hörte. „Marianne“, flüsterte sie, „schnell, hier entlang.“ Sie packte das Mädchen an der Schulter und riss es mit sich ins Unterholz. Das Herz schlug ihnen bis zum Hals, als sie aneinander geklammert im Gebüsch kauerten. Sie bereute bereits, dass sie Martins Angebot, sie nach Hause zu begleiten, so leichtfertig abgelehnt hatte.

Atemlos lauschte sie in die Dunkelheit, ihre Hand fest auf Mariannes Mund gepresst, damit ihr ja kein Laut entwich. Jeans Worte vom Nachmittag kamen ihr in den Sinn.

Die Erde unter ihren Knien war feucht und die Mädchen zitterten vor Kälte und Angst. Das Hufgetrappel kam immer näher, doch sie konnte nur ein Pferd erkennen. Der Reiter kam nur langsam heran und blieb dicht bei ihrem Versteck stehen.

Marie sah eine schmale Gestalt, die eine Mütze trug und die Hufeisen des Pferdes schlugen mit metallenem Geräusch gegen einige Kieselsteine.

In diesem Augenblick begann die Person zu pfeifen, so durchdringend, dass

Marianne vor Schreck zusammenfuhr. Marie jedoch packte sie an der Hand und sprang mit einem Satz aus dem Gebüsch. „Bastian, du hast uns zu Tode erschreckt! Hast du nichts Besseres zu treiben, als uns Angst einzujagen?“
Der Junge auf dem Pferd stieß einen erstaunten Pfiff aus und lachte. „Ich wusste doch, dass du es bist, Marie. Warum läufst du auch alleine hier in der Dunkelheit herum. Hast du keine Angst, ein paar Indianern zu begegnen?“
Marie konnte sein Gesicht in der Dunkelheit nicht erkennen. „Ich kann ganz gut auf mich achtgeben“, erwiderte sie trotzig.
„Nun“, sagte Bastian, „bald wird es von ihnen hier nur so wimmeln. Sie treiben sich in diesem Fort der Franzosen herum, Fort Duquesne.“
Marie lachte über seine Aussprache. Bastian machte eine linkische Bewegung und Marie konnte im Dunkeln erahnen, dass er rot wurde. Ärgerlich fuhr er fort: „Wer spricht schon dies seltsame Französisch-Kauderwelsch! Im nächsten Frühjahr holen wir uns das Fort zurück und treten dem Franzosenpack gehörig in den Hintern.“
Marie klopfte sich den Dreck aus den Kleidern und fasste Mariannes Hand. „Nun, dann will ich dich nicht aufhalten. Ich hoffe nur, du erschießt nicht jeden, der französisch spricht, sonst muss ich mich wohl in Zukunft immer vor dir verstecken.“
Bastian hüstelte verlegen. „Aber nein, Marie, du bist doch nicht wie die Franzosen.“ Marie blieb ihm eine Antwort schuldig.
Bastian ließ es sich dennoch nicht nehmen, die beiden Mädchen nach Hause zu bringen.
Jean erwartete sie bereits ungeduldig und war sehr erleichtert, als sie gemeinsam mit Bastian auf den Hof zurückkehrten.
Marie beeilte sich, das Abendbrot vorzubereiten, bevor ihr Vater und Michel, der Knecht, nach Hause kamen. Das Abendessen verlief wie gewohnt schweigend. Jacques Le Roy war nie ein Mann großer Worte gewesen, doch seit dem Tod seiner Frau sprach er manchmal keinen Satz am Tag. Er war ein großer Mann, dem sich der erlittene Verlust tief in das Gesicht gegraben hatte, kein Lächeln entspannte seine Züge mehr, ernst und kummervoll blickten seine großen, dunklen Augen. Er arbeitete noch härter als die anderen Männer hier draußen, trieb seinen Sohn und auch seine Tochter unbarmherzig an, als wollte er der Wildnis dieser Neuen Welt eine Wiedergutmachung für den

Tod seiner Frau abringen. Der Vater war Marie fremd geworden, manchmal erschien es ihr, als sähe er sie gar nicht oder als wünsche er sich gar, sie wäre an der Stelle ihrer Mutter im Bauch des Schiffes auf dem Atlantik gestorben.
Marie war froh über Mariannes Besuch, ihr graute vor dem langen, einsamen Winter, in dem ihr Vater und Jean ihr die einzige Gesellschaft waren.
Nach all der Zeit war das Fehlen ihrer Mutter in der Runde bei Tisch noch immer so deutlich spürbar, als hätte sie erst gestern bei ihnen gesessen. Dabei war sie nie hier gewesen, hatte nie erleben können, wie der Traum von eigenem Grund und Boden Wirklichkeit wurde, wie die harte Arbeit die Familie mit jedem Jahr in der Neuen Welt ein wenig mehr vorankommen ließ, weil niemand mehr die Hand aufhielt und ihnen das Meiste wieder wegnahm.
„Conrad Weiser war zu Besuch bei den Leiningers“, begann Marie zögernd das Gespräch. Ihr Vater blickte kaum auf, während er mit einem Stück Brot seinen Teller auswischte. Marie griff nach der Schüssel mit Süßkartoffeln und füllte ihm nach.
„Sie haben vom Krieg mit Frankreich gesprochen“, sprach Marie weiter. „Und von den Indianern.“ Marianne sah bei der Erwähnung der Indianer ängstlich von einem zum anderen. Auch sie hatte die Geschichte von Braddocks Armee gehört.
„Das sind ja schöne Themen für euch Mädchen!“, antworte Jean.
„Trotzdem haben sie recht“, unterbrach ihn sein Vater mit ernstem Gesicht. „Es gibt niemanden, der uns an der Grenze vor den roten Teufeln schützt.“ Jacques sah seinen Sohn an. „Ich werde jedenfalls nicht fliehen, egal was passiert. Diese Farm ist unser Leben.“
Nach dem Abendessen blieb Marie bei Marianne, bis das kleine Mädchen eingeschlafen war. Leise sprach sie gemeinsam mit ihr noch ein Gebet, damit ihr Vater sie nicht hörte.
Jacques le Roy hatte seit dem Tod seiner Frau keinen Fuß mehr in eine Kirche gesetzt, seinen Kindern untersagt, bei Tisch oder vor dem Schlafen gehen zu beten und jede Bibel und jedes Gebetbuch aus seinem Hause verbannt.
Nur die kleine, kunstvoll verzierte Bibel, die seiner Frau gehört hatte, bewahrte er heimlich unter seinem Kopfkissen auf, den kleinen Anhänger mit der Heiligen Maria zwischen den Seiten verborgen.

Marie lauschte noch einmal auf die tiefen, gleichmäßigen Atemzüge des Kindes und ging dann zurück in die Wohnstube.
Jean stand an der Tür und starrte in die Dunkelheit. Seine dunklen Augen sahen kummervoll aus. „Was hast du?“, fragte ihn Marie leise. „Ach, nichts“, antwortete er nachdenklich. „Manchmal frage ich mich, ob es richtig war, hierher zu kommen. Nicht alles war schlecht zu Hause, weißt du? Und dies hier ist ein fremdes Land, es ist nicht unsere Heimat und wird es vielleicht auch nie werden. Und ich mache mir Sorgen um dich, mon corbeau!“ Marie zuckte zusammen, als er sie bei ihrem Spitznamen nannte. Seit dem Tod ihrer Mutter hatte sie wohl niemand mehr so genannt.
Jean hatte ihr den Namen gegeben, weil ihn ihre schwarzen, sanft gewellten Locken an das Gefieder eines Raben erinnerten. Außerdem, so hatte er stets gesagt, gäbe es kein klügeres Tier auf der Welt als einen Raben.
„Es ist nicht gut für ein junges Mädchen wie dich, den ganzen Tag auf den Feldern zu arbeiten. Du solltest andere Dinge tun, wie andere junge Frauen auch - sticken, schöne Kleider tragen, na ja, was Frauen eben so tun.“ Jean lächelte unbeholfen. „Es wäre eben alles anders, wenn Mama noch hier wäre.“ Er seufzte schwer. Marie wusste nicht, was sie ihm antworten sollte, deshalb schob sie einfach ihre Hand in seine und drückte sie.
Bevor Marie einschlief, sah sie, wie Jean sein Gewehr aus dem Versteck hinter dem Schrank nahm und es mit einer Kugel und Schießpulver belud, dann stellte er es neben die Tür.

Es war noch dunkel, als Marie erwachte. Leise stand sie auf, um Marianne nicht zu wecken und zog sich an. Ihr Atem stand in kleinen Wölkchen vor ihrem Gesicht, als sie aus dem Haus trat und durch den dichten Morgennebel, der vom Waldrand aus um ihr Haus gezogen war, zum Brunnen lief.
Mit steifen Fingern pumpte sie eiskaltes Wasser in einen Eimer und wusch sich Gesicht und Hände. Das Wasser prickelte auf ihrer Haut und vertrieb die Trägheit des Schlafes aus ihren Gliedern. Nachdem sie sich gewaschen hatte, füllte sie den Eimer erneut mit Wasser und trug ihn zurück zum Haus. Dort stellte sie ihn vor der Schwelle zur Küchentür ab und wandte sich dann dem Stall zu. Noch immer war alles still im Haus.
Sie löste das Brett, dass das Stalltor von außen verschloss, und zog eine

Hälfte des Tores auf. Die stickige Wärme und der Gestank von Vieh, fauligem Stroh und Tierkot schlugen ihr entgegen, als sie zu dem Verschlag ging, in dem sie ihre beiden Kühe hielten.
Die Tiere muhten leise, als sie sich ihnen näherte und sie strich ihnen über ihre großen, sanften Gesichter, bevor sie sich mit gerafften Röcken auf einen kleinen Hocker setzte, den sie zu diesem Zweck hinter der Stalltür aufbewahrte, und die prallen Euter der Kuh mit den Fingern umfasste.
Während sie langsam den Eimer mit der warmen, dampfenden Milch füllte, atmete sie den schweren Geruch des Stalls ein, lauschte auf die Geräusche der erwachenden Tiere, der Sau am anderen Ende des Stalls, den beiden Ziegen und den Hühnern, die bereits aufgeregt herumscharrten und darauf warteten, gefüttert zu werden.
Sie dachte an Barbara und daran, wie ihre Freundin errötete, wenn sie nur an Samuel Weiser dachte. Obwohl ihr Barbaras Verhalten reichlich albern erschien, konnte sie bei dem Gedanken daran ein Lächeln nicht unterdrücken.
Die Tage auf der Farm konnten lang und einsam sein. Wenn die Nacht in den Wintermonaten früh hereinbrach, gab es nur wenige Dinge, die man am Abend im schwachen Licht noch erledigen konnte. Bis auf ein wenig Handarbeit oder Lesen in einem der wenigen Bücher, die die Le Roys aus der Schweiz mitgebracht hatten, blieb ihr nicht viel mit ihrer wenigen freien Zeit anzufangen.
Sie stellte sich vor, wie aufregend es sein musste, dieses Leben hinter sich zu lassen und dem Mann zu folgen, den man liebte, fort von hier, von der Grenze, von Tulpehocken, von Pennsylvania.
Ein seltsames Geräusch schreckte sie plötzlich aus ihren Gedanken auf. Es klang wie ein Schrei, doch sie war sich nicht sicher, ob es ein menschlicher oder ein tierischer Laut gewesen war.
Sie hielt einen Augenblick im Melken inne, doch alles blieb still. Das Schnauben der Tiere musste sie getäuscht haben, dachte sie, und fuhr mit dem Melken fort.
Schüsse zerrissen die Luft.
An ihrer Lautstärke konnte sie hören, dass sie ganz in der Nähe gefallen sein mussten. Vielleicht war es ihr Bruder, der einen Fuchs verjagte, der sich bei Tagesanbruch noch in der Nähe des Stalls herumtrieb, versuchte sie sich zu

beruhigen, doch ihr Herz schlug schneller.
Dann hörte sie wieder die Schreie, doch diesmal deutlich lauter und näher.
Es waren schrille, gellende Laute, wie sie sie noch nie zuvor gehört hatte.
Entsetzt sprang sie auf und stieß dabei den Eimer mit der frisch gemolkenen Milch um, sodass sich die warme Flüssigkeit über ihre Schuhe ergoss und im Stroh versickerte.
Sie versetzte der Kuh einen heftigen Stoß, um an ihr vorbei zu kommen und rannte zum Ausgang. Vor dem Stall war niemand zu sehen. Der Hof war leer. Auch das Haus schien noch immer friedlich zu schlafen. Das Blut rauschte ihr in den Ohren, als sie mit vorsichtigen Schritten um die Ecke bog.
Mit einem entsetzten Schrei wich sie zurück, als sie in den Hof blickte. Ihr Vater lag blutüberströmt vor dem Hauseingang. Eine schreckliche Wunde klaffte auf seiner Stirn und ein Tomahawk ragte aus seiner Brust. Über ihn gebeugt hockte ein Mann mit tiefschwarzem, langem Haar, das ihm weit über den Rücken fiel. Seine bunte Lederkleidung war von Schlamm und Blut bedeckt. Er hielt Jacques blutenden Kopf in seinen Händen, an dem er sich mit einem langen Jagdmesser zu schaffen machte.
Marie hörte ihre eigene Stimme in ihren Ohren gellen, sie schrie vor Entsetzen.
In diesem Augenblick sah sie zwei weitere Männer, Indianer aus dem Hauseingang kommen.
Einer von ihnen stieß Marianne vor sich her, die, nur mit einem dünnen, weißen Nachthemd bekleidet, mit spitzen Schreien um Hilfe rief.
Die Gesichter der indianischen Krieger waren bis zur Unkenntlichkeit mit schwarzer Farbe beschmiert, aus denen ihre Augen wie weiße Schlitze hervorstachen. Sie trugen Sachen in den Händen, Bettlaken, Werkzeug und Vorräte, die sie aus dem Haus der Le Roys entwendet hatten.
Einer von ihnen bemerkte Marie, warf seine Beute zu Boden und kam mit schnellen Schritten auf sie zu. Sie sah das Blut an seinem Tomahawk und dieser Anblick ließ ihre Gedanken vor Schreck erstarren. Es war fast zu spät, als sie ihren Beinen endlich den Befehl gab, sich in Bewegung zu setzen. Sie raffte ihren Rock und fuhr herum, rannte so schnell sie konnte, auf den Waldrand zu. Sie kam nicht sehr weit.
Der Indianer bekam sie an ihrem Kleid am Rücken zu fassen und schleuderte

sie mit roher Gewalt zu Boden, auf dem sie hart mit dem Kinn und Staub und Sand schluckte. Sein Knie bohrte sich mit solcher Kraft in ihren Rücken, dass sie keine Luft bekam.
Er sprang auf und riss sie an den Armen mit sich in die Höhe. Dabei begegnete sie dem Blick seiner schmalen, schwarzen Augen. Etwas Unbeschreibliches stand darin geschrieben, etwas, das Marie nie zuvor in den Augen eines Menschen gesehen hatte. Es schien, als loderte ein schreckliches Feuer in ihnen, das jeden verzehrte, der damit in Berührung kam.
Ein heftiger Stoß ließ sie vorwärts taumeln, als sie aus dem Augenwinkel plötzlich Jean sah, der, von den Indianern unbemerkt, aus dem Haus getreten war und nach der schweren Baumaxt griff, die an dem Baumstumpf lehnte, an dem er und sein Vater am Vortag das Holz gehackt hatten.
Mit einem verzweifelten Schrei schwang er die Axt hoch über seinem Kopf und stürzte auf den Angreifer zu, der über seinem Vater kniete, doch der Mann sah ihn kommen und hob die Hand mit seinem blutbeschmierten Messer zum Angriff. In diesem Augenblick durchschlug ein Schuss Jeans Schulter und schleuderte ihn zu Boden. Die Baumaxt stürzte zu Boden und er blieb stöhnend daneben liegen. Entsetzt schrie Marie auf, doch der Krieger hinter ihr hielt sie an den Armen gepackt.
Jean bewegte sich und presste seine Hand auf die Schusswunde in seiner Brust und der Stoff seines Hemdes verfärbte sich rot von seinem Blut.
Außer sich vor Angst wand Marie sich in dem unbarmherzigen Griff des Indianers, doch sie hatte keine Chance gegen ihn. Sie sah, wie der Mann, der ihren Vater ermordet hatte, sich erhob und auf sie zu kam. Seine Arme und seine Brust waren bis zu den Schultern mit rot glänzendem Blut bedeckt.
„Rum?“, fragte er mit einer seltsam rauen Stimme. Sie konnte sehen, dass ihm die Meisten seiner Zähne fehlten und sein fauliger Atem schlug Marie ins Gesicht.
Stumm schüttelte sie den Kopf. Sie konnte an seinem Blick erkennen, dass er zögerte, ein blutgieriges und kaltblütiges Funkeln war darin zu sehen und für einen Augenblick hatte sie nicht den geringsten Zweifel, dass er auch sie ermorden würde, doch plötzlich wandte er sich ab und verschwand in ihrem Haus.
Zitternd vor Angst und Entsetzen sah Marie zu dem leblosen Körper ihres

Vaters, der mit weit ausgestreckten Beinen nur wenige Meter von ihr entfernt in seinem eigenen Blut lag.
Der Tomahawk ragte noch immer an der Stelle aus seiner Brust, in die sein Mörder ihn gestoßen haben musste. Jean lag leblos neben der Axt, sie konnte nicht erkennen, ob sich seine Brust noch hob und senkte.
Marie schloss die Augen und sie spürte, wie sich die Galle aus ihrem Magen in ihren Mund kämpfte. Alles um sie herum schien sich zu drehen, die wilden Schreie der Indianer drangen von weit her in ihr Bewusstsein.
Als sie ihre Augen wieder öffnete, sah sie einen der Indianerkrieger mit der kleinen Bibel, die ihr Vater von ihrer Mutter verwahrt hatte, aus dem Haus kommen. Der Rosenkranz ihrer Mutter rutschte aus den Seiten und wurde von dem Mann unter lautem Freudengeheul in eine der Taschen seines Lederhemdes gesteckt.
Plötzlich kratzte ihr der beißende Geruch nach Rauch in der Nase, als sie den Kopf hob und sah, dass Flammen aus dem Innern des Hauses schlugen. Die Vorhänge, die sie in mühevoller Kleinarbeit genäht hatte, die Möbel, die der Vater mit solcher Sorgfalt gezimmert hatte, ihre Erinnerungen, alles fiel den gierigen Zungen des Feuers zum Opfer.
Marie schrie vor Hilflosigkeit und Zorn, als sie sah, wie der zahnlose Indianer den leblosen Körper ihres Vaters an den Füßen packte und ihn zu dem brennenden Haus schleifte, wo er ihn mit den Füßen in den Eingang ragend liegen ließ. Die Flammen leckten an seinen Beinen.
Marie war blind vor Tränen. „Was tut ihr da?“, schrie sie die Indianer an, doch die schienen sie nicht einmal zu hören. Sie und Marianne wurden wie Gepäckbündel gepackt und über die Rücken ihrer Pferde geworfen. Marie hob verzweifelt den Kopf und sah, wie die Männer Jeans Hände fesselten. Er schien noch am Leben zu sein. Doch ihre Hoffnung verschwand schlagartig, als sie sah, wie die Indianer auf ihre Pferde sprangen und in wildem Galopp davon jagten, während sie Jeans Körper an dem Seil hinter sich herzerrten.
Marie konnte mit aller Eindringlichkeit den Geruch des Indianers hinter sich auf dem Pferd riechen, sie atmete den Schweißgeruch seines Körpers, den öligen Geruch des Leders und den Rauch des Schießpulvers. Blut klebte an seiner Hose und an den Flanken seines Pferdes.
Sie zogen Jean hinter sich her, bis sie das kleine Wäldchen erreichten, in dem

Marie und Marianne am Abend zuvor Jean begegnet waren.
Die Mädchen wurden nun unsanft vom Pferd gestoßen und fielen hart zu Boden. Als Marie sich aufgerappelt hatte, kroch sie zu Jean.
Er sah schrecklich aus. Sein Gesicht blutete aus unzähligen kleinen Wunden und war von Schweiß und Staub bedeckt. Von seinem Hemd und seiner Hose waren nur noch Fetzen übrig und darunter sah man große Schürfwunden.
Sie konnte seinen rasselnden Atem hören und das Blut riechen, das seinen Körper in kleinen Strömen verließ.
Er versuchte vergeblich, seine Augen zu öffnen. „Jean“, flüsterte Marie, als sie sich über ihn beugte. „Jean, kannst du mich hören?“ Er nickte schwach.
Verzweifelt riss sie sich ihre Schürze von den Hüften und presste sie auf die Schusswunde. Die Kugel hatte seine Schulter oberhalb des Schlüsselbeins durchschlagen und Herz und Lunge verfehlt. Wenn man die Wunde versorgte, hatte er eine Chance zu überleben.
Marie biss die Zähne zusammen, doch Tränen liefen unablässig ihre Wangen hinab.
Marianne saß mit bleichem Gesicht neben ihr, ihre Augen wirkten wie entrückt. Marie drückte die Hand des kleinen Mädchens, doch es blieb wie erstarrt sitzen, dann bettete sie Jean's Kopf in ihrem Schoß und sah den Hügel hinauf, auf dem bis heute Morgen noch ihr Hof gestanden hatte. Eine dichte Rauchwolke stieg über den Bäumen auf und verdunkelte ein wenig die Sonne, die inzwischen hoch am Himmel stand.
Die Angreifer schenkten ihren Gefangenen kaum Beachtung, nachdem sie sie von ihre Pferden geworfen hatten, sondern waren vielmehr damit beschäftigt, ihre Beute zu begutachten.
Plötzlich hörten sie ganz in der Nähe Hufgetrappel und für einen kurzen Augenblick schöpfte Marie die verzweifelte Hoffnung, jemand könne den Rauch gesehen haben und ihnen zur Hilfe eilen.
Sie presste Jeans Hand und wischte sich mit dem anderen Arm über das Gesicht.
Doch ihre Hoffnung wich erneuter Verzweiflung, als sie sah, dass die Reiter ebenfalls Indianer waren. Über ihren Pferden baumelten die leblosen Körper zweier blonder Mädchen.
Maries Herz setzte für einen Augenblick aus, als sie erkannte, dass es Barbara

und ihre kleine Schwester Regina waren.
Erst als die Reiter ihre Pferde kurz vor ihnen abbremsten und die Mädchen ebenfalls auf die Erde warfen, sah Marie, dass die beiden Schwestern noch am Leben waren. Man hatte auch sie an den Händen gefesselt und Blut rann von einer kleinen Verletzung an Barbaras Stirn.
„Marie", flüsterte Barbara entsetzt und Tränen vermischten sich mit dem Blut auf ihrem Gesicht, „sie haben sie alle umgebracht ... meinen Vater ... Martin, sie haben ihm ins Gesicht geschossen." Ihre Worte gingen in einem verzweifelten Schluchzen unter, das ihren ganzen Körper erbeben ließ.
Stumm vor Angst und Entsetzten nahm Marie Barbaras Hand in ihre.
Der zahnlose Angreifer kam zu ihnen herüber.
Ein widerliches Grinsen zog über sein Gesicht, als er sich mit gekreuzten Beinen vor sie setzte und das Messer aus seinem Gürtel zog. An der Klinge klebte noch das Blut ihres Vaters.
Marie glaubte, sich vor Ekel und Abscheu übergeben zu müssen, als er den blutigen Fleischklumpen, der einmal die Kopfhaut ihres Vaters gewesen war, von einem Haken an seinem Gürtel löste und mit genüsslicher Langsamkeit begann, die Fleischbrocken davon abzuschaben.
Sie schloss die Augen und versuchte, an etwas anderes zu denken.
Dies alles konnte nur ein schrecklicher Albtraum sein, aus dem sie jeden Moment erwachen musste. Doch sie erwachte nicht. Als sie die Augen wieder öffnete, lag Jean noch immer blutüberströmt in ihrem Schoß. Seine Haut hatte eine seltsam gräuliche Farbe angenommen und sein Atem ging keuchend und schwer. Marie sah die anderen Mädchen an. Regina bewegte ihre Lippen unablässig zu einem stummen Gebet, während Barbara mit schreckgeweiteten Augen zu den Indianern hinüber starrte, die sich über die erbeuteten Schnaps- und Biervorräte her machten.
Es schien, als dauerte es nicht lange, bis ihre Schreie und Gesten immer lauter und wilder wurden und schließlich schoss einer von ihnen mit wildem Geheul in die Luft, sodass die Mädchen schreiend zusammen zuckten.
„Sie werden uns alle töten", flüsterte Barbara, ohne den Blick von den Männern zu nehmen. Plötzlich stieß Regina sie aufgeregt in die Seiten. „Da kommt jemand", zischte sie.
Für einen kurzen Augenblick kam tatsächlich Unruhe unter den Indianern

auf und der Zahnlose erhob sich lautlos und schlug sich in die Büsche.
Sie starrten mit banger Erwartung in die Richtung, aus der die Geräusche kamen. Zu ihrem Entsetzen erkannte Marie Bastian, der gemächlich den Weg entlang ritt.
Als er die Gruppe bemerkte, hielt er an und sah herüber. Offenbar konnte er nicht erkennen, was zwischen den Indianern und den Mädchen vorging.
In diesem Augenblick traf ihn ein Schuss aus dem Unterholz etwas oberhalb seines Bauches. Er stieß einen erstickten Laut aus und stürzte rückwärts von seinem Pferd, das in Panik davon jagte. Auch die Mädchen schrien vor Schreck auf. Marie konnte sehen, wie er sich unter Schmerzen auf dem Boden hin- und herwarf, als der Zahnlose aus dem Gebüsch sprang und auf ihn zu ging.
Eine schreckliche Ahnung von dem, was nun folgen würde, überkam Marie und sie schloss die Augen. Sie hörte Bastian schreien und seine schrillen Schmerzenslaute hallten durch den Herbstwald und ließen den Mädchen das Blut in den Adern gefrieren. Keiner von ihnen würde diese Schreie jemals mehr vergessen können, sie brannten sich durch Maries Ohren für immer unauslöschlich in ihr Gedächtnis ein.
Marie spürte Tränen ihr Gesicht hinabrinnen, doch ihr Körper, ja ihre Seele erschienen ihr seltsam taub.
Tot, sie waren alle tot, ihr Vater, Bastian, den sie erst gestern hier getroffen hatte. Doch dieses Gestern hätte genauso gut auch zu einem anderen Leben gehören können, so unwirklich und entfernt erschien es ihr.
Sie betrachtete Jeans Gesicht, das blass in ihrem Schoß lag. Sein Atem ging gepresst, doch er öffnete hin und wieder die Augen und sah sie an.
Marie wusste jedoch mit schrecklicher Gewissheit, dass er nicht lange überleben würde, wenn der Dreck in den Verletzungen blieb. Er würde innerhalb kurzer Zeit Fieber bekommen und sterben und es gab nichts, das sie dagegen tun konnte. Blind vor Tränen hob sie den Kopf und starrte zu den Indianern hinüber.
Der Zahnlose war mit seiner schrecklichen Trophäe wieder zu ihnen gegangen und sie schienen ihren Gefangenen keine Beachtung mehr zu schenken. Vor sich breiteten sie die Dinge aus, die sie aus den Häusern der Siedler entwendet hatten: Bettlaken, Kleidung, Decken, Werkzeuge, Vorräte, ein we-

nig Schmuck und andere kleine Kostbarkeiten, die sie in den Farmhäusern gefunden hatten. Auch die kleine, mit feinen Goldfäden verzierte Bibel von Maries Mutter war darunter.
Grenzenloser Hass und tiefe Abscheu überwältigten Marie.
Das Bild ihres schrecklich zugerichteten Vaters stieg vor ihren Augen auf und sie hatte das Gefühl, als schnürte ihr die Erinnerung die Kehle zu.
Jean dämmerte vor sich hin, nur hin und wieder ächzte er leise vor Schmerzen und seine Brust hob und senkte sich so unregelmäßig, dass Marie immer wieder fürchtete, er sei in ihren Armen gestorben. Kein menschliches Wesen konnte zu solchen Grausamkeiten fähig sein, dachte Marie.
Die Angreifer erschienen ihr wie Tiere, nein, schlimmer, rote Teufel, Ausgeburten der Hölle, ohne Seele und voller Grausamkeit. Es gab nichts, was sie mit den Weißen verband.
Sie schmeckte das Salz ihrer Tränen auf der Zunge.
Ihr Vater war ein kluger und ehrbarer Mann gewesen, der niemandem Unrecht getan hatte. Ein solches Ende hatte er nicht verdient.
Sie verspürte den heftigen Wunsch, den Indianern etwas ebenso Schreckliches anzutun, Rache zu üben für ihren Vater, Jean, die Leiningers, Bastian.
Als die Dämmerung hereinbrach, kam Unruhe unter den Indianern auf. Sie packten ihre Beute zusammen und der Zahnlose befahl den Mädchen, aufzustehen. Gemeinsam mit Barbara gelang es Marie unter Aufgebot all ihrer Kräfte, Jean auf die Füße zu ziehen und ihn zu stützen, während die Indianer sie grob vor sich herstießen.
Alle Kraft schien aus Jeans Körper gewichen zu sein; leblos hing er in den Armen der Mädchen, die ihn bereits nach einigen Metern kaum noch halten konnten. Sie schafften es, ihn zu dem nahegelegenen Hügel zu bringen, den die Indianer offensichtlich als Lagerplatz für die Nacht ausgewählt hatten.
Dort angekommen brach Jean erschöpft zusammen; seine Haut war von klebrigem Schweiß bedeckt und sein Atem ging schwer und keuchend.
Als die Indianer ein Feuer entfacht hatten, hörten die Gefangenen erneut Hufgetrappel, doch diesmal hegte Marie keine Hoffnung mehr, jemand könne die Überfälle bemerkt haben und ihnen zur Hilfe eilen.
Vielleicht hatten die Indianerkrieger alle Farmen in der Umgebung, ja in ganz Tulpehocken überfallen und es war niemand mehr am Leben, dem auf-

fallen könnte, dass sie von den Indianern gefangen genommen und ihnen ausgeliefert waren.
Das schrille Geheul der Reiter, die sich ihnen in scharfem Galopp näherten, bestätigte ihre Befürchtungen. Es waren Indianer. Sie jagten auf ihren Pferden auf sie zu und zwei von ihnen bremsten ihre Pferde erst kurz vor den Mädchen ab.
Einer von ihnen stieß ein lautes, heiseres Lachen aus und schleuderte etwas vor ihnen auf den Boden.
Marie sah, dass es ein Bündel menschlicher Skalps war.
Es waren die blutigen Überreste von Menschen, die sie vermutlich gekannt hatte, Menschen aus Tulpehocken, ihrer Gemeinde, mit denen sie gebetet, gefeiert und gearbeitet hatte und die nun das gleiche Schicksal hatten erleiden müssen wie ihre eigene Familie.
Schluchzend wandte Marie sich von diesem schrecklichen Anblick ab.
Erst jetzt bemerkte sie, dass einer der Reiter eine gefesselte, weiße Frau, kaum älter als Marie und Barbara mit roten Locken mit sich gebracht hatte. Ihre Handgelenke waren zusammengebunden und Blut tropfte von einer langen Wunde an ihrem Oberarm.
Sie sank neben den Mädchen auf die Knie. „Ich bin Sarah M'Allister", sagte sie mit vor Erschöpfung brüchiger Stimme, aus der Marie ihren irischen Einschlag heraushören konnte. „Sie haben unsere Farm in Mahanoy am Penn`s Creek heute Morgen überfallen. Alle sind tot. Meine Kinder, mein Mann, unsere Tiere." Mahanoy war der nächste größere Ort in Tulpehocken. Ein verzweifeltes Flackern trat in ihre Augen. „Konnte jemand von euch fliehen? Jemand, der Hilfe holen könnte?"
Marie konnte nur stumm den Kopf schütteln. „Sie sind tot, alle tot, diese widerlichen Teufel haben alle umgebracht. Wer soll uns denn suchen?", stieß Barbara stattdessen mit schriller Stimme hervor.
Der Geruch von gebratenem Fleisch zog vom Feuer der Indianer zu ihnen herüber und Maries Magen verkrampfte sich vor Hunger. Auch die anderen starrten mit großen Augen zu der unerreichbaren Wärme des Feuers.
Mit Einbruch der Dunkelheit wurde der Boden, auf dem die Gefangenen kauerten, kalt und feucht und Marianne und Regina zitterten erbärmlich in ihren dünnen Nachthemden.

Marie versuchte, es Jean so bequem wie möglich zu machen. Sein Atem ging noch immer schwer, doch nun schien er zu schlafen. Die Indianer waren inzwischen betrunken und sprangen wie rote Teufel um das Lagerfeuer herum, während sie immer wieder gellende Schreie ausstießen, die den Mädchen Angst machten.

Die Flammen tanzten auf ihren bemalten Gesichtern und verliehen ihnen etwas Dämonisches.

„Was haben sie nur mit uns vor?“, hörte sie Barbara ihre eigenen bangen Gedanken aussprechen. „Werden sie uns töten, oder …?“

„Sie werden nach uns suchen“, versuchte Marie auch sich selbst zu trösten. „Der Rauch, die Schüsse, man wird uns finden. Sie werden nach uns suchen.“ Immer wieder murmelte sie die Worte in sich hinein, wie ein Gebet, eine verzweifelte Beschwörung an das Schicksal.

„Oh Marie, ich verspreche, ich werden jeden Tag beten und nie mehr Dummheiten machen, wenn sie uns nur …“

„Seid leise“, fuhr Sarah sie an.

Einer der Männer war aufgestanden und kam zu den Gefangenen herüber. Es war der Zahnlose, der ihren Vater getötet und auf grausame Art und Weise verstümmelt hatte.

Marie schloss die Augen. Nun war der Augenblick gekommen.

Ihre Entführer hatten sie bis jetzt am Leben gelassen, um sich einen besonderen Spaß aus ihrer Angst zu machen. Vielleicht hatte der Alkohol ihre Lust auf die Folter ihrer Gefangenen noch gesteigert und sie hatten die ganze Zeit auf diesen Augenblick gewartet.

Dann sollte es eben so sein, dachte Marie plötzlich mit einer nüchternen Gleichgültigkeit, die sie selbst erschreckte. Nichts konnte schlimmer sein, als die Ereignisse, die sie am Morgen hatte mit ansehen müssen. Und welchen Sinn machte es, weiter zu leben, ohne ihren Vater, ohne Jean, mit den furchtbaren Erinnerungen, die sie von nun an mit sich herumtragen musste.

Ein köstlich würziger Geruch stieg ihr in die Nase.

Als sie die Augen öffnete, sah sie, dass der Indianer ihnen ein großes Stück gebratenes Fleisch hinhielt, dessen wundervoller Duft ihr und den anderen das Wasser im Munde zusammen laufen ließ.

Sie überlegte nur einen kurzen Augenblick, das Essen abzulehnen, doch ihr

Hunger war stärker. Der Zahnlose wandte sich bereits wieder zum Gehen, als Marie ihren ganzen Mut zusammennahm, aufsprang und ihn festhielt. Überrascht drehte er sich um.
„Wasser", sagte sie, „bitte." Sie deutete auf Jean, der im Schlaf stöhnte.
Der Mann sah sie einen Augenblick an. Dann neigte er ein wenig den Kopf, vielleicht als ein Zeichen der Zustimmung, vielleicht aber auch, weil Marie zu weit gegangen war, doch ihr blieb keine Wahl.
Mutig geworden setzte sie nach: „Und Decken. Den Mädchen ist kalt."
Ohne eine Antwort stieß er ihre Hand weg und ging zurück zu den anderen Indianern.
Ich bin zu weit gegangen, dachte Marie verzweifelt, doch zu ihrer Überraschung kehrte er mit einem Bündel Decken aus dem Beutegut und einem Wasserschlauch zurück.
Sie legte Regina und Marianne, die mit blau gefrorenen Lippen auf dem Boden kauerten, die Decke um und versuchte vergeblich, Jean Wasser einzuflößen. Es rann an seinen Mundwinkel das Kinn hinab.
„Jean", flüsterte sie flehentlich, „trink."
Jean stöhnte gequält, öffnete aber die Lippen und schluckte ein wenig von dem Wasser. Sie legte auch ihm eine der Decken um und nach kurzem Überlegen begann sie, schmale Streifen vom Saum ihres Rockes abzureißen und mit ihnen seine Wunden zu waschen und zu verbinden. Sarah zögerte nicht lange und tat es ihr nach, während Barbara sie mit bleichem Gesicht beobachtete. Jean bemühte sich, stillzuhalten, doch immer wieder zuckte er unter Schmerzenslauten zusammen, doch die Kugel hatte seine Schulter glatt durchschlagen und war am Rücken wieder ausgetreten. Die Eintrittswunden zeigten Zeichen von Verbrennung und in Marie regte sich die leise Hoffnung, dass sie sauber verheilen würde.
Sein ganzer Körper war jedoch von unzähligen Schürfwunden, Prellungen und Einstichen übersäht, die er sich durch das Schleifen zugezogen hatte, die alle mit Schmutz bedeckt waren und die sich hier draußen infizieren konnten. Wenn der Wundbrand ausbrach, gab es keine Hoffnung mehr, das wusste Marie, doch sie verdrängte den Gedanken.
Sie und Sarah gaben sich große Mühe, all die kleinen Steinchen, Schmutz und Äste aus den blutigen Wunden zu entfernen, doch Marie wusste, dass es

aussichtslos war. Tränen der Erschöpfung und der Verzweiflung liefen über ihr Gesicht.
Es schien, als habe die Hölle selbst sich aufgetan, um sie alle zu verschlingen. Marie wagte es nicht, an Flucht zu denken. Sie konnte Jean unter keinen Umständen zurücklassen und es mochten sich vielleicht noch Dutzende Indianer in den Wäldern aufhalten. Es blieb ihnen nichts übrig, als still hier auf der Erde zu kauern und ihr Schicksal zu erwarten.
Plötzlich packte Sarah sie am Arm, so fest, dass Marie vor Schmerz fast aufschrie. Überrascht sah sie sie an. Wirre rote Strähnen klebten im Gesicht der Irin, die innerhalb von Tagen zu einer alten Frau geworden war, die Wangen hohl und die Augen leer. Doch nun sah sie Marie eindringlich an, ihr Blick bohrte sich gerade zu in sie. „Du darfst jetzt nicht aufgeben, hörst du?“ Ihr irischer Akzent knarrte durch das schwer verständliche Englisch. Stumm sah Marie sie an. „Er ist noch am Leben und er wird nicht sterben. Wenn du aufgeben willst, dann brauchst du dich nur hinzulegen.“ Sarah wies mit einem Kopfnicken zu den Männern am Feuer. „Dein Leben zählt für die überhaupt nichts, hörst du? Sie haben meine Kinder, mein Baby vor meinen Augen ermordet, abgeschlachtet wie Ferkel. Niemand wird dir helfen hier draußen.“
Ihr Blick wanderte zu Marianne und Regina. „Die beiden brauchen dich und er dich auch.“ Jean stöhnte wie zur Antwort. Mit einem verächtlichen Seitenblick auf Barbara flüsterte Sarah so leise, dass nur Marie sie verstehen konnte: „Hier draußen hört uns Gott nicht mehr. Hier gibt es nur noch uns. Also reiß dich zusammen.“
Marie schluckte und schloss die Augen. Ihr wurde schwindlig. Doch etwas in ihr, ein Teil, der all das Schreckliche wie aus weiter Ferne beobachtete, wusste, dass Sarah recht hatte. Sie öffnete die Augen und sah Sarah an. Die Irin ließ sie los und kümmerte sich weiter um Jeans Wunden.
Das restliche Wasser genügte kaum, um ihre Lippen zu befeuchten, doch das Fleisch hatte ihre knurrenden Mägen beruhigt und die Decken schützten ein wenig vor der kalten Herbstnacht.
Erschöpft schliefen die Mädchen schließlich ein, Marie mit ihrem Kopf an einen Baumstamm gelehnt, während Jean in ihrem Schoß lag. Die anderen Mädchen klammerten sich aneinander, um sich gegenseitig ein wenig Schutz vor der kalten Oktobernacht zu bieten, während Sarah sich allein zusammen

kauerte. Sie konnte keinen Schlaf finden, die Bilder der vergangenen Tage ließen ihr keine Ruhe, doch Marie war so erschöpft, dass sie nach wenigen Minuten auf dem feuchten, kalten Lager im Wald einschlief.

Sie erwachte im Morgengrauen, weil sie jemand unsanft mit dem Fuß in die Seiten stieß. Verwirrt schreckte sie hoch. Vor ihr stand der zahnlose Indianer. Auch die anderen Mädchen rappelten sich gerade hoch. Dichter Nebel hing schwer über der Lichtung und Maries Glieder waren steif vor Kälte und ihr Rücken schmerzte von ihrem Lager auf dem harten Waldboden. Feuchtigkeit und Kälte waren tief in ihre klammen Kleider gekrochen.
Zu ihrer Erleichterung bemerkte sie, dass Jean wach war, doch sein Gesicht war aschfahl und seine Augen lagen tief in ihren Höhlen.
Er bemühte sich dennoch, ein Lächeln auf sein Gesicht zu zwingen, als er sie ansah, doch es misslang zu einer schmerzverzerrten Grimasse.
„Wie geht es dir?", fragte sie ihn leise auf Französisch, während sie vorsichtig den Verband an seiner Schulter berührte. Er zuckte zusammen. „Es wird schon gehen."
Jean war nur drei Jahre älter als sie, er würde in diesem Winter achtzehn werden, dennoch konnte Marie den Jungen, das Kind, das er einst gewesen war, noch immer deutlich in ihm sehen. Sie schlug die Hände vors Gesicht und begann, leise zu weinen, in der Hoffnung, dass er es nicht bemerken würde, doch Jean streckte seinen unverletzten Arm nach ihr aus und umarmte sie. Es gab keine Worte, mit denen sie sich hätten Trost spenden können, deshalb hielten sie einander schweigend fest, bis die Männer das Zeichen zum Aufbruch gaben.
Anscheinend fürchteten sie nicht, verfolgt zu werden, denn sie gaben sich keinerlei Mühe, die Spuren ihres Lagers zu verwischen. Sie beluden ihre Pferde mit ihrem Beutegut und der Zahnlose kam zu ihnen und fesselte Jeans Hände.
Es gelang Jean nur mit großer Mühe, sich aufzurappeln und mit unsicheren Schritten hinter ihnen herzustolpern. Die Indianer schienen es nicht eilig zu haben. Marie, Barbara, Sarah, Regina und Marianne liefen hinter den Männern her, ein weiterer Tag des Marschierens und der Ungewissheit erwartete sie. Marie ahnte, dass eine falsche Bewegung genügen musste,

um sie alle der Mordlust ihrer Entführer auszuliefern und so schwiegen die Frauen, stützten sich nur hin und wieder gegenseitig, wenn das Gelände zu unwegsam wurde.
Marie erkannte, dass sie sich westwärts bewegten, in Richtung des westlichen Susquehanna-Arms, weg von der Siedlungsgrenze, hinein in die Wildnis der Allegheny Mountains, die nur wenige Weiße je betreten hatten.
Sie liefen den ganzen Tag hindurch ohne Rast, immer tiefer führten die Indianer ihre Gefangenen in die undurchdringlichen Wälder hinter der pennsylvanischen Grenze.
Mit jeder Stunde, die sie liefen, wurde das Gelände schwieriger und dichtes Unterholz machte das Laufen zu einer Herausforderung. Jean konnte sich nur mühsam auf den Beinen halten, immer wieder stolperte er und wäre vermutlich schwer gestürzt, wenn Marie ihn nicht im letzten Moment fest gehalten hätte. Sarah und Barbara halfen ihr schließlich dabei, Jean das letzte Stück des Weges zu stützen, bis ihre Entführer endlich eine Pause einlegten. Es hatte leise zu regnen begonnen und die Kleider der Gefangenen waren bald bis auf die Haut durchweicht. Erschöpft und mit keuchendem Atem brach Jean zusammen.
Auf seiner Stirn stand kalter Schweiß und aus seiner Wunde sickerte wieder frisches Blut durch den notdürftigen Verband aus Kleidungsfetzen. Sarah und Marie bemühten sich, ihm ein Lager auf dem feuchten Moos zu bereiten, während Barbara mit Regina und Marianne leise ein Gebet sprach, die Augen festgeschlossen, als gelänge es ihnen auf diese Weise, ihrem ungewissen Schicksal zu entkommen.
Zwei Indianer verschwanden mit geladenen Gewehren in den Büschen, während die anderen trockenes Holz zusammen suchten und sich daran machten, ein Feuer zu entzünden.
Marie streichelte Jeans Kopf in ihrem Schoß und bemühte sich, ihre Gedanken ins Leere laufen zu lassen. Die schrecklichen Bilder des Vortages zu verdrängen, doch es gelang ihr nicht. Sie sah ihren Vater, der blutüberströmt mit dem Tomahawk in seiner Brust auf dem Boden lag, während sich die Erde um ihn rot färbte, sie hörte Bastians Schreie, sah die Flammen aus den Fenstern ihres Hauses schlagen und sie fühlte Jeans schweren Kopf auf ihren Knien.
Manchmal hatte sie sich im Laufe des Tages gewünscht, die Indianer wür-

den sie einfach töten und sie nicht länger im Ungewissen über ihr Schicksal lassen.
Barbara saß neben ihr und hatte die Arme um ihre Knie geschlungen. Ihr Kleid war bis zur Taille mit Schlamm beschmiert und ihre Locken klebten nass an ihrem Rücken.
In ihrem hohlwangigen Gesicht bewegten sich ihre Lippen scheinbar unablässig zu einem lautlosen Gebet.
Marianne und Regina saßen etwas abseits auf einem umgestürzten Baumstamm und hatten sich fest in die vom Regen nutzlosen gewordenen Decken gewickelt. Sarah hatte den Kopf auf ihre Knie gelegt. Marie wusste nicht, ob sie schlief oder weinte, doch sie war zu erschöpft, um mit ihr zu sprechen. Unvorstellbare Anstrengungen lagen hinter ihnen, das lange Marschieren durch Unterholz, Wald und Dickicht, die Feuchtigkeit, die Kälte, Hunger und Angst machten ihnen schwer zu schaffen. Dumpf vor Müdigkeit lauschte Marie dem eigenartigen Klang der Gespräche der Indianer. Es klang, als wiederholte jeder Sprecher immer die Tonlage des vorhergegangenen, was ihre Unterhaltung wie ein Lied klingen ließ. Hin und wieder konnte Marie auch einige Brocken Englisch aufschnappen und sie fragte sich, ob die Männer alle dem gleichen Stamm angehörten. Im Grenzgebiet von Pennsylvania lebten vor allem Angehörige des Volkes der Delaware, selten Seneca-Irokesen und Shawnee.
Der Name des widerlichen Indianers mit den Zahnlücken war Galasko oder so ähnlich, während der groß gewachsenen Anführer mit der tiefen Stimme mit Jacob angesprochen und der Indianer mit den schrecklichen Augen, der sie über sein Pferd geworfen hatte, Shingas genannt wurde. Marie war nicht entgangen, dass dic anderen unter seinem Kommando standen.
Der Regen wusch allmählich die Kriegsbemalung aus den Gesichtern der Indianer und Marie konnte nun ihre Züge erkennen.
Die zwei anderen hießen Souchy und Nachenum. Souchy, der Indianer, der die Bibel ihrer Mutter bei sich trug, hatte ein kindliches, fast freundliches Gesicht, während in Nachenums spitzen Zügen etwas Verschlagenes lag, nicht die glühende Gefahr, die ihr aus Shingas Augen entgegen schlug, sondern etwas Feigeres, Dunkleres.
Galaskos Gesicht war von kleinen Falten durchzogen, die seine schma-

len, arglistigen Augen umrahmten. Sein zahnloser Mund schien ständig in Bewegung zu sein, er redete und lachte unablässig in der fremdartigen Sprache ihrer Entführer, die sich in Maries Ohren mehr wie das Grunzen von Tieren als wie menschliche Laute anhörte.
Jacob überragte die anderen Männer um mehr als einen Kopf, sein Haar fiel ihm wirr und ungekämmt über seine breiten Schultern und eine lange Narbe zog sich von seiner Stirn aus über sein Gesicht. Er lachte immer wieder mit einer tief dröhnenden Stimme.
Die Indianer mochten sie vielleicht nicht an Hunger und Kälte sterben lassen. Doch was auch immer sie mit ihnen vor hatten, es war nichts Gutes.
Als Jacob sich von seinem Platz am Feuer erhob, sah Marie, dass die Indianer keine richtigen Hosen trugen, sondern nur Beinlinge aus Leder und zwischen ihren Beinen ein kurzes Stück Leder gespannt, das normalerweise von ihren langen Lederhemden verdeckt wurde.
Auch an diesem Abend teilten die Indianer ihr Essen mit ihnen, doch es regnete die ganze Nacht hindurch und sie froren erbärmlich in den nassen Decken.

Am nächsten Morgen schien Jean kaum noch das Bewusstsein erlangen zu können. Bei dem Versuch, sich aufzurichten, stürzte er schwer zu Boden und blieb keuchend liegen. Sarah, die die ganze Nacht in unveränderter Haltung verbracht hatte, hob plötzlich den Kopf und sagte: „Lass ihn einfach hier. Es hat keinen Sinn. Sie werden ihm nicht helfen. Es gibt keine Rettung mehr. Warum willst du ihn weiter quälen? Weißt du nicht, was sie mit den gefangenen Männern machen? Sie foltern sie zu Tode, tagelang, schrecklicher als alles, was du dir vorstellen kannst. Lass ihn hier. Er wird einfach einschlafen."
Plötzlich packte Marie unbändige Wut. Sie machte einen Satz auf Sarah zu und packte sie an beiden Schultern. „Hast du mir nicht gestern noch gesagt, ich dürfe nicht aufgeben? Wie kannst du so etwas sagen? Er lebt noch." Sarah sah sie mit einem eigenartigen Ausdruck in den Augen an. In ihrem Blick lag keine Verzweiflung mehr, sondern die Gleichgültigkeit eines Menschen, der alle Hoffnung aufgegeben hatte.
„Wir kommen zu langsam voran. Wenn wir ihnen zur Last werden, töten sie

uns alle“, antwortete sie und ihr Gesicht verzog sich zu einem hässlichen, bitteren Lachen. „Du tust uns nur einen Gefallen.“ Wie erstarrt ließ Marie von ihr ab. Barbara stand auf und legte eine Hand auf ihren Arm. „Lass sie, Marie, sie weiß nicht, was sie sagt. Gott wird ihr verzeihen.“ Marie blieb ihr die Antwort schuldig und beugte sich zu Jean.
Shingas schien die Szene aufmerksam verfolgt zu haben. Er wechselte einige Worte mit Galasko und Souchy und die beiden Männer kamen auf Jean zu. Für einen Augenblick befürchtete Marie, Sarah würde recht behalten, und die Indianer würden Jean töten, damit er ihnen nicht länger zur Last fiel, doch zu ihrer Verwunderung packten sie ihn und hoben ihn auf den Rücken eines der Packpferde. Shingas hatte offensichtlich erkannt, dass Jean keinen weiteren Tagesmarsch mehr bewältigen konnte, doch die Männer mussten Maries Bruder auf dem Rücken des Pferdes festbinden, damit er nicht herunterfiel. Ihm fehlte die Kraft, sich festzuhalten. Marie wusste nicht, ob sie Erleichterung oder Wut spüren sollte, als sich ihre kleine Gruppe wieder auf den Weg machte.
Marianne und Regina hatten schon vor Langem das Weinen aufgegeben, ihre Gesichter schienen wie aus Wachs zu sein. Sie hielten sich an den Händen wie Mädchen einer Klosterschule, die einen Albtraum hatten. Mit dem Unterschied, dass ihr Albtraum Realität war, dachte Marie bitter, während sie sich einen felsigen Abhang hinabkämpften, doch auch mit den kleinen Mädchen Marianne und Regina schienen ihre Entführer schließlich Erbarmen zu haben, denn als sie den Abhang passiert hatte, hielt Souchy sein Pferd an und hob die beiden auf dessen Rücken.
So setzten sie ihren beschwerlichen Weg über den Gebirgspass der Allegheny Berge fort, dichte Laubwälder wechselten sich mit undurchdringlichen Nadelwäldern ab und es regnete unablässig auf sie nieder.
Die Erschöpfung brannte alle Empfindungen aus Marie heraus, sie fühlte weder Angst noch Schmerz, alles, was sie konnte, war, sich auf den nächsten Schritt konzentrieren, bis die Indianer schließlich einen Unterschlupf in einer kleinen Höhle suchten, die sich keilförmig in eine Felswand erstreckte.

Marie verspürte einen solchen Hunger, dass es ihr gleichgültig war, woher das Essen stammte, das ihr ihre Entführer bei der Rast anboten und sie griff

gierig danach, als man es den Gefangenen hinwarf. Ihr Magen schmerzte vor Hunger, ihr ganzer Körper schien vor Kälte und Erschöpfung zu schreien, nach einer warmen Mahlzeit, einem trockenen Lager. Doch um sie herum gab es nur den Wald, den undurchdringlichen Wald, der sie immer tiefer und tiefer verschluckte und der Regen wischte alle ihre Spuren fort. Niemand würde ihnen folgen können, doch in Maries Bewusstsein kämpfte sich immer mehr die bittere Erkenntnis, dass ihnen niemand folgte, dass niemand kommen würde, um sie zu befreien.
Jean wollte nichts essen, doch es gelang ihr, ihm etwas Wasser einzuflößen. Sie wusste, dass es nicht gut um ihn stand. Wenn das Fieber weiter in seinem Körper wütete, würde er vielleicht schon den nächsten Tag nicht überleben. Mit brennenden Augen sah sie die Männer an, die mit gekreuzten Beinen vor dem Lagerfeuer saßen und sich in ihrer seltsam kehlig klingenden Sprache unterhielten.
Der flackernde Widerschein des Feuers an den Höhlenwänden verlieh ihren Zügen etwas Unheimliches, Unmenschliches.
Draußen vor der Höhle prasselte der Regen auf den Herbstwald.
Das Feuer schien die Kälte nicht aus ihren Gliedern vertreiben können, die der Regen ihnen während ihres Marsches bis auf die Knochen getrieben hatte.
Jean stöhnte leise. Marie streichelte seine Stirn und beugte sich dicht an sein Ohr. Leise murmelte sie mit geschlossenen Augen das Ave Maria, nur mühsam wollte sich ihr Geist an die Worte erinnern, doch dann sah sie ihre Mutter vor sich, die den Rosenkranz in ihren gefalteten Händen hielt und die Worte kamen ihr in aller Deutlichkeit wieder in den Sinn. „Gegrüßet seist Du, Maria, voll der Gnade. Der Herr ist mit Dir. Du bist gebenedeit unter den Frauen, und gebenedeit ist die Frucht Deines Leibes, Jesus. Heilige Maria, Mutter Gottes, bitte für uns Sünder, jetzt und in der Stunde unseres Todes. Amen."
Die vertrauten Worte und das gleichförmige Sprechen trugen sie in eine Zeit in ihrem Leben, in der die Welt noch ein freundlicher Ort zu sein schien und sie wiederholte das Gebet immer und immer wieder.
Maries Mutter hatte aus tiefstem Herzen geglaubt und ihre Kinder in dem Bewusstsein erzogen, das Wort Gottes als eine freudige Verheißung auf ein

Leben nach dem Tod zu erleben und so war Marie die Kirche immer als ein verzauberter Ort erschienen; die tragende Orgelmusik, der betörende Geruch des Weihrauchs und dem gleichförmigen Singsang der Priester gaben Marie das Gefühl, an etwas Großem teilzuhaben, einem Geheimnis und so ertrug sie es bereitwillig, dass ihre Knie während des Gebetes taub wurden.
Seit ihrer Ankunft in Amerika hatte sie keinen Gottesdienst mehr besucht. Nur der Rosenkranz ihrer Mutter und die Bibel, in der sie gelesen hatte, hatte er behalten. Und nun waren beide Dinge im Besitz dieser Wilden. Marie erinnerte sich daran, was ihr Vater ihnen vor ihrer Ankunft über die Neue Welt erzählt hatte. Er hatte von Freiheit gesprochen, von der Möglichkeit, mit harter Arbeit alles erreichen zu können, ganz gleich, wer man war oder woher man kam.
Ihre Familie hatte nicht zu den Ärmsten gehört. Ihr Vater hatte ein Stück Land bestellt und ihre Mutter hatte als Wäscherin ein Zubrot verdient. Doch dann war der alte Gutsherr, der Baron de Saint-Brondrier verstorben und seine Söhne scherten sich nicht um das Gut. Sie verlangten immer höhere Abgaben, prügelten die Bauern und ließen das Land verfallen.
Man erzählte sich unglaubliche Geschichten von der „Neuen Welt", von Land, das sich bis in die Unendlichkeit erstreckte, fruchtbar und unbewohnt - bis auf ein paar wilde Ureinwohner.
Einige Familien aus Brondrus brachen auf und verließen den Ort. Irgendwann packte es auch Jacques Le Roy.
Von England aus waren sie mit dem Schiff nach Amerika aufgebrochen.
Die Überfahrt dauerte zehn Wochen, die sie auf engstem Raum zusammen gepfercht mit unzähligen anderen Passagieren im Bug des Schiffes verbracht hatten.
Marie schüttelte es vor Schrecken und Ekel bei der Erinnerung daran.
Nach kürzester Zeit war die Luft so stickig geworden, dass Marie glaubte, Blei zu atmen. Die Notdurft hatten die Passagiere hinter einem Vorhang verrichtet, kaum abgeschirmt von den Blicken der anderen und der Gestank der Extremente erfüllte bald das ganze Schiff.
Wasser und Vorräte wurden knapp.
Die Menschen begannen zu jammern, doch die Matrosen an Deck kümmerte das nicht.

Dann wurden die Ersten krank. Zuerst starben die Alten und Kinder. Einmal am Tag öffneten die Seeleute die Luken und warfen die Leichen ins Meer. Doch dann fürchteten sie, sich anzustecken und ließen die Leichen bei den lebendigen Passagieren.
Auch Maries Mutter wurde krank. Anna Le Roy war eine schöne Frau gewesen, groß, mit fein geschnitten Gesichtszügen. Ihre letzen Tage waren ein unwürdiges Ende.
Marie wünschte sich, sie könnte die Erinnerung daran einfach aus ihrem Gedächtnis streichen, doch sie sah ihre Mutter vor sich, wie sie auf den Planken lag und sich in Krämpfen wand, während das Leben oben und unten aus ihr herausschoss.
Ihr Gesicht wurde fahl und die Augen fielen tief in die Höhlen. Irgendwann lag sie still und hörte auf, zu atmen. Marie hatte drei Wochen lang neben der langsam unter einer Decke verwesenden Leiche ihrer Mutter gesessen, als die Matrosen im Hafen von New York die Luken wieder öffneten. Ihr Vater hatte sich für ihre Überfahrt hoch verschuldet und nach dem Tod ihrer Mutter gab es eine Hand weniger, die die Kosten für die Passage abarbeiten konnte.
Fast ein halbes Jahr schliefen sie mit den anderen intendured servants, den armen Einwanderern aus Europa, die nach ihrer Ankunft in der neuen Welt mit harter Arbeit für ihre Überfahrt bezahlten, in einem Loch im Hafen, als ihr Vater und Jean beim Entladen der Frachtschiffe halfen.
Ihr Vater verbot ihr, den Schlafplatz bei Tag zu verlassen und so verbrachte Marie ihre Tage damit, von den anderen Kindern aus Irland und England einige Brocken Englisch zu lernen.
Der Tag, an dem sie endlich nach Pennsylvania aufbrachen, war für sie wie der Anbeginn eines neuen Lebens gewesen, überschattet nur durch die Abwesenheit der Mutter.
Und hier endete es nun, dieses neue Leben, in den Händen einige Wilder, die weder Gott noch seine Gesetze kannten.
Marie erschien der Gedanke unerträglich, und sie konzentrierte sich wieder auf ihr Gebet, bis es still wurde hinter ihrer Stirn und alle Angst und alle Erinnerungen verschwanden.
Auch Jeans Körper entspannte sich beim Klang der vertrauten Worte und

schlief schließlich ein.
Plötzlich spürte Marie, dass sie jemand ansah. Sie hob den Kopf und blickte in die tiefdunklen Augen des zahnlosen Indianers.
Er entblößte seine zahnlosen Kiefer zu einem eigenartigen Lächeln. Schaudernd wandte Marie sich ab.

*

Conrad Weiser erhob sich langsam und ließ seinen Blick über die bis auf die Grundmauern abgebrannte Farm wandern.
Zu seinen Füssen lag die schrecklich zugerichtete Leiche des schweizerischen Siedlers Jacques Le Roy. In seiner Brust steckte noch immer der Tomahawk.
Seine Beine und sein Unterleib, die in das, was früher einmal das Haus seiner Familie gewesen war, hineinragten, waren fast völlig verbrannt, und dennoch konnte Conrad deutlich erkennen, dass die Haut von seinem Schädel entfernt worden war.
Der Geruch von verkohltem Holz und der unverkennbare Gestank von versengtem Menschenfleisch hingen in der Luft.
Shickellamy bückte sich und zog den Tomahawk mit einem kräftigen Ruck aus der Brust des toten Mannes. Er richtete sich auf und hielt Conrad die Waffe hin. „Es waren Indianer“, stellte Conrad fest, als er den Tomahawk betrachtete.
Etwas Schreckliches war geschehen. Nie zuvor hatte es in Pennsylvania Angriffe von Indianern auf weiße Siedler gegeben. Seit William Penn diese Kolonie vor mehr als einem Menschenleben gegründet hatte, war es der Grundsatz aller Politik gewesen, den Frieden mit den roten Brüdern aufrecht zu erhalten. Doch nun hielt sein selbstsüchtiger Sohn Thomas die Fäden in der Hand.
Braddocks blutige Niederlage, nur wenige Meilen entfernt von der Grenze, hatte die Menschen entsetzt. Er war nicht den französischen Truppen erlegen, sondern den Indianern, die sich zwischen den Bäumen versteckt gehalten hatten, Shawnee, Mingos und Delaware-Indianer.
Seitdem misstrauten die Siedler den Indianern, doch es hatte sie nicht davon

abgehalten, mit ihnen weiterhin Handel um Pelze und Schnaps zu betreiben.
Jacques Le Roy war die elfte Leiche, die Conrad an diesem Morgen sah und die Überfälle waren eindeutig das Werk von Indianern.
„Es gibt nur einen, der zu solchen Dingen fähig ist", sagte Conrad nachdenklich und drehte den Tomahawk in seinen Händen hin und her. Shickellamy nickte düster. „Shingas", antwortete er.
Conrad sah ihn nachdenklich an. „Aber aus welchem Grund greift er die Siedler an?"
Seine Finger fuhren den Schaft des Pfeifentomahawks entlang, als er auf einmal zwei Buchstaben bemerkte, die in das Holz eingeritzt waren. *W.D.* war dort deutlich zu lesen. Conrad runzelte die Stirn. Kein Indianer würde seine Initialen auf diese Art in seine Waffe ritzen.
„Das waren nicht nur Indianer", stellte er fest und hielt Shickellamy die Axt hin. Hinter diesen Überfällen steckten mehr als nur ein paar blutgierige Indianer.
Conrad ließ seinen Blick über die sanften grünen Hügel gleiten, die das kleine Tal, in dem die Gemeinde Tulpehocken mit ihren weit verstreuten Farmhäusern lag, umschlossen.
Als er mit seinem Vater als Junge aus dem deutschen Herrenberg nach Nordamerika gekommen war, hatte es in diesem Teil der Welt nur unendliche Wälder gegeben. Hoch im Norden in der Kolonie New York war er als Junge den Mohawk-Indianern, den Hütern des östlichen Tores der mächtigen Liga der Irokesen, begegnet. Sie waren ihm in seiner jugendlichen Fantasie wie Zauberwesen vorgekommen, Angst einflößend und faszinierend zugleich, wie dieses wilde, weite Land, in dem sie lebten.
Er hatte seine Jugend unter diesem stolzen Volk verbracht, hatte ihre Sprache, ihre Bräuche und ihre Geschichte gelernt, ein Abenteuer, so unvorstellbar, dass er sich noch als alter Mann in aller Lebendigkeit daran erinnern konnte.
Nach dem Tode seines Vaters war er allein nach Pennsylvania gegangen und hatte eine eigene Familie gegründet, er war ein Mann des Wort Gottes geworden, der täglich in der Bibel las und seine Kinder zu Gebeten anhielt, doch es war, als verbände ihn für alle Zeit ein unsichtbares Band mit dem Stamm der

Mohawk-Indianer. Auf der Jagd in den Wäldern des östlichen Susquehanna Rivers, weit weg von den Wäldern seiner Jugend, war er Shickellamy wieder begegnet.

Nach all den Jahren hatten sie einander als Brüder wieder erkannt und die Mohawk hatten ihn als verlorenes Stammesmitglied aufgenommen.

„Da kommt jemand“, sagte Shickellamy und erhob sein Gewehr.

Conrad kniff die Augen zusammen und sah die sich nährenden Reiter.

Es waren Farmer aus der Umgebung, allen voran Robert Wright, dessen Sohn man grausam zugerichtet in einem Wald nicht weit vom Haus des getöteten Schweizers gefunden hatte.

„Wer hat das getan?“, fragte er Conrad mit brüchiger Stimme, nachdem er von seinem Pferd gestiegen und zu ihnen herüber gekommen war.

Conrad konnte die Angst und die hilflose Wut in den Gesichtern der anderen Männer lesen.

„Es waren Indianer“, antwortete er.

Hass loderte in Wrights Augen auf und er starrte Shickellamy herausfordernd an. Dieser erwiderte seinen Blick ungerührt, doch Conrad konnte die unmerkliche Spannung wahrnehmen, die durch seinen Körper fuhr. Ein einziges falsches Wort, eine falsche Bewegung konnte eine Katastrophe auslösen. Die Siedler waren außer sich vor Zorn und Trauer. Diese Überfälle zerstörten ihre Familien, sie vernichteten ihre Lebensgrundlage. Sie waren einfache Männer, denen man auf grausame Weise ihre Familien nahm, die Häuser, die sie mühsam mit ihren eigenen Händen erbaut hatte, niederbrannten, für einen Krieg, der nicht ihrer war, den sie noch nicht einmal verstanden. Und Conrad wusste, wem allein man die Schuld an diesen Umständen geben würde.

Ein weiterer Mann stieg von seinem Pferd ab und beugte sich mit entsetzten Augen über die schrecklich zugerichtete Leiche des Schweizers zu ihren Füßen. Conrad konnte an den roten Rändern um seine Lider erkennen, dass der Mann geweint hatte.

„Wo sind die Mädchen? Meine Tochter …“, fragte er verzweifelt und Tränen standen in seinen Augen.

Mehrere Mädchen und der Sohn des Schweizers waren vermisst. Man hatte ihre Leichen nirgendwo finden können. Vermutlich hatten die Indianer sie mit sich genommen, doch Conrad wusste, dass dies bedeutete, dass sie

verloren waren. Wenn die Indianer sie nicht inzwischen getötet hatten, so war es doch unmöglich, die Krieger in das undurchdringliche Dickicht der Allegheny Wälder verfolgen zu wollen.
„Wenn sie sie nicht getötet haben, nehmen sie die Gefangenen vermutlich mit in ihre Dörfer“, antwortete er dem verzweifelten Mann.
„Was bedeutet das?“
Conrad presste seine Lippen aufeinander.
„Das ist schwer zu sagen. Vielleicht nehmen sie sie in ihre Familien auf. Einige Indianerstämme pflegen diesen Brauch und entführen zu diesem Zweck gerade Kinder und Frauen. Und wenn nicht, dann können wir nichts mehr für sie tun, als für ihre Seelen zu beten.“
Der Mann stieß ein wütendes Heulen aus und wandte sich ab. Wrights Augen bohrten sich hasserfüllt in Conrads. Thomas Villars Schultern bebten und Wright legte ihm seine schwielige Hand auf den Arm.
„Thomas“, sagte er in eindringlichem Ton, „wir werden die Mädchen finden.“
„Das ist unmöglich“, erwiderte Conrad. Er konnte die Blicke der anderen Männer auf sich ruhen fühlen, er spürte, dass sie von ihm etwas anderes erwartete, sie wollten Rache, Vergeltung, die Wiederherstellung ihrer vermeintlichen Sicherheit hier draußen. Nichts davon konnte er ihnen anbieten und es war besser, sie verstanden dies, bevor noch mehr Unschuldige starben.
„Was schlagt Ihr vor?“, fuhr ihn einer der Männer an. „Sollen wir hier herumsitzen und nichts tun, während diese Wilden unsere Häuser abbrennen und unsere Familien ermorden? Es hat drei weitere Überfälle heute Morgen gegeben.“
„Ich werde mich an den Gouverneur wenden“, gab Conrad zurück.
Wright spuckte verächtlich aus. „Der Gouverneur interessiert sich nicht für ein paar entführte Siedler, das wisst Ihr so gut wie ich. Wir werden selbst nach ihnen suchen. Kommt, Männer. Allzu weit können sie noch nicht gekommen sein.“
Die Männer schwangen sich auf ihre Pferde und jagten davon.
Mit düsterem Blick sah Conrad ihnen nach. Sie würden die Indianer kaum finden können, dachte er, als ihn ein spitzer Schrei herumfahren ließ. Von der

anderen Seite näherten sich ihm zwei Pferde. Er erkannte Greta, Sebastian Leinigers Frau und ihren Knecht.
„Wo“, schrie sie mit schriller Stimme, „wo sind sie?“ Sie sprang von ihrem Pferd und packte Conrad an den Schultern. „Conrad, wo sind meine Kinder?“
„Greta, bitte“, versuchte er sie zu beruhigen, doch sie starrte ihn aus flackernden Augen an. „Wo sind meine Töchter? Sie sind alle tot, Martin, Sebastian“, schluchzte sie und brach weinend zusammen.
„Sag mir, wo sie sind“, flehte sie ihn an. Hilflos schüttelte er den Kopf.
„Ich weiß es nicht.“

*

Als sie die letzten Ausläufer des Allegheny Gebirges hinter sich gelassen hatten, folgten die Indianer mit ihren Gefangenen dem Lauf des Allegheny Flusses nach Westen. Die Wanderung entlang des Flussufers erwies sich als viel weniger anstrengend als das Klettern durch waldiges Gebirge.
Bei Einbruch der Dämmerung tauchten vor ihnen einige Hütten und Zelte entlang des Flussufers auf. Sie konnten den Lichtschein der Feuer von Weitem sehen. Mehrere Kanus lagen an der Böschung und Hunde streunten zwischen den Hütten umher.
Der Geruch von gebratenem Fleisch und Maisbrot hing in der Luft, doch Marie fühlte nur unendliche Erleichterung darüber, nicht mehr laufen zu müssen. Sie war so erschöpft, dass sie alles um sich herum nur noch wie durch einen Nebel wahrnahm, die fremdartigen Stimmen der Indianer, die Blicke aus dunklen Augen, der Rauch von den Feuerstellen.
Jean hing leblos über dem Hals des Pferdes, das ihn getragen hatte.
Als sie den Männern half, ihn herunter zu heben, fühlte sich seine Haut seltsam an, wie trockenes Pergament und der schmutzige Verband um seine Schulter hatte sich gelblich verfärbt. Galasko und Souchy trugen ihn in eins der kegelförmigen Wikwams, die mit Rinde bedeckt waren. Im Inneren war es so verraucht, dass Maries Augen brannten. Es roch nach kalter Asche und ranzigem Tierfett und es dauerte eine Weile, bis sie sich an das schummrige Licht gewöhnt hatte. Sie kniete sich neben Jean, der zitternd am Boden lag

und sich in wirren Fieberträumen hin und her warf. Er schien sie nicht zu erkennen.

Schreckliche Angst lähmte ihre Gedanken. Die Entzündung hatte sich in seinem ganzen Körper ausgebreitet und er fieberte bereits hoch. Vielleicht würde er die Nacht nicht überleben.

Marie drückte seine Hand und streichelte seine von kaltem Schweiß bedeckte Stirn. „Jean“, flüsterte sie, „Jean, alles wird gut werden. Bitte gib nicht auf!“

Ein Beben lief durch seinen gepeinigten Körper und er stöhnte gequält auf.

„Jean, bitte“, flüsterte Marie, „bitte lass mich nicht allein, hörst du?“ Sie hatte nicht bemerkt, dass jemand das Zelt betreten hatte, und sah erschrocken auf, als sich eine junge Indianerfrau mit langen, dunklen Zöpfen und großen Augen neben sie kniete. Sie schien noch sehr jung zu sein.

Sie waren allein in dem Zelt. Shingas, Galasko und die anderen waren verschwunden, Barbara und die kleinen Mädchen waren draußen bei den Pferden geblieben.

Die Lenapé-Frau machte sich an der Feuerstelle in der Mitte des Rindenzeltes zu schaffen und bald verbreite ein kleines Feuer flackerndes Licht auf den unregelmäßigen Zeltwänden.

Der Boden des Zeltes bestand nur aus gestampfter Erde und an den stützenden Ästen, die an der Spitze mit einem Strick zusammengebunden waren, hingen getrocknete Kräuter und einige Töpfe.

Jean lag auf einem Lager aus Grasmatten, die so kunstvoll geflochten waren, dass Marie sich nicht vorstellen konnte, dass ein Mensch so etwas fertigen konnte. Die Indianerin kam wieder zu ihnen und Marie konnte sie im Widerschein des Feuers betrachten. Ihr dichtes, schwarzes Haar fiel in zwei langen Zöpfen über ihre Schultern und sie trug ein schlichtes Lederkleid, das in der Mitte mit einer aus Weidenrinde gedrehten Kordel zusammengehalten wurde.

Sie berührte Jeans Stirn und seine Hände. „Er braucht Medizin“, sagte sie schließlich in weichem, gebrochenem Englisch zu Marie. Ihre Stimme klang sanft und einfühlend und Marie spürte, dass sie ihr vertrauen wollte, dass sie sich nichts mehr wünschte, als dass dieses junge Indianermädchen Jeans Leben retten würde, ganz egal wie.

Mit einigen Handzeichen bat sie Marie, ihr zu helfen, Jeans Hemd zu zerrei-

ßen und die Wunde freizulegen. Sie schien rot und entzündet zu sein, Blut hing schleimig daran und Schmutz war hineingelangt.
„Keine Angst“, sagte die junge Indianerin, „ich werde ihm helfen. Warte hier.“ Ohne auf eine Antwort zu warten, verschwand sie nach draußen.
Jean lag mit ausgestreckten Gliedern vor ihr, sein Gesicht schien wie aus Wachs.
„Er wird sterben“, murmelte Barbara. Marie hatte nicht bemerkt, dass auch die anderen mit in das Zelt gebracht worden waren, und warf ihr einen verzweifelten Blick zu. „Wieso sagst du das?“ Sie presste seine schlaffe Hand gegen ihre Wange und Tränen stiegen ihr in die Augen.
„Lass nicht zu, dass die Indianer sich an ihm zu schaffen machen“, antwortete Barbara leise, ihre Worte waren nur ein Wispern in der Dunkelheit der Hütte. Sie kroch zu Marie hinüber und legte ihre Hand auf ihren Arm. „Marie, es liegt nicht in deiner Hand.“
„Es sind Lenapé“, sagte Sarah plötzlich. Verwirrt wandten sich die beiden Mädchen zu ihnen herum. Die Irin lehnte mit angezogenen Knien an einer der Rindenwände, das Gesicht in den Händen geborgen. Langsam hob sie nun den Kopf und sah sie an. „Es sind Lenapé-Indianer.“
„Was willst du damit sagen?“ Sarah lachte, ein schrilles, unangenehmes Geräusch. „Seht ihr das?“ Sie deutete auf einen länglichen Gegenstand, der neben ihr lehnte, an dessen Ende etwas befestigt war, das entfernt an eine Schildkröte erinnerte. „Diese Frau gehört zum Klan der Schildkröte, sie ist eine Heilerin. Sie wird deinen Bruder heilen können.“ Marie schüttelte den Kopf. „Woher willst du das wissen?“ Wieder lachte Sarah, doch diesmal klang es fast wie ein Schmerzenslaut. „Mein Mann hat Handel mit ihnen getrieben, Pelze, Tabak und diese Dinge. Daher kenne ich sie. Diese Menschen gehören zum Volk der Lenapé, der Delaware. Sie sind keine Krieger, zumindest dachte ich das immer, bis …“ Ihre Stimme brach ab und ging in ein hemmungsloses Schluchzen über. Einem plötzlichen Impuls folgend ließ Marie Jeans leblose Hand los, ging zu Sarah und umarmte sie, doch die Frau schien sie überhaupt nicht mehr wahrzunehmen. Ihre dunkelgrünen Augen starrten ins Leere.
„Es sind Wilde, Marie. Wenn du ihnen Jean überlässt, dann werden sie ihn dem Teufel weihen.“ Barbara trat hinter sie und legte ihr eine Hand auf die

Schulter.
Ein plötzliches Gefühl von Wut löste Maries Betroffenheit ab, sie stieß Barbaras Hand zur Seite und sprang auf. „Was würdest du tun, wenn es Martin wäre?“, schrie sie, erschrocken über ihren eigenen Gefühlsausbruch. Barbara kniff ihre Augen zusammen und sah sie einen Moment lang eigenartig an. „Wie du meinst“, antwortete sie tonlos. Schweigend standen sich die Mädchen gegenüber, bis die Indianerin zurück kam.
Sie schien zu bemerken, dass etwas geschehen war, denn sie sah die Mädchen und Sarah eine Weile nachdenklich an, dann bedeutete sie Marie, ihr dabei zu helfen, Jean aufzurichten und nach draußen zu bringen, während Barbara, Sarah und die Mädchen in der Hütte zurückblieben. Draußen war die Dämmerung hereingebrochen und die Menschen hatten sich von ihren Feuerstellen in das Innere ihre Zelte zurückgezogen. Es schienen nur wenige Familien in diesem Lager am Fluss zu leben, nicht mehr als ein paar Dutzend Menschen.
Marie konnte das leise Gemurmel ihrer Stimmen durch die Zeltwände hören, als sie Jean an ihnen vorbei schleppten. Seine Füße konnten ihn nicht mehr tragen und er schien das Doppelte seines Körpergewichtes zu wiegen.
Sie brachten ihn zu einem kleinen Zelt etwas abseits der Siedlung.
In Innern war es sehr warm und heißer Wasserdampf stieg in dichten Wolken von einigen Steinen auf, die in der Mitte des Zeltes um eine Feuerstelle angeordnet waren. Der heiße Dampf brannte in Maries Nase und ihren Augen und sie konnte kaum etwas sehen.
Vorsichtig lehnten sie Jean an einer der Wände der Hütte an.
Die Indianerin legte die Schusswunde an seinem Hals frei. Dann beugte sie sich über Jean und presste ihre Lippen fest auf die Ränder der Wunde. Jean bäumte sich auf vor Schmerzen auf, als sie mit aller Kraft daran saugte. „Was tust du da?“, schrie Marie und versuchte, sie zurück zu zuziehen. Barbaras Worte kamen ihr in den Sinn, doch das Mädchen legte sanft ihre Hand auf ihren Arm. Sie hob den Kopf und Jeans Blut tropfte von ihren Lippen. „Habe keine Angst“, sagte sie mit blutverschmiertem Mund. Wieder senkte sie den Kopf über Jeans Schulter und Marie kam mit einem Mal die Erzählung einer rumänischen Familie in den Sinn, die sie während ihrer Überfahrt gehört hatte. In der Heimat dieser Familie, tief in den Wäldern, sollten schreckliche

Kreaturen hausen, die ihren Opfern das Blut aussaugten. Vielleicht waren es Indianer. Doch dann dachte Marie an das, was Sarah gesagt hatte und sie schloss die Augen und entschied sich, die Dinge einfach geschehen zu lassen und zu hoffen, dass Sarah sich nicht irrte, dass sie nicht vor lauter Kummer den Verstand verloren hatte.
Das Mädchen hob den Kopf und betrachtete die Wunde, deren Ränder sich durch ihr Saugen weiß verfärbt hatten. Sie legte ein Stück Hirschhaut darauf und umwickelte sie fest mit einigen weiteren Lederstreifen. Marie beobachtete sie währenddessen misstrauisch, doch etwas, an der Art und Weise, wie die junge Frau den Verband anlegte, verriet ihr, dass sie Jean keinen Schaden zu fügen wollte.
„Geh", sagte die Lenapé-Indianerin plötzlich. Sie hob den Kopf, doch ihr Blick kreuzte Maries nicht, sondern sah an einen Punkt schräg neben ihr an der Zeltwand. „Ich rufe dich, wenn ich fertig bin." Marie wehrte ihre Hand ab. „Niemals", stieß sie hervor, „werde ich ihn allein lassen." Die Indianerin sah sie aufmerksam an. Im Licht des größeren Feuers konnte Marie sehen, dass ihre Augen nicht schwarz, sondern von einem ungewöhnlichen Braunton waren.
„Gut, du bleiben bis morgen früh. Wenn Medizin dann nicht hilft, du gehen."
Zu erschöpft und müde, um zu antworten, rollte Marie sich neben ihrem Bruder auf dem Boden zusammen und hielt seine Hand. Die Lenapé-Frau legte neues Holz in das Feuer und schob die Steine tiefer in die Glut.
Die Wärme in dem Zelt und ihre Müdigkeit drohten Marie zu überwältigen, doch sie zwang sich, gegen ihren Körper anzukämpfen. Nachdem sich die Steine eine Zeit lang in der Glut erhitzt hatten, schob die Lenapé-Frau sie mit einem Stock zur Seite und goss Wasser aus einer Holzkelle darauf. Der heiße Dampf erfüllte die Hütte und trieb Marie den Schweiß auf die Stirn. Die Indianerin streute einige getrocknete Fichtennadeln auf die Steine, die mit einem leisen Zischen verglühten. Ihr harziger Duft vermischte sich mit dem Wasserdampf.
Dann verlor Marie den Kampf mit ihrem Körper und fiel in einen traumlosen Schlaf.
Als sie erwachte, fiel bereits das graue Licht des frühen Tages durch die

Rindenwände. Benommen setzte sie sich auf und versuchte sich daran zu erinnern, wie sie hierher gelangt waren. Dann fiel ihr Blick auf Jean und sie stieß einen entsetzten Schrei aus.
Sein Mund mit den aufgesprungenen Lippen stand weit offen, wie zu einem stummen Schrei geformt. Unter seinen halbgeschlossenen Lidern konnte sie das Weiße seiner verdrehten Augäpfel sehen. Zitternd streckte sie ihre Hand nach ihm aus. Tränen nahmen ihr die Sicht. Doch plötzlich legte sich die dunkle Hand der Indianerin auf ihre.
„Nicht", sagte die Frau und sah sie an. „Wenn du ihn berührst, kehren die bösen Geister in seinen Körper zurück." Ungläubig sah Marie sie an. „Ist er nicht ...?"
Die Frau schüttelte sacht den Kopf. „Du gehen", sagte sie mit sanfter Bestimmtheit, „Medizin kann nicht funktionieren, wenn du bei ihm bist." Sie deutete auf Jean.
„Er sterben sonst." Fast blind vor Tränen sah Marie Jean an. Es schien, als habe er den Kampf gegen den Tod bereits verloren. Sie wusste, dass die einzige Chance, Jeans Leben zu retten, dieses junge Indianermädchen war.
Das Dorf um sie herum war inzwischen zum Leben erwacht. Kinder liefen trotz der kalten Witterung nur mit einem Lederschurz bekleidet herum, während die Frauen Wasser vom Fluss herauf holten und süß duftendes Maisbrot auf den Steinen neben ihren Feuerstellen buken. Von den Männern, die sie hierher gebracht hatten, war keine Spur zu sehen.
Wie betäubt vor Kummer und Angst lief Marie zwischen den Zelten und einigen schief zusammengezimmerten Holzhütten umher, bis sie durch Zufall zu jenem Zelt gelangte, in dem Barbara und die anderen zurückgeblieben waren.
Barbara war allein in der dunklen und rauchigen Hütte. Es roch nach altem Fleisch und Leder. Sie sah Marie fragend an, als sie hereinkam doch Marie fühlte sich zu erschöpft und zu verzweifelt, um mit ihr zu sprechen. „Sie kümmert sich um ihn", sagte sie nur und ließ sich neben Barbara auf dem Erdboden sinken. Alles erschien so unendlich sinnlos. Barbara schloss ihre Augen wieder, um mit ihren Lippen ein stummes Gebet zu formen.
„Wo sind die anderen?", unterbrach sie Marie nach einer Weile. Ohne die Augen zu öffnen, hielt Barbara in ihrem Gemurmel inne. „Shingas war vor-

hin hier und hat Sarah geholt." Mit offensichtlicher Gleichgültigkeit setzte sie ihr Gebet fort. Marie starrte auf den gestampften Boden des Indianerzeltes. Alles in ihr weigerte sich, sich auszumalen, was der Lenapé-Führer mit den glühenden Augen wohl mit Sarah vorhatte.
„Und wo sind die Mädchen?"
Wieder hielt Barbara in ihrem Gebet inne, doch diesmal öffnete sie entsetzt die Augen. „Ich weiß es nicht."
In diesem Augenblick hallten schrille Schreie vom Fluss zu ihnen hinauf. Barbara und Marie sprangen gleichzeitig auf und rannten aus der Hütte in die Richtung, aus der die Schreie gekommen waren. Eine Gruppe von Indianern hatte sich am Flussufer versammelt, und als die Mädchen näher kamen, bot sich ihnen ein seltsamer Anblick.
Zwei indianische Frauen hielten Regina und Marianne an den Armen gepackt und schleiften sie mit sich mit in das eisige Wasser des Susquehannas und tauchten die Köpfe der beiden Mädchen immer wieder unter Wasser.
„Nein", schrie Barbara entsetzt und stürzte auf das Flussufer zu. In diesem Augenblick zogen die Indianerinnen die Köpfe der Mädchen wieder an die Wasseroberfläche, wo diese verzweifelt nach Luft schnappten. Sie versuchten mit aller Kraft, sich zu befreien, doch die Frauen pressten sie erneut unter Wasser.
„Lasst sie los!", brüllte Barbara, „lasst sie los!" Doch die Frauen schienen sie gar nicht zu hören. Ungeachtet der Tatsache, dass sie nicht schwimmen konnte, stürzte sich Barbara in das eiskalte Wasser des Flusses, um zu ihrer Schwester zu gelangen, doch wie aus dem Nichts tauchte auf einmal Souchy neben ihr auf und hielt sie zurück.
Barbara schlug und trat nach ihm, um sich loszumachen, doch er schleifte sie zurück zum Ufer. Zu Maries Erleichterung brachten auch die Frauen die in ihren nassen Kleidern schlotternden und völlig verängstigten Mädchen zurück.
„Regina", rief Barbara und versuchte erneut, zu ihrer Schwester zu laufen, doch Souchy hielt sie am Handgelenk fest. Reginas Augen suchten nach ihrer Schwester, als die Frauen sie an ihnen vorbei zerrten. „Barbara", schrie sie, „Barbara, hilf mir!"
Barbara stieß ein wütendes Heulen aus, doch es blieb aussichtslos, sich aus

Souchys Griff zu befreien. Erst als die Mädchen mit den Indianerinnen in einer der Hütten verschwunden waren, ließ er sie endlich los.
Barbara stürmte an ihm vorbei und Marie beeilte sich, ihr zu folgen. Sie wollte so eben in die Hütte gehen, in die ihre Schwester geschleppt worden war, als Souchy sie erreichte und wieder zurück hielt.
„Lass mich los!", fauchte Barbara und versuchte, sich ihm zu entwinden. „Was habt ihr mit ihr vor? Was tut ihr ihr an?" Verzweifelte Tränen liefen über ihr Gesicht und sie schlug hilflos auf die Brust des Lenapé-Mannes ein, der es ungerührt mit sich geschehen ließ.
Marie gelang es inzwischen, unauffällig ein Stück Rinde an der Zeltwand beiseitezuschieben und durch das Loch ins Innere zu spähen.
Es dauerte einen Moment, bis sich ihre Augen an das Dunkel gewöhnt hatten, doch dann sah sie Marianne, Regina und die Lenapé-Indianerinnen.
„Barbara", rief sie leise, „sieh hier!" Tatsächlich ließ Souchy Barbara los und sie kroch zu Marie, um durch das Loch zu sehen.
Die Frauen zogen den kleinen Mädchen ihre triefnassen Kleider aus. Dabei stießen sie eigentümliche Laute aus, die wie ein Weinen und Jammern klangen. Marie konnte sehen, wie sich einige von ihnen sogar die Hände vors Gesicht hielten und laut schluchzten. Die beiden Mädchen ließen es mit weit aufgerissenen Augen und zitternden Gliedern mit sich geschehen.
„Was tun sie da?"
Die Frauen gaben den Mädchen neue Kleider, warme weiche Leggins aus Leder, lange buntbestickte Kleider und Gürtel und mit leuchtenden Perlen verzierte Mokassins und bemalten die Gesichter der beiden mit der roten Farbe, die auch ihre eigene Haut schmückte.
Zögernd streiften die beiden Mädchen ihre neuen Kleider über, als könnten sie nicht fassen, was gerade mit ihnen geschah. Das Klagen der Frauen ging allmählich in ein heiteres Singen über, sie klatschten in die Hände und lachten laut.
Plötzlich verstand Marie, was vor ihren Augen geschah. Die Erkenntnis erleichterte und verblüffte sie so sehr, dass sie laut auflachte.
„Sie wollen ihnen nichts antun. Sie machen sie zu Indianerinnen."
Aufgeregt packte sie ihre Freundin am Arm. „Das Bad im Fluss ist eine Art …", sie suchte vergeblich nach dem passenden Wort, „eine Taufe. Eine

Indianertaufe!“
Barbara schlug sich entsetzt die Hand vor den Mund. „Das ist …“, ihr schien es die Sprache verschlagen zu haben „das ist Blasphemie, Gotteslästerung, die schlimmste Sünde!“
Marianne und Regina schienen den Schrecken der Flusstaufe jedoch bereits vergessen zu haben und Gefallen an ihrer Verwandlung zu finden. Sie lachten und bewunderten sich gegenseitig in ihrer neuen Kleidung und hielten das Ganze offensichtlich für ein Spiel.
Die Frauen flochten ihre Haare zu langen Zöpfen nach Art der Indianer und verzierten sie mit bunten Perlen und Steinen.
„Barbara, verstehe doch, sie werden ihnen nichts antun, wenn sie sie zu ihres gleichen machen!“
Aufgebracht sprang Barbara auf. „Nichts antun sagst du? Sie nehmen mir meine Schwester weg und machen sie zu einer Wilden! Wir müssen sie aufhalten“, schrie sie.
„Wir können nichts tun, Barbara“, entgegnete Marie und sah sie eindringlich an. „Hast du schon vergessen, dass wir ihre Gefangenen sind. Sie entscheiden, ob wir leben oder sterben – oder ob wir zu ihres gleichen werden. Wenn sie Indianerinnen sind, sind sie in Sicherheit, verstehst du das denn nicht?“
Ein Blick in Souchys Gesicht verriet ihr, dass sie recht hatte. Mit Tränen in den Augen sah Barbara sie an. „Das dürfen sie nicht“, schluchzte sie. In diesem Augenblick tauchte Galasko vor ihnen auf.
„Kommt mit!“, befahl er ihnen barsch und zeigte auf das Zelt, in dem Barbara und die kleinen Mädchen die Nacht verbracht hatten. Er stieß die Mädchen unsanft vor sich her, und als sie den Eingang erreicht hatten, sagte er in seinem knarrigen Englisch: „Wenn ihr versucht, zu fliehen, werde ich euch töten.“ Das Funkeln in seinen Augen ließ Marie keinen Zweifel daran haben, dass er seine Drohung ernst meinte.
Ausgebrannt von Angst, Erschöpfung und Hilflosigkeit wickelten sich Marie und Barbara in ein paar schmutzige Decken und starrten wortlos vor sich hin.
Marie dachte an Jean. Sie fragte sich, ob die seltsame Medizin der jungen Indianerin sein Leben retten würde. So sehr sie auch versuchte, den Gedanken beiseitezuschieben, so sehr drängte sich ihr eine Frage auf: Was war, wenn

er bereits tot war, einen schrecklichen Tod alleine gestorben war, während sie hier herumsaß?
Eine alte Frau mit faltigem Gesicht und schlohweißem Haar brachte ihnen ein wenig Wasser und Maisbrot, doch die Mädchen konnten keinen Bissen hinunterbringen.
„Wir müssen fliehen“, murmelte Barbara plötzlich. „Marie, hörst du nicht, wir müssen von hier weg!“ Sie fasste sie an den Schultern und schüttelte sie. „Wir müssen einen Weg finden, Regina und Marianne zu holen und von hier zu verschwinden. In den Wäldern haben wir vielleicht eine Chance, zu entkommen und ohne Pferde können wir dem Lauf des Susquehanna nach Osten folgen, bis wir wieder in Pennsylvania sind.“
Marie schüttelte den Kopf. „Ich kann Jean hier nicht zurücklassen“, antwortete sie.
Barbaras Augen verengten sich zu schmalen Schlitzen. „Marie“, setzte sie an, doch ein scharfer Blick aus Maries Augen ließ sie verstummen. Sie seufzte tief. „Marie, ich verstehe dich ja, aber es ist Zeit …“
„Zu was ist es Zeit, Barbara?“, fuhr Marie auf. Ein Kloß schien ihre Kehle zu zuschnüren, als sie aufsprang und ihre Freundin anschrie: „Glaubst du, ich lasse meinen Bruder hier zurück? Was denkst du, wie weit wir kommen würden? Nur du und ich und die beiden Kleinen? Willst du wirklich ausprobieren, zu welchen Gräueltaten diese Barbaren noch fähig sind?“
Barbara erblasste bei ihren Worten und schlug die Augen nieder. Marie zitterte am ganzen Körper. „Verstehst du nicht Barbara, es gibt nichts, dass wir tun können. Wir sind ihnen ausgeliefert. Ob wir leben oder sterben, spielt keine Rolle mehr!“
Tränen schossen ihr in die Augen und eine ganze Weile herrschte Stille in der kleinen Hütte. Es war mehr ein Wispern als ein wirkliches Geräusch, als Barbara leise antwortete: „Doch Marie, es gibt etwas, dass wir tun können. Wir können beten.“
Ohnmächtige Wut stieg in Marie auf, als sie sah, wie Barbara ihre Hände faltete.
„Denkst du, das wird etwas ändern?“ Ihre Stimme klang schrill und fremd, als gehörte sie nicht mehr zu ihr selbst. „Sag mir, Barbara, wo war Gott, als sie unsere Familien ermordet haben? Was willst du von einem Gott, der so

etwas zu lässt? Mein Vater hat niemanden etwas getan, er war ein ehrlicher und aufrechter Mann, der sein ganzes Leben nichts anderes getan hat, als zu arbeiten. Und nun liegt seine Leiche mit einem Tomahawk in der Brust in den Ruinen des Hauses, das er mit seinen eigenen Händen für uns gebaut hat."

Mit zitternden Lippen hielt Barbara in ihrem Gemurmel inne und sah Marie mit einem seltsamen Ausdruck in den Augen an. „Es steht dir nicht zu, so zu sprechen."

Fassungslos schnappte Marie nach Luft. „Es steht mir nicht zu?", kreischte sie. Barbara schürzte die Lippen und nickte. „Nein, Marie, es steht dir nicht zu. Gott allein weiß, warum er uns solche Prüfungen auferlegt, doch wir müssen sie mit unserem starken Glauben und unserer Liebe zu ihm überstehen und er wird uns dafür belohnen."

„Gott hat mir meine Mutter genommen. Ich habe zwei Wochen neben ihrer verwesenden Leiche gesessen. Mein Vater ist tot und Jean vermutlich auch. Ich kann auf seine Belohnung verzichten", erwiderte Marie kalt und barg den Kopf in ihren Armen.

Die grausamen Erlebnisse der letzten Tage tobten in wilden Bildern durch ihren Kopf und ihr Schmerz und ihre Angst waren zu groß, als dass ihr Verstand sie erfassen konnte.

Ein seltsames Gefühl hatte dem ersten Entsetzen Platz gemacht.

Sie fühlte sich auf eigenartige Weise von den Ereignissen entrückt, als sei sie nur die Zuschauerin in einem grausamen Theaterstück, das jedoch mit ihrem wirklichen Leben nichts gemein hatte. Was sie erlebt hatten, blieb unfassbar in seiner Entsetzlichkeit.

Vor wenigen Tagen war ihr Leben noch überschaubar, sicher, hoffnungsvoll gewesen, hatte sie mit ihrem Vater und Jean gegessen und gearbeitet.

Sie hörte, wie sich Barbara am anderen Ende der Hütte zusammenrollte. Es schien ihr, als könne sie auch ihre Schultern beben sehen, doch kein Wort wollte über ihre Lippen kommen. Um ihren Schmerz und ihr Entsetzen teilen zu können, musste sie es erst selbst erfassen.

Ohne noch einmal miteinander sprechen zu können, weinten sich die Mädchen jedes in seiner Ecke der dunklen Hütte in den Schlaf.

Wirre Träume suchten Marie in jener Nacht heim. Ihr Vater stand vor ihr und streckte seine Arme nach ihr aus, während der Tomahawk noch in seiner Brust steckte und sie sah das Schiff vor sich, dass sie nach Nordamerika gebracht hatte und an dessen Bord das Leben ihrer Mutter ein so schreckliches Ende gefunden hatte.

„Marie, rasch, du musst aufwachen."

Schlaftrunken richtete sie sich auf. Kein Licht fiel durch den Rauchabzug des Rindenzeltes. Ein heftiges Dröhnen in ihrem Schädelinneren ließen ihre Gedanken nur träge in die Wirklichkeit zurückfinden.

Barbara zog an ihrer Decke, ihre Augen waren weit aufgerissen und etwas in ihrer Stimme ließ Maries Herz schneller schlagen. „Marie, sie wollen uns mitnehmen und Jean und die anderen hier lassen."

Benommen sah Marie auf. „Barbara ...", sagte sie verwirrt, doch die Freundin zerrte sie bereits ungeduldig auf die Füße und hinter sich her aus der Hütte hinaus. Draußen waren Galasko und Souchy damit beschäftigt, ihr Gepäck auf ihren Pferden zu verschnüren.

„Wir gehen", sagte Galasko knapp, als er die Mädchen aus der Hütte kommen sah.

„Wohin?", fragte Marie. „Was ist mit meinem Bruder?" Der Indianer ging ohne ein Wort an ihr vorbei und griff nach dem Gewehr, das hinter ihr an einem Baumstumpf gelehnt hatte.

„Wir gehen", wiederholte er und richtete das Gewehr auf die Mädchen.

„Nein!", schrie Barbara, „das könnt ihr nicht machen!"

Sie fuhr herum und stürmte zwischen den Hütten davon. Souchy war mit nur einem Satz bei ihr und schleuderte sie zu Boden. Ihr Kopf schlug hart auf die Erde auf und sie schmeckte feuchtes Gras. „Willst du sterben, Wapsitàk?", fragte er sie mit heiserer Stimme. Tränen der Verzweiflung schossen in ihre Augen.

„Jean", schrie Marie, so laut sie konnte, „Jean, kannst du mich hören?" Doch zwischen den Hütten blieb alles still. Nur ein Hund schlug in einiger Entfernung an.

Souchy zog Barbara am Handgelenk hinter sich her zurück zu seinem Pferd. Sie versuchte, sich loszumachen. „Meine Schwester, wo ist sie?", schrie sie ihn an doch er schüttelte ungerührt den Kopf. „Sie ist nicht mehr deine Schwester."

Barbara spuckte ihm ins Gesicht: „Ihr Teufel! Ihr habt meine Familie getötet! Denkst du, wir hätten das vergessen? Ich bin ihre Familie und ihr werdet in der Hölle schmoren, für das, was ihr uns angetan habt."
„Jean", schrie Marie, als Jenkiklahmus hinter einer Flussbiegung verschwand. „Où es tu? Ils nous emmènent, aide – moi!"

*

Conrad saß über seinen Schreibtisch gebeugt und ballte seine Hände zu Fäusten.
Ganz entgegen seines sonst sehr bedächtigen Gemüts, spürte er hilflosen Zorn in sich aufsteigen. Als er am Morgen aus der Tür seines Hauses getreten war, hatte er den Wampum-Gürtel gefunden. Die Wampum-Gürtel waren eine sehr eigene Art der Nachrichtenübermittlung der nördlichen Stämme. Die länglichen Perlen wurden in unendlich mühevoller Kleinarbeit aus Muscheln hergestellt und bunt eingefärbt. Die Herstellung eines solchen Gürtels konnte Wochen, wenn nicht Monate in Anspruch nehmen. Jeder Gürtel in Muster und Farbe war einzigartig, er erzählte eine Geschichte oder überbrachte eine Nachricht, doch diese war nicht einfach durch die Symbole zu entschlüsseln, in denen er geknüpft worden war, sondern vielmehr stellten sie eine Art Erinnerung an ein gemeinsames Wissen des Überbringers und des Empfängers dar. In diesem Fall bedeutet es Krieg, Blutvergießen, Rache für ein begangenes Unrecht.
In schwarzen und roten Perlen hatte das kunstvolle Muster des geknüpften Gürtels ihm die schreckliche Gewissheit gegeben: Die Lenapè-Indianer unter Häuptling Shingas und unter Häuptling Teedyuscung erklärten der Kolonie von Pennsylvania, allen englischen Kolonien und dem König von England den Krieg. Es war unglaublich. Alle Bemühungen, dies zu verhindern, waren gescheitert. Viel unschuldiges Blut war bereits vergossen worden. Noch mehr würde folgen. Dies war ein Aufstand der Verzweifelten, der letzte Widerstand eines untergehenden Volkes. Und sie würden soviel sie konnte mit sich nehmen, das erkannte Conrad jetzt. Wieder fragte er sich, ob er richtig gehandelt hatte, ob er der Kolonie von Pennsylvania und seinen irokesischen Brüdern wirklich einen guten Dienst geleistet hatte, oder ob er

sich am Volk der Lenapé, die ja auch zu Gottes Kindern gehörten, obgleich sie Heiden waren, versündigt hatte und ob sie nun alle dafür büßen musste.
„Conrad." Anna legte eine Hand auf seine Schulter. Ihr besorgter Tonfall ließ ihn aufsehen. Er las Angst in ihren Augen, die viel zu früh ihren Glanz verloren hatten. Ihre knochige, von schwerer Arbeit gezeichnete Hand legte sich auf seinen Arm und wie aus einem Reflex umschloss er sie mit seiner so viel größeren Hand.
„Da sind Männer vor dem Haus. Viele Männer … sie wollen dich sprechen."
Überrascht erhob Conrad sich und wollte an ihr vorbei aus dem Zimmer gehen, als seine Frau ihn sanft am Arm zurückhielt. Er begegnete ihrem ängstlichen Blick und schloss seine Hände um ihr Gesicht. „Sei unbesorgt", sagte er und versuchte zu lächeln. Er strich über die Haube, mit der sie ihr Haar als züchtig verheiratete Frau verdeckte und dachte an das junge Mädchen, dass sie einmal gewesen war, an ihre weiche Haut und ihr helles Lachen. Nichts davon war übrig geblieben, ein harter Zug lag um ihren Mund.
„Conrad, bitte …", flüsterte Anna mit tränenerstickter Stimme „So viele sind gestorben. Lass dich nicht mit hineinziehen. Denk an unsere Kinder!"
Er presste seine Lippen aufeinander und streichelte ihr aufmunternd über die Wange. „Uns wird nichts geschehen, Anna. Lass mich hören, was sie von mir wollen."
Sanft aber bestimmt löste er ihre Hand von seinem Arm und straffte seine Schultern, bevor er aus der Tür seines Hauses trat. Mehrere Dutzend Männer aus der Umgebung, die Meisten aus Tulpehocken, hatten sich vor seinem Haus versammelt. Es waren Farmer und Kaufleute aus dem Umland, jene Männer vom Tag nach dem Überfall, die er vor dem Haus des erschlagenen Schweizers getroffen hatte, waren darunter. Ihre Gesichter waren starr vor Angst und Entschlossenheit, viele von ihnen hielten Mistgabeln und Gewehre in der Hand, an einigen der Gürtel sah Conrad die langen Schlachtermesser in der Sonne blinken.
Robert Wright stand breitbeinig vor ihm, die groben Hände herausfordernd in die Seiten gestemmt.
Conrad fixierte ihn mit gerunzelter Stirn an. „Was geht hier vor?"
Wright reckte kampfeslustig sein Kinn und sagte: „Die Indianer sind uns ent-

wischt. Wir konnten ihre Spur nicht weiter verfolgen. Es hat weitere Überfälle gegeben. Heute Morgen haben die verfluchten Indianer den Crumstadt-Hof überfallen. Michel hier“, er wies auf einen großen Mann mit strohblondem Haar, der dicht hinter ihm stand und aus dessen Augen eine entsetzliche Leere sprach, „war dort. Sie haben Magdalenas Kind mit dem Kopf an die Wand geschlagen, bis es tot war.“

Kaltes Entsetzen stieg Conrads Rücken empor, doch er kämpfte gegen das Gefühl an, er durfte sich von dieser Art Empfinden nicht überwältigen lassen, sonst würden die Dinge außer Kontrolle geraten. Falls sie das nicht schon längst waren.

„Der Gouverneur lässt uns im Stich. Niemand wird kommen und unsere Farmen verteidigen. Also werden wir es selbst tun.“ Einige der Männer reckten bei seinen Worten ihre Waffen und stießen wütende Schreie aus. Conrad ließ seinen Blick über die Männer gleiten. Es mussten mehrere Hundert sein, alle Farmer aus dem Umland hatten sich vor seinem Haus versammelt, viele von ihnen kannte er persönlich, hatte mit ihnen die Messe gefeiert, gearbeitet und an einem Tisch gesessen, einige der Gesichter kannte er nur vom Sehen und andere gar nicht, vermutlich waren es neu zugezogene, wie sie beinahe jeden Tag an der Grenze ankamen.

„Wir wollen, dass Ihr uns anführt. Ihr kennt die Indianer, Ihr habt Informationen über sie. Und Ihr habt Beziehungen nach Philadelphia. Vielleicht wird man Euch dort Gehör schenken.“

Conrad las die hilflose Betroffenheit in den Augen der Männer, ihre verzweifelte Wut.

Sie waren Farmer und keine Soldaten. Der Konflikt mit Indianern und Franzosen hatte bis vor wenigen Tagen in sicherer Entfernung stattgefunden - nahe genug, um ein wohliges Schaudern beim Eintreffen neuer Kriegsnachrichten zu fühlen, doch weit genug weg, um das eigene Heim nicht zu gefährden.

Aber nun war der Schrecken über sie hereingebrochen, hatten die Vorboten des Krieges sie heimgesucht und ihr Heiligstes, ihre Familien und ihre Häuser zerstört.

Die mühselig, im Schweiße ihrer Angesichter errichteten Farmen waren mutwillig niedergebrannt worden, Frauen und Kinder verschleppt oder er-

mordet, die Familien für immer auseinander gerissen.
„Die verdammten Rothäute sollen lernen, was es heißt, wenn man sich mit uns anlegt!“, fügte Wright zischend hinzu und die Adern an seiner Stirn traten pochend hervor. Conrad sah ihn an und er konnte verstehen, was in diesem Mann vorging, der seinen Sohn auf so grausame Art und Weise verloren hatte. „Es wird Euren Sohn nicht wieder zurück bringen“, erwiderte er leise. Wright machte eine Bewegung auf ihn zu und für einen Moment befürchtete Weiser, der Mann könne sich auf ihn stürzen und ihn vor seinem eigenen Haus ermorden, doch Wright beherrschte sich.
Thomas Villar trat neben ihn und legte ihm beruhigend die Hand auf die Schulter. „Wir sind die ganze Nacht hindurchgeritten und haben nach ihnen gesucht, aber der Regen hat keine Spuren hinterlassen. Unsere Kinder ...“ Er brach ab. „Wir müssen verhindern, dass sie wieder kommen“, rief ein Mann aus den hinteren Reihen mit unverkennbar schwedischem Akzent. Die anderen stimmten ihm lauthals zu.
Conrad schwieg. Er konnte sich dieser Aufgabe nicht entziehen. Er hatte diese Gemeinde gegründet, er hatte viele dieser Männer hier hergeholt, er war es, der alle Angelegenheiten der kleinen Gemeinde Tulpehocken in Philadelphia klärte und er war es, der für einen friedlichen Handel mit den Indianern gesorgt hatte. Doch als er in die vom Zorn verzerrten Gesichter der Männer vor ihm sah, wusste er, dass es damit vorbei war.
Die Indianer hatten mit einer solchen Grausamkeit in der Gemeinde gewütet, dass Weiser nachempfinden konnte, warum sie in den Augen dieser Männer nicht länger Menschen waren, sondern Teufel, der Hölle entsprungen, um Tod und Verderben über sie alle zu bringen.
Mit einem Mal fühlte sich Conrad alt.
Er hatte sein ganzes Leben lang für den Frieden zwischen Indianern und Weißen gekämpft.
Seine Jugend bei den Mohawk hatte ihn geprägt. Er achtete die Indianer als stolze und ehrenhafte Menschen, deren Gemeinschaft jedem Mitglied Wurzeln und Rückhalt gab.
Sein tiefer Glaube an Gott und die Bruderschaft aller Menschen und jede Hautfarbe hatte ihn nie daran zweifeln lassen, dass ein friedliches Zusammenleben in der Neuen Welt möglich war.

Er dachte an das verschlungene Muster des Wampum-Gürtels auf seinem Schreibtisch und seine schicksalhafte Bedeutung. Die Indianer hatten den englischen Kolonien und damit auch allen Siedlern auf englischem Boden den Krieg erklärt. Die Indianer kannten keine Schlachtfelder und Kriegsordnungen, sie wussten nichts von dem, was in Europa einen Krieg ausmachte und unterschieden nicht zwischen Zivilisten und Soldaten. Sie unterschieden nur zwischen Feind und Freund.
Die Kräfte, die nun am Werk waren, ließen sich nicht mehr mit Worten lenken.
Er wusste, dass er ablehnen konnte. Er könnte Wright und seinen Männern sagen, dass er zu alt sei, dass er keinen Zugang zu den Delaware und Shawnee hatte, die die Überfälle verübten. Doch dann würde er das Feld Leuten wie Johnson überlassen, dem machtversessenen Indianerbeauftragten der Krone persönlich, und die Grenze würde von hier bis nach New York in Blut und Terror versinken. Außerdem gab es eine laute Stimme in seinem Innern, die ihm sagte, dass es seine Pflicht war, nicht nur wegen der betroffenen Siedler, sondern auch wegen der Indianer. Der Frieden musste wieder hergestellt werden.
„Also gut“, sagte er schließlich und straffte seine Schultern.
Wright nickte zufrieden. „Wir werden nicht zulassen, dass man uns vergisst. Unsere Briefe kann der Gouverneur ignorieren. Das hier nicht.“ Er trat einen Schritt zur Seite. Hinter ihm zogen ein paar Männer eine Handkarre hervor. Entsetzt schlug sich Weiser seine Hand vor den Mund, als er erkannte, was in dem Handkarren lag.
Es waren die skalpierten Leichen der Männer, die am Penn´s Creek ermordet worden waren, Sebastian Leininger und sein Sohn, Jacques Le Roy und Wrights Sohn Bastian.
Übelkeit stieg in ihm hoch. „Einige von uns werden nach Philadelphia gehen.“ Wrights Augen verengten sich zu schmalen Schlitzen. „Wenn Gouverneur Morris und der verfluchte Thomas Penn denken, sie können uns einfach vergessen und auf Frieden mit den Indianern hoffen, wird dieser Anblick sie vielleicht eines Besseren belehren.“
In diesem Augenblick schrie einer der Männer weiter hinten: „Sie kommen! Die Indianer, sie kommen!“

Innerhalb von Sekunden brach das Chaos aus. Die Männer fuhren herum und reckten ihre Mistgabeln, legten mit den Gewehren an und rissen sich ihre Messer von den Gürteln.
Conrads Herz setzte für einen Augenblick aus, als er sah, wen die Männer meinten.
Es war Shickellamy, der sich Conrads Haus aus dem Wald näherte.
„Nein!", hörte Weiser sich schreien.
Shickellamy schien zu bemerken, dass etwas nicht stimmte, und hielt sein Pferd in sicherer Entfernung an.
„Dies ist mein Freund, mein Bruder, er hat mit den Überfällen nichts zu tun." Seine Stimme klang seltsam heiser. Er packte Wrights Arm. „Haltet sie auf! Wenn ihr diesen Mann tötet, kann euch niemand mehr helfen. Auch ich nicht." Wright sah ihn einen Augenblick mit einem seltsamen Blick an. Dann hob er den Arm.
„Ist gut, Männer", rief er, „Lasst den roten Bastard ziehen!"
Es dauerte einen endlosen Augenblick, bis die Nachricht auch die hinteren Reihen erreicht hatte und die Männer ihre Waffen sinken ließen.
„Geht nach Hause, Männer." Weisers Stimme zitterte noch immer und er räusperte sich hastig. Ein Raunen ging durch die Reihen. „Geht, und nehmt Proviant für drei Tage mit. Wir werden Patrouillen einrichten, um die Grenze zu sichern." An Wright gewandt, fuhr er fort: „Ich werde mich selbst noch einmal an den Gouverneur wenden, ihn von den weiteren Überfällen unterrichten und ihm mitteilen, dass wir nun zur Selbstverteidigung übergehen."
Wright starrte ihn prüfend an, also wollte er ihm seine Worte nicht glauben.
„Was wollt Ihr dort finden außer dem Blut unschuldiger Menschen, hingeschlachtet von einem Haufen Wilder?" Conrad kniff seine Augen zusammen und erwiderte den forschenden Blick des Mannes. „Vielleicht finden wir auf diese Weise heraus, was diese „Wilden", wie Ihr sie nennt, mit diesen Überfällen bezwecken. Niemand, und da seid Euch sicher, mordet ohne Grund." Wright schnalzte verächtlich mit der Zunge und spuckte bräunlich dicken Saft des Kautabaks dicht vor Conrads Füße.
„Wenn der Gouverneur nichts unternimmt, spielt das keine Rolle mehr. Wir haben es satt, auf Hilfe zu warten. Ab heute", an dieser Stelle drehte er sich wieder zu den Männern um, „nehmen wir die Angelegenheit selbst in die

Hand.“
„Jawohl“, schrien die Männer und reckten ihre Waffen.
Wright verzog sein Gesicht zu einer seltsamen Grimasse.
„Ihr habt gehört, was er gesagt hat“, rief er den Männern zu.
„Geht nach Hause und nehmt Proviant mit. Wir werden diesen Rothäuten zeigen, was es heißt, unsere Farmen zu überfallen. Wenn uns niemand hilft, so hilft uns doch Gott!“
Lautes Pfeifen und zustimmende Rufe erklangen erneut unter den Männern, die ihre Mistgabeln und Gewehre schulterten und sich langsam den Hügel, auf dem das Haus der Weisers stand, hinab bewegten.
An die zwei Männer gewandt, die den Karren mit seiner schrecklichen Ladung zogen, sagte Wright: „Lasst den Wagen stehen! Vielleicht beeindruckt das Morris ja.“
Conrad starrte auf die wächsernen Züge der Leiche, über denen bereits Fliegen schwirrten.
Die Sorgenfalten auf seiner Stirn wurden noch eine Spur tiefer, als er sich aufrichtete und Shickellamy, der so eben das Haus erreichte, mit einem knappen Nicken begrüßte.
„Mein Bruder“, sagte der Indianer, als er Conrad erreicht hatte, und warf einen kurzen Blick auf die verstümmelten Leichen, bevor er den Männern nachsah, die sich langsam zwischen den Hügeln verloren, „böse Dinge geschehen. Die Häuptlinge des großen Ratsfeuers der Liga in Onondaga senden mich deshalb an die Ufer des Susquehanna, um Teedyuscung und seine Männer daran zu erinnern, wem sie Gehorsam schulden. Wir haben ihnen verboten, Waffen zu tragen. Sie sind Frauen. Doch es scheint, als haben sie das vergessen und ziehen nun wieder auf den Kriegspfad.“
„Denkst du, dass er allein hinter den Überfällen steckt?“
Shickellamy schüttelte seinen schweren Kopf und die Narbe auf seiner Stirn zuckte, als er seinen Blick in die Ferne der Allegheny Mountains richtete, hinter denen das Ohio-Tal begann. „Nein, zu solchen Taten ist nur einer fähig.“ Conrad nickte düster.
„Shingas.“
„Dann wird es wohl wenig nutzen, wenn wir Teedyuscung einschüchtern? Jeder weiß, dass Shingas ihn nicht als Häuptling anerkennt. Er sieht sich als

den einzigen Anführer des gesamten Lenapé-Volkes."
„Sie brauchen einen Rückzugsort. Mit den Gefangenen brauchen sie mehrere Tage, um das Ohio-Tal zu erreichen."
„Du denkst, sie bringen sie erst nach Jenkiklahmus?", fragte Conrad, doch ihm wurde zugleich klar, dass Shickellamy recht hatte. Mit den verängstigten Frauen und Kindern, die sie gefangen genommen hatten, brauchten die Krieger doppelt so lange für den Rückweg. Es war nur logisch, dass sie irgendwo Station machen mussten.
Conrad folgte Shickellamys Blick zu den blau schimmernden Gipfeln der Berge.
„Vielleicht hast du recht. Wir sollten mit Teedyuscung reden."

*

Barbara schluchzte noch immer verzweifelt, als sie das Indianerlager schon lange hinter sich gelassen hatten, doch in Marie gab es inzwischen keine Tränen mehr, die sie weinen konnte. Ihr Inneres war kalt und leer, sie fühlte sich hohl wie eine Puppe.
Was auch immer die beiden Männer nun mit ihnen vorhatten, es war ihr gleichgültig.
Sie hatte Jean verloren. Es gab nichts mehr, um dessentwillen sie Angst haben musste oder weiter zu leben brauchte. Die kahlen Bäume der Allegheny Wälder zogen an ihr vorüber und es schien, als löste sich die Welt um sie herum auf. Es spielte keine Rolle mehr, was mit ihnen geschah.
In den letzten Tagen war es merklich kälter geworden und der Atem stand den Mädchen bereits in kleinen Wolken vor dem Gesicht, obwohl die Sonne hoch am Himmel stand. Die beiden Lenapé-Männer hatten die Mädchen vor sich auf die Pferde genommen und ritten in langsamem Tempo am Flussufer entlang, wo der Grund sandig war und die Pferde gut vorankamen. Der Fluss glitzerte in der frühwinterlichen Sonne und Nebel hing zwischen den Wäldern um sie herum. Auf der anderen Flussseite konnte Marie Rehe sehen, die an den Fluss kamen, um zu trinken, offensichtlich ohne jede Angst vor den indianischen Jägern, die ihrerseits kein Interesse an ihnen zeigten. Marie vermutete, dass sie sich weiter nach Westen bewegten. Die Allegheny Berge

erhoben sich nun groß und dunkel vor ihnen, ihre Gipfel leuchteten blau im Sonnenlicht. Marie dachte daran, dass sie diese Berge vom Penn's Creek aus gesehen hatte, eine ferne Grenze, der Anfang der Wildnis, in die sich nur Abenteuerer und Händler wagten. Obwohl in Maries Brust der Schmerz um Jean und ihren Vater brannte, hatten die sanften Bewegungen des Pferdes unter ihr eine seltsam beruhigende Wirkung, ihre Gedanken verloren sich in Bildern und Erinnerungen, die tröstend wirkten.

Am späten Nachmittag hielten Galasko und Souchy ihre Pferde an einer seichten Flussstelle an und saßen ab, auch die Mädchen wurden unsanft von den Pferden herunter gezerrt.

Marie schüttelte ihre steifen Glieder, während Barbara mit entgeistertem Blick auf den Fluss starrte.

„Sie erwarten doch nicht von uns, dass wir dort hinüber schwimmen?", fragte sie entsetzt, als sie sah, dass Galasko und Souchy sich tatsächlich anschickten, ihre Pferde in das Wasser zu führen, ohne sich um die Angst der Mädchen zu kümmern. Das kalte Wasser schien die Lenapé-Männer in ihren Lederbeinlingen gar nicht zu berühren, ruhig und gleichmäßig schritten sie in den Strom.

„Ich kann nicht schwimmen", schrie Barbara. Maries Augen suchten verzweifelt den Wald hinter ihnen ab, vielleicht gab es doch noch eine Möglichkeit zur Flucht, doch Galasko sprang aus dem Wasser zurück und packte Barbara grob am Arm. Ohne auf ihr Protestgeschrei zu achten, zog er sie hinter sich her auf den Fluss zu. „Nein", kreischte sie in wilder Angst, „ich kann nicht schwimmen!" Auch Souchy war umgekehrt und griff Marie am Handgelenk, die sich widerspenstig gegen seinen Griff wand. „Wir können nicht schwimmen, versteht ihr nicht?", schrie sie ihn wild gestikulierend an. Die beiden Männer hielten inne und sahen sich an. Dann brach Galasko in schallendes Gelächter aus und auch Souchys Mundwinkel zuckten. Marie spürte heftige Wut in sich aufkommen. Das Blut schoss ihr ins Gesicht, während Barbara, bis zur Hüfte im eisigen Wasser stehend, ängstlich von einem zum anderen starrte. „Was ist daran so komisch? Wollt ihr uns ertrinken lassen?", schrie Marie. Galasko kniff die Augen zusammen und Marie konnte an seinem Blick erkennen, dass er durchaus geneigt gewesen wäre, es auf einen Versuch der Mädchen zu schwimmen, ankommen zu lassen, doch Souchy

schien ein Einsehen zu haben und ließ sie los. Er verschwand mit flinken Bewegungen zwischen den dichten Büschen, die das Ufer zu beiden Seiten umgaben und zog einen länglichen Gegenstand, der sich als ein kunstvoll mit Schnitzereien verzierter Baumstamm erwies, der bis auf zwei Querstreben, die als Sitzbänke dienen konnten, ausgehöhlt worden war, aus dem Unterholz hervor. Galasko stieß Barbara zurück an das Ufer.
Erleichtert kletterten die Mädchen in das schwankende Boot und ergriffen nach einer erneuten Aufforderung die flachen, länglichen Bretter, die ihnen wohl als Paddel dienen sollten.
Bedrohlich setzte sich das Boot durch ihr Rudern in Bewegung und sogleich schwappte eine Welle eiskalten Wassers in das Innere ihres Gefährts und durchnässte ihre Röcke und Schuhe.
Barbara zitterte am ganzen Körper.
Die Überfahrt wurde kein leichtes Unterfangen. Immer wieder drohte das Kanu mit den Mädchen darin zu kentern. Maries Hände zitterten vor Angst so sehr, dass sie Mühe hatte, das Paddel festzuhalten.
Die beiden Männer hatten alle Hände voll damit zu tun, Pferde und Gepäck sicher durch die Fluten zu bringen, sodass Marie und Barbara auf sich selbst angewiesen waren.
Marie fürchtete bereits, ihre Kräfte würden sie verlassen, als sie endlich das andere Ufer erreichten und die Männer ihnen halfen, das Kanu die Böschung hinauf zu ziehen.
Ihre Hände waren taub vor Kälte und sie zitterte in ihrer nassen Kleidung.
Barbara schickte ein kurzes Stoßgebet zum Himmel, als sie wieder festen Boden unter den Füßen spürte.
Die Lenapé entzündeten ein Feuer und die Mädchen krochen so dicht wie nur möglich an die wärmenden Flammen, um die Kälte aus ihren Gliedern zu vertreiben. Galasko und Souchy hingegen schien die Kälte in ihren nassen Lederkleidern nur wenig auszumachen, während sie mit gekreuzten Beinen vor dem Lagerfeuer saßen und etwas geräucherten Fisch verspeisten.
Der Fisch schmeckte salzig und nach dem süßen Aroma von Fichtennadeln und Marie verspürte danach einen scheinbar unstillbaren Durst, den das klare und kalte Flusswasser auf köstliche Weise zu stillen vermochte.
Der Boden unter ihnen wurde bei Sonnenuntergang kalt und feucht, doch die

Männer gaben ihnen Decken, in die Barbara und Marie sich einwickelten, während sie sich fest aneinander drückten, um sich gegenseitig zu wärmen. Marie fühlte sich so müde und erschöpft, dass sie einschlief, noch bevor der Mond am Himmel aufgegangen war.
Schon früh am nächsten Morgen weckten die Männer sie. Nebel hing tief und dicht über dem Fluss. Maries Körper war steif vor Kälte, doch sie hatte zum ersten Mal seit ihrer Entführung tief geschlafen und fühlte sich seltsam gestärkt. Souchy und Galasko führten ihre Pferde am Zügel, sie verließen den Flusslauf und tauchten ein in die Dunkelheit des Waldes. Die meisten Bäume hatten ihre Blätter längst verloren und das Laub raschelte feucht und weich unter ihren Mokassins.
Souchy hatte ihr Kanu wieder sorgfältig im Gebüsch verborgen. Für einen Augenblick hatte Marie den Gedanken, sich die Stelle gut einzuprägen, damit sie im Falle ihrer Flucht wüssten, wo sich ein Kanu befand, doch sie verwarf ihn rasch wieder. Ohne den Proviant und die Führung der Indianer waren sie in der Wildnis hier draußen verloren.
Gegen Mittag begann es, zu regnen. Die Tropfen fielen schwer auf die an den Bäumen verbliebenen Blätter und Marie wickelte sich fest in die Decke, in der sie die Nacht verbracht hatte. Ihr Körper schmerzte vor Angst, Kälte und Erschöpfung und sie war dankbar, nicht mehr laufen zu müssen. Sie spürte Galaskos Bewegungen hinter sich auf dem Pferd, sah auf seine knochigen, dunklen Hände vor ihr, die die Zügel hielten. Hin und wieder konnte sie den fauligen Atem seiner schlechten Zähne riechen, und wenn er und Souchy sich auf ihrer kehligen, fremdartigen Sprache unterhielten, stieß er ein heiseres Lachen aus, doch die meiste Zeit schwiegen die Männer. Es war Marie unverständlich, wie sie sich innerhalb des Waldes orientieren konnten, jeder Baum, jeder Fels ähnelte sich und doch war klar, dass die Männer einem unsichtbaren Weg folgten.
Am Nachmittag legten sie an einer Quelle zwischen moosbewachsenen Felsen eine Rast ein, die so gut verborgen war, dass Marie sich sicher war, sie hätte an ihr vorbei laufen können, ohne sie zu entdecken. Die Männer schienen hungrig zu sein, denn Galasko lud sein Gewehr mit Kugel, Zündkraut und Pulver und verschwand zu Fuß zwischen den Bäumen.
Souchy hingegen lehnte sich mit gekreuzten Beinen gegen einen Baumstamm

und schloss die Augen.
„Was haben sie nur mit uns vor?“, flüsterte Barbara, als sie sich neben Marie auf einen kleinen Felsvorsprung setzte. Marie schöpfte etwas Wasser in ihre hohle Hand und stillte den Durst, den der salzige Fisch vom Vorabend in ihrem Mund hinterlassen hatte.
„Ich weiß es nicht“, murmelte sie. Barbara schloss die Augen und formte die Lippen wieder zu einem lautlosen Gebet. Marie zog ihre Knie an den Körper und starrte auf das Gebüsch, hinter dem Galasko verschwunden war. Plötzlich zerriss ein lauter Knall die Stille.
Mit einem entsetzten Aufschrei sprangen die Mädchen auf und sahen sich in panischer Angst um, doch Souchy lächelte unter halbgeschlossenen Lidern.
„Abendessen“, sagte er und lachte.
Kurz darauf kam Galaskos mit einem Reh über der Schulter zu ihnen zurück. Die gebrochenen Augen des Tieres starrten leblos in den Himmel und Blut tropfte aus einer Wunde an der Seite. Galasko griff das Messer an seinem Gürtel, mit dem er Maries Vater skalpiert hatte, und schlitzte dem Tier mit einer einzigen, kraftvollen Bewegung den Bauch auf. Schleimige und dampfende Innereien quollen heraus, die der Indianer in einer kleinen Mulde vergrub. Souchy brachte aus dem Unterholz etwas trockenes Reisig mit und schichtete es in der Feuerstelle auf, während Galasko dem Tier nach und nach die essbaren Organe wie Herz, Niere und Leber entnahm und auf kleine Stöcke spießte.
Der durchdringende Geruch von frischem Blut erinnerte Marie mit solcher Wucht an den Überfall auf ihre Farm, dass Übelkeit in ihr aufstieg und sie sich würgend hinter dem Felsvorsprung übergeben musste. Mit geschickten Handgriffen löste Galasko das Muskelfleisch der Flanken von den Knochen, schabte Haut und Fett ab, ohne jedoch die Tierhaut zu zerstören. Sie brieten die Rehkeulen über dem offenen Feuer, worin sie außerdem einige heiße Steine erhitzten, die Galasko mit den verwertbaren Innereien in eine weitere Mulde gab und mit Blättern abdeckte. Hin und wieder öffnete er den Deckel des Erdofens, um neue, heiße Steine hineinzugeben, die nach und nach das Rehfleisch garten.
Der Rehbraten schmeckte köstlich, würzig und zart zugleich und Marie vergaß ihre Übelkeit, während sich ein wundervolles Gefühl von Sattheit in

ihrem Inneren ausbreitete.
Galasko schabte die Gewebereste von der Tierhaut ab, ähnlich, wie er es mit dem Skalp ihres Vaters getan hatte, der noch immer an seinem Gürtel baumelte, und wusch die Haut dann im Wasser der Quelle. Die Überreste der Rehkeule und die gegarten Innereien packte er in der Haut zu einem Bündel zusammen.
Als sie ihr Mahl beendet hatten, ging die Sonne bereits unter und die Männer entschieden, für diesen Tag nicht mehr weiter zu reiten, sondern ihr Nachtlager unter einem nicht weit entfernten, größeren Felsvorsprung aufzuschlagen. Marie und Barbara rollten sich zum Schlafen zusammen, und bevor sie einschlief, sah Marie, wie Galasko einen kleinen Lederbeutel von seinem Gürtel löste und etwas, das wie getrocknete Kräuter aussah, in die Flammen streute. Der eigentümlich vertraute Geruch von süßem Tabak stieg ihr in die Nase.

Sie setzten ihren Weg noch im Morgengrauen fort. Die Kälte hatte ihre Glieder steif gemacht und Marie hatte inzwischen das Gefühl, kein Feuer der Welt könne sie jemals wieder wärmen, so sehr hatten sie Feuchtigkeit und Erschöpfung ausgehöhlt. Sie dachte an den Ofen im Haus ihres Vaters, an die dicken, mit Huhn- und Gänsefedern gefüllten Bettdecken und den Geruch von stallwarmer Milch am Morgen.
Der Nebel lichtete sich auch am Tage nicht und hing schwer zwischen den Bäumen, der auch gegen Mittag noch nicht verzogen war.
Die klamme Feuchtigkeit setzte sich in ihren Kleidern fest und machte sie feucht und kalt. An ihren Füßen hatten sich dicke Blasen gebildet, die inzwischen bluteten und bei jedem Schritt brannten, doch sogar dieser Schmerz schien Marie von weit her zu kommen, ganz so, als löste ihr Körper sich allmählich auf.
Sie machten nur eine kurze Rast am Nachmittag, in der sie die Rehvorräte des Vorabends aßen, doch Marie war wie betäubt vor Erschöpfung und sie taumelte ohne jedes Gefühl weiter durch den Wald, als die Männer das Zeichen zum Aufbruch gaben. In der Dämmerung wurde der Wald unheimlich, die Geräusche klangen seltsam verzerrt und immer wieder hatte Marie die Ahnung von etwas Großem, Gefährlichem, das sich zwischen den Bäumen

verbarg, doch die beiden Indianer schienen nichts davon zu bemerken.
Es war fast dunkel, als der Wind zwischen den Bäumen plötzlich das dumpfe Geräusch von Trommelschlägen und den Geruch von Feuern herübertrug. Kurz darauf lichtete sich der Wald und vor ihnen lagen die dicht gedrängten Hütten und Zelte aus Rinde eines kleinen Indianerdorfes, ganz ähnlich dem, in dem sie Jean und die Mädchen zurück gelassen hatten. Marie konnte einen Fluss riechen, den Geruch nach Schlick und Fisch, obgleich sie ihn zwischen den windschiefen Rindenzelten und Hütten nicht sehen konnte.
Halb nackte, kleine Kinder mit wehenden schwarzen Haaren liefen ihnen entgegen und stießen spitze Schreie aus, als sie die beiden weißen Mädchen bemerkten. Neugierige Gesichter schoben sich aus den Hüttentüren, dunkle Augen von schwarzen Haaren umrahmt, eines glich dem anderen. Marie sah Frauen und Kinder, Alte und Männer. Einige hatten sich vor den Feuern versammelt, andere liefen zwischen den Hütten und Zelten umher.
Der schwere Duft von gebackenem Maisbrot und würzigem Fleisch hing über dem Lager.
Galasko und Souchy saßen vor einem der Rindenzelte ab und eine alte, durch ihren krummen Rücken tief gebeugte Lenapé-Indianerin kam mit einem seltsamen Kichern auf sie zugeschlurft.
Galasko wechselte einige Worte mit ihr und sie sah die Mädchen aus kleinen, knopfartigen Augen an, in denen etwas Listiges aufblitzte. Sie kam auf die Mädchen zu und Marie und Barbara wichen unwillkürlich vor ihr zurück. Ihre Finger griffen wie Klauen nach den Mädchen und befühlten ihre Kleider, ihre Gesichter und ihre Haare. Dabei stieß sie immer wieder dieses irre Kichern aus. Marie schüttelte sich, als sie den süßlichen Geruch einatmete, den die Alte verströmte und ihre tiefschwarzen Zahnstumpen sah. Galasko und Souchy verschwanden zwischen den Hütten und Zelten und ließen die Mädchen bei der kichernden Alten zurück, die in ihr Zelt zurückhuschte. Marie und Barbara sahen sich einen Augenblick unschlüssig an und entschieden sich dann, der Alten zu folgen.
Das Rindenzelt der Alten war, anders als die Zelte, die sie in der Siedlung zuvor kennengelernt hatten, marode und schmutzig, doch in der Feuerstelle brannte ein kleines Feuer, dessen Rauch in den Augen brannte. Ein unangenehmer Geruch herrschte im Inneren, der ihnen den Atem nahm, ein unde-

finierbares Gemisch aus verdorbenem Essen und ungewaschenem Körper. Unsicher ließen sich die Mädchen vor dem Feuer auf dem Boden nieder. Marie schloss die Augen, als die wohlige Wärme ihre Fingerspitzen erreichte und diese zu kribbeln begannen. In diesem Moment traf sie ein heftiger Schlag auf den Rücken. Mit einem entsetzten Schrei sprang sie auf. Die Alte stand mit einem langen Knüppel hinter ihr und kicherte.

„Was soll das?“, schrie Marie. Doch die Alte unterbrach ihr Kichern nicht, sondern ließ sich umständlich neben ihr auf dem Boden nieder.

Aus einem Korb zog sie eine Blechkanne hervor und der giftige Geruch von selbst gebranntem Schnaps jagte Marie in die Nase. Die Alte trank gierig daraus, als sei es Wasser und kein Schnaps. Ihre Augen brannten, als sie die Flasche wieder absetzte.

Marie fühlte sich müde, erschöpft und hungrig und sie ließ sich wieder auf dem Boden nieder.

Die Alte beugte sich ein wenig vor und zerrte an ihren zerrissenen Kleidern. Marie stellte fest, dass ihr Rock nur noch in Fetzen an ihr herunter hing und um Barbaras Kleidung, die mit bleichem Gesicht in das klägliche Feuer starrte, war es nicht besser bestellt.

Unter leisem Kichern stand die Indianerin auf und wühlte im Dunkel ihrer Hütte.

Ängstlich sahen die Mädchen sich an.

„Hier“, sagte die Alte und Marie zuckte unwillkürlich zusammen, als sie die Indianerin zum ersten Mal sprechen hörte, und hätte sie die Alte nicht den Mund bewegen sehen, hätte sie nicht geglaubt, dass eine solche Stimme menschlich sein könnte, sie klang tief und knarrig, wie altes Holz, das vor dem Ofen trocknet. „Zieht das an!“ Ihr Zungenschlag war schwer und fremdartig, doch Marie konnte ihr Englisch verstehen.

Ohne ihrer Aufforderung nachzukommen, starrten die Mädchen den Haufen an.

Die Indianerin stieß einen lauten Schrei aus, der in erneutes Gickern überging. Dann schnellte sie mit einer blitzschnellen Bewegung nach vorne und versetzte den Mädchen einige schmerzhafte Schläge und Knüffe. Mit empörten Schreien sprangen die Mädchen auf. Ihre Wangen und ihre Kopfhaut schmerzten. „Besser, wir tun, was sie sagt“, murmelte Marie rasch und

Barbara nickte, ohne sie anzusehen.
Vorsichtig packte Marie das Bündel aus Lederkleidung vor ihnen. Zwei lange, bereits speckige Kleider aus dunklem, würzig riechendem Hirschleder waren darunter, die mit einem langen, geflochtenen Ledergürtel um die Taille zugeknotet wurden, dazu vier Beinlinge aus weichem Leder, die an den Seiten mit groben Lederschnüren zusammengehalten wurden. Die Kleidung roch fremdartig, ein wenig so, wie Galasko gerochen hatte, sie roch nach fremden Frauenkörpern und nach würzigem Feuerrauch. Barbara machte keine Anstalten, sich zu bewegen, sodass Marie zögernd ihre zerrissene Kleidung abstreifte, die grobe Baumwollschürze, deren Saum sie selbst gestickt hatte und das dunkle Filzkleid, das an einigen Stellen durchgescheuert war, sowie die lange, wollene Unterkleidung, die nur noch aus Fetzen bestand und durch die der Wind und die Kälte drangen.
Sie zog das Lederkleid über und band es mit dem Gürtel zusammen. Die Beinlinge machten ihr einige Schwierigkeiten, doch als sie sich schließlich in ihren neuen Kleidern aufrichtete, überkam sie ein seltsames Gefühl. Die Indianerkleidung war wunderbar weich und warm, sie schmiegte sich an sie wie eine zweite Haut und auch der fremdartige Geruch störte sie mit einem Mal nicht mehr. Sie sah zu Barbara hinüber, die noch immer ihre zerfetzte Kleidung trug.
„Barbara, zieh sie an, sie sind warm“, versuchte sie, Barbara zu überreden, doch diese schüttelte entschieden den Kopf.
„Nein, niemals“, stieß sie verächtlich hervor, „mich machen sie nicht zu einer Wilden!“
„Sei nicht dumm, Barbara. In unserer Kleidung werden wir erfrieren.“
Barbara zögerte noch einen Augenblick.
Dann riss sie sich kurz entschlossen ihre Fetzen vom Körper, packte sich das Lederkleid und zog es über ihren Kopf. Marie las Ekel und Abscheu in ihren Augen, aber auch die widerwillige Einsicht, um wie viel angenehmer ihre neue Kleidung war.
Erleichtert wollte sie nach ihren schweren, zerbeulten Stiefeln aus grobem Schweinsleder und mit harter Holzsohle greifen, als ein missbilligender Laut der Indianerin sie zurückhielt.
Die Alte erhob sich und wühlte im Halbdunkel in ihren Sachen herum.

Schließlich zog sie zwei Paar Lederschuhe nach Art der Indianer hervor, die mit Stachelschweinborsten und kleinen, bunten Steinen verziert waren. Zögernd griff Marie danach. Es gab keine Stelle an ihren Füßen, die von dem langen Marsch nicht aufgeschürft oder von Blasen übersät war, Blut klebte an der Innenseite ihrer Stiefel.
Ihre schweren Stiefel waren zwar warm, doch bereits nach wenigen Tagen ihres Weges über die Allegheny Berge hatten sie sich als wahre Folterinstrumente erwiesen. Die Alte warf ihr mit einem kreischenden Lachen die Mokassins vor die Füße.
Zögernd griff Marie danach. Ihre Hände strichen über das weiche Leder und die elastische Sohle, sie bewunderte das kunstvolle Muster, in dem die Steinchen auf die Schuhe genäht worden waren und die glänzenden Stachelschweinborsten. Sie streifte einen der Schuhe über ihren rechten Fuß und stand vorsichtig auf. Der Schuh fühlte sich an wie ein Kissen aus weichester Wolle, zugleich gab er ihrem Fuß Halt, eine wahre Erlösung nach dem tagelangen Marschieren in ihren groben Stiefeln. Marie bemerkte, dass sie laut gelacht hatte, und sah ängstlich zu Barbara hinüber. Diese starrte sie aus großen Augen an. „Zieh die Schuhe an!“, rief Marie. „Nur fliegen kann schöner sein!“ Sie griff nach dem zweiten Schuh und schlüpfte hinein. Vorsichtig machte sie ein paar Schritte und ihre Füße fühlten sich wunderbar leicht an.
Dann begegnete sie erneut Barbaras Augen und las den stummen Vorwurf darin und erstarrte.
Ihre Familien waren tot, ihr Bruder verloren und sie freute sich über ein paar Schuhe. Mit einem Kloß im Hals streifte sie die Mokassins ab und blieb barfuß, obgleich ihre Zehen taub waren vor Kälte. Die Indianerin legte den Kopf schief und ihr runzeliges Gesicht verzog sich zu einem erneuten, irrsinnigen Kicheranfall, bis sie keuchend nach Luft schnappte. Dann setzte sie die Blechkanne an die Lippen und nahm einen tiefen Zug daraus. Ihre dunklen Wangen röteten sich ein wenig von der Wirkung des Alkohols und mit einem Geräusch aus ihrer Kehle, das Marie entfernt an Schluckauf erinnerte, verschwand die Alte nach draußen, um kurz darauf mit einem Bündel Fisch zurückzukehren, von denen ein bestialischer Gestank ausging. Marie spürte, wie sich ihr Magen anhob, als die Indianerin die Fische mit einem dumpfen

Klatschen vor den Mädchen auf den Hüttenboden warf und ihnen bedeutete, Schuppen und Köpfe zu entfernen.
Angeekelt streckte Marie die Finger nach den Fischen aus, während Barbara keine Anstalten machte, die glitschigen und übel riechenden Klumpen zu berühren.
Die Indianerin schleppte Wasser in einem Eimer rein, in den sie etwas warf, das wie getrocknete Kürbisringe aussah und ihn dann mit flinken Fingern über der Feuerstelle aufhing.
Marie nahm den abgeflachten Stock, den die Indianerin ihnen mit den Fischen gegeben hatte und mit angehaltenem Atem machte sie sich an die widerliche Arbeit. Im Inneren schien der Fisch noch nicht verdorben zu sein, sodass ihr Ekel nach einiger Zeit nachließ. Barbara rührte sich noch immer nicht von der Stelle. Die Alte warf die Fischbrocken in die Suppe und nach einiger Zeit breitete sich ein köstlicher, würziger Geruch in der Hütte aus, der Marie das Wasser im Mund zusammenlaufen ließ, obgleich ihr der Gestank des Fisches noch vor wenigen Minuten den Atem genommen hatte. Ihr Hunger war stärker.
Auch Barbara schien sich nicht länger zurückhalten zu können, als die Indianerin ihnen das Essen in ausgehöhlten Holzschüsselchen hinhielt, die sie zum Essen direkt an den Mund setzten, und aß mit sichtlichem Appetit.
Die Alte sagte etwas und fuchtelte heftig mit ihren Händen in der Luft herum. Verständnislos sahen die Mädchen sie an. „Sie will uns etwas sagen“, meinte Barbara. Marie starrte die Indianerin und ihre wilden Gesten eine Weile an. „Wulapan“, sagte sie schließlich und klatschte in die Hände. „Ihr Name ist Wulapan.“ Die Lenapé-Indianerin grinste zufrieden und Marie deutete auf Barbara. „Bar-bar-a“, dehnte sie die Silben in die Länge. Wulapan legte den Kopf schief und sah sie neugierig aus ihren knopfartigen Augen an. „Ma-rie“, fuhr Marie fort und deutete auf sich, doch die Alte kicherte nur und winkte ab.
Nach der Mahlzeit nahm Wulapan einen letzten, tiefen Schluck aus ihrer Blechkanne und verschwand nach draußen. Die Mädchen blieben allein in der Hütte zurück.
Ratlos sah Marie sich um.
„Marie?“, flüsterte Barbara.

„Ja?“, gab Marie zurück.
„Glaubst du, sie kommt bald zurück?“
Marie lauschte einen Augenblick in die Dunkelheit, die die Hütte inzwischen umgab.
Hin und wieder drangen Stimmen zu ihnen hinein und sie konnte das dumpfe Geräusch der Trommeln hören. Der Wind pfiff durch den Rauchabzug an der Decke der Hütte und das Holz knisterte in der Glut der Feuerstelle.
„Ich weiß es nicht.“
„Ich habe versucht, mir den Weg hierher einzuprägen.“
Barbara warf einen ängstlichen Blick auf den Eingang der Hütte, als fürchtete sie, jemand könne plötzlich hereinkommen.
„Wir könnten es noch immer versuchen.“ Ihre Worte lösten etwas in Marie aus und es dauerte einen Augenblick, bis sie begriff, was es war.
Langsam schüttelte Marie den Kopf. Sie fühlte sich leer und verwirrt, die Erschöpfung löschte alle anderen Gedanken aus. Es gab keine Möglichkeit zu fliehen. Da draußen, in der Wildnis, waren sie verloren. Niemals würden sie alleine den Weg zurück durch den Wald und über die Berge finden, keine einzige Nacht würden sie alleine überleben.
„Barbara, bitte …“, sagte sie und sah sich suchend nach ein paar Decken um, um dem Blick ihrer Freundin auszuweichen, aber sie konnte ihn deutlich in ihrem Rücken spüren.
„Was willst du tun? Einfach warten, bis Galasko und der andere kommen, um uns zu töten?“ Barbaras Stimme nahm einen schrillen Klang an. Marie konnte ihre eigene Angst, ihre eigene Verzweiflung aus der Stimme der Freundin heraushören.
„Ich glaube nicht, dass sie vorhaben, uns umzubringen. Warum sollten sie uns sonst mit auf eine so lange Reise nehmen?“, gab Marie zurück und zerrte ein Bündel Decken hervor, von denen zwar ein muffiger Geruch ausging, die aber warm und weich genug schienen, um unter ihnen die Nacht verbringen zu können. Sie schlang sich eine der Decken um die Schulter und rutschte dicht an die Feuerstelle heran.
„Wir müssen fliehen, Marie!“, schrie Barbara und Marie sah ängstlich zum Zelteingang.
„Scht!“, machte sie, „willst du, dass sie uns hören?“

„Das sind Wilde, Barbaren, wie kannst du wissen, was sie mit uns vorhaben?“, fuhr Barbara mit gedämpfter Stimme fort. „Wir müssen die anderen finden!“ Barbara beugte sich vor, um Marie eindringlich in die Augen zu sehen, doch Marie schlug die Augen nieder. Sie wollte nichts davon hören. Es gab kein Entkommen, nicht von diesem Ort, nicht im Winter.
„Es hat keinen Sinn, Barbara“, sagte sie leise und sah sie an. „Galasko und Souchy sind sicher ganz in der Nähe. Sie werden nicht zu lassen, dass wir fliehen. Wie willst du den Weg zurück finden? Hast du den Fluss vergessen? Die Dunkelheit im Wald? Und wie sollen wir uns ernähren? Kannst du ein Reh schießen?“
Marie konnte in Barbaras Gesicht lesen, dass sie wusste, dass sie recht hatte. Sanft berührte sie ihren Arm.
„Lass uns schlafen, Barbara. Vielleicht gibt es eine Gelegenheit zur Flucht. Was du vor hast, wird dich das Leben kosten.“ Ruckartig zog Barbara ihren Arm zurück und rollte sich neben ihr auf dem Boden vor der Feuerstelle zusammen.

*

Es dämmerte bereits, als Conrad Weiser und Shickellamy Jenkiklahmus erreichten.
Schon von Weitem konnte Conrad sehen, dass sie die Krieger hier nicht antreffen würden, keine Pferde waren zu sehen und vor den Hütten saßen nur die Frauen und mahlten ihr Maismehl zwischen den flachen Steinen. Wären die Umstände nicht so gefahrvoll gewesen, hätte Conrad dieser Anblick mit tiefem Frieden erfüllt. Seit Menschengedenken mahlten die Indianer ihr Mais auf diese Weise, den die Frauen in den Tagen zuvor von den kleinen Feldern gepflückt hatten, während ihre Männer auf der Jagd waren und sie ihre kleinen Kinder in ihren Wiegen auf dem Rücken trugen. Nun sprangen die Kinder um sie herum, während die Allerkleinsten in ihrem Schoss lagen, direkt unter den schweren, vollen Brüsten ihrer Mütter. Es spielte keine Rolle, wie viel Mais sie an einem Tag mahlten, wie viel Zeit verging, die Arbeit war nicht anstrengend, sie war Beschäftigung und Sinn. Normalerweise sangen die Frauen und erzählten sich Geschichten, so wie es die Frauen ihres

Stammes seit Tausenden von Jahren taten, ein Bild, das unverrückbar alle Zeiten überdauert hatte.

Doch es waren keine normalen Zeiten. Die Frauen sangen nicht und blickten zu Boden, als die Männer zwischen den Hütten umherritten. Conrad konnte keines der Kinder sehen, die normalerweise jeden Besucher lärmend umringten. Man erwartete sie, daran konnte kein Zweifel bestehen. Shickellamy spürte die Gefahr ebenso wie er.

Die Irokesen hatten das Volk der Delaware unterworfen, doch die Krieger dieses Stammes waren noch immer Furcht einflößend, unberechenbar in ihrem Stolz.

Einige Kinder liefen ihnen plötzlich entgegen und umringten sie lärmend und für einen Augenblick glaubte Conrad im schwachen Licht der Dämmerung, zwei Mädchen mit hellen Haaren unter ihnen zu entdecken, eines mit wilden, blonden Locken und eines mit kupferrotem Haarschopf, doch bevor er sie ansprechen oder auch nur genauer hinsehen konnte, hörte er einen lauten Pfiff aus einer der Hütten und die Kinder verschwanden so schnell, wie sie aufgetaucht waren, zwischen den Zelten. Mit gerunzelter Stirn sah Conrad ihnen nach. Er war sich sicher, dass er sich nicht getäuscht hatte. Offenbar lebten tatsächlich Weiße unter Teedyuscungs Stamm.

Er fragte sich, ob diese Mädchen aus Tulpehocken stammten. Es musste eine Möglichkeit geben, dies herauszufinden. Vielleicht waren die Töchter der Leiningers und der Villars noch nicht verloren.

Sie hielten ihre Pferde an und stiegen ab. Conrad sah sich eine Weile zwischen den Hütten um.

Niemand von den Älteren kam, um sie zu begrüßen. Es war unverkennbar, dass man mit ihrem Besuch bereits gerechnet hatte.

„Wo ist Teedyuscung?“, fragte Conrad eine der Indianerinnen, die vor den Hütten saßen.

Sie starrte an ihm vorbei zu Shickellamy und Conrad konnte den Hass in ihren Augen lodern sehen. Ohne den Blick von dem Irokesen zu nehmen, streckte sie die Hand aus und wies mit dem Finger auf eine Hütte in der Mitte des Dorfes.

Langsam schritten sie darauf zu und Conrad bemerkte, wic sich Shickellamy unauffällig nach allen Seiten umsah und die Hand auf dem gespannten Hahn

seines Gewehres ruhen ließ.
Das schwindende Tageslicht nahm seiner Statur und seinen Zügen etwas von ihrer Menschlichkeit und verlieh ihm die Zeiten überdauernde Ausstrahlung einer bedrohlichen Statue, des Sinnbildes des ewigen Kriegers, groß, kraftvoll und unbarmherzig.
Nichts war aus dem Inneren der Hütte zu hören, eine fast unheimliche Stille hatte sich über die ganze Siedlung gelegt. Nur der Geruch von frisch verbranntem Tabak verriet Conrad, dass sich hinter den Wänden aus Ästen und Rinden jemand befand.
Jemand, der auf sie gewartet hatte.
Er streckte die Hand aus und schlug die Binsenmatte zurück, die den Eingang verdeckte.
Dahinter war es fast dunkel. Der zuckende Widerschein eines kleinen Feuers warf Licht auf die schwarz bemalten Gesichter mehrere Männer, die um das Feuer herumsaßen.
In ihrer Mitte saß Teedyuscung und starrte die Eintretenden aus brennenden Augen an.
Conrad entgingen die Gewehre in den Händen der Männer genauso wenig wie die Kriegsbemalung.
Es war unverkennbar, dass der Stamm der Susquehanna-Lenapè sich auf dem Kriegszug befand. Diese Männer wollten das Versprechen ihres Wampum-Gürtels einhalten.
Er duckte sich, um durch den Eingang zu treten und Shickellamy folgte ihm.
Conrad öffnete den Mund, um etwas zu den Männern zu sagen, doch Shickellamy kam ihm mit donnernder Stimme zuvor: „Wie kommt es, dass ihr Frauen Waffen tragt? Habt ihr vergessen, dass ihr schwache Weiber seid? Es gibt keinen Krieg, den ihr führen dürft!“
Ungerührt sah Teedyuscung den Irokesen an. Conrad bemerkte, dass seine Augen völlig klar und ungetrübt waren. Krieger ziehen nur nüchtern in den Kampf.
„Das liegt daran“, gab er langsam und mit einem bedrohlichen Tonfall zurück, „dass wir nicht länger Frauen sind. Wir sind Männer!“ Den letzten Satz hatte er deutlich lauter gesagt und die übrigen Männer hatten ihre Gewehre

dabei etwas fester gefasst.
Teedyuscungs Augen blitzten. „Die Menkwe irren sich, wenn sie denken, dass sie Gewalt über uns haben."
Conrad sah ihn durchdringend an. Er griff in seine Tasche und zog den Tomahawk hervor, den er aus Jacques Le Roys Brust gezogen hatte, und legte ihn vor Teedyuscung auf den Boden.
„Wir haben euren Wampum gefunden", sagte er ruhig und ließ seine Worte eine Weile in der Luft hängen, bevor er fortfuhr: „Wo sind die Gefangenen?"
Teeduyscung legte den Kopf ein wenig schief und richtete seine schmalen, schwarzen Augen nun auf ihn. „Frauen machen keine Gefangene", antwortete er auf Deutsch.
Conrad kannte Teedyuscung noch aus einer Zeit, als er sich auf den Namen Gideon hatte taufen lassen und ein christliches Leben bei den Brüdern der Herrnhuter Mission in Gnadenhütten gelebt hatte. Doch die Sehnsucht nach der Wildnis und vielleicht auch nach dem Alkohol war wohl stärker gewesen, als das Wort der Bibel und auch der Konflikt mit Shingas, dem eigentlichen Häuptling der Lenapé hatte ihn nicht daran hindern können, sich mit seinen Leuten hier niederzulassen.
„Sie nennen dich einen Boten von Tarachiawagon, dem Träger des Himmels, weil du den Frieden bewahrst zwischen Menkwe und den Jenkise", fuhr der Häuptling fort, „aber für mein Volk bist du kein Träger des Himmels. Du hast dafür gesorgt, dass wir den Himmel unserer Heimat nie mehr wieder sehen können und nun kommst du hierher, und verlangst etwas von meinem Volk, dem Volk der Lenapé? Du und deine Brüder haben unsere Herzen gebrochen und unsere Seelen verdunkelt. Wir haben eure Worte nicht vergessen, die ihr vor vielen Jahren in Logstown gesprochen habt. Ihr habt den Jenkise geholfen, uns um unser Land zu betrügen. Wir sind Fremde in diesem Land und doch wollt ihr uns nun erneut vertreiben."
Sein Blick wanderte zu Shickellamy, der wie versteinert hinter Conrad stand und der Rede des Lenapé lauschte.
„Geht und sagt euren Brüdern, dass Krieg ist und dass wir Seite an Seite mit unseren weißen Brüdern aus dem Norden gegen die Jenkise kämpfen. Nie wieder werden uns unsere Onkel vorschreiben, wo wir leben werden."
Er spie das Wort förmlich aus.

Stumm sah Conrad ihn an. Er konnte die Entschlossenheit in Teedyuscungs Zügen lesen, jene Art von Entschlossenheit, die Männer überkam, wenn sie nichts mehr zu verlieren hatten.
Das Volk der Lenapé hatte zu viel verloren, um sich nun von ihm oder der Liga einschüchtern zu lassen.
Er selbst war dabei gewesen, als die Irokesen-Häuptlinge der Liga die Lenapé zu Frauen erklärt und sie damit gedemütigt hatten. Sie hatten sie von ihrem Land vertrieben, den Ufern des Delaware-Flusses, dem Land, auf dem ihre Väter beerdigt waren und dass ihnen gehörte, seit die Welt sich drehte, um es der Kolonie von Pennsylvania zu übergeben, er war es, der die Demütigungen übersetzt hatte, sein Name stand unter den Dokumenten und hatte das Schicksal der Lenapé besiegelt. Ihnen blieb nur die Unterwerfung oder der Kampf. Sie hatten sich offensichtlich für Letzteres entschieden.
„Das bedeutet Krieg, Gideon", sagte Conrad. „Wenn du dich an die Seite von Shingas und den anderen Häuptlingen aus dem Ohio stellst, setzt du dein Volk der Verfolgung und Rache der Kolonien aus. Es wird keinen Handel mehr mit euch geben. Ihr werdet hungern und viel Blut wird fließen. Ihr habt keine Waffen und keine Vorräte. Ihr seid auf einen solchen Krieg nicht vorbereitet. Ihr könnt nur verlieren. Du wirst deinem Volk kein guter Anführer sein, wenn du sie in diese Schlacht führst."
Teedyuscung straffte seine Schultern. „Wenn wir nicht kämpfen, wird unser Volk untergehen. Wir haben unsere Heimat und unseren Stolz verloren. Es gibt nichts mehr, dass ihr uns nehmen könnt."
Shickellamy neigte sich plötzlich in einer bedrohlichen Geste nach vorne und zischte in heiserem Mohawk: „Wie kannst du es wagen, gegen die Auflagen der Liga zu verstoßen? Du bist eine Frau, ein schwaches Weib. Wir entscheiden, was ihr dürft und wohin ihr geht. Es ist besser für dich und deine Leute, zu tun, was wir euch sagen."
Teedyuscung hielt seinem Blick stand. „Meine Leute tun, was ich ihnen sage."
Eine Weile starrten sich die beiden Indianer über das Feuer hinweg aus funkelnden Augen an.
Es war Shickellamy, der den Blick zuerst senkte.
„Wir kommen wieder", sagte er und seine Stimme klang kalt vor Zorn.

„Wir werden euch erwarten", antwortete Teedyuscung.
Als sie das Zelt verließen, erschien es Weiser, als könne er Teedyuscungs glühenden Blick auf seinem Rücken fühlen.

*

Thomas Penn nippte an seiner aus teurem, chinesischem Porzellan gefertigten Teetasse, die den aromatischen Geruch wertvoller Kräuter verströmte, während er seinen Blick über den nebligen Park vor seinem Anwesen streifen ließ. Die akkurat gestutzten Bäume säumten die aus Kieseln gestreuten Parkwege, in deren Zentrum sich ein kunstvoll gestalteter Brunnen aus hellem Marmor befand, dessen Wasserspeier die Gestalt von kleinen Engeln und Tauben hatten.
Das Anwesen im Herzen von Philadelphia befand sich noch nicht lange in seinem Besitz. Sein Vater hätte einen solchen Luxus sicherlich als Verschwendung abgelehnt, doch Thomas konnte der asketischen Genügsamkeit seines Vaters nichts abgewinnen. Die Penns waren die mächtigste Familie dieser Kolonie, die ihren Namen trug. Sie sollten nicht in einem Bretterhaus am Stadtrand leben.
Es war ein kalter und grauer Morgen, doch er wollte trotz des schlechten Wetters nicht auf seine Angewohnheit verzichten, den Vormittagstee draußen auf der weitläufigen Terrasse vor dem Salon einzunehmen, von der von beiden Seiten eine geschwungene Treppe in den Park hinab führte.
„Mr. Penn, Sir", ließ ihn die unterwürfige Stimme seines Butlers aufhorchen.
Lautlos wie immer war Marcus durch eine der für das Personal bestimmten Seitentür herausgetreten und hatte sich ihm mit gebührender Vorsicht genähert.
„Was gibt es?", knurrte Penn dennoch ungehalten. Er hasste Störungen am Vormittag, die Stunden direkt nach dem Aufstehen waren die, in denen er sich am Liebsten der Lektüre oder der Kammermusik hingab, wenn seine Sinne noch ungetrübt waren von den vielfältigen, profanen Eindrücken des Alltags. „Mr. Croghan möchte Euch sprechen", erklärte Marcus.
Thomas seufzte und stellte die kunstvoll mit kleinen goldenen Reihern be-

malte Teetasse auf die zierliche Untertasse, die er dem Butler hinhielt. Dieser ergriff sie sofort geschickt mit behandschuhten Fingern.
„Schickt ihn zu mir." Croghan war ein ungehobelter Kerl, anmaßend und unverschämt, doch er überbrachte sicher wichtige Nachrichten. Außerdem gehörte Croghan gemeinsam mit Thomas Penn zu den größten Investoren der Ohio-Company, die auf großzügige Gewinne hofften, wenn das papistische Franzosenpack endlich aus dem Tal vertrieben worden war. Was auch immer er von ihm wollte, es war wohl besser, ihm Gehör zu schenken. Marcus verneigte sich und verschwand ebenso lautlos, wie er die Terrasse betreten hatte, in einer der Seitentüren.
Croghan war ein schlaksiger Typ mit einem rattenähnlichen Gesicht, aus dem zwei unangenehm kleine Augen blitzten, dennoch gab es Frauen, die ihn als anziehend bezeichneten.
„Mr. Croghan, was bringt Euch dazu, mich zu so früher Stunde zu beehren?"
Croghans Augen huschten unruhig hin und her und ein schiefes Grinsen zog auf sein Gesicht. „Das Geschäft, Mr. Penn, nur das Geschäft. Und wie Ihr wisst, gibt es dafür nie einen unpassenden Zeitpunkt."
Ein widerlicher Kerl, dachte Thomas und warf einen Blick auf seine eigenen, sorgfältig manikürten Hände, die wie aus Marmor gemeißelt schienen und einer antiken Statue würdig waren.
„Um was geht es?", fragte er schließlich kühl. Nur weil er und Croghan gemeinsam Geschäfte miteinander machten, bedeutete dies noch lange nicht, dass er sich mit seinesgleichen auf eine Stufe stellte.
„Die entsprechenden Maßnahmen sind in Angriff genommen. Wir können mit den ersten …", an dieser Stelle zögerte Croghan und suchte nach einem passenden Begriff, „Erfolgen bereits im Oktober rechnen." Penn blinzelte. Man konnte über diesen rattengesichtigen Kriecher sagen, was man wollte, er war ein Mann der Tat. Nicht ohne Grund schien ihn Sir William Johnson zu seiner rechten Hand gemacht zu haben. „Ich verlasse mich darauf, dass um die Sache kein Aufheben gemacht wird. Alles soll so aussehen, als hätten die verfluchten Indianer einen Kriegszug gemacht." Croghans Grinsen wurde noch eine Spur breiter. „Seid beruhigt, für all das ist bestens gesorgt." Penn nickte zufrieden. „Es dürfen keine Spuren hinterlassen werden. Nichts

darf auf uns hindeuten. Die verdammten Quäker warten doch nur auf eine solche Gelegenheit, um mich endlich in London anzuschwärzen."
Croghan leckte sich die blutleeren Lippen. „In diesem Falle gibt es nur eine Art und Weise, um sicher zu gehen."
„Ich sehe, wir verstehen uns." Penn sah an ihm vorbei auf den Innenraum.
Wieder öffnete sich eine der Seitentüren.
„Mr. Penn, Sir, Gouverneur Morris Kutsche fährt so eben vor."
Thomas stieß ein ungehaltenes Knurren aus, das im nächsten Moment in maskenhaftes Lächeln überging, das er nach Jahren der Übung von einer Sekunde zu der nächsten aufsetzen konnte, um seine Gefühle dahinter zu verbergen.
„Ich verlasse mich auf Euch", fügte er warnend hinzu und verschwand hinter den Vorhängen.
Mit leichten Schritten durchschritt Penn den großen Salon und betrat den langen Korridor, wo teure Teppiche den Klang seiner Schritte verschluckten.
Beinahe hätte er mit spitzen Lippen ein Liedchen gepfiffen, so sehr versetzten ihn die Nachrichten in Hochstimmung. Die Dinge an der Grenze entwickelten sich noch besser, als er erwartet hatte, wie ihm das prompte Auftauchen von Gouverneur Morris verriet.
Die ganze Welt schien nur aus Stümpern und Weichlingen zu bestehen, dachte er bei sich, als er die Tür zu seiner Bibliothek aufstieß und den sichtlich aufgeregten Gouverneur Morris mit einem kalten Lächeln begrüßte. Morris war ein kleiner, dicklicher Mann und mächtigem Schnauzbart, der kaum in einen der Sessel vor dem Kamin zu passen schien.
„Gouverneur Morris, was führt Euch zu so früher Stunde zu mir?"
Erregt sprang Morris in die Höhe und stieß, ohne die Begrüßung zu erwidern, hervor: „Überfälle … es hat Überfälle gegeben an der Grenze. Indianer, die Siedler skalpieren und entführen. Mich erreichen aufgebrachte Petitionen, die Siedler wollen Waffen, sie sind außer sich. Was sollen wir tun? Ich meine, bewaffnete Milizen, hier in Pennsylvania, das ist unmöglich!" Auf seiner Stirn standen nun echte Schweißperlen, die seinen Haaransatz verklebten.
Penn bedachte ihn mit einem verächtlichen Blick. „Gar nichts", erwiderte er.

„Gar nichts?“, fragte Morris verständnislos, „aber, wie, ich meine, man wird mich …“
„Was wird man Euch?“, fragte Penn kalt. „Eure Amtszeit endet mit dem Jahreswechsel. Diese Art von Dingen erledigt sich von selbst.“
„Von selbst? Einige dieser Siedler sind mit einem Handkarren voller Leichen vor mein Büro gezogen, skalpierte Leichen, versteht Ihr? Sie haben einen riesigen Menschenauflauf hervor gerufen, sie wollen sich an das Parlament wenden.“
Penn sah ihn ungerührt an. „Sollen die Siedler damit selbst fertig werden. Ihr werdet sehen, dass ich recht behalte. In einigen Wochen spricht niemand mehr darüber und Ihr könnt in aller Ruhe Euren Abschied feiern.“
„Ist das Euer Ernst? Die Zeitungen schreiben heute über nichts anderes, als über die Überfälle, sie behaupten, es seien die gleichen Indianer, die General Braddock geschlagen haben und sich nun im Kriegszustand mit Pennsylvania befinden! Ein Krieg mit den Indianern, in der gegenwärtigen Situation! Stellt Euch nur vor, was man in England davon halten wird!“
„Diese Idioten“, murmelte Penn mit einem zufriedenen Lächeln in sich hinein. Laut sagte er: „Die Zeitungen schreiben nur selten die Wahrheit, besonders wenn sie von diesem Benjamin Franklin herausgegeben werden. Und ich darf Euch sicher an den ewigen Frieden erinnern, den mein Vater“, er nickte zu dem großen Ölporträt, das über dem Kamin hing und seinen Vater in jungen Jahren, kurz nach seiner Ankunft in Amerika zeigte, „mit unseren roten Brüdern geschlossen hat. Braddock war ein Tölpel, weiter nichts. Pennsylvania droht in diesem Krieg nur eine Gefahr: Die Versorgung englischer Truppen und ein Seekrieg.“
„Und wie erklärt Ihr Euch dann das?“ Morris hielt einen länglichen, aus bunten Muschelperlen geknüpften Gegenstand in die Höhe. Penn bedachte das Ding nur mit einem kurzen Blick. „Was ist das?“
„Das hat mir Conrad Weiser gestern überbracht. Dieser Gürtel bedeutet die Kriegserklärung der Indianer westlich der Alleghenys mit der Kolonie von Pennsylvania.“
Penns Mundwinkel zuckten. Er rang einen Augenblick lang um seine Fassung.
„Conrad Weiser“, zischte er zwischen zusammengepressten Lippen hervor,

„das hätte ich mir denken können.“
„Wir haben Nachricht aus Maryland und Virginia. Dort hat es ebenfalls Überfälle gegeben. Man stellt dort bereits bewaffnete Milizen auf. Was sollen wir nur tun? Niemals wird das Parlament, das wisst Ihr besser als ich, gestatten, dass wir Männer mit Waffen an die Grenze schicken.“
Penn stieß ein kurzes Knurren aus und bedachte seinen Vater mit einem vorwurfsvollen Blick. Dieses Dilemma war eindeutig die Schuld seines idealistischen, unpolitischen und weltfremden Vaters.
„Wir erklären den Indianer ebenfalls den Krieg“, sagte Penn und seine Augen blitzten.
„Was sagt Ihr da? Ich soll den Indianern den Krieg erklären?“, keuchte Morris.
„Sir, ich befürchte, Ihr ...“
„Morris, ich befürchte“, fuhr ihm Penn dazwischen, „Ihr seid in den Jahren Eurer Amtszeit als Gouverneur noch verblödeter, als Ihr es zuvor wart. Erklärt den Indianern den Krieg, die Zeitungen werden begeistert sein. Die Debatten im Parlament werden die Sache im Sande verlaufen lassen und Ihr könnt bis zum Ende des Jahres weiter in Euren Sessel furzen.“
Morris schnappte nach Luft. „Sehr wohl, Sir, ein ausgezeichneter Plan.“
„Was tut Ihr dann noch hier? Geht und erklärt diesen halb nackten Wilden den Krieg und lasst mich in Ruhe.“ Morris verneigte sich eilig und verschwand aus den Flügeltüren hinaus in den Korridor.
Penn stieß einen tiefen Seufzer aus und ließ sich in einen der Kaminsessel fallen. Wie von selbst wanderte seine Hand zu der kleinen Flasche mit der bräunlichen, fast Gold schimmernden Flüssigkeit darin. Er schenkte sich ein halbes Glas ein und prostete dem Bild seines Vaters zu. „Da siehst du, was du von deinen Büchern und Friedensverträgen hast. Diese Wilden scheren sich einen Dreck darum. Aber dank dir sitzen in unserem Parlament lauter weltverbessernde Quäker, die den Teufel tun werden, um die Indianer mit gehörig Schwarzpulver zurück in die Wildnis zu jagen.“ Er nahm einen tiefen Schluck.
„In diesem Fall, verehrter Vater, soll mir das Recht sein.“ Er schloss die Augen und genoss die wohlige Wärme, die sich in seinem Inneren ausbreitete.

*

Ein wütendes Geschrei weckte Marie am nächsten Tag. Wulapan stand mit vor Zorn verzerrtem Gesicht vor ihr und schrie etwas, das sie nicht verstand.
Sie sprang von ihrem Lager auf und sah, dass die Stelle, an der sich Barbara am Vorabend zum Schlafen gelegt hatte, leer war. Anstelle von Barbaras Körper lag nur ihre Decke zu einem kleinen Haufen zusammen geknäult neben ihr.
Das wütende Gekreische der Alten begleitete sie, als sie aus dem Rindenzelt lief und sich draußen suchend nach Barbara umblickte.
Wulapan folgte ihr, sie fluchte in einem eigentümlichen Kauderwelsch aus englischen und deutschen Wörtern.
Galasko und Souchy kamen auf sie zu gelaufen. Wulapan rief ihnen etwas zu und Galasko stieß ein wütendes Knurren aus. Mit einem Satz war er bei Marie, packte sie hart an den Schultern und fragte mit kalter Stimme: „Wo ist sie?“ Maries Herz raste, ihre Gedanken wirbelten durcheinander.
Als sie ihm nicht antwortete, packte er sie an ihrem Hals und drückte mit aller Kraft zu. Marie wurde schwarz vor Augen.
Nach einer Ewigkeit ließ er sie los und sie sank keuchend zu Boden. Souchy ließ sich neben ihr auf die Knie nieder und fragte erneut in sanfterem Tonfall: „Wo ist das andere Mädchen?“
Marie rang nach Luft. „Ich weiß es nicht“, stieß sie schließlich nach Luft japsend hervor, „ich habe geschlafen.“
Galasko und Souchy wechselten einige Worte in ihrer Sprache und verschwanden zwischen den Hütten. Kurz darauf sah Marie sie auf ihren Pferden davon jagen.
Marie schloss die Augen und rieb sich hustend die Stelle an ihrem Hals, an der Galasko sie gepackt hatte. Hilflose Wut ergriff Besitz von ihr.
Barbaras Fluchtversuch war dumm und gefährlich. Sie konnte ihnen nicht entkommen, zu Fuß und unbewaffnet. Sie riskierte ihr Leben, denn niemand konnte wissen, was Galasko mit ihr anstellen mochte, wenn er sie einfing. Marie presste ihre Hände so fest zusammen, dass ihre Knöchel weiß hervortraten, und schritt unruhig vor Wulapans Hütte auf und ab.

Die Indianerin war unter wütendem Gezeter wieder nach drinnen verschwunden, von wo hin und wieder ein Poltern oder ein Fluchwort nach draußen drangen.
Immer wieder suchten Maries Augen den Waldrand und das Flussufer ab, doch keine Spur von den Männern oder Barbara waren zu sehen.
„Barbara", flüsterte sie und Tränen stiegen ihr in die Augen, „warum hast du das getan?"
Es konnte nicht allzu viel Zeit vergangen sein, als sie plötzlich die Umrisse zweier Reiter in der Ferne am Flussufer ausmachen konnte. Als sie näher kamen, sah sie Barbara, die kopfüber über Galaskos Pferd hing. Maries Herz schien einen Augenblick auszusetzen.
Sie haben sie getötet, schoss es ihr durch den Kopf.
Galasko jagte in hartem Galopp auf sie zu, bremste sein Pferd erst kurz vor Wulapans Hütte und versetzte Barbaras Körper einen harten Stoß, der sie mit dem Kopf zuerst auf dem Boden aufschlagen ließ.
Barbaras stieß ein Wimmern aus. Sie war am Leben. Marie stürzte zu ihr und drehte sie zu sich herum.
Barbaras Gesicht war mit Blut und Schmutz bedeckt, ihre Kleidung zerrissen und ihre Arme und Beine über und über mit Schürf- und Kratzwunden bedeckt, kleine Halme und Ästchen steckten in ihren Locken. Sie schien den Männern die Jagd auf sie, so schwer wie möglich gemacht zu haben.
Plötzlich hörte Marie Wulapans wütendes Geschrei dicht hinter sich. Die Indianerin stieß sie zur Seite und verpasste der hilflos am Boden liegenden Barbara eine schallende Ohrfeige.
Entsetzt schrie Barbara auf und wich rücklings vor ihr zurück.
„Lass sie in Ruhe!", schrie Marie, als sie aufsprang, um Barbara vor den Attacken der Indianerin zu beschützen, doch die Alte verpasste auch ihr einen heftigen Stoß, der sie zur Seite taumeln ließ; sie fing sich jedoch sofort wieder und stellte sich zwischen die Indianerin und Barbara.
Galasko und Souchy waren inzwischen von ihren Pferden abgestiegen.
Mit einem gefährlichen Leuchten in den Augen kam Galasko auf sie zu und entblößte seine Zahnstummel zu einem Furcht einflößenden Lächeln.
„Du", rief er mit heiserer Stimme und wies mit dem Finger auf Barbara, „wirst sterben! Ich habe genug von dir, von deinem Weinen und Schreien.

Brennen sollst du und wir werden ein Fest dazu feiern!“ Begeistert klatschte Wulapan in die Hände.
„Nein!“, schrie Marie und warf sich neben Barbara auf den Boden. „Das könnt ihr nicht tun!“
Barbara starrte die Lenapé aus entsetzt aufgerissenen Augen an.
Galasko rief mit lauter Stimme etwas in seiner Sprache und nach und nach kamen die Indianer aus den umliegenden Hütten und Zelten zusammen gelaufen.
Wulapan kreischte mit sichtlichem Vergnügen und die anderen Frauen, Kinder und Männer fielen in ihr Jubelgeschrei ein. Die Vorstellung einer öffentlichen Verbrennung schien sie alle mit großer Freude zu erfüllen.
Marie starrte sie entsetzt an. Sie zweifelte keine Sekunde daran, dass Galasko und die anderen Lenapé zu solcher Grausamkeit fähig waren, doch ein Teil ihres Verstandes weigerte sich, das zu erfassen.
Barbara klammerte sich an ihren Arm. „Marie, bitte, lass nicht zu, dass sie mir etwas antun! Bitte, lass mich nicht allein!“ Marie streichelte ihre Hand und sah mit wachsendem Entsetzen, dass einige der Kinder bereits begonnen hatten, Äste und Zweige zwischen den Hütten zu einem Haufen aufzuschichten.
Wulapan kam mit einem Strick aus ihrem Rindenzelt, den sie unter lautem Freudengeheul Galasko überreichte. Er bückte sich und zerrte Barbara auf die Füße. Sie schrie und wehrte sich heftig, doch es schien, als bemerke er das gar nicht. Marie krallte sich in seine Arme.
„Nein“, schrie sie wieder, „nein, tut das nicht!“ Mit einem leisen Knurren schleuderte er sie von sich, so wie man sich eines lästigen Tieres entledigte und Marie fiel rücklings zu Boden.
Er zog Barbara hinter sich her zu dem provisorischen Scheiterhaufen, in dessen Mitte einer der Männer so eben einen Holzpflock rammte.
Galasko fesselte Barbaras Hände und wickelte die Enden des Strickes so eng um den Pfahl, dass Barbara sich kein Stück weit mehr bewegen konnte.
Dann ließ er sich auf die Knie nieder und unter dem begeisterten Geschrei der Menge begann er, mit zwei Feuersteinen und etwas Reisig die unteren Äste zu entzünden.
Es dauerte nicht lange, bis der erste Funke übersprang und sich eine kleine

Flamme langsam, aber unaufhaltbar nach oben zu Barbara fraß und auf ihrem Weg immer größer wurde.
Rauch stieg auf.
„Bitte, bindet mich los!“, wimmerte Barbara unter Tränen, doch niemand achtete auf ihr Flehen. Die Frauen klatschten in die Hände und die Kinder stießen begeisterte Pfiffe aus.
„Nein“, schrie Marie abermals. Sie drängte sich an den Menschen vorbei, um zu Barbara auf dem Scheiterhaufen zu gelangen, doch plötzlich wurde sie brutal an den Haaren zurückgerissen.
Sie roch Galaskos fauligen Atem an ihrem Gesicht.
„Willst du auch brennen?“, zischte er in ihr Ohr.
„Bitte“, flehte Marie, ohne die Augen von Barbara zu nehmen, „bitte lasst sie los.“
„Schau gut hin, Wapsitàk, das geschieht auch dir, wenn du versuchst, zu fliehen“, gab Galasko zurück. Maries Kopfhaut brannte und Tränen vor Schmerz und Verzweiflung traten ihr in die Augen.
Die Flammen wurden immer größer, es trennte sich nicht mehr viel von Barbaras Füßen.
Diese schluchzte verzweifelt und flehte die johlende Menge lauthals an, Erbarmen mit ihr zu haben. „Nein“, schrie sie, „ich will nicht sterben, bitte nicht!“
Plötzlich trat Souchy aus der Menge auf sie zu. Er hielt etwas in den Händen, das Marie zunächst nicht genau erkennen konnte. Ihr Herz blieb einen Moment lang stehen, als sie sah, was er Barbara hinhielt.
Es war die Bibel ihrer Mutter, die er aus dem Haus ihres Vaters geraubt hatte.
„Das hilft euch Wapsitàk doch beim Sterben“, sagte er.
Vor Überraschung verstummte Barbara und starrte erst die Bibel und dann ihn ungläubig an.
Er schlug es vor ihr auf und sie beugte sich darüber.
„Das ist französisch. Das kann ich nicht lesen“, sagte sie schließlich mit tränenerstickter Stimme.
Der Indianer schien sich nicht sicher zu sein, ob er nun lachen oder ihr die Bibel vor die Füße werfen sollte. Zu Maries Erstaunen aber wandte er sich

wieder um und kehrte mit einer anderen Bibel zurück. Als er sie aufschlug, nickte Barbara schluchzend. Offensichtlich hatte er diesmal eine deutsche Bibel gefunden. Die ganze Szene war so absurd, dass Marie hysterisch auflachte.
Eine dichte Rauchwolke stieg inzwischen von dem Scheiterhaufen auf und die ersten Flammen hatten eine bedrohliche Nähe zu Barbaras Füßen erreicht.
„Bitte", schrie Marie, doch ihre Stimme ging ebenso wie Barbaras Schmerzensschreie in den Freudenrufen der Indianer unter.
Mit unbarmherziger Kraft hielt Galasko sie gepackt. Marie versuchte trotzdem erneut, sich los zu winden. Sie stieß ihm den Ellenbogen in den Bauch und ihr Angriff überraschte ihn tatsächlich so sehr, dass er sie losließ. Marie machte einen Satz nach vorne, um den Scheiterhaufen zu erreichen.
Barbaras Schreie gellten in ihren Ohren, da fühlte sie, wie Galasko sie hinten an ihrem Kleid zu fassen bekam. Er schleuderte sie zu Boden und seine flache Hand traf sie mitten ins Gesicht.
Dann drehte er sie um, setzte sich auf ihren Rücken und riss ihren Kopf an den Haaren empor.
Mit unfassbarem Entsetzen konnte sie sehen, dass die Flammen bereits an Barbaras Füßen leckten, der Geruch von verbranntem Leder und verkohlendem Fleisch wurde durch den Wind zu ihnen herübergetragen.
Barbara wand sich verzweifelt in den Stricken und versuchte, ihre Füße den Flammen zu entreißen, doch diese wanderten bereits an ihrem zerfetzten Kleid empor.
In einem plötzlichen Impuls schloss Marie die Augen. Das Johlen der Menge und Barbaras Schreie schienen auf einmal von weit herzukommen.
Dann geschah mit einem Mal etwas Seltsames: Die Jubelschreie der Menge verstummten.
Galasko über ihr stieß einen wütenden Laut aus und Marie öffnete ihre Augen wieder.
Vor Barbara und dem Scheiterhaufen stand ein großer, hochgewachsener Lenapé-Indianer. Sein tiefschwarzes Haar fiel ihm lang über die Schultern, auf denen das Muster zweier Schlangen eintätowiert war. Seine Stimme klang unendlich ruhig, als er die Arme hob und der Menge etwas zu rief.

Einige antworteten ihm, Pfiffe waren zu hören und Marie konnte darunter auch Wulapans Kreischen ausmachen.
Plötzlich ließ Galasko sie los. Es kam so unerwartet, dass Maries Gesicht in den Sand schlug und sie Staub und Steinchen in Mund und Nase bekam.
Sie rappelte sich auf und sah zu Barbara. Ihr Kleid stand bereits in Flammen.
Sie kämpfte sich auf die Beine und rannte, so schnell sie konnte, zu ihr. Niemand hinderte sie mehr daran.
Verzweifelt zerrte sie an den Stricken, die Barbara gefesselt hielten.
„Marie, bitte hilf mir, es tut so weh, bitte, ich sterbe, bitte!“ Barbaras Schreie klangen schrill und spitz, doch die Stricke ließen sich nicht lösen.
Marie zerrte und zog mit aller Kraft daran, doch sie gaben nicht nach. Sie sah, dass Barbaras Schuhe bereits schwarz verbrannt waren, sie musste unendliche Schmerzen haben, da trat der Lenapé-Indianer mit dem Schlangenmuster auf den Schultern neben sie. Er beugte sich nach vorne und mit nur einem Griff löste er die Fesseln, griff nach Barbara und hob sie aus den Flammen. Als er sie auf die Füße stellte, brach sie schluchzend zusammen. Marie versuchte, die Flammen auf Kleidern und Schuhen zu löschen und sah zu ihrer unendlichen Erleichterung, dass Barbaras Haut nur an den Füßen verbrannt war.
„Es ist vorbei“, flüsterte Marie unter Tränen.
„Sie lassen dich am Leben“, sagte der Lenapé-Indianer und die Andeutung eines Lächelns zog über sein Gesicht. Tatsächlich schien die Menge ihr Interesse an Barbara verloren zu haben.
Souchy rief ihm etwas zu und der Lenapé-Indianer lachte laut auf, ein rauer, dunkler Ton.
„Aber nur, wenn du versprichst, von heute an nicht mehr zu weinen.“
Fassungslos starrte Barbara ihn an. Marie nickte nur, stumm vor Entsetzen und Erleichterung.
Marie griff nach Barbaras Schuhe und versuchte, so vorsichtig, wie sie nur konnte, das heiße Leder von ihrer Haut zu schälen, doch Barbara schrie auf. Der Lenapé-Indianer ließ sich neben ihr auf die Knie sinken. Er löste einen Schlauch mit Wasser von seinem Gürtel und goss es über Barbaras geschundene Füße, doch auch dann ließ sich das verbrannte Leder nicht von ihrer

verletzten Haut lösen.
Marie fürchtete, Barbara könne ohnmächtig werden.
Die Menge um sie herum zerstreute sich, niemand außer dem jungen Lenapé-Indianer schien sich mehr um die beiden weißen Mädchen zu kümmern, auch Galasko, Souchy und Wulapan waren verschwunden.
„Hier“, sagte der Indianer und hielt Marie ein kleines Holzgefäß hin. Sie öffnete es und der eindringliche Geruch von Bärenfett stieg ihr in die Nase. Sie verstand, was er vorhatte und begann vorsichtig, Barbaras Schuhe und Haut damit einzureiben.
Endlich gab das Leder nach und löste sich von Barbaras Füßen.
Glücklicherweise schien das Leder Barbaras Haut jedoch geschützt zu haben, denn die Haut darunter war zwar rot und warf an einigen Stellen Blasen, schien jedoch keine tiefer gehende Verbrennungen erlitten zu haben.
„Die Wunden werden heilen“, sagte der Lenapé-Mann. „Achte nur darauf, dass kein Dreck hineingerät.“ Er löste einen Beutel von seinem Gürtel und öffnete ihn. Darin befand sich eine kleine Menge getrockneter, gelber Blüten, die die Form von kleinen Sternen hatten, die Marie wohl vertraut waren. Es war die Pflanze des heiligen Johannes, die nur im Frühjahr blühten. Ihre Mutter hatte ihr bereits von ihrer Heilkraft erzählt, die nicht nur dem Körper, sondern auch der Seele guttat. Sie nahm die getrockneten Blüten vorsichtig in ihre hohle Hand. Sie hatte nicht gewusst, dass dieses Kraut auch in Nordamerika wuchs. Es schien ihr wie ein Gruß ihrer Mutter, den schweizerischen Bergen, hier in der Wildnis, in ihrer größten Not.
„Weiche sie in Wasser ein und tupfe etwas davon auf ihre Wunden. Sie werden besser heilen“, sagte der Lenapé-Mann.
Marie hob den Kopf und sah ihn an. Es dauerte einen Moment, bis er seine Augen auf sie richtete, doch es schien ihr, als bliebe die Zeit und die Welt stehen, in dem Moment, in dem ihre Blicke sich begegneten, als ginge von seinen tiefschwarzen Augen ein Sog aus, der sie mit sich riss in ungekannte Tiefen. Ihr Herz klopfte heftig in ihrer Brust und sie wusste nicht, ob es vor Schreck war oder an dem Blick des jungen Lenapé-Indianers lag.
Mit ihrer Hilfe gelang es Barbara, zu Wulapans Rindenzelt zurückzuhumpeln. Der Schreck war ihr tief in die Glieder gefahren und ihr Gesicht war bleich und klein vor Angst und Schmerzen. Sie setzten sich vor den Eingang

des Zeltes, wo die Alte die beiden Mädchen bereits erwartete. Zwischen ihren Knien hielt sie den Blechkanister, an dessen Inhalt sie sich, wie ihre rot geräderten Augen deutlich verrieten, bereits gütlich getan hatte.
Als sie Barbaras geschundene Füße sah, stieß sie ein heiseres Kichern aus und Marie warf ihr einen bösen Blick zu. Von Galasko und Souchy war keine Spur zu sehen und es blieb ihnen wohl nichts anderes übrig, als bei der irren Alten auszuharren.
Marie machte sich daran, den Rat des Lenapé zu befolgen und holte in einer kleinen Schüssel etwas Wasser vom Fluss. Darin weichte sie die Johannisblüten ein und tupfte etwas von der Tinktur auf Barbaras Füße. Ihre Brandwunden mussten ihr schreckliche Schmerzen bereiten. Marie wusste nur zu gut, wie gefährlich Brandwunden sein konnten, auch wenn sie weder besonders groß noch tief waren. Der Wundbrand konnte sich in ihnen ausbreiten und nicht wenige Menschen starben daran.
Wulapan schien sich nicht für Barbaras Füße zu interessieren, denn sie verschwand hinter ihrem Zelt und kehrte kurz darauf mit einigen Klumpen widerwärtig stinkender Tierhäute wieder, die die Männer wohl in den letzten Tagen von der Jagd mitgebracht hatten.
Mit ungehaltenen Gesten bedeutete sie den Mädchen, dass sie die restlichen Gewebeklumpen von der Innenseite abschaben, die Tierhäute im Fluss auswaschen und dann in der Sonne zum Trocknen ausbreiten sollten.
Allein bei der Vorstellung hob sich Maries Magen an, doch sie wusste, dass ihnen keine Wahl blieb. Die Lenapé hatten nur allzu deutlich gezeigt, wie wenig ihnen das Leben ihrer Gefangenen wert war.
Sie setzte sich mit gekreuzten Beinen vor die Hütte, wie sie es auch bei den anderen Indianerinnen beobachtet hatte, und begann, mit dem abgeflachten Holzstab, mit dem sie am Vorabend bereits die Fische von ihre Schuppen befreit hatten, die Fleischbrocken von den Hirsch- und Rehhäuten abzuschaben.
Barbara machte keinerlei Anstalten, ihr dabei zu helfen, sondern starrte mit leerem Blick zu der Stelle, an der sich der provisorische Scheiterhaufen befand, an dem ihr Leben um ein Haar ein so entsetzliches Ende gefunden hätte, und an dem das Feuer noch immer loderte.
Die Flammen hatten inzwischen auch den Pfahl, an dem Galasko sie gefesselt

hatte, verzehrt und der Holzhaufen sank immer mehr in sich zusammen.
Marie stieß sie in die Seiten. „Hilf mir, bevor du sie wieder wütend machst“, flüsterte sie Barbara zu und bereute ihre Worte sofort, als sie auf Barbaras geschundene Füße blickte.
Barbara kniff die Augen zusammen und lenkte ihren Blick auf Wulapan, die den Mädchen keine Beachtung zu schenken schien, sondern mit dem Inhalt ihres Blechkanisters beschäftigt war. Wilder Hass und Abscheu loderten in Barbaras Augen auf, doch sie senkte sie rasch, bevor die Alte es bemerken konnte.
Wortlos griff sie den anderen Schaber und half Marie bei ihrer widerwärtigen Arbeit.
Der Aasgestank der Kadaver ließ die Mädchen vor Übelkeit würgen und ihre Hände klebten von Blut und Gewebe. Marie bemerkte, dass ihre Hände nach dem Schreck zu zittern begannen.
Noch immer konnte sie nicht fassen, dass Barbara dem Flammentod so knapp entkommen war. Sie konnte sich nicht vorstellen, was der junge Indianer der tobenden Menge gesagt haben konnte, um Barbaras Leben zu retten. Die Erinnerung an ihn ließ ihr Herz noch einen Tick schneller schlagen und sie wischte sich energisch mit dem Handrücken über das Gesicht, um den Gedanken zu vertreiben.
Plötzlich ließen sie spitze Schreie aus der Nähe des Waldrandes aufsehen.
Die Frauen und Kinder kamen aus ihren Hütten gelaufen.
Eine Gruppe von Reitern jagte auf schweißnassen Pferden in die Siedlung. Ihre Gesichter waren über und über mit schwarzer Farbe bemalt, ähnlich der Bemalung, die Galasko und Shingas bei ihrem Überfall getragen hatte.
Marie hielt den Atem an, als sie die gellenden Kriegsrufe der Männer hörte, allzu deutlich trat ihr die Erinnerung an den Morgen des Überfalls vor Augen.
Die Augäpfel der Krieger leuchteten in der gleichen, Furcht einflößenden Weise weiß aus ihren zu Fratzen verzerrten Gesichtern und Marie wurde kalt vor Angst.
Sie ließ ihre Arbeit sinken und wechselte einen raschen Blick mit Barbara. Deren Mund war zu einem blutleeren Strich zusammen gepresst und aus ihren Augen sprach das gleiche Entsetzen, das auch Marie beim Anblick der

Männer empfand.
Ihre Pferde waren bis zur Mähne von Schlamm bedeckt, nervös tänzelten sie unter den schrillen Schreien der Männer hin und her und Schüsse zerrissen die Luft, als einer der Männer begann, mit seinem Gewehr in die Luft zu feuern.
Das schreckliche Geheul wurde von den Männern aus der Siedlung erwidert und Marie ließ das Geräusch ihrer Stimmen das Blut in den Adern gefrieren.
Wulapan, die unter halbgeschlossenen Lidern scheinbar vor sich hingedöst hatte, riss plötzlich ihre Augen auf und klatschte aufgeregt in die Hände.
„Die Lenapé ziehen wieder auf den Kriegspfad", rief sie mit singendem Akzent, „kehella!", stimmte sie in den Chor der anderen Indianer aus dem Dorf ein, die sich um die Reiter versammelt hatten. Noch ein anderes Wort konnte Marie unter ihren Rufen verstehen.
Die Menge schrie: „Teedyuscung, sakima, Teedyuscung!"
Der Anblick der begeisternden Menge und der schwarz bemalten Reiter auf ihren schnaubenden Pferden erinnerte Marie an eine Darstellung der Apokalyptischen Reiter, die ihr aus der Bibel ihrer Mutter vertraut waren.
Sie sah Barbara an und war sich sicher, dass diese Ähnliches dachte.
„Wir sind verloren", murmelte Barbara und Tränen traten in ihre Augen, „wir sind verloren."

Die Ankunft der Männer schien Galaskos und Souchys Pläne verändert zu haben, denn am Mittag des nächsten Tages kam Galasko zu Wulapans Hütte, wo die Mädchen noch immer mit ihrer widerwärtigen Arbeit an den Tierhäuten beschäftigt waren und sagte: „Kommt mit, wir gehen!" Marie bemerkte, dass sie bereits damit gerechnet hatte, dass Galasko jederzeit und völlig unberechenbar bestimmen konnte, wohin sie gingen, und was sie taten.
Sie war nicht traurig darüber, Wulapan verlassen zu können, doch die Ungewissheit über ihre Zukunft flößte Marie Angst ein. Die alte Indianerin rief ihnen noch etwas hinter her und das Letzte, das Marie und Barbara von der Siedlung Puncksotonay an den Ufern des Susquehanna hörten, war das irre Kichern der betrunkenen Alten, als sie Galasko hinunter zum Flussufer

folgten.
Barbaras Füße schmerzten schrecklich, jeder Schritt bereitete ihr Schmerzen und Marie befürchtete bereits, sie müssten ihren Weg zu Fuß fortsetzen, doch am Wasser wartete bereits Souchy auf sie, der einige Bündel, Gewehre und Decken in einem der schmalen Kanus verstaut hatte.
Mit einem rüden Stoß bedeutete Galasko den Mädchen, in das schwankende Boot zu steigen, das er selbst im Wasser stehend anschob und dann hineinsprang.
Der Susquehanna ergriff das Boot und riss es mit unerwarteter Geschwindigkeit mit sich, sodass die Hütten der Siedlung rasch hinter einer Flussbiegung verschwanden und die Bäume an den Flussufern zu einer einzigen, bräunlichgrauen Masse verschwommen.
Maries Gedanken wanderten zu Jean, während sie sich neben Barbara auf dem schmalen Steg in der Mitte des Kanus zusammenkauerte.
Es versetzte ihr einen schmerzhaften Stich, als sie feststellte, dass sie in ihrem Inneren bereits davon ausging, dass er nicht mehr am Leben war. Sein Gesicht war das eines Toten gewesen, als sie ihn das letzte Mal gesehen hatte und seine Verletzungen waren zu tief, sein Fieber zu hoch gewesen, als dass er sie hätte überleben können.
Überwältigt von ihrem Kummer dachte Marie, dass es für sie keinen Unterschied machte, ob er noch am Leben war oder nicht.
Sie würde ihn nie mehr wieder sehen.
Barbaras gescheiterte Flucht hatte ihnen nur allzu deutlich vor Augen geführt, wie sehr sie den Indianern ausgeliefert waren und wie groß die Gefahr war, in der sie sich befanden.
Der Wald zog an den Ufern an ihnen vorbei, hin und wieder unterbrochen von Felsen und kleinen Lichtungen. Von dem Kanu aus konnten sie Hirsche und Rehe sehen, die an den Fluss kamen, um zu saufen, auch einen Biber konnten sie beim Ausbau seines Dammes beobachten.
Der Winter kündigte sich deutlich in den kahlen Ästen der Laubbäume und der braunen Blätterdecke zwischen ihnen an. Der Wind, der ihnen während der Fahrt in ihre Gesichter blies, war kalt und rau und trieb ihnen die Röte in die Wangen.
Marie schlang die Decke, die Galasko ihnen gegeben hatte, enger um sich.

Barbaras Schultern schüttelten sich hin und wieder in Weinkrämpfen und Marie schloss die Augen und ließ die Zeit und den Fluss an sich vorbei ziehen.
Als es dunkel wurde, lenkten die Männer ihre Boote an das Ufer, verbargen sie zwischen zwei großen Büschen und suchten sich einen Schlafplatz auf einem großen Felsen, der vom Wind geschützt zwischen zwei Bäumen lag.
Sie aßen etwas geräucherten Fisch und hartes Maisbrot, das ihnen schwer im Magen lag, und rollten sich dann zum Schlafen dicht neben der kleiner gewordenen Glut zusammen.
Die Männer sprachen kaum ein Wort mit ihnen und untereinander, sodass die Mädchen ganz sich selbst und ihren Gedanken überlassen blieben, doch es gab nichts, über das sie hätten sprechen können und das ihren Kummer hätte lindern können und so schwiegen sie.
Nur Barbaras Atemzüge verrieten Marie, dass auch sie nicht schlafen konnte.
Marie lag noch lange wach und lauschte den Geräuschen des nächtlichen Waldes um sie herum.
Immer wieder fragte sie sich, was Galasko und die anderen mit ihnen vorhatten. Sie konnte sich nicht erklären, warum sie sie am Leben gelassen hatten. Ein Waldkauz rief ganz in der Nähe und die kahlen Bäume knarrten im Wind.
Der Boden war eiskalt und nass und auch das Feuer konnte kaum verhindern, dass Marie unter ihrer Decke und ihrer Lederkleidung erbärmlich fror, doch der Himmel über ihnen war sternenklar, keine Wolke verdeckte den Mond, der als halbrunde Scheibe über den Bäumen aufstieg.
Sie dachte an Jean. Vielleicht befand sich seine Seele schon dort oben und er sah als Engel auf sie herunter.
„Jean“, flüsterte Marie lautlos vor sich hin, bevor sie einschlief, „Jean, wo immer du jetzt auch bist, du sollst wissen, ich bin am Leben. Irgendwann sind wir alle wieder vereint, du, ich und Mama und Papa.“

Als die Sonne am nächsten Morgen aufging, gelang es ihren Strahlen kaum, den dichten Nebel zu durchdringen. Die Männer schulterten ihre wenigen Habseligkeiten und setzten ihren Weg nun zu Fuß zwischen den Bäumen

fort.
Barbara bereitete das Laufen mit ihren verbrannten Zehen Schmerzen und sie kamen nur langsam voran. Das Gelände war steinig und die Bäume und dichtes Unterholz erschwerten das Gehen zusätzlich.
Schweiß trat ihnen auf die Gesichter und Marie kam nicht umhin, Dankbarkeit für die bequeme und wärmende Lederkleidung und vor allem für die weichen und zugleich schützenden Schuhe zu empfinden.
Sie liefen den ganzen Tag hindurch ohne Rast. Barbaras Gesicht war starr vor Schmerz und Anstrengung. Die Mädchen sprachen kaum miteinander, so sehr forderte der Marsch ihre Kräfte.
Maries Magen knurrte und sie fühlte sich schwach und müde.
Die Sonne begann bereits, hinter den Bäumen zu versinken, als die Männer eine kleine Anhöhe hinaufstiegen, wo zwischen dichten Nadelbäumen der Eingang zu einer Höhle verborgen lag.
Erschöpft ließen sich die Mädchen auf den steinigen Boden sinken.
„Hast du große Schmerzen?“, fragte sie Barbara, die mit bleichem Gesicht neben ihr saß.
Sie nickte nur und streifte vorsichtig die Mokassins von ihren Füßen.
Die Brandblasen an ihren Zehen waren aufgeplatzt und hatten feuchte, fleischige Wunden hinterlassen. Galasko sah zu ihnen herüber und betrachtete Barbaras Füße eine Weile, mit einem Blick, den Marie nicht zu deuten vermochte.
Er und Souchy wechselten einige Worte miteinander und dann verschwand Souchy mit seinem Gewehr zwischen den Bäumen.
Galasko befahl Marie, ihm beim Feuerholz suchen zu helfen, während Barbara allein bei ihren Sachen zurückblieb. Sie benötigten nicht viel Zeit, um einige Arm voll trockenen Reisig und Äste zu finden und am Eingang der Höhle zu einem Haufen zusammen zu schichten.
Ein Schuss, der ganz in der Nähe fiel, verriet ihnen, dass Souchys Jagd erfolgreich gewesen war. Kurz darauf kehrte er mit einem Reh zurück, dass sie auf die bereits vertraute Art und Weise zerlegten und zubereiteten.
Souchy hatte eine Handvoll heller Eicheln mit sich gebracht, die nicht die übliche grünlich-braune Farbe hatten, sondern von einem gräulichen Weiß waren, die er zunächst achtlos neben das Feuer legte, bis er das Reh zerteilt

hatte und eine Rehkeule über den Flammen briet.
Dann kam er zu Barbara. Ängstlich wich sie vor ihm zurück, doch er sagte: „Keine Angst, ich will dir helfen." Ihre Augen flackerten, doch sie ließ geschehen, dass er sich vor ihr auf den Knien niederließ und ihre verbrannten Füße in Augenschein nahm.
Er suchte sich ein Stück Rinde, das eine Vertiefung besaß, und legte die Eicheln hinein. Dann nahm er einen flachen Stein und zerdrückte die Baumfrüchte. Immer und immer wieder rieb er den Stein darüber, bis von ihnen nur noch Mus übrig war.
Dann legte er die Steine beiseite und strich mit dem Finger über die Rindenwände. Öl schimmerte an seinen Fingerspitzen. Er beugte sich über Barbaras Füße und bestrich ihre Wunden damit.
Misstrauisch beäugte Barbara ihn dabei, doch die Behandlung schien ihr keine Schmerzen zu bereiten und sie ließ ihn gewähren.
Galasko legten den Kopf schief und sah sie mit einem seltsamen Ausdruck in den Augen an. Sein Blick war ihr unangenehm und sie wandte sich ab. Keiner der Indianer außer ihm starrte sie so an, sie konnte die Feindseligkeit hinter seinem Blick erkennen.
Er war ihr unheimlich, seine Augen schienen leer und trüb, als hätte seine Seele seinen Kopf schon lange verlassen. Schließlich war er es gewesen, der Barbara diese Verletzungen zugefügt hatte, dachte Marie und ballte in hilfloser Wut die Fäuste und war er es nicht auch gewesen, der sie von ihrem Bruder getrennt hatte? Die Erinnerung an ihren sterbenden Vater vor ihrer brennenden Farm schob sich ihr Bewusstsein und ihr wurde übel.
Marie zweifelte zudem nicht daran, dass er sie auch verbrannt hätte, wenn der andere Indianer nicht dazwischen gegangen wäre.
Die Erinnerung an den jungen Mann ließ ihr Herz plötzlich schneller schlagen, sie dachte an die Art und Weise, mit der er sie angesehen hatte und die Erinnerung an ihren Vater und Jean verschwand. Der Rehbraten schmeckte köstlich und mit vollem Magen schlief Marie ein, kaum dass ihr Kopf ihr hartes Lager berührt hatte.

Ein lautes Geräusch weckte sie am nächsten Morgen.
Regen prasselte hart auf den Felsvorsprung vor ihrer Höhle. Sie richtete sich

auf und sah erleichtert zu Barbara, die sich gerade aus ihrer Decke schälte. „Wie geht es deinen Füßen?“, fragte sie sie leise, um die Männer nicht zu wecken.

Vorsichtig streckte Barbara ihren linken Fuß hervor, auf dem die Haut sich durch das Öl dunkel verfärbt hatte, doch die Wunden, die am Vorabend noch offen und nässend gewesen waren, waren nun trocken verkrustet.

Erst jetzt bemerkte Marie, dass die Lenapé sie allein in der Höhle zurück gelassen hatten, doch ihre Freude darüber währte nicht lange, denn kurz darauf erschien Galaskos Gesicht am Höhleneingang.

„Wir gehen“, erklärte er ihnen knapp und rollte seine Decke zusammen.

„Es regnet“, entgegnete Marie entgeistert. Er sah sie mit gerunzelter Stirn an.

„Wir gehen“, wiederholte er. Marie seufzte. Ihr war klar, dass es wenig Sinn machte, dem Indianer zu erklären, dass sie sich beim Regen erkälten würden und sie erhob sich.

Barbara machte einige vorsichtige Schritte in ihrem Mokassins und ihrem Gesichtsausdruck war zu entnehmen, dass ihre Schmerzen deutlich nachgelassen hatten.

Sie packten ihre Decken und folgten den Männern in den Regen. Der Boden unter ihren Füßen verwandelte sich bald darauf in Schlamm, der ihre Beine bis zu ihren Hüften hinauf bedeckte und ihre seit Wochen ungekämmten Haare hingen ihnen in nassen Strähnen ins Gesicht.

Längst hatte Marie die Orientierung verloren und konnte nicht mehr sagen, ob sie die Richtung vom Flussufer weg oder sich wieder darauf zu bewegten.

Umso überraschter war sie, als sie kurz nach Mittag die Ufer eines Flusses erreichten, der jedoch von schmalen Sandbänken gesäumt und deutlich langsamer floss als der Susquehanna.

Der Himmel schien Erbarmen mit ihnen zu haben, denn der Regen ließ nach und sie setzten ihren Weg am Fluss entlang fort.

Einige Stunden später konnten sie Rauchwolken vor sich aufsteigen sehen und Marie erkannte die Hütten der Indianer, die sich dicht an die Ufer des Flusses schmiegten.

Sie versuchte, sich an die Karten zu erinnern, die ihr Vater ihr manchmal von Nordamerika gezeigt hatte und vermutete, dass sie sich wohl an den Ufern

des Allegheny Flusses befanden, doch sicher war sie sich nicht. Kaum ein Europäer hatte dieses Gebiet jenseits der Blue Ridge Mountains jemals betreten, außer einige Abenteurer und Händler, die die wildesten Geschichten über diese Gegend und ihre Bewohner zu verbreiten wussten.
Das Lager war deutlich größer als Puncksotonay und zwischen den Zelten aus Rindenholz standen mehrere Hütten aus Holz, Marie glaubte sogar, ein oder zwei Steinhäuser darunter zu erkennen. Trommeln waren zu hören, Kindergeschrei und der Rauch der Feuerstellen hing schwer in der Luft. Der Fluss verschwand als langes, gewundenes blaues Band in der Ferne, als sei er es, der die Hütten und Zelte miteinander verband wie eine lange Kette.
Kanus lagen an dem Ufer, Hunde sprangen kläffend um sie herum und betörende Gerüche nach gebratenem Wildfleisch und Kräutern drängten sich in ihre Nasen.
Man schien sie bereits erwartet zu haben, denn aus den Hütten und Zelten traten immer mehr Frauen, Kinder und Männer. Sie hatten sich lange Decken um die Schulter geschlungen und Marie schien es, als könnte sie darunter die Umrisse von schweren, länglichen Gegenständen erkennen. Stumm sahen sie die Neuankömmlinge an.
Ein seltsamer Ausdruck lag auf den Gesichtern der Indianer, der Marie zutiefst beunruhigte. Etwas stimmte hier nicht.
Sie blieb stehen und fragte Souchy, der ein Stück hinter hier zurück geblieben war: „Was geht hier vor?“ Der Indianer antwortete ihr nicht, sondern versetzte zeitgleich mit Galasko ihr und Barbara einen so heftigen Stoß, der sie erschrocken auf die Menge zu taumeln ließ.
In diesem Augenblick schlugen die Indianer ihre Decken und Umhänge zurück und zogen darunter Stöcke und Knüppel mit lautem Geschrei hervor.
Die Mädchen schrien entsetzt auf und versuchten, zurückzuweichen, doch die Männer hinter ihnen stießen sie unbarmherzig weiter vorwärts auf die Menge zu.
Die Indianer schlossen einen dichten Kreis um sie, aus dem es kein Entkommen gab.
Hilflos hoben die Mädchen ihre Arme, um ihre Gesichter vor den von allen Seiten auf sie einprasselnden Schlägen zu beschützen.
Kinder, Frauen und Männer schlugen mit Ästen, Zweigen und anderen

Gerätschaften auf sie ein.
Die Hiebe trafen ihre Schultern, ihre Rücken, Arme und Beine.
Jäher Schmerz jagte von allen Körperteilen aus durch Maries Körper, sie konnte nicht mehr sagen, wo sie die Schläge trafen, ihre Brust, ihre Schultern, alles verwandelte sich in dumpfe Qual. Sie fühlte warmes Blut ihre Stirn hinab rinnen und plötzlich wusste sie, dass es nur eine Möglichkeit gab, den Schlägen zu entkommen: Sie mussten den Ring, den die Indianer um sie geschlossen hatten, durchbrechen.
Mit verzweifelter Entschlossenheit packte Marie Barbaras Hand, senkte den Kopf und riss sie mit sich mit durch die kreischende Meute hindurch.
Harte Schläge trafen ihren Kopf und für einen Augenblick fürchtete Marie, ohnmächtig zu werden. Jemand riss ihr an den Haaren und sie hörte Barbara hinter sich schrill aufschreien.
Dann waren sie hindurch.
Vorsichtig ließ Marie ihre Hände sinken. Sie schmeckte Blut.
Ein dumpfes Pochen in ihrem Kopf lähmte ihre Gedanken, es schien keine Stelle an ihrem Körper zu geben, an dem die Schläge nicht mindestens einen blauen Fleck hervorrufen würden.
Die Indianer hatten ihre Waffen wieder gesenkt und sahen sie an. Noch immer sprach niemand von ihnen ein Wort, doch einige von ihnen lächelten.
Die Kinder, die gerade noch wie im Blutrausch auf sie eingeschlagen hatten, kamen nun fröhlich rufend auf sie zugelaufen und fassten die Mädchen an den Händen.
Galasko trat hinter der Menge hervor.
Er grinste sein zahnloses Lachen und sagte: „Willkommen in Kittanning."

*

Weithin leuchtete das Licht aus der Stube der Weiser Farm, als Conrad sein Pferd durch die Dunkelheit zurück nach Hause lenkte.
Die Hügel um Reading lagen schweigsam im Dunkeln um ihn herum und die Geräusche des Waldes verklangen, als er das letzte Stück des Weges durch die Felder auf sein Haus zuritt.
Wie so oft schien Anna ein Gespür dafür zu haben, wann ihr Mann nach

Hause zurückkehrte, denn er war noch nicht durch das Hoftor geritten, als sich die Haustür öffnete und seine Frau in ihrer gewohnt beherrschten Art und Weise auf ihn zu schritt.

Ein sanftes Gefühl von Vertrautheit breitete sich in Conrads Brust aus. Was auch immer in der Welt dort draußen geschehen mochte, die Welt hier blieb, wie sie war. Wie um seine Worte zu bestätigen, erschienen ihn diesem Moment die Umrisse von mehreren kleineren und größeren Personen im lichtdurchfluteten Türrahmen.

„Vater!“, schrien helle Kinderstimmen im Chor und seine Söhne und Töchter umringten sein Pferd.

Ein mildes Lächeln erschien auf seinen sonst so ernsten Zügen, als er in ihre Gesichter sah, Johann, Maria, Katharina, Josef und Elisabeth. Samuel, der älteste noch im Hause verbliebene Sohn, blieb freundlich grüßend an der Veranda gelehnt stehen.

„Kinder!“, ermahnte Anna die Meute mit bemühter Strenge, „so lasst euren Vater doch erst einmal ankommen, seht ihr nicht, wie erschöpft und hungrig er ist?“

Mit lautem Geschrei rannte die ganze Meute zum Haus zurück, nur Anna blieb stehen und sah ihn mit der ihr eigenen Mischung aus Fürsorge und Zurückhaltung an.

Mit ungewohnter Schwerfälligkeit ließ sich Conrad von seinem Pferd sinken und ging auf sie zu.

Ein Blick in sein Gesicht schien ihr zu verraten, wie düster es in seinem Inneren war. Stumm ergriff sie seinen Arm und gemeinsam folgten sie ihren Kindern nach drinnen.

In der warmen Stube umfing ihn der köstliche Geruch von Gänsebraten und Pflaumenkompott und seine Kinder umringten ihn mit fröhlichem Geplapper, als sie sich zum Essen niederließen.

Conrad faltete seine Hände und sofort verstummten sie, verschränkten ihre kleinen Hände ineinander und senkten andächtig die Köpfe.

„Herr“, begann Conrad das Gebet und seine Stimme klang schwer und müde, „danke für das warme Heim, dass du uns bereitest, für den Schutz, den du uns jederzeit zu teil werden lässt. So unergründlich deine Wege auch sein mögen …“, an dieser Stelle versagte ihm seine Stimme den Dienst und er

hielt inne. Er sah die rosigen Wangen seiner Kinder und zugleich durchzuckten die schrecklichen Bilder der vergangenen Tage seine Gedanken.
Verbrannte und skalpierte Leichen, niedergebrannte Häuser und die Verzweiflung jener, die um das Schicksal ihrer Angehörigen bangten, die von den Indianern gefangen genommen worden waren. Am Schrecklichsten war der Anblick der im Schlaf überfallenen Brüder der Herrnhuter Mission in Gnadenhütten gewesen. Die frommen Männer hatten keine Chance gegen die im Morgengrauen angreifenden Männer gehabt. Shingas und seine Männer hatten schrecklich gewütet und waren im Schutz des Waldes verschwunden, bevor Conrad und seine Männer die Indianermission erreichen konnten.
Mit diesem Angriff hatten die Überfälle eine neue Dimension angenommen. Viele der Indianer waren von den Herrnhuter Brüdern getauft worden, hatten viele Jahre bei den Missionaren gelebt, den Leib Gottes mit ihnen empfangen, gebetet, gearbeitet. Sie zu ermorden, war eine eindeutige Botschaft von Shingas. Sie sollte den Siedlern und vor allem der Kolonialregierung sagen: Wir schrecken vor nichts zurück.
Innerhalb weniger Wochen hatten die Indianer an der Grenze einen blutigen Krieg entfesselt, der mit jedem Tag mehr Opfer forderte. Doch niemand im weit entfernten Philadelphia schien sich, dafür zu interessieren. Wright und seine Männer gaben ihr Bestes, doch sie hatten den gezielten und wohlgeplanten Überfällen der Indianer nichts entgegen zu setzen. Stets fanden sie nur noch die rauchenden Ruinen und die verstümmelten Leichen vor, wenn sie zur Stelle waren.
Es schien, als seien die Indianer einem ungekannten Blutrausch verfallen, der sie zu immer neuen, entsetzlichen Gewalttaten an den Siedlern verführte.
Conrad bemerkte die erschrockenen Gesichter seiner Familie, die ihn mit offenen Mündern ansahen, und räusperte sich, um seine Fassung wieder zu erlangen.
„So unergründlich deine Wege auch sein mögen“, wiederholte er mit fester Stimme, „wir folgen dir in Liebe und Ergebenheit. Amen.“ Die Kinder sprachen das Amen nach und machten sich dann sogleich über das köstliche Essen her, das Anna bereitet hatte.
Bevor er zu Messer und Gabel griff, ließ Conrad seinen Blick noch einmal

über seine Familie wandern. Da war Samuel, noch halb ein Junge, und doch im Begriff ein Mann zu werden, Johann, der seinem Bruder in nichts nach stehen wollte, der stille Josef, der kaum ein Wort bei Tisch sprach, Maria, mit ihren dreizehn Jahren bereits das Ebenbild ihrer Mutter und Elisabeth und Katharina, die beiden jüngsten, pausbäckig und engelsgleich.
Seine Augen blieben an Anna hängen, die mit gewohnter Ruhe und Geduld ihre Kinder zum Schweigen bei Tisch ermahnte.
Die Falten um ihren Mund und um ihre Augen schienen noch tiefer geworden zu sein, ihre Hände knochiger, doch für einen Augenblick konnte Conrad in ihren Zügen noch immer die gleiche klare Schönheit ausmachen, die ihn im ersten Moment ihrer Begegnung für sie eingenommen hatte.
Ja, dachte er, diese Welt ist in Ordnung. Doch auch er wusste, dass es nur eine Frage der Zeit war, bis die Indianer ihre Überfälle bis hierher nach Reading ausbreiten würden.
Seine Verbindung zu den Mohawk und selbst Shickellamy würden ihn und seine Familie dann nicht schützen können.

*

Die Lenapé nannten den Dezember Mechakhokque, den Monat, der die Bäume zum Knacken bringt. Der Allegheny-Fluss war bereits mit einer dicken Eisschicht bedeckt und die Siedlung Kittanning schlief unter einer Schneedecke, als Galasko und Souchy die beiden Mädchen nach ihrem schmerzhaften Empfang durch die Siedlung führten.
Kittanning war, wie Marie kurz nach ihrer Ankunft mit Überraschung festgestellt hatte, kein einzelnes Dorf, sondern bestand aus drei Dörfern, die versetzt zu beiden Seiten des Flusses errichtet worden waren. Es war schwer zu bestimmen, wie viele Menschen in den einfachen, aus Baumrinde und Ästen errichteten Zelten leben mochten, doch Marie schätzte, dass es mehrere Hundert sein mussten.
Auf ihrem Weg in das Innere der oberen Siedlung bemerkte sie mit Staunen, dass tatsächlich einige der Häuser auch aus Baumstämmen nach Art der weißen Siedler gebaut waren und die wenigen aus Stein gemauerten Häuser sogar richtige Dächer besaßen. Kittanning war ungleich größer als jede der an-

deren indianischen Siedlungen, die sie in den letzten Wochen gesehen hatte.
„Das sind meine Schwestern", erklärte Galasko Barbara und Marie, als er sie in eines der Rindenzelte direkt am Flussufer brachte, wo sie von zwei Indianerinnen mit runzeligen Gesichtern offensichtlich bereits erwartet wurden.
„Ihr werdet bei ihnen bleiben, solange ich in Kittanning bin." Er drehte sich um und wollte davon gehen, als er innehielt und sich noch einmal zu Barbara und Marie umwandte. „Ihr wisst, was euch geschieht, wenn ihr versucht, zu fliehen", hatte er in einem so bedrohlichen Ton hinzugefügt, dass es Marie kalt den Rücken hinablief. Seine Augen hatten gefährlich geblitzt und für einen Moment war es Marie erschienen, als könne sie den Geruch von Barbaras verbranntem Lederkleid auf dem Scheiterhaufen riechen.
Mit diesen Worten war Galasko aus ihrem Leben verschwunden.
Die beiden Frauen, bei denen er sie zurück gelassen hatte, waren alt. Eine von ihnen, die etwas jünger zu sein schien, verzog ihr Gesicht bei der Ankunft der beiden Mädchen zu einer eigenartigen Grimasse, die Marie mit viel gutem Willen als Lächeln interpretieren mochte.
Wulapans Raserei war ihr noch allzu gut in Erinnerung, doch die alte Indianerin verbreiterte ihr Lächeln noch und sagte dann in fast fehlerfreiem, dafür aber seltsam harten Deutsch: „Mein Name ist Gischapan. Das bedeutet Aufgehende Sonne. Mein Schwester", sie deutete auf die ältere Frau neben ihr, „heißt Masgichteu, wie die Äpfel, die man schon im Mai ernten kann."
Masgichteu entblößte ihre weißen, kurzen Zähne und gab einen heiseren Laut von sich.
Schweigend sahen die Mädchen die Lenapé-Indianerinnen an. Einige Augenblicke verstrichen, bis Marie begriff, dass auch sie sich vorstellen sollten. „Ich bin Marie", sagte sie schüchtern und blickte unsicher zu Barbara hinüber. Diese starrte die beiden Frauen an, als wolle sie nur durch ihre Betrachtung herausfinden, was ihnen bei den Indianerinnen bevorstand.
„Barbara", flüsterte sie fast unhörbar.
Marie war überrascht, wie klein die Frau tatsächlich war, als Gischapan aufstand und auf sie zukam. Sie reichte ihr kaum bis zur Schulter. Die Lenapé-Indianerin machte einen vorsichtigen Schritt auf sie zu und streckte ihre schmale, runzelige Hand mit den braun verfärbten Fingernägeln nach ihr aus.

Dabei sah sie Marie nicht an, doch Marie hatte inzwischen begriffen, dass die Indianer direkten Augenkontakt als Angriff verstanden und dass es ein Zeichen von Freundlichkeit war, sein Gegenüber nicht anzusehen.
Sie blieb stehen und ließ es atemlos geschehen, als Gischapan ihr mit ihren ledernen Händen sanft über das Gesicht strich.
Die Haut der Frau roch würzig und fremd und für einen Moment schloss Marie die Augen. Als sie sie wieder öffnete, hatte sich Gischapan bereits Barbara zugewendet, doch diese wich mit einem entsetzten Gesichtsausdruck vor ihr zurück.
Gischapan hielt inne und lächelte auf eine eigenartige Art und Weise, sodass ihr schmales Gesicht von vielen, kleinen Fältchen durchzogen wurde.
Marie spürte etwas Warmes, Herzliches an ihr, die Weisheit einer Frau, die sich selbst und ihrer Natur sicher war und zugleich lag eine nicht fassbare Traurigkeit in ihren Gesten, die kein Lächeln ganz aus ihrem Gesicht vertreiben konnte.
„Habe keine Angst“, sagte sie in fremdartig singendem Deutsch, „hier wird euch nichts geschehen. Kittanning ist ein guter Ort. Galasko, mein Bruder, hat euch zu uns gebracht, damit wir uns um euch kümmern. Ihr sollt euch erholen von dem, was hinter euch liegt.“
Beinahe hätte Marie bei ihren Worten laut aufgelacht, doch etwas an der Art und Weise, wie Gischapan sie sagte und sie dabei ansah, sagte ihr, dass es der Indianerin ernst damit war.
Zum wiederholten Male stellte sie fest, wie fremd, wie unberechenbar das Wesen der Indianer war, dass ein Lächeln hier nicht das Gleiche zu bedeuten schien, wie jenseits der Grenze, und dass man nichts Ungewöhnliches dabei fand, jemanden, dem man seine Familie genommen, verschleppt und fast zu Tode geprügelt hatte, im nächsten Augenblick freundlich in den eigenen Reihen zu begrüßen.
Gleichzeitig wusste sie, dass ihr und Barbara ohnehin keine andere Wahl blieb, als sich in ihr Schicksal zu fügen. Und das schien es mit Gischapan und ihrer Schwester ausnahmsweise einmal gut mit ihnen zu meinen.
Barbaras Zweifel schienen noch nicht ganz ausgeräumt, zu schrecklich waren die Ereignisse der letzten Wochen gewesen, um nun den Worten der Indianerin Glauben schenken zu können, doch auch sie ließ sich schließlich

erschöpft neben Marie auf den Boden vor dem Rindenzelt sinken.
Schweigend sahen die Mädchen den beiden Frauen dabei zu, wie sie das Essen zu bereiteten.
An diesem Abend gab es ein wahres Festmahl aus gebratenem Hirschfleisch, warmen Bohnen, Maisbrei und Fischsuppe, das seltsam salzlos schmeckte, doch ihren Körpern auf wundervolle Weise Wärme und Energie zu führten.
Auch Barbaras Gesichtszüge entspannten sich ein wenig und sie streifte ihre Mokassins von ihren Füßen, um ihre schmerzenden Zehen zu betrachten.
Souchys Ölbehandlung schien wahre Wunder gewirkt zu haben, denn die Brandwunden waren von dunklen, trockenen Krusten bedeckt.
Gischapan neigte ein wenig den Kopf und betrachtete die Wunden. Dann sah sie zu der Platzwunde, die der Spießrutenlauf auf Maries Stirn hinterlassen hatte.
Sie verschwand in ihrer Hütte und kehrte heftig kauend nach draußen zurück. Angeekelt wich Marie zurück, als sie ihr etwas von dem übel riechenden, zerkauten Brei aus ihrem Mund auf ihre Stirn streichen wollte, doch Gischapan ließ sich nicht abwehren.
„Es ist Medizin. Die Wunde muss sauber heilen. Sonst kannst du daran sterben.“
Dabei strich sie über Maries Haare, die seit Wochen ungekämmt, zu inzwischen verfilzten Strähnen zusammen gebunden waren.
Marie fasste ihre Haare und versuchte, einige der Enden zu entwirren, doch es gelang ihr nicht.
Kleine Ästchen, Staub und Steinchen hatten sich darin verfangen und aus ihren einst so dichten, sanften Wellen aus schimmerndem, schwarzen Haar ein heilloses Gestrüpp gemacht.
Gischapan lächelte und verschwand in ihrer Hütte. Kurz darauf kehrte sie mit einem wunderschönen Kamm aus Schildpatt zurück.
Er war sehr fein und sorgfältig gearbeitet. Marie zögerte nur einen Augenblick, als die Indianerin ihn ihr hinhielt und begann, sich durch ihre verfilzten Haare zu kämpfen.
Schon nach wenigen Augenblicken brannte ihre Kopfhaut fürchterlich, ohne dass sie eine nennenswerte Verbesserung erreicht hätte.
Gischapan beobachtete sie eine Weile dabei und rückte schließlich etwas

näher an sie heran. Als sie ihre Hand ausstreckte, überließ Marie ihr den Kamm und sie machte sich mit großem Geschick daran, Maries Haare zu entwirren.
„In den Haaren“, murmelte sie so leise, dass Marie sich sicher war, dass nur sie sie verstehen konnte, „wohnen die Kräfte eines Menschen. Je länger und prachtvoller es ist, umso stärker und weiser ist der Mensch. Sie sind wie die Wurzeln eines Baumes. Kein Baum kann wachsen, wenn er nicht lange und gesunde Wurzeln in der Erde hat.“
Marie war sich nicht sicher, was sie darauf erwidern sollte und schwieg.
Hin und wieder durchzuckte sie der Schmerz von ihrer Kopfhaut und es schien ihr, als fühle sie noch immer jede einzelne Stelle ihres Körpers, an der sie die Schläge der Indianer getroffen hatten, doch Gischapan ging so behutsam vor, dass es ihr leicht fiel, stillzuhalten.
„Du hast so schwarzes Haar, wie es die Frauen und Männer meines Volkes haben“, sagte Gischapan, als sie den Kamm beiseite legte. „Nur Locken gibt es bei uns nicht.“
Ungläubig strich sich Marie durch ihr Haar, das sich wieder weich und schön anfühlte. Gischapan war es tatsächlich gelungen, es zu entwirren. Marie lächelte unsicher. Die Lenapé erwiderte ihr Lächeln und ahnte die unendliche Traurigkeit, die hinter ihrem Lächeln verborgen lag.
Barbara hatte sich etwas abseits von ihnen gesetzt und den ganzen Vorgang mit misstrauischem Blick beobachtet. Tiefe Schatten der Erschöpfung hatten sich um ihre sonst vor Lebendigkeit sprühenden Augen gegraben und ihr Mund war nur ein schmaler Strich in ihrem schmalen Gesicht.
Gischapan machte sich daran, Maries Haar zu zwei dicken Zöpfen zu flechten, nach der Art, wie es auch die Indianerinnen trugen und Marie ließ es mit sich geschehen.
Als die Lenapé-Indianerin die Enden der Zöpfe mit zwei Lederbändern umwickelt hatte, griff Marie nach dem Kamm und kroch zu Barbara hinüber.
Zunächst schien es, als wollte Barbara sie abwehren, doch dann ließ sie davon ab und Marie setzte sich hinter sie und begann, ihre wilden Locken zu entwirren.
„Wie kommt es, dass du so gut deutsch kannst?“, fragte sie Gischapan, die ihnen mit gekreuzten Beinen gegenüber saß, während sie sich durch Barbaras

Locken kämpfte.
„Die Herrnhuter in Gnadenhütten haben es mich gelehrt“, antwortete Gischapan nach langem Schweigen. „Du bist getauft?“, entfuhr es Barbara. Offensichtlich war ihre Neugier für einen Moment stärker als ihre Ablehnung.
„Ja“, antwortete Gischapan und ihre Stimme klang plötzlich weich vor Kummer und erlittenem Schmerz. „Die Missionare haben mir den Namen Rebecca gegeben.“
Barbara schien für einen Augenblick ihr Schicksal zu vergessen und fragte die Indianerin mit verständnisloser Neugier: „Warum bist du dann hier und lebst nicht mit den anderen in Gnadenhütten?“
Gischapan sah das Mädchen mit einem merkwürdigen Ausdruck an.
Marie konnte die Nachsichtigkeit darin lesen, die alten Menschen nach einem schweren Leben manchmal zu eigen wurde. „Mein Mann“, sagte Gischapan mit leiser Stimme, „hat getrunken und nicht für mich gesorgt. Bei den Lenapè verlässt eine Frau ihren Mann, wenn er nicht gut ist. Aber die Brüder haben es mir verboten. Sie haben gesagt, ich muss bei ihm bleiben, bis er stirbt. Das wollte ich nicht.“
Ihre Worte schienen Barbara nicht zu gefallen, doch das Leuchten, das in ihre Augen getreten war, als Gischapan ihnen von ihrer Taufe erzählt hatte, war noch immer deutlich zu sehen.
Die Indianerin schien ihre Anwesenheit vergessen zu haben, denn sie starrte mit leerem Blick in die zuckenden Flammen der Feuerstelle.
„Siehst du, Marie“, flüsterte Barbara Marie leise zu, „Gott hat dafür gesorgt, dass ich zumindest bei einer christlichen Wilden lande, wenn mich die roten Teufel holen.“
Dabei tastete sie nach der Bibel, die Souchy ihr, nach ihrer Flucht in Puncksotonay, gegeben hatte und die sie seitdem unter ihrem Kleid aufbewahrte, und schloss mit entrücktem Blick ihre Finger darum. Marie betrachtete sie nachdenklich. Sie dachte daran, was wohl Barbaras Vater dazu gesagt hätte, wenn er gewusst hätte, mit welcher Intensität Barbara nach seinem schrecklichen Tod zum Glauben gefunden hatte.

*

Sir William Johnson strich sich bedächtig über seine stattliche Brust.
Er war ein großer Mann, aus dessen Augen die Siegesgewissheit eines ungeschlagenen Gewinners strahlte. Er hatte noch nie einen Kampf in seinem Leben verloren und gehörte zu den mächtigsten Männern der neu-englischen Kolonien, trotz, oder gerade wegen seiner Verbindungen zur Liga der Irokesen.
Sir Johnson entstammte einer der vornehmsten Familien Englands, er war im Palast des Königs ein und aus gegangen, bis ihn seine Abenteuerlust dazu angetrieben hatte, in die Neue Welt zu gehen, wo es ungekannte Möglichkeiten für Männer wie ihn gab.
Was er hier vorgefunden hatte, hatte all seine Erwartungen um ein Vielfaches übertroffen.
Das Land war unendlich weit, mit Bäumen höher als er sie je in Europa gesehen hatte, fruchtbarem Boden und Gewässern, aus denen die Fische beinahe selbst an Land sprangen. Von den unvorstellbaren Gold- und Silbervorkommen einmal zu schweigen.
Doch Sir Johnson hatte sich zunächst auf ein besonderes Potenzial dieses Landes konzentriert: Seine Ureinwohner. Er hatte rasch begriffen, dass die englische Krone weder Mittel noch Macht genug hatte, um sich zu diesem Zeitpunkt gegen die Indianer durchsetzen zu können, zu weit war der Seeweg über den Atlantik, zu undurchdringlich dieses wilde, ungezähmte Land.
Sir Johnson war kein Mann von Vorurteilen. Er bewertete die Dinge einzig und allein nach ihrem Nutzen und diese Einstellung hatte sich noch nie zu seinem Nachteil ausgewirkt.
Kurz nach seiner Ankunft in New York hatte er Kontakt mit einigen der einflussreichen Indianerhäuptlinge aufgenommen, hatte sich Informationen beschafft über den blühenden Pelzhandel und hatte die Stämme der Irokesen-Liga mit Schnaps und anderem Tand beschenkt, um einen Vorzug bei ihrer Pelzlieferung zu bekommen. Der Handel hatte ihn innerhalb weniger Jahre reich gemacht und er hatte bald erkannt, dass es an der Zeit war, sich neuen Aufgaben zu zuwenden: Der Politik. Lange genug hatte man das Kommando in den Kolonien religiösen Fanatikern und weltfremden Kriechern überlassen.
Die Zeiten änderten sich. Englands Macht war größer denn je und Frankreich versuchte mit aller Macht, seinen Einfluss auf dem nordamerikanischen

Kontinent durchzusetzen. Hier ging es um nichts weniger als die Weltmacht. Und wieder waren es seine indianischen Freunde, die das Blatt wenden konnten. Doch es war nicht leicht mit ihnen, sich in ihre Art und Weise zu denken einzufinden. Dieses wilde Denken, das das Licht der Aufklärung nicht kannte, vom Licht des Glaubens ganz zu schweigen. Aber diese Männer waren Krieger, das hatte Johnson in seinen Jahren bei den Mohawk-Indianern gelernt. Er hatte mehrere Winter mit diesen Männern verbracht, hatte sie auf der Jagd begleitet, um zu sehen, woher die Pelze kamen, die er nach Europa verschiffte, er hatte ihren Tabak geraucht und ihren Gesängen gelauscht, mit ihren Frauen geschlafen, schlanke, sehnige Töchter des Waldes, wild, ungestüm und süß.

Er war als einer der ihren in den Stamm der Mohawk aufgenommen worden, nur auf diese Weise konnte er mit der absoluten Loyalität und Verlässlichkeit seiner Zulieferer rechnen.

Auch wenn er sich aus dem aktiven Pelzhandel zurückgezogen hatte, so waren es noch immer seine Kontakte zu den Mohawk als Angehörige der mächtigen Irokesenliga, die sein politisches Schicksal bestimmten. Darüber hinaus gehörte ihm mehr Land entlang der Grenzen von New York als irgendeinem anderen Mann in diesem Teil der Welt.

Nie zuvor waren die indianischen Verbündeten im Norden so wichtig gewesen wie jetzt, wo die Franzosen jederzeit aus dem Norden angreifen konnten und die Wirtschaft und relative Unabhängigkeit der englischen Kolonien bedrohen konnten. Er war sich mit Männern wie James Logan, dem Begründer der Ohio-Company einig, dass niemand hier die Einflussnahme britischer Generäle und Spitzel der Krone brauchte. Hier regierte das Geld und nicht das Parlament.

Der unselige General Braddock selbst hatte ihn wegen seiner ausgezeichneten Verbindungen zu den als äußerst kriegerisch bekannten Irokesen-Stämmen im Norden zum Indianerbeauftragten der Krone gemacht, ein Amt, dessen Inhaber einzig dem König von England und dem Parlament verantwortlich war und dessen Macht und Möglichkeiten selbst Johnsons Vorstellungen übertraf. Obwohl die Irokesen seit vielen Generationen treue Verbündete der englischen Krone gewesen waren und auch immer wieder in kriegerische Konflikte mit den Franzosen im nördlicheren Neu-Frankreich geraten waren, so hatte es in der letzten Zeit Spannungen gegeben, die, wie fast immer, mit Landverträgen und dem Austausch von Geschenken zu tun hatten. Auf keinen Fall durfte man es riskieren, den wichtigsten indigenen Machtfaktor in diesem Teil der Welt zu verlieren. Johnson wusste aus eigener Erfahrung, dass es kaum etwas Schreckenerregenderes geben konnte, als einen Kriegszug der Irokesen, zumal sie den Umgang mit Pferd und Feuerwaffe in beeindruckend schneller Geschwindigkeit bis zur Perfektion erlernt hatten.

Das Mittagessen mit dem neuen Gouverneur von Pennsylvania in Easton, einem ehemaligen britischen Militär namens William Denny, hatte vorzüglich geschmeckt. Morris, der alte Gouverneur, war ein Versager gewesen, ein bequemer Schwächling. Nicht, dass Denny dem Kolonieeigentümer Thomas Penn weniger hörig gewesen war, aber er war immerhin ein Mann des Militärs, der den Ernst der Lage einschätzen konnte. Morris letzte Amtshandlung war die Kriegserklärung an die aufständischen Indianerstämme im Ohio-Tal gewesen, allen voran Shingas und seiner Bande. Nun war es an der Zeit, den wahren Männern das Feld zu überlassen.

Eine gewisse Nervosität war in den Führungskreisen der englischen Kolonien spürbar, seit bekannt geworden war, dass mit Beginn des neuen Jahres ein neuer General-Kommandant aus England nach Nordamerika geschickt werden würde und man versuchte alles, um die Situation unter Kontrolle zu behalten. Ein neuer General-Kommandant, direkt vom englischen König gesandt, bedeutete für die Kolonien mehr Einmischungen in ihre Geschäfte, mehr königliche Kontrolle und dies galt es, unter allen Umständen zu vermeiden. Sicherlich war auch ein Krieg mit Frankreich den Geschäften hinderlich, doch nichts war lästiger als königliche Beamte, die vielleicht noch eine Kriegssteuer einführten. Aus diesem Grund war man in den Kolonien darauf bedacht, das Problem selbst zu lösen, die Indianeraufstände niederzuschlagen, die Grenzen zu sichern und Frankreich einzuschüchtern. Immerhin waren die Franzosen mit ihren paar tausend Mann oben in Quebec den englischen Kolonien zahlenmäßig um ein Vielfaches unterlegen. Doch um die Franzosen endlich aus Neu-Frankreich vertreiben zu können, brauchte man die Liga der Irokesen und ihren Einfluss auf die benachbarten Stämme.

Die Kolonie Maryland hatte unter Colonel Washington bewaffnete Milizen

aufgestellt, ebenso Virginia. Nur in Pennsylvania, der Kolonie, die am meisten von den Indianerangriffen betroffen war, gingen die Dinge nur äußerst zögerlich voran, was vor allem an den Quäkern lag, eine in dem Gründungsgedanken William Penns verpflichtete religiöse Gemeinschaft, die Frieden und Gewaltlosigkeit als oberstes Gebot betrachteten.
Johnson stieß ein verächtliches Zischen aus, als ihm bei diesen Gedanken das Bild Conrad Weisers in den Sinn kam, der zwar kein Quäker, jedoch ein unverbesserlicher Indianerfreund war, der mit einer Handvoll Männer die Grenze auf- und abjagte, um seine armseligen deutschen Siedler zu verteidigen, mit diesem strengen, moralischen Gesichtsausdruck, wie ihn sonst nur die Pfaffen hatten.
Genau genommen waren sie Brüder.
Auch er war von den Mohawk als junger Mann adoptiert worden.
Doch im Gegensatz zu Weiser, der nach Pennsylvania ging, um dort das Leben eines frommen, weißen Siedlers zu leben, hatte er sich seine Position zunutze gemacht.
Sein Einfluss reichte weit über den mächtigen Arm der Irokesen-Liga hinaus und seine Stellung hatte ihm schließlich auch Wohlstand eingebracht, nicht zuletzt, weil ihn auch im Krieg das Glück nie verließ. Ihm war im Sommer der einzige Sieg gegen Frankreich bei Lake Champlain gelungen und hatte ihm nicht geringen Ruhm eingebracht. Seine Männer, vor allem seine indianischen Truppen hatten in der Schlacht, die einige auch gehässig ein Scharmützel nannten, den französischen Blauröcken das Fürchten gelehrt.
Dass seine Verbündeten des Mohawk-Stammes, nachdem sie auf Krieger ihres eigenen Volkes in den Reihen der Feinde gestoßen waren, entschieden hatten, dass die Liga keine weiteren Krieger in den schwelenden englisch-französischen Krieg schicken würde und es keine Wiederholung dieses Sieges geben konnte, interessierte im Moment niemanden.
Er hatte einen erfolgreichen Kampf geführt, während der General-Kommandant Braddock von seinen eigenen Männern zu Tode getrampelt worden war, als sie vor den Indianern flohen. Eine schändliche Angelegenheit.
Johnson konnte ein Grinsen nicht unterdrücken, als er sich vorstellte, wie König George II. und sein engster Berater, William Pitt, drüben, im fernen England einen Tobsuchtsanfall bei diesen Nachrichten bekommen hatte.

Ein ungeduldiges Räuspern störte Johnson in seinen Gedanken und plötzlich erinnerte er sich wieder daran, dass er nicht allein war. Die Indianer-Häuptlinge, die Anführer dieser aufständischen Wilden hatten sich hier eingefunden, um ihn anzuhören. Dieses Treffen war geheim, niemand außer ihm und den Indianern wusste davon und es hatte ihn eine gehörige Summe an Geschenken und Schnaps gekostet, die aufsässigen Indianer überhaupt zu Verhandlungen zu bekommen. Doch wenn alles nach seinen Plänen verlief, würde sich diese Investition mehr als auszahlen. Er würde als strahlender Kriegsheld in England empfangen werden, als der Mann, der die nordamerikanischen Kolonien vor dem französischen Feind gerettet hatte, ohne mehrere Tausend englische Soldaten in den Tod zu schicken.

Sein Plan war es, die Indianer in diesen Kampf zu schicken.

Johnson begegnete dem angestrengten Blick seines Deputys George Croghan und zog seine kleine, kunstvoll geschnitzte und aufwendig polierte Tabakspfeife aus der Jackentasche.

Croghan wartete angespannt, bis er sich seine Pfeife gestopft hatte. Genüsslich zog Johnson daran und der süßliche Geruch des Tabaks erfüllte den Raum. Dann erst drehte Johnson sich betont langsam zu den Indianern hinter sich um. Normalerweise rauchte Johnson nicht, noch trank er. Doch er war ein Mann, der sich der Wirkung selbst der kleinsten Gesten überaus deutlich bewusst war und diese geschickt einzusetzen wusste. Für die Indianer war Tabak ein heiliges Kraut, das sie zu rituellen Anlässen verbrannten, um die Geistwesen und den großen Schöpfer zu ehren, um eine gute Jagd oder eine Heilung zu erbitten, aber auch um in einer Beratung eine Einigung zu erzielen. Wenn ein Europäer jenes Kraut allein, ohne es mit den anderen zu teilen, nur um des Genusses willen rauchte, so kam dies fast einer Beleidigung gleich.

„Meine Herren“, begann er, „oder sollte ich lieber sagen, meine Damen?“

Johnson lachte dröhnend über seinen eigenen Witz und auch Croghan schmunzelte, während sich die Gesichter von Häuptling Shingas und seiner Brüder Pisquetumen und Teedyuscung verhärteten.

Johnson konnte sich einer gewissen Schadenfreude über die gelungene Spitze nicht erwehren und fuhr mit einem süffisanten Lächeln fort: „Dieser Wampum-Gürtel“, er hielt einen bunten Perlengürtel in die Höhe, „verrät mir, dass sich das Volk der Lenapé auf dem Kriegspfad befindet gegen die englischen Kolonien und ihre Verbündeten.“ Croghan schlüpfte wie ein Wiesel neben seinen Vorgesetzten, nahm den Wampum-Gürtel in Empfang und schritt damit herausfordernd vor den Lenapé-Kriegern auf und ab. Ein triumphales Grinsen lag auf seinem Gesicht, das in Johnson wiederholt den Impuls weckte, ihn wie einen ungezogenen Jungen zu ohrfeigen. Diesem Kerl fehlte jede Art von subtiler Gestik. Doch es gab andere Qualitäten, die er an Croghan schätzte. Er schnalzte mahnend mit der Zunge. „Das scheint mir absurd, denn jeder weiß doch, dass die Krieger der Lenapé ihre Waffen niederlegen mussten und seither als Frauen leben. Und Frauen führen keine Kriege. Wie erklärt ihr mir das?“

Eine Wand aus Schweigen schlug ihm entgegen, die Gesichter der Häuptlinge waren undurchdringlich, doch Johnson ließ sich nicht aus der Ruhe bringen. „Ich sehe schon, die Geschwätzigkeit von Weibern habt ihr nicht angenommen.“ Croghan ließ ein heiseres Kichern erklingen. „Doch vielleicht war es der Ruf des Schicksals, der euch zu einer solch törichten Tat verleitet hat. Denn, wie es der Zufall will, hat das große Ratsfeuer der ehrwürdigen Irokesen-Liga in Ononadaga entschieden, euch großzügig eure Waffen wieder zurückzugeben, trotz eures Ungehorsams.“

Er genoss es sichtlich, die Spannung zu erhöhen und ließ seinen Blick langsam von einem der Männer zum anderen wandern. Er spürte ihre Blicke, konnte fühlen, wie sich ihr Hass in ihn hineinbohrte, doch sie konnten ihm nichts antun. Nicht diese abgerissenen Delaware-Häuptlinge. Sie waren Verlierer, dem Tode geweiht.

„Ich bin heute nicht hier als Sprecher der englischen Krone oder der Kolonien. Ich stehe vor euch als Angehöriger des mächtigen Stammes der Mohawk-Indianer und seiner Brüder, der Irokesen-Liga. Hört also, was ich euch zu sagen habe: Die ehrwürdige Ratsversammlung der Irokesen in Onondaga hat beschlossen, dass ihr als unsere Verbündete gegen die Franzosen kämpfen sollt. Dafür sollt ihr wieder das Recht erhalten, Krieger zu sein, Waffen zu tragen.“

Ein triumphales und zugleich gönnerhaftes Grinsen breitete sich über seinem Gesicht aus, doch die Gesichter der Häuptlinge blieben noch immer regungslos.

Keiner der Männer sagte ein Wort.
Es war Teedyuscung, der schließlich mit kalter Stimme antwortete: „Wir haben unsere Röcke längst abgelegt und werden die gegen die Jenkise …“
Shingas schnitt ihm mit einer scharfen Handbewegung das Wort ab, doch es war sein Bruder Pisquetumen, der für ihn sprach: „Wir gehen davon aus, dass ihr im Namen unserer Onkel, der Menkwe sprecht. Voller Stolz legen wir unsere Röcke ab und greifen wieder zu den Waffen.“
Seine Stimme klang seltsam hölzern.
Dann neigte er seinen Kopf leicht zur Seite, sodass sein Hals ungeschützt blieb, wie es Brauch unter den Lenapé war, wenn sie Vertrauen und Zustimmung signalisieren wollten.
Shingas sah Johnson aus funkelnden Augen an. Wieder konnte sich Johnson des unangenehmen Gefühls nicht erwehren, dass ihn immer in Shingas Nähe überkam. Es ging etwas von ihm aus, eine schwer fassbare Gefahr, die etwas in Johnsons Tiefen berührte, ähnlich dem menschlichen Urwissen, einem Raubtier gegenüberzustehen.
Johnson sog erneut an seiner Pfeife, um seine Gedanken zu vertreiben und verzog die Mundwinkel zu einem katzenhaften Grinsen. Croghan trat einen Schritt vor und überreichte Pisquetumen eine Kriegsaxt. Der Indianer machte keine Anstalten, sie in Empfang zu nehmen.
„Nur zu, es soll euch nicht an Waffen mangeln, wenn ihr gegen die Franzosen in den Krieg zieht.“ Pisquetumen und Shingas betrachteten die Axt eine Weile, ohne sich zu rühren.
Teedyuscung war es, der schließlich nach ihr griff und die Axt an sich nahm.
Johnson nickte, sichtlich zufrieden.
„Nun denn, meine Herren, dann wollen wir die Engländer nicht allzu lange auf eure Unterstützung warten lassen.“

*

Es gab nur wenig Arbeit während der kurzen Wintertage in Kittanning und die Hütten der Indianer schützten erstaunlich gut vor der Kälte. Unter den Fellen und Decken schliefen die Mädchen warm und geborgen in Gischapans

Hütte.
Wenn sie am Morgen erwachten, hatte die Indianerin meistens schon ein Bad im eiskalten Wasser des Flusses genommen und saß mit dampfenden Haaren vor dem Feuer.
Das Volk der Lenapé legte viel Wert auf Reinlichkeit. Jeder Bewohner Kittannings badete täglich. Zunächst war Marie die Vorstellung, sich freiwillig in die kalten Fluten stürzen zu wollen, völlig unverständlich gewesen. Ihre Mutter hatte ihr stets erklärt, zu viel Wasser schade dem Körper ebenso wie zu viel frische Luft und vor beidem solle man sich hüten. Doch die Indianer schienen sich bester Gesundheit zu erfreuen, keinem von ihnen schien das tägliche Baden zu schaden, ganz im Gegenteil, wirkten sie stark und kräftig.
Marie hatte bereits bemerkt, dass es nur wenig Kranke unter ihnen gab, niemand, dem man Arme und Beine amputiert hatte, der blind oder taub war, wie man sie zu Unzähligen in jeder größeren Siedlung antraf.
Auch im hohen Alter besaßen die Meisten der Indianer ihre Zähne noch.
Wenn sie sich morgens aus ihrem Lager erhob und zu Gischapan ans Feuer kroch, begrüßte die Indianerin sie mit einem strahlenden Lächeln ihrer makellosen Zähne.
Es hatte nicht lange gedauert, bis Marie hinter das Geheimnis ihres Gebisses gekommen war.
Die Indianerin hatte eine Sammlung aus kurzen, faserigen Stäben, deren Ende sie zerbiss und mit denen sie sich dann über ihre Zähne schrubbte.
Marie hatte zunächst gezögert, doch dann hatte auch sie diese Art der Zahnpflege ausprobiert und mit Überraschung festgestellt, wie glatt und sauber sich ihre Zähne danach angefühlt hatten, wenn sie mit ihrer Zunge darüber strich.
Dennoch konnte sie sich nicht dazu bewegen, sich am Morgen in den kalten Fluss zu stürzen, auch wenn sie bemerkte, dass sie und Barbara in ihrer Lederkleidung zu riechen begannen, während von den beiden Indianerfrauen nur ein sanfter, würziger Geruch nach Feuer und Kräutern ausging.
Die meiste Zeit der kalten Jahreszeit verbrachten die Frauen damit, Feuerholz zu sammeln, von dem in der Siedlung immer viel gebraucht wurde.
Sie stapften tagelang durch den Schnee, um einige Paar spärliche Äste zu

sammeln. Ihre Schuhe und Hemden sogen sich mit eisiger Feuchtigkeit voll und ihre Finger und Zehen wurden steif vor Kälte.
Einmal glitt Barbara auf einer gefrorenen Stelle, die unter dem Schnee verborgen lag, aus und versank in einem Schneehügel.
Ihre Kleidung war bis auf die Haut durchnässt und ihr Knie blutete.
„Warum macht ihr das?“ Tränen aus Wut und Schmerz schimmerten in ihren Augen.
„Warum fällt ihr nicht im Frühjahr ein paar Bäume, trocknet das Holz und macht damit Feuer?“
Gischapan runzelte die Stirn und sah das blonde Mädchen verwundert an, als verstünde sie den Sinn dieser Frage nicht. „In den Bäumen leben die Manìto'wak. Wenn wir sie töten, werden sie die Lenapé'wak bestrafen.“
Mit einem verächtlichen Schnauben stapfte Barbara an der Indianerin vorbei.
„Sie ist eine Christin“, murmelte sie kopfschüttelnd zu Marie. „Sie hat das Sakrament der heiligen Taufe empfangen und glaubt trotzdem an solchen Unsinn. Es sind eben doch nur Wilde. Geister, die in den Bäumen leben, stell dir das einmal vor!“
Marie sah an einem der Baumstämme empor.
Sie konnte sich nicht vorstellen, dass zwischen den kahlen Ästen eine Seele verborgen sein sollte, die jemandem etwas zuleide tun konnte. Doch eine Sonntagsmesse in Tulpenhocken erschien ihr in diesem Moment nicht weniger unvorstellbar, als sie auf den undurchdringlichen Winterwald vor sich starrte, der eine unendliche Abfolge von weißem Schnee und kleinen braunen Flecken dazwischen zu sein schien. Hunger und Kälte nagten an ihr und der Schnee hatte ihre hohen Lederschuhe durchweicht und ihre Zehen bereits betäubt.
Wortlos gingen sie weiter.
Es dämmerte bereits, als die Frauen den Heimweg antraten. Schneeflocken fielen leise auf ihre Haare und ihre Gesichter und Barbara zitterte in ihrer vom Schnee durchweichten Kleidung.
Sie liefen am Ufer eines kleinen Sees entlang, den der Allegheny River speiste. Plötzlich blieb Gischapan stehen. Ein seltsamer Ausdruck lag in ihren Augen, und als Marie neben sie trat, konnte sie Tränen ihre Wangen

hinunterlaufen sehen.
„Mein Kind“, sagte sie so leise, dass Marie sie kaum verstehen konnte. „Hier liegt es.“
Es dauerte eine Weile, bis Marie begriff, was sie damit meinte, und sie wich unwillkürlich einen Schritt von dem Seeufer zurück. Gischapans Kind lag an den Ufern des Sees begraben.
„Etachgilowank, im letzten Winter, habe ich meine Tochter geboren. Doch sie war schon tot, bevor sie den ersten Atemzug machen konnte.“
Gischapan löste ihren Blick von dem zugefrorenen See und sah Marie an.
„Sie wollten es mir nicht lassen.“ Ihre Stimme klang schwer vor Schmerz. In der hereinbrechenden Dämmerung wirkten ihre Gesichtszüge auf einmal fremdartig und fast ein wenig unheimlich. „Sie haben gesagt, es muss getauft werden und auf einem ihrer Friedhöfe beerdigt werden. Ich habe es mit mir genommen, zurück zu meinem Volk. Die Brüder in der Mission, sie sagten, Mann und Frau müssen heiraten, vor Gott und für immer zusammenbleiben. Ich habe geheiratet. Teedyuscung war kein guter Mann, er hat getrunken.“ Sie stieß einen schweren Seufzer aus. Marie erinnerte sich an den Reiter in Puncksotonay, am Abend bevor Galasko und Souchy sie nach Kittanning gebracht hatten.
„Die Männer in der Mission mussten arbeiten“, fuhr Gischapan fort, „auf den Feldern. Doch die Männer der Lenapé'wak arbeiten nicht auf den Feldern, sie gehen zur Jagd. Frauen arbeiten auf den Feldern. Sie haben uns getauft, uns neue Namen gegeben. Sie haben uns erzählt, von Gott und seinem Sohn Jesus und sie haben uns verboten, die Manìto'wak zu ehren. Ich habe gespürt, dass etwas nicht stimmt, als mein Amemens in meinem Bauch heranwuchs. Die Manìto'wak waren böse, weil wir sie vergessen hatten. Ich habe mit Teedyuscung gesprochen, doch er wollte nicht hören. Da habe ich ihm gesagt, dass er nicht länger mein Mann ist. Die Brüder waren sehr böse, denn man kann nicht einfach seinen Mann verlassen, wenn man bei den Wapsitàk lebt. Ich blieb in Gnadenhütten, doch meine Tochter kam auf die Welt und starb. Ich wusste, die Manìto'wak haben sie mitgenommen. Ich wollte sie der Erde zurückgeben, um ihren Zorn nicht noch größer zu machen. Doch die Brüder wollten sie mir nicht geben. Da bin ich davongelaufen, mit meinem toten Kind auf dem Rücken und habe sie hier begraben, so wie es unsere

Vorfahren schon getan haben und wie es die Manìto'wak wollen."
Sie sah Maric mit dunklen, traurigen Augen an. „Ich habe es hier beerdigt, denn im Sommer ist dies ein schöner Ort."
Die Frauen standen eine Weile schweigend an den Ufern des kleinen Sees und blickten in das Schneetreiben, bis die Dunkelheit sie zwang, weiter zu gehen.

*

Die gepflasterten Straßen Philadelphias waren von einer gefährlichen Eisschicht überzogen, die in einem unvorsichtigen Augenblick zu schmerzhaften Stürzen führen konnte.
Conrad Weiser machte einen raschen Schritt zur Seite, als eine Kutsche mit schneller Geschwindigkeit an ihm vorbeischoss und sich das laute Trappeln der Hufe auf dem Kopfsteinpflaster verlor.
Die niedrige Tür aus schwerem, dunklem Holz vor ihm führte zu Benjamin Franklins Schreibstube, die sich in einem kleinen, zweistöckigen Haus mit windschiefen Giebeln befand.
Er hielt einen Moment inne, bevor er an die schwere Tür klopfte, straffte seine Schultern, strich sich über Rock und Kragen und klopfte dann mit ausgewählter Lautstärke an das Holz.
Laute Stimmen waren von drinnen zu hören, von denen eine schnell näher kam. Plötzlich wurde die Tür mit einem Ruck aufgerissen und ein Schwall warmer, trockener Luft umfing ihn.
„Mr. Weiser, ich habe Euch schon erwartet", begrüßte ihn der große, rundbauchige Mann mit dem ausgedünnten Haarschopf über der lang gezogenen und gewölbten Stirn, dessen bartloses Gesicht von seinen scharfen und humorvoll blitzenden Augen überstrahlt wurde, noch ehe er sich vorstellen konnte.
„Mr. Franklin?", erwiderte Conrad den Gruß und verneigte sich höflich.
„Der bin ich", antwortete Franklin und lachte ein dröhnendes Lachen. „Nur herein, es ist wahrlich kein Wetter, um auf der Straße herumzustehen."
Conrad betrat hinter ihm den warmen, schlauchförmigen Raum mit der niedrigen Decke.

Am Morgen hatte es in Philadelphia zu schneien begonnen und er klopfte die Eiskristalle aus dem dicken Filz seiner Rockschöße, die sich auf seinem Weg hierher darin verfangen hatten.
Zu seiner Überraschung bemerkte Conrad, dass sich niemand außer Franklin in der Schreibstube befunden hatte, und fragte sich, wessen Stimmen er von außen gehört haben mochte.
„Heute Morgen erreichte mich die Nachricht unseres besorgten Gouverneurs", ergriff Franklin, der sich mit für seine massige Gestalt bemerkenswert tänzerischer Sicherheit durch das Chaos seiner Schreibstube bewegte, das Wort. „Es scheint, als haben ihn die skalpierten Siedlerleichen mitten in Philadelphia doch einen gehörigen Schrecken eingejagt."
Conrad nickte stumm, obgleich Franklin, der ihm den Rücken zuwandte, dies nicht sehen konnte und sah sich um. Was er sah, schlug seine Gedanken in seinen Bann.
Bücher türmten sich in hohen Stapeln bis zur Decke und überall lagen Papiere und Zeitungen herum, ein großer Globus stand in der Mitte des Raumes und der große Tisch vor den schmalen Fenstern war über und über mit Notizen und allerlei seltsamen Gegenständen bedeckt, die Conrad nie zuvor gesehen hatte und deren Sinn und Zweck sich ihm nicht erschließen wollte, während große Zeichnungen an den Wänden hingen, die wie Pläne für eigenartige, riesige Maschinen wirkten.
Franklin war vor seinem über und über mit Zeitungen und anderem Papieren beladenen Schreibtisch stehen geblieben und sah Conrad, der noch immer seinen Hut in der Hand hielt einen Augenblick irritiert an.
„Bitte, nehmt doch Platz", sagte er schließlich und grinste ein wenig verlegen, „meine Manieren lassen zu wünschen übrig."
Conrad nahm einen Stapel Zeichnungen von einem einfachen Hocker und legte sie auf einen der anderen Büchertürme, der bedrohlich zu schwanken begann, der zusätzlichen Last jedoch schließlich standhielt. Dann streifte er seinen Rock ab und ließ sich vorsichtig auf der wackligen Sitzgelegenheit nieder. Er räusperte sich umständlich, um nach den passenden Worten zu suchen, doch Franklin kam ihm zuvor: „Seht Euch das an!" Er griff nach der Zeitung, wedelte heftig mit dem Papier in der Luft und tippte schließlich mit dem Finger gegen die fett gedruckten Schlagzeilen, deren

Buchstaben noch feucht glänzten: „Die Kolonie Pennsylvania erklärt Ohio-Indianern den Krieg! Das Parlament hat eingewilligt, Waffen und Material an die Grenze zu senden, um die Siedler zu schützen. Das ist ein historischer Moment in der Geschichte unserer Kolonie."
Er warf die Zeitung vor sich auf den Haufen Papier, der seinen Schreibtisch bedeckte.
„Ich versuche schon seit Jahren, Israel Pemberton und seinem Haufen verblendeter Quäker klar zu machen, dass wir einen Staat, oder auch einen Teilstaat wie Pennsylvania mit ungesicherten Grenzen nicht ohne eine bewaffnete Miliz aufrecht erhalten können. Die Zeiten des wohlgerühmten Covenant Chain, der berühmten Friedensvereinbarung der englischen Kolonien mit ihren benachbarten Indianervölkern, also namentlich den Irokesen sind vorbei. Die Grenzen unserer Kolonien drängen immer weiter nach Westen vor. Ein Krieg ist unvermeidlich.
Es brauchte erst die Leichen dieser skalpierten Siedler, um sie wachzurütteln und ihnen klar zu machen, dass die friedlichen Tage unter dem seligen William Penn der Vergangenheit angehören. Wir befinden uns bereits seit Längerem in einem latenten Krieg mit Frankreich und den Ureinwohnern dieses Landes um die unendlichen Ressourcen Amerikas."
Erregt reckte er die Hände in die Luft, nicht ohne sich mittels eines flüchtigen Blickes Weisers Aufmerksamkeit zu versichern. „Es geht um Geld, Mr. Weiser, um viel Geld. Und es geht um Macht. Die Zukunft, das kann ich Euch versichern, wird nicht mehr jenseits des Atlantiks bestimmt, sondern genau hier!" Er ließ seine Faust mit einem dumpfen Knall auf das Titelblatt der Zeitung sausen. „Das es zu diesem Konflikt kam, war letztlich nur eine Frage der Zeit. Es ist ein Wunder, dass Frankreich mit der offiziellen Kriegserklärung noch immer zögert. Und nun diese Indianer! Schreckliche Geschichten sind im Umlauf.
Ist die Situation an der Grenze wirklich so schlimm, wie man hört?"
Conrad nickte vorsichtig. „Mehrere Hundert Tote, ebenso viele verschleppt. Das Bild ist immer das Gleiche: Die Indianer kommen im Morgengrauen, töten und skalpieren die erwachsenen Männer, Frauen und Kinder werden verschleppt. Die Häuser werden brennend zurückgelassen."
Franklin stieß einen Pfiff aus. „Es ist unfassbar. Was kann sie nur dazu antrei-

ben, sich gegen die Siedler zu wenden?“
Conrad zögerte einen Augenblick mit einer Antwort. „Ich vermute, dass sie durch die Franzosen in Fort Duquesne mit Waffen versorgt werden. General Braddock hätte die Möglichkeit gehabt, sich mit ihnen zu verbünden, doch er hat es vorgezogen, die Häuptlinge zu beleidigen.“
„Und hat das mit seinem Leben bezahlt“, fügte Franklin hinzu und rieb sich erregt die hohe, blanke Stirn. „James Logan und seine Ohio Company und deren unstillbare Gier nach noch mehr Geld und Land hat uns diesen Schlamassel eingebrockt. Thomas Penn, der verehrte Eigentümer unserer Kolonie, Gouverneur Dinwiddie aus Virginia und vor allem Sir Johnson und dieser junge Croghan stecken ganz tief mit drin. Die Landnahme von 1737 war blanker Betrug, ein Verbrechen, für das er zur Rechenschaft gezogen werden muss.“
Conrad ließ sich bei der Erwähnung des Walking Purchase, wie der Vorfall inzwischen genannt wurde, nichts anmerken, obgleich ihn beim bloßen Gedanken daran heftige Schuld- und Schamgefühle erfassten und fuhr in unverändert sachlichem Tonfall mit seinem Bericht fort: „Die Indianer westlich der Alleghenys fühlen sich bedroht. Man hat sie bereits aus ihrer Heimat am Delaware-Fluss vertrieben. Das Ohio-Tal ist ihre letzte Zuflucht.“
Gedankenverloren rieb sich Franklin über die Nase. „Gouverneur Morris hat sich entschlossen, Milizen und vor allem Forts an der Grenze zu errichten. Ich bin mir sicher, dass ihm dabei nicht in erster Linie das Wohl der Siedler am Herzen liegt, doch das spielt keine Rolle. Man hat sich vertrauensvoll an mich gewandt und mir die Zusammenarbeit mit Euch, als einem Mann, der mit der Situation vertraut ist, empfohlen. Ich bin ganz Ohr, Mr. Weiser.“
Wieder vergingen einige Augenblicke, bis Conrad ihm eine sorgfältig ausgewählte Antwort gab. Er war Benjamin Franklin nie zuvor begegnet, obgleich der Herausgeber der Pennsylvania Gazette zu den bekanntesten Persönlichkeiten Pennsylvanias gehörte.
Der Mann schien vor Tatendrang nur so zu strotzen. Das Funkeln in seinen Augen ließ den Scharfsinn dahinter erahnen, zugleich schien in allem, was er sagte, ein nur für sehr aufmerksame Zuhörer merklicher Ton von Ironie zu liegen. Conrad Weiser war ein aufmerksamer Zuhörer, seine Jahre bei den Mohawk-Indianern hatten ihn dies gelernt. Es waren nicht die Augen, die

einem Jäger das Leben retteten, es war sein Gehör, das ihn vor der Gefahr warnte. Er war mit gemischten Gefühlen zu diesem Treffen in Philadelphia gekommen. Die Quäker-Fraktion, die das politische Leben in Pennsylvania durch ihren parlamentarischen Einfluss bestimmte, hatte sich an ihn gewandt, um gemeinsam mit Benjamin Franklin nach einer Lösung für die Situation an der Grenze zu suchen. Nichts lag dem Wesen der friedliebenden Quäkerreligion ferner, als Waffen gegen einen Feind zu erheben, besonders nicht, wenn es sich bei diesem Feind um Indianer handelte, jene Menschen, die William Penn, der selige Koloniegründer, noch vor seiner ersten Begegnung mit ihnen, als „Brüder" und „Freunde" bezeichnet hatte. Das Erbe des alten Penn hatte seine Wirkung noch immer nicht verloren, mochte sein umtriebiger Sohn Thomas damit auch anstellen, was er wollte.

Es lag an der freien Struktur der englischen Kolonien, dass Männer wie Benjamin Franklin es hier mit Fleiß und Köpfchen zu einigem Ansehen bringen konnten. Franklins Wort zählte viel in Pennsylvania.

Es schien nichts zu geben, in das er nicht auf irgendeine Art und Weise verwickelt war.

Neben seiner herausragenden Tätigkeit als Drucker und Verleger zahlloser Zeitungen und Bücher hatte Franklin die freiwillige Feuerwehr hier in Philadelphia etabliert, mit Hilfe derer sich die verheerenden Brände, die immer wieder in den einfachen Holzhäusern der Stadt der brüderlichen Liebe ausbrachen, unter Kontrolle bringen ließen. Er umgab sich mit den gelehrtesten Männern der Neuen Welt, trug gleich mehrere Ehrendoktortitel und hatte unter anderem das Amt des Postmeisters für ganz Nordamerika inne.

Man erzählte sich außerdem hinter vorgehaltener Hand über ihn, er gehöre einer dieser geheimen Logen an, die den Zirkel in ihrem Wappen hatten, die mächtigen und verschworenen Freimaurer.

„Ich habe knapp dreihundert Freiwillige unter meiner Führung", sagte Conrad schließlich in das Schweigen. Franklin schien seine Anwesenheit bereits wieder vergessen zu haben, so tief war er in seine Gedanken versunken gewesen und sah seinen Besucher nun überrascht an.

„Farmer aus der Umgebung, viele von ihnen wurden selbst Opfer der Überfälle. Wir haben kaum Waffen und die Männer sind nicht ausgebildet. Zudem werden sie im Frühjahr zurück auf ihre Farmen müssen." Sein Blick

wanderte zu der fett gedruckten Schlagzeile.
„Bisher ist es uns nicht gelungen, auch nur einen einzigen Überfall zu verhindern. Das Gebiet ist zu groß, um von so wenigen Männern kontrolliert zu werden. Bevor wir überhaupt wissen, dass sie einen Überfall verüben, sind sie meistens schon längst über alle Berge.“
Benjamin Franklin musterte ihn aufmerksam während seiner Rede, seine stechenden blauen Augen fixierten Conrad und Weiser konnte sich des Eindrucks nicht erwehren, als zuckten Franklins Mundwinkel auch in diesem Augenblick ein wenig belustigt.
„Gibt es eine Möglichkeit, die Indianer zum Frieden zu bewegen?“
Langsam schüttelte Conrad den Kopf. „Sie haben kein Interesse an Verhandlungen.“
„Ich verstehe.“ Wieder ballte Franklin seine im Verhältnis zu seinem restlichen Körper bemerkenswert filigranen Hände zu Fäusten.
„Das Parlament hätte schon lange handeln müssen“, sagte er mit zusammen gekniffenen Augen, „doch anstatt zu tun, was nötig ist, schließen sich diese naseweisen Quäker auch noch unter diesem weltfremden Fanatiker Israel Pemberton zu einer Vereinigung zusammen, die sich Freundliche Vereinigung zur Wiederherstellung und Bewahrung des Friedens mit den Indianern nennt, obwohl wir uns nun offiziell im Kriegszustand mit den Indianern befinden und das sprichwörtliche Kind in den Brunnen gefallen ist. Was wir brauchen, sind also bewaffnete Männer und keine Prediger.“
Er stieß einen tiefen Seufzer aus. „Es ist mir ein Leichteres, all die Spitzfindigkeiten der Elektrizität, sofern wir dieses Phänomen bereits erfassen können, zu beschreiben, als die Abgründe der Politik in dieser Kolonie zu durchblicken.“
Verstohlen betrachtete Weiser die Rücken der Bücher, die in hohen Stapeln überall verteilt herumlagen oder in den Regalen an den Wänden standen.
„Es liegt wohl auch auf der Hand, warum man sich gerade an Euch und mich gewandt hat, um die Sache wieder in den Griff zu bekommen.“ Conrad runzelte verständnislos die Stirn. Franklins Worte ergaben keinen Sinn. Nicht der Gouverneur, sondern das Parlament hatte sich an ihn gewandt. Der Brief mit der Aufforderung, sich zum Zwecke der Grenzsicherung mit Benjamin Franklin in Philadelphia in Verbindung zu setzen, hatte Conrad völlig über-

raschend vor zwei Tagen erreicht. „Überlegt doch mal“, sagte Franklin mit einem verschwörerischen Tonfall. „Gouverneur Morris wird das Amt an William Denny abgeben, einen grünschnäbeligen Taugenichts, der jedoch eine militärische Ausbildung in England genossen hat. Man will sich nicht selbst um das Problem kümmern. Nichts kann einem Gouverneur und damit Thomas Penn das Leben schwerer machen, als die Quäker im Parlament. Und auch unter denen gibt es solche, die für ein paar extra Scheine mit Penn und seinen Männern gemeinsame Sache machen. Daher hat man das Ganze an uns abgeschoben, zwei engagierte Bürger, die mit der Regierung erst einmal nichts zu tun haben. So wollen die da drüben“, er wies mit dem Kinn in die ungefähre Richtung des Pennsylvania States Houses, wo das Parlament tagte, „ihre Hände in Unschuld waschen.“

Für Conrad besaßen Franklins Ausführungen nach den schrecklichen Massakern der vergangenen Wochen kaum Bedeutung, sie wirkten auf ihn wie abstrakte Gedankenfiguren, die mit der Realität nur wenig gemeinsam hatten.

Nach dem grausamen Überfall auf die Herrnhuter Mission war unter den Siedlern an der Grenze Panik ausgebrochen. Die Menschen verließen ihre Farmen in Tulpehocken und den anderen Gemeinden und suchten Unterschlupf in den Städten im Osten.

Die Lage spitzte sich zu. Vermutlich war dies der Grund, warum sich Gouverneur Morris nun doch zum Handeln gezwungen sah. Weder Philadelphia noch die anderen Städte konnten auf Dauer einen Flüchtlingsansturm bewältigen.

Franklin langte hinter sich in einen Sekretär, der sich bedenklich unter der Last der auf ihm abgeladenen Papierstapel bog, zog eine Schublade auf und holte eine kleine, deutlich mitgenommene Karte heraus, die Pennsylvania und ein Stück des Grenzgebietes dahinter zeigte. Die Männer beugten sich darüber und Franklin deutete mit seinem Zeigefinger auf vier rote Punkte entlang der Grenze.

„Unsere Mittel sind äußerst begrenzt und uns bleibt nicht viel Zeit. Ich habe mir die Karte genau angesehen und bin zu dem Entschluss gekommen, dass vier Forts an strategisch wichtigen Punkten einen ersten Schutzwall bilden sollten. Sie sollen nicht nur bewaffnete Milizen unterbringen, sondern auch die Flüchtlinge. Ich bin, nach Betrachtung aller Umstände, zu der

Überzeugung gelangt, dass wir mit dem Bau des ersten Forts an genau dieser Stelle beginnen." Sein dicker Zeigefinger ruhte auf der Karte nur unweit der Stelle, an der sich Shamokin befand und nur wenige Meilen von Conrads Haus in Tulpehocken entfernt.

„Diese Stelle müssen die Indianer passieren, wenn sie die Siedlungen am Susquehanna angreifen wollen", stellte Conrad fest.

„So ist es", bestätigte Franklin anerkennend, „und entlang der Linie, die sie bisher bei ihren Überfällen passiert haben, werden wir weitere Forts errichten. Teufel noch, wir können uns doch nicht vor unserer eigenen Haustür die Hölle heiß machen lassen!"

Franklin konnte sich ein kurzes Grinsen über sein Wortspiel nicht verkneifen, doch Weisers Gesicht blieb ernst. Sein Gegenüber schien es zu bemerken und sprach rasch in geschäftigem Tonfall weiter: „Sind Eure Männer in der Lage, weiter zu kämpfen?"

Conrad nickte. Er, Robert Wright und die anderen Männer aus der Umgebung hatten die letzten Tage fast ununterbrochen im Sattel verbracht, waren durch das unwegsame Grenzgebiet gejagt, um Shingas, den Schrecklichen, wie ihn die Zeitungen bereits nannten, aufzuspüren. Den Männern blieb nichts anderes übrig, als weiter zu machen, wenn sie ihre Farmen und Familien retten wollten.

„Mit etwas Glück werden wir ab dem Frühjahr Verstärkung durch reguläre Truppen erhalten", überlegte Franklin laut, „ich denke, dass Morris durchaus mit Blick in die Zukunft auf die Errichtung von bewaffneten Truppen gedrängt hat. Immerhin ist davon auszugehen, dass die Braddock Niederlage die Gemüter im fernen England in einige Aufruhr versetzt hat. Noch vor dem Frühjahr soll ein neuer General-Kommandant hierher kommen und einen neuen Angriff gegen Neu-Frankreich wagen", sagte Franklin und seine Augen funkelten dabei.

Conrad kam nicht umhin, ihm recht zu geben. Auch dies war nur eine Frage der Zeit.

„Wenn tatsächlich die Franzosen hinter den Indianerüberfällen stecken, dann handelt es sich hier um bezahlten Terror an Unschuldigen und das wird den König und seine Minister nicht kalt lassen", stellte Franklin nüchtern fest.

„Ich weiß aus zuverlässigen Quellen, dass Ihr selbst freundschaftliche

Beziehungen zu unseren roten Brüdern pflegt. Auch ich teile die grundlegende Abneigung gegen die Ureinwohner unserer geliebten Kolonie, die viele unserer Zeitgenossen so angestrengt pflegen, nicht. Die indianischen Völker haben sich, vermutlich durch das Fehlen jeglicher christlicher Denkverbote, eine Freiheit bewahrt, die uns ein Vorbild sein könnte.
Ich selbst habe vor einiger Zeit eine Rede des Irokesen-Häuptlings Canasatego gelesen, die von Euch ins Englische übersetzt wurde und sie hat mich tief beeindruckt. Die Vorstellung einer Konföderation von gleichberechtigten Völkern, die gemeinsam ihre Interessen verwirklichen, ohne den autoritären Machtanspruch eines einzelnen Individuums, erscheint mir nahezu genial. Doch es sind genau diese Widersprüche zwischen den, in meinen Augen, sehr fortschrittlichen Ideen der Indianer und ihrer abstoßenden Blutrünstigkeit. Ihnen fehlt jedes Gefühl für Kultur und Ästhetik, sie kennen weder die Freuden der Kunst noch der Musik, ja sie kennen noch nicht einmal eine eigene Schrift, was mir als Drucker besonders unvorstellbar ist. Sie können an ihrer primitiven Lebensweise nicht für immer festhalten, der Fortschritt lässt sich nicht aufhalten und ich glaube fest daran, dass unsere geliebte Stadt Philadelphia das Zentrum dieses Fortschritts sein wird."
Franklins flammende Rede vermochte nur wenig Begeisterung in Conrad auslösen. Das ungute Gefühl, das die Zeiten des friedlichen Zusammenlebens von Indianern und Siedlern endgültig vorbei waren, hatte sich in den vergangenen Wochen in schreckliche Gewissheit verwandelt.
Welchen Fortschritt die Zukunft für die Kolonien Nordamerikas auch bereithalten mochte, er würde mit einem hohen, indianischen Blutzoll bezahlt werden.

*

In der Nacht erwachte Marie, weil sich Barbara neben ihr in unruhigen Träumen hin- und herwarf. Sie flüsterte im Schlaf zusammenhanglose Sätze und ihre Arme und Beine zuckten immer wieder, wie durch Krämpfe bewegt.
„Barbara?", fragte Marie so leise wie möglich, um Gischapan und Masgichteu nicht zu wecken. Statt einer Antwort ließ Barbara ein seltsames Stöhnen hö-

ren. Besorgt richtete Marie sich auf, beugte sich über sie und berührte ihr Gesicht. Ihre Stirn glühte.
Marie sprang auf und kroch im Dunkeln zu Gischapans Lager. Sie hatte die Indianerin kaum berührt, als diese die Augen aufschlug und sich erhob.
„Gischapan, Barbara, sie ist krank, sie hat Fieber!"
Die Indianerin erhob sich und neigte ihren Kopf dicht über Barbaras Gesicht. Ihre Hände strichen über Gesicht und Hände des Mädchens.
Im Augenwinkel bemerkte Marie, wie sich Masgichteu, wie auf ein unsichtbares Zeichen hin, erhob und nach draußen verschwand.
Gischapan kniete neben Barbara und zog ihre von Schweiß getränkten Decken zurück.
Marie spürte, wie sich ihr die Kehle zu schnürte.
„Geh", sagte die Indianerin, „hole Holz. Ich brauche Licht."
Marie tat, wie ihr befohlen und verließ das Zelt. Die kalte, klare Winternacht umfing sie. Frost hatte den Boden überzogen. Die Frauen bewahrten das gesammelte Feuerholz unter einer kleinen Überdachung hinter ihrem Zelt auf. Marie lud sich einige Äste auf die Arme und kehrte in die Hütte zurück.
Als sie durch den Eingang kroch, sah sie, wie Masgichteu und Gischapan je zu einer Seite von Barbaras Kopf saßen. Masgichteu hielt einen länglichen Gegenstand in der Hand, der leise, rasselnde Geräusche machte, während Gischapan Wasser in eine Blechschüssel goss.
Marie legte das Holz auf die Glut der Feuerstelle, sodass die Flammen gierig nach neuer Nahrung wieder aufloderten und Gischapan hängte die Schüssel über die Feuerstelle. „Böse Geister haben von deiner Freundin Besitz ergriffen, als wir im Wald Feuerholz gesammelt haben. Vielleicht hat sie Äste von den Bäumen abgebrochen und die Manìto'wak sind böse.
Es sind immer unsere eigenen Gedanken, die die bösen Geister in unseren Körper rufen. Wir müssen die Geister aus ihrem Körper vertreiben. Fieber ist gut. Aber wenn das Fieber zu hoch steigt, dann nimmt es dem Körper die Kraft, die er braucht."
Nach kurzer Zeit blubberte das Wasser in der Blechschüssel und Gischapan gab erst einige getrocknete Holunderblüten in eine Schale und goss dann das Wasser darüber.
„Jede Pflanze", sagte sie, „hat zwei Kräfte: Die zu wachsen und die zu hei-

len. Die Kraft zum Wachsen hat Kishelamàk, der große Schöpfer, der Pflanze für sich selbst geben. Doch die Kraft zu heilen, hat er uns geschenkt. Diese Pflanze wächst nur an kühlen und dunklen Orten, nur ihre Wurzel besitzt die Kraft, den Körper vom Fieber zu heilen.“

Sie senkte ihre Hände wieder und begann, etwas in der eigentümlichen Sprache ihres Volkes zu singen, doch die Laute hatten in Maries Ohren bereits viel von ihrer Fremdheit verloren.

Das Rasseln wurde lauter, Gischapan hob vorsichtig Barbaras Kopf an und flößte ihr etwas von dem Sud ein.

Beim ersten Schluck schüttelte Barbara sich, und versuchte, sich abzuwenden, doch Gischapan hielt ihr den Becher hin und sie trank ihn aus.

Dann drehte sie sich stöhnend zur Seite. „Mir ist kalt“, wimmerte sie, „mir ist so kalt.“

Gischapan nickte sorgenvoll und sah auf das größer werdende Feuer.

„Das Fieber zieht die Wärme aus ihrem Körper.“

Marie kroch zu Barbara und fasste ihre Hand.

„Keine Angst, Barbara“, flüsterte sie mehr um sich selbst zu beruhigen, „es wird alles gut werden. Ich bin bei dir.“

Gischapan sah sie an. Schweigend hielten die drei Frauen die Nacht hindurch Wache an Barbaras Lager, flößten ihr abwechselnd von dem Tee und dem Wasser ein und die Indianerinnen sangen dabei einen monotonen, tiefen Gesang.

Trotzdem glühte Barbaras ganzer Körper am nächsten Morgen und dann weigerte sie sich plötzlich, zu trinken. Als Marie ihren Kopf anheben wollte, um ihr beim Trinken zu helfen, zuckte sie mit einem Schmerzenslaut zusammen. Marie spürte, dass Erschöpfung und Angst drohten, auch sie zu überwältigen.

Gischapan schien es zu bemerken, denn sie sagte mit sanfter Stimme: „Lege dich schlafen. Ich passe auf sie auf.“ Marie zögerte. Sie fühlte sich unendlich elend und matt. Doch die Angst um Barbara war größer und sie schüttelte entschlossen den Kopf.

„Nein“, sagte sie, und dachte daran, wie sie Jean zuletzt gesehen hatte, „ich bleibe bei ihr.“

Sie wickelte ihre Decke um sich und sah mit brennenden Augen auf ihre

fiebernde Freundin.
Gischapan hob die Schultern und ließ ihr ihren Willen.
Trotz ihres Widerstandes überwältigte sie die Müdigkeit, und als sie erwachte, saß Masgichteu an Barbaras Lager. Barbara schien zu schlafen und Marie sah die Indianerin fragend an, doch diese schüttelte nur den Kopf.
Sie streifte die Decken zurück und setzte sich neben Barbara, deren Gesicht bleich und klein zwischen den Decken hervorlugte, mit denen die Indianerinnen sie zugedeckt hatte.
Tiefe Hoffnungslosigkeit stieg in Marie auf. Die Welt, wie sie sie noch vor wenigen Monaten gekannt hatte, existierte nicht mehr. An ihre Stelle war der Vorhof der Hölle getreten, eine unablässige Wiederholung aus Hunger, Kälte und Angst.
Sie hatte ihren Vater verloren und schließlich auch ihren Bruder und nun drohte auch Barbara sie zu verlassen. Die Vorstellung, allein unter den Indianern leben zu müssen, war so schrecklich, dass sie sich sicher war, dass sie lieber in den Fluss springen und ertrinken wollte, als das auszuhalten.
Gischapan und die anderen Frauen erschienen ihr so fremd, ihre Art zu denken und zu handeln waren so unterschiedlich von allem, was Marie in ihrem Leben erlebt und gesehen hatte, dass auch die Nähe der gemeinsamen Tage, das gemeinsame Frieren und Hunger leiden die unsichtbare Mauer, die sie und Barbara von den Indianerinnen trennte, nicht verschwinden lassen konnte.
Es waren Männer aus Gischapans Stamm gewesen, die ihre Eltern ermordet, ihre Farmen niedergebrannt und Jean von ihr getrennt hatte. Sie waren es, die sie hier in Gefangenschaft hielten, dazu brauchten sie keine Fesseln und Gitter und sie waren schuld, wenn Barbara starb.
Sie konnte nicht sagen, wie viel Zeit vergangen war, in der sie neben Masgichteu schweigend an Barbaras Lager gesessen hatte. Draußen ging die Sonne bereits unter, als die Matte, die den Eingang verdeckte, zur Seite geschoben wurde und Gischapan zurückkehrte.
In ihrem Armen hielt sie ein in viele Decken gewickeltes kleines Kind, dessen Arme schlaff herunter hingen. Das Gesicht des kleinen Jungen sah genauso ausgezehrt und bleich aus, wie Barbaras.
„Das Fieber“, sagte Gischapan, „auch er ist krank. Wir bringen alle Kranken

in unsere Hütte, damit das Fieber sich nicht ausbreiten kann."
Sie bettete ihn neben Barbara und flößte ihm etwas von dem Tee ein.
„Wir werden eine Schwitzhütte bauen, um das Fieber zu vertreiben. Bleibe du bei ihnen und achte darauf, dass sie genug trinken. Wir sind bald zurück."
Sie deckte den kleinen Jungen mit Decken zu und legte noch etwas Holz in das Feuer.
Gischapan und ihre Schwester verschwanden nach draußen. Marie schloss die Augen und lauschte auf das Pfeifen des Windes vor ihrer Hütte. Der kleine Junge neben ihr rollte sich zusammen. Er zitterte heftig, sein schmales Gesicht war fahl und bleich und es schien, als sei er dem Tode nahe. Barbaras Lippen waren aufgesprungen und ihr Atem ging schnell und unregelmäßig.
Es dauerte eine Weile, bis die Frauen zurück kamen. Masgichteu nahm den kleinen Jungen in ihre Arme, während Gischapan und Marie Barbara an Armen und Beinen packten und hinaus trugen. Die Kälte schien Barbaras Körper wie ein Schock zu treffen, denn sie zuckte stöhnend zusammen.
Nahe am Flussufer hatten die Schwestern eine ähnliche Hütte errichtet, wie die, in der Marie ihren Bruder zuletzt gesehen hatte. Ein großes Feuer loderte bereits in ihrem Innern, in dessen Zentrum ein Haufen Steine lagen, zwölf an der Zahl.
Sie legten die Kranken zu beiden Seiten des Feuers und setzten sich mit gekreuzten Beinen zwischen sie. Während sie darauf warteten, dass das Feuer die Steine erhitzte, sangen die beiden Frauen abwechselnd einen leisen, gleichtönigen Gesang in ihrer fremdartigen Sprache.
Marie lauschte ihren Worten, deren Sinn sie nicht verstand, die sie jedoch mit einer seltsamen Traurigkeit erfüllten, und versuchte, ihre Angst zu beherrschen und den beiden Indianerinnen zu vertrauen.
Nach einer Weile öffnete Gischapan ihre Augen und sagte leise zu Marie: „Früher lebte mein Volk in Lenape'hokink, der Heimat unserer Vorfahren. Ich war noch ein Kind, als unsere Onkel, die Menkwe uns zwangen, das Land zu verlassen, damit die Jenkise dort leben konnten. Doch man kann ein Volk nicht von seinem Land trennen, sie gehören zusammen wie eine Mutter und ihr Kind. Kunkna, die Mutter Erde, hält für jedes Volk ein Teil ihres Leibes bereit und es ist nicht recht, es ihr zu entreißen. Wir waren ein

stolzes Volk, große Krieger, die Alten erzählen noch oft davon. Doch seit die Männer trinken und für die Weißen kämpfen, wütet das Fieber unter uns. Viele sterben."
Sie beugte sich vor und legte ein neues Holzscheit auf die Feuerstelle in der Mitte des Zelte.
„Du hast gesagt, ihre Gedanken haben das Fieber in ihren Körper geholt", sagte Marie leise, als Barbara in ihren Fieberträumen stöhnte. „Welche Gedanken hat er gehabt?", fragte sie Gischapan und sah zu dem kleinen Jungen, der zitternd unter seiner Decke lag.
„Alles ist mit allem verbunden. Schon ein einziger schlechter Gedanke kann Unglück über ein ganzes Volk bringen. Niemand von uns ist ohne den anderen, wir stehen miteinander in Verbindung, die Menschen meines Volkes miteinander, die Völker untereinander, die Menschen mit den Tieren, das Meer mit dem Himmel. Jede Bewegung löst eine Kette von Bewegungen aus. Barbaras Angst kann auch ihn krankgemacht haben. Sie sträubt sich dagegen, das Geschehene anzunehmen, sie will sich nicht fügen in den Lauf der Dinge. Darum ist sie krank geworden."
Nachdenklich schwieg Marie eine Weile, bis Masgichteus Stimme erneut den kleinen Raum der Schwitzhütte erfüllte. Diesmal trugen die Klänge und Worte keine Traurigkeit in Maries Herz, sondern ein anderes, ungleich stärkeres Gefühl. Es war das Gefühl einer tiefen, noch nie zuvor empfundenen Sehnsucht, als habe sie vor langer Zeit etwas sehr Wertvolles verloren und sei nun daran erinnert worden. Sie wünschte sich, Masgichteus Worte verstehen zu können.
Als habe Gischapan ihre Gedanken lesen können, übersetzte sie die Worte ihrer Schwester leise murmelnd auf Deutsch: „Auch unser Gott war erst allein im Universum, doch wir nennen ihn Kishelamàk, den Schöpfer. Doch dann hatte er eine Vision, wie das Leben auf der Erde sein könnte und er machte sich daran, sie zu erschaffen. Zuerst schuf er die Hüter der Schöpfung, die Geister der Steine, des Feuers, des Windes und des Wassers.
Er nannte sie Muxumsa Lowànewànk, unseren Großvater im Norden, der Wächter der Steine. Er formte die Erde, bringt uns Winter, Eis und Schnee."
Gischapan lächelte. „Unser Großvater im Osten, Muxumsa Wapànewànk ist der Herrscher des Windes. Er gibt den Geschöpfen ihren Lebensatem, trägt

Lieder und Geschichten in unsere Gedanken. Die Hüterin des Südens ist unsere Großmutter Huma Shawànewànk. Sie wacht über das Feuer und sie bringt uns den Sommer. Im Westen herrscht Muxumsa Wunchèwànk. Er ist der Gebieter des Wassers und er ist, der den Tod bringt. Ihm zu Ehren wollen wir etwas Tabak verbrennen, damit er die Geister deiner Freundin und des kleinen Jungen unversehrt lässt. Es ist noch nicht an der Zeit für sie. Krankheit ist ein Teil des Lebens.
Unser Schöpfer ist weise und er wusste, dass eins nicht ohne das andere bestehen kann, dass es stets einen Ausgleich geben muss. Und so wie er Licht und Schönheit in die neu erschaffene Welt brachte, so ließ er Matantu, den Geist der Zerstörung, als Ausgleich dazu, das Böse und Dunkle in die Welt bringen. Wo der Schöpfer heilende Pflanzen schuf, schuf Matantu giftige, wo der Schöpfer köstliche Waldbeeren wachsen ließ, gab Matantu ihnen böse Stacheln, damit das Gleichgewicht der Welt bestehen blieb. Und so ist es auch mit dem Leben und dem Tod, heiß und kalt, dunkel und hell: Nur gemeinsam können sie existieren."
Inzwischen glühten die Steine in den Flammen dunkelrot und Gischapan angelte sie mit geschickten Bewegungen aus dem Feuer. Sie verteilte sie in der feuchten Erde des Hüttengrundes und verschwand nach draußen. Mit einem großen Holzeimer voller Flusswasser kehrte sie zurück und goss das Wasser über die glühenden Steine. Dampfwolken stiegen auf und erfüllten die Luft. Marie schloss die Augen und spürte die Hitze in ihren Lungen.
Wieder und wieder goss Gischapan Wasser auf die Steine, bis ihre Glut verloschen war.
Dann saßen sie eine Weile schweigend zusammen, bis sich die Dampfwolken gelegt hatten.
Als Marie wieder sehen konnte, öffnete Gischapan einen kleinen Lederbeutel, der an ihrem Gürtel baumelte, und zog einen kleinen, glänzenden Gegenstand hervor, gerade so groß, dass er in ihre Hand passte. Als sie ihre Finger öffnete, sah Marie, dass es sich um eine aus dunklem Holz geschnitzte Schildkröte handelte, deren Panzer glattpoliert worden war.
„Tachquoch", sagte Gischapan und betrachtete die kleine Figur andächtig, „die Schildkröte. Sie hat große Macht über die Menschen meines Klans. Sie ist unsere Beschützerin und unsere Führerin." Vorsichtig nahm sie Barbaras

Hand in ihre, legte die kleine Schildkröte in ihre eiskalten Finger und schloss sie darum. „Jetzt müssen wir warten. Tachquochs Kraft braucht Zeit, um zu wirken."

Dann neigte sie sich über den kleinen Jungen, der sich leise wimmernd hin- und herwarf. Sie fasste seinen Kopf und sprach beruhigend auf ihn ein und dann schob sie auch etwas in seine kleinen Händchen. Marie erkannte, dass es ebenfalls eine Schildkrötenfigur war, doch sie war an das Ende eines kurzen Stabes geschnitzt und unter ihr befanden sich kleine Holzscheibchen, die bei jeder Bewegung rasselten.

Barbara versuchte stöhnend, sich aufzurichten, doch ihre Kraft reichte nicht aus. Marie fasste ihre andere Hand, die Freundin öffnete die Augen und sah sie aus fieberglänzenden Augen an. Sie flüsterte heiser: „Marie … bitte lass mich nicht sterben."

Blind vor Tränen schüttelte Marie den Kopf.

Barbara sank auf ihr Lager zurück und Marie rollte sich neben ihr zusammen, ohne ihre Hand los zu lassen.

Sie musste eingenickt sein, denn ein seltsames Geräusch weckte sie. Verwirrt richtete Marie sich auf. Die beiden Lenapé-Frauen waren verschwunden.

Barbara lag noch immer neben ihr, doch das Lager des kleinen Jungen war leer. Suchend sah Marie sich um und dann sah sie ihn, wie er zu ihren Füßen saß. Seine dunklen Augen wirkten in seinem vom Fieber ausgezehrten Gesicht übergroß und sein Haar stand ihm in verfilzten Strähnen vom Kopf ab. In der Hand hielt er die Schildkrötenrassel.

Marie lächelte ihn an. Der kleine Junge neigte den Kopf und sagte etwas, das sie nicht verstehen konnte. Seine Stimme klang dünn und heiser. Marie streckte die Hand nach ihm aus. „Geht es dir besser? Hast du Durst?"

In diesem Augenblick kam Gischapan zurück in die Hütte. Beim Anblick des kleinen Jungen klatschte sie in die Hände und lief nach draußen. Kurz darauf kehrte sie mit einer anderen Indianerin zurück.

Die Frau schloss den kleinen Jungen in die Arme und weinte.

Die Indianerin flüsterte etwas und der kleine Junge lächelte und drückte sich an sie. „Von heute an soll er Nhakewelendamoagan heißen", übersetzte Gischapan, „Das bedeutet Hoffnung."

Marie neigte sich zu Barbara hinüber und berührte ihre Stirn. Ihre Haut fühlte sich kühl und trocken an. Das Fieber war endlich gesunken.

*

1756

Lord Loudoun starrte auf die gewaltige Karte, auf der die englischen Kolonien Nordamerikas abgebildet waren. Die beeindruckende Zeichnung nahm fast die gesamte Wand des großen Saales im neu gebauten Parlamentsgebäude der Stadt New York ein.
Aufgrund seiner geringen Größe musste er seinen Kopf weit in den Nacken legen, um Neu-Frankreich im oberen Teil der Karte ausmachen zu können. Seine Augen folgten dem Lauf des St. Lawrence nach Norden, in das Herz des feindlichen Gebietes: Quebec.
Das Schiff, das Loudoun als neuen General-Kommandant nach Nordamerika gebracht hatte, war erst vor wenigen Tagen in New York vor Anker gegangen.
Nachdem George II. von England Louis XV. von Frankreich endlich den Krieg erklärt hatte, waren zeitgleich mehrere Tausend Soldaten der beiden feindlichen Lager unter der Flagge ihrer Könige über den Atlantik aufgebrochen, um sich in Nordamerika für die entscheidende Schlacht zu formieren.
Viel zu lange hatte die englische Krone diesem Teil ihres Imperiums zu wenig Aufmerksamkeit geschenkt, dachte Loudoun grimmig, während sein Blick über die Kolonien entlang der Ostküste schweifte, waren die Chartern für die Kolonien an der Ostküste Nordamerikas wahllos an jeden verteilt worden, der Geld dafür bot und danach nie wieder irgendeiner Kontrolle unterzogen worden.
Das Ergebnis war, dass sich ein europäischer Krieg, der traditionsreiche Konflikt zwischen Frankreich und England in dieser gottverlassenen Wildnis entscheiden würde und nicht nur der Ruhm Britannias als See- und Weltmacht auf dem Spiel stand, sondern - und dies bereitete ihm weit größere Sorge - auch seine eigene Ehre als neuer General-Kommandant in Nordamerika und Nachfolger des unseligen Generals Braddock.
James Abercromby, zweiter Kommandant der englischen Truppen, lehnte

hinter ihm an einem der großen Fenster, von dem aus er gedankenverloren auf die belebten Straßen New Yorks unter ihnen starrte.
Mit energischen Schritten, die, vermutlich aufgrund seiner schmächtigen Statur, beinahe grotesk weitausholend waren, ging er zu seinem Schreibtisch und wühlte in den Papieren, die darauf ausgebreitet waren. Er richtete seinen stechenden Blick auf seinen zweiten Kommandanten: „Wir brauchen Männer. Und wir brauchen Quartiere für die Soldaten der Krone.“ Sein schottischer Akzent knarrte unüberhörbar aus seinem Worten heraus.
Abercromby wandte sich ein wenig wehmütig von seiner Aussicht ab und versuchte hastig ein dienstbeflissenes Gesicht aufzusetzen, doch Loudouns scharfem Blick entging der Wechsel in den Zügen seines zweiten Kommandanten nicht und er fixierte ihn mit einem durchdringenden Blick.
„Nun, Sir, dies wird einige Zeit in Anspruch nehmen“, antwortete Abercromby mit leicht belegter Stimme und räusperte sich rasch, um seinen Worten Nachdruck zu verleihen. Er hatte nicht darum gebeten, einen neuen Vorgesetzten aus England zu erhalten. Seiner Meinung nach, gab es auch in den Kolonien genug fähige Männer, um den Krieg gegen Frankreich und seine indianischen Verbündete zu gewinnen. „Solche Entscheidungen müssen in den Kolonien erst durch parlamentarische Entscheidungen bestätigt werden, Legislaturen …“ Er verstummte mitten im Satz, als er beobachten konnte, wie sich der ihm inzwischen zugewandte Nacken des Generals bei seinen Worten unter der weiß gepuderten Perücke in ein tiefes Dunkelrot verfärbte.
„Legislaturen?“, schnappte Loudoun, während er sich ruckartig aufrichtete und ihn aus flammenden Augen ansah. „Wir sprechen hier von Soldaten der Krone Ihrer Majestät George II.! Wie kann deren Quartierbeschaffung ein Problem sein?“
Abercromby wich unwillkürlich einen Schritt vor seinem Vorgesetzten zurück und stieß gegen den marmornen Fenstersims in seinem Rücken.
Er hatte in den letzten beiden Tagen bereits ausreichend Gelegenheit gehabt, sich mit dem aufbrausenden Temperament des neuen Generalkommandanten vertraut zu machen.
„Nun, dies sind Rechtswege, die Kolonien unterstehen der Selbstverwaltung …“, es gelang ihm nicht, seinen Satz zu beenden, Loudoun unterbrach ihn mit

hochrotem Kopf. Die Adern an seiner Stirn und an seinem Hals traten pochend hervor.
„Diese Kolonien unterstehen der Krone von England und dessen General-Kommandant: Mir!“, schrie Loudoun mit hochrotem Kopf und schlug mit einer Hand so heftig auf seinen Schreibtisch, dass ein bronzener Briefbeschwerer mit lautem Poltern zu Boden fiel.
„Natürlich, natürlich, dennoch …“, setzte Abercromby an, doch wieder unterbrach ihn Loudoun mit einer heftigen Geste: „Wie steht England denn da? Wir können uns doch nicht von Frankreich, ein paar Wilden und den Kolonialisten auf der Nase herumtanzen lassen!“
„Sir, ich erinnere nur an Gouverneur Shirley aus Massachusetts. Er lehnt es ab, Soldaten der Krone Quartier zu geben. Und er lehnt es ab, Männer aus seiner Kolonie zu Milizen zusammen zu stellen und unter Euer Kommando zu geben.“
„Er lehnt es ab?“ Die Stimme des Generals überschlug sich zu einem schrillen Kreischen.
Er machte einige heftige Schritte auf Abercromby zu, der noch ein Stück zurück wich und gegen das Fenster hinter ihm stieß.
Der General-Kommandant fuchtelte mit gefährlicher Geschwindigkeit vor dem Gesicht seines Stellvertreters herum.
„Wenn er ablehnt, meinen Männern Quartier zu geben, dann erteilen Sie ihm eine Lektion über die Grenzen der Macht der englischen Krone: Sie hat keine!“
Abercromby nickte ein wenig verzweifelt. Kleine Schweißperlen erschienen auf seiner Stirn, die er sich verstohlen mit einem Spitzentuch aus seiner Jackentasche abwischte.
Zu seiner Erleichterung ließ Loudoun von ihm ab und begann stattdessen, aufgebracht vor dem Tisch auf- und abzuschreiten.
„Wir haben zwei Möglichkeiten, Neu-Frankreich einzunehmen: Entweder über den Saint-Lawrence-Strom, der jedoch nur in sieben Monaten des Jahres passierbar ist, oder aber über Lake George.“
Der General blieb vor der großen Landkarte stehen und legte den Kopf in den Nacken. „Unser Hauptquartier wird in Albany errichtet.“ Sein Zeigefinger bohrte sich an der Stelle in die Karte. „Und ich brauche weitere Männer,

hier und hier.“ Er wies zuerst auf Fort William Henry und dann auf Fort Edward, doch sein Arm war zu kurz, um die markierten Punkte zu erreichen und er ließ die Hand rasch wieder sinken. „Dazu brauche ich die Männer der Kolonien. Und zwar unverzüglich!“ Er machte einen Satz auf Abercromby zu und sah ihm scharf in die Augen. „Unser Ziel heißt Louisbourg! Unter keinen Umständen darf diese Expedition gefährdet werden! Wir brauchen jeden Mann und jedes Geldstück, das diese raffgierigen Gouverneure und ihre Companies horten.“
Abercromby beeilte sich, zu nicken, bevor er zu einem letzten, vergeblichen Erklärungsversuch ansetzte: „Sir, die Kolonien fürchten, sich im schlimmsten Fall nicht mehr selbst verteidigen zu können, es gibt diese Überfälle an den Grenzen, die Indianer terrorisieren die Siedler.“
„Selbst verteidigen?“ Loudoun spie die Worte förmlich aus. „Ich rede hier nicht von Selbstverteidigung, ich rede von der alleinigen Herrschaft Englands über ganz Nordamerika!“

*

Langsam folgten die Menschen dem Lauf des Susquehanna nach Nordosten.
Die Frauen und die Kinder hatten sich in Decken gehüllt, während die Männer die Kanus durch den im Frühjahr schnell fließenden Fluss lenkten.
Teedyuscungs Kanu führte sie an.
Er versuchte, seine Gedanken auf den Weg vor ihm zu konzentrieren, doch es gab nur eines, das die Stimme in seinem Kopf verlangte: Schnaps. Nur ein einziger Tropfen Schnaps, das herrliche, scharfe Brennen auf seiner Zunge, das Gefühl, wie das Feuer seinen Rachen hinab in seinen Magen schoss und seinen Körper mit jener Wärme erfüllte, nach der die Kälte umso unerträglicher war.
Seine Finger, die das Paddel umschlossen, zitterten.
Er wusste nicht, was sie erwartete.
Ein langer, schrecklicher Winter lag hinter ihnen.
Viele hatten ihn nicht überlebt.
Seit die Frauen ihre Körbe an die Siedler und Missionare verkaufen konn-

ten, hatten sie jahrelang keine Felder mehr bebaut und kaum noch Vorräte angelegt.
Doch nun herrschte Krieg und kein englischer Siedler kaufte mehr die Körbe von Indianern.
Das nächste französische Fort lag viele Tagesreisen entfernt hinter den feindlichen Linien.
Die Männer waren im Winter gar nicht erst zur Pelzjagd aufgebrochen, zu weit wären die Wege gewesen, zu niedrig die Preise.
Eine ganze Weile hatte der Schnaps ihre Sorgen und ihren Hunger gedämpft. Aber auch er war schließlich zur Neige gegangen. Dann hatten die Herrnhuter Brüder ihre Mission nach dem Überfall auf Gnadenhütten im Herbst des vergangenen Jahres und dem grausamen Tod ihrer Brüder aufgegeben, sodass Teedyuscung und seine Leute keine Hilfe mehr von den Missionaren erhoffen konnten.
Einige seiner Männer hatten ihn verlassen, sie hatten ihre Frauen und ihre Gefangenen genommen und waren westwärts in das Ohio-Tal gezogen, um sich Shingas anzuschließen.
Niemals würde Teedyuscung sich Shingas unterwerfen.
Er war ein Häuptling, genau wie er, sie waren ebenbürtig, gleichberechtigt, auch wenn Shingas und seine arrogante Sippschaft das nicht wahrhaben wollten.
Schließlich waren sie es doch gewesen, die das Bündnis im Krieg gegen die Jenkise mit ihm gesucht hatten, sie hatten ihn doch um Unterstützung gebeten.
Und dann hatten sie sich in ihr Ohio-Tal zurück gezogen, bestens versorgt durch die Franzosen in Fort Duquesne, ausgestattet für ihre Raubzüge und Mordaktionen an den weißen Siedlern im Grenzgebiet und hatten ihn und seine Leute ihrem Schicksal überlassen.
Ihnen fehlte es an Waffen, Fort Duquesne lag weit weg und inzwischen schnitten zwei Forts und Conrad Weisers Männer den Weg dorthin ab.
Er würde seine Leute verlieren. An den Hunger und an Shingas.

*

Der Frühling brachte viel Arbeit für die Frauen in Kittanning.
Als der Schnee zu schmelzen begann, verließen die meisten der Männer die Siedlung, unter ihnen auch Galasko und Souchy. Es brauchte nicht viel Fantasie, um sich vorzustellen, auf welche Weise sie die kommenden Monate verbringen würden: Mit neuen Überfällen auf die Siedler. Die Frauen und Kinder blieben mit nur wenigen Kriegern zurück. Die Mais-, Kürbis- und Bohnenvorräte des Dorfes waren fast aufgebraucht, sodass die Lenapé-Männer fast täglich auf die Jagd gehen mussten, um all die hungrigen Mäuler in den Hütten und Rindenzelten zu stopfen und der Geruch von gebratenem oder gegartem Hirschfleisch löste bereits Übelkeit in Marie aus.
Nur wenig von dem Land um die Siedlung war bisher urbar gemacht worden, sodass sie sich daran machten, das Unterholz niederzubrennen und einige Tage später die Erde umzugraben.
Gischapan erklärte den Mädchen mit einem Lächeln, dass man diese Art und Weise der Rodung die „teutsche“ nannte, doch Marie konnte dieser Bemerkung nur wenig abgewinnen.
Noch vor Sonnenaufgang zogen die Frauen auf die Felder, sie gruben und jäteten, sie zerkleinerten das Holz, und wenn sie am Abend zu den Hütten zurückkehrten, schien es ihr, als hätten sie dem Wald um Kittanning keinen Fußbreit Ackerland abgerungen.
Dicke Schwielen bildeten sich auf ihren Händen, ihr Rücken und ihre Arme schmerzten vor Anstrengung, doch Gischapan und den anderen Lenapé-Frauen schien dies nur wenig auszumachen, denn sie lachten und sangen unentwegt bei der Arbeit.
Eines Morgens weckte Gischapan die Mädchen noch früher als gewöhnlich. Draußen war es noch nicht hell. Ärgerlich setzte Marie sich auf und funkelte Gischapan wütend an, während sich Barbara neben ihr schlaftrunken aus ihren Träumen kämpfte.
„Hier“, sagte sie barsch und hielt der Lenapè-Indianerin ihre von Blasen überdeckten Handflächen hin, „glaubst du, ich kann so arbeiten?“ Die Lenapé kannten keine Schaufeln, sondern nur Grabstöcke, mit denen das Umgraben ungleich anstrengender war, als mit dem Werkzeug, das Marie von der Farm ihres Vaters kannte. Gischapan lächelte. „Heute arbeiten wir nicht. Heute

ist der Tag vor Vollmond. Die Pflanzen haben heute eine besondere Kraft. Deshalb gehen wir in den Wald und pflücken Kräuter für den Winter. Aber die Heilkraft bleibt nur in den Pflanzen und Wurzeln, wenn man sie früh am Morgen pflückt, bevor der Tau auf ihren Blätter getrocknet ist.“ Marie reckte sich noch immer ein wenig unwillig, streifte dann aber die Decke ab, unter der sie geschlafen hatte, und stand auf.
Barbara gähnte. „Was ist denn nun wieder los?“
„Sie wollen, dass wir mit ihnen Kräuter sammeln.“
„Kräuter?“ Barbara schlug sich mit gespieltem Erstaunen die Hand vor die Stirn. „Wie konnte ich das nur vergessen? Natürlich steht man mitten in der Nacht auf, um Kräuter zu sammeln, nachdem man in den letzten Tagen schlimmer geschuftet hat als ein Ackergaul.“
Marie lachte, doch Gischapan tat, als habe sie nichts gehört.
Barbara griff nach einem Stück Maisbrot, das vom Vorabend übrig geblieben war, und wollte herzhaft hinein beißen, als Gischapan es ihr mit einer schnellen Bewegung aus der Hand pflückte. „Kein Essen“, sagte sie, „wenn du erkennen möchtest, welche Kräfte in einer Pflanze wohnen, musst du rein sein und deine Gedanken nicht mit Brot beschweren.“
Barbara seufzte und wuschelte sich durch ihre dichten Locken.
Marie streifte bereits ihre Lederleggins und die Mokassins über. „Wo ist Masgichteu?“, fragte sie Gischapan. „Sie ist draußen und wartet bereits auf uns“, erklärte die Indianerin.
Barbara schien die Aufforderung zu verstehen, war mit einem schwungvollen Satz auf den Beinen und zog sich an.
Nur wenige Augenblicke später liefen die Mädchen hinter den beiden Indianerinnen auf den Waldrand zu.
Der Morgen war erstaunlich kühl und die Sonne war als blassrote Scheibe am Horizont nur zu erahnen. Marie fröstelte und das nasse Gras schlug ihr gegen ihre ungeschützten Unterschenkel.
Zwischen den Bäumen war es noch dunkel und Marie fragte sich, wie die Indianerinnen bei diesen Lichtverhältnissen überhaupt etwas erkennen wollten, doch die beiden Frauen hatten offensichtlich gar nicht vor, hier nach Kräutern zu suchen.
Immer weiter und weiter liefen sie zwischen den Bäumen umher, immer

tiefer in den Wald hinein. Das Gestrüpp wurde zunehmen dichter und einmal mehr bemerkte Marie, dass es für die Indianer sehr wohl so etwas wie Wege geben musste, an denen sie sich orientierten, sie liefen nicht einfach auf gut Glück los. Bereits auf ihrer Reise mit Galasko und Souchy hatte sie sich gefragt, auf welche Weise sich die Lenapé orientieren konnten, ob es versteckte Zeichen oder geheime Karten gab, denn für sie sah jeder Baum aus wie der andere.

Wenn es ihnen gelingen würde, hinter dieses Geheimnis zu kommen, könnte ihnen eine Flucht aus Kittanning bis zur Grenze von Pennsylvania vielleicht sogar gelingen, schoss es ihr durch den Kopf, doch sie verwarf den Gedanken sofort wieder.

Die Lenapé würden sie finden, noch bevor Kittanning aus ihrem Blickfeld entschwunden wäre.

„Früher", riss Gischapans Stimme sie aus ihren Gedanken, „wurden die Männer und Frauen meines Volkes sehr alt. Sie lebten viele Hundert Jahre lang. Es waren glückliche Tage voller Gesundheit. Doch eines Tages brach eine geheimnisvolle Krankheit unter den Lenapé aus und viele starben. Ein Junge aus meinem Stamm, er gehörte wie ich auch dem Klan der Schildkröte an, und die Menschen aus diesem Klan sind seit jeher mit besonderem Wissen über die Welt der Geister ausgestattet, war an jener seltsamen Krankheit gestorben und trat nun die Reise auf den Pimikshika'tek, den gefahrvollen Weg der Seelen an, den alle Toten der Lenapé beschreiten müssen. Schließlich trat er vor Nutemahuma, die Wächterin am Tor zum Land der Geister und Ahnen. Der Junge war von unendlicher Traurigkeit und Heimweh erfüllt, und Nutemahuma fragte ihn, warum er so bittere Tränen weinte und er erzählte ihr von der Krankheit, die das Leben der Menschen seines Volkes beendete. Nutemahuma sprach mit dem Großen Schöpfer über den jungen Mann und dieser entschied sich, Nanabosh, den großen Freund und Vermittler der Lenapé zu beauftragen, mit dem Jungen zu den Lenape`wak zurück zu schicken, um sie die Medizin zu lehren."

Vögel zwitscherten auf den Bäumen, die bereits viele Blüten trugen und ein frischer, süßer Duft erfüllte den Frühlingswald. Marie gefielen Gischapans Geschichten und sie spürte, wie ihre Müdigkeit in der morgendlichen Frische nachließ und sie den Spaziergang genoss. „Nanabosh kam also und trug den

Jungen zurück in die Welt", fuhr Gischapan fort, „sie bauten eine Hütte, bedeckten sie mit Rinde, und nachdem sie ein Feuer entfacht hatten, sammelten sie zwölf Steine, die sie in den Flammen erhitzten, bis sie rot glühten."
Marie dachte bei ihren Worten an Jean und an das seltsame Ritual, das die junge Indianerin mit ihm in Jenkiklahmus durchgeführt hatte, sein aschfahles, totengleiches Gesicht und wieder durchfuhr sie die schreckliche Gewissheit, dass sie ihn wohl nicht mehr lebend wieder sehen würde. „Nanabosh goss Wasser über die Steine und Dampf stieg auf. Die Steine waren der Körper des Jungen, das Feuer sein inneres Feuer und das Wasser sein Blut und so wurde der Dampf sein Atem und Nutemahuma sandte seinen Geist zurück ins Leben und der Junge wurde wieder lebendig, gesund und stark, bevor die Krankheit von ihm Besitz ergriffen hatte."
Gischapan hielt in ihrer Rede inne, bückte sich und griff nach einer Gruppe von kleinen Pflanzen, die nur wenig Zentimeter über dem Boden wuchs. Sie machte sich an ihren Blättern zu schaffen und als sie sich aufrichtete und ihre kleine, dunkle Hand den Mädchen hinhielt, befanden sich darin drei kleine, tiefrote Erdbeeren.
„Wàte'him, die Erdbeere", sagte sie und lächelte, „ist das Symbol für die Heiligkeit dieses Wissens um die Heilung, denn das Rot der Erdbeere entspricht dem Rot unseres Blutes, so hart ein Winter auch immer sein mag, die Erdbeere schläft unter seiner Schneedecke und trägt das Leben in das Frühjahr." Sie steckte sich eine der kleinen Beeren in den Mund und zerkaute sie genussvoll. Die Mädchen zögerten nicht lange, es ihr nachzutun. Die Beeren schmeckten köstlich, süß und fruchtig zugleich.
Masgichteu verschwand tief gebückt zwischen den Sträuchern.
„Der Junge trug fortan den Namen Wàte'him und erfuhr die Geheimnisse des Lebens und des Todes. In vielen Visionen lernte er von der Kraft der Pflanzen und er beobachtete die Tiere, wie sie bestimmte Kräuter und Wurzeln aßen, wenn sie krank wurden. So erlernte mein Volk die Kunst des Heilens. Aber mit Medizin sind nicht nur die Kräfte der Kräuter gemeint. Viele Dinge können Medizin sein. Besondere Fähigkeiten, ein gutes Werkzeug, Dinge, die wir nicht verstehen und uns nicht erklären können, ein schönes Lied, ein besonderer Freund, die Liebe zwischen Mann und Frau. Alles ist schließlich die gleiche Kraft, die Kraft, die der Große Schöpfer der Lenapé einst in diese

Welt gegeben hat, damit wir davon leben können."
Barbara sah Gischapan einen Augenblick lang seltsam an. Marie glaubte, hören zu können, was hinter der Stirn mit den blonden Locken vorging. „Denkst du denn, es gibt mehrere Götter? Einen für dein Volk und einen für uns?" Gischapan blieb stehen. Ihre kleine, aufrechte Gestalt schien fast mit den Baumstämmen um sie herum zu verschmelzen. „Wenn dein Gott auch der Gott meines Volkes sein will, dann weiß er sehr wenig von uns." Barbara öffnete den Mund zu einer Erwiderung, doch ihr schien nichts Passendes einzufallen und sie klappte ihn einfach wieder zu. Marie fasste sie am Arm und sie gingen weiter, bis Masgichteu nach kurzer Zeit wieder zu ihnen stieß, ihr Korb voll von den kleinen, süßen Erdbeeren.
Vor ihnen lichtete der Wald sich und gab den Blick frei auf eine kleine Lichtung, die von der Sonne hell beschienen wurde. Am Waldrand blieb Gischapan stehen und grub mit bloßen Händen die Wurzeln eines großen Strauchs mit weißen Blüten aus. Als sie die kurzen, gelben Wurzeln freigelegt hatte, brach sie vorsichtig den Stängel ab und ein milchiger Saft trat aus, denn sie zwischen den Fingern verrieb. Neugierig bückte Marie sich und berührte den Stängel.
Der klebrige Saft trocknete zwischen ihren Fingern zu einer festen Masse. Gischapan brach ein Stück der Wurzel ab und vergrub den Rest wieder sorgfältig im Waldboden.
„Wir wollen die Pflanzen, die uns so reich beschenken, nicht töten. Wenn ich ihr ihre Wurzeln lasse, so wird sie nächstes Jahr noch hier stehen und mich wieder reich beschenken."
Die Frauen wanderte über die Lichtung und am anderen Ende, wo die Schatten noch länger waren, bückte sich Gischapan über einen kleinen, buschigen Strauch mit süß duftenden, gelben Früchten, die ein wenig wie Maiskörner aussahen. Auch hier grub sie nur Teile der Wurzel aus. „Der Brei dieser Wurzel lässt Wunden schneller heilen." Marie griff sich an ihre Stirn, an der nur noch eine winzige Narbe an die Verletzung erinnerte, die sie bei ihrem „Willkommen" in Kittanning erhalten hatte. Auch an Barbaras Füßen waren kaum bleibende Spuren ihrer Brandverletzungen zurückgeblieben.
„Jede Krankheit ist ein Ausdruck einer inneren Verstimmung, eines Ungleichgewichts. Erst wenn das Gleichgewicht wieder hergestellt ist, ver-

schwindet die Krankheit wieder."
„Das ist ja wie bei den Zwillingen, von denen du uns erzählt hast", sagte Marie.
Gischapan sah sie mit einem Funkeln in den Augen an. „Ja, du hast recht. Für mein Volk sind sie das Symbol dafür, dass nichts für sich allein steht, sondern alles mit allem verbunden ist. Das eine kann ohne das andere nicht bestehen."
Sie tauchten wieder in den Schatten der Bäume ein. „Wofür ist die andere Pflanze, deren Blüten und Wurzeln du gesammelt hast?", fragte Barbara plötzlich neugierig. Gischapan lächelte ihr seltsames, trauriges Lächeln. „Diese Wurzel erweist den Frauen unseres Volkes einen guten Dienst", sagte sie geheimnisvoll, doch bevor Marie noch einmal nachfragen konnte, verschwand sie mit schnellen Schritten in einer Baumgruppe dicht vor ihr.

*

Mit nur einem einzigen Zug leerte Teedyuscung das kunstvoll geschliffene Kristallglas, bevor er es auf den eichengetäfelten Schreibtisch in Sir Johnsons riesiger Bibliothek knallen ließ.
Das Feuer brannte seine Kehle hinab und jagte das Blut mit schnellem Herzschlag durch seine Adern. Er verschränkte seine Hände ineinander und bemerkte erleichtert, wie ihr Zittern nachließ.
Sir Johnson beobachtete ihn aus zusammengekniffenen Augen. Sein scharf geschnittenes Gesicht strahlte eine bemerkenswerte Zufriedenheit aus und aus jeder seiner Bewegungen sprach die Gelassenheit eines Mannes, der in seinem Leben aus jedem Kampf als der Sieger hervorgegangen war.
„Die Fürsorge ist eine schwierige Angelegenheit. Sie ist notwendig und oft auch schmerzhaft, der Pflegling fühlt sich oft gegängelt. Doch fällt sie weg, so ist er doch der Erste, der nach ihr verlangt, weil er sich dem Unbill dieser Welt hilflos ausgeliefert sieht. Erkennst du da Parallelen mit deiner Situation?"
Teedyuscung hielt seine Augen geschlossen. Er hörte den süßlichen Ton der Verachtung in Johnsons Stimme; er fühlte jede seiner herablassenden Gesten und Gedanken, auch wenn er Johnson nicht sehen konnte, doch er wusste,

nur ein Glas noch, und er konnte es ertragen.
Er füllte das Glas erneut mit der scharf riechenden, in den geschliffenen Kanten des Glases wie Gold schimmernde Flüssigkeit und gab den beiden Männern, die ihren Häuptling in Johnsons Bibliothek in seinem Anwesen Johnson Hall begleitet hatten, ein Zeichen, es ihm nachzutun. „Wir brauchen Hilfe.“ Er bemühte sich, seiner Stimme einen festen Klang zu verleihen.
Johnson zog eine seine Augenbrauen mit einem spöttischen Lächeln in die Höhe. „Ja, das brauchen wir alle. Deshalb gibt es ja Gott.“
Ärgerlich öffnete Teedyuscung seine Augen.
„Wir brauchen Essen. Und wir brauchen Waffen.“ Und Schnaps fügte er in Gedanken hinzu.
Johnson löste sich von seinem Stuhl hinter seinem Schreibtisch und ließ sich in einen der samtbezogenen Stühle vor dem Indianer sinken. „Das hättet ihr euch überlegen sollen, bevor ihr eure Waffen gegen die Hand erhoben habt, die euch füttert.“ Er schnippte tadelnd mit der Zunge, so als riefe er ein ungezogenes Kind zur Ordnung.
„Deine Leute sollen bekommen, was sie brauchen“, sagte er schließlich mit einem Blick auf Teedyuscungs leeres Glas. „Aber auch ich verlange etwas dafür.“
Die Wirkung des zweiten Glases machte sich in Teedyuscungs Kopf bemerkbar und der Raum vor seinen Augen, begann zu schwanken. „Was?“
Johnson lehnte sich langsam in seinem Stuhl zurück, sodass das Holz unter seinem Gewicht quietschte, und legte den Kopf ein wenig schief.
„Wie du weißt, hat die Große Ratsversammlung der Liga in Onondaga entschieden, sich in dem Konflikt der englischen mit der französischen Krone auf ihren diplomatischen Einfluss zu beschränken. Das heißt, die Liga der Irokesen wird keine Krieger in den Kampf senden. Meine Brüder weigern sich, gegen ihre Stammesbrüder aus dem Norden zu kämpfen, wie es im letzten Jahr auf tragische Weise am Lake Champlain geschehen ist.“
Die Erinnerung an seinen historischen Sieg erfüllte Johnson noch immer mit sichtlichem Stolz und er rieb sich genüsslich seinen Bauch. Teedyuscung blickte ihn aus glasigen Augen an und streckte seine Finger erneut nach dem Kristallglas aus.
„Ihr habt euren Tomahawk gegen die Jenkise erhoben. Das ist, um es sanft

auszudrücken, so ziemlich das Dümmste gewesen, das ihr tun konntet und es hat meine Position als offizieller Indianer-Beauftragter der Krone von England in beachtliche Gefahr gebracht. Wie ich erfreut feststelle, hast du dich jedoch entschieden, dich nicht länger wie ein trotziges Kind zu verhalten und unter den Schutz der Liga zurück zu kriechen."

Teedyuscung leerte das Glas. Die so sehnsüchtig erwartete Taubheit löste das Feuer in seinen Gliedern ab. „Was soll ich tun?"

„Erinnere Shingas und seine Männer daran, wer ihn zum Häuptling gemacht hat. Bringe ihn dazu, einzusehen, dass die Lenapé ohne den Schutz der Liga auf Dauer nicht bestehen können. Unterwerft euch der Liga, solange ihr noch die Möglichkeit dazu habt, oder die Engländer werden euch vernichten."

Teedyuscung wischte sich über seine bereits angenehm tauben Lippen. Träge richtete er seinen Blick auf die verschwommene Gestalt Johnsons vor ihm. „Shingas wird mir nicht zu hören."

Johnson verengte seine Augen zu schmalen Schlitzen.

„Dann bring ihn dazu, es doch zu tun. Ohne die Macht der Liga seid ihr nichts.

Jeder Schritt, den ihr gegen oder mit den Engländern gehen wollt, erfolgt unter unserer Führung. Deine Bemühungen werden sehr positiv zur Kenntnis genommen werden am Großen Ratsfeuer in Onondaga. Das Gebiet der Liga ist groß. Es gibt sicher einen Platz für dich und deine Leute. Dann wärst du ihr König, ihr unangefochtener König. Shingas müsste sich dir unterordnen. Könnte dir das nicht gefallen?"

Johnson ließ seine Worte auf den Indianer wirken. Eine Weile herrschte Stille und nur das Knistern des Feuers in dem großen Marmorkamin war zu hören.

Teedyuscung starrte das leere Glas in seinen Händen an. Was Johnson hier von ihm verlangte, war nicht weniger als der Verrat an seinen Brüdern. Aber es war zugleich auch die einzige Möglichkeit, seinen Teil des Stammes zu retten. Sie hatten, seit sie den Krieg gegen England erklärt hatten, schrecklichen Hunger gelitten. Kein Händler verirrte sich mehr nach Jenkiklahmus. Er schmeckte den Nachgeschmack des Alkohols scharf auf der Zunge und seine Gedanken bewegten sich mit unendlicher Trägheit durch seinen Kopf. Dann hob er mit unendlicher Langsamkeit den Blick und sah Johnson an.

Seine Zunge versagte ihm den Dienst, deshalb war es nur ein benommenes Nicken, das Johnson sein Einverständnis mitteilte.

*

Fort Robinson lag verschlafen im ersten Sonnenlicht des Sommertages, als Hugh sich leise von seinem Lager erhob und nach draußen ging. Seine Mutter schlief noch tief in dem Saal, in dem man die Flüchtlinge untergebracht hatte.
Das Sonnenlicht blendete ihn, als er aus der Tür kam, und er legte die Hand über die Augen, um sich umzusehen.
Soldaten und Freiwillige lümmelten in kleinen Gruppen an den hastig errichteten Palisadenmauern.
Seine Mutter und er waren erst vor wenigen Wochen in das neu errichtete Fort bei Carlisle gekommen, da sie ihre Farm nach dem Tod seines Vaters nicht mehr allein bewirtschaften konnten und seine Mutter sich vor den Indianerüberfällen fürchtete.
Hugh streckte sich und gähnte, als er hinter sich ein helles Lachen hörte. „Guten Morgen!“, sagte eine fröhliche Stimme. Catherine Wilson stand hinter ihm und strahlte ihn an.
Ihr Sohn Michael klammerte sich an ihren Rock, während sie ihre kleine Tochter auf dem Arm hielt. Zu seinem Ärger bemerkte Hugh, dass er unter ihrem Blick errötete. „Guten Morgen“, nuschelte er verlegen.
„Ein herrlicher Tag, nicht? Sieh dir nur den Himmel an! Hast du gut geschlafen?“
Catherines blaue Augen leuchteten im Sonnenlicht. Ihr rötliches Haar fiel in sanften Wellen über ihre Schultern, nachdem sie es am Morgen gekämmt hatte.
Ihre Unterarme waren über und über mit Sommersprossen bedeckt und jedes Mal, wenn Hugh ihr begegnete, hatte er das Gefühl, einen süßen Geruch wahrzunehmen, ähnlich dem eines Sonntagskuchens.
Er nickte verlegen. Sie lachte über das ganze Gesicht und zeigte die Reihen ihrer makellosen, langen Zähne, als habe er etwas besonders Komisches gesagt, um dann mit Michael an der Hand davon zu gehen. Nach einigen

Metern blieb sie stehen, beugte sich erst zu Michael hinunter und winkte Hugh dann über die Schulter hinweg zu. „Bis später!“, rief sie ihm ausgelassen zu und rückte ihre Tochter auf ihrem Arm zurecht.
Gedankenverloren starrte Hugh ihrer schlanken Gestalt mit den wiegenden Hüften einen Augenblick lang nach. Ihr Ehemann hatte Catherine und die Kinder vor einigen Tagen nach Fort Robinson gebracht und war dann auf ihre Farm am Susquehanna zurückgekehrt, um sie bei einem Überfall gegen die Indianer verteidigen zu können. Die Siedler der pennsylvanischen Grenze flohen zu Hunderten in die von Conrad Weiser und seinen Männern hastig errichteten Forts, um den Indianerüberfällen zu entgehen, die mit dem Beginn des Frühjahrs mit neuer Heftigkeit stattfanden. Immer neue Schreckensnachrichten machten die Runde, über schreckliche Foltermethoden der Indianer und verschwundene Kinder. Viele der jungen Männer schlossen sich Weiser und seinen Milizen an, doch es gab nur wenig, dass sie gegen die Überraschungsangriffe der Indianer tun konnten. Niemand wusste, wo sie als Nächstes angreifen würden. Aus diesem Grund waren auch Hugh und seine Mutter nach Fort Robinson gekommen.
Während er noch so da stand und in Catherines Anblick vertieft war, hörte er erneutes Lachen hinter sich, doch diesmal war es das streitlustige Lachen einiger Freiwilliger, die hinter ihm am Brunnen lehnten. Wütend fuhr Hugh herum und sah die Männer ärgerlich an.
An ihren glasigen Augen war bereits deutlich zu erkennen, dass sie sich trotz der frühen Morgenstunde an den Schnaps- und Biervorräten des Forts gütlich getan hatten.
Da sie keine regulären Soldaten, sondern nur freiwillige Bauern aus der Umgebung waren, war es um die Disziplin innerhalb der Fortmauern schlecht bestellt. Die Angst vor neuen Indianerangriffen machte die Männer aggressiv, zugleich fehlte es an Führung.
Einer von ihnen, Isaac war sein Name, sah zu Catherine, leckte sich anzüglich über die Lippen und rief Hugh zu: „Na, das nenne ich ein Hinterteil, da könnte man glatt den Kopf verlieren.“ Hugh sah rasch zu Catherine und ihren Kindern, doch sie war bereits zu weit entfernt, um die Unverschämtheiten der Männer hören zu können.
„Was ist, mein Junge, warum trägst du keine Waffen? Hast du keine Lust,

den verfluchten Rothäuten und ihren froschfressenden Verbündeten ihre Frechheiten heimzuzahlen?"
Hugh schüttelte den Kopf. „Ich bin erst fünfzehn."
Das Blut schoss ihm in den Kopf und er lief rot an. Das höhnische Gelächter der betrunkenen Männer dröhnte durch das ganze Fort. Einige Leute sahen neugierig zu ihnen herüber.
„Dafür ist dein Weiber-Geschmack bereits der eines großen Mannes!"
Hugh verspürte wenig Lust, sich weiter von den Männern verspotten zu lassen und wandte sich ohne ein weiteres Wort ab. Er hörte sie noch ein wenig hinter sich hergrölen, als er langsam zurück zum Schlafsaal schlenderte, in dem seine Mutter bereits auf ihn wartete.
„Guten Morgen, mein Junge", sagte sie und rieb sich müde die Augen. „Du bist schon früh auf." Hugh wich ihrem Blick aus, denn etwas in ihm befürchtete, seine Mutter könne in seinem Gesicht lesen, wie in einem offenen Buch und erkennen, dass es Catherines Sommersprossen waren, die ihn seit einigen Tagen so früh aufstehen ließen, damit er am Morgen noch einige Worte mit ihr wechseln konnte, doch ein flüchtiger Blick auf seine Mutter genügte, um zu wissen, dass ihre Gedanken mit anderen, düsteren Dingen beschäftigt waren. Seit sein Vater gestorben war, lachte sie nur selten, die Haut spannte sich um die Knochen in ihrem Gesicht und sie rieb sich immer wieder müde die Augen. Die Monate seit dem Tod seines Vaters waren nicht leicht gewesen. Seine Mutter hatte alles versucht, um die Farm zu retten, sie beide hatten bis zur völligen Erschöpfung gearbeitet, denn das Haus und das Land darum, war alles, was sie hatten. Hughs Eltern waren mit nichts als den Kleidern, die sie am Leibe trugen, nach Amerika gekommen, sie hatten monatelang für die Überfahrt geschuftet, doch schließlich waren sie frei gewesen, hatten zum ersten Mal ihr eigenes Land betreten. Hughs Vater hatte ein großes Haus aus Stein gebaut, die Erde war fruchtbar und das Vieh billig. Es gefiel ihnen in Pennsylvania, wo sie weniger Ächtung wegen ihres katholischen Glaubens zu befürchten hatten. Doch dann war sein Vater krank geworden, Lungenfieber. Innerhalb nur weniger Tage konnte er nicht mehr aufstehen, erkannte seinen Sohn nicht mehr und irgendwann hörte er auf zu atmen. Einige Monate hatten seine Mutter und er es allein geschafft. Doch dann waren die Nachrichten von den schrecklichen Indianermassakern im-

mer näher gekommen, bis sie eines Morgens die Rauchsäule von einem ihrer Nachbarhäuser über den Bäumen hatten aufgehen sehen und die entsetzten Schreie der Überlebenden waren bis zu ihnen hinüber geschallt. Seine Mutter war eine stolze, mutige Frau. Es war die Angst um ihn, ihren einzigen Sohn, die sie dazu veranlasst hatte, Schutz in Fort Robinson zu suchen.
Tiefe Falten hatten sich in das sonst so sanfte Gesicht seiner Mutter gegraben und dunkle Schatten umgaben ihre Augen.
Die Nächte in dem Schlafsaal waren unruhig durch die vielen Menschen, mit denen sie dort untergebracht waren, doch seine Mutter schlief bereits seit dem Tod seines Vaters nicht mehr richtig.
Das Schicksal meinte es nicht gut mit seiner Familie. Viele Farmer aus der Umgebung waren mit ihnen geflohen, in eines der neu errichteten Forts, die nun eilig entlang der Grenze hochgezogen wurden, denn in den Städten wie Carlisle oder gar Philadelphia kannten die Gibsons niemanden, der sie bei sich hätte aufnehmen können, und so blieb ihnen gar nichts anderes übrig, als mit den anderen in die noch im Bau befindlichen und bereits überfüllten Forts zu ziehen und alles, wofür sie gearbeitet hatten, zurückzulassen.
Es bedurfte keines besonderen Scharfsinns, um zu erkennen, dass diese Forts im besten Falle der Flüchtlingsversorgung dienten, mit ihren Haufen undisziplinierter Bauern waren sie mehr Angriffsziel als Verteidigungsmöglichkeit.
Hugh war sich, nach allem was er über den Indianerhäuptling Shingas und seine Bande gehört hatte, sicher, dass die Indianer keine Sekunde zögern würden, das Fort anzugreifen, doch er wollte seine Mutter nicht mit solchen Gedanken beunruhigen.
Sie wusch sich gerade das Gesicht in einem Eimer mit bereits dunkel verfärbtem Wasser und steckte sich das lange, braune Haar zu einem Knoten am Hinterkopf fest.
„Die Kühe warten sicher schon“, sagte sie und strich ihren an vielen Stellen geflickten Rock glatt. Wie viele der Farmer hatten auch die Gibsons zwei ihrer Kühe, ein Schwein und einige Hühner mit in das Fort gebracht, um sich hier versorgen zu können.
Die Kühe, die die Menschen des Forts versorgen sollten, weideten auf den Wiesen vor dem Fort und wurden am Morgen zum Melken zusammen getrieben. Dies war Aufgabe der Frauen, denn die Männer hatten mit ihren

Wachdiensten und vor allem mit dem Trinken und Würfeln alle Hände voll zu tun, doch Hugh verabscheute Alkohol und noch mehr verabscheute er das Glückspiel. Seine Eltern hatten viel Wert darauf gelegt, ihm im christlichen Glauben zu erziehen.

Hugh folgte seiner Mutter zu dem Tor des Forts. Dort warteten bereits Catherine und Elizabeth Wright, eine Witwe aus dem nahegelegenen Fort.

Catherine strahlte ihn an und Hugh spürte, wie er erneut rot wurde. Sie gingen an den gelangweilten Wachposten vorbei. Vor ihnen erstreckten sich die saftigen Wiesen des Susquehanna Tals und Hugh bückte sich, um sich einen Grashalm zwischen die Zähne zu schieben.

Die Sonne schien bereits kraftvoll auf sie hinab und Hugh blinzelte in dem hellen Licht. In seine Gedanken versunken, blieb er ein Stück hinter den Frauen zurück.

Trotz Catherine und ihren Sommersprossen wünschte er sich nichts mehr, als nach Hause zurückzukehren. Er wünschte, er könnte wieder zur Schule gehen, anstatt hier die Zeit totzuschlagen.

Die Erinnerung an seinen Vater kam ihm in den Sinn. Wie so oft in den vergangenen Tagen bemerkte er, dass das Bild seines Vaters, das er in seinem Inneren hatte, mit jedem Tag undeutlicher wurde und ein dunkler Schatten schien sich über den Sommermorgen zu legen, doch Hugh schüttelte den Gedanken rasch ab. Zu faszinierend war der Anblick von Catherines Hüften direkt vor ihm und er ertappte sich dabei, wie er leise eine Melodie vor sich hinzupfeifen begann.

Plötzlich zerriss ein Schuss die morgendliche Stille und die Frauen fuhren schreiend zusammen. Als niemand zu sehen war, runzelte Elizabeth, die Älteste der Frauen, ärgerlich die Stirn: „Diese elenden Nichtsnutze! Sie haben nichts Besseres zu treiben, als in die Luft zu schießen und …“, sagte sie, doch gellende Schreie unterbrachen sie.

Hugh drehte sich zum Waldrand herum und sah eine Gruppe von Reitern auf sie zu jagen. Ihre langen, schwarzen Haare flogen durch die Luft, und als sie näher herankamen, konnte er die bunte Farbe auf ihren Gesichtern erkennen. Es waren Indianer.

Unfähig, sich auch nur zu bewegen, starrte er die Angreifer an, während die Frauen laut schrien und versuchten, den Hügel hinauf zurück zum Fort zu

rennen, doch die Indianer waren bereits heran.
Sie schossen mit ihren Gewehren auf sie und starr vor Angst blieben die Frauen stehen, bis die Indianer sie umzingelt hatten.
Hugh konnte in ihre Gesichter sehen, die durch fremdartige Muster entstellt waren, er sah die Gewehre und Tomahawks in ihren Händen und einer von ihnen stieß mit schnellem Zungenschlag einen gellenden Schrei aus. Er schleuderte seinen Tomahawk hoch über seinen Kopf und zielte dann auf Catherine.
Mit einem dumpfen Schlag drang die Waffe in ihren Kopf ein und ihre Arme erschlafften mitten in der nutzlosen Abwehr, zu der sie sie erhoben hatte. Mit verdrehten Augen und ohne einen einzigen Laut von sich zu geben, fiel sie zu Boden.
Im Augenwinkel sah Hugh, dass seine Mutter mit einem entsetzten Schrei zurückwich und versuchte, die Reihen der Indianer zu durchbrechen und auf den Waldrand zu zulaufen, nachdem ihr der Weg zurück in das Fort verwehrt war.
Zwei der Indianer rissen ihre Pferde herum, die Tiere tänzelten aufgebäumt in der Luft und dann hatten sie seine Mutter wieder umstellt.
Hugh sah, wie einer der Männer mit seinem Gewehr auf seine Mutter anlegte, auch sie sah den Mann an. Sie hielt im Laufen inne und für den Bruchteil einer Sekunde hatte Hugh das Gefühl, ein Straffen liefe durch ihren Körper, ganz so, wie sie es immer getan hatte, wenn es eine Aufgabe zu erledigen gab.
Dann durchschlug der Schuss ihre Stirn und auch sie brach zusammen.
Erst in diesem Augenblick gelang es Hugh, sich aus seiner Schreckensstarre zu lösen und er begann, im Zickzack an den Indianern vorbei zurück auf das Fort zu zulaufen.
Dabei sprang er über die am Boden liegende Elizabeth hinweg.
Er hörte sie hinter sich schreien, dann fiel ein erneuter Schuss und ihre Schreie verstummten.
Der Boden unter seinen Füßen vibrierte von den Pferden, die seine Verfolgung aufgenommen hatten und er rannte immer schneller, den Hügel hinauf auf das rettende Fort zu.
Von Weitem konnte er sehen, wie Männer auf den Wachtürmen erschienen

und er sah, wie sich die Wachposten daran machten, das Tor zu schließen, da hatten ihn drei der Indianer umzingelt.
Atemlos blieb Hugh stehen. Er sah in die Augen des Mannes, der direkt vor ihm auf seinem Pferd saß. Ein schreckliches Glühen lag darin, etwas, das keine Ähnlichkeit mehr mit einem Menschen hatte und eine schreckliche Gewissheit durchfuhr ihn. Er würde sterben, hier und jetzt, durch die Kugel dieses Mannes.
Tatsächlich hob der Indianer sein Gewehr und richtete seinen Lauf direkt auf Hughs Gesicht, der die Augen schloss, um den Schuss abzuwarten. Doch nichts geschah.
Dann hörte er fremdartige, kehlige Laute, die der Indianer mit den schrecklichen Augen einem Mann hinter ihm zurief und sah, dass dieser sein Gewehr senkte und auf ihn zu kam.
Dicht vor ihm sprang er ab und näherte sich ihm mit lauerndem Blick. Hugh wich zurück und stolperte. In diesem Moment hob der Indianer sein Gewehr und schlug ihm den Gewehrkolben mitten ins Gesicht. Die Wucht des Schlages ließ Hugh nach hinten fallen und ein schrecklicher Schmerz tobte durch seinen Kopf. Benommen blieb er liegen und fühlte mehr, als dass er es sah, wie der Indianer sich über ihn beugte, er konnte seinen fremdartigen Geruch nach Schweiß, Leder und Schießpulver riechen, als der Mann ihn fesselte und hinter sich auf sein Pferd warf.
Unter gellenden Triumphschreien wendeten die Indianer ihre Pferde und jagten zurück in den Wald, aus dem sie gekommen waren. Hugh hing kopfüber auf dem Rücken des Pferdes. Blut tropfte von seiner Stirn. Sie ritten dicht an seiner Mutter vorbei. Ein letztes Mal warf Hugh einen Blick auf sie.
Sie lag mit dem Gesicht nach unten im Gras. Ihre langen Haare waren verklebt vom Blut, das aus der Wunde in ihrem Genick rann, aus der die Gewehrkugel wieder ausgetreten war.
Hugh konnte beobachten, wie der Indianer, der hinter ihm ritt, sein Pferd neben ihrer Leiche anhielt und hinabsprang. Mit einem Messer in der Hand schälte er mit wenigen Schnitten die Kopfhaut von ihrem Schädel und steckte das bluttriefende Stück Fleisch an seinen Gürtel, bevor er wieder auf sein Pferd sprang und den anderen in den Wald hinter her jagte.
Hugh konnte die braunen Locken seiner Mutter vor sich im Wind wehen

sehen, als der Indianer an ihm vorüberritt.

*

Nachdenklich fuhr Conrad Weiser mit seinen Fingern über eine Zeichnung, die vor Benjamin Franklin und ihm auf dem Tisch lag.
Sie zeigte eine Schlange, deren Körper in mehrere Glieder zerteilt war. Über jedem der Teile standen die Initialen einer der englischen Kolonien in Nordamerika. Darunter stand in großen Lettern geschrieben: Tritt uns bei oder stirb.
„Was haltet Ihr davon?“, fragte Franklin und seine Augen blitzten. Conrad hatte sich noch immer nicht an das belustigte Zucken seiner Mundwinkel gewöhnt, noch immer hatte er Franklin im Verdacht, ihn heimlich zu verhöhnen, über seine steife und zurückhaltende Art zu lachen, doch dann wiederum dachte er, er täusche sich. In den letzten Wochen hatte er Franklins Tatkraft und seine Verbindungen zu schätzen gelernt. Ohne ihn wäre es ihnen niemals gelungen, eines der Forts fertigzustellen und zumindest eine kleine Zahl der Männer dauerhaft zu bewaffnen.
Vorsichtig richtete sich Conrad auf. Sein Rücken bereitete ihm zunehmend Probleme. Anstrengende Wochen lagen hinter ihm, die er fast pausenlos im Sattel verbracht hatte.
Seinen Männern war es gelungen, das erste Fort im Grenzgebiet fast fertig zu stellen, doch bald würde das Frühjahr Robert Wright und die anderen auf die Felder zurückrufen.
„Nun, ich muss gestehen, ich verstehe es nicht ganz“, antwortete Conrad mit gewohnt höflicher Zurückhaltung, über die er sich im gleichen Moment ärgerte, als er Franklins spöttischem Blick begegnete, doch dieser wandte sich rasch ab, griff nach der Zeichnung und hielt sie in das graue Tageslicht, das durch die Fenster seiner Schreibstube hereinfiel.
„Seht Ihr, ich dachte, Ihr versteht am Besten, was ich damit meine. Mir schwebt da ein ähnliches Bündnis vor, wie es Eure Freunde der Irokesen-Liga unterhalten, eine Föderation, nur eben nicht zwischen Indianerstämmen, sondern zwischen den Kolonien. Freie Staaten, die sich freiwillig zusammenschließen, um ihre Interessen zu vertreten und die sich auf eine gemeinsame

Grundlage einigen, eine schriftliche Verfassung, die gemeinsam erarbeitet worden ist, mit gewählten Vertretern und einer eigenen Berufsarmee.“
Conrad bedachte Franklin mit einem Blick, der verriet, dass er sich nicht sicher war, ob es mit Franklins geistiger Gesundheit noch zum Besten stand, doch dieser hielt ihm dessen ungeachtet das Papier unter die Nase.
„Ihr enttäuscht mich, Weiser. Gerade Euch hätte ich für einen fortschrittlicheren Menschen gehalten. Die gegenwärtige Krise zeigt einmal mehr, dass die Kolonien sich zusammenschließen müssen, eine Einheit bilden wie die Glieder dieser Schlange, um sich wirksam verteidigen zu können, gegen Frankreich, gegen die Indianer und gegen“, er zögerte einen Augenblick, „gegen Loudoun.“
Überrascht sah Conrad ihn an. „Weshalb denn gegen Loudoun?“
Vergnügt, als habe er nur auf diese Frage gewartet, rieb sich Franklin das Kinn und die roten Flecken an seinem Hals ließen einen aufmerksamen Beobachter wie Conrad erahnen, dass dies eine Unterhaltung nach seinem Geschmack war.
„Warum brauchen wir in den Kolonien jemand wie General-Kommandant Loudoun, der hierher kommt und sich aufführt wie der König selbst? Wir haben die Waffen, wir haben die Männer, warum sollen wir also nicht selbst darüber verfügen? Unbenommen, dass uns die Quäker mit ihren verqueren Vorstellungen oft genug einen Strich durch die Rechnung machen, aber sind dies nicht Angelegenheiten, die die Kolonien selbst regeln sollten? Oder hat der gute König George II. von England jemals selbst einen Indianer zu Gesicht bekommen?“
Conrad versteifte sich auf seinem Stuhl.
„Franklin, man könnte Eure Worte ohne Weiteres als Hochverrat auslegen, ein Vergehen, auf das, soweit ich weiß, der Tod steht.“
Verächtlich zuckte Franklin mit dem Mundwinkel. „Die Todesstrafe war schon immer der zwar drastische, aber letztlich wirkungslose Versuch, die Menschheit von Fortschritt und Freiheit abzuhalten. Ich sage doch nur, wir, als die Kolonien, sollten uns zusammenschließen und unsere Interessen gemeinsam vertreten, denn das wir hier in Nordamerika mehr miteinander gemein haben, als mit dem House of Lords im weit entfernten London liegt doch klar auf der Hand.“

Er wischte sich über die Stirn und sah Weiser mit seiner üblichen Mischung aus Belustigung und Herausforderung an. „Ihr macht ein Gesicht, als stünde der Leibhaftige vor Euch. Ihr seid ohnehin Deutscher, was interessiert Euch denn der König von England?"
„Ich bin in erster Linie Bewohner der Kolonie Pennsylvania und damit auch dem König von England unterstellt", erklärte Conrad und sah Franklin mahnend an, doch dieser schüttelte nur den Kopf und brummte etwas Unverständliches. Laut sagte er schließlich: „Soweit ich weiß, Mr. Weiser, habt auch Ihr nicht geringe Interessen an Land westlich des Juniata-Flusses. Ich habe gehört, Ihr wollt eine neue Siedlung gründen und habt zu diesem Zwecke Landpapiere von George Croghan erworben." Zu seinem Ärger spürte Conrad Weiser, wie er rot wurde. Es schien in dieser Kolonie tatsächlich nichts zu geben, über das Benjamin Franklin nicht Bescheid wusste. Weiser straffte sich und antwortete so würdevoll wie möglich. „Ich darf Euch versichern, dass dies mit rechten Dingen zugegangen ist. Dieses Gebiet steht rechtmäßig zum Verkauf und ich habe mit ehrlichem Geld dafür bezahlt …" Doch Franklin winkte gelangweilt ab. „Wie auch immer!" Er warf die Zeichnung mit der Schlange mit einem Mal schwungvoll auf den Tisch und sagte laut: „Weiser, macht doch die Augen auf: Wie viele von Indianern verstümmelte Leichen habt Ihr in den letzten Wochen gesehen?"
Sofort drängten sich die Bilder der schrecklich verstümmelten Siedler und Missionare in Conrads Bewusstsein. Er senkte den Blick und antwortete leise: „Zu viele."
Tiefe Falten gruben sich in seine Stirn und um seine Augen, als er weiter sprach: „Die Menschen fliehen in Strömen. Fort Robinson ist noch im Bau begriffen, doch die Menschen kampieren aus Angst bereits vor den Mauern, obgleich die Indianer erst vor zwei Tagen einen Angriff direkt vor den Mauern des Forts gemacht und dabei drei Menschen getötet haben. Die Siedler sind außer sich vor Entsetzen. Sie fühlen sich allein gelassen. Sie haben Thomas Penn viel Geld für das Land bezahlt. Nun lässt er sie im Stich und sie sind den Attacken der Indianer hilflos ausgeliefert.
Das Frühjahr steht vor der Tür. Meine Männer müssen zurück auf ihre Felder. Wir haben noch nicht einmal genug Mehl und Wasser für sie. Wenn nicht bald etwas geschieht, werden die Indianer ihre Überfälle mit der Schneeschmelze

in noch viel größerem Ausmaß fortsetzen, als wir uns das vorstellen können. Wir müssen handeln. Wir können diese Menschen nicht einfach sich selbst überlassen."

Franklin nickte und strich sich über sein dünnes Haar, unter dem seine Kopfhaut hervorschimmerte. „Es scheint, als verlören die Franzosen die Kontrolle über die Indianer. Sie sind einen Pakt mit dem Teufel eingegangen. Diese Erfahrung musste General Montcalm gerade schmerzhaft in dem Massaker von Fort William Henry machen." Franklin lachte ein bitteres Lachen. „Er ist eben ein französischer Edelmann, durch und durch mit Stil. Er dachte, als die englischen Kommandanten ihm das verdammte Fort nach seiner Belagerung übergaben, könne er siegreich und ohne Blutvergießen weitermarschieren. Doch die indianischen Verbündeten, einige katholische Mohawk soweit ich weiß, fühlten sich um ihren rechtmäßigen Tribut in Form von Gefangenen und Folteropfern betrogen. Sie haben ein entsetzliches Massaker unter den unbewaffnet abziehenden englischen Soldaten und Milizen angerichtet."

Conrad Weiser hatte von den schrecklichen Ereignissen gehört. Wie so oft in seinem Leben schien es ihm, als besäße sein Geist die Fähigkeit, in zwei Richtungen zu denken. Er verstand die Gründe der Mohawk, die abziehenden Engländer abzuschlachten, aus ihrer Sicht war es sogar das einzig Richtige. Doch er hatte sich für das Wort Gottes entschieden, ein Leben nach der Bibel und in der Nachfolge Christi, er hatte sich dem Licht zugewandt und diese Stimme klang nun lauter und deutlicher in ihm als das kehlige Mohawk seiner Jugend.

„Was ist mit Eurer Familie?", fragte ihn Franklin plötzlich. „Auch Eure Farm liegt im Grenzgebiet."

Müde schüttelte Conrad den Kopf. Anna sprach nicht mit ihm darüber, doch er konnte die Angst in ihren Augen sehen, wenn sie ihn ansah, ihre vorwurfsvollen Blicke, die sich in seinen Rücken bohrten, wenn er sie und die Kinder wieder verließ, um sich seinen Aufgaben im Grenzgebiet zu widmen.

„Warum kommt Ihr nicht nach Philadelphia? Mein Haus ist groß und ich würde mich freuen, wieder Kinderlachen zu hören."

Dankbar winkte Conrad ab. „Nein, nein, das ist nicht nötig. Wir sind in Sicherheit. Uns wird nichts geschehen. Und wie soll ich meinen Männern

erklären, dass unsere Patrouillen einen Sinn haben, wenn ich fliehe?“
Franklin presste die Lippen zusammen und nickte. Er wusste, dass Weiser recht hatte.
„Wir brauchen Geld, viel Geld, um Waffen und Männer bezahlen zu können, wenn das Frühjahr kommt. Ich habe mich bereits mehrfach an Gouverneur Denny gewandt, doch er hat keinen meiner Bittbriefe erwidert.“ Franklin nickte. „Ich habe nichts anderes von ihm erwartet. Er ist nicht mehr als ein Schoßhund von Thomas Penn, diesem geldgierigen, nichtsnutzigen Taugenichts. Und Thomas Penn schert sich nicht um ein paar tote Siedler im Grenzgebiet.“
Conrad schürzte die Lippen. „Es sind nicht nur ein paar Tote. Mit dem letzten Überfall vor zwei Wochen zählen wir einhundertdreißig Tote, dazu ebenso viele entführte Siedler.“
„Das ist es doch, was ich sage: Glaubt Ihr im Ernst, jemand wie Loudoun schert das? Ihn interessiert nur eines: Ein direkter, möglichst eindrucksvoller Sieg gegen Frankreich. Für ihn ist das hier die Provinz, lediglich die Kulisse für seine ehrgeizigen Pläne als Feldherr.“
Conrad starrte durch die schmutzigen Scheiben des kleinen Fensters auf die seit Kurzem mit Öllampen erleuchteten Straßen Philadelphias - eine Errungenschaft, die im Übrigen auch auf Franklin zurückging.
Er erinnerte sich plötzlich wieder daran, wie eindrucksvoll Amerika auf ihn gewirkt hatte, als er mit seinem Vater New York verließ, um in den dichten Wäldern dahinter Siedlungsland zu finden, an die Jahre, in denen er in den Siedlungen der Mohawk gelebt hatte, durch ihre Maisfelder gestreift war und in den Wintern in den verrauchten Langhäusern gesessen und ihren Geschichten gelauscht hatte.
Es war ein wildes, unendliches Land, von einer rauen, unberührten Schönheit, die die Menschen von dem Augenblick an zu befreien schien, in dem sie es betraten.
Sogar die Luft schien hier freier, reiner zu sein; man konnte tagelang durch die Wildnis laufen, ohne einem anderen Menschen zu begegnen.
Doch nun schien es ihm, als gehörten diese Erinnerungen einem längst vergangenen Zeitalter an; als hätte dieses Land seine Zauberkraft verloren und würde nun unwiederbringlich in den Sog der ewigen Machtkämpfe der Alten

Welt gezogen, um im Strudel der Ereignisse für immer zu verschwinden.
„Ich kenne Männer wie Loudoun, ich kenne ihre Art zu denken“, fuhr Franklin aufgebracht fort und starrte gedankenverloren auf einen der Büchertürme. „Er erwartet von den Kolonien vor allem eins: Gehorsam. Das Siegel des Königs hat für ihn eine nahezu magische Wirkung, wenn ich diesen abergläubischen Begriff einmal bemühen darf. Doch in diesem Teil der Welt sind andere Kräfte am Werk. Die Indianer interessieren sich nicht für den König in England. Und auch die Kolonien beschreiten schon zu lange eigene Wege, um sich nun unter das Joch eines größenwahnsinnigen, schottischen General-Kommandanten zu begeben.“
Conrad sah ihn eine Weile nachdenklich an. Er war oft Zeuge der Beratungen im Großen Langhaus der Liga in Onondaga gewesen. Jeder Häuptling der fünf Stämme hatte das Recht zu sprechen und gehört zu werden. Alle Entscheidungen, ganz gleich welcher Art, ob es um eine Kriegserklärung oder einen Landabtretungsvertrag ging, wurde gemeinsam getroffen. Daneben blieb die Autorität der einzelnen Häuptlinge für ihren Stamm unberührt.
Doch er kannte auch eine andere Seite der Liga der Irokesen und der mit ihr verbundenen Stämme. Mehr als einmal war er dabei gewesen, wie sie einen ihrer Gefangenen in stundenlanger Folter getötet hatte, ihre grausame Fantasie hatte dabei keine Grenzen gekannt und sogar die Kinder hatten sich daran beteiligt. Nie waren ihm seine Brüder barbarischer vorgekommen, nie die christliche Kirche weiter entfernt als in diesen Momenten. Die „Trauer-Kriege“, wie die Irokesen dies nannten, dienten dazu, die Verluste in den eigenen Reihen auszugleichen. Sie entführten Männer, Kinder und Frauen aus feindlichen Stämmen. Entweder adoptierten sie sie anstelle der verlorenen Stammes- und Familienmitglieder oder sie folterten sie zu Tode. Über das Schicksal eines Gefangenen wurde oft erst in letzter Minute entschieden. Dahinter stand der Wunsch nach Ausgleich, nach Wiedergutmachung und vielleicht stieß Conrad dieses Verhalten auch nur deshalb so sehr ab, weil er diese Regungen nur allzu gut aus seinem Inneren kannte, doch es war sein Glaube, der ihm verbot, ihnen nachzugehen. Es erschien ihm seltsam, dass nun gerade die politische Struktur dieser Stämme als Vorbild für einen Zusammenschluss der englischen Kolonien dienen sollte, der noch dazu alle Vorzeichen einer Revolution trug. Dennoch wusste Conrad auch um die

unglaubliche Stärke, die absolute Loyalität und Gleichberechtigung dieser Stämme untereinander, die den Machtausbau der irokesischen Liga überhaupt erst möglich gemacht hatten.
„Vielleicht habt Ihr recht, Franklin“, sagte er schließlich und starrte auf die Zeichnung.
Wie sehr Benjamin Franklin jedoch recht behalten mochte, konnte zu diesem Zeitpunkt weder Conrad Weiser noch Franklin selbst voraussehen.

*

In Hughs Vorstellung war das französische Fort Duquesne eine mächtige Festung durch all die grauenhaften Beschreibungen, die er darüber gehört hatte, geworden, doch im grauen Morgenlicht betrachtet schien es nur unwesentlich größer zu sein als Fort Robinson.
Man erwartete die Indianer bereits, denn das Tor öffnete sich bei ihrer Ankunft, ohne dass jemand sie aufhielt. Die Soldaten am Tor riefen den Indianern etwas zu, das diese mit lautem Schreien und Luftschüssen beantworteten. Im Inneren des Forthofes herrschte Chaos.
Das Fort schien überzuquellen vor Indianern. Nur vereinzelt konnte Hugh einige französische Soldaten an ihren blauen Uniformen erkennen. Überall luden Indianer große Säcke mit unterschiedlichen Gegenständen ab und es dauerte eine Weile, bis Hugh erkannte, was darin war: Es war die Beute aus ihren Überfällen; er sah Decken, Werkzeuge, Kleidung, aber auch Bücher, Tafelsilber und Schmuck. Die Indianer mussten Dutzende Haushalte überfallen haben, um soviel Diebesgut zusammen getragen zu haben. Und sie brachten es hierher, in das größte Fort der Franzosen südlich von Quebec.
Er konnte den Rauch von zahllosen Feuern riechen, die überall brannten, den durchdringenden Geruch nach ungewaschenen Männerkörpern und ausgeschwitztem Alkohol, doch darunter lag noch ein Geruch: Der köstliche Geruch nach gebratenem Fleisch und frisch gebackenem Brot. Sein Magen gab ein lautes Knurren von sich und sofort schämte Hugh sich für dieses Gefühl. Wie konnte er Hunger haben, nachdem, was er erlebt hatte?
Niemand achtete auf ihn, wie er gefesselt und mit blutendem Gesicht über dem Pferd hing, ganz so, als gehöre das zu den alltäglichen Dingen und Hugh

hatte keine Zweifel daran, dass Gefangene ebenso zum Diebesgut gehörten, wie die übrigen Dinge, die er sah. Fraglich blieb nur, was mit ihm geschehen würde. Hatten die Indianer sein Leben verschont und ihn mitgenommen, um ihn an die Franzosen auszuliefern? Er versuchte, sich umzusehen, was angesichts seiner äußerst unbequemen Haltung kopfüber über den Pferderücken und dem getrockneten Blut auf seinem Gesicht denkbar schwierig war, doch er glaubte, zwischen den dunklen Indianern und den blauen Soldaten immer wieder kleine, blasse Gesichter zu stehen, starr vor Schreck. Er war nicht der einzige Gefangene an diesem Ort.

Die Indianer hielten ihre Pferde vor einem kleinen Zelt aus Tierhäuten vor den Mauern des Forts. Hugh konnte das leise Rauschen der Flüsse hören, die sich an dieser Stelle zu einem großen Strom vereinigten, als sich der Indianer von seinem Pferd schwang und ihn mit grober Gewalt ebenfalls hinunter zerrte.

Unsicher landete Hugh auf seinen Füßen und wäre beinahe sofort wieder gestürzt, wenn ihn der Indianer nicht im letzten Moment festgehalten hätte. Ein seltsames Funkeln blitzte in seinen schrecklichen Augen auf, doch das getrocknete Blut in seinem Gesicht nahm Hugh die Sicht. Der Mann versetzte ihm einen Stoß und mit gefesselten Händen stolperte er hinter den Männern her zu einer Art Zelt direkt an der Fortwand, das aus Ästen und Rinde zu bestehen schien. Noch immer achtete niemand auf ihn, wie er blutüberströmt und gefesselt von den Indianern herumgeschubst wurde, die französischen Soldaten sahen ihn noch nicht einmal an.

Der Mann, der seine Mutter getötet und skalpiert hatte, rief etwas und jemand aus dem Inneren antwortete. Hugh erhielt einen erneuten Stoß, der ihn auf die kleine Öffnung in der Zeltwand zu taumeln ließ.

Das Erste, das er bemerkte, war der durchdringende Geruch nach verbrannten Kräutern, ein würziger, dunkler Geruch.

Es dauerte einen Augenblick, bis seine Augen sich an das Dämmerlicht im Inneren gewöhnt hatten, und er einen groß gewachsenen Indianer vor sich ausmachte, der auf ihn zu trat.

Durch das Loch in der Decke des Zeltes fiel Licht auf das Gesicht des Mannes und mit zusammen gekniffenen Augen konnte Hugh die feinen grauen Strähnen sehen, die sein langes, schwarzes Haar durchzogen, die

Falten um seine Augen, die ihm einen gutmütigen Gesichtsausdruck verliehen. Schweigend starrten sie sich an.
„Willkommen, Nimat“, brach der andere endlich das Schweigen und Hugh erschrak so sehr über den dunklen, rauen Ton seiner Stimme, dass er unwillkürlich einen Schritt zurückwich und gegen die anderen Indianer stieß, die von ihm unbemerkt, hinter ihm in die Hütte getreten waren. „Ich bin Pisquetumen vom Stamm der Lenapé“, sagte der Indianer, „das bedeutet in deiner Sprache Er,-der-stark-bleibt,-wenn-es-dunkel-wird.“ Sein Englisch klang seltsam verzerrt und ungewohnt. „Dies sind meine Brüder: Sakima Shingas, Häuptling Schlammiger-Boden“, er wies auf den Indianer, der Hugh gefangen genommen hatte. „Tamaqua, Der Biber und Nachenum, Kleiner Waschbär.“ Dies war der Indianer, der seine Mutter ermordet hatte. Ihr Skalp hing an seinem Gürtel und seine Arme und seine Hose waren von ihrem Blut bedeckt.
Hugh starrte ihn unter seinen blutverkrusteten Lidern an. Er schwor sich in diesem Augenblick, weder den Namen noch das Gesicht dieses Mannes jemals wieder zu vergessen. Es würde eine Gelegenheit geben, seine Mutter und Catherine zu rächen.
„Von nun an sind dies deine Brüder.“ Hugh konnte die Worte des Indianers hören, verstand das Englisch mit dem rauen, fremdartigen Akzent, doch sie ergaben keinen Sinn und seine Stimme schien von weit herzukommen, als gälten seine Worte nicht ihm, sondern einem Fremden. Alles, was er fühlte, war Hass, eine rot glühende Faust aus Hass, die sich durch sein Bewusstsein fraß und alles andere verdrängte, den Hunger, die Angst, die Müdigkeit und den Schmerz. Er bemerkte zu spät, dass sich der Lenapé-Mann, der sich Pisquetumen nannte, auf ihn zu bewegte und hob abwehrend die Hand, doch Pisquetumen lächelte.
Ein eigenartiger Ausdruck trat in die Augen des Lenapé, als er noch einen Schritt auf Hugh zu trat und vorsichtig seine Hand nach ihm ausstreckte, als wolle er ihn berühren.
Hugh wich einen Schritt zurück und stieß gegen den Indianer hinter ihm.
Ein Gefühl der tiefen Abscheu stieg in Hugh auf. Er wollte nicht von ihnen berührt werden, er wollte noch nicht einmal die gleiche Luft atmen wie sie. Abwehrend hob er seine noch immer gefesselten Hände, deren Handgelenke

durch die Stricke bereits wundgescheuert waren, obgleich ihm im gleichen Augenblick bewusst wurde, wie lächerlich die Geste angesichts der Überlegenheit der Lenapé-Indianer war.
Pisquetumen lächelte noch immer.
„Habe keine Angst. Es wird dir nichts geschehen."
Hugh schluckte und zwang sich, stehen zu bleiben, bis der Indianer so dicht vor ihm stand, dass er seinen Atem auf seinem Gesicht spüren konnte.
Wieder streckte Pisquetumen seine Hand aus und diesmal ließ es Hugh geschehen. Der Indianer berührte mit seinen unerwartet kühlen und weichen Fingern sein Gesicht.
Hugh konnte den erdigen Geruch seiner Haut riechen.
„Du bist verletzt", stellte Pisquetumen fest und griff nach seinen Händen, die noch immer gefesselt waren.
Stumm sah Hugh ihn an. Auf Pisquetumens Zeichen hin trat Nachenum nach vorne und zerschnitt die Fesseln.
Ein seltsamer Geruch wie nach verbrannten Kiefernadeln stieg Hugh in die Nase und er konnte eine feine Rauchfahne sehen, die in der Nähe des Zelteingangs von einer Steinschüssel aufstieg. Pisquetumen sagte etwas in seiner Sprache zu den Männern und wies mit dem Kopf nach draußen.
Plötzlich traten Nachenum und Tamaqua nach vorne und ergriffen ihn. Er versuchte, sie abzuwehren, doch sie schleiften ihn an den Armen hinter sich her aus dem Zelt.
„Keine Angst, mein Bruder", hörte er Pisquetumens Stimme hinter sich, als sie ihn die Böschung hinab zum Fluss schleiften.
Noch bevor er begreifen konnte, was sie mit ihm vorhatten, versanken seine Füße bereits im trüben Schlammwasser des Flusses. Sie zogen ihn tiefer in das warme Wasser, bis er keinen Grund mehr unter den Füssen fühlte und untertauchte.
Verzweifelt strampelte er mit Händen und Füßen, doch das Wasser schlug bereits über ihm zusammen und drang in seinen Mund und seine Nase ein, sodass er keine Luft mehr bekam.
Als er glaubte, das Bewusstsein zu verlieren, zogen sie ihn wieder an die Wasseroberfläche, wo er japsend nach Luft schnappte. Dabei zerrissen sie sein Hemd und seine Hosen.

Kaum hatte er gierig frische Luft in seine gequälten Lungen gesogen, drückten Nachenum und Tamaqua seinen Kopf wieder unter Wasser. Immer wieder tauchten sie ihn in das schlammige Wasser des Flusses, bis er glaubte, endgültig das Bewusstsein zu verlieren.
Doch die Lenapé-Indianer schleiften ihn an den Armen zurück zum Ufer, wo sich bereits eine Menschenmenge aus Indianern und Soldaten aus dem Fort eingefunden hatte und das ungewohnte Schauspiel neugierig betrachteten.
Trotz seiner Erschöpfung bemerkte Hugh beschämt, dass er im Wasser all seine Kleidung verloren hatte und nun splitternackt aus dem Fluss stieg.
Bei seinem Anblick begannen die Indianer zu grölen und zu lachen und Hugh spürte, wie er rot wurde. Nackt, wie er war, brachten die Lenapé-Indianer ihn zurück in Pisquetumens Zelt.
Auch er schien belustigt. Er betrachtete den vor Kälte und Erschöpfung zitternden Hugh mit blitzenden Augen und reichte ihm einen Stapel Kleidung aus Leder: „Meine Brüder haben dein weißes Blut aus dir herausgewaschen.“
Er stieß ein heiseres Lachen aus, als sein Blick an Hugh herunter wanderte: „Nun kennen wir auch deinen neuen Namen. Du sollst Mun-hut`-ta-kis-willux-is-sohi-pon heißen. Ein großer Sack voll weißem Mehl!“
Lautes Gelächter erklang hinter Hugh und unbändiger Zorn verdrängte seine Erschöpfung und seine Angst.
Sie hatten seine Mutter getötet. Ihr blutiger Skalp mit den weichen, braunen Locken baumelte an Nachenums Gürtel. Catherines Kinder waren nun Waisen. Und nun machten sich diese Teufel einen Spaß daraus, ihn zu verhöhnen.
Pisquetumen schien zu bemerken, was in ihm vorging, denn sein Gesicht wurde schlagartig wieder ernst und er musterte Hugh aufmerksam.
„Zieh dich an, Nimat“, sagte er und seine Stimme nahm einen sanften Ton an. „Es war ein schlimmer Tag für dich.“ In Hughs Innerem tobte ein entsetzliches, tödliches Feuer. Er wünschte sich nichts sehnlicher, als seine Hände um den Hals des Lenapé-Indianers zu legen und sich zu rächen. Doch er blieb stumm und reglos und schließlich sank er einfach zu Boden.
Hugh verbrachte die Nacht auf einer Strohmatte in Pisquetumens Zelt. An Schlaf war nicht zu denken und so lauschte er den fremdartigen Stimmen der Indianer, die vor dem Zelt an einem Feuer saßen, ihr kehliges Lachen drang

zu ihm herein. Nur widerwillig hatte er die Kleidung, die ihm Pisquetumen hingehalten hatte, schließlich übergestreift und zu seiner Verwunderung festgestellt, dass sie ihm keine Hosen, sondern eine Art ledernen Hüftstrumpf gegeben hatte. Es blieb ihm nichts anderes übrig, als die Beinlinge anzuziehen, wenn er nicht nackt bleiben wollte.
Es verging einige Zeit, bis er verstand, wozu der breite Lederstreifen mit den Riemen gedacht war, doch dann band er ihn sich kurz entschlossen zwischen die Beine und streifte das buntbestickte Lederhemd über.
Der Lenapé-Indianer hatte ihn dann sich selbst überlassen und war nach draußen zu den anderen Indianern gegangen. Sein Magen knurrte entsetzlich, aber er hätte sich eher die Zunge abgebissen, als um etwas Essen zu bitten.
Hugh lag auf der harten Strohmatte und starrte auf den Ausschnitt des Nachthimmels, den er durch die Zeltspitze sehen konnte. Sein Kopf war leer und dröhnte. Die Wunde an seiner Stirn hatte zu bluten aufgehört, doch seine tastenden Finger verrieten ihm, dass sie zu einer großen Beule angeschwollen war.
Die Bilder des Überfalls tobten durch seinen Kopf. Er sah Catherine vor sich, wie sie ihn angelächelt und wie dann der Tomahawk ihr Gesicht zerschlagen hatte, er sah seine Mutter zwischen den Pferdehufen zu Boden stürzen.
Tränen stiegen in seine Augen und er ballte die Fäuste. Verzweifelt fragte er sich, welches grausame Spiel Pisquetumen und seine Brüder mit ihm spielten und zu welchem Zweck sie gerade sein Leben verschont hatten. So sehr er auch nach einer Antwort suchte, es ergab einfach keinen Sinn.
Er musste eingeschlafen sein, denn das Licht fiel hell durch den Rauchabzug, als er die Augen aufschlug. Pisquetumen hockte neben ihm, seine Hand lag auf seinem Arm, eine unangenehme Berührung. Das Gesicht des Lenapé-Indianers verzog sich zu einem Lächeln, als Hugh ihm seinen Arm entriss und aufsprang.
„Zeit aufzubrechen, Nimat“, sagte der Indianer. „Heute reiten wir nach Hause.“
Beinahe hätte Hugh bei seinen Worten laut aufgelacht. Das Einzige zu Hause, das er je gekannt hatte, war von Pisquetumen und seinen Brüdern auf den Feldern vor Fort Robinson dahingemetzelt worden. Mit einem Gesicht wie

aus Stein erhob er sich und trat aus dem Rindenzelt. Es war ein warmer, sonniger Julitag und Hugh spürte überrascht, wie angenehm die Sonnenstrahlen sein Gesicht berührten.
Pisquetumen hatte sein Pferd bereits aufgezäumt und sein Gepäck verstaut. Von Nachenum, Shingas und Tamaqua war keine Spur zu sehen.
„Steig auf", forderte Pisquetumen ihn auf und wies auf ein kleineres, braunes Pferd, das nur mit Zaumzeug und einer Decke direkt vor ihm stand. Unsicher blieb Hugh stehen und sah das Pferd an.
„Na los, sei nicht so ängstlich. Sie gehört dir. Du bist zu alt, um dich auf der Reise an meinen Rücken zu klammern", forderte ihn Pisquetumen auf. Hugh zögerte nur einen Augenblick.
Er sah an den Holzmauern des Forts empor, auf denen einige Soldaten gelangweilt Wache schoben und dann zu den Zelten der Indianer, die sich vor den Mauern des Forts an die Flussufer schmiegten. Er wusste, dass ihm keine Wahl blieb. Mit grimmigem Gesicht schwang er sich auf den Rücken der Stute und folgte Pisquetumen.
Sie folgten dem Lauf des Allegheny Flusses nach Südwesten bis tief in die dichten Wälder des Allegheny Gebirges. Schweigend ritten sie hintereinander her. Hasserfüllt starrte Hugh auf den Rücken des Indianers vor ihm und er wünschte sich, er könnte ihm etwas antun. Seine Hände, die die Zügel hielten, ballten sich zu Fäusten und er spürte einen Kloß in seinem Hals. Verzweiflung und Zorn wechselten sich in seinem Inneren ab. Er wünschte sich, er könne ein Mann sein, stark und mutig, dann könnte er sich jetzt auf Pisquetumen stürzen und ihn töten, dann hätte er ihn schon heute Nacht mit samt der ganzen blutrünstigen Meute umbringen können. Doch selbst wenn ihm nicht beim bloßen Gedanken daran die Knie geschlottert hätten, er hätte noch nicht einmal gewusst, wie er es anstellen sollte. Er war ein Farmerjunge, noch dazu ein Ire. Sein Selbstbewusstsein war nicht gerade das eines Helden. So blieb ihm nur die Wut, auf die Indianer und auf sich selbst. Er wusste nicht, was er tun sollte und er wusste nicht, was ihn erwartete. Sicher war nur, dass er ihnen nicht vertrauen konnte, auch Pisquetumen nicht, egal wie freundlich er sich zeigte. Und diese Sache mit dem Bad im Fluss bedeutete gar nichts, sie diente vermutlich nur dazu, ihn zu verwirren. Hugh beschloss, sich nichts von seinen Gefühlen anmerken zu lassen. Es würde eine Gelegenheit geben,

zur Rache, zur Flucht, dessen war er sich sicher.
Die Sonne schien bereits am Vormittag heiß vom Himmel herunter und tauchte den Fluss und die Bäume in gleißendes Licht. Sie brannte auf Hughs Stirn, und wenn er sich den Schweiß vom Gesicht wischte, wurde er schmerzhaft an die Wunde an seiner Stirn erinnert.
Dennoch entging ihm nicht, wie perfekt sich die weichen Lederbeinlinge zum Reiten eigneten, denn keine Naht und kein scheuernder Stoff rieb seine Beine wund und er hatte auch ohne Sattel und Steigbügel guten Halt auf dem breiten Rücken der kleinen Stute.
Als die Dunkelheit hereinbrach, hielten sie ihre Pferde an einer kleinen Lichtung an und Pisquetumen entfachte mit geübten Fingern ein Lagerfeuer.
Ihr Abendessen bestand aus etwas Dörrfleisch und getrocknetem Maisbrot, das sie schweigend verzehrten, doch Hugh glaubte, nie etwas Köstlicheres gegessen zu haben und er schlang es mit großer Gier herunter. Pisquetumen beobachtete ihn schweigend und hielt ihm einen weiteren Streifen Dörrfleisch hin, den Hugh ebenfalls gierig verschlang. Als er sich die Finger ableckte, begegnete er dem Blick des Indianers und senkte sofort verwirrt die Augen. Pisquetumen hatte ihm seine eigene Portion gegeben und nichts gegessen. Warum sollte ich Mitleid mit ihm haben, dachte Hugh trotzig und spuckte in die Flammen. Pisquetumen sah mit großen Augen an ihm vorbei in das Feuer, doch in dessen wechselndem Licht erschien es Hugh, als zuckten seine Mundwinkel hin und wieder, als müsste er ein Lachen unterdrücken.
Wütend und beschämt wandte er sich ab und rollte sich vor einem gefällten Baumstamm zum Schlafen zusammen, obwohl er wusste, dass ihm auch diese Nacht keine Erholung geben konnte. Der Boden war hart und wurde kalt, als der Mond aufging und wie eine bleiche Scheibe am Himmel stand. Die Geräusche des nächtlichen Waldes um sie herum ängstigten Hugh, auch wenn er den Gedanken verdrängte. Überall knirschte und knackte es, immer wieder glaubte er, ein Knurren oder ein Fauchen zu hören. Hier draußen mochte es Bären geben und Wölfe oder vielleicht sogar Schlimmeres. In Carlisle erzählten sich die Leute Geschichten von riesigen haarigen Ungeheuern, die in den Wäldern ihr Unwesen treiben sollten. Hugh hörte, wie Pisquetumen sich schließlich auch erhob und eine Matte neben dem Feuer ausbreitete. Der

Lenapé musste Stunden damit verbracht haben, alleine in die Flammen zu starren und ihr Lager zu bewachen. Seltsamerweise beruhigte es Hugh, dass der Lenapé-Indianer ihre Umgebung für so sicher hielt, dass er sich selbst zum Schlafen legte. Rasch presste er seine Augen zu und tat, als schliefe er bereits tief, damit Pisquetumen nicht bemerkte, wie verängstigt er war, doch gleichzeitig kam ihm ein anderer, schrecklicher Gedanke.
An der Vibration des Bodens konnte er mit geschlossenen Lidern spüren, wie Pisquetumen ganz dicht an ihn herankam und plötzlich raste sein Herz. Vielleicht wollte sich Pisquetumen gar nicht zum Schlafen legen. Vielleicht wollte er ihn töten, allein hier draußen, wo es keine Zeugen gab, und ihn aufessen. Hugh hatte davon gehört, dass es Indianer gab, die Menschenfleisch verzehrten, weil sie glaubten, es verstärkte ihre Macht.
Fast hätte er laut aufgeschrien, als der Lenapè-Indianer sich über ihn beugte, ihn mit einer groben Decke, wie sie Soldaten bei sich trugen, zudeckte und sich dann mit vorsichtigen Schritten wieder entfernte, um seine Wachposition am Feuer einzunehmen.
Mit klopfendem Herzen lag Hugh steif da und lauschte in die Dunkelheit, bis nur noch das Knistern des Feuers und das Rauschen des Windes zu hören waren.
Bevor er einschlief, schwor Hugh sich, die nächste Gelegenheit zu nutzen und zu fliehen. Er würde nach Nachenum und Shingas suchen. Und wenn er sie gefunden hatte, würde er sie töten.

Auch der nächste Morgen war klar und warm. Die Sonnenstrahlen weckten ihn früh, doch sein Körper war trotz der Decken und Matten steif von seinem unbequemen Lager auf dem Waldboden. Schwerfällig richtete Hugh sich auf. Pisquetumens Lager war leer, das Feuer kalt. Verwundert blickte Hugh sich um. Er konnte nicht fassen, dass der Lenapé ihn einfach hier alleine im Wald ausgesetzt hatte. Dann aber entdeckte er zwischen den Bäumen die beiden Pferde. Er stand auf und ging zu ihnen hinüber.
„Spricht dein Magen noch immer so laut?“ Hugh fuhr erschrocken zusammen. Pisquetumen stand direkt hinter ihm, doch er hatte ihn nicht kommen gehört. Er wusste nicht, was er antworten sollte, daher nickte er verlegen. Pisquetumen hielt ein kleines Tier mit langen Zähnen und weichem Fell

hoch. „Das wird deinem Magen antworten“, sagte er und lächelte.
Nachdem sie sich an dem, wie Hugh zugeben mussten, köstlichem Frühstück gestärkt hatten, setzten sie ihre Reise in gemächlichem Tempo fort. Hugh bemerkte, dass sein gefüllter Magen seinen Hass ein wenig dämpfte und er ärgerte sich zugleich darüber. Er nahm sich vor, in Zukunft nichts mehr von Pisquetumen anzunehmen. Der Hungertod war immer noch besser, als von den Indianern zu Tode gefoltert zu werden, so wie sie es mit ihren Gefangenen machten.
Es war früher Nachmittag, als sie ein kleines Indianerdorf aus wenigen runden Rindenzelten, die dicht gedrängt am Flussufer standen, erreichten. Hugh war dankbar dafür, den Pferderücken endlich verlassen zu können. Das lange Reiten ohne Sattel war ungewohnt für ihn, und als die Dämmerung hereinbrach, schien es keinen Muskel in seinem Körper zu geben, der ihm nicht wehtat.
Eine Gruppe Kinder stürmte lärmend aus dem Dorf auf sie zu, noch ehe sie die ersten Rindenzelte erreicht hatten, und begrüßte sie lauthals auf Lenapé. Pisquetumen antwortete lachend und sie rannten unter lautem Gebrüll vor ihnen her in die Siedlung. Die Meisten von ihnen waren nackt und in ihren Haaren steckten Federn und Perlen.
Zu Hughs Verwunderung waren auch Kinder mit blonden Haaren und heller Haut darunter, und als sie an den ersten Rindenzelten vorbeiritten, konnte er auch Frauen und ältere Jungen, die offensichtlich keine Lenapé, sondern Europäer waren, zwischen den Hütten ausmachen. Auf das aufgeregte Geschrei der Kinder hin reckten einige der Frauen, die in kleinen Gruppen vor den Zelten saßen, ihre Hälse. Hugh sah, dass viele der Frauen nur eine Art Lederschurz trugen und ihre Brüste nackt ließen, er konnte seltsame Farben und Narben auf der Haut der Indianerinnen sehen, die ihr Haar lang über die Hüften fallen ließen. Die Frauen betrachteten ihn neugierig und lachten und er konnte nicht verhindern, dass er unter ihren Blicken rot wurde. In diesem Moment sah er im Augenwinkel eine große, rothaarige Frau, deren Locken unter dem glatten Haar der Lenapé-Indianerinnen deutlich hervorstachen. Als sie seinen Blick bemerkte, fuhr sie zusammen und verschwand in eine der Hütten.
Das war es also, hierhin brachten sie die Frauen und Kinder, die sie bei ihren

Überfällen entführten, dachte Hugh bei sich, als er sich mit steifen Gliedern vom Rücken seiner Stute sinken ließ und sie neben Pisquetumens Pferd anband. Die Kinder waren in einiger Entfernung stehen geblieben und sahen ihn mit großen Augen an, hin und wieder flüsterten sie sich etwas in ihrer Sprache zu. Hugh konnte zwei kleine Mädchen mit hellen Augen erkennen, die die Köpfe zusammensteckten und tuschelten, während sie ihn ansahen. Hugh glaubte, einige Fetzen Deutsch aufgeschnappt zu haben, doch etwas in ihm sagte, dass es Ärger geben würde, wenn er sich zu offensichtlich für sie interessierte. Daher wandte er sich zu Pisquetumen um, der ihn mit einem seltsamen Ausdruck musterte.

„Hast du Hunger?“ Hughs Magen knurrte bereits wieder so laut, dass er sich sicher war, jeder der Umstehenden könne es hören. „Nein“, log er und schüttelte den Kopf. Pisquetumen schien, um den Wahrheitsgehalt dieser Antwort zu wissen, und sah ihn noch einen Moment lang amüsiert an. „Komm“, sagte er schließlich und ging zwischen den Hütten auf die große Feuerstelle in der Mitte der Siedlung zu. Hugh blieb noch eine Weile unschlüssig stehen, doch das Gelächter der Kinder hinter ihm veranlasste ihn schließlich dazu, Pisquetumen zu folgen.

Hugh war niemals zuvor in einem Indianerdorf gewesen. Die meisten der Zelte waren aus geflochtenen Binsen und Holz, ganz nach der Art, wie Pisquetumens Zelt in Fort Duquesne beschaffen war, doch es gab auch einige windschiefe Hütten aus Holz. Unzählige Feuer brannten in und vor den Hütten, er vernahm den süßen Geruch von gekochtem Mais und den würzigen Duft nach Wildfleisch, das langsam über den Flammen röstete.

Am großen Feuer hatte sich eine kleine Gruppe versammelt. Einige saßen schweigend und mit geschlossenen Augen beieinander, sodass man glauben konnte, sie schliefen, andere rauchten an langen, kunstvoll geschnitzten Holzpfeifen, während wieder andere leise die Trommeln schlugen und vor sich hinsangen. Frauen und Männer saßen nebeneinander, einige der Frauen stillten ihre Kinder oder wiegten sie in den Schlaf. Die Flammen schlugen hoch in den sommerlichen Nachthimmel.

Als sie Pisquetumen sahen, stießen einige von ihnen laute Freudenschreie aus, sodass diejenigen, die mit geschlossenen Augen gedöst hatten, sich benommen aufrappelten.

Hugh konnte Freude und Anerkennung in den Gesichtern der Menschen lesen.
Pisquetumen schien ein geachteter Mann zu sein.
Als er mit ruhiger kehliger Stimme zu sprechen begann, ließen sie ihre Arbeiten und ihre Gespräche ruhen und sahen ihn an. Hugh fühlte sich unwohl und errötete, als Pisquetumen mit einer Handbewegung auf ihn deutete, doch die Lenapé schienen sein Unwohlsein zu bemerken und lächelten ihn freundlich an. Doch ihr Lachen konnte Hugh nicht erreichen. Mit eisigem Blick wandte er sich ab und ließ sich mit steifen Bewegungen etwas abseits vor einem Baumstamm nieder. Ein Lächeln genügte nicht, um ihn vergessen zu machen, was man ihm, was man seiner Mutter und all den anderen angetan hatten. Diese Menschen waren Mörder, Wilde und Barbaren und er wollte weder an ihrem Feuer sitzen, noch ihr Essen teilen. Einige der Frauen sahen ihm nach, doch als er ihren Blick nicht erwiderte, verloren sie ihr Interesse und niemand beachtete ihn mehr.
An einem der größeren Feuer begann einer der Männer, einen langsamen Rhythmus auf einer Trommel zwischen seinen Knien zu beschleunigen und der dumpfe, warme Ton erfüllte die Luft. Ein Mückenschwarm stieg vom Fluss auf und surrte über ihren Köpfen. Hugh konnte ein Gähnen nicht unterdrücken und der köstliche Geruch nach gebratenem Fleisch ließ ihm das Wasser im Munde zusammen laufen. Er sah, dass die Lenapé kleine Fäßchen herumgehen ließen, aus denen auch die Kinder abwechselnd tiefe Züge nahmen und an ihren roten Nasen und schweren Lidern konnte er erkennen, dass der Alkohol seine Wirkung nicht verfehlte. Für eine Sekunde lang sehnte er sich auch nach dem süßen, tauben Vergessen, das der Alkohol bereit hielt, doch die Gegenwart der Lenapé widerte ihn an, das Schreien und Grölen der bereits Betrunkenen, ihre vom Schnaps glasigen Augen, ihre schmutzigen Gesichter und ihr wildes Gehabe erregten eine fast körperliche Art von Abscheu in ihm.
Überrascht sah er aus seinen dunklen Augen auf, als plötzlich jemand zu ihm kam. Es war ein kleines Mädchen in einem viel zu kurzen Lederkleid. Als sie vor ihm stand, hielt sie ihm eine Holzkelle hin. Ihre blauen Augen leuchteten aus ihrem schmutzigen Gesicht heraus.
Ohne nach der Kelle zu greifen, fragte Hugh sie mit leiser Stimme: „Wie

heißt du?“ Erschrocken sah sie ihn an.
„Mary“, flüsterte sie leise und sah sich hektisch um. „Was …“, wollte Hugh weiter fragen, doch das Mädchen war mit flinken Schritten bereits weiter gegangen, kam den ganzen Abend nicht wieder in seine Nähe und wich seinem Blick aus. Wieder versank Hugh in dumpfes Brüten. Pisquetumen schien ihn vergessen zu haben, der Lenapé-Indianer saß mit dem Rücken zu ihm am Feuer und rauchte die Pfeife mit seinen Brüdern. Hin und wieder lachte er sein leises, kehliges Lachen.
Das Lachen und die fremden Gesprächsfetzen in der rauen, dunklen Sprache der Indianer drangen zu Hugh herüber und er fühlte sich müde und unendlich einsam. Warum hatten sie ihn am Leben gelassen? Er wünschte sich nichts sehnlicher als den Tod. Verzweifelt schloss er die Augen und lauschte den fremdartigen Geräuschen um ihn herum.
Einer der Männer sang mit geschlossenen Augen zum Klang der Trommel, während er seinen Oberkörper im Takt dazu vor- und zurückwiegte.
Die anderen klatschten im Takt und wippten mit den Füßen, immer lauter wurde ihre Musik. Mit grimmigem Gesichtsausdruck starrte Hugh zu dem Feuer hinüber. Die Indianer schienen bester Stimmung zu sein, dachte er und ballte vor hilfloser Wut die Fäuste. Vermutlich stimmten ihre schrecklichen Überfälle und die Morde an den Siedlern sie so ausgelassen.
Hugh konnte nun auch Pisquetumens Gesicht sehen, der zwischen den Männern saß und sich leise mit ihnen unterhielt und er spürte Hass, glühenden Hass in sich auflodern.
Nie zuvor hatte er sich so gefühlt. Dies war das Ende seines Lebens, so wie er es kannte. Er würde nie wieder derselbe sein. Alles, was er geliebt hatte, was ihm vertraut und selbstverständlich erschienen war, war tot, ermordet, durch die Hände dieser Männer und seiner Brüder und sie schienen noch nicht einmal Reue dafür zu empfinden.
Er wollte nicht in ihrer Nähe sein. In ihm gab es nur ein Gefühl: Das Verlangen nach Rache, nach Vergeltung. Über das danach wollte er nicht nachdenken, doch es gab eine leise Stimme in seinem Inneren, die ihn daran erinnerte, dass es niemanden mehr gab, der auf ihn wartete. Seine Familie war tot. Er war so allein auf der Welt, wie man nur allein sein konnte. Und er befand sich unter seinen schlimmsten Feinden, war ihnen ausgeliefert und das Schrecklichste

daran war, dass er sie nicht verstand. Wollten sie ihn demütigen?
Plötzlich ließ ein schriller Schrei aus der Richtung des Waldrandes die Runde am Lagerfeuer innehalten. Ein Reiter jagte in scharfem Galopp in die Siedlung. Er bremste sein schweißnasses Pferd dicht vor ihnen, sodass Hugh sein schwarz bemaltes Gesicht und das Blut auf seiner Kleidung sehen konnte.
Er schrie etwas auf Lenapé und die Männer, die gerade noch getrunken und zum Rhythmus der Trommeln gesungen hatten, sprangen aufgeregt auf und liefen in die Richtung, aus der der Reiter gekommen war, während sich die Frauen mit entsetzten Gesichtern an den Händen hielten und einige rasch die Kinder in ihre Hütten brachten. Irgendetwas war geschehen, etwas Unvorhergesehenes, das die Indianer in Angst versetzte. Ob man nach ihm suchte? Doch Hugh verwarf den Gedanken sogleich wieder. Bisher war es den Grenzmilizen nicht gelungen, den Indianern auch nur einen einzigen Gefangenen zu entreißen. Niemand würde die Indianer so tief hinter die feindlichen Linien verfolgen, um einen irischen Jungen zu befreien. Dennoch reckte er den Hals, um den Grund ihrer Aufregung zu verstehen.
Kurz darauf erreichten die ersten Krieger die Siedlung. Sie schienen von einem Kriegszug oder einem Überfall zu kommen, denn sie alle waren bewaffnet, ihre Gesichter bemalt und viele von ihnen verletzt. Die Pferde zitterten und waren schweißnass.
Hugh glaubte Shingas unter ihnen zu erkennen, der, offensichtlich verletzt, auf sein Pferd gebunden mit dem Kopf nach vorne hing.
„Sakima, sakima“, schrien die Indianer und einige der Männer sprangen auf und liefen den Reitern entgegen. Auch Pisquetumen, der bis jetzt ruhig am Feuer sitzen geblieben war, stand nun auf. „Shingas“, hörte Hugh ihn leise flüstern.
„Was ist passiert?“ Hugh hätte sich für diese Frage am liebsten auf die Zunge gebissen.
Ihn interessierten Shingas Geschicke nicht, mochten die Lenapé doch alle jämmerlich zugrunde gehen. Andererseits, überlegte Hugh, vielleicht war der Häuptling so schwer verletzt, dass er sich an ihm nicht mehr die Finger schmutzig machen musste.
„Meine Brüder haben ein großes Fort der Jenkise angegriffen. Shingas ist

verletzt." Etwas in Pisquetumens Stimme ließ Hugh ihn ansehen, doch das Gesicht des Lenapé schien wie aus Stein, seine Augen leblos und weit entfernt.
Mit auffällig steifen Bewegungen ging Pisquetumen auf das von Menschen umringte Pferd seines Bruders zu und half, den leblosen Körper herunterzuheben.
„Sakima, sakima", schrie die Menge noch immer.
In dem Tumult entdeckte Hugh plötzlich die kleine Mary, die mit vor Entsetzen aufgerissenen Augen etwas abseits stand. Niemand achtete in der allgemeinen Aufregung auf sie, sodass sich Hugh unauffällig zu ihr stehlen konnte.
„Was sagen sie?", fragte er das kleine Mädchen, als er dicht genug bei ihr stand. Sie fuhr erschrocken zusammen und sah sich wieder nervös um. Die Flammen spiegelten sich in ihrem kleinen, ängstlichen Gesicht.
Sie starrte auf die Reiter am Waldrand. „Shingas ist ihr Anführer", sagte sie schließlich mit tonloser Stimme. „Er blutet. Vielleicht wird er sterben. Der andere ist Jacobs, auch einer ihrer Anführer. Er sagt, sie hätten eine gute Jagd gehabt."
Hughs Blick richtete sich wieder auf die Männer.
Hinter Shingas ritt ein hünenhafter Indianer mit Schultern wie ein Bär und einer langen Narbe im Gesicht in den Widerschein des Feuers. Sein Gesicht und seine Brust waren blutverschmiert, sogar seine Haare schienen mit getrocknetem Blut bedeckt zu sein.
Der Hüne brüllte etwas mit einer tiefen, dröhnenden Stimme, die den Boden selbst zum Beben bringen zu schien und Hugh eine Gänsehaut über den Rücken jagte. Dann riss der Riese seinen Arm empor und schwenkte in seiner Hand einen blutigen Klumpen. Die anderen Indianer stießen schrille, spitze Schreie aus und Hugh schauderte, als er erkannte, dass es ein ganzes Bündel menschlicher Skalps war.
Sein Entsetzen vergrößerte sich noch, als er sah, dass hinter den Indianern einige elende Gestalten in zerfetzten und blutverschmierten Kleidern her taumelten, die an den Händen aneinander gefesselt waren. Hugh musste nicht genauer hinsehen, um trotz der Dunkelheit zu erkennen, dass es weiße Männer waren, fast zwei Dutzend von ihnen, die Meisten schienen ver-

letzt zu sein, ihre Gesichter leblos vor Angst und Schmerz. Jacobs und seine Männer brachten sie in eine der größeren Hütten in der Mitte der Siedlung.
Mit rasendem Herzen sah Hugh ihnen nach, er bemerkte nicht, dass er seine Hände noch immer zu Fäusten geballt hielt und die kleine Mary längst in eine der Hütten verschwunden war.
Er stieß einen erschrockenen Schrei aus, als er plötzlich eine schwere Hand auf seiner Schulter fühlte. Pisquetumen stand neben ihm. „Geh schlafen, Junge“, sagte er mit schwerer Stimme. Hugh konnte das frische Blut riechen, das an seiner Kleidung klebte. Mit einer seltsam schwerfälligen Bewegung, als kostete es ihn unendliche Anstrengung, wies der Indianer auf eines der Zelte. „Dort liegt eine Matte für dich. Schlaf und lass dich hier draußen nicht sehen.“ Ehe Hugh etwas erwidern konnte, verschwand der Indianer in die Dunkelheit.
Hugh schluckte trocken und ging zu der Hütte. In ihrem Inneren war es dunkel und kühl. Die Stimmen der Menschen draußen drangen nur gedämpft herein. Müde und verzweifelt legte sich Hugh auf seine Matte und starrte durch den Rauchabzug an der Zeltspitze in den klaren Sternenhimmel über ihn. Die Gedanken wirbelten durch seinen Kopf, er dachte an Shingas und an Jacobs, an die entsetzliche Angst, die er vor den Kriegern hatte und er dachte an die verzweifelten Gesichter der Gefangenen, die Entsetzliches erlebt hatten. Er wollte sich nicht ausmalen, was die Indianer mit ihnen vorhatten. Aus irgendeinem Grund war ihm klar, dass sie nicht alle ihre Gefangenen auf die gleiche Weise aufnahmen, wie er es erlebt hatte.
Schließlich fiel er in unruhigen Schlaf, der nur wenige Augenblicke angedauert haben konnte, als ein Schrei ihn auffahren ließ.
Entsetzt richtete er sich auf, sein Herz drohte in seiner Brust zu zerspringen. Er lauschte in die Stille der Nacht, bis ein erneuter Schrei sie zerriss. Das Geräusch ließ ihm das Blut in den Adern gefrieren. Nie zuvor hatte er solche Laute gehört, doch es waren eindeutig die Schreie eines Menschen. Eines Menschen, dem unbeschreibliche Qual zugefügt wurde.

*

Rauch stieg von den Trümmern des Wachturmes auf.

Etwas in Weiser weigerte sich, weiter in das Innere des zerstörten Forts zu gehen. Er wusste, was ihn dort erwarten würde. Leichen, grausam verstümmelte Überreste von Männern, mit denen er in den letzten Monaten gearbeitet hatte, die ihm vertraut hatten.
Langsam, als wollten seine Beine den schrecklichen Weg nicht gehen, setzte er seinen Weg über die eingebrochene Palisaden fort. Der verkohlte Arm eines Wachsoldaten ragte zwischen den Holzbalken hervor.
Die Indianer waren im Morgengrauen gekommen.
Niemals zuvor waren sie so weit in das Innere der Kolonie vorgedrungen.
Doch bereits vor zwei Wochen hatten sie einige Frauen vor den Toren Fort Robinsons überfallen und getötet.
Fort Granville war das Dritte der vier Forts, die Benjamin Franklin und er zum Schutz der Siedler entlang der Westgrenze Pennsylvanias errichten sollten. Niemand hatte bis zu diesem Zeitpunkt erwartet, dass sie es wagen würden, ein bewaffnetes Fort anzugreifen.
Philadelphia lag keine fünfundsiebzig Meilen von hier entfernt. Wenn sich die Nachricht verbreiten würde, gäbe es kein Halten mehr unter den verbleibenden Siedlern weiter westlich.
Conrad bückte sich und versuchte, das Gesicht des Mannes, der vor ihm am Boden lag, freizulegen, doch seine Mühe war vergeblich. Seine Gesicht waren bis zu Unkenntlichkeit verbrannt.
Er erhob sich und ging weiter.
Im Innern setzte sich die Spur der Verwüstung fort. Männer, im Schlaf überrascht, hatten verzweifelt versucht, sich gegen die Angreifer zu verteidigen, doch ihr Kampf war aussichtslos gewesen. Keiner von ihnen war ein ausgebildeter Soldat. Die Meisten hatten niemals zuvor eine Waffe gegen einen Menschen gerichtet.
Im Gegensatz zu den Indianern, die sie überfallen hatten.
Sie hatten sich Zeit gelassen.
Allen Leichen fehlte die Kopfhaut, säuberlich abgetrennt von den Männern, die sie erschlagen hatten.
Wenige Meter von ihm entfernt leuchtete etwas im Sonnenlicht des Julitages. Er brauchte nicht näher heranzutreten, um zu erkennen, was es war. Es war das Abzeichen der Kolonie Pennsylvania, das den Träger als Kommandanten

des Forts auswies.
Vor ihm lag die grausam verstümmelte Leiche von Jeffrey Armstrong, dem ältesten Sohn einer der einflussreichsten Familien in Pennsylvania.
Das Weiß seines Schädelknochens schimmerte bleich in der Mittagssonne.

*

Pisquetumen verließ Kittanning noch am nächsten Morgen, ohne sich von Hugh zu verabschieden. Die Rückkehr von Shingas und seinen Kriegern schien die ganze Siedlung in große Aufruhr versetzt zu haben und Hugh war sich nicht sicher, ob sich seine Lage durch Pisquetumens Abwesenheit verbesserte.
Ein kalter Schauer lief ihm über den Rücken, als er an die schrecklichen Schreie dachte, die er in der Nacht gehört hatte, doch er wusste zugleich auch, dass er besser schlafen würde, wenn er ihre Ursache im Dunkel der Nacht verborgen ließ. Er hatte mit eigenen Augen gesehen, zu welchen Grausamkeiten die Lenapé auch wehrlosen Frauen gegenüber in der Lage waren. Er wollte sich nicht ausmalen, was sie ihren Kriegsgefangenen antun konnten.
Er verließ das Zelt, in dem er die Nacht verbracht hatte und lief zum Fluss hinunter, um zu sehen, wie gut er sich am Flussufer verbergen konnte. Niemand schien ihn zu beachten.
Die Bäume über ihm rauschten grünbemäntelt im Wind und nur kleine Wölkchen zogen über ihn hinweg. Er starrte auf den blauen Flusslauf des Allegheny und fragte sich, wie weit die Grenze Pennsylvanias von hier entfernt sein konnte. Es musste möglich sein, sie zu erreichen, wenn man dem Flusslauf folgte.
„Glaubst du, die Fische hüpfen von selbst in unsere Körbe?“
Hugh war so sehr in seine Gedanken versunken gewesen, dass er nicht bemerkt hatte, dass jemand hinter ihn getreten war.
Erschrocken drehte er sich um. Hinter ihm standen zwei Mädchen, eindeutig europäischer Herkunft. Eine von ihnen war groß und hatte dichtes, schwarzes Haar, das sie zu dicken Zöpfen zusammengebunden hatte und dessen Enden sich um ihre Hüften kräuselten. Sie hatte ein fein geschnitte-

nes, sanftes Gesicht, aus dem ihn ein paar große, tiefdunkle Augen ansahen. Ihre Haut schimmerte hell und fast ein wenig verletzlich in der gleißenden Sommersonne.
Das andere Mädchen war ein wenig kleiner als sie, auch sie trug ihre blonden Locken zu zwei Zöpfen, aus denen sich jedoch einzelne Strähnen gelöst hatten und ihr wild ins Gesicht fielen.
Ihre grünen Augen funkelten ihn aus ihrem stupsnasigen Gesicht an.
Beide trugen lange Lederkleider nach Art der Lenapé-Indianerinnen und ihre Füße waren nackt und schmutzig.
Ein wenig verwirrt suchte Hugh nach einer passenden Antwort, doch die beiden achteten gar nicht auf ihn, sondern gingen an ihm vorbei und wateten in den Fluss, wo sie die an kleinen Pfählen befestigten Netze lösten und mit ihrem Fang an das Ufer zerrten. Hugh konnte die Schuppen der zappelnden Fische in der Sonne glitzern sehen.
„Du bist gestern Abend gekommen, nicht wahr?“ Das blonde Mädchen sah ihn neugierig an.
Verlegen bemerkte Hugh, dass ihm ihre frechen, grünen Augen gefielen. Er nickte schüchtern.
„Wo haben sie dich gefangen genommen?“
Hugh schluckte verwirrt, bevor er etwas erwidern konnte. Die Frage klang so selbstverständlich, als habe sie ihn nach seinem Geburtsdatum gefragt. Offenbar war dies die Art der Unterhaltung, die die Gefangenen bei den Indianern pflegten. „Fort Robinson“, murmelte er und ärgerte sich über seine eigene, dünne Stimme. Was sollten die beiden von ihm denken?
Die Mädchen sahen ihn aufmerksam an. Hugh streifte den Blick der Dunkelhaarigen und es erschien ihm für einen Moment, als liefe die Zeit langsamer ab, als sonst, als verstummte das Zwitschern der Vögel und das Rauschen des Flusses und als gäbe es nur noch sie und ihn. Sie war schön, unerträglich schön, das schönste Geschöpf, das er jemals gesehen hatte.
„Sie bringen nicht oft Männer hierher“, sagte die Blonde und riss ihn damit aus seinen Gedanken. Der Moment war vorbei, er konnte den Fluss und die Vögel wieder hören und die dunkelhaarige Schönheit senkte ihren Blick. Eine sanft gewellte Strähne fiel ihr in das Gesicht und Hugh ertappte sich dabei, wie er sich vorstellte, dieses Gesicht zu berühren, ihre die Strähne aus

der Stirn zu streichen.
„Zu gefährlich, verstehst du? Männer können kämpfen, … oder fliehen. Die töten sie lieber gleich.“ Hugh glaubte, einen bitteren Unterton aus den Worten der Blonden heraushören zu können, und er sah sie eine Weile an. Sie schnitt eine Grimasse und wandte sich ab. Ihm wurde klar, dass die beiden Mädchen vermutlich ebenso Gefangene waren wie er selbst.
Auch sie hatten ihre Familien auf abscheuliche Art und Weise verloren und waren hierher verschleppt worden.
„Mein Name ist Hugh“, besann er sich plötzlich, „Hugh Gibson“.
Nun lächelte die Blonde. „Mein Name ist Barbara.“ Sie rollte das „r“ nach Art der deutschen Einwanderer. „Und das ist Marie“, sagte sie und wies auf das Mädchen mit den dunklen Zöpfen. Maries Züge deuteten ein Lächeln an.
„Nun, Hugh Gibson, weißt du denn, wie man die Netze einholt? Wenn wir nicht bald ein paar Fische fangen, werden wir nämlich verhungern.“
Verlegen machte sich Hugh daran, den Mädchen zu helfen.
Marie zeigte ihm, wie man die Netze von den Pfählen im Wasser löste und er bemühte sich, sich nicht allzu ungeschickt anzustellen, doch es gelang ihm nicht. Ihre Anwesenheit schlug ihn völlig in ihren Bann, es schien, als habe er keine Kontrolle mehr über seinen Körper.
Marie und Barbara lachten über seine Bemühungen, ihr Lachen war ein heller, gluckernder Laut, der sich über dem in der Sonne glitzernden Fluss verlor.
Neugierig betrachtete Marie den Neuankömmling. Ihr gefielen seine tiefblauen Augen. Seine Bewegungen wirkten etwas ungeschickt, als sei sein Körper schneller gewachsen, als er sich damit zurechtfinden konnte, was ihm etwas Freundliches, Ungefährliches verlieh.
Er bemerkte ihren Blick und sah sie schüchtern an.
Als sie ihn anlächelte, schoss ihm das Blut bis in die Ohren und er hätte beinahe das Gleichgewicht verloren.
Sie befreiten die Netze von dem Unrat aus Blättern, kleinen Zweigen und Algen, die sich in ihnen verfangen hatten, und warfen die kleinen, silbrig schimmernden Fische in einen großen Korb, den die Mädchen mit zum Flussufer gebracht hatten.

Dann breiteten sie die Netze auf den flachen Steinen am Flussufer aus und nahmen eines, dessen Flechtwerk zerrissen war, mit sich zurück zu den Hütten.
„Wer hat dich hierher gebracht?“, fragte ihn Barbara, während sie die Böschung hinaufstiegen.
„Shingas und seine Männer“, antwortete er und er konnte sehen, wie sich die Gesichter der Mädchen bei der Erwähnung des Häuptlings verdunkelten.
„Er ist der Schlimmste“, presste Marie hervor. „Normalerweise lässt er niemand am Leben.“ Hugh schlug die Augen nieder und wünschte sich, er hätte den Namen des Indianers nicht erwähnt. Die flüchtige Leichtigkeit des Sommertages war dahin. Sie waren wieder Gefangene. Wieder spürte er den Kloß in seinem Hals.
„Ja“, sagte er mit erstickter Stimme, „meine Mutter, sie …“, er konnte den Satz nicht beenden, doch die beiden Mädchen konnten sich nur allzu gut vorstellen, was mit seiner Mutter geschehen war.
„Seit wann seid ihr hier?“, fragte er die Mädchen.
„Seit letztem Herbst“, antwortete Barbara und ihre Stimme klang dünn.
Hugh zögerte einen Augenblick und suchte nach den richtigen Worten.
„Wie ist es so, ich meine …“, er sah sie Hilfe suchend an.
„Du meinst, wie es so ist bei den Indianern?“ Die Mädchen wechselten einen raschen Blick.
Barbara reckte ein wenig das Kinn. „Es sind Mörder, Wilde, Barbaren, nenne es, wie du willst. Sie begehen die schrecklichsten Sünden. Sie morden und treiben Unzucht und …“
„Sie behandeln uns ganz gut“, schnitt Marie ihr das Wort ab und warf ihr einen vorwurfsvollen Blick zu. „Die beiden Indianerinnen, bei denen wir leben, sind gut zu uns. Sie teilen mit uns, was sie haben.“ Sie seufzte. „Aber das ganze Frühjahr über haben wir hart arbeiten müssen. Wir haben mit den Frauen den Wald gerodet und die Erde dann nur mit ein paar Stöcken umgegraben.“ Sie streckte ihre schlanken Hände aus. Hugh konnte die dicken Schwielen darauf sehen. „Die Männer sind auf der Jagd, die Frauen machen die Arbeit alleine. Im Winter haben wir Hunger gelitten, manchmal gab es nur ein paar gekochte Wurzeln und alles, das sie kochen, schmeckt fade, es gibt kein Salz, keine Gewürze und viele der Indianer sind krank.“

Ihr Blick wanderte an Hugh vorbei zu den Hütten vor ihnen.
„Aber sie schlagen uns nicht, wenn es das ist, was du wissen willst. Wir dürfen gehen, wohin wir wollen."
„Habt ihr die Schreie heute Nacht gehört?" An ihren entsetzten Gesichtern erkannte er, dass auch sie sie gehört hatten. Hugh wagte nicht, sie zu fragen, wer den gefangenen Männern solche Qualen zugefügt hatte, doch eine dunkle Ahnung stieg in ihm auf, als er sich an das schreckliche Feuer in Shingas Augen erinnerte.
„Ist denn schon jemand von hier geflohen?", fragte er die Mädchen.
Barbara stieß ein bitteres Lachen aus. „Nein. Das ist es ja. Sie brauchen keine Fesseln, um uns hier festzuhalten. Niemand kann von hier alleine entkommen. Sie würden uns fangen, noch ehe wir über den Fluss wären."
Nachdenklich sah Hugh die beiden Mädchen an. „Vielleicht hat es aber auch nur nie jemand wirklich versucht."
Barbara bedachte ihn mit einem seltsamen Blick, doch Marie schob sich an ihm vorbei zu den Hütten und Rindenzelten der Siedlung. Hugh folgte den Mädchen und sah zu, wie sie sich vor dem Rindenzelt, das wohl den beiden Lenapé-Indianerinnen gehören musste, daran machten, neues Holz in das Feuer zu legen und in einem Kessel etwas Maismehl und Wasser zu einem fast geschmacklosen Brei zu verrühren, der ihr Frühstück darstellte. Hugh spürte erst, wie hungrig er gewesen war, als er nach einer der groben Holzschüsseln griff und zu essen begann.
Eine Indianerin kam aus der Hütte und verzog ihr Gesicht zu einem schiefen Lächeln, als sie Hugh entdeckte. Sie trug nur eine Lederschürze um die Hüften, ihre langen, faltigen Brüste hingen schwer über ihrem Bauch. Hugh spürte, dass er rot wurde, bei dem Anblick und senkte rasch den Blick. An die Nacktheit der Frauen in der Indianersiedlung konnte er sich nicht gewöhnen, sie erfüllte ihn mit Scham und Unsicherheit.
Die Sonne schien hell vom Himmel und er konnte nichts dagegen tun, dass es ihm mit einem Mal seltsam leicht um das Herz war. Er sah zu Marie, die mit geneigtem Kopf über ihrer Schüssel saß, er hörte das leise Schmatzen und für einen kurzen Augenblick schien die Welt in Ordnung zu sein, und der Abgrund, der sich in dem Moment des Überfalls vor ihm aufgetan hatte, war verschwunden.

Nach ihrem Frühstück begannen die Mädchen, das kaputte Netz auszubessern, während Gischapan, die Indianerin, bei der die Mädchen lebten, die kleinen Fische, die inzwischen zu zappeln aufgehört hatten, in einem großen Holzbottich, der mit vielen kleinen Verstrebungen versehen war, ausbreitete, und diesen über die Feuerstelle hing. Sie streute etwas über die Flammen und bald stieg der unverkennbar würzige Geruch von Kiefernadeln auf.
Hugh stellte die Holzschüssel neben sich und kreuzte seine Beine. Die Mädchen griffen einen Korb mit schmalen, grün schimmernden Zweigen und suchten sich einige davon heraus.
Dann lösten sie deren feuchte Rinde vorsichtig von dem weiß schimmernden Holz darunter ab und zwirbelten die Rinde mit raschen und geschickten Bewegungen zwischen den Händen zu einem schmalen, aber sehr festen Faden. Fasziniert sah Hugh ihnen zu. Eine solche Technik hatte er noch nie gesehen, aber in diesem Augenblick wurde ihm bewusst, dass die Indianer viele Dinge, die ihm ganz selbstverständlich erschienen, nicht kannten. Sie hielten sich weder Schafe, noch pflanzten sie Flachs oder Baumwolle, die Frauen wussten nicht, wie man spann oder webte. Die Männer kannten keinen Pflug und keine Äxte, er erinnerte sich daran, dass sein Vater ihm auf der langen Überfahrt sogar erzählt hatte, dass die Indianer auch das Pferd erst durch den weißen Mann kennengelernt hatten.
Doch offensichtlich hatten die Lenapé eigene Mittel und Wege gefunden, um sich Werkzeug herzustellen. Als die Mädchen genug von dem Rindenfaden gezwirbelt hatten, flochten sie ihn in die Stellen an den Netzen, die zu große Löcher zeigten und durch die Fische hindurch schlüpfen konnten.
Die Lenapé-Indianerin half ihnen dabei, ihre schmalen, braunen Finger, deren Haut wie Leder aussah, arbeiteten noch flinker und geschickter, als die der Mädchen, und ihre Brüste wippten dazu im Takt, doch zugleich fehlte ihrer Art zu arbeiten etwas. Es schien, als spiele die Zeit keine Rolle, als könnten die Frauen noch tagelang hier sitzen und die Netze flicken, ohne dass die nächste Arbeit schon auf sie wartete.
Hugh konnte die Gelassenheit der Frauen spüren, auch der beiden weißen Mädchen, sie schienen ganz und gar nur mit ihrer gegenwärtigen Aufgabe beschäftigt und hingen zugleich jede ihren Gedanken nach, sodass er fast glaubte, sie hätten ihn vergessen.

Er ertappte sich dabei, dass er sich vorstellte, wie es wohl sei, wenn auch Barbara und Marie nur eine jener Lederschürzen tragen würde und ein Grinsen schlich sich dabei auf sein Gesicht. Sofort errötete er wieder, doch den Frauen schien das Wechselspiel seiner Gesichtszüge entgangen zu sein.
Die Sonnenstrahlen streichelten ihre Gesichter und Barbara hielt für einen Augenblick in ihrer Arbeit inne und schloss die Augen. Ihr Gesicht wirkte klein und verletzlich, die Sommersprossen auf ihrer Nase fast wie ein böser Spott, doch als sie so mit geschlossenen Augen da saß und ihre harten Gesichtszüge sich ein wenig entspannten, stellte Hugh fest, dass auch sie hätte schön sein können, wenn das Schicksal ihr anders mitgespielt hätte.
Doch die Verzweiflung hatte schon jetzt bittere Spuren in ihr junges Gesicht gegraben.
Etwas an ihrem Hals reflektierte die Sonne und neugierig betrachtete Hugh den kleinen Anhänger, den sie an einem Lederband um den Hals trug. „Was ist das?“, fragte er sie und streckte die Hand danach aus.
Beinahe erschrocken wich Barbara zurück und umschloss die kleine Holzfigur mit den Fingern. Es schien ihr unangenehm zu sein, dass er den Anhänger bemerkt hatte.
„Das ist nur ein albernes Geschenk, es bedeutet nichts.“ Sie lachte ein wenig zu hell, um es beiläufig klingen zu lassen.
Dann löste sie ihre Hand widerwillig von dem Lederband und Hugh erkannte, dass es eine kleine, glattpolierte Schildkröte war, deren Panzer mit feinen Kerben in das Holz geschnitzt wurden. Barbara nestelte nervös an dem Band herum und ließ sie dann rasch wieder unter ihrem Lederkleid verschwinden.
„Wo kommst du eigentlich her?
„Aus Carlisle. Meine Eltern hatten dort eine Farm.“
„Was ist mit deinem Vater?“
Die Wärme der Sonne auf seinem Gesicht wich schlagartig der kummervollen Kälte seiner Erinnerungen. „Mein Vater ist im Frühjahr gestorben. Lungenfieber.“ Barbara nickte betroffen und Marie warf ihm einen mitfühlenden Blick zu.
Hugh stellte erneut fest, wie unbeschreiblich schön ihre großen, dunklen Augen waren, die von den dicken schwarzen Locken ihres Haares umrahmt wurden. Ein seltsamer Ausdruck lag darin, eine Traurigkeit, die ihm vertraut

vorkam, obgleich er sie erst seit wenigen Stunden kannte.
Sie schien zu bemerken, dass er sie anstarrte, und sah ihn an. Der Blick ihrer dunklen Augen, so tief wie ein See in einer mondlosen Nacht, ging ihm durch und durch. Rasch senkte er den Blick und spürte, wie er erneut errötete.
„Gibt es viele Gefangene hier?“, fragte er die Mädchen. Barbara warf einen zögernden Blick auf Gischapan, die inzwischen jedoch mit der Glut unter der Räuchervorrichtung beschäftigt schien und ihrer Unterhaltung keine Beachtung schenkte.
„Ja, es gibt Einige, alle aus verschiedenen Orten, Iren, Deutsche, Engländer. Sie trennen die Familien, dann ist es leichter, sie zu Indianern zu machen.“
Marie warf ihr einen warnenden Blick zu und sie schwieg. Marie neigte sich vor und sagte leise: „Manchmal, wenn die Männer zurück kommen, bringen sie einige Frauen und Kinder mit. Einige bleiben hier. Andere bringen sie weg. Niemand von uns weiß, wohin und was mit ihnen geschieht. Den Kindern macht es nicht so viel aus. Sie …“, sie unterbrach sich kurz und wischte sich hastig über ihre Augen, „sie vergessen schnell. In den ersten Tagen weinen sie nur, doch dann werden sie still. Und nach einiger Zeit spielen sie mit den anderen Kindern, als wäre nie etwas gewesen. Sie werden zu Lenapé, einfach so, als verschwände ihr erstes Leben einfach. Sie vergessen ihre Namen, ihre Sprache, ihre Eltern und ihren Glauben und irgendwann glauben sie, es sei schon immer so gewesen, wie es jetzt ist. Sie sind verloren.“
Ein bitterer Ton schwang in ihrer Stimme mit. Hugh schluckte betroffen und dachte an die kleine Mary, der er am Vorabend begegnet war.
„Was ist mit den Älteren?“ Barbara zuckte die Schultern. „Was bleibt uns denn übrig? Wir versuchen, zu überleben.“ Sie strich sich eine Haarsträhne aus dem Gesicht. „Aber wir vergessen nicht“, fügte sie bitter hinzu. „Heute Abend wirst du die anderen kennenlernen.“
Nachdenklich schwieg Hugh. Er dachte an die Dinge, die Pisquetumen ihm in Fort Duquesne gesagt hatte.
„Pisquetumen hat gesagt, ich sei sein Bruder.“ Die Mädchen wechselten rasch einen Blick, den Hugh nicht zu deuten vermochte.
„Haben sie dich im Fluss gewaschen?“ Er nickte zögernd und die Schamesröte stieg ihm bei der Erinnerung an seinen Auftritt wieder ins Gesicht. „Dann

hast du Glück. Du bist jetzt einer von ihnen.“
Verwirrt sah Hugh sie an. „Was meinst du damit? Haben sie das mit euch nicht gemacht?“
Die Mädchen schüttelten den Kopf. „Nein. Der Indianer, der uns hierher gebracht hat, sein Name ist Galasko, er ist ein schlechter Mensch, verstehst du?“
Barbara sah Hugh an, dass er sie nicht verstand. „Nicht nur, weil er die Überfälle verübt“, sagte sie, „er ist einfach durch und durch schlecht, ein bösartiger Mensch. Gischapan ist seine Schwester und sie ist gut zu uns. Doch wir wissen nicht, was mit uns wird, wenn er zurückkommt.“ Ein dunkler Schatten legte sich bei ihren Worten auf die Gesichter der Mädchen und Hugh entschied sich, das Thema zu wechseln, um dem Sommermorgen nicht seinen ganzen Zauber zu nehmen.
„Der Krieg zwischen Frankreich und England ist in vollem Gange. Mehrere Tausend Soldaten sind in Halifax stationiert, um noch in diesem Sommer Neu-Frankreich anzugreifen und Quebec einzunehmen.“
In Barbaras Augen trat ein kurzes Leuchten. „Gott sei mit ihnen“, murmelte sie leise.
Eine ärgerliche Falte erschien auf Maries Stirn. „Was ändert das schon? Glaubst du, wenn sie Frankreich besiegen, kommen sie hier her und befreien uns?“
Barbara sah sie aus zusammen gekniffenen Augen an. „Das werden sie.“ Hugh konnte förmlich spüren, wie die Spannung zwischen den beiden Mädchen wuchs.
„Sie haben uns vergessen, verstehst du das nicht? Vermutlich glauben sie, wir sind alle tot. Sonst hätten sie uns doch schon längst befreit!“, stieß Marie hervor, doch Barbara wischte ihre Worte mit einer energischen Handbewegung beiseite. „Sie werden kommen, du wirst schon sehen“, sagte sie und vertiefte sich wieder in den Knoten vor ihr. Hugh glaubte, eine Träne in ihren Augenwinkeln schimmern zu sehen und Marie warf ihr einen seltsamen Blick zu, doch sie beließ es dabei, denn auch sie kannte die Verzweiflung, die sich hinter Barbaras unnachgiebigem Festhalten an ihrer baldigen Rettung verbarg.
Hugh entschloss sich, sich einer Antwort zu enthalten und rupfte einen

Grashalm aus, auf dem er herumkaute und den Mädchen zu sah. Die Zeit schien langsamer zu vergehen, als sonst, und es erschien ihm, als könne er für immer vor dem Zelt der Lenapé-Indianerin sitzen und den Mädchen bei ihrer Arbeit zu sehen.

Es war spät am Abend, als Marie zurück an das Flussufer kehrte, um die Netze für die Nacht auszubreiten. Das Licht fiel schräg durch das dichte Blätterdach der Bäume und der süße Geruch des Waldes stieg in der Abendluft auf, durch die der Wind die Stimmen aus dem Dorf zum Flussufer hinuntertrug.
Einige der Männer waren am Nachmittag von der Jagd zurückgekehrt und der Duft des gebratenen Fleisches hing schwer zwischen den Hütten. Maries Magen knurrte, denn sie hatte seit dem Frühstück nichts mehr gegessen und sie wollte sich damit beeilen, die Netze auszubreiten und zu den anderen zurückzukehren.
Die flachen Steine am Flussufer waren noch warm von der Sonne und kitzelten sie an ihren nackten Fußsohlen, als sie die Netze griff und mit ihnen in das dunkle Wasser watete.
Sie befestigte die Netze mit den dafür vorgesehenen Riemen an den kleinen Pfählen im Wasser und achtete darauf, dass sie sich nicht ineinander verwickelten.
Als sie ihre Arbeit getan hatte, blieb sie einen Augenblick im seichten Wasser stehen und ließ ihren Blick über den dunklen Fluss schweifen.
Mückenschwärme stiegen mit leisem Surren über ihr auf.
Die Sonne war fast hinter den Bäumen versunken und tauchte den Fluss und sein Ufer in wechselhaftes, goldenes Licht.
Manchmal erschien es ihr unvorstellbar, dass jenseits der Wälder und Berge die Welt, in der sie bis zu ihrem Überfall gelebt hatte, noch existierte, Menschen einfach weiterlebten, zur Kirche gingen, die Ernte einbrachten. Die Traurigkeit überfiel sie so plötzlich und so heftig, dass ihr die Tränen bei diesen Gedanken in die Augen stiegen und sie wie benommen zurück zum Ufer watete, um sich auf den Steinen auf die Knie sinken zu lassen.
Leise liefen die Tränen über ihr Gesicht, als sie die Bilder an ihren Vater, ihren Bruder und an ihre kleine Farm in Tulpehocken wieder aufleben ließ.
Es war eine stillschweigende Vereinbarung zwischen ihr und Barbara, sich

nicht ständig gegenseitig an ihr Schicksal, an das Erlebte zu erinnern, weil es zu schmerzhaft war. Aus diesem Grund mieden sie auch den Kontakt mit den anderen Gefangenen im Dorf, all ihre Geschichten ähnelten sich auf entsetzliche Art und Weise. Jeder von ihnen hatte erlebt, wie seine Familie ermordet wurde, manchmal hatten nur die jüngsten Kinder überlebt und waren hierher gebracht worden. Gleichzeitig wurden die Erinnerungen an die Gesichter der Geliebten, an die Vergangenheit, immer undeutlicher, verschwammen in ihrem Gedächtnis und wurden überlagert von ihrem Leben hier, bei den Lenapé und der Angst vor der Zukunft.
Ein Geräusch hinter Marie ließ sie zusammenfahren. Jemand, der sich zwischen den Bäumen am Flussufer verbarg, lachte. Erschrocken fuhr Marie auf und sah sich um. „Wer ist da?", fragte sie mit zitternder Stimme.
Ein Schatten löste sich aus den Bäumen und sie konnte die Gestalt eines jungen Lenapé-Indianers erkennen, dessen tiefschwarzes Haar ihm lang über die Schultern fiel.
„Weißt du nicht", hörte sie seine raue Stimme sagen, „wie gefährlich es für eine Frau ist, in der Nacht am Wasser zu stehen und traurig zu sein?" Sie wich einen Schritt vor dem Mann zurück und spürte, wie der Fluss ihre bloßen Knöchel umspülte.
Der Lenapé trat nach vorne in das schwache Licht der untergehenden Sonne und blieb dicht vor ihr stehen, sodass sie sehen konnte, dass er nur ledernde Beinkleider trug. Ein seltsames Muster schlängelte sich über seine Oberarme und die dunkle Haut seiner Brust. Der Wind trug den sanften Geruch seines Körpers zu ihr herüber, sie hob den Blick und sah ihn an.
Als sie ihm in die Augen sah, erkannte sie, dass sie ihn schon einmal gesehen hatte, vor vielen Monaten. Er war der Lenapé-Indianer, der Barbara in Puncksotonay vor dem Flammentod gerettet hatte.
„Unser Volk erzählt sich eine Geschichte", sagte er, ohne seinen Blick von ihr zu lösen. „Vor langer Zeit mussten die Frauen, wenn ihr Mond gekommen war, eine Hütte allein am Wasser beziehen, bis sie wieder rein waren. Einmal stand ein Mädchen so wie du am Wasser und sehnte sich danach, zu den anderen ihres Stammes zurückkehren zu können, als ein junger Mann hinter ihr erschien." Ein seltsames Gefühl überkam Marie, während sie ihm zuhörte. Etwas in ihr, eine eindringliche, laute Stimme, warnte sie davor, hier

allein mit ihm zu stehen und ihm zuzuhören. „Er war von so schöner Gestalt, dass das Mädchen sich augenblicklich in ihn verliebte und einwilligte, ihn zu heiraten“, fuhr er fort und lächelte, dass seine dunklen Augen funkelten und seine Zähne im letzten Sonnenschein des Tages aufblitzten. Marie bemerkte die kleinen Grübchen, die seinen Mund umspielten, wenn er lachte, und sah das Funkeln in seinen Augen. Sie ertrug seinen Blick mit einem Mal nicht länger und senkte die Augen. Es war bei den Lenapé nicht üblich, einander so lange in die Augen zu sehen, außer man suchte Streit. Es hatte etwas zu bedeuten, dass er sie so ansah, und ein Teil in Marie schien zu wissen, vielleicht auch nur zu ahnen, was es war, während ein anderer Teil in ihr entsetzt zurückwich. „Ich muss zurück“, murmelte sie und machte einen vorsichtigen Schritt auf ihn zu, um an ihm vorbei zum Flussufer zu gelangen, doch er blieb einfach vor ihr stehen und redete unbeirrt weiter. Wenn sie ihn nicht berühren wollte, musste sie stehen bleiben. Was wollte er von ihr? Sie und Barbara hatten rasch festgestellt, dass ihnen von den indianischen Männern keine Gefahr drohte, sie schienen kein derartiges Interesse an ihren weiblichen Gefangenen zu haben, doch Marie wusste auch, dass sie allein hier unten am Flussufer war, niemand würde sie hören, wenn sie schrie.
„Die Heimat des Mannes lag am Grunde eines tiefen, dunklen Sees. Das Mädchen fürchtete sich vor dem Wasser, doch als sie all die schönen Fische sah, vergaß sie ihre Angst und folgte ihrem Mann. Tiefer und tiefer stiegen sie hinab, bis das Wasser über ihnen zusammenschlug und sie das von tiefgrünen Algen umrankte Haus des Mannes am Grund des Sees erreichten.“
Er beugte sich mit einer sanften Bewegung ein wenig nach vorne. Mit einem leisen Schrei wich Marie zurück und stolperte auf dem unebenen Grund des Flussufers. Mit einer fast beiläufigen Bewegung streckte er den Arm aus und hielt sie fest. Sie konnte die Muskeln seines Armes auf ihrer Haut spüren, seinen Atem an ihrem Hals und irgendetwas geschah mit ihr, etwas, für das sie keine Worte fand, das gefährlich und faszinierend zugleich war. Er löste seinen Griff und fuhr fort: „Der Mann lebte dort am Grunde des Sees gemeinsam mit seiner Mutter. Zunächst war die junge Frau sehr glücklich mit ihrem schönen Ehemann, doch dann vermisste sie ihre Familie und ihren Stamm so sehr, dass ihr Herz schwer wurde vor Kummer. Die alte Frau hatte Mitleid mit ihr, und als der Mann eines Tages auf die Jagd zog, half sie dem

Mädchen bei der Flucht aus dem See. Gerade aber, als sie beide das Ufer erreichten, traf ein Blitz die alte Frau, und als das Mädchen zu der Stelle sah, an der die Frau gestanden hatte, lag dort eine tote Maxa'xak, eine gehörnte Schlange. So schnell sie konnte, lief das Mädchen zurück in ihr Dorf. Ihre Großmutter, eine weise und kluge Frau, erkannte, dass das Mädchen von einem Schlangenmann verführt worden war und nun seine Kinder in ihrem Leib trug. Nur eine starke Medizin konnte sie von ihren Schlangenkindern befreien."

Der Klang seiner rauen Stimme war bei den letzten Worten nur noch als Flüstern zu hören, das sich mit dem Rauschen der Blätter im Abendwind vermischte.

Die Sonne war nun endgültig hinter den Bäumen verschwunden und Marie konnte seinen Blick nun mehr spüren als sehen. „Ich …", sie ärgerte sich über ihre zittrige Stimme. Es gab keinen Grund für ein Mädchen, sich allein mit einem jungen Mann zu unterhalten, auch nicht, wenn man von Indianern gefangen genommen worden war.

Energisch machte sie einen Schritt auf ihn zu. „Ich muss zurück", sagte sie und schob ihn zur Seite. Mit hastigen Schritten lief sie auf die Feuer und Stimmen von Kittanning zu. Mit klopfendem Herzen lauschte sie, ob er ihr folgte, doch sie hörte nur ihre eigenen Schritte. Sie versuchte, ihre Gedanken zu klären, doch es schien ihr nicht zu gelingen. Ein seltsames Feuer brannte in ihrem Innern und sie holte tief Luft, bevor sie in das Licht der Feuerstelle vor Gischapans Hütte trat.

Einige der anderen Gefangenen hatten sich vor ihrer Hütte eingefunden. Im Laufe des Frühjahrs waren immer mehr Opfer der Grenzüberfälle zu ihnen nach Kittanning gestoßen, Frauen und Kinder, viele Deutsche und Iren. Es hatte sich bald eine Gemeinschaft unter ihnen gebildet, sodass man oft am Abend beisammen saß. Viele der Lenapé sahen es nicht gern, einige wurden sogar zornig, wenn sie hörten, wie sie deutsch untereinander sprachen, doch es gab den Gefangenen ein wenig das Gefühl, das jene Welt hinter den Wäldern, der sie so brutal entrissen worden waren, tatsächlich noch existierte.

Martha saß am Feuer und stillte ihren wenige Monate alten Sohn. Sie war schwanger, als eines Morgens im vergangenen Herbst die Indianer ihre

Farm überfielen. Ihren Mann und ihren Schwiegervater töteten sie sofort, Martha und ihre fünfjährige Tochter Lisa nahmen sie mit. Irgendwo auf dem Weg nach Kittanning, in einem der kleineren Indianerlager entlang des Susquehanna wurden sie voneinander getrennt, doch Martha gab wie so viele andere die Hoffnung nicht auf, sie wiederzufinden.
Peter und Frank zeichneten mit ein paar Stöcken Schriftzeichen in den Sand, man hatte ihre Eltern erschlagen, als diese sich auf dem Weg zu ihrer Farm in der Nähe von Albany befanden, ihr großer Bruder war verschollen. Die beiden Jungen waren blass und schweigsam, manchmal blinzelten sie neugierig, wenn sie die Lenapé-Männer bei ihren Vorbereitungen zu der Jagd beobachteten, doch oft saßen sie so wie jetzt zusammen und kritzelten die Buchstaben, die ihnen aus den paar Schulstunden ihres Lebens noch im Gedächtnis waren, in den Sand. Als die Bewohner von Kittanning die Maissaat auf die mühsam den Wäldern abgerungenen Felder ausgebracht hatten, hatten sich die beiden Jungen nützlich gemacht.
Roisin war Irin und stammte aus der Nähe von Carlisle, eine schlanke Frau mit flackerndem Blick, die Marie ein wenig an Sarah erinnerte. Ihr Mann hatte sich den Grenzmilizen angeschlossen und sie mit ein paar anderen nach Philadelphia zu Verwandten geschickt, doch noch am Tag ihrer Abreise hatte man sie gefangen genommen. Der Rest ihrer Reisetruppe war tot, in der Ferne hatte Roisin ihre eigene Farm in Flammen aufgehen sehen.
Barbara bemerkte offenbar, dass etwas mit ihr geschehen war, denn sie sah sie eine Weile neugierig an, sagte aber nichts. Hugh saß neben ihr und kaute auf einem Grashalm herum.
Marie schlang ihre Arme um ihre Knie und schloss die Augen. Dabei fühlte sie, dass Hugh sie noch eine Weile ansah. Sie öffnete die Augen erst wieder, als sie spürte, dass jemand dicht an ihrem Feuer vorüberging. Es war der junge Lenapé vom Flussufer.
Maries Herz begann zu ihrem Ärger, erneut schneller zu schlagen, doch er sah sie nicht an. Und zu allem Überfluss bemerkte Marie, dass Gischapan sie lächelnd beobachtete. Das Blut schoss ihr in die Wangen.
„Sein Name ist Netawatees“, sagte die Lenapé-Frau. Marie schüttelte ärgerlich den Kopf. „Mich interessiert sein Name nicht.“
Barbara lachte nun ebenfalls. „Dafür scheint es dich aber sehr zu berühren!

Deine Wangen glühen ja!“
Marie funkelte sie wütend an. „Er hat dir das Leben gerettet, erinnerst du dich nicht?“ Barbaras Gesicht wurde schlagartig ernst. „Er …“, stammelte sie. „Ja, genau!“
Rasch wandte Marie ihr Gesicht ab, damit Barbara nicht sah, wie aufgewühlt sie war.
„Er ist der Sohn meiner Schwester. Sein Name bedeutet: „Weiser Ratgeber“, fuhr Gischapan fort. „Er ist noch sehr jung, aber eines Tages wird er unserem Volk ein guter Anführer sein.“
Gischapans Worte klangen noch eine Weile in ihr nach und Marie dachte an das seltsame Gefühl, dass sie in seiner Nähe gefühlt hatte. Wieder schlug ihr Herz schneller und sie sah in die Dunkelheit, in die Richtung, in die er an ihr vorbeigegangen war.
„Netawatees“, flüsterte sie fast unhörbar seinen Namen vor sich hin, bevor sie sich abwandte und den anderen zum Schlafen in die Hütte folgte.

Die Tage waren satt und voller Sonnenlicht.
Jagatamoewi Gischuch, der Monat der Honigbiene, hatte Einzug gehalten und der Allegheny Fluss kroch träge durch das gleißende Licht der Sommertage an Kittanning vorüber.
Das Leben der Menschen in der Siedlung war leicht und unbeschwert. Nur wenige Stunden am Tag mussten sie noch auf den immer höher wachsenden Maisfeldern oder mit dem Sammeln von wilden Früchten verbringen, während sie in der Mittagshitze Schutz unter den dicht begrünten Bäumen suchen konnten und nur die Kinder zwischen ihnen tobten.
Viele der Männer, darunter auch Galasko und Souchy, verließen die Siedlung, um von Fort Duquesne aus neue Angriffe zu verüben und würden erst im Winter zurückkehren.
Die Wenigen von ihnen, die bei den Frauen zurückgeblieben waren, zogen alle paar Tage hinaus und kehrten mit gutem Fleisch zurück, während die Netze, die im Fluss hingen, sich scheinbar, wie von selbst mit Fischen füllten.
Maries Haut hatte einen tiefen Braunton angenommen, während Barbaras inzwischen über und über von Sommersprossen bedeckt zu sein schien.

Marie, Barbara und Hugh lehnten an einem Ahornbaum, dessen Blätterdach ihnen wundervollen Schatten spendete und warteten darauf, dass die Sonne ein wenig tiefer sank und sie zum Fluss gehen und die Netze ausbreiten konnten.
Einige von den kleineren Kindern spielten um sie herum, Federn und Perlen steckten in ihren Haaren und ihre Haut war von der Sonne so tief gebräunt, dass nur die blauen Augen einiger noch ihre Herkunft verrieten.
Sie lachten und tobten mit den anderen Kindern, als hätten sie tatsächlich vergessen, dass sie aus einer anderen Welt hierher gekommen waren. Auch Peter und Frank waren unter ihnen, die beiden Jungen rannten nur im Lederschurz bekleidet hinter den anderen her.
Marie schloss die Augen und lauschte den hellen Stimmen der spielenden Kinder. Sie fragte sich, ob es nicht unvermeidbar war, sich in die Gegebenheiten zu fügen und den Kummer in ihrem Innern ein wenig beiseite zu drängen, um weiter leben zu können.
Der Schmerz in ihrer Brust hatte sich verändert, er raubte ihr nicht länger die Sinne, sondern hatte sich in ein stilles Gefühl der Trauer gewandelt. Doch vielleicht hatte sie sich auch einfach nur daran gewöhnt. Ihre Gefangenschaft erschien ihr wie ein Albtraum, der bereits solange währte, dass sie sich damit abgefunden hatte, ihn zu träumen.
„Was würdet ihr als Erstes tun, wenn ihr zurück wärt?“, fragte Hugh sie plötzlich.
„Nach meinem Bruder suchen“, antwortete Marie, ohne zu überlegen.
„Ich“, sagte Barbara leise und lächelte, „würde einen ganzen Eimer voll frischer Milch trinken, dazu einen ganzen Berg Pasteten und geräucherte Wurst verschlingen.“ Die Lenapé verabscheuten Milch zutiefst und machten sich über die seltsame Angewohnheit der Europäer, als Erwachsene die Milch eines fremden Tieres zu trinken, lustig. Die anderen lachten, doch Barbaras Gesicht wurde plötzlich wieder ernst. „Aber natürlich würde ich zuerst in die Kirche gehen und Gott für meine Befreiung danken.“
Hugh stieß einen überraschten Pfiff aus. „Dann kannst du Gott ja auch gleich dafür danken, dass er uns in diese Lage gebracht hat, oder?“
Barbara schnappte empört nach Luft, doch Hugh gab ihr einen freundschaftlichen Stupser gegen die Schulter.

„Na, komm. Wer weiß, wie es überhaupt sein würde, nach Hause zu kommen. Ich meine, vielleicht würden sie uns gar nicht mehr erkennen, vielleicht gibt es niemanden mehr, der sich an uns erinnert."

In Maries Augen schimmerte erneut eine Träne und er bereute seine Worte sofort wieder.

Barbara jedoch strich sich energisch ihre widerspenstigen Locken aus der Stirn. „Meine Familie hat mich nicht vergessen. Ich bin mir sicher, dass meine Mutter weiß, dass Regina und ich noch am Leben sind und eines Tages zu ihr zurückkehren werden."

Hugh steckte sich einen Grashalm zwischen die Zähne und kaute darauf herum. „Keine Ahnung, was ich mache, wenn ich hier weg komme. Auf mich wartet da draußen niemand. Auf unserer Farm lebt sicher jemand anderes, weil sie mich für tot halten. Ich wüsste noch nicht einmal, wo ich unterkommen sollte."

Marie dachte an die Farm ihrer Familie und an die rauchenden Ruinen, die davon übrig geblieben waren. „Ja, es ist, als wären wir mit ihnen gestorben", sagte sie leise.

Barbara legte ihre Hand auf ihren Arm. „Aber Marie, so darfst du nicht sprechen", sagte sie bestimmt, „natürlich gibt es die. Ich bete jeden Abend dafür und ich weiß, dass wir eines Tages zurück in Tulpehocken sein werden. Und du wirst bei uns leben und wie meine Schwester sein, wäre das nicht wunderbar?"

Marie versuchte, zu lächeln, doch es missglückte zu einer traurigen Grimasse.

Es ging ihnen nicht schlecht bei den Indianern in Kittanning.

Gischapan und Masgichteu waren freundlich und großzügig und behandelten sie wie ihres gleichen. Und dennoch blieben sie Fremde unter den Indianern, blieb da eine unüberwindliche Barriere, ganz gleich, wie viele Nächte sie in einem Zelt schliefen und wie oft sie ihre Mahlzeiten teilten und gemeinsam arbeiteten.

Inzwischen konnten sie zwar einige Worte in der Sprache der Lenapé sprechen und auch verstehen und niemand fesselte sie oder sperrte sie ein. Trotzdem lebten sie in Gefangenschaft, auch ohne Fesseln und Gitterstäbe, hier unter freiem Himmel.

„Wer weiß schon, was dort draußen los ist, ich meine, ob es tatsächlich Krieg gibt zwischen Frankreich und England. Vielleicht stehen morgen schon ein paar Rotröcke vor uns und wir sind frei“, unterbrach Hugh ihre Gedanken.
„Vielleicht“, antwortete Marie düster, „bringen sie uns auch vorher um.“
Sie dachte an den schrecklichen Zwischenfall in Puncksotonay, doch dann erinnerte sie sich an Netawatees, wie er zwischen die anderen Indianer geschritten war und Barbara in letzter Sekunde vor dem Flammentod gerettet hatte. Die Erinnerung an ihre Begegnung unten am Flussufer stieg in ihr auf und sie musste unwillkürlich in sich hinein lächeln.
Barbara sah sie einen Augenblick sorgenvoll an, weil ihr der Grund ihres Lächelns natürlich nicht klar sein konnte, doch Hughs Augen blitzten, als könne er ihre Gedanken lesen, und er erwiderte ihr Lächeln mit einem schiefen Grinsen, bei dem der Grashalm zwischen seinen Lippen auf- und abwippte. Ein wenig beschämt, schlug Marie ihre Augen nieder und fühlte, wie ihre Wangen rot wurden.
Die Sonne stand hoch am Himmel, keine Wolke störte ihre Kraft, der Fluss glitzerte im Licht und kleine Insekten summten über ihren Köpfen.
„Kommt“, sagte Hugh plötzlich und sprang auf, „wer zuerst im Wasser ist.“
Ohne auf ihre Antwort zu warten, riss er sich sein Hemd und seinen Gürtel vom Leib und stürzte sich in den Fluss, wo er für einige Sekunden untertauchte, um schließlich prustend an einer anderen Stelle wieder zu erscheinen. Die Mädchen lachten. „Ich kann nicht schwimmen“, rief Barbara. „Ich auch nicht“, schloss Marie sich ihr an.
„Na, bis zu den Knien werdet ihr euch wohl hinein trauen, das Wasser ist herrlich!“
Barbara und Marie sahen sich einen Augenblick zögernd an. Dann lachte Barbara und fasste Marie an der Hand, um mit ihr zum Ufer hinunter zu laufen.
„Sieh mal“, sagte Barbara plötzlich. Marie legte eine Hand über ihre Augen und sah in die Richtung, in die Barbara gewiesen hatte. Einige Kanus trieben den Fluss hinab auf die Siedlung zu. In den vergangenen Wochen kamen fast täglich neue Kanus und Reiter an, viele Lenapé aus anderen Siedlungen, aber auch Mingos, die einst zum Volk der Irokesen gehört und sich nun im Ohio-Tal niedergelassen hatten, aber auch Angehörige der Shawnee, des Brudervolkes

der Lenapé, die freundlichen Miamis, die weiter im Westen lebten und aus dem Osten Angehörige der Ojibwa. Kittanning wurde mehr und mehr zu einer Art Sammellager all dieser Indianer. Einige von ihnen sprachen die gleiche Sprache, andere nicht. Viele hatten sich an Überfällen auf die englischen Siedlungen beteiligt oder an der Seite der Franzosen gegen englische Truppen gekämpft. Weiße Gefangene waren bei ihnen, die sich bald mit den anderen Gefangenen zusammentaten. Shingas und Jacobs gehörten zu den Anführern, doch letztlich hatte jede Gruppe einen eigenen Führer und jeder Jagd- und Kriegszug wurde in endlosen Gesprächen am Feuer besprochen, bis sich alle einig waren. Es gab wohl nur eines, was all diese unterschiedlichen Indianer einte: Die Angst vor den englischen Siedlern, die ihnen ihr Land wegnahmen. Gischapan hatte den Mädchen erzählt, dass noch bevor die Siedler gekommen waren, schreckliche Krankheiten ganze Dörfer und Völker vernichtet hatten, Krankheiten, gegen die jede Medizin wirkungslos gewesen war. Die weisen Männer waren gestorben, ohne ihr Wissen weitergegeben zu haben und die Überlebenden irrten nun ziellos über den Rücken der Großen Schildkröte, der einst ihre Heimat gewesen war und auf dem sie nun keinen Frieden mehr finden sollten.
Galasko und Souchy waren oft wochenlang aus Kittanning verschwunden, und wenn sie wieder auftauchten, kümmerten sie sich nur wenig um Marie und Barbara. Dennoch wusste Marie, ohne genau bestimmen zu können, warum, dass ihr Leben und ihr Wohlergehen in hohem Maße von diesen beiden Männern abhing. Aus Gründen, die sie nicht verstand, hatten sie sich entschieden, sie und Barbara am Leben zu lassen. Doch niemand konnte wissen, wie lange dies so blieb. Tatsächlich saßen Galasko und Souchy in dem Kanu und noch eine Gestalt war bei ihnen, die klein und zusammengesunken in der Mitte des Einbaumes saß. Als die Gestalt den Kopf hob, sah Marie lange, hellrote Locken um ein ausgezehrtes Gesicht mit flackernden grünen Augen fallen. „Sarah“, rief sie und lief ihr entgegen.
Die Frau in dem Boot schwankte unsicher, als die Lenapé aus dem Kanu sprangen und ihr mit barschen Handbewegungen zu verstehen gaben, aufzustehen. Unsicher watete Sarah durch das Wasser und wäre fast gestürzt, wenn Marie nicht im letzten Augenblick hinzugekommen und sie festgehalten hätte. „Sarah, kannst du dich noch an uns erinnern?“

Sie sah Sarah ins Gesicht, doch in ihren grünen Augen spiegelte sich kein Erkennen, sondern nur eine entsetzliche, hoffnungslose Leere.
Langsam ließ Marie ihre Arme sinken.
Galasko packte Sarah unsanft am Arm und stieß sie vor sich her zu den Zelten und Hütten der Siedlung. „Komm“, sagte Barbara und fasste ihr Handgelenk. „Misch dich nicht ein. Sei froh, wenn er uns in Ruhe lässt.“ Doch Marie machte sich los und sah der taumelnden Gestalt mit den roten Locken nach, bis sie in einem der Rindenzelte verschwand. Nicht allen konnte das Vergessen gelingen.

*

Colonel John Armstrong sog die herbstlich-kühle Morgenluft zwischen seinen Zähnen ein. Noch hing Nebel über dem Fluss, doch er würde sich bald auflösen und den Weg freigeben in das Indianernest.
Knapp einen Monat war es her, dass Shingas und seine Bande rothäutiger Mörder das gerade errichtete Fort Granville überfallen und seinen Bruder, den Kommandanten des Forts erschlagen und skalpiert hatten.
Die Männer, die den hinterhältigen Überfall überlebt hatten, hatten ihm erzählt, wie die Indianer mit lautem Triumphgeschrei zwischen den Hügeln verschwunden waren, den Skalp seines Bruders Joseph auf eines ihrer Gewehre gespießt.
Armstrong hatte keine Sekunde gezögert, sich Thomas Penn und Gouverneur Morris als Kommandant der Straf-Expedition nach Kittanning anzubieten, und diese hatten ihm dies nicht abschlagen können.
Offiziell schickte man ihn, um die Männer zu befreien, die die Indianer als Gefangene aus Fort Granville mitgenommen hatten, denn noch immer verhinderten die Quäker gezielte Aktionen gegen die Rückzugspunkte der Ohio-Indianer. Doch seine Familie hatte ihren Einfluss geltend gemacht und innerhalb nur einer Wochen standen dreihundert Mann aus dem Grenzgebiet unter seinem Kommando.
Colonel Armstrong lud sein Gewehr. Er stopfte das Pulver und die Kugel in den Lauf und befestigte Zündkraut. Dann straffte er seinen Gürtel und überprüfte die Schärfe seines Bajonetts, dessen Klinge in der aufgehenden

Sonne blinkte.
Es lag durchaus in seiner Absicht, die gefangenen Männer zu befreien, doch in erster Linie stand ihm der Sinn nach Rache. Rache für seinen grausam ermordeten Bruder und seine geschändete Leiche.
Shingas, ihr Anführer, war bei dem Angriff schwer verwundet worden.
Ein Schuss hatte seine rechte Schulter durchschlagen. Es würde ihnen ein Leichtes sein, ihn und seine Legende zu vernichten.
Armstrong hatte keine Zeit verloren.
Noch am Tag nach der Beerdigung seines Bruders war er mit seinen Männern nach Westen aufgebrochen. Die Überfälle an der Grenze gerieten außer Kontrolle, daran konnten auch Weiser und seine Handvoll Männer nichts ändern. Zu viele Unschuldige waren bereits umgekommen oder hatten alles verloren.
Sein Bruder hatte tapfer seine Heimat verteidigen wollen und war feige von den Indianern ermordet worden. Es gab nichts mehr mit ihnen zu verhandeln, so wie es die Quäker im Parlament vorschlugen. Gewehrkugeln waren die einzige Sprache, die sie verstanden.
Nachrichten sickerten nach Pennsylvania durch, dass sich die Angreifer in eine Siedlung weit im Westen am Allegheny Fluss nach ihren Kriegszügen zurückzogen, wo ihre Frauen und Kinder auf sie warteten.
Bisher hatte es niemand gewagt, sie in diese undurchdringliche Wildnis zu verfolgen und sie wähnten sich in Sicherheit zwischen Bergen und Wald.
Doch Armstrong würde dem ein Ende bereiten. Grimmig packte er sein Gewehr und sah sich in dem Lager am Flussufer um.
Die Männer rappelten sich inzwischen träge von ihrem unbequemen Nachtlager auf. Sie waren keine ausgebildeten Soldaten, die Meisten waren Farmer aus dem Grenzland, die dem Ruf zu den Waffen gefolgt waren, um ihre Häuser und Familien zu verteidigen. Sie waren die langen Märsche nicht gewohnt und wirkten müde und erschöpft, doch sie konnten nicht mehr weit von dem Indianerdorf entfernt sein.
„Wie weit noch?“, fragte Armstrong Gibson den jungen Leutnant McGinnes, der neben ihm stand und auf Anweisungen wartete. „Einen Tagesmarsch, Colonel.“ Armstrong nickte grimmig.
Sie hatten Kundschafter vorausgeschickt. Die Indianer hatten offensichtlich

noch nicht einmal Wachtposten aufgestellt, so sicher wähnten sie sich.
Kein Wunder bei diesem verfluchten weibischen Gehabe der Quäker, jene weltfremden Idealisten, die sich in die Hose schissen, wenn es ernst wurde.
Sein Bruder war auch ihretwegen gestorben.
Doch er würde Rache für ihn nehmen, er würde diesen Indianern zeigen, was es hieß, sich mit ehrenhaften Männern anzulegen.
„Gebt den Befehl zum Aufbruch“, bellte Armstrong McGinness an.
Kurze Zeit darauf setzten die Männer ihren Marsch Richtung Kittanning fort.

*

Der Wald trug bereits wieder sein Herbstgewand und die Bäume rund um Kittanning leuchteten in allen Rot- und Gelbtönen, während der Boden harzig und feucht zu riechen begann. Auch die Nächte wurden kälter und kühler Nebel stieg am Abend vom Fluss auf und kroch in die Kleidung und Decken der Menschen in Kittanning.
Kitschitachquoak, der erste Herbstmonat September, beendete die Tage der gleißenden Hitze und brachte den milden Sonnenschein des schwächer werdenden Lichts mit sich.
Marie reckte sich langsam in ihrem Lager aus Fellen und Decken.
Es schien noch früh am Morgen zu sein, denn es drangen noch keine Laute in die kleine Hütte. Barbara, Masgichteu und Gischapan schliefen noch fest auf ihren Matten und Marie lauschte ihren tiefen, gleichmäßigen Atemzügen für eine Weile. Unter ihren Decken war es wohlig warm, während draußen der kalte Morgen mit wolkenverhangenem Himmel auf sie wartete.
Plötzlich zerrissen Schüsse die Stille. Marie und die anderen Frauen fuhren hoch. Gischapan sah sich entsetzt um. Draußen brach ein ohrenbetäubender Lärm los und Schüsse fielen ganz in der Nähe ihres Zeltes.
„Sie kommen“, flüsterte Barbara wie zu sich selbst, als sie sich benommen aufrichtete, „sie kommen uns holen.“
Marie starrte sie einen Augenblick an. Dann hörte auch sie die Trommeln. Es waren keine Trommeln, wie sie die Indianer benutzten. Es war der blecherne Klang von Militärtrommeln.

Die Frauen sprangen auf und drängten sich nacheinander aus dem schmalen Zelteingang.
Draußen war heilloses Chaos ausgebrochen, Frauen und Kinder drängten sich vor Angst schreiend an ihnen vorbei und versuchten, den rettenden Waldrand zu erreichen.
Schüsse fielen um sie herum, auf der anderen Seite des Flusses standen mehrere Dutzend Männer, die mit erhobenen Gewehren wahllos auf die Zelte feuerten.
Marie begriff erst, in welcher Gefahr sie sich befand, als in ihrer unmittelbaren Nähe einige Gewehrkugeln einschlugen. „Wir müssen hier weg“, schrie sie, doch ihre Stimme ging in dem Lärm um sie herum unter. Gischapan schien sie verstanden zu haben und nickte. Sie wandten sich um und folgten den anderen zum Waldrand.
Plötzlich stand Hugh vor Marie. Er packte ihren Arm und zerrte sie mit sich mit. Überrascht ließ Marie sich einige Schritte mit ziehen, bis sie bemerkte, dass Barbara nicht bei ihnen war.
„Barbara“, rief Marie plötzlich und riss sich los. Panisch sah sie sich nach ihr um, doch sie konnte sie nirgendwo entdecken. Sie stürmte zurück zu Gischapans Hütte.
Um sie herum schlugen Kugeln in die Bäume ein, ihr Surren erfüllte die Luft. Der Schwarzpulverrauch war so heftig, dass ihre Augen und ihre Lungen brannten.
Barbara stand noch immer wie angewurzelt vor ihrem Zelt. „Barbara“, schrie Marie, „komm, wir müssen hier weg!“ Doch Barbara schien sie gar nicht zu hören. Marie griff schließlich nach ihrer Hand, doch sie machte sich los.
Marie konnte sehen, dass sie ihre Lippen bewegte, doch sie verstand kein Wort, von dem, was Barbara sagte. Ein seltsamer Ausdruck lag auf ihrem Gesicht, während sie wie gebannt zu den Männern auf der anderen Flussseite starrte.
Hinter ihnen brachten sich einige Lenapé und Krieger der anderen Stämme hinter den Bäumen in Stellung, und begannen, auf die Reihen der Angreifer zurückzufeuern. Marie konnte sehen, wie einige der Milizen getroffen zu Boden gingen.
Mit schrecklicher Gewissheit erkannte Marie, dass sie keine Zeit mehr ver-

lieren durften. Ohne auf Barbaras Gegenwehr zu achten, packte sie sie am Handgelenk und zerrte sie mit sich mit.
Hugh kam ihnen entgegen und wies ihnen den Weg zum Waldrand. Frauen und Kinder rannten mit ihnen aus der Siedlung, doch zu ihrem Entsetzen sah Marie auch einige Indianer reglos am Boden liegen.
Immer wieder blieb Barbara stehen und drehte sich um, und Marie musste sie mit sich mit ziehen.
Sie erwartete jeden Augenblick, selbst von einer der umher fliegenden Kugeln getroffen zu werden und verletzt zu Boden zu fallen.
„Gott sei mit ihnen“, hörte sie plötzlich Barbara sagen, als diese erneut stehen blieb.
Verwirrt hielt auch Marie inne und drehte sich noch einmal zum Fluss um. Zwischen den Männern erkannte sie auf einmal Sarah, die durch den Fluss auf die Angreifer zu watete.
Wie durch ein Wunder traf sie keine der Kugeln. Sie verlor den Grund unter den Füßen und tauchte unter. Als sie prustend wieder an die Oberfläche kam, versuchte sie, verzweifelt strampelnd, den Fluss zu durchschwimmen. Dicht hinter ihr stürzte sich noch eine Gestalt in den Fluss. Maries Herz machte einen weiteren Sprung, als sie sah, dass es Peter war, der Junge, der noch vor wenigen Tagen im Lederschurz mit den anderen Kindern des Lagers gespielt hatte.
Lautes Rufen erklang hinter ihnen im Kugelhagel. Marie sah, wie eine Gruppe von Männern, vielleicht vier oder fünf, zwischen den Hütten und Zelten hervorstürmten und sich blindlings in das Wasser stürzten.
Ein schrecklicher Ausdruck der Verzweiflung lag auf ihren schmutzbedeckten Gesichtern und an ihren Kleidern erkannte Marie, dass es keine Lenapé-Männer waren.
Dann wurde ihr plötzlich klar, dass es sich um die Gefangenen handeln musste, die Shingas und Jacob von ihrem Überfall auf das Fort im Grenzland mitgebracht hatten.
Viele der Männer konnten nicht schwimmen und versanken unter lauten Schreien in der trägen Strömung des Flusses. Andere kämpften sich verzweifelt auf das andere Ufer zu. Keiner von ihnen achtete auf Sarah, die sich nur mit letzter Kraft an der Oberfläche halten konnte, ohne jede Aussicht, das

rettende, gegenüberliegende Ufer zu erreichen.
Einer der Männer aus den Reihen der Milizen schien Mitleid mit ihr zu haben und sprang in den Fluss. Mit schnellen Bewegungen schwamm er auf sie zu, doch in diesem Augenblick jagte ein Indianer auf seinem Pferd die Böschung hinunter. Er trieb sein Pferd in den Fluss und bekam Sarah an ihren Haaren zu fassen. Brutal riss er sie herum und zerrte sie mit sich zurück an das Ufer.
Ein anderer Indianer preschte in das Wasser. Er packte den Jungen und beendete auch seinen Fluchtversuch.
Marie schloss die Augen und zwang sich, weiter zu laufen und Barbara mit sich zu ziehen. Kurz bevor sie den Waldrand erreichten, erschütterte plötzlich eine gewaltige Explosion den Wald, und als die Gefangenen sich erschrocken herumdrehten, stieg bereits eine dichte Rauchwolke über der Siedlung auf. Die zerfetzten Teile der Rindenhütten wurden durch die Luft geschleudert und prasselten neben ihnen auf den Boden.
„Die Pulverfässer", schrie Hugh, doch Marie las mehr von seinen Lippen ab, als dass sie seine Worte verstand. Eine weitere, noch heftigere Explosion brachte den Erdboden zum Beben und Marie und Barbara wurden auf die Knie geschleudert.
„Sie beschießen die Pulverfässer der Indianer." Hugh starrte mit schreckgeweiteten Augen auf die Hütten, zwischen denen sich beißender Qualm ausbreitete und ihnen die Sicht nahm.
Der Rauch brannte in ihren Lungen und Hugh half den Mädchen, auf die Füße zu kommen und sie liefen geduckt auf den sicheren Waldrand zu, wo bereits viele Frauen und Kinder aus der Siedlung Deckung gefunden hatten. Sie brachen durch die ersten Zweige und kauerten sich dann, hinter einigen Sträuchern und Bäumen verborgen, zwischen die anderen auf den Boden.
Viele der kleinen Kinder weinten. Marie hob vorsichtig den Kopf und suchte nach Gischapan und Masgichteu, doch sie konnte die beiden Indianerinnen nirgendwo entdecken.
Das Kugelfeuer der Gewehre hallte zu ihnen herüber, in dessen kurzen Unterbrechungen sie die kreischenden Schreie der Verletzten hören konnten.
Marie konnte nicht sagen, wie lange das Gefecht gedauert hatte, doch es er-

schien ihr wie eine Ewigkeit vor zu kommen, als die letzten Schüsse endlich verhallten und eine unheimliche Stille eintrat.
Vorsichtig reckten einige von ihnen die Köpfe. Doch dann hörten sie die Blechtrommeln. Sie erklangen nun eindeutig auf dieser Seite des Flusses. Die Milizen waren in Kittanning eingedrungen.
Barbara erhob sich vorsichtig. „Barbara, bleib unten", zischte Marie. „Willst du, dass sie dich erschießen?"
„Sie fliehen", sagte Barbara und starrte über sie hinweg.
Der Lärm der Explosionen hatte ein lautes Piepen in ihren Ohren hinterlassen und sie konnte Barbara nicht verstehen. „Was meinst du?"
Sie richtete sich auf und sah hinüber zu den Hütten und Rindenzelten der Siedlung, wo sich der Rauch allmählich zu lichten begann.
Die Lenapé-Männer flohen mit ihren Gewehren in der Hand aus der Siedlung, jedoch kamen sie nicht auf den Waldrand zu, wo sich die Mädchen mit den anderen Indianern verbargen, sondern rannten an den Flussufern entlang, verfolgt von einigen Männern der Milizen. Marie konnte sie an ihrer Kleidung erkennen.
Unsicher, was nun zu tun sei, blieben sie noch eine Weile in ihrem Versteck.
„Da kommt jemand", sagte Hugh plötzlich.
Ängstlich klammerten sich die Frauen aneinander, doch es war Souchy, der durch das Unterholz auf sie zutrat. Sein Gesicht war über und über mit Pulverruß bedeckt und sein Haar schien bis zu den Schultern versengt worden zu sein. Eine schreckliche Brandwunde erstreckte sich von seinem rechten Arm über seine gesamte Brust. Er nickte nur und die Frauen und Kinder erhoben sich vorsichtig und folgten ihm zurück nach Kittanning. Auf dem Marsch zurück in die Siedlung schlug ihnen der beißende Schwarzpulverrauch entgegen.
Kittanning selbst war noch immer von einer dichten Rauchwolke umgeben und Marie presste sich hustend die Ärmel ihres Kleides vors Gesicht, als sie die rauchenden Trümmer des Dorfes erreichten.
Was Marie durch ihre tränenden Augen sehen konnte, verschlug ihr den Atem. Der Boden zwischen den Hütten und Zelten schien bedeckt zu sein mit Leichen. Überall verstreut lagen Männer, Frauen und Kinder mit schrecklichen Verletzungen auf der Erde. Marie sah Kinder, deren kleine Körper

durch die Explosionen in Stücke gerissen worden waren, denen Kugeln das Gesicht zerfetzt oder denen man den Bauch aufgeschlitzt hatte. Frauen lagen mit durchschnittenen Kehlen und eingeschlagenen Köpfen über den Kindern, die sie mit ihren Körpern zu schützen versucht hatten.
Marie stolperte beinahe über etwas, das mit grotesk verdrehten Gliedern vor ihr im Gras lag. Entsetzt blieb sie stehen und streckte zitternd ihre Hand nach dem Kind aus. Langsam drehte sie den kleinen Körper zu sich herum.
„Nhakewelendamoagan“, flüsterte Marie, während ihr die Tränen in die Augen schossen. Jemand hatte den kleinen Jungen von hinten erschossen, als er versucht hatte, vor seinen Angreifern zu fliehen.
Blind vor Tränen erhob sich Marie und schwankte weiter. Es war, als habe die Hölle selbst sich aufgetan und den Ort verschlungen, an dem sie gestern noch friedlich gelebt hatten.
Barbara, Hugh und die anderen Frauen stolperten neben ihr mit entsetzten Gesichtern zwischen denen an einigen Stellen noch fackelnden Trümmern der Hütten und den zerfetzten Zelte umher.
Direkt vor ihnen erhob sich als einziges Haus, dass die Explosion überstanden hatte, das aus Steinen gemauerte Haus von Häuptling Jacob und seiner Familie. Im Inneren loderten noch immer vereinzelt Flammen.
Marie konnte zwei bis zur Unkenntlichkeit verbrannte Leichen sehen, die vor den Stufen des Hauses lagen. Unzählige Einschusslöcher übersäten die verkohlten Körper. Ihre Scharfrichter hatten ganz sicher sein wollen, dass sie starben.
Marie wandte sich ab und kämpfte gegen die Übelkeit an, die sich in ihrem Magen ausbreitete. Sie wischte sich Tränen und Ruß vom Gesicht und lief weiter zu Gischapans Zelt.
Zu ihrer Erleichterung fanden sie die Lenapé-Indianerin sitzend vor ihrem Zelt, das durch seine Lage am äußersten Rand der Siedlung zum größten Teil unversehrt geblieben war.
Marie streckte vorsichtig die Hand aus und berührte sie sanft an der Schulter. „Bist du verletzt?“, fragte sie sie leise. Das Gesicht der alten Lenapé-Frau blieb starr und sie sah sie nicht an. Dann begann sie, ihren Oberkörper ganz sacht nach vorne zu wiegen.
Ein Stich fuhr in Maries Herz, denn sie wusste, dass diese Geste bei den

Lenapé ein Zeichen tiefster Trauer war. Barbara schlug als Erste die Matten am Eingang des Rindenzeltes zurück. Als sie eintrat, konnte Marie Masgichteu im Innern liegen sehen. Die alte Frau schien friedlich zu schlafen, kein Blut war aus ihrem Körper getreten und auf der Erde zu sehen. Erst als Barbara sie vorsichtig herumdrehte, sahen sie das winzige Loch unter ihrer Brust. Eine der Kugeln hatte die Zeltwand und die Lungen der Lenapé-Frau durchschlagen und sie getötet.

Am Abend riefen die Trommeln die Lenapé und ihre Verbündeten, die Mingos, die Shawnee, die Ojibwa aus den benachbarten Lagern auf dem Platz in der Mitte der Siedlung zusammen, doch man war nicht gekommen, um Kriegsrat zu halten. Man war gekommen, um die Manitous der Verstorbenen zu besänftigen, jene, die durch den Übergriff ihr Leben verloren hatten, die Frauen und Kinder, damit sie ihre Reise antreten konnten in die nächste Welt, in die ewigen Jagdgründe.
Das dumpfe Dröhnen begleitete die klopfenden Herzen der Gefangenen, als sie sich zwischen den Lenapé und den anderen Indianern um die elenden Gestalten versammelten, die an ihrer Flucht zu den Milizen gehindert worden waren.
Sarahs Gesicht war bleich vor Angst. Tränen liefen über ihre Wangen, während der Junge mit dem gesenkten Kopf vor sich hinstarrte.
Keine Regung war in den Zügen der Indianer zu lesen, die sich im schwächer werdenden Licht des schwindenden Tages stumm vor den beiden aufbauten.
Ängstlich sah Marie in die Gesichter um sie herum, die ihr bis vor wenigen Stunden noch so vertraut gewesen waren und die ihr jetzt fremd und Furcht einflößend erschienen.
„Was haben sie vor?“ Hughs Augen flogen zwischen Sarah, dem Jungen und der Menge hin und her.
Marie schüttelte nur stumm den Kopf. Tränen glitzerten in ihren Augen. „Sie werden sie töten“, flüsterte Barbara entsetzt, als zwei der Männer vortraten und die Opfer mit ihren Händen an die Holzpfähle banden, sie wohl zu diesem Zweck in die Erde gerammt worden waren.
„Und sie werden uns zwingen, dabei zu zusehen.“

Plötzlich wurde Hughs Blick von dem schrecklichen Feuer gefangen, dass ihm aus Shingas Augen zwischen den Zuschauern begegnete.
Der Lenapé-Krieger fixierte ihn kurz und verschwand dann plötzlich in der Menge. Mit klopfendem Herzen suchte Hugh die Gesichter vor ihm nach ihm ab, doch er konnte ihn nicht mehr entdecken. Auf einmal spürte er, wie jemand von hinten dicht an ihn herantrat. Shingas heißer Atem brannte in seinem Nacken.
„Sieh gut hin, Munhut`takiswilluxissohipon, was wir mit denen machen, die versuchen, davon zu laufen", zischte er in Hughs Ohr.
Hughs Schultern verkrampften sich und sein Magen zog sich zusammen. Seine Kehle schien wie ausgetrocknet.
Der Trommelschlag wurde lauter, Shingas ließ von ihm ab und schritt durch die Zuschauer hindurch auf Sarah und den Jungen zu.
Verzweifelt flehte Sarah ihn an, sie zu verschonen, doch er beachtete sie gar nicht.
Hughs Herz setzte einen Augenblick aus, als er sah, dass sich noch ein Indianer aus der Menge löste. Nachenum trat mit einem diabolischen Grinsen neben seinen Bruder.
Hugh dachte an seine Mutter, er sah sie in aller Deutlichkeit vor sich und schloss die Augen. Der Takt der Trommeln wurde immer schneller und es schien Hugh, als läge etwas Bedrohliches in ihm. Barbara schloss die Augen und murmelte ein Gebet, während Marie die Hände vor ihr Gesicht schlug.
Mit einer fließenden Bewegung zog Nachenum ein Messer aus seinem Gürtel, beugte sich zu Sarah und mit einer fast zärtlichen Bewegung griff er nach ihrem Ohr und trennte es mit genüsslicher Langsamkeit von ihrem Schädel. Ihre schrillen Schmerzensschreie hallten durch das verwüstete Dorf und ließen Hugh und den Mädchen das Blut in den Adern gefrieren, bis sie in ein klägliches Wimmern übergingen.
Nachenum ließ sich Zeit bei seiner Folter, langsam schnitt er ihr auch das andere Ohr ab, die Nasenspitze und schließlich den kleinen Finger, wobei ihm der Knochen kurz aufhielt. Dann stopfte er ihn der entsetzlich verstümmelten Frau in den Mund. Sarahs Laute hatten alle Menschlichkeit verloren, sie würgte und schluckte an ihren eigenen Körperteilen. Dann nahm Nachenum ein längeres Messer und schlitzte Sarahs Leib von ihrem Schoß bis unterhalb

ihres Kinnes der Länge nach auf. Gedärme und Blut quollen nach vorne und ein letztes, gurgelndes Geräusch entrang sich ihrer Kehle.
Ein schreckliches Lächeln breitete sich über Shingas Zügen aus, als der zermarterte Körper der jungen Frau an dem Holzpfahl hing, um den sich eine dunkle Blutlache bildete.
Maries Mageninhalt kämpfte sich zurück in ihren Mund.
Hugh ballte die Fäuste und wandte den Blick ab. Sarah war verstummt, ihre Augen entseelt.
Plötzlich hob Hugh den Blick und sah, dass Shingas ihn über die ermordete Frau hinweg ansah. Sein rechter Arm war an der Schulter noch immer von einem dicken Verband umgeben, doch seine Augen funkelten, als er seine Zähne entblößte und seine Mundwinkel zu einem schrecklichen Lachen verzog.
Dumpfe Trommelschläge begleiteten Nachenum, als er sich dem Jungen zu wandte. In seinem Gesicht lag eine Zufriedenheit, die Marie und die anderen nie wieder vergessen würden, die Selbstvergessenheit eines Menschen, der mit sich und seinem Tun völlig im Einklang war. Die Ermordung der Gefangenen schien ihm nichts auszumachen, im Gegenteil, Marie sah das befriedigte Funkeln in seinen Augen. Er hatte Gefallen daran, das Töten bereitete ihm Freude.
Plötzlich schmeckte sie Galle und übergab sich würgend.
Hugh nahm ihre Hand, um sie zu stützen und sie ergriff sie dankbar. Sie hörte einen erstickten Schmerzenslaut, doch als sie sich aufrichtete, war der Junge bereits tot, sein Kopf hing mit durchschnittener Kehle leblos zur Seite.
Verzweifelt sah sie sich in der Menge um, sah auf die Gesichter, die ihr gestern noch vertraut erschienen waren, und die nun fremd und abweisend wirkten, als gäbe es eine Unabdingbarkeit in diesem Tun, als bliebe den Indianern nichts anderes übrig, als diese beiden Gefangenen zu töten. Mit aller Deutlichkeit erkannte Marie, wie fremd ihr die Indianer trotz all der Wochen und Monate noch immer waren, und dass sie sie niemals verstehen würden. Plötzlich wurde ihr Blick von etwas gefangen genommen, das sie im ersten Moment für eine Halluzination ihrer gequälten Seele hielt, doch aus der Menge ihr gegenüber sahen sie zwei stechend graue Augen unter einem breiten Schlapphut an. Sie zwinkerte ungläubig, und als sie die Augen

wieder öffnete, war der Mann verschwunden.
Die Lenapé banden die Gefangenen los und machten sich daran, die leblosen Körper in kleine Stücke zu zerteilen, die sie den Hunden zum Fraß vorwarfen. Nie in ihrem Leben hatte Marie etwas so Widerwärtiges und Schändliches gesehen. Dies waren keine Menschen, keine Geschöpfe Gottes. Zu solchen Dingen war nur fähig, wen der Teufel selbst geschaffen hatte.
„Sieh mal, Marie", sagte Barbara plötzlich. Marie war noch immer übel und sie hielt die Augen geschlossen, klammerte sich dankbar an Hughs Arm. „Marie, das ist doch ... nein, das ist unmöglich."
Widerwillig hob sie schließlich den Kopf und sah in die Richtung, in die auch Barbara blickte.
Erst glaubte sie, der Blick durch ihre verweinten Augen täuschte sie, doch als sie wieder hinsah, erkannte sie den Mann mit den hellgrauen Augen und dem Schlapphut, den sie vorher in der Menge gesehen hatten. In seinen Händen hielt er einen blutigen Klumpen, den die Lenapé aus dem Körper des Jungen geschnitten hatten. Er bohrte einen Zweig als Spieß hindurch und hing ihn über das Feuer, mit dem die Frauen das Blei geschmolzen hatten.
Der widerlich süße Gestank von verbranntem Menschenfleisch zog zu Hugh und den Mädchen herüber und Marie spürte, wie sie erneut würgte.
„Wie kann das sein? Ich meine, was tut er hier" Barbara starrte den Mann noch immer ungläubig an. Dieser schien die Mädchen nicht bemerkt zu haben. „Wer ist das?", fragte Hugh.
„Sein Name ist William Doram. Er stammt aus Tulpehocken."
„Wir ..., wir sollten mit ihm sprechen, ich meine, er ... er kennt uns, er wird ..." Barbaras Augen glänzten fieberhaft. Sie löste ihre Hand aus Maries und wollte auf ihn zu gehen, doch Marie hielt sie mit letzter Kraft zurück. „Nein, Barbara, nicht!"
Barbara versuchte, ihre Hand abzustreifen und auf Doram zu zugehen, doch in diesem Moment nahm er seinen abscheulichen Spieß aus dem Feuer. Er strich über die inzwischen braun gebratene Kruste des Muskelfleisches und schlug dann mit einer heftigen Bewegung seine Zähne tief in das Fleisch.

Erst nachdem die Lenapé auf solch grausame Art und Weise Rache an ihren Feinden genommen hatten, machten sie sich daran, ihre eigenen Toten zu

beerdigen.
Der graue Tag kündigte sich bereits über den Baumwipfeln an, als Marie und Barbara wie betäubt durch die entsetzlichen Szenen, die sich ihnen unauslöschlich in ihr Gedächtnis gebrannte hatten, zu Gischapans Hütte zurück wankten.
Marie hatte das Gefühl, die Welt um sie herum wie durch einen Schleier zu sehen, als trennte eine große Entfernung ihr Innerstes und das, was um sie herum geschah.
Den Narben, die der brutale Überfall auf ihre Familien auf ihrer Seele hinterlassen hatten, waren durch den Anblick der grausamen Ermordung neue, tiefe Wunden hinzugefügt worden.
Stiller Zorn über die Endgültigkeit dieser Veränderung stieg in Marie auf, doch ihr Zorn richtete sich nicht nur gegen Shingas und seine Männer, sondern auch gegen die Milizen.
Die Männer hatten wahllos auf die Hütten der Indianer geschossen und das Feuer auch dann nicht eingestellt, als Sarah und die anderen ihre verzweifelte Flucht über den Fluss gewagt hatten. Sie hätten nach den anderen Gefangenen suchen können, nachdem sie die Indianer aus Kittanning vertrieben hatten.
Doch sie hatten sich damit begnügt, die Siedlung in Brand zu stecken und die Verwundeten, die sie fanden, zu töten.
Dann waren sie abgezogen und hatten sie und die anderen Gefangenen ihrem Schicksal überlassen.
Gischapan saß noch immer mit geschlossenen Augen vor dem Eingang des Zeltes und Marie konnte sich nicht daran erinnern, ihr Gesicht unter den Zuschauern auf dem Platz gesehen zu haben. Ein kleines Feuer brannte vor ihren gekreuzten Beinen, in dessen Flammen sie einige Fichtennadeln und Zedernholzrinde verbrannte, das heilige Holz der Lenapè-Indianer. Der süßliche Rauch stieg leise knisternd in den wolkenverhangenen Himmel und trug die Seelen der Verstorbenen davon.
Schweigend setzten sich Marie und Barbara zu ihr.
Vorsichtig sah Marie in das Innere der Hütte. Sie konnte Masgichteu und Nhakewelendamoagan nebeneinanderliegen sehen, so friedlich, als ruhten sie sich nur aus und kämen gleich zu ihnen hinaus ans Feuer.

Langsam öffnete Gischapan ihre Augen und sah die Mädchen an.
Marie las den verzweifelten Schmerz darin und sie fühlte sich hilflos und zerrissen. Sie erinnerte sich daran, wie sehr sie sich bei ihrer Gefangennahme gewünscht hatte, sich an den Indianern zu rächen, ihnen und ihren Familien etwas ebenso Schreckliches anzutun, wie sie ihrer Familie zugefügt hatten, doch das, was in Kittanning geschehen war, war falsch und sie empfand keine Genugtuung, sondern nur Entsetzen darüber.
Gischapan erhob sich schwerfällig und machte einige Schritte auf das Flussufer zu. Marie bemerkte erst jetzt den frischen Hügel aus Erde, der sich an einer schattigen Stelle zwischen den Bäumen erhob.
Langsam drehte sich Gischapan zu den Mädchen um. „Helft mir“, sagte sie leise und ihre Stimme vermischte sich mit dem Rauschen des Windes, der neuen Regen ankündigte.
Stumm erhoben sich Marie und Barbara und halfen ihr, die beiden Toten aus der Hütte in die Mulde zu betten, mit dem Kopf in Richtung der aufgehenden Sonne.
Als die beiden nebeneinander in ihrem Grab lagen, bestrich Gischapan ihre Wangen mit olàmàn, der heiligen roten Farbe der Lenapé, damit der Schöpfer sie in der anderen Welt auch als Lenapé erkannte. Dann bedeckten sie ihre entseelten Körper mit der Erde.
Als die Gräber verschlossen waren, standen sie eine Weile still vor dem flachen Hügel, während Gischapan zwei Steine an die Stelle setzte, an der die Köpfe der Toten lagen und auf ihn mit ihren Fingern die kinkinhikàn, die Grabzeichen der Lenapé, zeichnete.
Barbara senkte den Kopf und Marie konnte hören, wie sie ein leises Gebet murmelte und so schloss auch sie die Augen und faltete ihre Hände.
„... Ich hebe meine Augen auf zu den Bergen. Woher kommt mir Hilfe? Meine Hilfe kommt vom Herrn, der Himmel und Erde gemacht hat. Er wird deinen Fuß nicht gleiten lassen, und der dich behütet, schläft nicht. Siehe, der Hüter Israels schläft und schlummert nicht. Der Herr behütet dich; der Herr ist dein Schatten über deiner rechten Hand, dass dich des Tages die Sonne nicht steche, noch der Mond des Nachts. Der Herr behüte dich vor allem Übel, er behüte deine Seele. Der Herr behüte deinen Ausgang und Eingang von nun an bis in Ewigkeit!“

Gischapan erhob sich und sah auf die Gräber. Zum ersten Mal sah Marie Tränen in ihren Augen glitzern. Langsam wandten sie sich ab und ließen Masgichteu und Nhakewelendamoagan in ihren schattigen Gräbern am Flussufer zurück.
„Wir verlassen Kittanning“, sagte Gischapan mit brüchiger Stimme, als sie zurück zur Hütte gingen. „Dieser Ort gehört nun den Toten.“ Sie deutete auf Galasko und Souchy, die auf sie zu kamen. „Vielleicht finden wir an einem anderen Ort Frieden.“
Ein seltsamer Ausdruck lag in ihren Augen, als sie sich bückte und im Innern ihrer Hütte verschwand. Erst als Galasko und Souchy Marie und Barbara an den Armen packten und mit sich zogen, verstand Marie, was er bedeutet hatte.
Wohin auch immer Galasko und Souchy sie brachten, Gischapan würde nicht mit ihnen kommen.
Die Männer zerrten sie mit sich zu der Stelle am Flussufer, an der die Kanus der Lenapé in der Böschung versteckt lagen. Einige waren damit beschäftigt, Bündel mit Kleidern und anderen Habseligkeiten in den schmalen Booten zu verstauen.
Maries Blick fiel auf einen großen, schwarzen Schlapphut, der auf einem der Bündel lag. Sie erinnerte sich plötzlich wieder an William Doram, seinen schauderhaften Auftritt nach der Ermordung und blickte sich suchend um.
Unter den Menschen, die sich allmählich am Flussufer sammelten, konnte sie sein Gesicht nirgendwo sehen.
Dorams Farm lag nur wenige Meilen von der ihres Vaters entfernt. Sie erinnerte sich daran, dass seine Frau in dem Winter vor ihrer Entführung an einer Lungenentzündung gestorben war. Beklommen fragte sie sich, was er bei den Lenapé in Kittanning machte und das abstoßende Bild, in dem er das Herz des zu Tode gemarterten Peter verschlang, drängte sich ihr auf und sie schüttelte sich vor Ekel.
Galasko schubste sie auf eines der Boote zu, sie kletterten hinein und ließen sich auf den schmalen Bänken nieder. Hugh und Pisquetumen kamen ebenfalls zum Ufer und bestiegen eines der Kanus.
Ihr Boot führte die Kanus an, die in Richtung der aufgehenden Sonne den Allegheny hinab trieben. Marie fühlte sich trotzdem seltsam erleichtert, der

beklemmenden Stimmung in der zerstörten Siedlung entkommen zu sein, obwohl sie nicht wusste, was sie am Ende ihrer Reise erwartete. Gischapan hatte recht, es war nicht länger die Heimat der Lenapé-Familien, es war ein Ort der Toten, deren rachsüchtige Geister diesen Platz bis in alle Ewigkeit heimsuchen würden.

„Sie werden uns töten“, murmelte Barbara hinter ihr, als habe sie ihre Gedanken gelesen. „Sie werden uns ermorden, wie sie es mit Sarah gemacht haben.“

Marie drehte sich vorsichtig zu ihr um und sah auf die zerstörten Hütten und die zerfetzten Zelte Kittannings, von denen noch immer Rauch aufstieg, bis sie langsam kleiner wurden und schließlich hinter ihr verschwanden. Was vor ihnen lag, vermochte ihr keine Angst mehr einzujagen nach den schrecklichen Ereignissen, die hinter ihnen lagen.

Die Zeit zog wie eine zähe Masse an Marie vorüber, unwirklich und fremd. Erst als sie die hohen Mauern eines großen Forts vor sich ausmachte, erwachte sie aus ihren Gedanken. Das Banner des französischen Königs wehte von einem der Türme. Die Indianer hatten sie nach Fort Duquesne gebracht.

Marie wandte sich zu Barbara um, die ängstlich ihre Hand umklammerte. Stumm sah Marie an den Mauern hinauf, als die Lenapé-Indianer aus den Kanus sprangen und sie an das Ufer zogen.

Einige französische Soldaten lungerten vor dem Eingang des Forts herum und betrachteten die Neuankömmlinge interessiert. Als sie sahen, dass zwei europäische Frauen unter den Indianern waren, stießen sie anzügliche Pfiffe aus und riefen ihren Kameraden auf den Mauern etwas zu. „Soyez les bienvenus, madames“, sagte der Soldat, der die Indianer passieren ließ und Marie und Barbara mit einem schmierigen Grinsen betrachtete.

Die Sprache ihrer Mutter klang nach all der Zeit merkwürdig fremd in Maries Ohren und sie spähte ängstlich in das Fort hinein. Es konnte nichts Gutes bedeuten, dass Galasko sie hierher brachte.

Viele Indianer waren zwischen den französischen Soldaten zu sehen, nicht nur Lenapé und die befreundeten Shawnee, auch Angehörige anderer Stämme, die Marie noch nie gesehen hatte, mit rasierten Schädeln, tätowierten Gesichtern und Federn im Haar.

„Oh Marie, sie werden uns hier lassen, nicht wahr?", schluchzte Barbara und starrte ängstlich zu den Männern auf den Wachmauern, die bereits das Interesse an ihnen verloren zu haben schienen, doch auch sie hatte ihre Blicke und ihre anzüglichen Bewegungen bemerkt.
„Ihr bleibt hier", befahl ihnen Galasko knapp, als die Indianer in einem der Häuser verschwanden.
Hugh blieb bei ihnen zurück. „Was haben sie nur mit uns vor?"
Hilflos zuckte Hugh mit den Schultern. Pisquetumen hatte während des gesamten Weges hierher kein Wort mit ihm gesprochen.
Sie kauerten sich schließlich auf den Boden und warteten, während sie die Soldaten um sie herum beobachteten.
Zu ihrer Überraschung entdeckte Marie plötzlich eine Gruppe von Frauen, die aus einem der Häuser auf das Tor zuging. Erst als sie nahe an ihnen vorbei gingen, erkannte sie, dass es Indianerinnen waren, die zerschlissene, europäische Kleider trugen.
Sie lachten laut, als einige der Soldaten auf sie zu gingen und Marie konnte sehen, wie einer der Männer eine der Frauen packte und an sich presste. Die Frau schien daran nichts Ungewöhnliches zu finden, denn sie schlang ihre Arme um seinen Hals und rieb ihren Unterleib an ihm.
Die Schamlosigkeit dieser Szene verschlug nicht nur Marie den Atem, auch Barbara starrte mit weit aufgerissenen Augen zu den Frauen hinüber.
„Es sind Huren", stellte Barbara fassungslos fest, „die Indianerinnen leben hier als die Huren der Soldaten." Die Indianerinnen wandten sich bereits wieder von den Männern ab und kamen nun direkt auf sie zu. Marie konnte sehen, dass es drei Frauen waren, nicht viel älter als sie selbst. Eine von ihnen schien sie zu bemerken und blieb stehen. Ihre Blicke trafen sich und Marie hatte das eigenartige Gefühl, der Indianerin bereits schon einmal begegnet zu sein.
Ihr schien es ähnlich zu gehen, denn sie ließ die anderen beiden Frauen stehen und kam nun direkt auf Marie zu.
Ihr langes, tiefschwarzes Haar glänzte in der hellen Sonne, als sie dicht vor Barbara, Hugh und Marie stehen blieb.
„Ktalanchisch hatsch?", fragte sie die Mädchen. Marie nickte zögernd. „Ja, wir haben bei den Lenapè gelebt. Wir kommen aus Kittanning." Ein Schatten

zog über das Gesicht des Mädchens. „Dann kennt ihr sicher meinen Onkel Jacob."
„Ja", antwortete Marie mit tonloser Stimme, „wir kennen ihn." Sie schwieg einen Moment und sah das Mädchen unschlüssig an. Diese Begegnung war seltsam und Marie konnte sich des Gefühls nicht erwehren, dass alles daran falsch war. Sie sollten nicht hier sein, sie nicht und dieses Lenapé-Mädchen auch nicht.
Jacobs Nichte beugte sich ein wenig nach vorne und betrachtete neugierig den kleinen Anhänger um Barbaras Hals.
„Tachquoch", flüsterte sie mit großen Augen und strich fast andächtig mit den Fingerspitzen über das glatte Holz der kleinen Schildkröte. „Ich habe sie lange nicht gesehen", sagte sie wie zu sich selbst und Marie war sich nicht sicher, ob die Indianerin damit die Schildkröte oder ihre Verwandten meinte.
Barbara sah sie eine Weile unentschieden an. Dann fasste sie plötzlich das kleine Amulett und streifte es über ihren Kopf. „Du kannst es haben, wenn du möchtest", sagte sie und hielt ihr den Anhänger hin. Das Mädchen sah sie überrascht an.
„Du darfst ihn nicht ablegen. Jemand hat ihn nur für dich gemacht, um dich vor bösen Geistern zu beschützen." Barbara winkte ab.
„Das ist ein schlimmer Aberglaube. Ich weiß selbst nicht, warum ich das Ding die ganze Zeit trage. Wenn es dir so gut gefällt, nimm es." Sie warf einen abfälligen Blick auf das zerrissene und schmutzige Kleid des Mädchens, das mehr von ihrer dunklen Haut entblößte, als das es verbarg. Das Mädchen sah sie nur einen Augenblick lang zögernd an. Dann nahm sie den Anhänger und umschloss ihn fest mit ihren Finger.
„Anischik", wisperte sie und zum ersten Mal zog ein Lachen über ihr Gesicht. Dann wandte sie sich rasch um und ging zu den anderen beiden Indianerinnen zurück.
Marie sah ihr eine Weile nachdenklich nach und ließ sich dann wieder neben Hugh auf die Erde sinken, der mit großen Augen auf den Eingang des Forts und die Männer, die es bewachten, starrte.
„Woran denkst du?", fragte sie ihn.
„Es ist nur eine Tagesreise von hier bis zur pennsylvanischen Grenze. Ich weiß es, weil die Indianer mich nach dem …", er konnte es nicht ausspre-

chen und leckte sich rasch über die Lippen. „Sie haben mich zuerst hierher gebracht. Die Forts sind nicht weit und die Milizen müssen hier ganz in der Nähe sein.“ Marie fühlte sich leer und erschöpft. Das Gefühl des Entsetzens war einer dumpfen Benommenheit gewichen, die ihre Wahrnehmung trübte und alles wie durch einen dichten Nebel an ihr Bewusstsein kommen ließ.
„Hast du vergessen, was sie mit Sarah und dem Jungen gemacht haben? Mit unseren Familien?“, stieß Barbara mit schriller Stimme hervor.
Hugh schüttelte den Kopf. „Nein, wie könnte ich das?“
„Dann vergiss, worüber du nachgedacht hast. Niemand wird von hier fliehen. Du bringst uns nur alle in Gefahr.“ Hugh presste seine Lippen aufeinander und schwieg. Etwas in ihm wusste, dass Barbara recht hatte, doch zugleich erschien ihm das Eingeständnis in diese Erkenntnis wie der Tod selbst. Er konnte und wollte sich nicht damit abfinden, dass er den Rest seines Lebens bei den Lenapé fristen sollte, bis sie auch ihn eines Tages töteten.
Stumm kauerten sie auf dem Boden des Forts und warteten auf Pisquetumen und die anderen Männer.
Ihre Geduld sollte auf eine harte Probe gestellt werden.
Es war bereits tiefe Nacht, als die Lenapé-Männer zu ihnen zurückkamen. Sie trugen einige Säcke mit sich und rollten zwei Fässer vor sich her zu den Kanus, in deren Bäuchen sie sie verstauten.
Hugh sprang auf und lief auf Pisquetumen zu. Er wechselte einige Worte mit ihm und sah dann zu den Mädchen hinüber. An seinem Gesichtsausdruck konnte Marie ablesen, dass etwas nicht stimmte. Mit hängendem Kopf kam er zu den Mädchen zurück.
„Es wird euch nichts geschehen“, sagte er und versuchte zu lächeln.
Marie straffte ihre Schultern. „Was soll das heißen?“
Hugh zögerte einen Augenblick und streckte seine Hand nach ihr aus.
„Sie lassen euch hier. Die Franzosen brauchen ...“, er suchte nach den richtigen Worten, „Arbeitskräfte.“
Barbara schlug sich entsetzt die Hand vor den Mund. Tränen schossen in ihre Augen. „Die Indianer haben keinen Ort mehr, an dem sie die Gef...“, wieder stockte Hugh, „also euch, verstecken können. Bis eine neue Siedlung gefunden ist, bleibt ihr hier.“
Der Boden unter Maries Füßen schien zu schwanken. Sie verkauften sie an

die Franzosen.
Es bedurfte keiner außergewöhnlichen Vorstellungskraft, um sich auszumalen, welche Art die Arbeit sein würde, die zwei junge Mädchen unter gelangweilten Soldaten erwarten würde.
„Es tut mir leid", sagte Hugh verzweifelt, als er die Tränen in den Augen der Mädchen sah, doch sie schienen ihn gar nicht zu hören.
Ein unerträglicher Schmerz schien seine Brust zu zerreißen, als er Pisquetumen und den anderen zu den Kanus folgte und die Mädchen zurück ließ. Doch er hatte keine Wahl. Wenn er sich widersetzte, brächte er sein eigenes Leben in Gefahr und damit war Marie und Barbara nicht geholfen. Hugh hatte das Gefühl, nicht länger ertragen zu können, was um ihn herumgeschah.
Die Welt hatte sich mit seiner Gefangennahme in einen höllengleichen Ort verwandelt, an dem die Sonne nur noch aufging, um die Überlebenden zu verhöhnen. Tränen aus hilfloser Wut liefen über sein Gesicht und er versuchte nicht, sie zu verbergen. Es war ihm gleichgültig, was Pisquetumen und die anderen von ihm dachten, sie besaßen in seinen Augen keine menschlichen Empfindungen mehr, sondern waren Teufeln gleich, denen der Sinn nur nach neuen Verbrechen stand.
Er dachte an Marie und an ihr zartes Gesicht mit den großen, dunklen Augen, über dem sich so selten ein zaghaftes Lächeln ausbreitete, das alles um sie herum zu erleuchten schien.
Zornig ballte er seine Fäuste und kauerte sich in dem Boot zusammen. Es musste eine Gelegenheit geben, mit Pisquetumen über die Mädchen zu sprechen. Wenn sie schon keine Hoffnung auf Freiheit hatten, so sollten sie doch bei den Indianern bleiben, mit denen sie inzwischen vertraut waren und nicht ihrem ungewissen Schicksal bei den französischen Soldaten überlassen werden.

*

Es war später Nachmittag, als Conrad aus Easton nach Tulpehocken zurückkehrte. Anna erwartete ihn bereits am Hoftor. „Conrad", sagte sie mit sorgenvollem Blick, „da ist ein Mann, der auf dich wartet." Conrad runzelte die Stirn und sah zu dem fremden Pferd, das vor dem Haus angebunden war.

Er konnte sich nicht vorstellen, wer ihn aufsuchen sollte, doch eine dunkle Ahnung sagte ihm, dass es keine erfreulichen Umstände waren, die den Besuch hierher führten und nachdem er Hut und Mantel abgelegt hatte, sammelte er sich kurz, bevor er die Tür zu seiner Kammer öffnete.
Colonel John Armstrong saß auf seinem Stuhl und hatte seine staubigen Militärstiefel lässig auf Weisers Schreibpult gelegt. Mit einem überheblichen Grinsen empfing er Weiser.
„Colonel Armstrong, Euch habe ich nicht erwartet. Was führt Euch hierher?“
Armstrong breitete die Arme hinter seinem Nacken aus. „Ich komme direkt aus Philadelphia, von Gouverneur Denny. Man hat meinen Sieg über die Indianer dort ausgiebig gefeiert. Ich habe das Rattenloch, in dem sich diese Kreaturen verkrochen hatten, dem Erdboden gleich gemacht, und ich versichere Euch, nicht der kleinste Indianer ist uns entkommen.“
Er warf etwas auf Conrads Schreibtisch, das dieser erst bei genauerem Hinsehen als ein Bündel blutverkrusteter Skalps erkannte, die an einem Lederriemen zusammengebunden waren.
„Das habe ich in Jacobs Hütte gefunden. Bisher ist es mir noch nicht gelungen, herauszufinden, welcher der meines Bruders ist.“
Conrad bemühte sich, sich von seinem Ekel nichts anmerken zu lassen und erwiderte: „Es freut mich, dass Ihre Expedition erfolgreich war. Wie viele Gefangene konnten Eure Männer befreien?“
Das Grinsen in Armstrongs Gesicht wurde etwas kleiner. „Wir könnten etwa ein Dutzend der Männer, die bei dem Überfall auf Fort Granville gefangen genommen wurden, befreien.“ Conrad runzelte die Stirn. „Sonst niemand? Meinen Schätzungen zufolge müssen die Indianer in Kittanning mehr als fünfzig Männer, Frauen und Kinder gefangen halten.“
Ungerührt hob Armstrong die Schultern. „Ich habe keine Spuren weiterer Gefangener gesehen, als wir sie ausgeräuchert hatten. Vermutlich haben die Teufel sie umgebracht, bevor wir sie erwischen konnten.“ Der überhebliche Gesichtsausdruck kehrte in seine Züge zurück. „Ein besonderer Triumph ist der Tod dieses verfluchten Häuptlings Jacob. Zwölf Kugeln haben meine Männer und ich diesem Mistkerl verpasst, bis er endlich seinen letzten Atemzug ausgehaucht hatte.“

Weiser sah Armstrong prüfend an. Jacobs war einer der wichtigsten Anführer der Indianer im Ohio-Gebiet. Sein Tod musste einen herben Rückschlag für sie bedeuten.

„Was ist mit Shingas?“ Ärgerlich nahm Armstrong seine Beine vom Tisch und richtete sich auf. „Woher soll ich die Namen der verdammten Rothäute kennen, die wir erledigt haben? Fest steht, keiner hat überlebt. Wir haben sie vertilgt, wie man es mit Ratten macht und nun schmoren sie alle in der Hölle.“

Conrad verstand. Vermutlich hatten genug Indianer den Überfall überlebt, um noch immer eine Gefahr darzustellen. „Wie viel Verluste unter unseren Männern?“

„Zweiundfünfzig sind im Kampf gefallen, weitere vierunddreißig verletzt und ein …“ Armstrong schürzte die Lippen und sprach nicht weiter.

„Ein was?“ Conrad sah ihn fragend an.

„Seltsame Sache, das“, begann Armstrong nervös, „einer der Männer ist offensichtlich zu den Rothäuten übergelaufen. Am Morgen der Schlacht war sein Lager leer. Wir glaubten zuerst, er habe es mit der Angst zu tun bekommen und sei abgehauen, bevor es ernst wurde. Doch dann fanden meine Männer seine Kleidung und seine Waffen in der Siedlung.“

„Vielleicht haben die Indianer ihn entführt?“

Armstrong schüttelte den Kopf. „Unmöglich. Sein Schlafplatz war ziemlich im Zentrum unseres Lagers. Die Wachen hätten es bemerken müssen.“

„Kennen Sie seinen Namen?“

„Doram, William Doram. Er gehörte zu Euren Männern.“

Conrad presste seine Lippen aufeinander und schwieg nachdenklich.

Ohne weiter auf den seltsamen Zwischenfall einzugehen, fragte er: „Was führt Euch nun zu mir? Die Kunde Eures Erfolges eilt euch bereits voraus.“

Armstrong reckte seine Brust. Ein triumphales Funkeln trat in seine Augen, als er antwortete: „Gouverneur Denny hat mich zum Generalbevollmächtigten der Kolonie Pennsylvania gemacht. Als militärischer Befehlshaber unterstehen mir mit sofortiger Wirkung alle Forts, die Ihr an der Grenze errichtet habt.“

*

Erschöpft schleppte sich Robert Wrights Pferd den letzten Hügel hinauf, bis er sein Haus in den Hügeln vor dem Penn's Creek erreicht hatte. Seine Frau Inga erwartete ihn bereits und lief ihm mit wehender Schürze entgegen. Erschöpft ließ er sich von seinem Pferd sinken, als seine Frau ihm entgegen eilte.

„Robert“, begrüßte sie ihn besorgt, doch er konnte nur abwehrend die Hand heben und sich in das Haus schleppen. Es fiel ihm unendlich schwer, die staubigen Stiefel und die schmutzigen Kleider abzustreifen und schließlich sank er halb nackt auf die Küchenbank. Dieser Ort war einmal sein zu Hause gewesen, doch seit Bastians Tod war nichts, wie es war. Inga trat neben ihn, er konnte spüren, wie sich ihre Blicke in ihn bohrten, er konnte ihre stummen Fragen hören, doch er fühlte sich unfähig, ihr zu antworten.

Sie beide hatten ihren jüngsten Sohn auf schreckliche Weise verloren. Sein ältester Sohn Benjamin hatte Bastians verstümmelte Leiche im Wald gefunden, die man skalpiert hatte.

Noch immer schwieg sie, doch er spürte ihre Angst, die Sorge, Benjamin könne seinen Vater so sehen und mit einem Mal konnte er den Ausdruck in ihren Augen nicht mehr ertragen und wandte sich zum Fenster. Die schrecklichen Bilder der vergangenen Tage tauchten wieder in seinem Inneren auf, so intensiv und entsetzlich, als erlebte er sie wieder und wieder, die Schreie, den Rauch, die Schüsse und Explosionen und all die verwundeten Menschen, Frauen und Kinder, Menschen, die er getötet hatte.

Seine eigene Stimme klang seltsam fremd in seinen Ohren, als er stockend zu erzählen begann: „Ich …“, seine Stimme brach ab, als er hilflos nach Worten suchte, die beschreiben konnten, wofür es keine Worte geben durfte, in seiner eigenen und in keiner anderen Sprache. „Ich … habe einen kleinen Jungen von hinten erschossen. Er hat versucht, zu fliehen und ich …“, wieder versagte ihm die Stimme. Langsam, unendlich langsam drehte er sich zu seiner Frau, jener Frau, mit deren Körper er sich seit Jahren ein Bett teilte, die an seiner Seite arbeitete und seine Söhne geboren hatte, die seinen unendlichen Kummer über Bastians Tod teilte, und die ihm nun eine Fremde geworden war. „Ich habe ihn getötet. Er war noch jünger als Bastian.“ Inga stand starr, unbeweglich, keine Miene zog über ihr Gesicht, nur in ihren sonst so müden Augen flackerte etwas auf, doch es verschwand, bevor sie es mit

ihm teilen konnte.
„Ich werde dir ein Bad richten“, sagte sie schließlich.

*

Einer der französischen Soldaten brachte die Mädchen in die Küche des Forts. Es war ein schmutziger, über und über mit Töpfen, Säcken und Fässern vollgestopfter Raum, den man nur über eine wacklige Treppe erreichte. Wenig Licht fiel durch die schmalen Fenster in den tiefer gelegenen Raum und der durchdringende Geruch von Feuerrauch, Zwiebeln und Fett schlug ihnen entgegen.

Zwischen den brodelnden Töpfen wurden sie von einer schwarzen Sklavin empfangen, die sich ihre dicken Finger an einer dreckigen Schürze abwischte.

„Ich bin Masita“, stellte sie sich in gebrochenem, singendem Englisch vor, das Marie von Anfang an sympathisch fand.

Ihr krauses Haar war mit einer schlecht sitzenden Haube gebändigt und die breite, über und über mit Flecken übersäte Schürze betonte ihre ausladenden Hüften noch, doch ihre Augen blitzten freundlich und sie lächelte, als sie die Mädchen in ihre Aufgaben wies. „Ihr arbeiten“, erklärte sie, „hier in Küche ihr arbeiten und schlafen. Nix Ärger mit Soldaten, nix Ärger mit Masita!“

Unsicher nickten die Mädchen.

Daraufhin stemmte sie lachend die Hände in die Hüften und betrachtete die seltsame Aufmachung der beiden.

Marie wurde sich bewusst, welch merkwürdigen Anblick sie vermutlich für die Sklavin boten, barfuß in ihrem abgerissenen Lederkleidern, das Haar zu Zöpfen wie Indianerinnen geflochten.

„Ihr gehen zu andere Frauen, Indianerinnen. Die haben Kleider für euch.“

Entschieden schüttelte Barbara den Kopf. „Nein“, erwiderte sie trotzig, „wir wollen deren Kleider nicht.“

Masita zuckte ungerührt mit den Schultern. „Dann ihr tragen, was ihr anhabt.“

Sie zeigte auf die Stelle vor dem Ofen. „Hier ihr schlafen. Hunger?“

Marie und Barbara sahen sich unsicher an. Dann nickten sie.

Die Köchin stieß ein heiseres, fast stimmloses Lachen aus, bei dem ihr ganzer Körper zu beben schien, und griff dann nach ein paar Schüsseln, die sie mit dampfender Suppe befüllte.
Der köstliche Geruch der Brühe erfüllte den Raum und raubte den ausgehungerten Mädchen fast die Sinne.
Noch im Stehen machten sie sich schmatzend über die Schüsseln her und wischten sie, nachdem sie sie geleert hatten, mit kleinen Stücken des noch warmen Brotes aus, dass Masita ihnen hinhielt.
„Wie kommen, dass ihr bei Indianern seid?“, fragte sie die Mädchen neugierig, als diese sich satt und glücklich auf eine der Vorratskisten niederließen.
Barbara seufzte müde. „Sie haben uns gefangen genommen“, erklärte sie.
Masita nickte. „Also seid ihr auch Sklaven, hmm?“
„Noch schlimmer“, antwortete Barbara, „wir sind ihre Gefangenen.“
Die Sklavin winkte ab. „Das kein Unterschied. Aber hier in Fort gute Arbeit.“
Sie grinste zufrieden, als sie auf die saubergewischten Schüsseln sah. „Morgen ihr werdet arbeiten. Jetzt ihr schlafen, gut?“ Sie gab den Mädchen ein paar muffig riechende Decken, die diese jedoch dankbar in Empfang nahmen und sich auf dem zwar harten, aber trockenen und warmen Boden vor dem Ofen zusammenrollten. Die Köchin werkelte noch ein Weile mit ihren Töpfen und Schüsseln, bis sie die Glut im Ofen zusammenschürte und sich auf ihr Lager auf der anderen Seite des Herdes legte. Keinen Augenblick danach erfüllte ihr dröhnendes Schnarchen die Küche.
„Denkst du, sie holen uns zurück?“, fragte Barbara Marie flüsternd, als sie sicher sein konnten, dass die Sklavin schlief. Marie starrte nachdenklich in die Dunkelheit. „Ich weiß es nicht, vielleicht“, antwortete sie schließlich. „Vielleicht geht es uns ja hier besser, ich meine, es gibt gutes Essen, und solange die Soldaten die Indianerinnen haben, werden sie sich kaum an uns heran machen.“
„Ja, vielleicht.“
Sie konnte förmlich spüren, wie Barbara neben ihr vor sich hingrübelte.
„Weißt du Marie, was ich manchmal denke?“
„Was denn?“
„Manchmal denke ich, es ist alles meine Schuld, weil ich immer so ungezo-

gen war. Ich habe mich schon als Kind immer um das Beten gedrückt und nur die Lippen bewegt und dabei an etwas anderes gedacht.“ Sie schwieg für einen Moment.

„Und in der Kirche habe ich immer Samuel angesehen, er sah so stattlich aus in seinen Sonntagskleidern und habe von der Predigt nichts mitbekommen. Weißt du, ich denke manchmal, das alles hier ist die Strafe dafür, für meine sündigen Gedanken. Gott hat gewusst, dass ich ein schlechter Mensch bin, ein seelenschwaches Weib, wie mein Vater immer gesagt hat und deshalb hat er mich zu den Indianern geschickt, um mein schlechtes Gemüt auf die Probe zu stellen.“ Marie konnte fühlen, wie Barbara an sie heranrückte, um ihre Hand auf ihren Arm zu legen. Ihre Stimme nahm einen verschwörerischen Unterton an, als sie dicht an Maries Ohr flüsterte: „Vielleicht ist dies nur eine Prüfung, und wenn ich sie mit festem Glauben überstehe, dann wird Gott mir meine Sünden verzeihen und mich nach Hause schicken, zu meiner Mutter.“

Marie wusste zunächst nicht, was sie darauf erwidern sollte. Schließlich fasste sie nach Barbaras Hand und drückte sie fest. „Ja, Barbara vielleicht ist das eine Prüfung. Aber du hast nichts Schlechtes getan, hörst du? Was geschehen ist, ist nicht deine Schuld.“ Sie bemühte sich, ihrer Stimme einen überzeugenden Klang zu geben.

„Doch, Marie, so ist es“, entgegnete Barbara, „denk nur daran, wie sie mich verbrennen wollten, wie eine Hexe. Als ich da auf dem brennenden Scheiterhaufen stand, da habe ich deutlich Gottes Stimme gehört, wie er mich ermahnt hat, ein gottgefälligeres Leben zu führen, wenn er mich verschont. Und ich habe es versprochen, verstehst du, ihm im Angesicht meines Todes versprochen!“

Ihre Stimme zitterte und ihr Atem ging plötzlich schnell und gepresst.

Sie lachte schrill und so laut, dass Marie fürchtete, sie könnte die Sklavin wecken. „Aber es ist nicht leicht, Marie, noch nicht einmal bei den Indianern ist es leicht. Ich kann nichts dagegen tun, meine Gedanken sind schlecht. Immer wenn ich nicht acht gebe, dann denke ich an zu Hause und anstelle, dass ich an meinen armen Vater denke, denke ich an Samuel, seine Augen, sein Lachen. So sündig bin ich, verstehst du?“ Wieder brach sie in hysterisches Gelächter aus. Marie richtete sich auf und legte ihre Hände auf die

Schultern der Freundin, um sie zu beruhigen und vor allem, um sie zum Schweigen zu bringen. Je weniger Aufmerksamkeit sie in diesem Fort auf sich zogen, um so besser.
Sie konnte Barbaras bleiches Gesicht mit den großen Augen im schwachen Licht des Mondscheins, der von draußen in die Küche fiel, als hellen Umriss sehen. „Barbara, du bist nicht sündig, verstehst du?“, beschwor sie ihre Freundin. „Daran ist nichts Schlimmes. Manchmal ertappe ich mich auch dabei, wie ich lange nicht an meinen Vater und Jean denke und dann fällt es mir plötzlich mit all seiner schrecklichen Gewissheit wieder ein und ich denke, mir zerbricht das Herz vor Kummer.“ Sie hielt einen Moment inne und suchte nach den richtigen Worten. „Aber es ist nicht schlecht, nicht immer nur zu trauern. Wir beide, du und ich, wir sind noch am Leben und deshalb muss Gott das für uns vorgesehen haben. Das Leben um uns geht weiter und wir dürfen nicht aufgeben. Wenn wir immer nur um die Toten weinen, dann sterben wir vor Kummer und das ist es nicht, was Gott für uns bestimmt hat.“
Barbara schluchzte leise. „Bist du dir auch ganz sicher?“
„Ja“, antwortete Marie mit fester Stimme und umarmte sie. „Ich bin sicher, Barbara. Und jetzt hör auf zu weinen!“

*

Pooxit, der Monat der fallenden Blätter, war fast vorbei, als Hugh und Pisquetumen das kleine Indianerdorf Saukunk am Biber-Fluss erreichten, wo sie bereits von Shingas und den anderen erwartet wurden.
Mit Staunen stellte Hugh fest, wie viele Hütten und Rindenzelte schon in der gerade erst gegründeten Siedlung standen, als sie durch das Dorf ritten. Er sah viele vertraute Gesichter und er konnte den gewohnten Geruch von Tabak und Wildfleisch riechen, das über den Feuerstellen briet, doch es schienen nicht nur Lenapé in ihrem neuen Lager zu leben, denn Hugh sah viele Indianer anderer Stämme, Shawnee, Mingos und sogar Ojibwa. Der Vorstoß der pennsylvanischen Milizen so weit in das Gebiet der Indianer, wie sie es mit dem Überfall auf Kittanning getan hatten, hatte Angst und Schrecken unter den Stämmen des Grenzgebietes ausgelöst. Viele hatten ihre Rindenzelte abgebaut und waren in ganzen Gruppen auf Kanus und Pferden

an den Biberfluss gekommen. Heno, einer der Häuptlinge eines Shawnee-Stammes begrüßte Pisquetumen. Hugh konnte nicht verstehen, worüber sie sprachen, doch ihre Gesichter waren ernst. Viele Krieger waren durch die Schüsse und Feuer von Kittanning gestorben. Niemand wusste, wie weit die Milizen das nächste Mal gehen mochten.

Pisquetumen brachte ihn zu der Hütte, in der Tamaqua und seine Frau Pochgama ihr Lager aufgeschlagen hatte. Die Äste waren noch feucht und die Rinde an der Hütte verströmte einen sauren Geruch. Von Shingas war keine Spur zu sehen, doch Hugh erkannte das Gewehr des Häuptlings, das an einer der Zeltwände lehnte.

„Du bleibst hier", erklärte ihm Pisquetumen, als er sich zum Gehen wandte. Verwirrt hielt Hugh ihn zurück. „Was bedeutet das? Bleibst du nicht hier? Pisquetumen schüttelte den Kopf. „Mein Volk hat viel verloren in Kittanning. Alle unsere Vorräte und Waffen sind zerstört. Ich muss einen Weg finden, vor dem Winter Korn aufzutreiben. Du bleibst hier", erklärte er knapp. Auf ihrer Reise hatten sie kaum ein Wort miteinander gewechselt, Pisquetumen war schweigsam und verschlossen wie nie zuvor.

Hugh öffnete den Mund, um etwas zu antworten, doch es gab nichts, das er darauf erwidern konnte, und so blieb ihm nichts anderes übrig, als ihn schweigend davon gehen zu lassen.

Die folgenden Tage vergingen in quälender Langsamkeit, während er Tamaqua und den anderen dabei half, neue Hütten aus aneinander gebundenen Ästen und geschälter Rinde zu bauen. Sie schälten die feuchte Rinde von einigen großen Bäumen ab, die sie mühevoll nur mit den stumpfen Tomahawks der Lenapé fällten, und trockneten sie in der Sonne. Die Baumstämme wurden in anstrengender Kleinarbeit ausgehöhlt und zu Kanus gemacht, und so gab es keinen Muskel in Hughs Körper, der nicht nach wenigen Tagen schmerzte und seine Hände waren von Blasen übersät. Immer wieder dachte er während seiner verbissenen Arbeit an Marie und daran, wie es ihr wohl bei den französischen Soldaten ergehen mochte. Er konnte nicht genau bestimmen, woran es lag, doch etwas in ihm wusste, dass er keine Zeit verlieren durfte, wenn er sie wieder sehen wollte.

Nur kurz schob sich ihm der Gedanke in den Sinn, dass sie vielleicht bei den Soldaten weniger zu befürchten hatten, als bei den Indianern. Er hatte die

Blicke der Männer bei der Ankunft der Mädchen im Fort gesehen und sie hatten nichts Gutes zu bedeuten.
Er musste Pisquetumen dazu bewegen, sie zurückzuholen. Wütend hieb er mit einer der Äxte, die die Indianer bei den Händlern gegen die gejagten Felle eintauschten, auf den Baumstamm vor sich ein. Er fühlte sich hilflos und schwach, ein Junge unter Wölfen. „Ein böser manito'wak sitzt in deinem Nacken", sagte Tamaqua, der neben ihm einen der Baumstämme von seiner Rinde befreite. Hugh warf ihm einen wütenden Blick zu, doch der Lenapé sah ihn nicht an. Hugh verspürte das dringende Bedürfnis, dem Lenapé zu erklären, was er von dem Gerede über manito'wak hielt und dass es einzig die Schuld seiner Brüder war, dass sich Hugh und auch Marie und die anderen in dieser Situation befanden, doch er schwieg. Inzwischen hatte er gelernt, dass es keinen Sinn hatte, mit seinen „Brüdern" über diese Dinge zu reden. Wenn er vor Pisquetumen die Sprache auf die Entführungen lenkte, begegnete er einer undurchdringlichen Mauer aus schweigendem Lächeln. Er knurrte eines der wenigen irischen Schimpfwörter, die ihm im Gedächtnis waren, vor sich hin, und arbeitete weiter.
„Du musst diesen manito'wak loswerden, sonst wird er dich sehr krank machen, vielleicht stirbst du sogar", fuhr Tamaqua fort. Hugh ließ seine Axt sinken und heftete seine Augen wütend auf Pisquetumens Bruder, obwohl oder weil er wusste, dass dies als ein Zeichen äußerster Provokation unter den Lenapé galt. „Ich habe keinen manito'wak. Ich bin wütend, verstehst du? Zornig! Und daran seid ihr schuld!" Wie erwartet lächelte Tamaqua leise vor sich hin und antwortete nicht.
Schweigend arbeiteten sie weiter, bis er schließlich sagte: „Deine Träume, sie sprechen zu dir. Höre, was sie dir sagen. Wenn du nicht tust, was die manito'wak dir auftragen, dann bist du in Gefahr. Und nicht nur du. Wir alle, denn wir sind deine Brüder, hast du das vergessen?" Hugh verstand nicht, was der Lenapé-Indianer ihm damit sagen wollte, doch er wusste, dass er lernen musste, seine Gefühle zu kontrollieren, wenn er unter seinen Entführern oder seinen „Brüdern", wie immer man sie nennen wollte, überleben wollte.
Wenn die Sonne früh am Abend unterging, sank er müde und erschöpft auf sein Lager in Tamaquas Zelt, Pochgama bekochte sie mit Maisbrei und gebackenem Kürbis. Sein Körper schmerzte von der ungewohnten Anstrengung,

doch zugleich konnte er einen gewissen Stolz nicht unterdrücken, wenn er die neuen Hütten sah, die er und die anderen Männer innerhalb kurzer Zeit in der Siedlung errichteten.
Außer Hugh lebten nur wenige europäische Gefangene in dem neuen Lager. Offensichtlich hatte man sie, wie Marie und Barbara, an andere Orte gebracht oder an ihnen Rache geübt für den Überfall auf Kittanning. Die Meisten von ihnen waren Kinder, die von indianischen Familien adoptiert worden waren, wie er selbst.
Auch das blonde kleine Mädchen Mary, das er an seinem ersten Abend in Kittanning getroffen hatte, war unter ihnen und es schien, als habe es die Angst vor ihm verloren, denn es wurde immer zutraulicher und setzte sich zu ihm, wenn er arbeitete. Tamaqua schien nichts gegen ihre Freundschaft zu haben und Hugh freute sich über ihre Anwesenheit. Sie erinnerte ihn an all die kleinen Mädchen, die mit ihren Familien an den Sonntagen von den weit verstreuten Farmen um Carlisle zu dem Gottesdienst kamen, mit blauen Schleifen im Haar und geputzten Schuhen. Marys Kleidung aus Lederschürze und Mokassins und den beiden langen Zöpfen, aus denen sich ihre Locken lösten, wirkten seltsam, als habe sie sich für ein Theaterspiel verkleidet. Hugh spürte deutlich, wie unglücklich sie war, anders als viele der anderen Kinder, die ausgelassen zwischen den Hütten und Zelten herumsprangen und bald keinen Unterschied mehr machten zwischen sich und ihren neuen indianischen Geschwistern.
Eines Tages fand Hugh Mary weinend hinter dem Zelt, in dem sie mit ihren Lenapé-Eltern lebte. „Mary, was hast du? Bist du verletzt?" „Nein“, schluchzte sie, „ich bin nur traurig.“ Behutsam setzte er sich neben sie. „Wegen deiner Eltern?“ Das Mädchen brach in hemmungsloses Schluchzen aus.
„Ja, ich vergesse sie. Jeden Tag ist es, als verschwänden sie ein bisschen mehr aus meinem Gedächtnis. Am Anfang, als die Indianer mich geholt haben, da habe ich das Gesicht meiner lieben Ma noch ganz deutlich vor meinen Augen gesehen, als stünde sie tatsächlich vor mir.
Doch jetzt kann ich sie nicht mehr sehen, da, wo ihr Gesicht war, ist nur noch ein grauer Fleck. Irgendwann werde ich vergessen, dass ich überhaupt eine Mutter habe.“
Hilflos legte Hugh seinen Arm um das kleine Mädchen. Als sein Vater ge-

storben war, war es ihm ähnlich ergangen.
In der ersten Zeit nach dessen Tod hatte er sich geschworen, das Bild seines Vaters immer in seinem Herzen zu tragen, doch mit den Jahren wurde die Erinnerung immer undeutlicher, bis er schließlich kaum noch hätte sagen können, wie sein Vater ausgesehen hatte. Natürlich wusste er noch, wie sein Vater gewesen war, konnte er sich an die laute, polternde Stimme und das grölende Lachen erinnern, auch an den scharfen Schnapsgeruch, der seinen Vater immer umgab.
Doch das Bild seines Vaters, seine Züge und der Ausdruck seiner Augen und die Farbe lösten sich langsam, aber unaufhörlich in Nichts auf. Verzweifelt hatte er versucht, den Prozess aufzuhalten, sich alle Einzelheiten, an die er sich erinnern konnte, einzuprägen, doch es gelang ihm nicht.
Mit seiner Mutter darüber zu sprechen, wäre zu schmerzhaft für sie gewesen, deshalb behielt er seine Gedanken für sich.
„Mary", sagte er schließlich so leise, dass niemand sie hören konnte, und fasste ihre Hände. „Mary, du wirst deine Mutter nicht vergessen, hörst du? Niemand vergisst seine Mutter. Bald", sagte er und starrte auf die Feuer am Flussufer, von denen die Stimmen der Indianer zu ihnen heraufdrangen, „bald wird das alles hier vorbei sein." Mary wischte sich schniefend mit dem Ärmel ihres Lederhemdes über ihr Gesicht und sah ihn mir großen Augen an.
Es ist nicht richtig, dachte er ein wenig hilflos, sie haben kein Recht dazu, Kinder aus ihren Familien wegzunehmen und zu ihres gleichen zu machen.
„Woher willst du das wissen, Hugh?" Tränen liefen noch immer über ihr kleines, schmutziges Gesicht.
Hugh zog sie näher an sich heran und flüsterte: „Die Engländer, Mary, die Guten, die werden bald siegen. Sie werden über die Franzosen und die Indianer siegen und dann gehen wir alle nach Hause. Ganz bald, Mary, ist das alles hier nur noch ein böser Traum und du bist zu Hause am Susquehanna bei deiner Mutter und deinen Geschwistern."
Das kleine Mädchen schluckte. Sie schien noch nicht ganz überzeugt, doch in ihre Augen trat ein hoffnungsvolles Funkeln.
Tapfer rieb sie sich schließlich die Spuren ihrer Tränen von ihrem Gesicht und sagte mit einem schiefen Lächeln: „Ich vergesse sie nicht, Hugh, ver-

sprochen. Bald sind wir zu Hause."
Hugh streichelte ihr aufmunternd über die Wange. Sie schniefte noch einmal und stand auf. Als ihre kleine Gestalt zwischen den Hütten und Zelten verschwand, sah Hugh ihr nachdenklich nach.
Zweifel überkamen ihn plötzlich, als er allein war, ob es richtig gewesen war, das kleine Mädchen so zu belügen, denn natürlich wusste er nicht, ob es Frieden geben oder wer den Sieg in diesem Krieg davon tragen würde. Doch nach der Gelassenheit der französischen Soldaten in Fort Duquesne nach zu urteilen, schienen sie keine große Wachsamkeit vor einem englischen Angriff an den Tag legen zu müssen.
Er stand auf und folgte Mary zu den Feuerstellen, die in der hereinbrechenden Dunkelheit in der Indianersiedlung aufflackerten und das Abendessen ankündigten.
In den länger werdenden Schatten übersah er die Lenapé-Frau, die sich rasch zwischen die Bäume davon stahl.

Am nächsten Tag trug Shingas ihm auf, einige Zweige zu Pfeilen zurecht zu schnitzen.
Hugh war dem schrecklichen Häuptling seit seiner Ankunft so gut es ging aus dem Weg gegangen, doch er wusste, dass er sich seinen Anweisungen nicht widersetzten durfte, wenn er überleben wollte. Er war der Unheimlichste von Pisquetumens Brüdern, ganz anders als Tamaqua, der stets überlegt und gelassen wirkte. Shingas war gefährlich, gefährlicher noch als Nachenum, dem Hugh zu seiner Erleichterung nicht mehr über den Weg gelaufen war, denn hinter Shingas Stirn schien es beständig zu arbeiten. So wie seine Bewegungen schneller und geschmeidiger als die der anderen waren, so schienen auch seine Gedanken schärfer zu sein. Es wunderte Hugh, dass die Indianer sich daran machten, Pfeile und Bogen herzustellen, doch es schien, als sei nicht nur ein Großteil ihrer Nahrungsvorräte, sondern auch ihrer Waffen und Pulverfässer in Kittanning verbrannt.
Hugh hatte nie zuvor eine solche Waffe hergestellt und beobachtete angestrengt die anderen jungen Männer, die sich mit ihren Messern in einen Kreis gesetzt hatten und mit scheinbarer Leichtigkeit einen perfekten Pfeil nach dem anderen schnitzten, doch so sehr er sich auch bemühte, es wollte ihm

nicht gelingen, ein auch nur halbwegs brauchbares Schussinstrument herzustellen. Heno, der Shawnee-Häuptling gesellte sich zu ihnen. Das Lager war fast leer, da die Frauen und Kinder zum Sammeln von Früchten und Nüssen in die Wälder aufgebrochen waren, und so fehlte das übliche Geschrei und Getobe der Kinder. Nur die Kleinsten waren unter der Aufsicht einiger Älterer zurück geblieben. Lautes Gelächter ließ Hugh von seiner angestrengten Arbeit aufsehen. Heno und einige der anderen sahen zu ihm herüber und schienen sich köstlich über seine ergebnislosen Bemühungen zu amüsieren. Hugh versuchte, sie zu ignorieren, immerhin hatte ihn Shingas mit dieser Aufgabe betraut, doch er konnte nicht verhindern, wie die Wut sich aus seinen Eingeweiden in seinen Kopf kämpfte und er hochrot anlief. Als ihm erneut ein Zweig zwischen den Händen zerbrach, kugelten sich die anderen Männer schier vor Lachen auf dem Boden. Immer, wenn sie sich gerade etwas beruhigt hatten, sagte Heno etwas, was ihr Gelächter von Neuem anfeuert. Wütend schleuderte Hugh sowohl das Messer als auch die Zweige zu Boden und lief hinunter zum Fluss, bis das Lachen hinter ihm verklungen war. Tief atmete er ein und aus. Diese Indianer waren wirklich unglaublich. Sie waren noch nicht einmal in der Lage, ein Feld zu bestellen, sie kannten keinen Pflug, keine Feuerwaffen, ja ohne die Europäer noch nicht einmal Messer. Aber sie verhöhnten ihn, weil er keine Pfeile schnitzen konnte. Zugleich stellte er fest, dass er sich am Meisten über sich selbst ärgerte. Hugh war durchaus geschickt mit seinen Händen und hatte auf der Farm seiner Eltern viele Dinge mit seinem Vater repariert, doch es schien, als hätten ihn all diese Fähigkeiten mit seiner Indianertaufe im Fluss vor Fort Duquesne verlassen. „Man könnte glauben, sie haben mich verhext“, murmelte er und wischte sich den Schweiß von der Stirn. „Wer hat dich verhext?“ Erschrocken fuhr Hugh herum. Er war sich sicher gewesen, dass er allein am Ufer war. Hinter ihm stand Mary und lächelte schüchtern.

Erleichtert atmete er auf. „Was machst du hier? Bist du nicht mit den anderen Frauen im Wald?“ Stumm schüttelte Mary den Kopf und kaute nervös auf ihrer Unterlippe. Etwas schien ihr auf dem Herzen zu liegen, denn sie setzte sich stumm auf einen umgestürzten Baumstamm. Hugh griff nach einem abgebrochenen Zweig, den der Fluss an das Ufer gespült hatte, und löste das kleine Messer, das er an seinem Gürtel trug, um weiter zu üben. Wenn er

zurück zu den anderen Männern kam, wollte er ihnen zeigen, dass auch er perfekte Pfeile schnitzen konnte.
So saßen sie eine ganze Weile, während sich Mary immer wieder verstohlen nach allen Seiten umsah und sich schließlich zu ihm herüberbeugte. „Hugh, du kennst doch Miuskillamize, die Frau von Shingas“, flüsterte sie. Hugh nickte zustimmend. Er wusste, wer Shingas Frau war, eine hässliche, grobknochige Lenapé-Frau mit spitzen Zähnen und missgünstigen Augen. Sein Messer war zu stumpf, um die dicke Rinde gleichmäßig von den Zweigen schaben zu können.
„Weißt du, Hugh ...“ Das Mädchen stockte.
„Sie hat mir heute gesagt, ich soll etwas für sie tun.“ Hugh fluchte leise. Der Zweig war zersplittert. „Sie sagte, ich soll zu Pisquetumen gehen und ihm erzählen, du hättest gesagt, die Engländer kämen bald, um uns zu befreien. Sie sagt, dafür sollst du brennen.“
Langsam ließ Hugh sein Werkzeug und den nutzlosen Zweig sinken.
Er bemühte sich, das Mädchen nicht spüren zu lassen, wie sehr ihn das eben Gesagte aus der Fassung brachte.
Es gab nur eine einzige mögliche Erklärung dafür: Shingas Frau musste seine Unterhaltung mit der kleinen Mary belauscht haben und anstelle ihn zur Rede zu stellen, nutzte sie die Gelegenheit, um ihn hinter seinem Rücken bei Pisquetumen anzuschwärzen. Sie missgönnte ihm seinen Status als Vertrauten und Bruder.
Hugh schluckte und dachte an die hasserfüllten Blicke, die ihm einige der Lenapé seit dem Überfall auf Kittanning und besonders seit Pisquetumens Abwesenheit zu warfen. Es schien, als gefiele einigen von ihnen nicht, dass er noch am Leben war.
Wenn es den anderen Lenapé gelänge, Pisquetumen davon zu überzeugen, dass er heimlich auf einen Sieg der Engländer und eine Gelegenheit zur Flucht hoffte, so konnte dies sein Todesurteil bedeuten.
Die Bilder der gemarterten Sarah und des zerstückelten Peter traten ihm allzu deutlich vor Augen. Mary sah ihn ängstlich an. „Sie hat gesagt, ich darf dir nichts sagen, aber ich höre nicht auf sie.“ Das kleine Mädchen schluckte. „Sie ist eine böse Frau.“
„Es war sehr mutig von dir, mir das zu erzählen.“ Er versuchte zu lächeln,

um ihr die Angst zu nehmen.
„Denkst du, du bist mutig genug, noch etwas für mich zu tun?“
Mary überlegte nicht lange und nickte tapfer. Hugh sah sich lange nach allen Seiten um, und erst als er sich ganz sicher war, dass sie niemand belauschen konnte, flüsterte er dem kleinen Mädchen zu: „Mary, wenn sie dich zu Pisquetumen schicken, damit du ihm erzählst, dass ich von einem Sieg der Engländer gesprochen habe, dann sag ihm nichts davon.“
Mary’s Gesicht schien ein einziges Fragezeichen. Hugh ergriff ihre schmutzige, kleine Hand und hielt sie fest. „Wenn du ihm das erzählst, kann er sehr böse werden, vielleicht schickt er mich dann weg.“
Mary zwinkerte ängstlich. „Aber was soll ich sagen?“
„Sag ihm, wie sehr ich ihn und seine Brüder liebe, wie sehr ich hoffe, dass sie die Engländer besiegen werden und wie gut es mir hier gefällt.“
„Mehr nicht?“ Hugh überlegte kurz.
„Nein, mehr nicht“, antwortete er kurz entschlossen.
Das Mädchen nickte. „Mach dir keine Sorgen, Hugh. Das schaffe ich!“
Hugh lächelte ihr aufmunternd zu. „Du bist das mutigste kleine Mädchen, das ich kenne.“ Nun lächelte Mary über das ganze Gesicht und hüpfte ausgelassen davon.
Hugh kratzte sich nachdenklich am Kopf. Er fragte sich, was sich Miuskillamize dabei gedacht hatte und warum sie das kleine Mädchen benutzte wollte, um Pisquetumen gegen ihn aufzubringen.
Alles hing nun davon ab, ob das Mädchen seine Sache gut machen würde und ob Pisquetumen ihr Glauben schenken würde.
Mary hatte sich in große Gefahr begeben und ihm vermutlich damit das Leben gerettet.
Hugh seufzte leise und steckte das nutzlose Messer wieder an seinen Gürtel. Es war Zeit, weiter Pfeile zu schnitzen.

*

Es zeigte sich, dass ihre Zuweisung unter Masitas Aufsicht eine glückliche Fügung war.
Die knochigen Hüften der Mädchen bekümmerten die Köchin zutiefst und so

sah sie es als ihre Pflicht an, sie mit allerlei Leckereien zu versorgen, wann immer es eine Gelegenheit dazu gab.
Schließlich war sie es auch, die einige Tage nach der Ankunft der Mädchen mit einem Stapel Kleider in die Küche kam, wo Barbara und Marie gerade damit beschäftigt waren, den Brotteig anzurühren.
„Ihr anders anziehen euch", befahl sie ihnen. Barbara betrachtete den Kleiderhaufen misstrauisch, doch Marie ging zu dem Tisch und wühlte begeistert darin herum.
„Sieh nur", rief sie und hielt Barbara ein hübsches Mieder hin, dessen Saum mit feinen Samtfäden verziert war. Dies genügte, um Barbara dazu zu bringen, ihre Zurückhaltung aufzugeben und sich mit ihr über den Kleiderhaufen herzumachen.
„Das ist aber schön!", rief sie, als sie einen Unterrock aus feinem, weißem Leinen herauszog und dazu ein zwar zerschlissenes, aber noch immer sehr ansehnliches grünes Kleid.
„Wo hast du die Sachen her?", fragte sie Masita. Die Köchin entblößte ihre Zähne zu einem heiseren Lachen. „Keine Angst, nix von indianische Mädchen. Habe ich in Truhe gefunden auf Dachboden von Kommandant."
Diese Antwort schien Barbaras Zweifel nicht gänzlich zerstreuen zu können, doch Marie streifte bereits eines der warmen Unterkleider über, darüber einen langen, braunen Rock aus dicker Wolle, ein Hemd aus steifem Leinen und dazu eine zwar schon mitgenommene, doch immer noch taugliche Schürze.
Lächelnd drehte sich Barbara vor ihr in dem grünen Kleid im Kreis. „Was sagst du?"
„Sehr hübsch", antworte Marie und lachte. „Das Grün passt herrlich zu deinen Augen."
In Barbaras Augen trat ein Leuchten und sie tanzte einige Schritte um den großen Tisch herum. Zufrieden strich sie über ihre neue Kleidung und sah auf den Haufen, den ihre alten, indianischen Kleider bildeten. Barbara folgte ihrem Blick und klaubte die Kleider auf.
„Wirf sie ins Feuer", sagte sie und hielt sie Masita hin. Die Köchin öffnete die schwere Ofentür. Barbara schleuderte den Lederhaufen in die Flammen und klatschte aufgeregt in die Hände.
„Ja wohl, auf Nimmerwiedersehen, ihr Fetzen!"

Lautes Klopfen an der Küchentür ließ die Frauen in der Küche plötzlich aufschrecken. Masita strich ihre Schürze glatt und stieg umständlich die wacklige Holztreppe zu der Tür hinauf. „Wer ist da?“, fragte sie und presste ihr Ohr an die Tür.
„Mach auf, du alte Hexe! Der Kommandant und seine Männer haben Durst. Schickt ihm etwas, um seine trockene Kehle zu erfrischen!“, dröhnte die Stimme eines Soldaten zu ihnen herein. „Ist gut, wir bringen“, sagte Masita und eilte die schmalen Stufen wieder hinunter.
„Schnell“, sagte sie und griff nach einer Karaffe und ein paar Gläsern. Dabei bemerkte Marie, dass ihre Hände zitterten. „Was ist, Masita, wovor fürchtest du dich?“, fragte sie die Sklavin verwundert.
Die Augen der Sklavin waren weit aufgerissen vor Angst. „Schnell“, wiederholte sie, „Dumas sehr böse.“ Sie belud das Tablett und kletterte die Treppe wieder hinauf. Oben schob sie den Riegel davor zurück und wollte nach draußen treten, als der Soldat sie barsch zurückhielt. „Nein“, herrschte er sie an. „Nicht du, die Mädchen sollen gehen.“
Entsetzt wich Masita eine Stufe zurück. Ihre Lippen bebten.
Sie nickte stumm und winkte die Mädchen heran. Barbara und Marie sahen sich beunruhigt an.
„Na los, worauf wartet ihr?“ Marie gab sich einen Ruck und stieg als Erstes die Treppe empor. Als sie das Tablett auf Masitas zitternden Händen entgegennahm, packte die Sklavin ihr Handgelenk. „Ihr seid vorsichtig, ja? Männer allein, nix rote Mädchen, verstehst du?“ Marie starrte sie an. Sie las namenloses Entsetzen in den Augen der Köchin.
Der Mann klatschte ungeduldig in seine Hände. „Wird’s bald, die Damen?“ Marie und Barbara folgten ihm eilig durch das in nächtlicher Stille versunkene Fort.
Sie liefen dem Soldaten mit dem klirrenden Tablett hinterher und er stieß die Tür in der Hütte des Kommandanten auf.
„Die verfluchten Rotröcke pissen sich in die Hose, seit Montcalm, der verrückte Teufelskerl, Fort Oswego und den gesamten Ontario-See unter unsere Kontrolle gebracht hat“, hörte Marie einen Mann sagen, als sie eintraten. Lautes Lachen folgte auf seine Worte.
„Im nächsten Frühjahr gehören alle Forts nördlich des Susquehannas …“,

rief der Mann in das Grölen der anderen. Marie sah vier oder fünf Männer, die um den großen Tisch des Kommandanten herumsaßen.
Landkarten waren quer über den Tisch ausgebreitet, doch viele waren bereits achtlos heruntergefallen und lagen nun wild verstreut auf dem Fußboden.
Leere Weinkaraffen und die roten Wangen der Männer verrieten Marie, dass sie bereits einige Zeit hier zusammen saßen und tranken.
Auf dem Stuhl direkt gegenüber der Tür saß ein großer, breitschultriger Mann, dessen Haar zu einem Zopf am Rücken zusammengebunden war. Seine Gesichtszüge waren etwas zu scharf geschnitten, um gut aussehend zu sein und ein grausamer Zug lag um seinen Mund.
An den glänzenden Abzeichen an seiner Schulter erkannte sie, dass er wohl Kommandant Dumas sein musste.
„Madames“, sagte er mit funkelndem Blick, als er sie entdeckte, und verzog das Gesicht zu einem anzüglichen Grinsen, „Ihr werdet bereits erwartet.“
Etwas an der Art, wie er sie ansah, ließ Maries Atem stocken. In seinen Augen las sie eine seltsame Form von Verlangen, eine Begierde, die nur kurz aufflackerte, als er seinen Blick über sie wandern ließ.
Marie gab sich einen entschlossenen Ruck und betrat das Innere des Kommandantenzimmers. Mit klopfendem Herzen stellten die Mädchen ihre Karaffen auf dem Tisch ab und befüllten die Weingläser der Männer neu.
Dabei fiel Maries Blick auf einen der silbernen Kerzenleuchter, der auf dem Tisch stand.
Um den Fuß des Kerzenhalters lag ein schmales, ledernes Band, an dessen Ende die kleine, braune Schildkrötenfigur hing.
Marie fühlte, wie ihr Herz schneller schlug. Etwas stimmte hier nicht.
Sie wandte sich eilig wieder dem Ausgang zu, als ihnen zwei der Männer plötzlich den Weg versperrten.
Einer griff nach Maries Arm und zog sie an sich. Seine Hände umfassten ihre Hüften und pressten sie gegen seinen Unterleib.
Marie konnte seinen widerlichen Atem und den alten Schweiß in der Jacke seiner Uniform riechen.
Der gierige Blick seiner glasigen Augen schien sie zu verschlingen.
„Nicht so schnell“, flüsterte er und verzog seinen Mund zu einem schmierigen Grinsen.

Der andere Mann packte Barbara und zog sie auf seinen Schoß. Seine Hände fuhren über ihre Brüste und Barbara schrie entsetzt auf. Sie versuchte, den Mann von sich zu stoßen, doch ihre Gegenwehr belustigte ihn nur. Er presste seinen Mund an ihren Hals und versuchte, seine Hand zwischen ihre Beine zu schieben.

Marie holte Luft, wandte sich entschlossen um und funkelte den Mann, der sie festhielt, wütend an.

„Lass mich los“, zischte sie leise auf Französisch. „Ich bin keine Hure.“

Erstaunt riss der Soldat seine Augen auf. „Du bist keine Engländerin? Verflucht, was hast du in diesem Fort zu suchen, wenn du Französin bist?“

Marie spürte, wie sich sein Griff um sie lockerte und sah zu Barbara, die noch immer verzweifelt versuchte, sich aus dem Griff des Mannes zu befreien. „Die Indianer haben uns gefangen genommen.“

Der Mann sah den Kommandanten an. „Hört, hört!“, rief er und schubste sie auf den Tisch zu.

Dumas nahm seine Beine vom Tisch und packte Marie an den Haaren.

„Du bist keine Indianerhure?“

Sein Griff presste ihr die Luft aus den Lungen und sie antwortete mit erstickter Stimme: „Nein, sie haben uns gefangen genommen.“ Seine Finger lösten sich ein wenig und sie rang nach Luft. „Sieh uns doch an! Sehen so Indianerinnen aus?“

Einige quälende Augenblicke vergingen, in denen Dumas sie und Barbara eingehend musterte.

Marie konnte seinen schneidenden Blick auf ihrer Haut, ihren Haaren und auf ihren Händen spüren. „Wo haben sie euch gefangen?“ Seine Stimme klang so kalt, dass sich ihr vor Angst die Kehle zuschnürte.

Sie durfte jetzt keinen Fehler machen.

Fieberhaft überlegte sie, wie sie als französisches Mädchen in das Grenzgebiet von Pennsylvania gekommen sein könnte.

„Die Indianer nennen den Ort Jenkiklahmus“, antwortete sie schließlich und zwang sich, dem eisigen Blick des Kommandanten standzuhalten.

„Mein Vater ist Händler“, fuhr sie fort und strich sich nervös durch ihr Haar, dass durch den groben Griff des Soldaten zerzaust worden war. „Er hat die Indianerdörfer im Sommer durchreist und ihnen Eisenwaren verkauft. Dabei

haben sie uns gefangen genommen."
Sie betete inständig, dass Barbara den Mund hielt und ihr Spiel mitspielte, auch wenn sie nichts von dem verstand, was sie und die Soldaten sagten.
Wenn es ihr gelang, diese Männer davon zu überzeugen, dass sie eine Landsmännin von ihnen war, dann gab es vielleicht eine Chance, dass die Soldaten sie einfach freiließen.
Langsam lehnte sich Dumas wieder in seinem Stuhl zurück.
Er griff nach seinem Weinglas und legte seine Beine auf den Tisch. Die schweren Schnallen an seinen Lederstiefeln klirrten und ein widerliches Grinsen zog über sein Gesicht. „Was sagt man dazu?" Seine Stimme klang amüsiert. „Während wir mit ihnen gegen die Engländer kämpfen, habe diese Wilden nichts Besseres zu tun, als unsere Töchter zu rauben und sie dann als Sklavinnen an uns zurück zu verkaufen. Es scheint, als haben sie das Prinzip des erfolgreichen Handels rascher begriffen, als uns lieb sein kann."
Die Männer um sie herum lachten unsicher. An der Art und Weise, wie sie die Mädchen ansahen, erkannte Marie, dass die Gefahr noch nicht vorbei war. Die anzügliche Selbstsicherheit der Soldaten war einer seltsamen Verwirrung gewichen. Etwas ging hier vor, etwas das nicht fassbar und doch spürbar war in der Art und Weise, wie die Männer sich und ihren Kommandanten ansahen.
Marie hatte das Gefühl, ihre Worte hätten einen gewohnten Ablauf gestört.
Dumas sah sie unverwandt an.
Er nahm einen tiefen Schluck aus seinem Weinbecher und stellte ihn dann zurück auf den Tisch, ohne sie aus den Augen zu lassen.
„Was ist, willst du mir nicht nach schenken?" Der Ton seiner Stimme jagte Marie eine Gänsehaut über den Rücken. Mit zitternden Fingern umfasste sie die Karaffe und füllte sein Weinglas nach. Seine Augen hefteten sich auf ihre bebenden Hände, und als Marie seinem Blick begegnete, las sie darin etwas, das sie so entsetzte, dass sie beinahe das Glasgefäß fallen gelassen hätte. Das Zittern ihrer Hände, das sichtbare Zeichen ihrer Angst und seiner Macht über ihr schien ihm, außerordentlichen Genuss zu bereiten.
Er strich mit seiner Zunge über die Lippen und ließ seine Augen mit ihrem grausigen Begehren an ihrem bebenden Körper hinauf wandern.
„Richtet der Küche unseren Dank aus", sagte er und verengte seine Augen zu

schmalen Schlitzen. „Wir brauchen nichts mehr. Für heute zumindest.“
Marie schluckte und verkrampfte ihre Hände in ihrer Schürze. Dann fuhr sie herum, packte Barbara am Handgelenk und eilte aus der Tür hinaus.
Masita schlug die Hände vor ihr Gesicht, als sie den Mädchen die Küchentür öffnete. „Alles gut? Euch nix passiert?“, fragte sie die Mädchen und fuhr ihn ungläubig mit den Fingern über Gesicht und Haare. Barbara hatte ihren Mund zu einem schmalen Strich zusammengepresst, ihr Gesicht war weiß vor Angst.
Marie schüttelte den Kopf. „Es ist alles gut. Die Männer …“, sie beendete den Satz nicht.
Masita nickte betroffen. Doch dann setzte sie ein betont gelassenes Gesicht auf und klatschte in die Hände. „Jetzt schlafen“, sagte sie und lachte, doch Marie konnte sehen, dass ihr der Schreck noch immer in den Gliedern saß.
„Was ist mit den Männern, Masita?“
„Männer? Ihr meint Soldaten? Sind wie alle Männer, trinken und reden schlecht!“ Sie lachte angestrengt.
„Das meine ich nicht“, erwiderte Marie, „warum hattest du solche Angst davor, uns zu den Männern zu schicken.“
Masita griff sich an den Hals. „Du weißt doch, keine indianische Mädchen, Männer waren hungrig, du verstehen?“ Sie wandte sich ab und bückte sich, um nach der Glut im Ofen zu sehen. Marie folgte ihr und baute sich vor ihr auf.
„Wo sind die indianischen Mädchen?“
„Ich nix wissen, Masita nur Köchin, ich nix sehen, was draußen ist.“
„Doch, Masita, das weißt du. Woher wusstest du, was Dumas und seine Männer vorhaben.“
Sie packte die Sklavin an der Schulter.
„Masita, was machen die Männer mit den Mädchen?“
Masitas Gesicht wurde starr vor Angst. Ihre Mundwinkel zuckten.
„Ich nix sagen, du verstehen? Keine Fragen mehr, klar?“
Marie erkannte, dass es aussichtslos war, weiter in das Gewissen der Sklavin einzudringen und ließ von ihr ab.
Als sie neben Barbara im Dunkeln vor dem Ofen lag, starrte sie noch lange in die Dunkelheit. Sie dachte an den kleinen Anhänger, der um den

Kerzenleuchter in Dumas Zimmer gelegen hatte, und fragte sich, wie er dorthin gelangt war. Seit ihrer Ankunft hatte sie die indianischen Mädchen nicht mehr gesehen.
Eine schreckliche Ahnung stieg in ihr auf, doch es wollte Marie nicht gelingen, sie zu einem klaren Bild zusammen zu fügen und von dunklen Gedanken gequält, schlief sie schließlich ein.

*

Viele Tage vergingen, bis Pisquetumen seine Rückkehr ankündigen ließ. Hugh hatte die Angelegenheit beinahe vergessen, als Miuskillamize eines Tages zu ihm kam. Ihre große, knochige Gestalt baute sich vor ihm auf und sie funkelte ihn aus bösen Augen an.
Hugh fiel auf, dass sie als junge Frau sicher einmal eine gewisse Schönheit besessen haben musste, doch alle Anziehungskraft war dem verbitterten Gesicht einer alten Frau gewichen.
„Pisquetumen wird morgen nach Saukunk zurückkehren“, sagte sie ungehalten. „Eines seiner Pferde ist uns ausgerissen. Geh in den Wald und suche es, damit er es nicht vermisst.“
Die Feindseligkeit, die ihm aus ihren Augen entgegenschlug, erschrak ihn. Sie wollte ihn aus dem Weg haben, um Mary für ihr perfides Spiel einspannen zu können und Pisquetumen gegen ihn aufzubringen, ohne ihm die Möglichkeit zu geben, sich dagegen zu wehren.
Hugh überlegte kurz, ob er mit Tamaqua und Shingas über das, was das kleine Mädchen ihm erzählt hatte, sprechen sollte, doch ihm war bewusst, wie lächerlich das war.
Miuskillamize war die Frau von Häuptling Shingas. Niemand würde ihre Worte bezweifeln.
Verzweifelt packte er ein wenig Maisbrot, geräucherten Fisch und eine Decke ein und machte sich dann auf den Weg in den Wald.
Er hatte nicht die geringste Ahnung, wie er das Pferd in den dichten Wäldern um Saukunk finden sollte, doch es blieb ihm nichts anderes übrig, als es zu versuchen.
Den ganzen Tag streifte er durch den herbstlich verfärbten Wald, kämpfte sich

durch das Dickicht zwischen den eng stehenden Laub- und Nadelwäldern und kletterte die kleinen Hügel hinauf, von denen man das Flussbett überblicken konnte. Er rastete nur kurz, um sich an den Seitenarmen des Beaver Creek zu erfrischen. Nur wenige Wolken standen am Himmel, doch ein kühler Wind fegte die welken Blätter von den Bäumen.
Seine Verzweiflung wuchs mit jeder Stunde, die er auf diese Weise im Wald herumstrich. Er war sich nur allzu bewusst, dass sein Proviant nur für wenige Tage reichen würde und er war sich nicht sicher, ob er überhaupt ohne das Pferd zurückkehren konnte.
Eine leise Stimme in seinem Kopf fragte ihn, warum er überhaupt zurückkehren wollte, doch es war lächerlich, auch nur über Flucht nachzudenken. Er müsste wochenlang völlig auf sich gestellt durch die Wildnis laufen, um zu Fuß zurück nach Pennsylvania zu gelangen und das ohne Proviant und Waffen. Er gab den wahnwitzigen Gedanken sogleich auf und konzentrierte sich auf die unlösbare Aufgabe, die vor ihm lag.
Sein Magen knurrte inzwischen immer lauter und er hatte noch keine Spur von dem Pferd entdeckt. Netopalis war ein großer, fast schwarzer Hengst, mit sanften Augen. Pisquetumen liebte das Tier sehr, das wusste Hugh. Er würde sehr enttäuscht sein, wenn er erführe, dass es ihm nicht gelungen war, ihn wieder zu finden, doch, so dachte Hugh ärgerlich, war es auch nicht seine Schuld, dass der Hengst sich losgemacht und davon gelaufen war.
Die Dämmerung legte sich langsam über die Baumwipfel und er entschloss sich, es für diesen Tag mit der Suche sein zu lassen und sich einen Platz für die Nacht zu suchen.
Nur mit Mühe gelang es ihm, ein Feuer zu entzünden und die dichten Schatten, die zwischen den Bäumen hervorkrochen, ein wenig zurück zu drängen. Er rieb seine klammen Finger aneinander und fragte sich, welche Tiere sich wohl in der Dunkelheit zwischen den Bäumen verbergen mochten und nur auf eine Gelegenheit lauerten, um über ihn herzufallen. Er hatte noch nicht einmal eine Waffe, um sich zu verteidigen, geschweige denn, sich durch die Jagd selbst zu versorgen.
Zumindest hatte er daran gedacht, aus Tamaquas Hütte ein paar Feuersteine und Zunder mitzunehmen.
Pisquetumens Pferd war sicher längst tot, gerissen von den Wildtieren, die in

den Wäldern lebten, einem Bären oder einem Wolf.
Es kam ihm in den Sinn, dass es vielleicht von Anfang an Miuskillamize Absicht gewesen war, ihn auf diese Weise elendig in der Wildnis krepieren zu lassen.
Er rollte sich vor dem Feuer zusammen und fiel in einen unruhigen Schlaf, aus dem er mehr als einmal hoch schreckte, weil er glaubte, ein Knurren gehört zu haben. In seinen Träumen sah er schreckliche Bilder, in denen Marie und Barbara auftauchten und in die sich ein dumpfes Gefühl von schrecklicher Gefahr mischten, dass er jedoch nicht erfassen konnte.
Zerschlagen erwachte er noch vor dem Anbruch des neuen Tages und verzehrte sein karges Frühstück. Weiter kämpfte er sich durch das Buschwerk, doch der Hunger nagte an ihm. Gegen Mittag fand er an einem Busch einige Beeren, die dunkelblau schimmerten, doch er wusste nicht, ob sie genießbar waren, aber steckte sie dennoch in seine Taschen.
Es begann zu regnen und das Tropfen des Regens auf die Blätter schwoll zu einem lauten Prasseln an. Hugh suchte sich einen Unterschlupf unter einem Felsvorsprung, doch als der Regen nicht nachließ, stand er einfach auf und ging weiter.
Der Regen durchnässte seine Lederkleidung und tropfte in kleinen Strömen von seinen Haaren auf seine Schultern.
Nach einem ebenso mühsamen wie sinnlosen Marsch durch den undurchdringlichen Wald hatte er am Abend noch immer keine Spur von Pisquetumens Pferd gefunden und er fragte sich immer verzweifelter, wie eine solche Spur überhaupt aussehen könnte.
Längst hatte er die Orientierung verloren und wusste nicht mehr, in welcher Richtung der Fluss und die Indianersiedlung lagen. Seine Feuersteine waren nutzlos im Regen und so suchte er spärlichen Schutz unter den Wurzeln eines mächtigen, umgestürzten Baumes. Schneeflocken mischten sich in den Regen und er starrte mit leeren Gedanken und knurrendem Magen auf den in der Dunkelheit verschwindenden Wald vor sich.
In dieser Nacht fand er keinen Schlaf. Kälte und Hunger hielten ihn wach.
Der Schneeregen hatte sich in dichten Schneefall verwandelt und er fror erbärmlich unter der dünnen Decke. Er verfluchte Miuskillamize und die anderen Indianer. Es erschien ihm so sinnlos, hier draußen einfach zu ver-

hungern.
Verzweifelt fasste er den Entschluss, am nächsten Tag den Weg zurück in die Siedlung zu suchen, denn was auch immer ihn dort erwarten mochte, konnte nicht schrecklicher sein, als ein einsamer Tod in den Wäldern.
Er musste eingenickt sein, denn graues Licht blendete in seine Augen, als er sich unsanft geweckt fühlte. Blinzelnd versuchte Hugh, sich aufzusetzen, doch seine Glieder waren steif vor Kälte und versagten ihm den Dienst. Schützend hob er die Arme vors Gesicht, als er plötzlich ein kehliges Lachen hörte.
Vor ihm stand Pisquetumen, in ein warmes Bärenfell gehüllt und hinter ihm zwei Pferde. Hugh erkannte Netopalis, Pisquetumens schwarzen Hengst, den zu suchen ihm Miuskilllamize aufgetragen hatte und daneben die kleine braune Stute, die der Indianer ihm auf ihrem Weg nach Kittanning zugewiesen, die er jedoch seit dem Angriff nicht mehr gesehen hatte. „Steh auf, mein Bruder“, sagte der Lenapé-Indianer vergnügt.
Sprachlos vor Verwunderung richtete Hugh sich auf. „Wie hast du mich gefunden?“, stammelte er und sah den Indianer ungläubig an.
Pisquetumen lachte wieder, ein dunkler, perlender Laut zwischen den verschneiten Bäumen. „Du hast eine Spur so groß wie die eines Bären hinterlassen.“ Hugh lächelte erleichtert und Pisquetumen zog das Bärenfell von seinen Schultern und legte es seinem zitternden Adoptivbruder um. Dann ging er zu Netopalis und zog etwas aus dem Beutel, der über seinem Rücken hing. Hungrig griff Hugh nach dem Stück Dörrfleisch und dem geräucherten Fisch und verschlang es mit gierigen Bissen. Pisquetumen lächelte, während er ihn beobachtete.
Rätselhafterweise gelang es ihm, innerhalb nur weniger Augenblicke, einen ganzen Haufen trockenes Holz aufzuschichten und ein Feuer damit zu entfachen.
Hugh hielt seine steifen Finger vor die Flammen und genoss die wohlige Wärme, die sich über seine Haut ausbreitete.
„Ich bin gleich zurück“, sagte Pisquetumen plötzlich und verschwand mit seinem Gewehr im Unterholz.
Als er wieder allein war, wickelte Hugh das Bärenfell enger um seinen halb erfrorenen Körper und lauschte dem Knistern des Feuers. Der Schnee fiel

immer dichter um ihn herum.
Nach kurzer Zeit kehrte Pisquetumen zurück. Er trug einen jungen Rehbock über der Schulter, aus dessen Flanke noch das Blut der Schusswunde tropfte.
Der Lenapé-Indianer machte sich so gleich daran, das Tier zu zerlegen. Ein Stück der Keule spießte er auf einen Ast und hängte ihn über das Feuer. Dann zog er ein Messer aus seinem Gürtel und zerteilte die Haut entlang des Bauches des Tieres. Er entnahm die dampfenden Innereien und vergrub sie gemeinsam mit den Hufen und dem Kopf des Tieres in einer kleinen Mulde, die er mit seinen Fingern ausgehoben hatte.
Alle Teile des Tieres, die genießbar waren, wickelte er in die notdürftig von Geweberesten befreite Haut des Rehes und verschloss sie mit einem kleinen Holzkeil.
Das Fett des Hinterlaufes tropfte zischend in das Feuer und Hugh lief das Wasser im Munde zusammen, während er stumm in das Schneetreiben vor ihm starrte. Die Umrisse der Pferde waren nur noch undeutlich zu erkennen.
Der betörende Geruch des Rehbratens stieg Hugh in die Nase und er starrte mit großen Augen auf das Feuer.
„Waselandeu", brach Pisquetumen schließlich das Schweigen, „das kleine Mädchen ist zu mir gekommen." Ängstlich sah Hugh den Indianer an, doch dieser blickte an ihm vorbei auf das Feuer. „Sie hat mir von dir erzählt", fuhr er mit gelassener Stimme fort.
„Sie hat mir erzählt, wie sehr du deine neue Familie und vor allem mich, deinen Bruder liebst." Ein erleichterter Seufzer entfuhr Hugh.
„So ist es, Nimat, so ist es", beteuerte er und hoffte inständig, das Zittern seiner Stimme möge ihn nicht verraten. „Es wird Zeit, dass du lernst, wie ein Mann zu leben." Pisquetumen lächelte. „Ich will meinen Bruder nicht mehr wie ein verängstigtes Jungtier halb verhungert im Wald aufspüren, wenn ich von der nächsten Reise zurückkehre." Mit einem Anflug von Ärger bemerkte Hugh, dass er vor Scham errötete, doch die Erleichterung darüber, dass Pisquetumen Marys Worten glauben geschenkt hatte und sein Leben nicht länger in Gefahr war, wog schwerer.
„Außerdem", schloß Pisquetumen und sah ihn gleichmütig an, „ist es siche-

rer, wenn du und ich den Winter allein verbringen. Sonst finde ich dich eines Tages über dem Feuer gebraten, so wie unser kleiner Freund hier."
Hugh zuckte bei seinen Worten zusammen. Pisquetumen wusste alles.
Sein Herz schlug ihm bis zum Hals und er hielt den Atem an, doch der Indianer beugte sich vor und griff nach der inzwischen knusprig gebratenen Rehkeule. Er riss sie in zwei Hälften und reichte eine davon Hugh. Zögernd nahm er sie entgegen und versenkte seine Zähne in dem köstlichen Fleisch „Ich", begann er, als er zwei Bissen genommen hatte, doch Pisquetumen winkte ab.
„Machtapeek", sagte der Indianer leise und ein kummervoller Ausdruck trat in seine Augen, „es sind schwere Zeiten und manchmal ergreifen Machtapequonitto Besitz von den Herzen der Frauen. Miuskillamize Herz hat großen Schmerz erlitten. Zwei ihrer Kinder und ihre Schwester sind in Kittanning gestorben. Ihr Herz fordert Rache und sie hat böse Gedanken. Die Frauen der Lenapé haben großen Einfluss auf ihre Männer. Wenn der Winter vorbei ist, wird auch die Sonne in die Herzen meines Volkes zurückkehren und auch wir werden wieder mit den anderen leben, mein Bruder."
Hugh dachte eine Weile über Pisquetumens Worte nach. Dann dachte er an Marie und Barbara, an die französischen Soldaten und an die englischen Milizen. „Ich habe geträumt heute Nacht", sagte er schließlich. Pisquetumen sah ihn aufmerksam an. „Was haben deine Träume dir verraten, mein Bruder?"
„Ein manito'wak hat zu mir gesprochen. Er sagte mir, ein großes Unrecht wird geschehen. Wir müssen die beiden Mädchen aus Fort Duquesne zurückholen, sonst wird uns allen großes Unglück bevorstehen." Pisquetumen sah ihn eine Weile nachdenklich an. Dann nickte er bedächtig. „Wenn die manito'wak uns in unseren Träumen besuchen, dann müssen wir ihnen unser Ohr und unsere Augen leihen. Sie können ein ganzes Volk vernichten, wenn es sich gegen sie stellt. Wir werden tun, was dein Traum dir gesagt hat."

*

Der Winter kam früh in diesem Jahr.
Bereits Ende November trieben die ersten Eisschollen auf den drei Flüssen,

die Fort Duquesne umgaben, und Marie und Barbara waren dankbar für ihr warmes Lager vor dem Ofen in der Küche.
Sie versuchten, den Soldaten und besonders Dumas nach ihrer ersten, beunruhigenden Begegnung so gut es ging aus dem Weg zu gehen, doch es schien, als habe Dumas ihre Anwesenheit einfach vergessen und beachtete sie nicht mehr.
Zwar waren ihre Tage mit deutlich mehr Arbeit ausgefüllt als in Kittanning, neben den Arbeiten in der Küche mussten sie Holz hacken, Wasser vom Fluss heraufschleppen, Wäsche waschen und die großen Schlafkammern, in denen die Soldaten schliefen, ausfegen, doch es war Masitas Kochkünsten zu verdanken, dass sich die knochigen Wangen der Mädchen allmählich wieder rundeten.
Mit knurrendem Magen dachte Marie an die köstlichen Pasteten, die sie am Abend zuvor gegessen hatten, und fragte sich, wann sie mit ihrer Arbeit in der Wäscherei des Forts wohl fertig sein würden.
Seufzend stieg sie auf einen kleinen Hocker und fischte mithilfe eines langen Netzes die Laken aus dem dampfenden Kessel, die sie so eben gewaschen hatte.
Die Luft in dem kleinen Raum, der dem Fort als Wäscherei diente, war so heiß und feucht, dass ihr das Atmen schwerficl.
Sie warf die nassen Laken in den großen Weidenkorb zu ihren Füßen, um danach die nächste Ladung stinkender Tücher in das Wasser zu legen, das sich bereits leicht bräunlich verfärbt hatte.
Barbara schob sich an den Laken, die bereits sauber in langen Reihen über den Leinen hingen, die zu diesem Zweck quer durch den Raum gespannt worden waren, vorbei und griff nach dem Korb mit den dampfenden Laken, um auch sie zum Trocknen aufzuhängen.
Ihre Wangen leuchteten rot von der anstrengenden Arbeit und ihre blonden Locken klebten ihr auf der schweißnassen Stirn.
Heftig prustend stemmte sie die Hände in die Hüften und strich sie ihre Haare aus dem Gesicht.
„Nimmt es denn heute gar kein Ende?“, fragte sie Marie.
„Nein, hier ist noch ein ganzer Korb voll schmutziger Hemden und das Wasser ist schon nicht mehr zu gebrauchen.“

Gequält stöhnte Barbara auf. Frisches Wasser mussten sie mühsam vom Fluss herauf schleppen, und bis das kleine Feuer unter dem schweren, gusseisernen Kessel das Wasser soweit erhitzt hatte, dass sie es zum Waschen der Wäsche benutzen konnten, würde es einige Zeit dauern.
„Komm, ich helfe dir, die Laken auszuwringen." Marie gab sich Mühe, ihrer Stimme etwas Aufmunterndes zu verleihen und so griffen die beiden Mädchen jeder eine Seite des großen Lakens und drehten das Tuch so lange zu einem dicken Knäuel zusammen, bis das stete Rinnsal des Waschwassers daraus versiegte.
Maries Arme schmerzten von der anstrengenden Arbeit und sie wünschte sich nichts sehnlicher, als endlich zu Masita in die Küche zurückkehren zu können.
Nachdem sie alle Laken ausgewrungen hatten, zerrten sie den verbeulten Waschkessel an seinem hölzernem Griff nach draußen und gossen das schmutzig-braune Wasser schwungvoll vor der Tür des Waschraumes aus.
Die kalte, trockene Luft schmerzte nach der feuchten Wärme in der Wäscherei und die kleinen Wassertropfen auf der Haut ließen die beiden Mädchen zittern, als sie sich mit Eimern daran machten, frisches Wasser zu holen.
Hintereinander her laufend ließen sie die Mauern des Forts hinter sich und stiegen die steile Böschung zu den Ufern des Flussdreiecks hinab.
Ihre von der Arbeit in der Wäscherei erhitzten Körper dampften in der Winterluft und sie keuchten vor Anstrengung, als sie die Böschung mit den vollen Wassereimern zurück erklommen. Als sie sich wieder auf dem Weg, der in das Fort führte, befanden, begann Barbara leise vor sich hinzusummen, eine sanfte, fröhliche Melodie.
Es dauerte eine Weile, bis Marie das Lied erkannte und ihr die Wörter zu der Melodie einfielen: „Dort oben auf dem Berge, da steht ein hohes Haus, da fliegen alle Morgen zwei Turteltäublein raus. Ach wenn ich nur ein Täublein wär! Wollt fliegen aus und ein, wollt fliegen alle Morgen zu meinem Brüderlein."
Marie verstummte jäh bei diesem Satz. Die schmerzhafte Erinnerung an Jean ließ ihr die fröhliche Melodie in der Kehle ersticken.
Barbara, die mit hüpfenden Locken vor ihr herging und deshalb nichts bemerkte, sang mit klarer Stimme weiter: „Ein Haus wollt ich mir bauen,

ein Stock von grünem Klee, mit Buchsbaum wollt ich's decken und roten Nägelein …"
Die Männer, die das Tor bewachten, warfen ihnen anzügliche Blicke zu und pfiffen ihnen hinterher, doch Marie und Barbara taten, als bemerkten sie davon nichts.
Als sie die Wäscherei erreichten, machte sich Barbara sogleich daran, die feuchten Laken aufzuhängen, während Marie erst ein neues Holzscheit unter den Waschkessel legte und dann nach dem Eimer griff, um allein zum Fluss zurückzugehen und Wasser zu holen.
Mit flinken Bewegungen lief sie zum Ufer zurück und kletterte die Böschung hinab.
Dabei bemerkte sie, dass die Wachen auf den Mauern verschwunden waren. Vermutlich hatte der Hunger oder der Weindurst die Männer von ihren Posten vertrieben.
Sie hatte ihren Eimer gerade mit dem eiskalten Wasser befüllt und wollte sich wieder dem Fort zu wenden, als plötzlich ein großer Schatten auf sie fiel.
Maries Herz setzte für einen Augenblick aus, als sie in Dumas eisblaue Augen sah, die mit einem widerlichen Grinsen an ihr herunter sahen und einen Moment auf ihren Hüften verweilten.
Zwei seiner Männer traten hinter ihn und versperrten ihr den Weg.
Sie war ihm ausgeliefert. Etwas in ihr wusste mit entsetzlicher Klarheit, dass sie nicht entkommen konnte. Dumas hatte auf diesen Augenblick gewartet und nun, da er endlich da war, genoss er das grausame Spiel mit ihrer Angst.
Ein widerliches Lächeln zog über sein Gesicht, bei dem er lediglich die Mundwinkel wie zu einer Grimasse anhob, doch seine Augen blieben kalt.
„Was wollt ihr von mir?" Marie wich stolpernd ein Stück vor den Männern zurück und der schwere Eimer entglitt ihren Händen und fiel die Böschung hinab.
Langsam machte Dumas einen Schritt auf sie zu. Sie verlor den Halt auf der steilen Böschung und fiel vor ihm auf die Knie. Verzweifelt klammerte sie sich an eine vorstehende Wurzel, um nicht noch tiefer hinab zu rutschen.
Direkt vor ihr standen Dumas glänzende Stiefel. Sie konnte die Musterung der blinkenden Sporen daran sehen und den Geruch des polierten Leders

riechen.
„Steh auf, mein Täubchen“, sagte er und es lag etwas in seiner Stimme, dass Marie vor Angst jede Vorsicht vergessen ließ, etwas unbeschreiblich Furcht Einflößendes und Grausames.
Sie ließ den Ast los, an dem sie sich festgehalten hatte, und rutschte rückwärts in das Flussbett hinab. Ihre Füße landeten in den eisigen Fluten, doch sie rappelte sich auf und versuchte, entlang des Flusses zu fliehen. Ein hastiger Blick die Böschung hinauf verriet ihr jedoch, wie aussichtslos ihr Unterfangen war, denn die zwei Soldaten, die Dumas begleitete hatten, hatten bereits zu ihrer Verfolgung angesetzt.
Mit einem entsetzten Schrei fuhr sie herum und rannte los. Ihre Beine versanken bis zu den Knien im Morast am Flussufer und sie versuchte verzweifelt, sich weiter voranzukämpfen, doch in diesem Augenblick wurde sie von den Männern an den Armen gepackt und brutal zu Dumas zurück geschleift. Sie konnte das grausame Funkeln seiner Augen sehen, als er seinen Mund zu einem spöttischen Grinsen verzog. „Weißt du“, sagte er in beiläufigem Plauderton, „es ist mir egal, ob du Französin bist oder nicht. Die Rothäute haben dich als meine Sklavin in mein Fort gebracht und deshalb, und da werden Paul und Louis mir wohl sicher recht geben, ist es wohl nur recht, dass ich von dir in jeder Art und Weise Gebrauch mache, die mir beliebt. Na los, stopft ihr das Maul!“ Louis hob sein Gewehr und Marie stieß einen entsetzten Schrei aus. Dann traf der Gewehrkolben sie an der Stirn und sie verlor das Bewusstsein.

*

Hugh begann bereits nach kurzer Zeit allein mit Pisquetumen in den verschneiten Wäldern des Ohio, großen Gefallen an der schneedumpfen Einsamkeit der Wälder zu empfinden.
Ihre Pferde stapften durch die mit dichtem Schnee bedeckten Wälder des Ohio-Tales, während Hugh und Pisquetumen in dicke Decken und Felle gehüllt auf ihren Rücken saßen.
In der Nacht rasteten sie in einer kleinen Höhle, während die Pferde dicht aneinander geschmiegt im Schnee stehen blieben.

„Du musst ihr einen Namen geben“, sagte Pisquetumen, als er beobachtete, wie Hugh liebevoll den Hals seines Pferdes streichelte, bevor er zu ihm an das wärmende Feuer kam. Hugh sah ihn nachdenklich an und strich über das dichte, braune Winterfell der Stute.
„Sie erinnert mich an eine Haselnuss“, sagte er schließlich.
Pisquetumen stieß einen leisen Pfiff aus. „Das ist ein guter Name. Auf Lenapè heißt Haselnuss Getaam.“
„Getaam“, flüsterte Hugh den Namen der Stute und klopfte ihr zärtlich den Hals.
Dann kroch er zu Pisquetumen an das Feuer, wo ihn bereits der betörende Geruch einer gebratenen Hirschkeule empfing. Der Indianer hatte das Fell des großen Tieres vor sich ausgebreitet und schabte mit seinem Tomahawk die Blut- und Fleischreste davon ab.
Bei seinem Anblick ertappte sich Hugh plötzlich bei den Gedanken, dass ihm sein neues Leben wie ein Traum vorkam, so unwirklich und fremd, dass er nicht glauben konnte, dass er es war, der es erlebte.
Gedankenverloren starrte er in die Dämmerung, die sich um sie herum ausbreitete, während das Holz im Feuer knackte.
„Woher wusstest du, dass hier eine Höhle ist?“, fragte er den Indianer plötzlich.
Pisquetumen lachte. „Komm“, sagte er, griff ein brennendes Holzscheit und stand auf, „ich zeige es dir.“
Er verschwand aus dem Lichtschein des Feuers und Hugh zögerte nur kurz, ihm zu folgen, denn seine Neugier war stärker. Pisquetumen ging auf einen großen Baum zu, der wie aus dem dichten Wald herausgelöst zu sein schien, trat an den Stamm heran und wischte mit der Hand über die schneebedeckte Rinde. Schließlich hielt er das brennende Holzscheit davor. Im Licht der Fackel erkannte Hugh etwas, das aussah, als habe es jemand vor langer Zeit mit einem Messer in die Rinde des Baumes eingeritzt und das Muster sei mit dem Baum in die Höhe gewachsen.
„Was ist das?“, fragte er. Pisquetumen fuhr mit den Fingerspitzen über das Symbol. „Das hier“, dabei zeigte er auf den oberen Teil der Einkerbung, „ist ein Bär.“ Hugh kniff die Augen zusammen und mit etwas Fantasie konnte er tatsächlich die Umrisse eines Bären erkennen, der sich wie zum Schlafen

zusammen gerollt zu haben schien.
„Das ist eine Bärenhöhle?“, fragte er entsetzt und sah Pisquetumen aus weit aufgerissenen Augen an. Der Indianer lachte heiser. „Keine Angst, mein Bruder, die Höhle ist leer. Nimat Maxkwe, der Bär, der dort gelebt hat, ist schon lange tot.“ Er deutete auf das Zeichen in der Baumrinde. „Aber so orientieren wir uns im Wald, verstehst du? Wenn wir bei der Jagd etwas entdecken, dann markieren wir die Stelle auf diese Weise, damit die anderen Jäger unseres Stammes wissen, was sie erwartet und wo sie einen Unterschlupf finden können.“
Hugh nickte anerkennend und sie kehren in die warme und trockene Höhle des toten Bären zurück.
„Alles“, erklärte Pisquetumen, als sie ihren Hunger mit der gebratenen Hirschkeule stillten, „hat eine Seele, die Bäume, der Fluss, der Wind und die Steine. Sie alle leben und fühlen, sie sind einzigartig in ihrer Erscheinung und sie alle sind miteinander verbunden. So wie dein Herz mit deinem Arm verbunden ist, so ist die Seele dieses Baumes mit dem Fluss verbunden und der Fluss wiederum mit uns.“
Hughs Blick fiel auf den Haufen mit den gesäuberten Fellen der Tiere, die Pisquetumen in den letzten Tagen erlegt hatte.
„Warum jagst du nur Rehe und Hirsche, warum nicht auch die vielen Hasen und Kaninchen, die wir unterwegs sehen?“, fragte ihn Hugh.
Pisquetumen sah ihn ernst an. „Wir dürfen nicht alle Tiere töten, die im Wald leben“, erklärte er ihm, „niemals darf ein Lenapé einen Hasen töten. Nanabosh, unser göttlicher Helfer, nimmt die Gestalt eines Hasens an, wenn er durch die Wälder streift. Hasen sind klug und schnell. Wenn du einen Hasen tötest, bringst du großes Unglück über dich und dein Volk.“
Hugh sah ihn eine Weile nachdenklich an. Pisquetumen schien seinen Blick zu spüren und erwiderte ihn lächelnd.
„Was beschäftigt dich, Nimat?“
Hugh zögerte nur einen Augenblick.
„Warum haben wir die beiden Mädchen in Fort Duquesne zurückgelassen?“, platzte es aus ihm heraus. Pisquetumen schien einen Augenblick lang überlegen zu müssen.
„Du meinst die beiden Wapsitàk, von denen du geträumt hast?“

Hugh nickte. Pisquetumen antwortete nicht sofort.
„Wir brauchten Waffen und neues Pulver“, sagte er schließlich, „Häuptling Dumas lässt sich mit Mädchen bezahlen. Manchmal bleiben einige unserer Frauen dort. Ihnen gefallen der Schnaps und die Männer dort. Doch diesmal wollte keines unserer Mädchen dorthin. Also haben wir die Wapsitàk genommen.“
Entsetzt riss Hugh die Augen auf. Er dachte an seine Träume. „Ich habe sie gesehen, in meinen Träumen. Sie sind in großer Gefahr.“
Pisquetumen nickte bedächtig, wie es seine Art war, wenn er sich seine Worte zurechtlegte. „Du hast sie in deinen Träumen gesehen. Die manito`wak rufen dich. Es wird nicht einfach werden. Dumas bestimmt nun über sie.“
Verwirrt sah Hugh ihn an. „Was meinst du damit?“
Wieder zögerte Pisquetumen mit einer Antwort. „Wir haben sie an Dumas verkauft. Wir können sie nicht zurückholen.“
„Ihr habt sie verkauft?“, schrie Hugh außer sich.
„Sie waren unsere Gefangenen“, erwiderte Pisquetumen, „wir entscheiden, was mit ihnen geschieht.“
Außer sich vor Wut und Entsetzen sprang Hugh auf und schrie: „Ihr habt sie verkauft wie ein Stück Vieh? Ihr ...“, ihm fehlten die Worte und er spuckte vor Pisquetumen aus. „Ihr Barbaren!“
Pisquetumen erhob sich nun ebenfalls und versuchte, ihn zu beruhigen.
„Mein Bruder“, begann er und streckte die Hand nach Hugh aus, doch dieser schlug sie weg. „Fass mich nicht an!“ Mit bebenden Schultern wandte er sich ab und ballte seine Hände zu Fäusten.
„Warum“, fragte er, und seine Stimme klang so kalt, dass es ihn selbst erschreckte, „warum tut ihr das?“
Pisquetumen hinter ihm blieb stumm und nur das Knistern des Feuers war zu hören.
„Mein kleiner Bruder“, antwortete er schließlich so leise, dass Hugh Mühe hatte, ihn zu verstehen, „war etwa so alt wie du, als er starb. Sein Name war Petapan. Er konnte schneller laufen und weiter schießen als alle anderen Jungen in seinem Alter. Aus ihm wäre sicher einmal ein großer Häuptling geworden. Aber eines Tages kam er in die Nähe eines Hauses der Wapsitàk. Sie waren einfach dorthin gezogen und hatten ihr Haus gebaut. Als die meinen

Bruder sahen, hielten sie ihn für einen Angreifer und erschossen ihn."
Hughs Wut brannte noch immer.
„Was hat das mit mir und den Mädchen zu tun?"
„Es ist die Sitte meines Volkes, beim Tod eines so jungen Menschen einen anderen an seiner Stelle in die Familie aufzunehmen, um die Lücke zu schließen, die ein solcher Tod reißt, sowohl in unseren Herzen als auch in unserer Gemeinschaft. Als Shingas und Nachenum dich sahen, hast du sie an Petapan erinnert und sie brachten dich zu mir. Ich war sein Lieblingsbruder, daher habe ich entschieden, dich an seiner Stelle zu meinem Bruder zu machen. Du bist ihm sehr ähnlich."
Hugh sah Pisquetumen lange ins Gesicht. Der Widerschein der Flammen tanzte auf den stolzen Gesichtszügen des Lenapé-Kriegers.
„Deshalb haben sie mich am Leben gelassen?", fragte Hugh ihn und Tränen schossen ihm plötzlich in die Augen, Tränen der Wut und der Verzweiflung.
Stumm nickte Pisquetumen.
„Was ist mit den Mädchen?"
„Galasko hat sie gefangen", antwortete Pisquetumen, „er hat sich entschieden, sie mit sich zu nehmen. Er entscheidet, was mit ihnen geschieht."
„Dazu habt ihr kein Recht, hörst du?", schrie Hugh, als seine Wut bei Pisquetumens Worten erneut mit aller Macht Besitz von ihm ergriff. Er machte einen Satz auf Pisquetumen zu und reckte verzweifelt seine Faust. „Ihr habt kein Recht dazu!" Er holte aus und traf das Gesicht des Indianers mit seiner Faust. Ohne zurückzuweichen, ließ Pisquetumen es mit sich geschehen. Hugh trommelte verzweifelt auf ihn ein, er schlug ihm ins Gesicht und auf die Brust, doch der Indianer machte keine Anstalten, sich vor seinen Schlägen zu schützen.
Tränen schossen Hugh in die Augen und er ließ seine Hände sinken.
Blut tropfte von Pisquetumens Oberlippe.
„Nenachgistawachtin", flüsterte der Indianer, als Hugh von ihm abließ. „Ich höre dich."

*

Es war dunkel um Marie, als sie zu sich kam. Benommen fasste sie sich an

ihren dröhnenden Schädel, wo sie ihre blutverkrustete Stirn daran erinnerte, wie sie das Bewusstsein verloren hatte.
Vorsichtig streckte sie die Hände in der Finsternis um sie herum aus und tastete. Sie fühlte kühlen, rauen Stein unter ihren Fingern, der durchdringende Geruch menschlicher Exkremente und ein anderer, süßlicherer und noch viel abstoßenderer Gestank schlugen ihr entgegen.
Irgendwo hörte sie Wasser auf den steinigen Grund tropfen.
Ihr Fuß stieß gegen einen seltsam hohlen Gegenstand, der polternd zur Seite flog und dabei auf unheimliche Art und Weise zu leicht für einen Stein zu sein schien. Langsam richtete sie sich auf und stieß mit dem Kopf schmerzhaft gegen den Fels über ihr.
Das Dröhnen in ihrem Schädel verstärkte sich und ihr wurde übel. Sie ließ sich wieder auf den feuchten Boden sinken und stützte ihren schmerzenden Kopf mit ihren Händen. Ihre Gedanken rasten.
Dumas und seine Männer hatten sie eingesperrt, wo wusste sie nicht, doch die dumpfe Vorstellung eines unterirdischen Verließ drängte sich ihr auf, während sie in die undurchdringliche Schwärze um sie herum starrte.
Sie fragte sich, wie lange sie ohne Bewusstsein gewesen war.
In diesem Moment hörte sie ein Geräusch näher kommen und das Licht einer Kerze erschien auf den Steinen. Marie konnte den flüchtigen Eindruck von kleinen, haarigen Tieren, die vor dem Lichtschein flüchteten, gewinnen, als das Licht einer Fackel sie blendete und sie darin die Umrisse zweier Gestalten ausmachen konnte.
„Na komm schon", knurrte einer von ihnen, den sie als Paul erkannte, dann zerrte er sie auf die Beine. Die Männer zerrten sie hinaus in das Licht, und als sich Maries Augen daran gewöhnt hatten, sah sie, dass die Männer sie einen Gang hinaufschleiften, in dem eine in den Stein gehauene Treppe nach oben führte.
An der Decke über der obersten Stufe befand sich eine kleine Luke und zu Maries grenzenlosem Erstaunen gelangte sie durch sie hindurch in die Kammer des Kommandanten.
Die Fensterläden waren geschlossen, sodass Marie nicht erkennen konnte, ob es draußen Tag oder Nacht war.
Der silberne Kerzenleuchter stand noch immer an der Stelle, an der er zu-

letzt gestanden hatte, doch die Unordnung aus Karten und Papieren war verschwunden. Dafür lagen einige merkwürdige Instrumente säuberlich aufgereiht auf dem Tisch, deren Zweck Marie nicht verstand.
Louis versetzte ihr einen groben Stoß und sie stolperte gegen die Tischkante. Außer ihnen befand sich niemand in dem Raum, doch Louis und Paul schienen auf jemanden zu warten.
„Was habt ihr mit mir vor?“, fragte Marie sie auf Französisch.
„Halt dein Maul“, sagte Louis grob, „sonst müssen wir dich knebeln, bis er kommt.“
Es bedurfte keiner großen Vorstellungskraft, sich auszumalen, wer damit gemeint war und Marie starrte mit stummem Entsetzen auf die große Holztür, die sich in diesem Augenblick mit leisem Quietschen öffnete. Dumas stand nur in einem langen Hemd und Hose in der Tür. Die Knöpfe seines Hemdes waren bis zum Bauch offen und ein seltsamer Ausdruck lag in seinen Augen. Der Blick seiner starren Pupillen heftete sich auf Marie.
„Ihr könnt gehen“, sagte er zu den Männern und seine Stimme klang verwaschen. Louis und Paul verließen das Zimmer, und als die Tür hinter ihnen zufiel, war Marie mit dem Kommandanten allein.
„Mein Täubchen“, sagte er und griff nach einem Weinglas, das zur Hälfte gefüllt auf dem Tisch stand. Marie wich vor ihm zurück, bis sie die Wand an ihrem Rücken fühlte.
Er legte den Kopf in den Nacken und leerte das Glas mit nur einem Zug. Sein blondes Haar hatte sich aus dem Zopf gelöst und fiel ihm über die Schultern, dann umrundete er langsam den Tisch und kam auf sie zu.
Eine entsetzliche Erkenntnis drang in ihr Bewusstsein, als sie seinem Blick begegnete: Es war nicht das Verlangen nach ihrem Körper, das ihn erregte und antrieb. Es war die Lust daran, sie leiden zu sehen, sich an ihrem Schmerz zu weiden, ihre Angst auf die Spitze zu treiben und seine Macht zu genießen.
Er streckte seine Hand nach ihr aus und sie konnte die spitzenbesetzten Ärmel seines Hemdes sehen und einen seltsamen Geruch, der von ihm ausging.
„Ich mag deine Haut“, sagte er und strich mit den Fingerspitzen über ihre Wange. Marie stockte der Atem. „Sie ist so weiß“, flüsterte Dumas und leckte sich über die Lippen.

Er schnalzte mit der Zunge und wandte sich plötzlich wieder dem Tisch zu. Dort griff er nach einer kleinen Holzpfeife und stopfte einen klebrigen, schwarzen Krümel hinein. Dann entzündete er ein Streichholz an dem Kerzenleuchter und hielt es an den Kopf der Pfeife. Eine kleine, blau-gräuliche Opiumrauchwolke stieg auf und er inhalierte den Rauch.
Marie wusste nun, woher der seltsame Geruch an seinen Händen kam. Als er sich wieder zu ihr umwandte, sah sie, dass seine Pupillen zu winzigen, schwarzen Punkten zusammen geschrumpft waren und die Adern an seinem Hals pochten. „Komm her“, sagte er mit heiserer Stimme. Maries Herz schlug ihr bis zum Hals.
Verzweifelt tastete sie an der Wand hinter sich nach etwas, womit sie sich zur Wehr setzten konnte, doch da war nur glatter, kühler Stein.
„Komm“, sagte er und seine Augen funkelten. Marie machte einen Schritt auf ihn zu.
„Lege deine Hände auf den Tisch!“ Seine Stimme klang rau und bedrohlich. Zitternd streckte Marie ihre Hände aus und legte sie auf den Tisch. Sie konnte spüren, wie er hinter sie trat.
Was auch immer nun folgen mochte, sie konnte es nicht verhindern. Es gab kein Entkommen aus dem kleinen, fensterlosen Raum.
Seine Hände berührten ihre Hüften und sie zuckte zusammen. Er schob langsam ihren Rock hoch und sie spürte seine Berührungen auf ihrer bloßen Haut und schloss die Augen.
„Weißes Fleisch“, hörte sie ihn sagen, sein widerlicher Atem dicht an ihrem Ohr, „so weißes Fleisch, wie habe ich mich danach gesehnt.“
Sie konnte hören, wie Dumas Hose mit einem leisen Rascheln zu Boden rutschte.
„Drehe dich um“, befahl er ihr. Marie gehorchte.
„Schrei“, sagte er, als er sich über sie beugte und sie auf den Tisch drückte, „schrei, wenn du willst. Aber niemand wird dich hören.“
Ein schreckliches Brennen bohrte sich durch ihren Unterleib. Der Schmerz trieb Marie die Luft aus den Lungen.
Plötzlich hielt er etwas in der Hand; es war ein schmaler, silbern blitzender Gegenstand, den er über ihr Gesicht hielt.
Voller Entsetzen begann sie zu schreien, ein schrilles, verzweifeltes Schreien.

Dumas hielt kurz inne.
Dann schlug er ihr mit der anderen Hand ins Gesicht.
Marie spürte, wie warmes Blut aus ihrer Nase und ihrer Oberlippe ihr Gesicht hinab lief. Etwas Kaltes berührte die Haut an ihrem Hals und sie zuckte zusammen.
Dumas hielt sie unbarmherzig fest, seinen Körper noch immer in ihrem. Sie fühlte ein scharfes Brennen an der Haut an ihrem Hals und warmes Blut rann über ihre Brust. Entsetzt versuchte sie, Dumas von sich weg zu stoßen, doch sein Gewicht auf ihrem Körper hielt sie davon ab.
Sie sah in sein Gesicht, in seine starren, leblosen Augen und er lachte spöttisch.
„Umdrehen", befahl er ihr. Marie rutschte von dem Tisch und griff sich an ihren Hals. Ihr eigenes Blut klebte an ihren Fingern.
Dumas sah sie an. Etwas Schreckliches lag in der Art und Weise, wie er sie ansah, eine grausame Endgültigkeit und Marie erkannte, dass er sich nicht nur an ihr vergehen wollte. Er wollte sie töten.
Das Skalpell in seiner Hand funkelte im schwachen Widerschein der Kerzen.
Marie drehte sich langsam um. Sie sah den silbernen Fuß des Kerzenleuchters vor sich auf dem Tisch stehen und ihr Blut, das daneben auf das Holz tropfte. Um den Fuß hing noch immer die kleine Holzschildkröte.
Dumas umfasste ihre Hüften. Sie konnte ihn spüren, seine heiße Erregung an ihrem Oberschenkel. Sie streckte die Hand aus, umschloss den schweren Kerzenleuchter fest mit ihren Fingern und schlug ihn Dumas, während sie sich umdrehte, gegen den Kopf.
Mit einem dumpfen Schlag wurde er zurück geschleudert und fiel gegen die Wand. Blut klebte an seiner Stirn und seinen Haaren.
Fassungslos sah er sie an. „Du Miststück!", stieß er hervor. Das Skalpell war ihm bei seinem Sturz entglitten und auf die andere Seite des Zimmers geflogen.
Marie sah, wie seine Augen danach suchten, doch es war zu weit weg, als dass sie es hätte erreichen können, ohne sich erneut in Gefahr zu bringen.
Sie hielt den Kerzenleuchter noch immer in der Hand, die Kerzen waren über den Boden gerollt und ließ ihn nicht aus den Augen.

Er hielt sich seine blutende Stirn.
In diesem Moment hörte sie draußen ein Geräusch. Nur für eine Sekunde war sie abgelenkt und sah zu den verriegelten Fensterläden, doch der Augenblick genügte. Dumas sprang auf die Füße und schnappte nach seiner Pistole, die im Gürtel seiner auf dem Boden liegenden Hose steckte. Er richtete die Waffe auf sie.
Sie starrten sich an. Marie konnte ihr Herz schlagen spüren, sie fühlte das warme Blut an ihrem Hals und sah in die Mündung seiner Waffe.
„Los", sagte er, „den Keller runter. Ich bin noch nicht fertig mit dir. Du wirst bereuen, was du da getan hast, oh ja, glaube mir, du wirst dir wünschen, du hättest dich fügsamer verhalten."
Sie stolperte auf die Luke im Boden zu. Blut tropfte von ihrem Hals auf den Boden.
„Aufmachen", befahl er. Sie zog die schwere Klappe nach oben. Undurchdringliche Schwärze war darunter zu sehen. Dumas versetzte ihr einen heftigen Stoß und sie stürzte kopfüber die Treppe hinunter.
Ihr Kopf schlug schwer gegen den Stein, und als sie versuchte, einen Halt zu fassen, hörte sie ein schreckliches Knacken in ihrem rechten Handgelenk und ein jäher Schmerz durchfuhr ihren Arm.
Als sie am Fuß der Treppe aufkam, wurde die Luke über ihr verschlossen und tiefe Dunkelheit umfing sie.
Einen Augenblick lang blieb Marie benommen liegen. Dann versuchte sie, sich vorsichtig aufzurichten, doch der Schmerz in ihrer Hand ließ sie wieder zurück sinken.
Sie hatte keine Zeit. Es konnte nicht lange dauern, bis Dumas seine Wunde versorgt hatte und sich mit neuer Kraft an ihr rächen wollte.
Mit zusammengebissenen Zähnen zog sie sich auf die Knie und streckte tastend ihre unverletzte Hand aus. Vor ihr waren die Steinstufen, die zu Dumas Kammer führten.
Sie hatte das schwere Eisenschloss gesehen, mit dem Dumas sein Verließ gesichert hatte. Auf diese Weise konnte sie nicht nach draußen gelangen.
Langsam drehte sie sich um, was mit den rasenden Schmerzen in ihrer Hand fast unmöglich war und kroch vorsichtig in die andere Richtung, während sie sich mühsam an den Wänden entlang tastete. Der Stein fühlte sich rau und

unbearbeitet an, hin und wieder fühlte sie Feuchtigkeit.
Der Schmerz in ihrer Hand raubte ihr fast die Sinne und das warme Blut aus der Wunde an ihrem Hals hatte ihr Kleid bereits bis zu den Hüften durchweicht. Sie konnte es in kurzen Abständen auf den Boden tropfen hören.
Ihr Verließ musste eine Höhle sein, deren Zugang sich Dumas zunutze gemacht hatte.
Wieder stieß sie mit dem Knie gegen einen Gegenstand. Sie nahm ihn vorsichtig in die Hand und befühlte ihn kurz, um ihn dann angewidert von sich zu schleudern. Es war ein Knochen, ein langer Knochen, an dem noch einige glitschige Gewebereste klebten. Er war zu lang, um von einem Tier zu stammen.
Die schreckliche Erkenntnis, was mit den Indianerinnen, die sie bei ihrer Ankunft in Fort Duquesne gesehen hatte, geschehen war, verschlug ihr den Atem. Dumas hatte sie getötet oder zumindest, nachdem er sich an ihnen befriedigt hatte, so schwer verletzt hier herunter geworfen, dass sie zwangsläufig an ihren Verletzungen sterben mussten.
Daher stammten die Kleider auf seinem Dachboden und das war es, wovor Masita so schreckliche Angst gehabt hatte.
Auf einmal hörte sie einen hellen, quiekenden Laut in der Dunkelheit. Es waren die Ratten, die an den Leichen der ermordeten Frauen nagten. Und sie rochen das Blut aus ihrer Wunde, das auf den Boden tropfte. Schon konnte sie hören, wie ihre kleinen, trappelnden Schritte sich ihr näherten.
„Verschwindet!“, schrie sie verzweifelt und sie glaubte, hören zu können, wie die Nager wieder davon huschten.
Nachdem Marie ihren ersten Ekel überwunden hatte, wurde ihr klar, dass die Tiere nicht durch Dumas Luke in das Verließ gekommen sein konnten. Sie erinnerte sich an das Tropfen, dass sie vernommen hatte, als sie erwacht war, und lauschte angestrengt. Tatsächlich konnte sie ganz in der Ferne Wasser auf einen Stein plätschern hören. Ein seltsamer Schwindel erfasste sie. Es schien, als würde ihr Körper ganz leicht, eine gefährliche Schläfrigkeit breitete sich in ihr aus. Marie schloss für einen Augenblick die Augen und ihre Gedanken wurden dumpf.
Der Fluss, fuhr es ihr plötzlich durch den Kopf und sie öffnete ihre Augen wieder. Es musste einen unterirdischen Zulauf geben, der unter dem Fort

hindurch floss.
Sie hielt einen Moment inne und lauschte in die Richtung, aus der das Plätschern kam. Es war unmöglich, zu bestimmen, wie weit entfernt es war und ob es tatsächlich von einem Fluss oder nur von einem Rinnsal aus der Oberfläche stammte. Aber ihr blieb keine Wahl. Wenn sie blieb, wo sie war, würde Dumas in absehbarer Zeit zurückkehren und grausame Rache an ihr nehmen.
So würde sie vielleicht bei dem Versuch sterben, ihm zu entkommen.
Sie raffte all ihre Kraft zusammen und versuchte, sich auf den Knien vorwärts zu bewegen, die verletzte Hand an ihren Körper gelehnt und mit der gesunden Hand vor sich tastend.
Innerhalb weniger Meter waren ihre Knie völlig wund gescheuert, doch sie biss die Zähne zusammen und versuchte, den Schmerz zu ignorieren. Entschlossen kroch sie weiter, in winzigen Bewegungen bewegte sie sich voran, bis der Grund unter ihren Knien abschüssiger wurde. Sie konnte nicht sagen, wie viel Zeit inzwischen vergangen war, doch es konnte nicht mehr lange dauern, bis Dumas und seine Häscher zurück kämen.
Ihre unverletzte Hand tastete an dem Stein entlang und sie spürte, dass die Höhlenwand an dieser Stelle eine Biegung machte. Die Decke war noch immer hoch genug, um hindurch kriechen zu können.
Ihre Knie brannten und die Schmerzen in ihrer Hand wurden unerträglich. Sie konnte die Ratten ihrer Blutspur hinterher trappeln hören und glaubte, ihr widerliches Fell bereits an ihren Beinen spüren zu können. „Ihr verdammten Biester“, presste sie hervor und stieß mit ihrer verwundeten Hand gegen den Stein. Der jähe Schmerz, der ihren Arm hinauf jagte, raubte ihr fast das Bewusstsein.
Schwer atmend sank sie gegen den kalten Stein. Sie stellte sich vor, wie sie an dieser Stelle verblutete und die Ratten bereits an ihr nagten, während ihr Herz noch schlug. Doch das Plätschern war näher gekommen. Wo immer das Wasser auch herkam, es konnte nicht mehr weit sein.
Sie holte tief Luft und ließ sich wieder auf ihre geschundenen Knie sinken. Der Fels war nun deutlich mit einer schmierigen, feuchten Schicht bedeckt und sie verlor den Halt. Als sie sich mit ihrer zerschmetterten Hand abfing, wurde ihr schwarz vor Augen. Sie brach zusammen, doch in diesem

Moment tauchte sie mit dem Fuß in eiskaltes Wasser und sie kam wieder zu Bewusstsein. Der unterirdische Lauf, sie hatte ihn gefunden.
Sie streckte ihre Finger in das Wasser und konnte spüren, wie es an ihr vorbeifloss. Es war eindeutig kein unterirdischer See, sondern ein Fluss, wo immer er auch hinführte. Sie wusste nicht, welchen Lauf er nahm und ob er sie an die Oberfläche bringen würde, zumal sie nicht schwimmen konnte. Doch alles war besser, als hier von den Ratten gefressen zu werden.
Sie hielt den Atem an und zog ihre Beine unter ihrem Körper nach vorne. Dann tauchte sie in die eisigen Fluten ein.
Das Wasser war so kalt, dass es sich wie tausend Nadelstiche anfühlte und ihr den Atem verschlug. Doch dann berührten ihre Füße den Grund und sie stand bis zu den Hüften in der Strömung.
Vorsichtig stützte sie sich mit ihrem gesunden Arm an den Felswänden ab und folgte der Flussrichtung des Wassers.
Ihre Kräfte ließen nach und eine gefährliche Taubheit breitete sich in ihren Gliedern aus. Zuerst glaubte sie, ihre schwindenden Sinne spielten ihr einen Streich, doch dann sah sie, dass der Fels vor ihr tatsächlich von grauem Tageslicht erleuchtet wurde.
Mit letzter Kraft kämpfte sie sich weiter und tatsächlich wurde das Licht immer deutlicher, bis sie in einiger Entfernung den grauen Wolkenhimmel und etwas Waldboden erkennen konnte.
Die Rufe der Krähen, die immerzu über dem Fort kreisten, waren deutlich zu hören und dann hatte sie den schmalen Ausgang der Höhle erreicht. Es gelang ihr noch, sich durch die Öffnung nach draußen zu ziehen, doch als die ersten Sonnenstrahlen ihr Gesicht berührten, brach sie zusammen.

*

Wie die anderen Männer seines Stammes hatte Pisquetumen vor, den Winter allein in den Wäldern auf der Jagd zu verbringen. Die Lenapé lösten ihre Sommerlager im Herbst auf und zogen in kleinen Gruppen, oft nur die engste Familie durch die Wälder, wo sie sich von einigen Vorräten, vor allem aber vom Fleisch der erlegten Tiere ernährten. Die Pelze verkauften sie im Frühjahr an die Franzosen. Früher hatte ihnen der Handel mit den englischen

Kaufleuten reiche Gewinne eingebracht, doch es war immer schwieriger, an gute Felle heranzukommen, die außerdem von den Familien in tagelanger Arbeit gereinigt und gegerbt werden mussten, eine schmutzige und anstrengende Tätigkeit. Dennoch blieb den Waldindianern nichts anderes übrig, die wenigen Felder, die sie im Frühjahr anlegten, reichten kaum, um sie bis in den Herbst zu ernähren, sodass sie sich in größeren Lagern zusammenschließen konnten. Den Winter verbrachten die Jäger und ihre Familien allein.
Doch seit man die Lenapé aus der Heimat am Delaware-Fluss vertrieben hatte, hatte sich auch ihr Jahreslauf verändert. Ohne die Werkzeuge und Feuerwaffen, die Decken und Kornsäcke der Europäer hätte kaum noch eine ihrer Gemeinschaften überleben können.
Hugh hatte jedoch bereits beim Schnitzen der Pfeile verstanden, dass die Jagd für die Männer nicht nur dem Überleben diente, sie war eine Tätigkeit, die vielen Regeln und Tabus unterlag, worauf sich die Männer vorbereiteten und von derem Erfolg das Ansehen eines jeden Einzelnen abhing. Außerdem war ihm Pisquetumen nie zuvor so entspannt erschienen wie nun, als sie durch die zunehmend verschneiten Wälder an den vereisten Flussufern entlangritten. Ihr Atem stand ihnen in Wolken vor dem Gesicht und Hugh zitterte vor Kälte auf Getaams Rücken, auch wenn ihm Pisquetumen sogar noch eine zusätzliche Decke gegeben hatte. Der Lenapé hatte ihm erzählt, dass er in diesem Winter mindestens zwei Bären schießen wollte, da deren Felle die Wärmsten von allen waren.
Was Hugh nicht erwartet hatte, war, dass auch er sich an der Jagd beteiligen sollte. Hugh hatte noch nicht oft in seinem Leben mit einem Gewehr geschossen, trotzdem wusste er zumindest theoretisch, wie man es lud, spannte und abfeuerte.
An einem sonnigen Nachmittag, an dem das Licht freundlich durch die kahlen Bäume fiel, entdeckten sie zwei Truthähne, die in unmittelbarer Schussweite vor ihnen auf einer Lichtung saßen.
Er bemühte sich, sich so geräuschlos wie möglich zu bewegen, doch dies gelang ihm noch nicht einmal annähernd mit der gleichen Perfektion mit der sich der Indianer durch das Buschwerk bewegte, ohne auch nur das leiseste Knacken zu verursachen. Immer wieder zog er sich durch den Lärm die ärgerlichen Blicke seines Bruders zu.

Die Truthähne schienen sie jedoch nicht zu bemerken und reckten nur hin und wieder ihre witzigen Köpfe mit albernen Bewegungen in die Luft.
Hugh hielt sich hinter Pisquetumen und erwartete, dass der Indianer die Gelegenheit nutzte und auf die Tiere schoss, doch der Indianer hielt plötzlich ihm die bereits geladene Waffe hin.
Ohne sie zu ergreifen, sah Hugh ihn verständnislos an.
„Was soll ich damit?“, flüsterte er so leise wie möglich, doch der Indianer legte nur mit gerunzelter Stirn einen Finger auf seine Lippen und bedeutete ihm auf diese Weise, still zu sein. Mit einer energischen Geste hielt er ihm erneut das Gewehr hin.
Hugh zögerte nur einen Augenblick. Dann ergriff er die Waffe und legte auf die Truthähne an. Seine Hände zitterten so sehr, dass er Mühe hatte, das Gewehr an sein Kinn zu klemmen.
Mit einer sanften Bewegung korrigierte der Indianer seine Haltung und bedeutete ihm dann mit einem unmerklichen Nicken, dass er nun schießen konnte.
Hugh kniff ein Auge zu und visierte das Größere der beiden Tiere an, dann holte er noch einmal tief Luft.
Der Schuss, der sich kurz darauf aus dem Lauf des Gewehres löste, raubte Hugh das Gehör und der Rückschlag der Waffe riss ihn beinahe von den Füssen.
Im ersten Augenblick brannte das Schießpulver so sehr in seinen Augen, dass er blind vor Tränen war. Doch als der Rauch sich legte, konnte er gerade noch sehen, wie die beiden Truthähne in das Unterholz auf der anderen Seite der Lichtung davon stoben.
Dann hörte er ein kehliges Geräusch. Er drehte sich um und sah, dass es Pisquetumen war, der sich vor Lachen den Bauch hielt. Ärgerlich schmiss er das Gewehr vor ihm auf den Boden und spürte, wie ihm das Blut in die Wangen schoss.
Der Indianer blickte ihn freundlich an und bemühte sich, sein Lachen zu unterdrücken. „Mein Bruder, wir haben weder genug Kugeln und Pulver noch genug zu Essen, um so verschwenderisch zu sein. Was willst du tun, wenn mich morgen ein Bär tötet? Verhungern?“ Hugh biss sich auf die Lippen.
Pisquetumen fasste ihn an der Schulter und gemeinsam kehrten sie zu ihrem

Lagerplatz zurück. „Mach Feuer, mein Bruder“, sagte Pisquetumen aufmunternd zu ihm. „Oder brauchst du auch dabei meine Hilfe?“ Hugh funkelte ihn wütend an. „Woher soll ich wissen, wie man schießt?“
Der Indianer warf ihm sein Gewehr zu. „Üben.“
Er machte einige große Schritte auf einem mächtigen Baumstamm zu, der in einiger Entfernung von ihnen stand. „Triff heute den Baum, dann triffst du morgen ein Blatt.“
Hugh starrte auf das Gewehr in seinen Händen. Seine Schulter schmerzte noch immer von dem Rückschlag der Waffe. Doch er legte wieder an. Ein Auge zusammengekniffen, fixierte er den Stamm.
Unbemerkt war Pisquetumen hinter ihn getreten. „Wenn du schießt, muss dein Atem deinen Körper verlassen haben, damit du ruhig stehst. Denke nicht darüber nach, dass du dein Ziel verfehlen könntest. Stelle dir vor, wie die Kugel in die Rinde des Baumes einschlägt.“
Hugh holte tief Luft. Er schloss die Augen und dachte an den Baumstamm, die harte, trockene Rinde und den weichen Stamm darunter. Er stellte sich vor, wie die Kugel den Gewehrlauf verließ und auf den Baum zuraste. Dabei konzentrierte er sich so sehr, dass er glaubte, den Einschlag der Kugel hören zu können.
Dann öffnete er die Augen und starrte so lange auf den Baum, bis seine Augen brannten. Er holte tief Luft und spannte den Hahn. Diesmal war er auf den Rückschlag vorbereitet, trotzdem hatte er das Gefühl, seine Schulter würde zerreißen, als der Schuss losging. Dann vernahm er das hölzerne „Plopp“, das ihm verriet, dass er den Stamm getroffen hatte und ungläubig starrte er abwechselnd auf die Waffe in seiner Hand und auf den Baum.
Dann sah er Pisquetumen an. Die Mundwinkel des Indianers zuckten.
Ohne ihn anzusehen, lief er zu dem Baum und fuhr mit seinen Fingern über die Stelle, an der die Kugel in das Holz eingedrungen war.
„Es scheint, mein Bruder, als könntest du heute schon auf das Blatt schießen“, rief er Hugh zu und lachte sein heiseres Lachen.

*

Das Erste, das Marie sah, als sie die Augen aufschlug, waren ein Paar bunt-

bestickte Mokassins. Benommen hob sie den Blick und sah an den ledernen Beinlingen hinauf in Galaskos Gesicht.
Der Lenapé ließ sich neben ihr auf die Knie und sagte etwas zu ihr, doch sie konnte bloß sehen, dass er seine Lippen bewegte, ihre Ohren übertrugen ihr nur ein Rauschen.
Netawatees Gesicht erschien hinter Galaskos.
Sie fühlte, wie er seine Arme unter ihren Hals und unter ihre Knie schob und sie hochhob und es gelang ihr, sich an seinen Hals zu klammern. Ihr Körper fühlte sich seltsam schwach an und ein schrecklicher Schmerz tobte in ihrem rechten Arm.
Behutsam trug er sie zu seinem Pferd und hob sie hinauf.
Beinahe wäre sie auf der anderen Seite wieder heruntergestürzt, doch er hielt sie fest und schwang sich hinter ihr auf den Rücken des Tieres.
Marie versuchte, ihm etwas zu sagen, doch ihre Stimme und ihre Lippen versagten ihr den Dienst und sie brachte nur ein leises Krächzen hervor, als er ihren Kopf an seine Schulter legte und nach den Zügeln griff.
Sie schien wieder das Bewusstsein verloren zu haben, denn als sie die Augen das nächste Mal öffnete, sah sie vor sich das Tor von Fort Duquesne. Panik machte sich in ihr breit und sie versuchte, sich von dem Pferd zu winden, doch Netawatees hielt sie fest. „Habe keine Angst“, sagte er und sie fühlte sich zu schwach, um ihm etwas zu entgegnen. Galasko und Souchy schwangen sich von ihren Pferden und verschwanden im Inneren des Forts.
Nach schier unendlich dauernden Augenblicken quälenden Wartens kamen sie mit Barbara am Arm wieder heraus, die sich jedoch heftig gegen Galaskos Griff wehrte und ihn lauthals beschimpfte. In diesem Moment tauchten Dumas und einige seiner Männer im Torbogen auf.
„Ist das die Art und Weise, auf die ihr seelenlose Barbaren Geschäfte macht?“, schrie der Kommandant wütend.
Galasko blieb mit der kreischenden Barbara an der Hand stehen und wandte sich zu Dumas um. „Die Mädchen haben gearbeitet. Damit ist alles bezahlt. Wir gehen jetzt“, sagte er ungerührt und schubste Barbara auf sein Pferd zu.
„Nein“, schrie sie, „nein, ich will hier nicht weg! Lass mich los!“ Doch Galasko beachtete sie gar nicht und warf sie auf sein Pferd.
„Wir hatten eine Abmachung“, zischte Dumas und machte einen Schritt auf

sie zu.
Netawatees, Souchy und die anderen Männer sahen die Soldaten aufmerksam an.
Trotz ihrer schmerzvernebelten Wahrnehmung bemerkte Marie die Spannung, die sich in Netawatees breitmachte, doch auch Dumas und seine Männer schienen zu spüren, dass die Indianer die Mädchen nicht kampflos zurück lassen würden und der Kommandant blieb stehen.
„Das werdet ihr bereuen!“, fauchte Dumas und der Blick seiner eisigen Augen traf Marie.
Netawatees warf den Soldaten einen letzten, unergründlichen Blick zu, dann wendeten die Lenapé ihre Pferde und ritten am Ufer des Allegheny River davon.
Tränen liefen ihr geschundenes Gesicht hinab, als sie ihren Kopf wieder gegen Netawatees Schulter sinken ließ. Sie atmete den würzigen Geruch seines Lederhemdes und spürte die Wärme seines Körpers darunter. Das Fett, mit dem er seine Haare einrieb, roch auf einmal seltsam vertraut und sie konnte seinen Atem an ihrer Wange fühlen und die sanften Bewegungen seines Körpers, wenn er ein- und ausatmete oder sein Pferd mit seinen Schenkeln lenkte.
Noch vor ein paar Monaten waren die Lenapé in ihren Augen der Inbegriff der Barbarei gewesen, unzivilisierte, mordlustige Wilde, die der Hölle entsprungen schienen.
Doch als sie nun vor dem Indianer auf dem sanft hin- und herschaukelnden Pferderücken saß und Fort Dumas hinter ihnen verschwand, spürte sie nur unendliche Erleichterung darüber, den Franzosen entkommen und mit den Indianern in den Ohio zurück kehren zu können.

*

Einige Tage später entdeckten sie eine Höhle im Schnee, die nur durch einen schmalen Felsspalt zu erreichen war. Hugh hätte den Eingang der Höhle sicher übersehen, doch Pisquetumen bedeutete ihm mit einem Finger auf den Lippen, still zu sein und zu warten.
„Maxkwe“, murmelte der Indianer leise vor sich hin.

„Was bedeutet das?“, fragte Hugh so leise wie möglich.
„Bruder Bär. Er schläft im Winter.“
Hugh sah sich ängstlich um. Die Vorstellung eines ausgewachsenen Bären, der vielleicht in jedem Augenblick aus dem Wald brechen konnte, jagte ihm einen gewaltigen Schrecken ein.
Pisquetumen hatte nur noch wenige Kugeln Munition für sein Gewehr.
„Komm“, flüsterte Pisquetumen. Hugh folgte ihm. „Willst du ihn nicht erschießen?“ Pisquetumen schüttelte den Kopf. „Nein, man kann Nimat Maxkwe nicht einfach erschießen wie ein Reh oder einen Truthahn.“ Die Dunkelheit brach langsam herein und sie schlugen ihr Lager in einiger Entfernung auf.
Pisquetumen machte sich daran, ein Feuer zu entzünden.
Nachdem sie ihr karges Abendessen bestehend aus einer Handvoll Nüssen und Blaubeeren verzehrt hatten, öffnete Pisquetumen einen kleinen Lederbeutel, den er an seinem Gürtel trug. Er entnahm ihm etwas, das wie getrocknete Kräuter aussah, und stopfte es in die kleine, bunt verzierte Holzpfeife, die er ebenfalls an seinem Gürtel trug. Er entzündete sie mit einem brennenden Ast und sog langsam an dem anderen Ende.
Eine dünne Fahne kräuselnden Rauchs stieg auf und Hugh erkannte das Aroma von wildem Tabak und Zedernholz.
„Ksha’te ist eine heilige Pflanze. Kishelamàk, der große Schöpfer gab sie Nanabosh, unserem Großvater. Er zeigte uns, wie man sie benutzt, um den Manìto’wak unsere Ehre zu erweisen und sie freundlich zu stimmen für die Wege des Lenapé-Volkes“, begann Pisquetumen zu erzählen, „Maxkwe, der Bär, ist unser großer Bruder. Mein Volk verdankt ihm sein Leben.“ Hugh sah ihn mit gerunzelter Stirn an. „Der Bär ist euer Bruder?“ Sein Tonfall drückte eindeutiges Unverständnis aus, doch der Indianer sah es ihm nach.
„Vor langer Zeit verschwand alles Leben, das Kishelamàk, der große Schöpfer, erschaffen hat, in einer großen Flut von der Erde. Nanabosh, das weise Wesen, erschuf eine Neue, unsere Welt, auf dem Rücken der Großen Schildkröte Taxwax und neue Menschen kamen. Doch der erste Winter kam zu früh und sie litten so schrecklichen Hunger, dass sie beinahe starben.
Es war Maxkwe, der Bär, der sein Leben opferte, damit sie im Winter genug zu essen hatten und sich an seinem Fell wärmen konnten. Deshalb ist er

unser großer Bruder, und wenn wir ihn töten, so müssen wir zuvor um seine Zustimmung bitten."

Hugh legte seinen Kopf bei den Worten des Lenapé-Jägers ein wenig schief, war aber klug genug, nichts zu sagen.

„Misinkhalikàn, der Hüter des Waldes, war sehr gut zu uns. Wir sollten ihm danken."

Hugh murmelte etwas, das seine Zustimmung ausdrücken sollte. Er war müde und hungrig und die Nächte wurden immer kälter.

„Warum", fragte er plötzlich, „nennen sie euch Delaware Indianer, wenn ihr doch Lenapé heißt?" Pisquetumen lachte sein kehliges, dunkles Lachen. „Vor langer Zeit", antwortete er, „ als der Großvater meines Großvaters noch ein kleiner Junge war, kam dein Volk in unser Land. Sie fuhren den Lenapewihìtàk hinauf, den Fluss der Lenapé und dabei bemerkten sie, dass sie nicht wussten, wie dieser Fluss hieß. Also nannten sie ihn nach einem ihrer Anführer, dem Baron de la Warre, der weder den Fluss, noch mein Volk, das an seinen Ufern lebte, je gesehen hatte. Niemand fragte uns nach unserem Namen und daher nannten sie uns einfach nach dem Fluss, an dem wir lebten. So erhielten wir unseren Namen."

Bedächtig zog Pisquetumen wieder an seiner Pfeife.

„Die Lenapé waren einmal ein großes und starkes Volk, wir waren geachtet von unseren Nachbarn und frei, wie es die Vögel im Himmel sind. Doch die Menkwe, unsere Onkel aus dem Norden, haben uns verraten. Sie haben uns gezwungen, unser Land an die Jenkise, an feige Betrüger zu geben.

Es waren die Jenkise, die von meinem Volk verlangten, einen Anführer zu ernennen, mit dem sie verhandeln konnten. Mein Onkel Sassoonan wurde von den Menkwe dazu auserwählt. Aber er war kein guter Anführer und vermutlich haben sie ihn gerade deshalb dazu gemacht. Sie wollen mein Volk vernichten. Sassoonan trank viel, und immer mehr. Er hat zugestimmt, unsere Heimat in Lenape'hokink an die Weißen zu verkaufen, er hat damit die Gemeinschaft unseres Volkes zerstört, das seitdem an vielen Orten verstreut lebt."

Pisquetumen seufzte. „Er verstand nicht, dass er den Weißen damit nicht nur erlaubte, in unserem Land zu jagen. Mein Volk kann nicht verstehen, wie man die Erde besitzen kann. Sie ist wie der Regen, wie der Wind, sie gehört

uns allen und doch niemandem. Sassoonan trank sich um den Verstand. Doch als er spürte, dass das Ende seines Lebens nah war, bekam er noch einmal einen klaren Kopf. Er wollte, dass ich sein Nachfolger werde. Doch die Jenkise und die Menkwe waren dagegen. Sie sagten, ich sei wild und gefährlich. Sie wussten wohl, dass ich meinem Volk ein besserer Häuptling geworden wäre. Deshalb ernannten sie Shingas zu unserem neuen Anführer." Er lächelte.
„Doch wie du gesehen hast, ist auch mein Bruder kein Spielzeug der Jenkise, sondern ein starker Krieger, vielleicht stärker und mutiger als ich es bin." Die Flammen des Feuers spiegelten sich in seinen Augen.
Pisquetumen verstummte. Er reichte seine Pfeife an Hugh weiter, der sie ungelenk in der Hand hielt. Dann setzte er sie an die Lippen, wie er es bei Pisquetumen beobachtet hatte, und tat einen kräftigen Zug. Der Rauch schien seine Lungen explodieren zu lassen und keuchend und spuckend hustete er. Pisquetumen lächelte zufrieden und nahm die Pfeife wieder an sich.
„Nanabosh, der große Geisthelfer meines Volkes, verschwindet jedes Jahr hoch hinauf in den Norden, wo auch mein Volk vor langer Zeit einmal herkam. Dort baut er sich ein Haus aus Schnee und Eis und schläft wie Maxkwe den ganzen Winter hindurch. Doch bevor er sich in sein Bett aus Bärenfellen legt, raucht er eine Pfeife. Der Rauch ist es, der die Blätter an den Bäumen bunt verfärbt, wenn der Herbst kommt."
Hughs Lungen beruhigten sich langsam, doch seine Kehle brannte noch immer wie Feuer.
„Lass uns schlafen gehen. Morgen wird ein harter Tag. Morgen tötest du deinen ersten Bären." Schlagartig war Hughs Müdigkeit verflogen. Hatte er sich verhört? Er, der bisher noch nicht einmal einen Truthahn getroffen hatte, sollte morgen einen ausgewachsenen Bären töten?
Doch Pisquetumen hatte sich inzwischen auf dem Boden zusammengerollt, sich fest in seine Felldecken eingewickelt und gab vor, bereits tief zu schlafen.
Auch Hugh legte sich so nahe wie möglich an das nur noch schwach flackernde Feuer, doch seine Müdigkeit war wie weggeblasen.
Die Sterne am Himmel über ihn verblassten bereits in der Morgendämmerung, als er endlich einschlief.

*

Die Männer rasteten erst, als sie das Fort schon lange hinter sich gelassen hatten.
Netawatees hob Marie vorsichtig von dem Rücken seines Pferdes und bettete ihren Kopf in das bereits braun verfärbte Gras auf der Lichtung, an der sie ihr Lager aufschlugen.
Barbara stieß einen entsetzten Schrei aus, als sie Maries über und über mit Blut bedecktes Kleid sah. „Was ist mit ihr?“, schrie sie und fiel neben ihr auf die Knie. „Was habt ihr mit ihr gemacht?“
Netawatees sah sie an. „Wir haben gar nichts gemacht. Dumas und seine Männer …“, er beendete den Satz nicht. Barbara starrte ihn ungläubig an und griff dann nach Maries Hand.
Als sie sie berührte, zuckte Marie stöhnend zusammen.
Netawatees betrachtete die seltsam schief stehende Hand und erhob sich wieder.
Barbara strich Marie behutsam über ihre Stirn. „Alles wird gut, hörst du, Marie?“ Marie stöhnte leise.
Netawatees kehrte mit einigen Zweigen zurück. Ganz vorsichtig hob er Maries gebrochene Hand hoch, doch der Schmerz, dcn seine Berührung auslöste, war so heftig, dass Marie übel wurde.
Netawatees presste seine Lippen aufeinander und machte sich mit geschickten Fingern daran, mit Hilfe der Zweige und einiger Sehnen Maries Hand zu schienen. Immer wieder zuckte sie dabei vor Schmerzen zusammen und befürchtete, das Bewusstsein zu verlieren, doch dann ließ er ihren Arm vorsichtig wieder in das Gras sinken. Danach schob er vorsichtig ihr Hemd zur Seite, um sich die Verletzung an ihrem Hals anzusehen.
Barbara schrie erneut auf, als sie die lang gezogene Schnittwunde sah, die von Maries Hals bis fast auf ihre Brust reichte.
„Kein frisches Blut mehr“, stellte Netawatees fest, „aber viel von ihrem Blut hat ihren Körper verlassen. Sie ist sehr schwach. Wir müssen sie nach Saukunk bringen. Noch vor dem Aufgang der Sonne reiten wir weiter.“
Galasko und Souchy hatten inzwischen ein Feuer entzündet, und Barbara half Netawatees, Marie dicht an die wärmenden Flammen zu legen, damit

ihre noch immer feuchten Kleider trocknen konnten.
Der Schmerz pochte in Maries Körper, doch mit der Wärme des Feuers kehrte auch die widerliche Erinnerung an Dumas und seinen Körper in ihr Bewusstsein zurück.
Netawatees befestigte inzwischen zwei frisch erlegte Wildhühner über dem Feuer. Marie hatte ihn unter ihren halbgeschlossenen Augen beobachtet und sah den Feuerschein in seinen dunklen Augen tanzen. „Warum", fragte sie mit brüchiger Stimme. Überrascht sah er sie an.
„Warum was?"
Ihre Kräfte reichten nicht, um ihre Frage zu beenden.
„Wir brauchen Waffen", antwortete Netawatees trotzdem, als wüsste er, was sie sagen wollte. „Dumas braucht Frauen. Das ist der Tausch."
Marie versuchte, sich ein wenig aufzurichten, doch der Schmerz in ihrer Hand ließ sie sofort wieder zurücksinken.
„Er tötet sie und lässt sie dann in der Höhle unter seiner Kammer verrotten, wusstest du das?" Sie hustete. Barbara sah sie entsetzt an und schlug sich die Hand vor den Mund. „Was erzählst du da, Marie?"
Marie beachtete sie gar nicht.
„Es sind eure Frauen, die er tötet", sagte sie und sah Netawatees unverwandt an.
Galasko, der ihnen gegenüber am Feuer gesessen hatte, fuhr mit einem jähen Satz in die Höhe. „Es sind nicht unsere Frauen. Sie gehen freiwillig, verstehst du? Weil sie bei den Soldaten Schnaps und Essen haben."
Er trat gegen eines der brennenden Holzscheite, sodass die umherfliegende Glut die Haare und Kleider der Mädchen verbrannte.
„Ihr seid nur Wapsitàk, warum also habt ihr Angst vor euren Männern?" Ein böses Funkeln lag in seinen Augen. Dann drehte er sich um und verschwand in der Dunkelheit.
„Es ist alles seine Schuld", stieß Barbara plötzlich hervor, laut genug, damit der zahnlose Indianer sie hören konnte.
„Er hat meinen Vater und meinen Bruder getötet. Er hat uns nach Fort Duquesne gebracht und er wollte mich verbrennen wie eine Hexe auf dem Scheiterhaufen. Ich habe in seine Augen gesehen: Er ist der Teufel!" Ihre Stimme bebte. „Ich hasse ihn!"

„Auch Galasko trägt großen Schmerz in seinem Herzen. Die Wapsitàk haben ihm alles genommen. Deshalb hasst er sie so sehr.“
„Er ist vom Teufel besessen“, stieß Barbara hervor, „so wie ihr alle. Eure Seelen sind für immer verloren. Ich habe gesehen, was ihr mit den Gefangenen in Kittanning gemacht habt. Kein Mensch, der eine Seele hat, ist zu solcher Grausamkeit fähig.“
Mit lautem Knacken brach ein Ast im Feuer auseinander und Funken stoben auf. Netawatees schob die Aststücke wieder zurück.
„Was ist mit ihr?“, fragte er leise und wies mit dem Kopf auf Marie, die durch den Nebel, den der Schmerz und der Blutverlust um ihr Bewusstsein ausbreitete, ihren Worten nur schwer folgen konnte.
„Was ist mit den Seelen dieser Männer?“
Barbara warf einen kurzen Blick auf Marie, auf ihr leichenblasses Gesicht und ihre blutgetränkte Kleidung und Tränen traten in ihre Augen.
„Gottes“, antwortete Barbara mit erstickter Stimme, „Wille ist unergründlich. Manchmal erlegt er uns schwere Prüfungen auf, um zu sehen, ob wir rechtschaffende Menschen sind. Wenn wir sie bestehen, wird er uns nach dem Tod reich dafür belohnen.“
Sie richtete sich ein wenig auf und sah Netawatees aus brennenden Augen an. „Aber was versteht ihr schon davon? Ihr betet Bäume und Steine an und mordet Menschen schlimmer, als es ein Tier je tun könnte.“
„Als eure Soldaten im letzten Sommer unter Anführer Braddock nach Fort Duquesne marschiert sind“, sagte Netawatees und sein Blick wanderten über die zuckenden Flammen, „waren einige von uns bei den Franzosen. Diese Männer, die Soldaten der Jenkise, sie hatten keine Ahnung. Einige Stämme, auch die Lenapé, hatten sich mit den Franzosen verbündet. Wir erwarteten die Jenkise, versteckt in den Wäldern um Fort Duquesne.“ Er hielt einen Moment inne und starrte auf die tanzenden Flammen.
„Fast alle Jenkise wurden getötet. Wer fliehen konnte, tat es. Auch ihr Anführer Braddock starb. Seine Männer trampelten den Verletzten einfach nieder.“ Barbara sah ihn mit großen Augen an.
„Einigen gelang es jedoch nicht, zu fliehen. Die Franzosen machten sie zu ihren Gefangenen. Am gleichen Abend feierten Anführer Dumas und seine Männer ihren Sieg.

Sie quälten die Gefangenen mit glühendem Eisen, einen ließen sie von zwei Pferden zerreißen, einen anderen tauchten sie immer wieder in eiskaltes, einen anderen in kochendes Wasser. Sie schlugen und peitschten sie, sie schnitten ihnen ihre Wilachkey und ihre Wilano, ihre Zungen ab. Drei Tage lang dauerte ihr Fest.“
Seine Worte drangen in Maries umnebelte Gedanken und ein Schütteln lief durch ihren geschundenen Körper. Das war es, was sie in Dumas Augen am Mittag gelesen hatte: Die widerliche Lust an der Folter anderer, ihrem Schmerz, ihrer Qual.
„Es ist Medizin“, sagte Netawatees.
„Männer töten ihre Feinde auf diese Weise, wenn sie sie gefangen nehmen. Wenn ein anderer dich verletzt, deine Familie tötet, dann vergiftet der Schmerz dein Herz, bis auch du daran stirbst. Damit wir weiterleben können, müssen wir es reinigen. Das kann nur der Schmerz unseres Feindes.“
„Es steht uns nicht zu, über unsere Feinde zu richten“, erwiderte Barbara bestimmt. „Gott allein kann Rache an denen nehmen, die seinen Geboten nicht folgen.“
„Rache“, wiederholte Netawatees und es klang seltsam aus seinem Mund, „ich kenne dieses Wort der Jenkise, aber ich verstehe es nicht. Die Lenapé kennen ein solches Wort nicht, aber wenn ihr es benutzt, dann klingt es seltsam. Es klingt, wie etwas sehr Schlechtes. Und zugleich, als hättet ihr große Sehnsucht danach. Ganz so, als wenn ihr davon sprecht, dass Frau und Mann beieinander liegen.“
Barbara stieß ein verächtliches Schnauben bei seinen Worten aus.
„Gott“, sagte sie, und ihre Stimme klang klar und laut, „Gott wird über uns und unsere Feinde richten, am Jüngsten Tag werden wir alle für unsere Vergehen bestraft werden.“ Ihre Augen funkelten. „Auch ihr.“
Der Indianer sah sie beide eine Weile aufmerksam an, als stimmten ihre Worte ihn nachdenklich. „Vielleicht“, sagte er schließlich, „wartet ihr aber auch vergeblich auf diesen Jüngsten Tag und der Hass in euren Herzen wird noch eure Kinder und deren Kinder vergiften.“
Barbara öffnete den Mund und schloss ihn dann wieder.
„Ich bin müde“, sagte sie schließlich anstelle einer Antwort und rollte sich auf der anderen Seite des Feuers zum Schlafen zusammen.

Lange unterbrachen nur das Knistern der Flammen und ein gelegentliches Knacken des Holzes die Stille.

*

Am Nachmittag des nächsten Tages kehrten sie zu der Höhle zurück.
Als sie nahe genug heran waren, flüsterte Pisquetumen: „Maxkwe fürchtet das Feuer. Ich werde Laub anzünden und in seinen Bau werfen. Der Bär wird Angst bekommen und hinaus rennen.“ Hugh sah ihn verständnislos an. „Warum willst du den Bär aufwecken? Warum gehen wir nicht einfach in seine Höhle und töten ihn, während er schläft?“ Der Indianer bedachte ihn mit einem merkwürdigen Blick.
„Wirst du mich auch nachts im Schlaf ermorden, mein Bruder?“
„Wieso dich? Wir reden doch von dem Bär?“
Pisquetumen bohrte ihm mit einer unvorhergesehenen Bewegung einen Finger ins Ohr. Hugh zuckte zusammen. „Was ist los mit dir? Hörst du nicht, was ich dir sage? Habe ich dir nicht gestern erzählt, dass Maxkwe der Bruder der Lenapé ist, der sein Leben gibt, um unseres zu retten, so wie ich meines geben würde, um dich zu retten? Und du willst deinen Bruder feige im Schlaf ermorden?“
Hugh wusste nicht, was er darauf antworten sollte und zuckte hilflos mit den Schultern.
Der Bär mochte vielleicht für das Volk der Lenapé ein Bruder sein, doch er blieb ein wildes Tier. Ein gefährliches Tier mit langen Krallen und scharfen Zähnen.
Pisquetumen drückte ihm das geladene Gewehr in die Hand. „Versuche, nicht sein Herz zu treffen. Ziele auf seinen Kopf.“ Dann erhob er sich und verschwand lautlos zwischen den Bäumen.
Fassungslos starrte Hugh auf das Gewehr in seinen Händen, dann auf die Bäume, zwischen denen Pisquetumens Gestalt nicht mehr zu sehen war. Nach schier endlosen Augenblicken tauchte sein Kopf schließlich auf der Rückseite der Höhle wieder auf.
Hugh konnte nicht genau erkennen, was er tat, bis Pisquetumen mit einer blitzschnellen Bewegung vor den Eingang der Höhle schnellte und einen

Haufen rauchenden Laubs hineinwarf.
Quälende Augenblicke verstrichen, in denen nichts geschah. Dann zerriss ein fürchterliches Geräusch die Stille. Es klang wie ein Brüllen, doch so tief und durchdringend, wie es Hugh niemals zuvor gehört hatte. Entsetzt fuhr er zusammen und umklammerte das Gewehr. Sein Herz schlug ihm bis zum Hals. Er versuchte, sich zu konzentrieren, doch seine kalten Finger waren fast gefühllos.
Mit ohrenbetäubendem Lärm brach der Bär aus der Höhle.
Hugh hatte niemals zuvor ein so großes Tier gesehen, doch noch vielmehr als die Größe des Bärens erschreckte ihn dessen Schnelligkeit. Er befand sich bereits genau in seiner Schussweite.
Hugh zögerte noch einen winzigen Augenblick. Dann atmete er aus und zielte auf den Bären. Der Schuss zerriss die Stille des winterlichen Waldes.
Vögel um ihn herum stieben kreischend aus den Baumwipfeln und der Schwarzpulverrauch trieb im die Tränen in die Augen.
Der Bär blieb stehen. Er starrte genau in die Richtung, in der Hugh stand. Er hatte das Tier verfehlt.
Der Bär erhob sich auf die Hinterläufe.
Unfähig sich zu bewegen, ließ Hugh das Gewehr sinken und starrte das Tier an. Er sah die scharfen Krallen an seinen gewaltigen Tatzen, die winzigen Augen in seinem riesigen Schädel und das verfilzte Winterfell an seinem Körper. Dann schloss er die Augen.
In dem Moment, in dem er erwartete, zwischen den Tatzen des Bären zerrissen zu werden, riss ihm jemand das Gewehr aus der Hand. Pisquetumen stand neben ihm und riss ihn zu Boden. Auf diese Weise entging Hugh nur knapp einem Hieb mit den riesigen, krallenbewehrten Tatzen des Tieres. Es schien ihm, als hätte er den Lufthauch an seinem Ohr fühlen können und mit fast übermenschlicher Geschwindigkeit lud Pisquetumen das Gewehr nach.
Der Bär starrte verwundert auf die Stelle, an der Hugh eben noch gestanden hatte, es schien, als sei er benommen, schüttelte seinen gewaltigen Kopf und machte eine Bewegung auf Hugh und Pisquetumen zu. Hugh spürte, wie ihm sein Körper den Dienst verweigerte.
In diesem Moment riss Pisquetumen das Gewehr in die Höhe und schoss auf das Tier. Der Schuss aus nächster Nähe traf den gewaltigen Bär direkt zwi-

schen die Augen. Mitten in der Bewegung sackte er zusammen und stürzte schwer in den Schnee.
Fassungslos starrte Hugh das Tier an.
Ein einzelner Blutstropfen rann aus dem winzigen Einschussloch an der Stirn, seine schwarzen Augen standen offen, doch sie starrten ins Leere.
Die schrecklichen Tatzen waren noch immer wie zum Angriff in die Höhe gestreckt.
Pisquetumen ließ den rauchenden Gewehrlauf sinken. „Wenn du sterben willst, mein Bruder, dann nimm mein Gewehr. Maxkwe frisst dich bei lebendigem Leib. Keine schöne Art zu sterben.“

Einen Bär zu zerlegen und sein Fell für den Transport vorzubereiten war eine Aufgabe, die normalerweise viele Tage in Anspruch nahm. Mit einem Lächeln, das Hugh nicht zu deuten verstand, erklärte ihm Pisquetumen, dass ein Jäger dies normalerweise mit seiner Frau erledigte, doch da nur sie beide hier waren, würden sie es wohl alleine tun müssen.
Gebannt beobachtete Hugh den Indianer dabei, wie er zunächst dem gewaltigen Tier den Bauch aufschnitt, um die Innereien entfernen zu können. Das Blut und die Eingeweide dampften noch in der winterlichen Kälte und bald färbte sich der Schnee um sie herum tiefrot. Der Geruch verursachte Übelkeit in Hugh, doch er bemühte sich, es sich nicht anmerken zu lassen, seine Scham über das Versagen bei der Bärenjagd brannte noch zu heftig. Pisquetumen sollte ihn nicht für einen kleinen Jungen halten, der nicht in der Lage war, wie ein Mann zu jagen und zu arbeiten. Pisquetumen sagte ihm, er solle eine Mulde Graben, eine Aufgabe die durch den gefrorenen Boden nicht eben leicht zu bewerkstelligen war, zumal Hugh als einziges Werkzeug dazu seine Hände hatte, doch er arbeitete verbissen, bis er ein etwa handtiefes Loch in den Waldhumus gegraben hatte.
Pisquetumen nahm Gedärme und andere Organe des Bären, legte sie behutsam in die Mulde und bedeckte sie dann sorgfältig mit Erde und Blättern. Hugh betrachtete den halb ausgeweideten Bären, dessen knopfartige Augen noch immer höchst lebendig wirkten, so als könne er sich im nächsten Augenblick erheben und über sie herfallen. Die Krallen an seinen gewaltigen Tatzen waren mehr als Furcht einflößend und Hugh zweifelte nicht daran,

dass ein einziger Hieb eines solchen Tieres einem Mann das Gesicht und den Leib zerfetzen konnte. Noch eindrucksvoller hingegen waren seine langen, gelben Zähne, die aus seinem riesigen Maul herausblitzten. Hugh schauderte bei dem Gedanken, wie es sein mochte, von so einem Tier bei lebendigem Leibe aufgefressen zu werden. Pisquetumen schien seine Gedanken erraten zu haben, denn er sah zu ihm auf und sagte: „Maxkwe ist unser Bruder. Er greift uns nicht an. Wir sind es, die ihn töten. Doch dieser hier wollte für uns sterben. Er wusste, dass wir Hunger haben, du und ich. Wir müssen ihm dafür danken, dass sein Fleisch und sein Fett uns satt machen werden, und sein Fell uns wärmen wird."

Hugh schluckte die Antwort, die ihm auf den Lippen lag, hinunter. Es erschien ihm sinnlos, Pisquetumen daran zu erinnern, dass sie den Bär durch höchste Gefährdung ihres eigenen Lebens aus dem Winterschlaf geweckt und ihn dann erschossen hatten. Mit einer Art edlem Opfer des Tieres hatte dies wohl wenig zu tun.

Pisquetumen schnürte den Bären mit einigen Lederriemen zusammen, sodass er wie ein einziges felliges Bündel aussah und dann machten sie sich auf den Weg zurück zu ihrem Lager. Hughs Magen knurrte vor Hunger. Er hatte noch nie zuvor Bärenfleisch gegessen, doch er war sich sicher, dass er vor Hunger alles hätte hinunter schlingen können.

Pisquetumen hingegen schien es nicht eilig zu haben, eine Mahlzeit vorzubereiten. Er trennte den Kopf des Bären von dessen Körper und entnahm ihm das Herz, das rot und bluttriefend in seinen Händen lag. Dann entzündete er ein Feuer, setzte sich mit gekreuzten Beinen davor und schloss die Augen. Ungeduldig wartete Hugh, was als Nächstes passieren mochte, doch Pisquetumen öffnete seine Augen nur, um aus seinem Tabakbeutel einige Krümel auf ein Stück glühendes Holz zu werfen. Nach einer Weile, die Hugh wie eine Ewigkeit erschien, sagte er: „Wir müssen Maxkwe und den manito`wak danken, dass sie uns so reich beschenkt haben. Sie haben unsere Bitten um eine gute Jagd erhört. Der Rauch trägt unseren Dank zu ihnen."

Hugh seufzte leise und setzte sich neben den Lenapé-Indianer. Er wusste, dass ihm keine Wahl blieb, als sich dem stummen Ritual anzuschließen, wenn er noch an diesem Abend etwas von dem Bärenbraten erhalten wollte. Erst als die Dunkelheit schon lange über sie hereingebrochen war, löste sich

Pisquetumen aus seiner Haltung und begann mit dem Messer, das Fell und Fleisch des Bären sorgfältig voneinander zu lösen. Sie arbeiteten bis tief in die Nacht im Widerschein des Feuers. Jeder Knochen, jede Sehne des Bären schien wichtig zu sein, da der Lenapé-Indianer sie sorgfältig reinigte und nach einem System, das Hugh nicht verstand, sortierte. Dann erst löste er etwas von dem fettbesetzten Muskelfleisch an der Flanke des Tieres, spießte es auf und röstete es über den Flammen. Während sich der würzige Geruch des gebratenen Fleisches mit dem penetranten Blutgeruch und dem Gestank des toten Raubtieres vermischten, erzählte Pisquetumen Hugh vom Klan des Bären, dessen Aufgabe es war, die manito'wak des Bären zu besänftigen, damit noch viele Bären den Lenapé ihr Fell und ihr Fett schenken konnten.
Tatsächlich schmeckte das Bärenfleisch köstlich, anders als alles, was Hugh je gegessen hatte, doch nie zuvor hatte er sich satter und zufriedener gefühlt als in jener Winternacht an ihrem einsamen Feuer in den Wäldern des Ohios.

*

1757

Der Wald zog während ihrer Reise nach Westen wie Traumbilder an Marie vorbei. Sie dämmerte auf Netawatees Pferd vor sich hin, Schmerzen und Schwäche nagten an ihrem Körper.
Die Pferde der Indianer hatten große Mühe, an den verschneiten Flussufern voranzukommen und so erreichten sie erst am Abend des fünften Tages das kleine Dorf an den Ufern des Ohios, das die Lenapè Saukunk nannten.
Es war bereits dunkel, als Netawatees sie von seinem Pferd hob.
„Wo bringt ihr sie hin?“, schrie Barbara, als sie sah, dass er sie von den anderen weg trug. Sie sprang von Galaskos Pferd und lief hinter ihm her, doch sie erschrak, als sie Maries aschfahles Gesicht in seinem Arm sah. Netawatees blieb nur einen Augenblick lang stehen. „Sie wird sterben“, sagte er und sah Barbara an. „Also geh und lass mich ihr helfen.“
Barbara starrte ihn an. Stumm wandte sie sich um und ging mit den anderen davon.

Netawatees trug Marie zwischen den Hütten umher. Sie konnte den Schnee unter seinen Sohlen knirschen hören, bis er vor einem kleinen Zelt anhielt. Marie konnte den Fluss ganz in der Nähe hören.
Er schlug die Matten am Eingang zurück und trug sie hinein. Benommen versuchte Marie, zu erkennen, wo sie sich befand und ihre Augen brauchten eine Weile, um sich an das Halbdunkel im Innern zu gewöhnen, doch sie stieß einen überraschten Laut aus, als sie erkannte, wer dort saß.
Gischapan lächelte ihr seltsam trauriges Lächeln im schwachen Licht der kleinen Feuerstelle, als sie sich über Marie beugte.
„Hei", flüsterte sie. Marie versuchte, zu lächeln, doch es misslang. Sie konnte undeutlich sehen, dass Netawatees noch immer neben ihr stand.
Behutsam löste Gischapan Maries blutverklebtes Hemd und begann, die Haut um die blutverkrustete Wunde mit warmem Wasser zu reinigen.
„Eine schlimme Wunde", hörte sie die Lenapé-Frau durch den roten Nebel ihrer Schmerzen sagen. „Sie ist sehr schwach. Geh, ich rufe dich, wenn wir fertig sind."
Marie hörte, dass Netawatees ihr etwas antwortete, das sie jedoch nicht verstand, doch dann fühlte sie den kalten Luftzug, der ihr verriet, dass er die Hütte wieder verlassen hatte.
Gischapan betrachtete die Wunde an ihrem Hals nachdenklich. Dann legte sie mit vorsichtigen Fingern einen kühlen Verband aus getrocknetem Weißmoos und anderen Kräutern an. Gischapans vertrauter Geruch nach Kräutern hatte eine beruhigende Wirkung auf Marie.
„Du hast große Schmerzen?" Marie nickte mühsam.
Gischapans Gesicht verschwand und sie kehrte mit einem Becher, dem ein seltsam bitterer Geruch entströmte, zurück. Vorsichtig hob sie Maries Kopf an und brachte ihn an ihre Lippen. Marie nahm einen Schluck, doch der bittere Geschmack ließ ihr die Galle emporsteigen.
„Trink mehr", flüsterte die Lenapé-Frau sanft und Marie nahm einen weiteren Schluck. Dann sank ihr Kopf zurück, doch eine eigenartige Taubheit breitete sich von ihrer Kehle durch ihren Magen in ihrem ganzen Körper aus. Wie in einem Traum sah sie, wie Gischapan sich an ihrer Hand zu schaffen machte, doch es erschien ihr, als könnten die entsetzlichen Schmerzen nicht länger ihren Verstand erreichen.

Als die Indianerin ihre Wunden versorgt hatte, setzte sie sich mit gekreuzten Beinen vor Marie.
In ihrem Kopf war eine eigenartige Leere eingetreten, nachdem sie durch den Trank von ihren Schmerzen befreit worden war und sie sah, wie Gischapans Lippen leise Worte formten, die erst nach einiger Zeit ihr Gehör und ihr Inneres erreichten.
Das leise Murmeln der Lenapé-Indianerin schwoll langsam zu einer sanften Melodie an und Marie fühlte, wie etwas in ihr geschah. Sie versuchte, sich dagegen zu wehren, doch die Töne wanderten von ihren Ohren direkt in ihr Herz und sie spürte, wie in ihrem Innern etwas geschah.
Gischapans Melodie wanderte immer tiefer in sie hinein, in das öde, tote Land, das Dumas in ihr zurückgelassen hatte und trug ihre sanfte Botschaft in ihr Innerstes.
Der lieblich-würzige Geruch von Zedernholz, dem heiligen Holz der Lenapé stieg Marie in die Nase und sie schloss die Augen. Als sie ihre Augen wieder öffnete, war Gischapan verschwunden.
Verwirrt versuchte Marie, im Halbdunkel der Hütte etwas zu erkennen, doch sie konnte nur das Feuer und die Kräuter riechen. Die Wirkung des Trankes schien nachzulassen, denn ihre Hand schmerzte schrecklich.
Die Matte am Eingang wurde zurück geschlagen und Gischapan kehrt zurück. In ihren Händen hielt sie eine kleine Holzschale, die sie Marie vor die Lippen hielt. Der Sud roch anders als der Trank, den sie ihr zuvor gegeben hatte.
„Was ist das?“, fragte Marie mit dünner Stimme.
„Es ist gegen die bösen Geister in deinem Inneren. Und gegen sein Kind, dass du vielleicht in dir trägst.“ Entsetzt zuckte Marie zusammen.
An diese schreckliche Konsequenz hatte sie bisher nicht gedacht. Es war möglich, dass etwas von ihm in ihr zurück geblieben war. Etwas, dass sie schwängern konnte. Sie schloss die Lippen um den Rand der Schale und leerte sie mit nur einem Zug.

Wilde, schreckliche Bilder tobten durch ihren Kopf. Wirre Farben und Formen wechselten sich mit klaren Bildern ab. Marie sah ihre Mutter, wie sie tot neben ihr auf den Schiffsplanken lag, dann wieder sah sie sie, wie sie auf

dem Hof in Brondrus die Hühner fütterte und lächelte. Ihr Vater sprach mit ihr, eine Axt steckte tief in seinem Schädel und Jean ritt auf einem schwarzen Pferd vor ihr her.
Bäume, Flüsse, das Meer rauschten an ihr vorbei, es wurde Sommer und wieder Winter, sie flog wie ein Vogel über ein fremdes, menschenleeres Land, Berge und Wälder zogen an ihr vorbei.
Furchtbare Gesichter sprachen Worte zu ihr, die sie nicht verstand, sie schrien und zogen an ihr. Dann wieder trieb sie auf einem See, schwerelos, endlos. Und immer wieder war es Netawatees Gesicht, das sie ansah, mit schwarzen, unergründlichen Augen.
Als Marie erwachte, hatte sie das Gefühl, viele Jahre lang geschlafen zu haben. Ihr Körper fühlte sich fremd an, ihre Glieder gehorchten ihr nicht sofort. Sie war allein in dem Zelt.
Helle Sonnenstrahlen fielen von draußen durch die Wände aus Baumrinde herein.
Unsicher streckte Marie sich und tastete ihr Gesicht und ihre Hände ab.
Langsam kam das Gefühl für ihren Körper zurück, ganz so, als habe sie ihn eine Zeit lang verlassen und sei so eben zurück gekehrt.
Sie streckte ihre Hand aus, die mit Stöcken und Lederriemen geschient war und aus der die rasenden Schmerzen einem unangenehmen Pochen gewichen waren.
Als sie versuchte, sich aufzurichten, spürte sie die Wunde an ihrer Brust und tastete vorsichtig nach dem Verband, der sich von ihrem Hals über ihre Brust erstreckte.
Für einen Moment sah sie Dumas vor sich, wie er sich mit dem Skalpell über sie beugte, doch das Bild verschwand, so rasch, wie es gekommen war.
Sie war nackt unter den Decken und sie erinnerte sich plötzlich dunkel daran, dass man ihr das blutdurchtränkte Kleid vom Körper geschnitten hatte. In diesem Moment wurde die Matte am Eingang zurück geschlagen und Netawatees kam mit einem Bündel in der Hand herein. Ein Lächeln zog über sein Gesicht, als er sah, dass sie wach war.
„Kulamalschi hach?“ Marie lächelte, bevor sie ihm antwortete: „Weli kischku. Mir geht es gut.“
Sein Lächeln wurde zu einem breiten Grinsen.

„Wie lange habe ich geschlafen?“
„Drei Tage und Nächte.“ Marie sah ihn entsetzt an. „Solange? Was war in dem Becher? Was …“ Rasch legte er einen Finger auf ihre Lippen.
„Du bist eine Wapsitàk. Das verstehst du nicht.“
Verwirrt sah sie ihn an. „Ich habe geträumt, viele Dinge sind geschehen, ich …“ Wieder brachte er sie mit einer sanften Bewegung zum Schweigen.
„Manchmal können wir die Wahrheit, die in unseren Träumen liegt, nicht sofort verstehen.“
Ihre Gedanken schienen sich nur träge zu bewegen. Zu sehr war sie noch gefangen von den Bildern und Eindrücken ihrer Träume.
„Gischapan schickt mich“, sagte er und hielt ihr das Bündel hin, „sie sagt, du brauchst etwas zum Anziehen.“
„Woher konnte sie wissen, dass ich gerade jetzt aufwache?“
Netawatees zuckte mit gespielter Ahnungslosigkeit die Schultern.
„Du kennst sie doch“, antwortete er und grinste.
Mit dem Bündel Kleider in der Hand sah sie ihn an. „Worauf wartest du?“, fragte er sie schließlich.
Sie spürte, dass sie ein wenig rot wurde.
„Dreh dich um“, sagte sie leise. Einen Moment lang sah er sie an, als wisse er nicht, ob er sich wirklich umdrehen oder über ihre Aufforderung lachen sollte.
Doch dann las er in ihren Augen, dass es ihr ernst damit war, und drehte ihr mit einem leisen Seufzen den Rücken zu.
Eilig richtete Marie sich ein wenig auf, doch ihr geschwächter Körper ahndete dies sofort mit einem Schwindelanfall und sie mahnte sich in Gedanken zur Vorsicht.
Langsam streifte sie das lange Lederkleid über, das dem glich, dass sie im Ofen von Fort Duquesne verbrannt hatte, und zog die Beinlinge über ihre Knie. Jede der Bewegungen war unendlich mühsam und löste immer neue Schmerzwellen aus, die durch ihren Körper rollten, doch sie biss die Zähne zusammen und kein Laut kam über ihre Lippen.
Als sie angekleidet war, streckte sie ihre Füße aus den Decken und versuchte aufzustehen, doch die Schmerzen in ihrem Arm und ihrer Schulter schienen zu explodieren und sie sank leise wimmernd zurück.

Netawatees warf einen Blick über seine Schulter und sah, dass ihre Kräfte nicht ausreichten. Er drehte sich um und streckte ihr seine Hände entgegen. Im ersten Augenblick wollte sie danach greifen, erinnerte sich jedoch im letzten Moment an ihre verletzte Hand und zögerte.
Er beugte sich zu ihr hinunter, schlang ihr seine Arme um die Hüfte und half ihr auf.
Sie konnte seinen Atem an ihrem Hals spüren.
„Komm“, sagte er, als sie schließlich auf wackligen Beinen stand.
Nach anfänglichen Schwierigkeiten trugen ihre Beine sie wieder sicher und verlässlich und Marie stellte überrascht fest, wie stark und ausgeruht ihr Körper sich mit einem Mal anfühlte.
Netawatees führte sie an seiner Hand nach draußen. Die Sonne schien hell über der winterlichen Siedlung. Anixigischuch, der Monat, in dem die Streifenhörnchen zu laufen beginnen, hatte in Saukunk Einzug gehalten und brachte Kälte und strahlend blauen Himmel.
„Wohin gehen wir?“, fragte sie ihn.
„Lèpa'chik“, antwortete er. „Der Geschichtenerzähler ist da.“
Gemeinsam gingen sie in die Mitte des Dorfes. Zwischen den Hütten war ein kreisrunder Platz freigelassen worden und hier hatten sich nun scheinbar alle Bewohner um ein großes Feuer versammelt.
Marie entdeckte viele Gesichter, die ihr noch aus Kittanning vertraut waren und zu ihrer Freude war auch Barbara unter ihnen. Die Freundin streckte ihre Hände nach ihr aus und schloss sie fest in die Arme.
„Marie! Wo warst du nur? Sie haben mich nicht zu dir gelassen!“
Marie ließ sich vorsichtig neben ihr auf den Boden sinken.
In Barbaras Freude mischte sich ein misstrauischer Gesichtsausdruck, als sie Netawatees erblickte, der nicht von Maries Seite wich.
Barbara berührte ihren Arm und Marie zuckte zurück. Tränen schimmerten in ihren Augen, als sie sie fragte: „Was ist nur mit dir geschehen, Marie? Was hat er dir angetan?“ Marie hielt ihrem Blick nur einen Moment lang stand, dann überwältigten Scham und Entsetzen sie erneut. „Ich kann nicht“, flüsterte sie und Tränen liefen ihre Wangen hinab. „Ich kann es dir nicht sagen, denn wenn ich es dir erzähle, kann ich es niemals vergessen und das ist es, was ich will, verstehst du?“

Barbara sah sie stumm an. Marie konnte die Bestürzung in ihren Augen lesen, doch sie wusste, dass Barbara sie nicht verstehen würde, sie konnte es nicht. Niemand konnte das, was mit ihr geschehen war, verstehen und deshalb durfte es auch niemand erfahren.

„Es ist alles ihre Schuld“, flüsterte Barbara schließlich und in ihren Augen glomm der alte Hass wieder auf, der sie erfasste, wenn sie über die Indianer als ihre Entführer und blutrünstige Bestien sprach. „Ohne sie wären wir nie dorthin gekommen, wir …“, setzte sie ihre Litanei fort, als laute Trommelschläge sie unterbrachen.

Auch um sie herum verstummten die Gespräche und alle richteten ihre Blicke auf den alten Mann in der Mitte der Runde. Sein langes Haar war von feinen, weißen Strähnen durchzogen und tiefe Falten zerfurchten sein schmales Gesicht, aus dem seine schmalen, klaren Augen heraus leuchteten.

Etwas an der Art, wie er sich bewegte, als er sich bei den ersten Schlägen der Trommel aufrichtete und einen kleinen, mit Stachelschweinborsten und bunten Steinen verzierten Lederbeutel öffnete und einige Steine vor sich ausbreitete, ließ die Spannung rund um das Feuer anwachsen. Alle hingen an seinen Lippen und betrachteten neugierig die Steine aus seinem Lederbeutel.

Kein Stein glich dem anderen. Der eine schien ein glatter, dunkler Kiesel zu sein, den die Ewigkeit im Wasser rund geschleift hatte, ein andere leuchtete in eigenartig kristallenem Grün, andere besaßen auffällige Formen oder Einschlüsse und auf einigen waren mit Olàmàn Muster und Zeichen aufgetragen.

Der Mann betrachtete die vor ihm liegenden Steine und griff schließlich nach einem, der eine unebene, raue Oberfläche besaß und schwarz und silbern glänzte.

Er umschloss den Stein fest mit seinen Fingern und schloss die Augen. Dann erhob er seine Stimme zu einer gleichmäßigen Melodie, in die er die Wörter einflocht, mit denen er seine Geschichte erzählen wollte.

„Kunakwat, lowat, nuchink …“

Marie verstand die Worte des Geschichtenerzählers nicht, doch Netawatees schien ihre Gedanken gelesen zu haben, beugte sich zu den beiden Mädchen und übersetzte sie flüsternd: „Vor langer, langer Zeit, bevor unsere Vorfahren auf der Erde lebten, war das Wetter immer warm und die Tiere lebten in

Frieden. Es gab keinen Winter, keine Kälte, keinen Schnee und keinen Hunger.
Doch eines Tages änderte sich das. Die Erde wurde plötzlich kalt und Schnee fiel in dicken Flocken vom Himmel. Immer dichter fiel der Schnee und immer höher bedeckte er die Erde. Eines Tages war Axpo'kwès, die Maus, verschwunden. Nur die Spitze ihres Schwanzes ragte noch aus dem Schnee.
Die anderen Tiere begannen, sich zu sorgen.
Am nächsten Tag war Chèmà'mès, der Hase, im Schnee verschwunden. Nur die Spitzen seiner Ohren waren noch zu sehen. Nun waren die Tiere so besorgt, dass sie sich versammelten, um zu beraten, was weiter zu tun sei. Gemeinsam entschieden sie, einen Boten zu Kishelamàk zu schicken und ihn um Hilfe zu bitten.
Doch wer von ihnen sollte gehen?
Wapink, das Opossum sagte: ‚Kukhus, die Eule, ist das weiseste Tier unter uns. Sie sollte gehen.'
‚Nein', flüsterten die Tiere, , sie könnte im Tageslicht verloren gehen.'
Tamaqua, der Biber sagte: ‚Vielleicht sollte Nachenum, der Waschbär, gehen.'
‚Nein!', entschieden die Tiere, ‚er folgt vielleicht lieber seinem Schwanz als seiner Nase.'
Shikak, das Stinktier, sagte: ‚Vielleicht sollte Táme'tut, der Coyote, gehen.'
‚Nein!', riefen die Tiere wie mit einer Stimme, ‚Der Coyote ist klug und liebt es, seine Streiche zu spielen. Er könnte die Wolken jagen oder den Wind verschlucken.'
Die Tiere riefen und schrien durcheinander, sie schnaubten, krächzten, heulten und grunzten, denn sie konnten sich nicht einigen, wer von ihnen gehen sollte.
So kam es, dass der Schnee immer tiefer und tiefer wurde und die kleinen Tiere auf die Großen klettern mussten, um nicht in ihm zu versinken. Da flog von der Spitze eines Baumes Mànàka'has, die Regenbogen-Krähe, zu ihnen hinab und sang mit der süßesten Stimme: ‚Ich werde gehen, ich werde gehen!' Die Tiere waren glücklich, in ihrer größten Not einen Boten gefunden zu haben und Mànàka'has flog höher und höher in den Himmel hinauf, bis sie nicht mehr zu sehen war. Nach drei Tagen erreichte sie den

zwölften Himmel, den Ort, wo Kishelamàk, der Große Schöpfer lebt, doch Kishelamàk war zu beschäftigt.
Also begann Mànàka'has zu singen, das schönste Lied, das jemals erklungen war. Als sie geendet hatte, sagte Kishelamàk: ‚Was kann ich dir als Geschenk für deinen wunderbaren Gesang geben?' Und Kishelamàk, die wusste, dass der Schnee auf der Erde immer höher und höher wurde und die Tiere in großer Not waren, antwortete: ‚Bitte, mach, dass es aufhört, zu schneien.'
‚Nein', antwortete Kishelamàk, ‚denn ich kann nicht über den Geist des Schnees gebieten. Wenn der Geist des Schnees die Wolken mit seinem Freund, dem Geist des Windes verlässt, dann wird es aufhören, zu schneien. Doch es wird noch immer bitterkalt sein auf der Erde.'
‚Dann', sagte Mànàka'has, ‚beende die Kälte!'
Doch auch das konnte der Große Schöpfer nicht. ‚Die Kälte', erklärte er, ‚hat ihren eigenen Willen. Alles, was ich kann, ist euch das Geschenk des Feuers zu machen, damit ihr nicht erfrieren müsst.' Kishelamàk nahm einen Stock und entzündete seine Spitze. Dann reichte er ihn der Regenbogen-Krähe und sie nahm ihn in ihren Schnabel und trug ihn den weiten Weg zur Erde hinab.
Doch der Weg war weit und die Flammen verbrannten seine Federn und seinen Schnabel. Als Mànàka'has die Erde erreicht hatte, waren seine bunten Federn schwarz und sein Schnabel verkohlt. Auch seine wundervolle Stimme war verschwunden, alles, was er hervor bringen konnte, war ein hässliches Krächzen.
Zu allem Unheil waren alle Tiere inzwischen im Schnee versunken, doch Mànàka'has gab nicht auf. Wieder und wieder flog sie mit dem brennenden Zweig im Kreis, bis der Schnee schmolz und die Tiere gerettet waren.
Gemeinsam tanzten sie und feierten das Geschenk des Feuers, dass der Großvater jedes Feuers auf der Erde ist, auch dem, an dem wir uns gerade wärmen.
Jedes Feuer ist aus einer Flamme dieses ersten Feuers entstanden.
Auch der Geist der Kälte und der Geist des Windes verließen die Wolken und es hörte endlich auf zu schneien. Mànàka'has war unendlich traurig über ihre hässliche Gestalt und ihre krächzende Stimme. Kishelamàk hörte ihr Wehklagen und sprach zu ihr: ‚Krähe, denn so wirst du von nun an heißen,

bald werden Menschen auf dieser Erde erscheinen. Sie werden das Feuer an sich nehmen und über euch alle herrschen, doch weil du das Mutigste aller Tiere bist, verspreche ich dir die Freiheit.
Die Menschen werden dich niemals einfangen, dir niemals Leid zufügen. Deine Federn sind zu dunkel, deine Stimme zu hässlich. Nur wer genau hinsieht, wird erkennen, dass deine schwarzen Federn in allen Farben des Regenbogens schimmern."
Zustimmendes Gemurmel erhob sich unter den Zuhörern und schwoll zu einem lauten Klatschen an.
Inzwischen war es dunkel geworden und die Kälte kroch von den Flussufern zu den Menschen auf dem Platz empor, während in unregelmäßigen Abständen Funken von dem Feuer aufstieben und im Nachthimmel verglühten.
Die Finger an Maries verletzter Hand fühlten sich taub an und sie berührte sie vorsichtig. Netawatees neigte sich nach vorne und fasste ihre gesunde Hand.
Marie zuckte unwillkürlich zurück, doch seine Hände fühlten sich überraschend warm an und für einen Augenblick überließ sie ihm ihre Hand. Ihre Blicke begegneten sich und Marie ertrug es nicht, von seinen Augen angestarrt zu werden, löste sich aus seiner Berührung und erhob sich.
Barbara stand vor ihr und sah sie mit eindringlichem Blick an. Sie las Unverständnis darin, Ablehnung und einen leisen Vorwurf. Doch noch etwas anderes stand in ihren Augen geschrieben, etwas, das Marie zunächst nicht fassen konnte.
Erst als die Menge sich zerstreute und sie aufstand, um mit ihr zusammen in Gischapans Hütte zurück zu kehren, wurde ihr klar, dass es die Sehnsucht nach der Erfüllung eines eigenartigen Verlangens war, dass sich wie ein unsichtbarer Sog in ihrem Innern ausbreitete und sich ihren Gedanken entzog. Barbara musste diesen Sog schon viel länger kennen.

*

Als der Schnee zu schmelzen begann und die Bäume und Sträucher um sie herum wieder austrieben, sagte Pisquetumen eines Morgens, als sie zum Fluss hinunter gingen, um sich zu waschen und ihren Durst zu stillen: „Sieh,

der Frühlingsfisch schwimmt wieder.
Mechoammowigischuch, der erste Monat des Frühlings hat begonnen."
Tatsächlich wimmelte es in der Strömung des noch immer winterlich klaren Flusses nur so von kleinen, silberglänzenden Fischen, auf deren Rücken vereinzelt schwarze Punkte zu erkennen waren.
Pisquetumen tauchte seine Hände in das eiskalte Flusswasser und wusch sich sein Gesicht, während Hugh fasziniert dem Strudel aus silbernen Schuppen zusah, der vor seinen Augen durch das Wasser wirbelte.
„Mein Bruder, es ist Zeit für uns zu gehen", sagte Pisquetumen, als er sich aufrichtete. „Die Zeit der Jagd ist nun vorüber. Wir werden zu meinen Brüdern nach Fort Duquesne reiten. Wir befinden uns auf dem Kriegspfad und der Krieg kennt keine Pause."
Pisquetumens Worte lösten eine unerwartete Traurigkeit in Hugh aus. Er hatte irgendwie damit gerechnet, dass dieser Zeitpunkt einmal kommen würde, doch er hatte sich gewünscht, ihm bliebe noch etwas mehr Zeit. Weder die Kälte noch die Anstrengung hatten in den letzten Monaten, in denen er allein mit Pisquetumen durch die winterlichen Wälder des Ohio-Tals gestreift war, das stille Gefühl der Hingabe zu dieser Art zu leben, schmälern können.
Bis auf die wenigen Worte, die er und der Lenapé-Indianer auf ihrer Reise abends an ihren Lagerfeuern gewechselt hatten, waren der Schneefall und das Knarren der Bäume im Wind die einzigen Geräusche gewesen, die in seine Ohren gedrungen waren und ein eigenartiges Gefühl der Stille und Klarheit hatte sich in seinen Gedanken ausgebreitet.
Hatte er zu Beginn noch viele Fragen gehabt und immer wieder das Gespräch mit Pisquetumen gesucht, so war er im Laufe der Zeit ganz wie der Lenapé-Jäger immer schweigsamer geworden.
Doch diese Wortlosigkeit zwischen ihnen war nicht länger ein Ausdruck der Fremdheit, sondern einer anderen Art der Verständigung, für die keine Laute mehr nötig waren. Jeder Handgriff und jeder Blick, den er und der Indianer auf ihren Streifzügen tätigten, war ihm so vertraut, als habe er niemals etwas anderes getan. Sie hatten noch zwei weitere Bären erlegt, unzählige Rehe und Hirsche. Selten hatten sie sich hungrig auf ihre Lager auf dem Winterwaldboden gebettet, gewärmt von den Fellen, die sie selbst erjagt und bearbeitet hatten. Es erfüllte Hugh mit großem Stolz, dass er Pisquetumen

inzwischen zur Hand gehen konnte, ohne dass ihm der Lenapé irgendeine Anweisung geben musste, er wusste, wie man ein Tier ausweidete, welche Teile man aus Dankbarkeit den manito'wak überließ, wie man Fleisch und Fett zu einem Bündel in das Fell des Tieres packte, die Sehnen trocknete und spannte, um aus ihnen Riemen und Schnüre zu machen.

Um seinen Hals hing eine von ihm selbst an den langen Abenden, in denen sie nichts erjagt und nur von ihren Vorräten gelebt hatten, gefertigte Kette aus Bärenkrallen und Zähnen.

Er hatte gespürt, wie etwas mit ihm geschah, wie er den unhörbaren Herzschlag des Waldes in seinem Inneren fühlen konnte und sich Dinge in seinem Kopf zusammenfügten, für die es keine Erklärung gab, die aber dennoch von Bestand waren.

Mit Wehmut dachte Hugh daran, dass diese Zeit nun zu Ende gehen und er in die laute Fremdartigkeit der Indianerdörfer und zu Pisquetumens blutrünstiger Sippschaft zurück kehren sollte.

Pisquetumen schien seine Gedanken zu erahnen, denn er sagte auf ihrem Weg zurück zum Lager: „Mein Bruder, eine Aufgabe liegt vor dir." Verwirrt sah Hugh ihn an, er war in seinen Gedanken bei Mary und Miuskillamize gewesen. „Hast du deinen Traum vergessen? Die beiden Mädchen? Die manito'wak haben dir damit etwas sagen wollen. Es ist an der Zeit, herauszufinden, was es ist, denn wenn du es nicht tust ..." Hugh winkte ab. „Ja, ich weiß, dann wird Unglück über mich und meine Brüder kommen." Pisquetumen lächelte. „Du glaubst mir nicht, mein Bruder?" Hugh blinzelte. Er wusste Pisquetumen keine Antwort darauf zu geben. Er wusste nur, dass er Marie wiedersehen wollte, dass er wissen wollte, wie es ihr ging und wie sie den Winter bei diesen widerwärtigen Franzosen herumgebracht hatten. Deshalb schwieg er, doch sein Schweigen schien Pisquetumen Antwort genug zu sein.

Als sie zu ihrem Lager zurückkehrten, dass sie seit einigen Tagen unter den mächtigen Wurzeln eines umgestürzten Baumes aufgeschlagen hatten, half Hugh dabei, die erjagten Pelze auf den Rücken der Pferde zu verstauen.

Ihre Ausbeute war beträchtlich und nicht ohne Stolz zählte Hugh die Felle, die er selbst erlegt hatte. Unzählige Hirsche, Bären und Biber schienen sich in den Wäldern und den vielen kleinen Nebenflüssen des Ohio aufzuhalten

und nicht Wenige waren ihrer Treffsicherheit zum Opfer gefallen.
Hugh beherrschte inzwischen nicht nur den Umgang mit dem Gewehr, sondern hatte auch einiges Geschick in dem Lesen der Tierspuren im Schnee und den geheimen Zeichen, die die Jäger in die Baumrinde schnitten.
Sie schwangen sich auf die Rücken ihrer Pferde und schlangen die schweren Decken um sich, damit die Kälte ihnen auf ihrem Weg nichts anhaben konnte.
Als sie einen breiteren Nebenfluss des Ohio erreichten, lenkten sie ihre Tiere entlang des Ufers. Das Eis an den Seiten schmolz und wurde von der Strömung mit sich fort gerissen. Der Fluss war weit über sein übliches Flussbett herausgetreten und floss mit großer Kraft in das Tal hinab.

Sie benötigten vier Tage, um Fort Duquesne zu erreichen, um dessen Mauern unzählige Indianer ihr Lager aufgeschlagen hatte.
Der Ohio, der Allegheny und der Monongahela waren weit über die Ufer getreten und hatten die Erde vor und hinter den Palisaden in Schlamm verwandelt.
Der Rauch ihrer Feuer und das Stimmengewirr schlug Hugh und Pisquetumen entgegen und für einen Moment schienen Hugh ihre Blicke zu aufdringlich, ihre Stimmen zu laut, bis er sich wieder an die Gegenwart so vieler Menschen gewöhnt hatte.
Er reckte den Hals und suchte überall nach einer Spur von Marie, doch alles, was er sehen konnte, waren Indianer, verschiedenster Stämme und Völker.
Pisquetumen lenkte sein Pferd zu einem der größeren Rindenzelte, wo sie Tamaqua bereits erwartete.
„Mein Bruder“, begrüßte er sie freundlich und lächelte. Auch seine Frau Pochgama freute sich sichtlich, Hugh wieder zu sehen und reichte ihnen warmen Maisbrei, als sie sich mit gekreuzten Beinen in einem Kreis in der Mitte des Zeltes niederließen. Tamaqua entzündete sich eine Pfeife und eine ganze Weile saßen die Männer schweigend beieinander und rauchten. Auch daran hatte sich Hugh gewöhnt. Er wusste, dass die Lenapé ein Gespräch erst aufnahmen, wenn sie ihre Gedanken aufeinander gerichtet hatten, wenn sich ein jeder mit seinem Herz und seinem Geist hier in diesem Gesprächskreis befand.

„Viele Monde sind vergangen, seit wir uns das letzte Mal gesprochen haben“, begann Pisquetumen, der ältere Bruder schließlich, „erzähle mir, mein Bruder, was ist geschehen seitdem?“
Tamaqua nickte bedächtig und zog an der kleinen Pfeife, die er zwischen seinen Fingern hielt. Er berichtete Pisquetumen, was sich in den vergangenen Monaten ereignet hatte, wer aus ihrem Stamm geheiratet hatte und wie viele Kinder im vergangenen Winter geboren worden waren, während Pisquetumen hin und wieder nickte. Es galt als äußerst unhöflich unter den Lenapé, einen anderen während seiner Rede zu unterbrechen. Pisquetumen hatte Hugh erzählt, dass sich Männer schon aus diesem Grund getötet hatten und so konnte Hugh nur schweigend bei ihnen sitzen und versuchen, ihren Worten mit den wenigen Lenapé-Kenntnissen, die er sich inzwischen erworben hatte, zu folgen, doch seine Gedanken wanderten immer wieder zu Marie. Er konnte es kaum erwarten, sie endlich wiederzusehen.
„Schwere Zeiten stehen unserem Volk bevor“, beendete Tamaqua schließlich seinen langen Bericht und sah Pisquetumen mit traurigen Augen an, „die Jenkise wollen im Frühjahr einen neuen Angriff gegen ihren Feind im Norden wagen und es scheint, als haben die französischen Soldaten nicht genug Mittel, um unsere Pelze zu bezahlen. Vier Forts sollen uns den Weg nach Osten in die Kolonien versperren. Wir säen neues Korn rund um unsere Dörfer und hoffen, dass der Krieg es nicht wieder niederbrennt, sonst wird unser Volk im Winter Hunger leiden. Aber die Männer wollen nicht arbeiten. Sie wollen mit Shingas reiten und kämpfen.“
„Wo ist Shingas?“, fragte Pisquetumen.
„Häuptling Dumas hat ihn heute Morgen zu sich gerufen. Er ist im Fort.“
Langsam erhob sich Pisquetumen und zwinkerte Hugh zu.
„Dann werden wir ihn dort aufsuchen.“
Sie verließen Tamaquas Hütte und gingen zwischen den Zelten hindurch auf das Tor zu.
Einige französische Soldaten lümmelten am Eingang herum und Hugh konnte an ihren glasigen Augen erkennen, dass sie den Weinvorräten des Forts bereits ausgiebig zu gesprochen hatten.
Hughs Herz schlug ein wenig schneller, als einer von ihnen ihn direkt ansah. Er mochte zwar gekleidet sein wie ein Indianer und auch sein Haar nach

ihrer Sitte lang über die Schultern tragen, doch seine blauen Augen würden jedem oberflächlichem Betrachter sofort verraten, dass er kein geborener Indianer war.
Er vermied es, sich vorstellen zu wollen, was sie mit ihm anstellen würden, wenn sie herausfanden, dass er aus den englischen Kolonien stammte.
Doch der Wachposten senkte seinen Blick wieder und wandte sich dem Würfelspiel zu, mit dem er sich mit seinen Kameraden die Zeit vertrieb.
Noch immer konnte Hugh keine Spur von den Mädchen entdecken.
Beunruhigt sah er sich immer wieder nach allen Seiten um, doch Pisquetumen ging zielstrebig auf das Haus des Kommandanten zu. Ohne anzuklopfen, stieß er die Holztür auf.
Im Inneren hockten Shingas und einige seiner Männer, so wie einige seltsam gekleidete Indianer, die Hugh nie zuvor gesehen hatte, und die wohl nicht zum Stamm der Lenapé gehörten, auf dem Boden.
Ihnen gegenüber lehnte ein großer, blonder Mann in blauer Uniform in seinem Stuhl. Eine lange, rote Narbe zeichnete seine Stirn, und als Hugh in seine Augen blickte, schien es ihm, als fiele die Temperatur in dem kleinen Raum schlagartig auf den Nullpunkt.
Grausamkeit und Verachtung sprachen aus seinen Zügen und Hugh beeilte sich, seinem Blick auszuweichen und zwischen den anderen Platz zu nehmen.
Pisquetumen blieb in der Tür stehen und verschränkte die Arme.
„Wir können nicht weiter kämpfen, ohne Waffen", sagte Shingas und seine Augen funkelten. „Wir brauchen Decken und Korn. Die Jenkise haben unsere Vorräte in Kittanning verbrannt."
Der Kommandant pfiff leise durch die Zähne.
„Das ist eine wirklich betrübliche Angelegenheit, doch ich kann daran nichts ändern. Wir sind seit Wochen ohne Versorgung aus Neu-Frankreich. Alles, was wir haben, ist Schnaps", bei diesen Worten verzog er seine Mundwinkel zu einem abfälligen Lächeln, „aber das ist euch auch lieber als Korn und Waffen."
Shingas verspannte sich, doch es war Pisquetumen, der Dumas antwortete: „Wir brauchen keinen Schnaps. Wir brauchen Waffen, Werkzeuge und Mehl. Sonst werden wir nicht weiter kämpfen."

Dumas verengte seine Augen zu schmalen Schlitzen und musterte Pisquetumen einen Moment lang mit der Intensität, mit der man ein Insekt betrachtet, bevor man es zertritt. Dann ging er zu seinem Schreibtisch und zog ein großes Blatt Papier heraus. Er hielt es den Indianern hin, doch sie sahen ihn verständnislos an.
Hugh erschrak, als er die abgebildete Figur als eine schlechte Zeichnung von Shingas erkannte.
„Siebenhundert Silberstücke hat die Kolonie Pennsylvania auf deinen Kopf ausgesetzt", sagte Dumas und sah Shingas an, „und Virginia gibt jedem, der deinen Skalp bringt, einhundert Pistolen."
Ein Raunen ging durch die Männer am Boden, doch Shingas sah ihn ungerührt an.
Dumas fuhr in scheinbar vergnüglichem Plauderton fort: „Bis Nachschub eintrifft, schlage ich vor, ihr holt euch eure Waffen und was ihr sonst noch braucht von den Siedlern. Pennsylvanias Vorratskammern sind voll, soviel steht fest."
Shingas starrte ihn an und das gefährliche Funkeln in seinen Augen wurde stärker. „Wir haben eine Abmachung", stieß er hervor und ein lauernder Unterton trat in seine Stimme, doch Dumas hob in gespielter Hilflosigkeit die Schultern.
„Das liegt nicht an mir. Es gibt bei uns ein Sprichwort, das besagt, hilf dir selbst, dann hilft dir Gott. Vielleicht solltet ihr euch das zu Herzen nehmen, aber oh, ich vergaß", er hielt sich die Hand vor den Mund und lächelte spöttisch, „ihr glaubt ja nicht an den Allmächtigen."
Er rollte das Blatt Papier mit dem Kopfgeld wieder ein und ließ es in seinem Schreibtisch verschwinden. Dann ließ er sich auf seinen Stuhl fallen und legte seine Füße auf den Tisch.
Hugh bemerkte, dass die Sporen an den Stiefeln blinkten, als seien sie erst vor Kurzem poliert worden.
Dumas faltete seine Hände hinter seinem Kopf und sah Shingas und die anderen herausfordernd an.
„In Anbetracht der Umstände schlage ich vor, uns alle in Geduld zu üben. Jeder wird bekommen, was er verdient."
Shingas sah ihn mit glühenden Augen an.

Für einen Moment befürchtete Hugh, der Indianer könnte sich mit gezogenem Messer auf den Franzosen stürzen, doch der Häuptling wandte sich ruckartig um und verließ das Zimmer des Kommandanten.
Den anderen blieb nichts übrig, als es ihm nachzutun und auch Hugh wollte ihm folgen, doch Pisquetumen drehte sich noch einmal zu Dumas um.
„Vor dem Winter haben wir euch zwei Mädchen gebracht, Weiße, keine Indianerinnen. Wo sind sie?“
Ein seltsamer Ausdruck trat bei seinen Worten in Dumas Gesicht und Hugh glaubte, ein nervöses Zucken seiner Mundwinkel bemerkt zu haben, doch Dumas hatte seine Züge sofort wieder in der Gewalt. „Was interessiert euch das?“
Pisquetumen wies mit einem Nicken auf Hugh.
„Seine Ehefrau war darunter, die ihm vor Gott und Zeugen angetraut wurde.“
Dumas wühlte in den Papieren auf seinem Tisch und schien ihn gar nicht mehr zu beachten. Dann hob er den Blick und sah ihn unwillig an.
„Diese beiden Huren sind nicht mehr hier. Ein paar Indianer haben sie abgeholt, ich weiß nicht wohin.“ Er leckte sich die Lippen.
„Scheint, als treibe es deine Frau mit einer anderen Rothaut.“ Sein verächtlicher Blick begegnete Hugh und heißer Zorn wallte in ihm auf. Er machte einen Schritt auf den Kommandanten zu, doch Pisquetumen hielt ihn zurück und zog ihn mit sich aus der Hütte.
Hughs Gedanken überschlugen sich. „Wer hat sie abgeholt?“, fragte er Pisquetumen aufgebracht und packte ihn am Arm. Schweigend machte der Lenapé sich los und ging weiter. Wütend stellte sich Hugh ihm in den Weg. „Antworte!“, schrie er und Pisquetumem blinzelte überrascht.
„Mein Bruder, ich weiß soviel wie du. Sie ist nicht mehr hier. Du wirst deinem Traum noch weiter folgen müssen. Die Aufgabe der manito’wak ist nicht leicht.“
Hugh wurde blass vor Zorn. „Das ist alles deine Schuld“, stieß er hervor, „wir haben zu lange gewartet, und nun ist sie fort.“ Seine Hände zuckten, doch er drehte sich auf dem Absatz herum und stürmte davon.
Erst als er das Fort hinter sich gelassen hatte und eine Weile am Flussufer entlang gelaufen war, verrauchte seine Wut allmählich und er dachte an Marie,

an ihre großen dunklen Augen und an seinen Traum, an das Gefühl einer dumpfen, schrecklichen Gefahr, der sie ausgeliefert war. „Marie", flüsterte Hugh vor sich hin, „wo bist du?"

*

Der Wald war dunkel und feindlich. Mehr als einmal hörte William Doram wilde Tiere dicht neben ihm die Klauen wetzen und ihre Zähne fletschen, doch er kämpfte sich eisern weiter durch das Dickicht.
Er orientierte sich an der Sonne und folgte ihr nach Westen, über die steinigen Anhöhen und dicht bewaldeten Berge der Alleghenys, an den Ufern des Ohio entlang, bis dieser sich mit dem Allegheny Fluss kreuzte.
Von Ferne konnte er das Fort der Franzosen sehen, fast erschien es ihm, als röche er den Geruch des Holzes in ihren Öfen und das Schießpulver in seinen Waffen.
Der Winter bei den Lenapé und ihren Verbündeten war viel zu schnell vorbei gegangen, kaum war der erste Schnee gefallen, neigte er sich schon seinem Ende zu. Ein verkümmerter Teil in Dorams Innerem empfand eine eigenartige Art von Wehmut, als ihm bewusst wurde, dass es wohl sein erster und letzter Winter bei den Lenapè gewesen war. Denn nun war es an der Zeit, zurückzukehren.
Eine große Summe Geld wartete für seine Verdienste auf ihn und er war nicht gewillt, sie sich entgehen zu lassen.
Die Flucht aus Armstrongs Lager war ein Kinderspiel gewesen, dieser selbstverliebte Narr mit seinem Haufen zerlumpter Grenzfarmer und ihren Blechtrommeln hatte ihn direkt zu Shingas und seinen Männern geführt.
Der Gedanke, nach der heißen Phase der Überfälle eine Weile bei den Indianern unterzutauchen, war ihm ganz plötzlich gekommen. Er hatte gewusst, dass George Croghan und die Männer, die hinter ihm standen, ihn nicht am Leben lassen konnten, nicht bei dem, was er wusste. Croghan erhob Anspruch auf mehr Land rund um das noch immer französische Fort am Zusammenfluss der drei Flüsse, als jeder Fürst der Alten Welt sein eigen nennen konnte. Wenn die Franzosen endlich abgezogen waren, war er ein reicher Mann. Er wollte keine Zeugen für sein Tun haben. Noch weniger

wollten dies die Männer, die hinter ihm standen, die reichsten und angesehensten Männer auf dieser Seite des Atlantik. Er hatte seine Handlanger erwartet.

Sie waren nachts gekommen, dunkle Schatten, die um sein Haus schlichen, doch er hatte sie erwartet, hatte ihre Schädel zu blutigem Matsch geprügelt und ihre Leichen in seinem Keller verscharrt. Und er wusste, dass sie nicht die Einzigen bleiben würden.

Dann kam der Aufruf zu Armstrongs Expedition und er erinnerte sich an Shingas und seine Männer. Nirgendwo konnte er sicherer sein, als unter ihnen. Die Indianer hatten ihn freundlich aufgenommen, die Männer erinnerten sich an ihn und ihre Zusammenarbeit und Doram fand bald Gefallen, an ihrer Art zu leben.

Nichts erinnerte ihn hier an Maggie, an die Kinder, an das ganze verfluchte Leben in den Kolonien.

Er gehörte nicht zu jener Sorte Mann, die Dinge ungeklärt zurückließen.

Niemand rechnete in Pennsylvania mehr mit seiner Rückkehr, vermutlich hielt man ihn für tot, gefallen bei Armstrongs chaotischem Angriff.

Etwas Besseres konnte ihm nicht passieren.

Denn er hatte beschlossen, den Preis für seine Tätigkeiten ein wenig nach oben zu korrigieren, wenn er bei seinem Auftraggeber auftauchen würde, wie ein böser Geist aus der Vergangenheit.

Grimmig rieb er sich die Hände.

Die Sonne ging langsam auf und er entschied, sich ein sicheres Versteck für den Tag zu suchen. Solange er sich in der Nähe der Franzosen aufhielt, wagte er es nicht, seine Reise bei Tag fort zu setzten.

Eine Weile irrte er suchend zwischen den Bäumen herum, bis er einen Baum entdeckte, dessen Wurzel bei seinem Sturz eine gut verdeckte und geräumige Höhle bildete. Er kroch zwischen den Wurzeln hindurch und rollte sich auf dem kühlen Waldboden darunter zusammen.

„Hey, du, steh auf!“ Benommen hob Doram die Hände vors Gesicht. Das Sonnenlicht blendete ihn.

Vor ihm standen zwei oder drei blauberockte Soldaten.

Blinzelnd versuchte Doram sich aufzurichten, doch seine Beine versagten ihm den Dienst und er sank zurück, sein Körper war zu erschöpft vor Hunger

und Anstrengung.
Die Soldaten packten ihn an den Armen und schleiften ihn mit sich. Irgendwo auf diesem Weg mussten ihm die Sinne geschwunden sein, was danach geschah, versank in der Dunkelheit von Schmerz und Erschöpfung.
Undurchdringliche Finsternis umgab ihn, als er das Bewusstsein wiedererlangte und der widerwärtige Geruch von verrottendem Fleisch stieg ihm im in die Nase.
In keinem Teil seines gemarterten Körpers schien nicht die schreckliche Flamme des Schmerzes zu brennen und er wagte es kaum, sich zu bewegen. Sie mussten ihn geschlagen haben, kein Knochen in seinem Körper schien ungebrochen.
Seine Gedanken bewegten sich noch immer träge, mühsam nur kehrte die Erinnerung zurück, das Gesicht des Franzosen erschien vor ihm, der singende französische Akzent und seine Fäuste.
Stöhnend hob William den Kopf. Sein Fuß stieß gegen etwas und für einen Augenblick schlug sein Herz schneller. Noch jemand musste sich in seinem dunklen Verlies befinden. Vorsichtig tastete er mit den Händen an die Stelle, an der er den Widerstand gespürt hatte und tatsächlich fühlte er weichen Stoff, ein Bein, eine Hüfte.
„Hallo?“, flüsterte er leise und die Dunkelheit gab seine Stimme als zischendes Echo wieder. „Hallo?“
Niemand antwortete ihm. Seine Hände tasteten weiter, den Körper hinauf, er konnte fühlen, dass es eine Frau war, doch als seine Fingerspitzen die nackte Haut an ihrem Hals berührten, war er sich sicher, neben einer Leiche zu liegen.
„Diese verfluchten Bastarde“, ächzte er in die Dunkelheit und fühlte die rauen, feuchten Steine hinter sich.
Er konnte nicht sagen, wie viel Zeit verging, bis er durch den Stein gedämpfte Stimmen näher kommen hörte. Etwas Schweres wurde zur Seite gerollt und die Umrisse zweier Männer waren in dem schwachen Licht einer Fackel zu erkennen. Sie zerrten Doram wortlos auf die Füße und schubsten ihn vor sich her die Treppen hinauf in ein Zimmer, dessen Fenster verhangen waren.
Grob stießen sie ihn auf einen Stuhl und fesselten seine Hände hinter der Lehne. Dorams Kopf dröhnte. Dann verließen die beiden Männer das Zimmer

durch eine Tür auf der gegenüberliegenden Seite.
„Wer hat dich geschickt?“ Die schneidende Stimme kam aus einer der dunklen Ecken des Raumes und Doram versuchte, die Person mit dem singenden Englisch zu erkennen, doch das Gesicht lag zu sehr im Schatten.
Doram öffnete den Mund zu einer Antwort, doch seine Zunge hing wie ein welkes Blatt zwischen seinen Lippen. Er versuchte, sie zu befeuchten, doch sein Körper schien keinen Tropfen mehr zu enthalten.
„Hat man dir die Zunge herausgeschnitten?“
Der Schatten löste sich aus der Ecke und Doram konnte einen großen, blonden Mann mit kalten Augen erkennen.
„Ich ...“, versuchte er, doch seine Gedanken waren zu dumpf und zu langsam. Die Wochen in der Höhle forderten ihren Tribut.
Der Franzose beugte sich vor ihm über den Tisch und sah ihm scharf in die Augen. „Warum hast du dich in den Wäldern rund um mein Fort herumgetrieben?“
Doram schüttelte den Kopf.
„Indianer“, brachte er hervor, da traf ihn die Faust des Blonden mitten in sein Gesicht. Er konnte spüren, wie seine Nase brach und warmes Blut über sein Kinn lief. Sein Kopf flog zur Seite und blieb auf seiner Brust liegen. Ein Funkeln war in den Augen des Franzosen zu sehen.
„Du bist ein Spion.“
Wieder schüttelte Doram mühsam den Kopf. Er spürte, dass ihm schwindelig wurde und er war sich nicht sicher, ob es besser war, das Bewusstsein jetzt sofort zu verlieren.
Mit letzter Kraft hob er seinen Kopf und sah den Mann an. Als er seinem Blick begegnete, wusste er, dass er verloren war. Dieser Mann folterte ihn nicht, weil er eine Antwort wollte. Er folterte ihn, weil es ihm Freude machte.
Doram schloss die Augen. Die Stricke um seine Handgelenke schnitten in sein Fleisch. Er stemmte sich dagegen, doch seine Kraft reichte nicht.
„Versuch es nicht einmal. Du wirst hier nicht lebend herauskommen.“
Als ihn der nächste Schlag traf, wurde ihm zum ersten Mal in dieser schrecklichen Nacht schwarz vor Augen.

*

Es war späte Nacht, als Weiser sich von seinem Schreibtisch erhob, um seiner Frau Anna ins Bett zu folgen. Sein Rücken schmerzte und seine müden Augen versagten ihm im schwachen Widerschein einer einzigen Kerze den Dienst.

Er stand auf und tastete sich im Halbdunkel durch die vertrauten Widerstände seines Arbeitszimmers, als ihn lautes Klopfen an der Vordertür aufschreckte.

Weiser hielt einen Moment inne, doch das Klopfen wiederholte sich, nun deutlich lauter.

Er sah einen Augenblick den dunklen Flur hinunter zur Tür des Schlafzimmers, in dem seine Frau schlief, doch im Haus blieb alles ruhig.

Mit der Kerze in der Hand schob er den schweren Holzriegel vor der Haustür zurück und öffnete die Tür. Draußen standen drei Indianer vom Volk der Lenapé, die Gesichter unbemalt und ohne Waffen.

Erst als der Größte von ihnen näher in das Licht der Kerze trat, erkannte Weiser Teedyuscung.

Conrad sah die Lenapé-Indianer eine Weile prüfend an. Dann trat er beiseite und gewährte ihnen Einlass in sein Haus.

„Mein Stamm leidet großen Hunger“, sagte Teedyuscung mit leeren Augen, „fast alle Kinder, die seit dem Herbst geboren worden sind, werden den Winter nicht überleben. Die Alten sterben und mit ihnen das Wissen um unsere Vergangenheit, unsere Arbeit, unser Volk. Unsere Männer sind müde. Sie sitzen herum und trinken.“

Er entkorkte die Holzflasche an seinem Gürtel und setzte sie an die Lippen. Nachdem er einige Schlucke genommen hatte, verschloss er sie wieder und wischte sich mit brennenden Augen über den Mund.

„Nach dem Betrug um unser Land sind die Lenapé an die Ufer des Susquehanna geflohen“, fuhr er mit brüchiger Stimme fort „die Jenkise und die Menkwe, unsere mächtigen Irokesen-Onkel aus dem Norden, sagten, wir sind dort sicher, wir können dort bleiben. Aber unsere Herzen finden dort keine Ruhe. Viele von uns sind schon weiter gezogen, in die unendlichen Weiten des Ohio-Tales. Wir sind nicht mehr sicher. Wir haben Hunger und

Angst."
Er schwieg einen Moment und drehte seine Flasche gedankenverloren zwischen seinen Händen, dann hob er schließlich langsam den Blick und sah Conrad ihm gegenüber an. Die Wirkung des Alkohols hatte bereits seine Augen erreicht und er blickte glasig und trüb.

„Was sollen wir tun? Wir wollten kämpfen, für unsere Freiheit, gegen die Jenkise und gegen die Menkwe. Aber die Franzosen sind weit weg, auch unsere Brüder sind in weiter Entfernung. Die Menkwe und Sir Johnson versprechen uns Hilfe, wenn wir uns für den Frieden einsetzen, sie sagen, wir bekommen Land, unser eigenes Land in Wyoming. Aber es sind nur Worte, nichts geschieht. Wir können nicht mehr warten."

Er seufzte schwer und sein Kopf sank auf seine Brust.

Undeutlich sagte er: „Wir wollen Frieden mit den Jenkise, wir wollen den Frieden, den wir einst mit ihnen hatten. Wir brauchen euch, Tarachiawagon. Ihr könnt uns verstehen. Helft uns, Frieden zu schließen. Lasst den Worten Eurer weißen Brüder Taten folgen."

Conrad hätte ihm gerne geantwortet, dass Johnson nicht sein Bruder war und dass sich ihre Art zu denken, so sehr voneinander unterschied, dass aus ihren Worten niemals die gleichen Taten folgen konnten, doch er schwieg, legte ein wenig den Kopf schief und dachte nach. Teedyuscungs Notlage stellte eine Chance dar, eine winzige Möglichkeit, die Situation an der Grenze zu deeskalieren.

„Ihr wollt also wirklich Frieden?", fragte er schließlich und sah die Männer eindringlich an. Er musste sich auf ihr Wort verlassen können, wenn er sich für sie einsetzte. „Keine Überfälle mehr und kein Bündnis mehr mit den Franzosen?"

Entschieden schüttelte Teedyuscung den Kopf und sein Haar fiel ihm in die Stirn. „Nein, nichts davon mehr."

„Was ist mit Shingas und den anderen? Werden auch sie Frieden schließen?"

Teedyuscung und seine Männer wechselten rasche Blicke.

„Wir wissen nicht, was sie vorhaben", erklärte Teedyuscung schließlich zögernd. „Sie werden durch die Soldaten in Fort Duquesne versorgt. Wir brauchen Mehl und ...", er zögerte einen Augenblick, „und Schnaps."

Weiser presste seine Lippen aufeinander. Er verstand, worum es Teedyuscung und seinen Männern ging. Sie hatten gemerkt, dass sie zu sehr in die Abhängigkeit der Waffen, der Werkzeuge, Nahrungsmittel und des Alkohols aus den Kolonien geraten waren, um sich ihnen zu widersetzen. Und der Versorgungsweg von Neu-Frankreich nach Fort Duquesne war lang, dazwischen lag das Niemandsland, dass von Indianerstämmen verschiedenster Gesinnungen bewohnt wurde.
Teedyuscung und sein Stamm saßen auf dem Trockenen.
Doch er war angesichts der brutalen Überfälle nicht in der Position, sich den Kopf über die Absichten der Indianer zu zerbrechen. Die Angriffe mussten ein Ende finden.
„Also gut", sagte er schließlich und straffte seine Schultern.
„Wenn ihr Frieden wollt, so werde ich mit Gouverneur Denny sprechen und sehen, zu welchen Bedingungen er bereit ist, einzuwilligen. Aber solange Shingas und seine Männer weiter morden, wird es schwer sein, vom Frieden zu sprechen."
Die Flasche entglitt Teedyuscungs Händen und zerbarst auf dem Boden in tausend kleine Stücke. Er achtete nicht darauf, beugte sich nach vorne und faltete seine Hände.
„Das hat Johnson auch gesagt. Aber Shingas hört nicht auf mich. Er sagt, mein Blut sei nicht rein genug, um ein Häuptling wie er zu sein. Doch ich bin bereit, alles zu tun, dass nötig ist, um die Menschen meines Stammes zu retten."
Conrad legte seine Hand auf die des Indianers. „Dann werden wir einen Weg finden, diesen Krieg zu beenden."

Als Teedyuscung und seine Männer gegangen waren, schlurfte Conrad müde ins Schlafzimmer. Er streifte Hemd und Hose ab und kroch unter die schwere Bettdecke. Als er im Dunkeln lag, hörte er auf einmal Annas Stimme. „Warum tust du das, Conrad?", fragte sie ihn und er hörte den bitteren Klang ihrer Stimme.
„Anna", murmelte er besänftigend und gähnte.
Raschelnd setzte sich Anna im Bett auf.
„Die Leute reden, Conrad. Was sollen sie denken, wenn mitten in der Nacht

Indianer in unser Haus kommen? Sie denken, du verrätst sie, du bist einer von ihnen. Was ist mit den Kindern, denkst du manchmal daran? Weißt du, in welche Gefahr du uns alle bringst."

Bleiches Mondlicht fiel durch das Fenster in ihr Schlafzimmer.

Seufzend drehte Conrad sich zu ihr um und sah den grauen Fleck, zu dem ihr Gesicht in der Dunkelheit verschwamm, an.

„Anna, die Leute in Tulpehocken wissen, dass ich auf ihrer Seite stehe. Ich baue die Forts und führe die Männer an."

Anna schnaubte aufgebracht. „Denkst du, sie vergessen, dass Shickellamy dein Schatten ist? Glaube mir, Conrad, sie reden über uns, ich kann es an der Art erkennen, mit der sie mich in der Kirche ansehen, wie ihre Blicke mich durchbohren. Sage mir, was soll ich den Kindern sagen?"

Conrad schwieg eine Weile. „Sag ihnen, ihr Vater kämpft für den Frieden. Sage ihnen, bald wird es keine Überfälle mehr geben. Und Shickellamy ist seit Monaten nicht mehr bei uns gewesen."

„Wie lange willst du noch warten? Bis sie auch unser Haus niedergebrannt haben?"

Hilflos starrte Conrad in die Dunkelheit. Als er nicht antwortete, drehte Anna sich um. Er konnte ihr Schluchzen hören, als er seinen Kopf auf sein Kissen legte, um einzuschlafen.

*

Shingas und seine Brüder verließen ihr Lager vor den Toren von Fort Duquesne noch im Morgengrauen.

Niemand hatte Hugh erklärt, wohin sie ritten, doch er brauchte keine besondere Vorstellungskraft, um zu ahnen, dass sie noch bevor die Sonne aufgegangen war, die ersten Häuser an der Grenze erreichten und auf brutale Art und Weise das Leben der Menschen dort für immer verändern würden.

Unschuldige würden im Licht des neuen Tages durch die Hände seiner indianischen Brüder sterben, doch es war ihm gleichgültig. Alles, woran der denken konnte, war Marie. Eine Hure hatte dieser französische Kommandant sie genannt, seine schneidende Stimme brannte noch immer in Hughs Ohren und er ballte in der Erinnerung daran die Fäuste.

Unschlüssig, wie er sich die Zeit vertreiben sollte, strich er in dem Fort umher. Niemand schenkte ihm Beachtung und er trieb sich zwischen den dicht gedrängten Zelten der Indianer umher. Hin und wieder schnappte er Gesprächsfetzen auf, in denen es um die Überfälle ging und um den Pelzhandel, der seit dem Krieg mit England fast völlig zum Erliegen gekommen war.

Einige der Indianer verständigten sich in anderen Sprachen, sie trugen ihr Haar an den Seiten kurz rasiert und den Streifen in der Mitte zu einer Bürste nach oben gekämmt.

Hugh verstand ihre Sprache nicht, sie waren ihm fremd und unheimlich, doch er spürte darüber hinaus, dass die Stimmung in dem Indianerlager vor dem französischen Fort angespannt war.

Die wenigsten indianischen Pelzjäger hatten von den Franzosen etwas im Tausch für ihre Pelze erhalten, Dinge, die sie notwendig brauchten, Waffen, Werkzeuge und Decken, und so blieb ihnen nur die Möglichkeit der Überfälle auf die Siedler, um sich und ihre Stämme mit dem Nötigsten zu versorgen.

Ohne es zu wollen, hatte sich Hugh auf seinem Spaziergang dem Tor des Forts genähert, und da in diesem Augenblick niemand auf ihn zu achten schien, schlüpfte er unauffällig hinein.

Die Soldaten im Innern gaben sich dem Müßiggang hin, auch auf den Mauern und den Wachtürmen sah er die Männer trinken und würfeln.

Er lief dicht an der Mauer entlang auf ein Haus mit niedrigen Giebeln zu, aus dessen offenstehenden Fenstern ein köstlicher Geruch entströmte. Als er durch die Fenster nach innen sah, konnte er die Küche des Forts entdecken, in der eine dunkelhäutige Frau über brodelnden Topfen kochte. Sie kehrte ihm den Rücken zu, sodass er nur ihr ausladendes Hinterteil betrachten konnte, als sie sich bückte, um neues Holz in den Ofen zu legen.

Es duftete köstlich nach Hühnerbrühe und frischgebackenem Brot und er streckte seinen Kopf durch das Fenster, um den Geruch noch tiefer in die Nase bekommen zu können. Er erinnerte ihn so intensiv an seine Mutter, wie sie in der Küche stand und das Essen zubereitete, bevor sein Vater von der Feldarbeit Heim kam, dass er die Augen schloss und ihr Bild vor Augen hatte.

Mit geschlossenen Augen unterschätzte er jedoch die Stabilität des

Fensterrahmens und erst ein gefährliches Knacken ließ ihn seine Augen wieder öffnen, doch da war es bereits zu spät. Eine der Querstreben gab nach, er verlor den Halt und stürzte kopfüber nach unten in die Küche, die gut ein halbes Stockwerk unter der Erde lag.
Ein großer Abfallhaufen bremste seinen Fall, doch sein Hinterteil schmerzte, als er benommen versuchte, sich aufzurappeln.
Vor ihm stand, mit erhobener Suppenkelle, die Köchin und ihr Gesicht spiegelte eine solch Furcht einflößende Mischung aus Angst und Zorn wider, dass er sich entschied, augenblicklich die Flucht aus der Küche anzutreten. Dann blieb sein Blick an etwas hängen, das sein Herz fast zum Stocken brachte. Neben dem Herd, auf dem brodelnd und zischend die Pfannen und Töpfe der Köchin standen, lag ein Haufen achtlos hingeworfener Lumpen, doch als er genauer hinsah, erkannte er, dass es Lederkleider und Beinlinge nach Art der Lenapé waren, Kleider, wie sie die Frauen in den Lagern während des Winters trugen. Kleider, die auch Barbara und Marie getragen hatten. Er sah die wutschnaubende Köchin an, die mit der zur Waffe erhobenen Suppenkelle durchaus beeindruckend wirkte.
„Ich", versuchte er zu erklären, als er in Richtung der Treppe zurückwich, doch dann wurde ihm klar, dass sie vermutlich kein Englisch verstand und er beschränkte sich darauf, beruhigend die Arme zu heben. Sie schien dies jedoch als alles andere, als besänftigend zu empfinden, denn sie schwang die Kelle mit einem schrillen Schrei hoch über dem Kopf und stieß einige Worte hervor, die in seinen Ohren eindeutig wie Flüche klangen.
Als er den Treppenabsatz an seinen Hacken spürte, machte er einen zweiten Versuch. „Die Mädchen", sagte er, „Barbara und Marie. Wo sind sie?" Etwas flackerte in den tiefdunklen Augen der Frau auf, Hugh wusste nicht, ob es Verständnis oder Bestürzung war. Vorsichtig deutete er auf die Lederkleider neben dem Herd. „Sie waren hier, nicht war?" Die Köchin ließ die Kelle sinken. Sie nickte langsam. Angst stand in ihren Augen geschrieben, entsetzliche Angst, die Hugh nicht verstand. Etwas musste passiert sein, Marie und Barbara war etwas zugestoßen und diese dicke Sklavin wusste etwas darüber.
„Wo sind sie hingegangen?", fragte Hugh sie weiter, doch sie schüttelte nur den Kopf. „Mädchen nix hier, verstehst du? Und jetzt verschwinde?"

Drohend hob sie ihre Kelle und machte einen Schritt auf ihn zu. Hugh entschied sich, den Rückzug anzutreten und stolperte die wacklige Treppe wieder nach oben. Schwer atmend blieb er stehen, nachdem er die Tür hinter sich geschlossen hatte und ihre Verwünschungen nur noch gedämpft durch das Holz zu ihm heraufdrangen.
Seine Gedanken rasten. Was hatten die Kleider der Mädchen dort in der Küche zu suchen? Hatten sie sie freiwillig ausgezogen oder hatte man sie dazu gezwungen? Hugh wagte nicht, diesen Gedanken weiter zu verfolgen. Er brauchte Ruhe, einen Ort, an dem er nachdenken konnte.
Er fand Getaam auf einer der Weiden am Flussufer, friedlich damit beschäftigt, die kümmerlichen, braunen Grashalme, die das Frühjahrshochwasser rund um das Fort stehen gelassen hatte, auszurupfen. Seine Hand strich über ihr dichtes, struppiges Winterfell und er klopfte ihr zärtlich den Hals. Der gemeinsame Winter in den Wäldern hatte ihn und das Tier eng miteinander verbunden, es schien, als könne sie seine Gedanken lesen und nichts beruhigte ihn mehr, als das Schnuppern ihres weichen Maules oder die schaukelnde Gleichmäßigkeit ihres Ganges. Plötzlich hörte er ein Geräusch. Es klang wie ein dumpfer Schrei, der jedoch nicht aus dem Fort, sondern aus der Erde kommen zu schien. Wie erstarrt blieb Hugh stehen und lauschte. Lange Zeit hörte er nichts mehr und glaubte bereits, seine Sinne spielten ihm einen Streich, als er das Geräusch erneut hörte. In der Hoffnung, dass ihn niemand beobachtete, legte er sich auf den Boden und presste ein Ohr auf die Erde. Es klang wie ein Ächzen und Seufzen, schreckliche Geräusche einer gequälten Kreatur. Hugh stand auf und sagte sich, dass er sich diese Dinge nur einbildete, dass er zu lange bei den Lenapé war und schon an Geister glaubte.
Langsam und in düstere Gedanken versunken, lenkte er seine Schritte zurück zu dem Indianerlager vor den Toren Forts Duquesne und fand Tamaquas Hütte wie erwartet verlassen vor. Er rollte sich auf einem der Felle zusammen und versuchte, über seine Grübeleien einzudösen.

Die Männer kehrten mit Einbruch der Dunkelheit zurück, das Trommeln ihrer Hufe weckte Hugh aus seinem unruhigen Schlaf. Benommen richtete er sich auf und spähte aus dem Zelteingang. Ein unheimlicher Anblick bot sich ihm. Die Gesichter der Lenapé-Männer waren mit roter und schwarzer

Farbe bis zur Unkenntlichkeit in bösartige Fratzen bemalt, ihre schweißnassen Pferde schnaubten vor Anstrengung und die Züge der Männer, mit denen er gestern Abend noch am Lagerfeuer gesessen hatte, wirkten plötzlich wild und entrückt, als hätten sie ihre Menschlichkeit unterwegs abgestreift, wie eine leere Hülle und sich in blutdurstige Dämonen verwandelt.
Hugh konnte das Blut der frischen Skalps an ihren Gürteln glänzen sehen. Er sah, dass auch langes Frauenhaar darunter war, blonde Locken, an denen noch das Haarband zu erkennen war, mit dem seine Besitzerin es vor ihrem schrecklichen Tod zusammengebunden hatte.
Shingas hielt ein blondes Mädchen vor sich auf dem Pferd fest, das offensichtlich unverletzt war, doch halb besinnungslos vor Angst. Er stieß sie hinunter und sie stürzte hart zu Boden, da sie sich mit ihren gefesselten Händen nicht abfangen konnte. Dennoch versuchte sie unter angsterfülltem Geschrei vor den Indianerkriegern davon zu kriechen, doch Shingas packte sie an den Haaren, riss sie in die Höhe und versetzte ihr einen Stoß, der sie auf Tamaquas Zelt und Hugh zu taumeln ließ.
„Bring ihr etwas zu essen“, befahl er Hugh.
Hugh trat aus dem Zelt und machte einen Schritt auf sie zu. Ihre Augen weiteten sich vor Schrecken und sie schrie noch lauter als zuvor, doch er hob die Hände. „Hab keine Angst“, sagte er so beruhigend wie möglich, doch sie starrte ihn an, als sei er ein Geist. Hugh erinnerte sich plötzlich daran, dass er in seiner Lederkleidung, dem wild gewachsenen Haar, das ihm inzwischen bis auf die Schultern reichte, den Männern, die ihr und ihrer Familie gerade Entsetzliches angetan hatte, vermutlich sehr ähnlich sah. Sie hielt ihn für einen Indianer.
Sie stieß einige Worte hervor, die Hugh nicht verstand, die ihn jedoch an die Unterhaltungen von Marie und Barbara erinnerten. „Du sprichst deutsch, nicht?“, fragte er. Sie nickte kurz und für einen winzigen Augenblick hatte er die Hoffnung, sie habe ein wenig Vertrauen gefasst, da kam Shingas, packte sie am Arm und stieß sie in die Hütte. Sie schrie wie von Sinnen. Shingas drehte sich um und seine Augen bohrten sich in Hughs Blick. „Gib ihr zu essen und achte darauf, dass sie nicht wegläuft. Wenn du mit ihr reden willst, dann wirst du es in der Sprache deiner Brüder tun.“ Hugh nickte stumm und machte sich rasch daran, nach dem Beutel zu suchen, in dem sich ihre

Maisbrot- und Dörrfleischvorräte befanden.
Das Mädchen saß zusammengekauert am Rande der Hütte.
Als er ihr das Essen hinhielt, zögerte sie einen Augenblick, doch er konnte ihren Hunger förmlich spüren. Mit einer hastigen Bewegung schnappte sie danach und stopfte es sich in den Mund, ohne ihn jedoch aus den Augen zu lassen.
„Schlaf jetzt“, sagte Hugh, obwohl er wusste, dass sie ihn nicht verstehen konnte.
„Die Indianer werden dir nichts antun.“ Seine eigenen Worte klangen seltsam hohl in seinen Ohren. Er hatte nicht die geringste Ahnung, was Shingas mit ihr vorhaben mochte, doch er wusste nur zu gut, wozu der Häuptling in der Lage war. Außerdem hatte sie gerade ihre Familie auf schreckliche Art und Weise verloren.
Stumm ging er aus der Hütte und ließ sie mit ihrem Entsetzen zurück.
Draußen saßen Shingas und seine Brüder zusammen. Im Widerschein ihres Feuers konnte er sehen, wie Pisquetumen und die anderen ihre Skalps bearbeiteten, sie säuberten und zwischen kleinen Stöcken aufspannten, damit das Licht des kommenden Tages sie trocknen konnte.
Der Anblick war so entsetzlich, dass er wie aus einem Albtraum zu sein schien, die blutverschmierten Hände und Arme der Lenapé-Männer, ihre im Widerschein des Feuers verzerrten Gesichtern, auf denen noch immer die Kriegsbemalung klebte.
Hugh wollte so schnell wie möglich weg von ihnen, ganz gleich, ob Shingas ihm aufgetragen hatte, auf das Mädchen aufzupassen, nichts konnte ihn dazu zwingen, die Nacht neben diesen zu Teufeln verwandelten Männern zu verbringen, die sich seine Brüder nannten. Er entschied sich, sein Lager in dieser Nacht nicht bei Shingas und seinen Männern aufzuschlagen, sondern rollte seine Decke bei Getaam, die unter einem Baum graste, aus und schlief unter freiem Himmel.
Der Boden wurde eiskalt und war noch vor dem Aufgang des Mondes mit Raureif bedeckt, doch Hugh fühlte sich gut mit der Wahl seiner Schlafstätte. Die Vorstellung, nun neben den anderen Indianern in der schmalen Hütte zu schlafen, und den Geruch des menschlichen Blutes, der an ihren Kleidern, ihren Händen und den Skalps an ihren Gürteln klebte, in der Nase zu haben,

erschien ihm unerträglich.
Trotzdem schlief er nicht gut.
Immer wieder erwachte er, weil er glaubte, ein seltsames Schreien vernommen zu haben, das aus der Erde unter ihm empordrang, doch als er sein Ohr auf den Boden presste, konnte er wie zuvor nichts mehr vernehmen.
Als der Sonnenaufgang sich ankündigte, rollte er seine Decke zusammen und klopfte Getaam noch einmal zärtlich den Hals, bevor er zu Pisquetumen und den anderen zurückkehrte.
Seine Lenapé-Brüder waren bereits auf den Beinen und Pisquetumen begrüßte ihn mit einem sanften Lächeln. Die Fremdartigkeit war aus seinen Zügen gewichen und Hugh setzte sich erleichtert neben ihn, um sein Frühstück aus getrocknetem Maisbrot mit ihm zu teilen.
Tamaqua kam zwischen den Hütten auf sie zu.
„Dumas hat nach uns geschickt."
Hinter Hugh erklang ein seltsames Knurren, und als er sich umdrehte, sah er Shingas, der sein Haar gerade zu einem Zopf nach hinten band.
Er richtete sich auf und griff nach seinem Gewehr, doch Pisquetumen erhob sich und legte die Hand auf seine. „Mein Bruder", sagte er, „wir gehen mit dir. Es wird keinen Grund geben, die Waffen sprechen zu lassen." Hugh konnte sehen, dass der Häuptling seine Waffe nur mit größtem Widerwillen zurückließ, doch er beeilte sich trotzdem, den Indianern in das Fort zu folgen.
Dumas lehnte in der gewohnten Weise in dem Stuhl hinter seinem Schreibtisch, doch Hugh bemerkte, dass etwas an seinem Gesicht anders war, als noch am Tag zuvor.
Noch immer leuchtete die gezackte, rote Narbe an seiner Stirn, doch um die Augen des Kommandanten hatten sich tiefe Schatten gegraben und seine Pupillen wirkten merkwürdig starr. Ein seltsamer Geruch lag in der Luft, als er hinter Pisquetumen, Shingas und Tamaqua das Zimmer betrat.
Dumas verzog sein Gesicht zu einem herablassenden Grinsen, als er sie begrüßte. „Wie mir zugetragen wurde, gibt es unter euren Leuten ein gewisses Unbehagen, da unsere Tauschgeschäfte so schleppend verlaufen. Ich möchte vermeiden, dass unsere politische Freundschaft wegen ein paar Säcke Mehl mehr oder weniger zerbricht, daher habe ich etwas gefunden, dass euch si-

cher etwas zufriedener stimmen wird.“
Auf sein Zeichen hin verließ einer seiner Soldaten den Raum und kehrte kurz darauf mit einem mageren, schwarzen Jungen, der höchstens so alt war wie Hugh, zurück.
Das unglückselige Wesen blickte aus großen, dunklen Augen ängstlich in die Runde. Dumas verpasste ihm einen heftigen Tritt, der ihn längs auf den Boden schlagen ließ. „Ich mache ihn euch zum Geschenk. Er ist jung, gesund, ein bisschen mager vielleicht, aber er wird sicher einmal eine Menge schleppen können.“
Der Junge machte keine Anstalten aufzustehen. Er schien an diese Art der Behandlung gewöhnt zu sein.
Hugh konnte sehen, dass Blut aus seiner Nase lief. Er erhaschte einen Blick auf Dumas Züge, in denen eine abstoßende Mischung aus Verachtung und Lust zu lesen war und plötzlich erinnerte er sich an die seltsamen Schreie, die er in der Nacht gehört zu haben glaubte.
Shingas betrachtete den Jungen neugierig und das Funkeln in seinen Augen verriet, dass sein Interesse geweckt war.
Tamaqua trat vor und half dem Jungen auf die Füße.
Das dichte, krause Haar stand ihm in wirren Locken vom Kopf ab und seine nackten Füßen wirkten viel zu groß im Verhältnis zu seinem Körper. Langsam neigte Shingas seinen Kopf und Tamaqua nickte.
„Er kommt mit uns.“
Dumas widerliches Grinsen wurde noch eine Spur breiter.
„Ich sage doch, die angenehmen Dinge lernt ihr von uns schnell, das Saufen, das Huren, das Fluchen. Auch Sklaven und Pferde scheinen euch zu gefallen.
Aber auf die Idee, euch wie zivilisierte Männer zu benehmen, kommt ihr deshalb nicht. Ihr haust weiter in Zelten mitten in der Wildnis, schmiert euch Blut in die Haare und seht aus, als seid ihr mehr Tiere als Menschen.“
Er knirschte verächtlich mit den Zähnen und wischte ein unsichtbares Staubkorn von den Aufschlägen seiner Uniform.
Shingas bedachte ihn anstelle einer Antwort mit einem letzten, eisigen Blick, bevor sie mit dem schwarzen Jungen das Zimmer des Kommandanten verließen.

Hugh bemerkte ein seltsames Grinsen auf Tamaquas Zügen und auch in Pisquetumens Augen blitzte es. Es dauerte einen Augenblick, bis er begriff, was die Indianer vorhatten. Ohne Vorwarnung packte Pisquetumen den armen Jungen und schleifte ihn unter dem begeisterten Rufen der zusehenden Indianer hinab zu dem Flussufer.
Aus dem ganzen Lager kamen sie zusammengelaufen, um das Schauspiel zu beobachten und sie klatschten und lachten begeistert, als die beiden das Wasser erreichten.
Dort angelangt zog ihn Pisquetumen, ohne auf sein verzweifeltes Protestgeschrei zu achten, mit sich in die Strömung und tauchte seinen Kopf unter Wasser. Der Junge prustete und strampelte hilflos mit den Armen, während er Wasser schluckte und kaum noch Luft bekommen zu schien.
Tamaqua klatschte bei dem Anblick ausgelassen in die Hände und sogar auf Shingas Gesicht trat ein Lächeln, als Pisquetumen mit dem vor Schreck fast ohnmächtigen und triefnassen Jungen schließlich zu ihnen zurück kam.
Hugh kam nicht umhin, Mitleid mit ihm zu empfinden, der Schreck über seine eigene Indianertaufe war ihm noch allzu gut in Erinnerung.
Die zerlumpte Kleidung des Schwarzen hing ihm schwer vor Feuchtigkeit von den mageren Gliedern und er starrte die Indianer aus schreckgeweiteten Augen an.
Shingas bemühte sich, einen ernsten und feierlichen Gesichtsausdruck anzunehmen und trat vor ihn. „Mein Bruder Pisquetumen hat dir so eben all dein schwarzes Blut heraus gewaschen. Von nun gehörst du zum Volk der Lenapé. Ich bin Shingas, dein Bruder, dies ist Tamaqua, auch dein Bruder und dies hier ist Munhut`takiswilluxissohipon, auch er ist dein Bruder."
Dann wandte er sich zu zwei der Indianer um, die hinter ihm standen, und stellte ihm auch diese beiden vor. „Bis wir einen anderen Namen für dich finden, sollst du Nescalenk, der Mann mit dem schwarzen Gesicht, heißen."
Ungläubig starrte Nescalenk von einem zum anderen, während er mit blau gefrorenen Lippen vor sich hinschlotterte. Die anderen lachten und es war Hugh, der schließlich zu ihm ging und ihn an der Schulter berührte. „Komm", sagte er, „ich habe ein paar trockene Kleider für dich." Der Junge folgte ihm widerstandslos in Tamaquas Hütte und streifte sich ein trockenes Hemd und ein paar Beinlinge über.

„Mein Name ist Hezekiah“, sagte er plötzlich.
Hugh sah ihn überrascht an. Dann lächelte er.
„Mein Name ist Hugh. Willkommen bei den Lenapé“, sagte er. Ein Lachen breitete sich erst zögernd, doch dann mit immer mehr Kraft über dem Gesicht des Jungen aus, bis es von Ohr zu Ohr zu reichen schien.

*

Gedankenverloren starrte Conrad von dem Wachturm aus in die Richtung, in der sein Haus hinter den in der Märzsonne blau glänzenden Hügeln verborgen liegen musste.
Fort Augusta war das Größte der vier Forts, die Conrad Weiser und Benjamin Franklin seit dem letzten Frühjahr errichtet hatte.
Fast dreihundert Freiwillige unter Waffen, einen großen Vorrat an Proviant und eine noch viel größere Anzahl von Flüchtlingen, die ihre Farmen Hals über Kopf verlassen hatten, als sie von der Brutalität der indianischen Überfälle Wind bekamen, beherbergten die hastig errichteten Holzwände und Hütten.
Von dem westlichen Wachturm aus, auf dem sich neben Conrad und Armstrong auch der Kommandant des Forts James McCormick eingefunden hatte, konnte man die Spitzen der Hütten sehen, die die Indianersiedlung Shamokin bildete, doch mit dem Kriegsbeginn hatten seine Bewohner den Ort verlassen und waren nicht mehr zurück gekehrt.
Das Haus der Weisers lag keine Stunde zu Pferd von hier entfernt.
„Die verfluchten Indianer“, unterbrach McCormick seine Gedanken, während er sich nachdenklich am Hals kratzte, „heute Nacht haben sie eine Farm nur zwölf Meilen von hier entfernt angegriffen. Niemand hat überlebt, weder der deutsche Siedler, noch seine fünf Töchter. Von einer haben wir noch nicht einmal eine Leiche gefunden.“
Conrads Augen verdunkelten sich. Er konnte sich nur allzu gut vorstellen, welches Schicksal das Mädchen erwartete.
„Sie benutzen die Schneise, die Braddock in die Wälder schlagen ließ, für ihre Überfälle. Was auch immer wir tun, sie sind immer schneller.
Inzwischen haben die meisten Siedler diese Gegend verlassen, doch sie

zögern auch nicht, die Forts anzugreifen. Wir können nur hoffen, dass die Seeblockade der Royal Navy den Franzosen bald endgültig den Hahn abdreht und ihnen die Waffen ausgehen.“ Logam starrte in die Richtung der Allegheny Berge, die sich blau am westlichen Horizont abzeichneten.
„Die Überfälle sind schlimmer geworden seit letztem Herbst. Sie machen fast gar keine Gefangenen mehr und töten alles, was sie zu fassen bekommen, vom Kleinkind bis zum Greis.“
Er wandte sein besorgtes Gesicht Armstrong und Weiser zu.
„Der Fall von Kittanning hat sie rasend vor Wut gemacht.“
Armstrong überging die leise Kritik in seinen Worten geflissentlich und erwiderte: „Warum sitzen wir hier herum und warten, wie die Mäuse im Loch darauf, dass sie kommen und uns angreifen? Warum trommeln wir nicht unsere Männer zusammen und marschieren wieder in das Ohio-Tal?“
Conrad sah ihn einen Augenblick lang an und fragte sich, warum Männer wie er immer solche Positionen hatten, obwohl sie weder Intelligenz noch Sachverstand dazu befähigten.
Laut sagte er: „Es ist die eine Sache, Forts zum Schutz der Siedler innerhalb Pennsylvanias zu errichten und auch dies hat den guten Franklin all seine Überzeugungskünste abverlangt. Aber in das Indianergebiet zu marschieren und sie dort anzugreifen, kommt einem offenen Krieg gleich und dazu wird es im Parlament niemals eine Mehrheit geben. Alles liegt nun in Lord Loudouns Händen.
Die britische Frühjahrsoffensive wird das Blatt wenden, da bin ich mir sicher. Wenn die Franzosen im Norden erst einmal einige Niederlagen erfahren haben, werden sie Fort Duquesne nicht mehr halten können. Und dann werden die Überfälle, so Gott will, endlich ein Ende finden.“
McCormick legte den Kopf ein wenig schief, als könnten ihn Weisers Worte nicht überzeugen. „Soviel wir wissen, ist Lord Loudouns großartige Kampagne bisher nicht über Halifax hinausgekommen. Man erzählt sich, die Männer verrecken dort am fauligen Wasser und der Kommandant ist längst zurück in New York. Das klingt nicht nach einem Sieg, wenn Ihr mich fragt.“
Er schob seinen Hut in den Nacken.
„Und vor allem löst es das Problem mit den Indianern nicht.“
„Die Indianer sind nicht in der Lage, einen langen Krieg zu führen“, erwider-

te Conrad. „Sie brauchen uns, um Handel mit uns zu treiben und einige von ihnen sind die Überfälle inzwischen leid. Es ist nur eine Frage der Zeit, wann sie das erkennen. Doch bis dahin könnten noch viele Unschuldige sterben oder gefangen genommen werden. Und das müssen wir verhindern!"
Er ballte die Fäuste. Armstrongs verächtlicher Blick bohrte sich in seinen Rücken.
McCormick starrte mit grimmigem Gesicht auf den Waldrand vor ihnen, als erwarte er, dass eine Horde Indianer im nächsten Augenblick zwischen den Bäumen hervor preschte.
„Ja", sagte er, während er seinen Kragen lockerte, „Euer Wort in Gottes großem Ohr. Denn ich habe ganz und gar nicht den Eindruck, als hätten diese Teufel das Kämpfen satt. Und die Franzosen stehen trotz allem besser da, als unsere Jungs. Die Glückssträhne der Franzosen muss nun bald ein Ende haben, sonst gibt es niemanden mehr, den wir verteidigen können."
Er wandte seinen Blick von dem Waldrand ab und sah Conrad an.
„Soll ich der Köchin Bescheid geben, dass ihr bei uns bleibt?"
Conrad schüttelte den Kopf.
„Nein, wir brechen auf. Man erwartet uns in Philadelphia." Seine Stimmung verschlechterte sich beim bloßen Gedanken an das Dinner in dem herrschaftlichen Haus des Kolonieerben Thomas Penn.
Einzig die Tatsache, dass auch Benjamin Franklin dort erscheinen würde, hielt ihn davon ab, sich entschuldigen zu lassen.
Er ahnte, dass Thomas Penn nicht einfach einige Höflichkeiten bei gutem Essen austauschen wollte. Der Sohn des allgegenwärtigen Koloniestifters führte etwas im Schilde, dessen war er sicher, und er war nicht gewillt, sich vor seinen Karren spannen zu lassen.
Andererseits war er, wenn er die Ausstattung der Forts erhalten wollte, auf seine Unterstützung angewiesen.
„Ich empfehle mich", sagte Armstrong in diesem Augenblick mit einem breiten Grinsen. „Wir sehen uns morgen Abend."
Weiser stöhnte innerlich auf. Ihm war nicht klar gewesen, dass auch Armstrong eingeladen war. Die letzten Wochen an der Seite dieses hitzköpfigen und selbstverliebten Grünschnabels hatten ihn etliche Nerven gekostet, doch er bemühte sich, die Fassung zu bewahren und verabschiedete sich höflich.

Als Armstrong die Treppe des Wachturms hinabgestiegen war, hielt McCormick ihn zurück. „Sir“, begann er zögernd und die Sorgenfalten auf seiner Stirn schienen, noch eine Spur tiefer zu werden.
„Ich möchte nicht wie ein Spaßverderber klingen, aber es scheint mir, als sei den Herren im entfernten Philadelphia der Ernst der Lage nicht ganz klar. Wir zählen allein in der letzten Woche vier Überfälle der Indianer auf die Siedler an der Grenze. Seit der Schneeschmelze sind sie wie angestachelt. Es ist, als treibe sie ein böser Wille an. Es ist nicht nur der Fall von Kittanning. Manchmal kommen sie so nah an uns heran, dass wir ihre Gesichter von den Türmen aus erkennen können. Sie scheinen keine Angst vor uns zu haben.“
Er wies auf die Menschen, die sich unter ihnen im Hof des Forts sammelten, viele Kinder waren darunter. Die Männer kehrten oft, nachdem sie ihre Familien in die Forts gebracht hatten, auf ihre Farmen zurück, um das Wenige, dass sie hatten, vor den Überfällen zu schützen. Für viele von ihnen bedeutete dies den Tod.
„Ich weiß nicht, wie lange ich sie noch beschützen kann.“
Conrad nickte finster.
„Lasst das mal meine Sorge sein. Ich werde in Philadelphia sehen, was ich tun kann.“

*

Im Traum sah Hugh Marie wieder. Ihr langes, schwarzes Haar wehte im Wind und es schien, als trüge der Wind ihre Stimme zu ihm hinüber. Er konnte ihre dunklen Augen schimmern sehen und ihre weichen Lippen öffneten sich zu einem verführerischen Lächeln.
Ein Geräusch riss ihn aus dem Schlaf und er erwachte mit klopfendem Herzen. Fast glaubte er, ein Hauch von Maries Geruch läge noch in der Luft, so nah, so wirklich war sie ihm erschienen.
Benommen sah er sich um. In das Indianerlager war nächtliche Ruhe eingekehrt, nur vereinzelt war das Gemurmel von Männern an den Lagerfeuern und in den Rindenhütten zu hören.
Das Feuer vor ihrem Schlafplatz war zu einem Häuflein Glut zusammengeschrumpft und er spürte, wie auch ihn der Schlaf erneut überwältigen wollte,

als ihn ein seltsames Geräusch dicht vor ihrem Zelt aufhorchen ließ.
Das blonde Mädchen lag dicht neben ihm und atmete gleichmäßig. Sie schien nichts gehört zu haben.
Draußen war nun alles still und er glaubte, sich getäuscht zu haben. Schlaftrunken wickelte er seine Decke wieder um sich.
Er war fast wieder eingeschlafen, als ihn ein erneutes Geräusch, diesmal deutlich näher an ihrem Zelt, zusammen fahren ließ.
Hugh lag vor Schreck wie erstarrt und lauschte angestrengt in die Dunkelheit. Vorsichtig öffnete er die Augen und sah nur aus den Augenwinkeln einen Schatten, der um ihr Zelt herumstrich und sich der Stelle näherte, an der Shingas schlief.
Hezekiah lag neben ihm und schnarchte in unregelmäßigen Abständen, sein großer Mund stand weit offen.
Hugh sah zu Pisquetumen, der nur wenige Meter von ihm entfernt lag und mit tiefen, langsamen Atemzügen zu schlafen schien. Sein Herz schlug ihm bis zum Hals.
Er wünschte Shingas den Tod, für das, was er seiner Mutter angetan hatte, was mit Catherine und Sarah geschehen war.
Aber Shingas war Pisquetumens Bruder. Und er war der Häuptling der Ohio-Delawares. Ohne ihn gäbe es niemanden mehr, der sie anführte, es war sein Gesicht, sein Name, der den Menschen jenseits der Grenze Angst einflößte.
Die Matte am Eingang ihres Zeltes wurde leise, fast unhörbar zurück geschlagen, Hugh konnte den Windhauch auf seinem Gesicht spüren. Jemand schlich sich in ihr Zelt.
Obwohl Hugh in der Dunkelheit noch immer niemanden erkennen konnte, fühlte er deutlich die Nähe des Fremden fast körperlich, es war ihm, als könne er seine Aufregung fühlen, den erhöhten Herzschlag.
Er presste seine Lippen aufeinander und holte tief Luft.
Dann ging plötzlich alles sehr schnell.
Mit einer heftigen Bewegung schlug er seine Decke zurück und machte sich zum Sprung auf den Angreifer bereit, doch in diesem Augenblick erhoben sich gleichzeitig Shingas und Pisquetumen wie ein Mann, ergriffen den Schatten und zerrten einen Mann mit eindeutig indianischem Aussehen in den schwachen Widerschein der ersterbenden Flammen ihres Feuers.

Hugh kannte den Mann nicht, er sah auch nicht aus wie ein Lenapé, er gehörte wohl zu einem der anderen Stämme, die sich mit den Franzosen verbündet hatten.
Er konnte das schreckliche Feuer in Shingas Augen aufleuchten sehen, der den Kopf des Mannes mit einem hässlichen Schrei nach hinten bog, sein Messer zog und sich über den Angreifer beugte.
Ein gellender Todesschrei zerriss die Stille des Lagers.
Stimmen wurden laut in den Zelten um sie herum.
Das blonde Mädchen erwachte, richtete sich benommen auf und stieß ein schrilles Kreischen aus, als sie sah, was direkt neben ihrer Schlafstatt vor sich ging.
Entsetzt starrte Hugh in die brechenden Augen des Mannes, bis Pisquetumen die Leiche packte und sie an den Füßen aus dem Zelt zerrte, wo er sie wohl als Warnung für mögliche weitere Angreifer liegen ließ. Das Licht des heran brechenden Tages verlieh den Zügen der grausam verstümmelten Leiche etwas seltsam Wächsernes, als hätten sie in jenen Stunden seit ihrem Tod jede Erinnerung an ihre Lebendigkeit verloren.
Der Anblick des toten Mannes ließ Hugh das Blut in den Adern gefrieren.
„Wir töten uns, wie Tiere, die kein Futter mehr finden“, sagte Pisquetumen mit düsterer Stimme.
Er stieß den Leichnam mit der Fußspitze an, sodass sein Kopf mit den entseelten Augen zu Hugh kugelte.
„Dieser Mann hat mit uns gelebt und gegessen, er hat an unserer Seite gegen die Jenkise gekämpft. Doch nun hat ihm das Geld und die Milch des weißen Mannes seine Seele geraubt.“ Er seufzte tief. Hugh konnte die Traurigkeit in seinen Augen sehen. „Mein Bruder ist hier nicht mehr sicher. Shingas reitet noch heute zurück nach Westen in das Ohio-Tal. Du wirst ihn begleiten.“ Sein Tonfall verriet Hugh, dass dies bereits beschlossene Sache war und seine Meinung dabei keine Rolle spielte. Aber er war sich nicht sicher, ob ihm die unerwartete Rückkehr in das Ohio-Tal gefiel.
Einerseits bestand die Wahrscheinlichkeit, Marie und die anderen dort endlich wieder zu treffen. Andererseits wäre er Shingas und seiner Blutrünstigkeit auf Gedeih und Verderb ausgeliefert.

*

Israel Pemberton lehnte an den Säulen des Pennsylvania States House und überflog die Schlagzeilen der Pennsylvania Gazette.

Lord Loudoun war es in seiner gebieterischen Art und Weise in den Sinn gekommen, den in seinen Augen hochverräterischen Schmuggel englischer Händler mit dem französischen Feind im Norden kurzerhand mit der Schließung aller Seehäfen an der Ostküste zu unterbinden.

Der gesamte Handel der Kolonien untereinander und mit Europa war zum Erliegen gekommen, eine Katastrophe für die weltweite Wirtschaft und die Absatzmärkte der Kolonien.

Innerhalb weniger Tage waren die Preise für Getreide, Salz und andere Verbrauchsgüter, die unter den Kolonien gehandelt wurden, explodiert.

Kaum jemand nahm in den letzten Wochen Loudouns Namen ohne ein Schimpfwort in dem Mund, doch das kümmerte den selbstherrlichen Generalkommandanten nur wenig. Wütende Protestbriefe waren bereits auf dem Weg über den Atlantik, um König George II. und seinen Sekretär William Pitt von den ruinösen Vorgängen zu unterrichten, doch bis eine Antwort zurück kam, konnten noch Wochen vergehen, die die Händler und Unternehmen ein Vermögen, wenn nicht die Existenz kosten konnten.

Pemberton seufzte schwer und schlug laut raschelnd die Seiten um. Es waren schwere Zeiten, das stand außer Frage.

Auch die Nachrichten aus den Grenzgebieten waren unheilvoll.

Der gesamte Westen der Kolonien von New York bis North Carolina versank im blutigen Terror der Indianerüberfälle und nichts schien sie aufhalten zu können, weder Weisers Forts noch der Versorgungsengpass der Franzosen.

Das Schlagen der großen Uhr über ihm im Turm des Pennsylvania States House verriet ihm, dass es nunmehr Punkt zwölf Uhr war, er hob seinen Blick und suchte den Platz vor ihm nach dem vertrauten Gesicht ab.

Menschen und Pferde quälten sich durch die schlammigen Straßen, der Verkehr in der Hauptstadt der Kolonie schien mit jedem Tag dichter zu werden. Die breit angelegten Straßen Philadelphias schienen den Anforderungen dieser neuen Zeit kaum gerecht zu werden.

Schließlich erkannte er die schmale Gestalt Conrad Weisers, der sich seinen

Weg durch den Verkehr bahnte.
Er faltete die Zeitung zusammen und steckte sie unter seinen Arm.
Conrad trat in den Schatten des Säulenganges, der das Hauptgebäude des neu errichteten Baues mit den Nachbarhäusern verband, und zog seinen Hut.
„Unglaublich, wie viele Menschen sich hier auf den Straßen drängen."
Pemberton lüftete seinen speckigen Filzhut zum Gruß und sagte mit dröhnender Stimme: „Philadelphia wächst mit einer Schnelligkeit, die mich immer wieder erstaunen lässt. Stellt Euch vor, es gibt inzwischen sogar eine umfassende Straßenbeleuchtung mit Gaslichtern in der Nacht, eine erhebliche Minderung des Sicherheitsrisikos nach Einbruch der Dunkelheit." Er war von grobschlächtiger, breitschultriger Statur, die herausstehenden Wangen- und Stirnknochen wurden von seinem dichten, grauen Backenbart noch betont, doch seine Augen leuchteten erstaunlich jung und unbefangen.
„Es scheint, als habe Mr. Franklin recht, wenn er sagte, er wolle Philadelphia zur fortschrittlichsten Stadt Nordamerikas machen", antwortete Conrad und ließ seinen Blick über die Gebäude rund um den Platz schweifen.
Pemberton zog seine buschigen Augenbrauen in die Höhe. Er überragte Conrad Weiser um mehr als eine Haupteslänge.
„Es ist sicher nicht übertrieben, zu sagen, dass ihm dies auch gelingen wird."
Er wandte sich zu dem hohen, weißen Bauwerk, das sich auf der anderen Seite der Straße vor ihnen erhob.
„Das erste Krankenhaus Nordamerikas, Arme und Kranke werden hier behandelt, versorgt, gerettet. Dieses Symbol strahlt weithin den Glanz unserer geliebten Stadt und unserer Nächstenliebe aus. Mr. Franklin ist ein Mann von bemerkenswerter Tatkraft." Er löste sich von der Säule, an der er auf Conrad gewartet hatte und gemeinsam schlenderten sie den Säulengang entlang.
„Die Einrichtung einer öffentlichen Feuerwehr hat die Zahl der Todesopfer durch Brandkatastrophen und die Schäden an Häusern innerhalb von zwei Jahren auf die Hälfte sinken lassen."
Pemberton verschränkte seinen Hände hinter dem Rücken und versuchte, seinem Gesicht einen sorgenvollen Ausdruck zu verleihen.
„Doch es gibt auch Errungenschaften des so verehrten Benjamin Franklin, deren Wertschätzung ich nicht teilen kann."

Conrad war damit beschäftigt, sich den Staub aus den Rockschößen zu klopfen und blieb ihm die Antwort schuldig. „Wir, damit meine ich mich und die wohlgesonnenen Geister, die sich zu der Vereinigung für die Erlangung und Erhaltung des Friedens mit den Indianern zusammengeschlossen haben. Wir betrachten die Entwicklungen an der Grenze mit einiger Sorge. Bewaffnete Milizen, Forts, all das widerspricht so ganz und gar dem, was unser verehrter Gründungsvater William Penn sich für Pennsylvania vorgestellt hat. Sein wichtigstes Anliegen war das friedliche Zusammenleben mit unseren roten Brüdern. Er hat Waffen verabscheut, er ist vor dem Krieg aus England geflohen. Wir sollten sein Erbe nicht verraten."
Conrads Stirn legte sich in Falten, doch er schwieg weiter.
Pemberton bedachte ihn mit einem raschen Seitenblick, bevor er fort fuhr: „Unser Ziel ist es, eine friedliche Lösung für diesen Konflikt zu finden."
„Eure Ziele in allen Ehren, Mr. Pemberton", unterbrach in Conrad ungeduldig an dieser Stelle, „aber hättet Ihr mit eigenen Augen gesehen, was ich in den letzten Wochen und Monaten gesehen habe, so lägen Eure Ansichten sicher etwas anders. Die Menschen dort sind hilflose Siedler, Familien mit Kindern, die den brutalen Überfällen der Indianer schutzlos ausgeliefert sind. Etwas muss geschehen."
Israel Pemberton verlangsamte seinen Schritt und sah Weiser nachdenklich an.
„Mr. Weiser, niemand weiß besser als Ihr, was die Ursache all dieser Verhängnisse ist."
Weiser kniff die Augen zusammen und sah ihn fragend an.
„Was sind denn die Ursachen, Eurer Meinung nach?"
Pemberton setzte seinen Gang fort. „Thomas Penn ist der Urheber, seine Geldgier hat immer mehr Indianer rücksichtslos von ihrem Land vertrieben. Sein Vater hat eindeutig festgelegt, dass unsere roten Nachbarn wie unsere Brüder zu behandeln sind und wir jedes Land, das wir von ihnen erhalten, mit großzügiger Bezahlung entlohnen sollten. Doch Thomas Penn hat diese Grundsätze seines Vaters schlichtweg vergessen, er ist blind vor Gier. Es ist an der Zeit, zu den Prinzipien zurück zu kehren, die vor seiner Zeit galten."
Er hob den Blick für einen Augenblick gen Himmel, als vermute er, William Penn selbst lauschte von dort oben seinen Worten.

Conrad räusperte sich vernehmlich.
„Mit Verlaub, Mr. Pemberton, ich schätze die gottgefälligen Absichten Eurer Vereinigung und ich weiß, nichts, als die brüderliche Nächstenliebe treibt Euch an. Doch Ihr seht Pennsylvania, den Fortschritt, die Kultur, das Herannahen eines neuen Zeitalters. Ich sehe Tausende getötete und entführte Siedler keine Tagesreise von hier entfernt. Welchen Wert hat all dieser Fortschritt, all diese Kultur der Hauptstadt, wenn es nur fünfundsiebzig Meilen entfernt von hier heißt: Auge um Auge, Zahn um Zahn?"
„Mr. Weiser, ich sehe, Ihr seid ein Mann Gottes, mit tiefem Glauben an die Liebe unseres Herrn Jesus Christus, die in jedem von uns leuchtet. Ihr seid der Mann mit den Verbindungen zu den Indianern. Gibt es keinen anderen Weg, als den der Gewalt?"
Mit einer pathetischen Geste streckte Pemberton seine Arme zum Himmel.
„Nun, Mr. Pemberton, dies war der Anlass meiner Nachricht an Euch. Es gibt Neuigkeiten von den Indianern am Susquehanna River, die jedoch so brisant sind, dass ich sie nicht zu Papier bringen und einem Boten anvertrauen konnte."
Neugierig blieb Pemberton stehen und neigte seinen gewaltigen Kopf ein wenig zu ihm hinab.
„Nun", begann Weiser und sah sich aufmerksam nach allen Seiten um, doch niemand schien sie zu beachten, „einer der Häuptlinge, Teedyuscung, ist zu mir gekommen und bittet mich, für ihn nach einem Weg in den Frieden zu suchen. Sein Stamm hungert. Er hat kaum Kontakt zu den Franzosen und den anderen Stämmen weiter im Westen, er wird gegen Shingas und seine Männer nur wenig ausrichten können. Aber es wäre ein Anfang."
Pemberton hob seine buschigen Augenbrauen und sah Conrad aus aufgerissenen Augen an.
„Das sind ja ganz hervorragenden Nachrichten, warum habt Ihr …" Hastig unterbrach ihn Conrad. „Nicht so laut! Solche Verhandlungen dürfen unter normalen Umständen nicht ohne den Indianerbeauftragten der Krone, Sir William Johnson, und seine Freunde der Irokesen-Liga geführt werden.
Pemberton kratzte sich nachdenklich am Kinn. „Aber dies sind keine normalen Umstände."
Conrad nickte. „Teedyuscung will die Zusicherung, dass seine Leute ein

eigenes Reservat im Wyoming Tal bekommen. Weder Johnson noch die Häuptlinge der Liga werden dem jemals zu stimmen. Doch wenn es uns gelingt, Gouverneur Denny davon zu überzeugen, dass ein Friedensschluss mit Teedyuscung und seinen Leuten im Interesse der Kolonie und vor allem von Thomas Penn liegt, dann könnte es sein, dass wir dem Frieden mit den roten Nachbarn ein ganzes Stück näher kommen."

Ein Lächeln deutete sich in Pembertons Zügen an.

„Mr. Weiser, ich erkenne, ein kluger Kopf ruht auf Euren Schultern. Ihr habt Euren Ruf als Vermittler nicht zu unrecht."

Conrad nahm das Lob mit einem schiefen Lächeln entgegen.

„Ich brauche dabei Unterstützung, in jeder Hinsicht."

„Was kann ich tun?"

„Teedyuscung und seine Leute hungern."

„Ich verstehe." Pemberton kratzte sich nachdenklich am Hals.

Schließlich sagte er: „Lasst das Mal meine Sorge sein. Den Hunger unseres Nächsten zu stillen, ist die Aufgabe eines jeden Christenmenschen."

„Es versteht sich sicher, dass in dieser Sache Geheimhaltung oberste Wichtigkeit besitzt."

Pemberton stieß ein lautes dröhnendes Lachen aus.

„Keine Sorge, Mr. Weiser, ich schweige wie ein Grab."

Conrad setzte sich seinen Hut auf und verabschiedete sich.

Nachdenklich ging er zwischen den Menschen auf der Straße davon.

*

Shingas hatte es nicht eilig, in das Ohio-Tal zurück zu kehren.

Er nahm die Jungen und seine Gefangene mit auf einen ausgedehnten Jagdzug in die vom Frühling verzauberten Wälder zwischen dem Allegheny und dem Biber Fluss. Die Vögel zwitscherten zu einem wilden Konzert in den Baumwipfeln, an deren Zweige sich die Knospen zu leuchtenden Blüten und hellgrüne Blätter zeigten. Es duftete nach frischem Moos und Gräsern, Waldblumen standen in kleinen Gruppen an den Stellen, an denen das Licht seinen Weg durch das Blätterdach fand und die kleinen Bäche murmelten leise in ihren Steinbetten. Hugh saß mit geschlossenen Augen auf Getaams

Rücken, die ihren Weg auch ohne seine Hilfe fand, und genoss die Rückkehr in die Welt zwischen den Bäumen. Hier schien es weder Krieg noch Hunger zu geben, die Zeit selbst schien stehen geblieben zu sein, als könnten die Jäger des Lenapé-Volkes für immer zwischen den Bäumen umherstreifen und Tiere finden, die sich von ihnen jagen ließen. Es gelang ihm für einige Augenblicke sogar, die blutigen Skalps an Shingas Gürtel und vor allem den Gedanken an Marie und die seltsamen Schreie aus dem Inneren des Forts zu vergessen.

Das blonde Mädchen jedoch saß mit schreckgeweiteten Augen vor Shingas auf dessen Pferd, wie gelähmt vor Angst und Entsetzen. Die schrecklichen Bilder ihrer Entführung und der Ermordung ihrer Familie schienen sie nicht loszulassen und für einen kurzen Moment riefen sie auch Hugh jenen Sommertag vor den Toren von Fort Robinson in Erinnerung, doch es war Marie, die seine Gedanken beherrschte. Etwas war geschehen und er musste herausfinden, was es war.

Die Lenapé glaubten an die Dinge, die sie in ihren Träumen erlebten, sie hielten sie für Botschaften oder Aufgaben, die es unbedingt zu befolgen galt, sonst konnte die ganze Gruppe von großem Unglück getroffen werden. Jagdglück, Siege bei Kriegszügen, Krankheit, Tod und anderen Dinge kündigten sich in Träumen an. Wer sich seinen Träumen widersetzte, lief in sein Verderben. Hugh grübelte immer wieder darüber nach, was ihm seine Träume über Marie sagen wollten.

Das Mädchen vor Shingas schluchzte plötzlich laut auf und Hugh fühlte tiefes Mitleid mit ihr. Er wusste nicht, was der Lenapé-Häuptling mit ihr vorhatte, doch etwas an der Art und Weise, wie er sie ansah, ließ ihn vermuten, dass er sie nicht töten würde, sonst hätte er es bereits getan.

Es schien ihm fast, als habe der sonst so kriegerische Lenapé Gefallen an seiner Gefangenen gefunden, wenn er sah, wie der Blick des Häuptlings über die blonden Locken des Mädchens und ihren weißen Hals strich. Er grinste, als er an Miuskillamize dachte und es Shingas nicht verdenken konnte, wenn er sich nach einer anderen Frau umsah.

Während sie in das wilde Grün der Wälder eintauchten, genoss er es mit jedem Atemzug mehr, in die Einsamkeit zwischen den hohen Bäumen zurückzukehren, er sog den Geruch der feuchten, dunklen Erde ein, lauschte den

unzähligen bekannten und unbekannten Geräuschen zwischen den Bäumen. Im vergangenen Winter war diese Umgebung so vertraut geworden, als habe er niemals an einem anderen Ort gelebt.
Hughs Freude über seine Rückkehr in den Wald wurde nur durch den unablässigen Redeschwall des schwarzen Jungen getrübt, der neben ihm her ritt und ohne Unterlass auf ihn einredete. Hugh hatte es bald aufgegeben, seinen Berichten und Gedankensprüngen folgen zu wollen, und sich seinen Gedanken hingegeben, nur hin und wieder durch eine wiederholte Frage des Jungen aufgeschreckt.
Hezekiah hatte bald nach ihrem Aufbruch in Fort Duquesne begonnen, Hugh mit Fragen zu löchern. Er wollte wissen, wohin sie ritten, was die Indianer so trieben, wenn kein Krieg war und vor allem, was es bei ihnen zu essen gab. Vor allem aber interessierte ihn, wie Hugh zu den Lenapé gekommen war.
Hughs Haar hing ihm inzwischen bis auf die Schultern, auch seine Kleidung mit dem weiten Lederhemd, den engen Beinkleidern aus Leder und den weichen Mokassins unterschied sich kaum von Shingas Kleidern, doch seine blauen Augen und seine helle Haut verrieten auch jedem oberflächlichem Betrachter, dass in seinen Adern nicht nur indianisches Blut fließen konnte.
Zunächst waren Hugh die Fragen des Jungen ein wenig unangenehm, doch als er bemerkte, dass Shingas offensichtlich nichts gegen ihre Unterhaltung hatte, genoss er sie fast.
Hezekiah stammte ursprünglich aus Virginia, wie man dem unverkennbaren Singsang seines Englisch anhörte. Seine Mutter war von Sklavenhändlern in Afrika gefangen und in die Kolonien gebracht worden, war jedoch bald nach seiner Geburt gestorben. „Üble Sache, das. Sie hat es nicht verkraftet, meine alte Mommy, die Fesseln, die Schläge. Ihr Herz ist in Afrika geblieben."
In seinen großen Augen schienen Tränen zu schimmern, doch er blinzelte sie fort und erzählte Hugh von einem mächtigen König in seiner Heimat Afrika, der nicht nur über alle Menschen, sondern auch über alle Tiere herrschte.
„Die Löwen und Elefanten sind an jedem Morgen zu ihm gekommen und ham' sich vor ihm auf die Knie geworfen. Das nenn' ich mal einen König!" Hezekiahs schwarze Augen blitzten.
„Was ist ein Löwe?", fragte Hugh ihn verständnislos.
Hezekiah seufzte, so wie es ein Schulmeister bei einem besonders ungeleh-

rigen Kind tut, blieb Hugh jedoch die Antwort schuldig.
„Wie bist du dann nach Fort Duquesne gekommen?“
Hezekiah holte zu einem weitläufigen Bericht über verschiedene Abenteuer in seinen jungen Jahren aus, die er alle nur um Haaresbreite überlebt hatte. Hugh hörte nach und nach heraus, dass sein Besitzer ihn an vorbeiziehende französische Händler verkauft hatte und diese wiederum hatten ihn bei Kriegsausbruch in Fort Duquesne zurück gelassen.
„Tja“, schloss Hezekiah den bewegten Bericht seines jungen Lebens mit einer dramatischen Geste, „is’ nich’ leicht gewesen, bisher. Aber es scheint, als sei`n der Meister und seine Brüder ganz anständige Kerle, oder wie siehste das?“
Hugh sah ihn nachdenklich an. „Das sind sie, je nachdem, wie man es betrachtet. Aber ich glaube, du brauchst ihn nicht Meister nennen.“
Hezekiah riss seine Augen auf. „Na, aber der Franzose hat mich doch an ihn verkauft?“
Hugh schüttelte den Kopf. „Die Lenapé kennen keine Sklaven. Du bist jetzt ein Lenapé-Indianer. Mit der Taufe im Fluss bist du zu seinem Bruder geworden.“ Er lächelte. „Und meinem auch.“
Der Zweifel stand Hezekiah deutlich ins Gesicht geschrieben, doch dann warf er den Kopf in den Nacken und lachte ein schallendes Lachen, dessen Echo vom Wald zurückgeworfen wurde.
Danach rutschte er vergnügt auf dem Rücken seiner Stute hin und her und stellte neue Fragen an Hugh: „Aber jetzt erzählste mal, was du hier machst! Ich meine, wie kommst du zu den Indianern, weißte?“ Hugh seufzte leise und berichtete in knappen Worten, was seit seiner Entführung im letzten Sommer geschehen war.
Hezekiah hingegen folgte seinem Bericht mit vor Spannung weit aufgerissenen Augen und warf hin und wieder eine mündliche Bezeugung seines Entsetzens und seiner Verwunderung ein. Hugh musste über seine seltsame Aussprache und die grotesk ausholenden Gesten lachen und so zog der Tag an ihnen vorüber.
Am Abend machten sie ein Feuer. Shingas hatte eine junge Hirschkuh erlegen können und das frisch gebratene Wildfleisch schmeckte köstlich nach dem langen Ritt.

Hezekiah stopfte sich den Mund voll und leckte sich dann genüsslich den Bratensaft von den Fingern. Auch das blonde Mädchen aß mit großem Appetit, obwohl sie sich dabei verstohlen unter ihren Begleitern umsah.
Shingas schmunzelte, als er sie dabei beobachtete und Hezekiah und Hugh wechselten einen raschen Blick.
Eine angenehme Müdigkeit breitete sich nach dem Essen in ihren Gliedern aus. Obwohl die Luft nach Sonnenuntergang noch kalt war, kündete jedes Vogelzwitschern vom Frühling.
Shingas hatte während ihres Rittes nur wenig gesprochen, er hatte sich auf seine gewohnte, unnahbare Weise stets ein wenig abseits von den unablässig redenden Jungen aufgehalten.
„Köstlich, das hier“, Hezekiah rieb sich seinen deutlich vorgewölbten Bauch, der in deutlichem Gegensatz zu dem mageren Rest seines Körpers stand.
„Es gab“, sagte Shingas plötzlich mit halblauter Stimme, „eine Zeit, als die Tiere das Land meiner Vorväter verließen.“ Er hob den Blick von den Tierknochen vor ihm und sah in die unergründliche Dunkelheit hinter ihrem Feuer.
„Unsere besten Jäger wurden ausgeschickt, doch sie fanden nichts, keine Spur von den Tieren.“
„Teufel nich, was erzählt er ’n da?“, fragte Hezekiah Hugh mit hochgezogenen Augenbrauen.
Hugh hörte Shingas eine Weile zu. Schließlich übersetzte er leise murmelnd die Worte des Lenapé, so gut er konnte auf Englisch.
„Es war die Eule, die die Tiere schließlich weit im Norden fand, zwischen einer Gruppe aus Bäumen. Die Tiere wirkten sehr zufrieden. Die Eule wollte herausfinden, warum sie hierher gegangen waren und flog tiefer. Als sie landen wollten, griffen einige der Tiere sie an und sie konnte nur mit knapper Not entkommen. Sie flog zurück zu den Häuptlingen meines Volkes und berichtete ihnen von dem, was sie gesehen hatte und die Häuptlinge entschieden daraufhin, ihre besten Krieger auszusenden, um die Tiere zu befreien. Als die Krieger den Ort erreichten, an dem die Tiere sich versteckt hielten, wurden sie von einer Horde wilder Krähen angegriffen und schließlich von schrecklichen Monstern. Viele Tage kämpften sie eine grausame Schlacht. Keine Seite schien gewinnen zu können.

Schließlich baten die Lenapé-Krieger die Monster um eine Atempause, die diese ihnen nur allzu gern gewährten. Ilau, der Kriegsführer, fragte die Tiere, warum sie keine Anstalten gemacht hatten, zu fliehen, während die Monster und Krähen abgelenkt gewesen waren. Der Führer der Tiere, ein riesiger Elch, antwortete ihm: ‚Ihr glaubt, wir sind gegen unseren Willen hier, aber das stimmt nicht. Die Monster haben uns besser behandelt, als ihr es jemals getan habt.'
Die Krieger waren sehr erschrocken über die Rede des Elchs.
‚Was haben wir getan, um euch so zu verärgern? Unsere Familien hungern, unsere Kinder erfrieren ohne eure Felle im Winter, was sollen wir tun?'
Der Elch antwortete ihm: ‚Kishelamàk, der große Schöpfer hat euch zu unseren Herren gemacht, doch ihr habt keinen Respekt vor uns. Ihr habt unser Fleisch verschwendet, ihr habt uns sinnlos getötet, unsere Heime zerstört und uns ohne Achtung behandelt. Ihr habt unseren Seelen keine Ehre erwiesen.'
Wieder waren die Krieger sehr betroffen. ‚Wir versprechen, euch von nun an, nie wieder ohne Achtung zu behandeln. Wir werden euch sowohl im Leben als auch im Tod ehren und niemals mehr von euch töten, als wir brauchen.'
Daraufhin kehrten die Tiere mit den Kriegern nach Lenape'hokink zurück. Seitdem verbrennen wir Tabak, wann immer wir ein Tier erlegen und wir töten nie mehr von ihnen, als wir unbedingt brauchen."
Bei seinen letzten Worten streute Shingas etwas Tabak auf ein glühendes Stück Holz am Rande des Feuers. „Doch die Wapsitàk verstehen das nicht. Sie töten und töten, immer mehr, bis es keine Tiere mehr gibt. Irgendwann wird dies ein ödes, kahles Land sein, in dem kein Vogel mehr singt und kein Tier mehr seine Jungen aufzieht. Doch dann werden die Tiere für immer verschwunden sein und niemand wird sie je wieder zurück holen können."
Hugh starrte auf die Bäume, die hinter dem Lichtkreis des Feuers nur als dunkle Schatten zu erkennen waren, über denen der sichelförmige Mond stand.
Es erschien ihm unvorstellbar, dass in diesen Wäldern einmal nicht mehr genug Tiere leben würden, um alle, die es nötig hatten, zu versorgen.
Amerika war ein Land von so unendlicher Weite, dass niemand genau sagen konnte, wie groß es war. Hugh erinnerte sich an die Geschichten, die seine Eltern ihm aus Irland erzählt hatten, von den schrecklichen Hungersnöten,

weil die Felder die Menschen nicht mehr satt machen konnten.
Hezekiahs lautes Schnarchen unterbrach seinen Gedankengang.
Der Junge lag zusammengerollt so dicht am Feuer, dass zu befürchten war, die herumfliegende Glut könne ihn verbrennen, doch offensichtlich schlief er völlig ungestört. Auch die Züge der blonden Gefangenen schienen ein wenig entspannter zu sein, obwohl Hugh wusste, dass sie kein Wort von Shingas Geschichte hatte verstehen können.
Während er sie betrachtete, bemerkte er, dass sie eine eigenwillige Art von Schönheit besaß. Ihre blonden Locken schimmerten je nach Lichteinfall in rötlichen Tönen und hin und wieder konnte man ein Funkeln in ihren blauen Augen erkennen, das vermuten ließ, wie viel Temperament in ihr steckte.
Ihre Haut schimmerte weiß und zart und ihre Hüften und ihr Busen wölbten sich in durchaus ansehnlichen Kurven. Sie sah auf und bemerkte, dass er sie anstarrte und er schlug hastig die Augen nieder.
Ihre Augen flogen zwischen ihm und dem Häuptling hin und her. Shingas Gedanken schienen in ähnliche Richtungen wie Hughs gegangen zu sein, denn Hugh bemerkte ein eigenartiges Lächeln auf seinen Zügen, als er ihm einen kurzen Blick zu warf. Er war sich nicht sicher, ob ihm dieses Lächeln gefiel, oder ob es ihm Angst machte, doch der Lenapé-Anführer legte plötzlich den Kopf schief und sagte mit einer überraschend weichen Stimme auf Englisch: „Ich bin Shingas, Schlammiger-Grund.“ Das Mädchen sah ihn ängstlich an, auch Hugh blickte sichtlich irritiert. Shingas schien eine Antwort zu erwarten, denn seine Augen ruhten auf dem Gesicht des Mädchens. Nervös versuchte Hugh, sich einzuschalten. „Vielleicht spricht sie nur deutsch …“, versuchte er zu vermitteln, doch dic zaghafte Stimme des Mädchens unterbrach ihn.
„Lina“, antwortete sie so leise, dass sie sie kaum verstehen konnten.
Shingas bleckte seine Zähne zu einem zufriedenen Lächeln und auch Hugh lachte erleichtert auf. Es war gut, wenn Shingas lachte. Kein Grund ihn zu reizen, das war wichtig. Hugh verstummte, als er den Blick des Lenapé-Häuptlings plötzlich auf sich ruhen fühlte.
Hugh räusperte sich. „Ich bin Hugh“, sagte er schließlich ein wenig verlegen, „ähm, also Munhut`takiswilluxissohipon, wie mich die Lenapé nennen.“
Er war sich nicht sicher, ob sie auch nur ein Wort, von dem, das er gesagt

hatte, tatsächlich verstanden hatte, doch ihre Augen blitzten.
Hezekiah drehte sich im Schlaf und schmatzte laut.
Shingas lachte bei seinem Anblick, der dunkle, raue Laut seiner Stimme vermischte sich mit den Geräuschen des nächtlichen Waldes. Dann blieb sein Blick eine Weile auf Hugh hängen.
Obwohl Hugh sich inzwischen an seine Anwesenheit gewöhnt hatte, wie er sich selbst nach einigem Zögern eingestand, war er ihm doch noch immer unheimlich. Er hatte seine Rolle bei dem Überfall auf seine Mutter nicht vergessen. Er bemühte sich krampfhaft, seinem Blick stand zu halten.
„Du sprichst unsere Sprache schon sehr gut."
Hugh nickte unsicher. „Pisquetumen ist ein guter Lehrer."
Shingas neigte den Kopf zur Seite und sah an ihm vorbei in die Dunkelheit.
„Geh schlafen, Pilapeu, Nipahuma steht schon hoch am Himmel."
Hugh rollte sich neben Hezekiah zusammen, und als er einschlief, konnte er hören, wie Shingas mit seltsamen Geräuschen versuchte, sich mit Lina zu unterhalten.

*

„Ich hoffe, das Essen war nach Ihrem Geschmack." Thomas Penn hob sein funkelndes Weinglas an die Lippen und prostete seinen Gästen vom Kopf der Tafel zu, während seine Diener damit beschäftigt waren, das benutzte Geschirr fort zu räumen.
Benjamin Franklin tupfte sich den Bratensaft mit einer der kostbaren Damastservietten von den Lippen und stütze dann seine Ellenbogen auf die freie Stelle vor ihm auf dem Tisch, an der sein Teller gestanden hatte.
John Armstrong ihm gegenüber bohrte unverhohlen in seinen Zahnlücken und grinste breit.
„Ausgezeichnet", sagte er und ließ den Speiserest vor sich auf die Tischdecke fallen.
Angeekelt wandte Conrad seinen Blick ab und antwortete höflich: „Es war vorzüglich." Ein katzenhaftes Lächeln überflog Thomas Züge. Sein Gesicht war ein wenig zu fein geschnitten, um wirklich gut aussehend zu sein und seine schmalen Lippen und sein weiches Kinn erweckten den Eindruck eines

launischen und selbstgerechten Menschen.
„Mr. Penn“, begann Franklin mit einem langen Seitenblick auf James Logan, der ihm gegenüber saß, „vielleicht weiht Ihr uns nun in den Grund unserer Einladung hierher ein.“
Penn räusperte sich und bedachte Franklin mit einem ungehaltenen Blick. „Mr. Franklin, es sieht Euch wohl ähnlich, eine solche Frage zu stellen, noch ehe der letzte Teller abgeräumt ist, doch Ihr habt wohl recht.“
Er warf Gouverneur Denny, der zu seiner Rechten an der festlich gedeckten Tafel saß und noch immer an einem Stück Brot kaute, einen kurzen, aber eindringlichen Blick zu.
„Die Ereignisse in den Grenzgebieten lösen eine gewisse Besorgnis aus. Bei uns, bei den Siedlern ...“
Franklin musterte ihn scharf. „Und bei den Spekulanten“, beendete er Penns Satz und sah den Gastgeber und James Logan herausfordernd an. James Logan ignorierte die Spitze mit einem kühlen Lächeln und prostete ihm mit seinem Weinglas zu.
Penn fuhr ungerührt fort: „Es scheint, als ließen sich die Indianer durch die Forts kaum beeindrucken. Der Zwischenfall bei Fort Granville“, hier streifte sein Blick Armstrong zu seiner Linken, „hat uns gezeigt, dass auch bewaffnete Forts sie nicht abschrecken.“
Armstrong reckte sein Kinn und öffnete den Mund wie zu einer Erwiderung, doch niemand achtete weiter auf ihn und er schloss seine Lippen wieder.
„Nun, wie auch immer, wir alle kennen die schwierige politische Situation, in der wir uns in Pennsylvania befinden. Gouverneur Denny möchte das Möglichste tun, um den Frieden an der Grenze zu sichern, doch es gibt Kräfte im Parlament, die dies zu verhindern wissen, auch wenn es da einen gewissen Druck gibt, unseren verehrten Quäker-Freunden nahezulegen, sich aus der aktiven Politik zurück zuziehen und sich auf Dinge zu verlegen, die sie besser verstehen.“ An dieser Stelle lachte James Logan laut. „Wir alle wissen, welche Ziele Israel Pemberton und seine Freundschaftliche Vereinigung verfolgen. Am Liebsten wollen sie wohl die Indianer zu uns einladen, auf dass wir alle friedlich zusammenleben.“ Er hob sein Weinglas und prostete dem übergroßen Porträt seines Vaters, das hinter ihm, wie in fast jedem Raum seines Hauses, an prominenter Stelle an der Wand hing. „Vielen

Dank für dieses Vermächtnis!“, sagte er laut und sein kalter Blick schien das Bildnis seines Vaters zu durchbohren.
Franklin spreizte seine Finger und legte die Fingerspitzen aneinander.
„Verzeiht, wenn ich die Zwiesprache mit Eurem Vater unterbreche, doch all dies sind keine Neuigkeiten.“ Thomas Penn seufzte und stellte sein Weinglas mit einer gezierten Bewegung wieder auf dem Tisch ab.
„Es hat uns, also natürlich Gouverneur Denny“, verbesserte er sich rasch und griff nach der Pfeife, die in einer kunstvoll verzierten Schatulle, deren Inneres mit dunkelrotem Samt ausgeschlagen war, steckte und befüllte sie mit einigen Krümeln Tabakkraut, während er weitersprach, „sehr viel Mühe gekostet, die Form der bewaffneten Verteidigung, wie wir sie heute betreiben, durch das Parlament zu bekommen. Doch es scheint, als genüge dies nicht.“ Ein Diener hielt ihm ein Streichholz hin und er paffte ein paar Züge an der Pfeife, die er in kleinen, süßen Rauchwolken zur Decke steigen ließ.
Franklin schnaubte erregt. „Mit Verlaub, auch das ist nichts Neues. Ich ...“, begann er.
„Wir“, unterbrach ihn Penn scharf und wechselte einen Blick mit Logan, „haben großes Interesse daran, die Situation zu verbessern.“ Logan, der der Unterhaltung bisher schweigend gefolgt war, neigte sich an dieser Stelle nach vorne.
Conrad runzelte die Stirn. Er hatte das deutliche Gefühl, dass das, was nun folgen würde, den Charakter einer Falle hatte.
Armstrongs Blick flog zwischen den Männern an der Tafel hin und her, doch seinem Gesichtsausdruck war zu entnehmen, dass er nicht verstehen konnte, was Penn ihnen damit sagen wollte.
Ein Funkeln trat in Franklins Augen. Er war bereit, die Herausforderung anzunehmen. „Ihr oder die Ohio Company? George Croghan?“
„Mr. Weiser“, sagte Logan und seine Augen blitzten. „Wir wissen, dass auch Ihr ein gewisses Interesse an dem Land westlich des Susquehanna und den Alleghenys habt. Wir stehen also auf der gleichen Seite.“ Franklins überraschter Blick streifte Weiser nur kurz, doch Weiser gelang es, Haltung zu bewahren. „Ich habe, lange vor diesem Konflikt, Land angekauft, um eine neue Siedlung um die Kirche in Reading zu bauen und Siedler hierher zu holen.“ Franklin nickte. „Ich hingegen habe von nahezu wahnwitzigen Plänen

Ihrer Handelsgesellschaft und George Croghans gehört. Selbst wenn es den Milizen mit Hilfe von frischen Truppen aus England tatsächlich gelingt, die Franzosen aus dem Ohio-Gebiet zu vertreiben, wo sollen die Indianer hin, die dort leben, die Lenapé, die Shawnee? Habt Ihr vergessen, dass dies ihr Jagdgebiet ist, seit Ihr sie mit Hilfe der Irokesen vor zwanzig Jahren dorthin vertrieben habt?"

Logan grinste. Das Gespräch schien genau den Verlauf zu nehmen, den er erwartet hatte.

„Die Indianer stellen tatsächlich ein sehr ernst zu nehmendes Problem dar, auch über den Krieg mit Frankreich hinaus, an dessem siegreichen Ausgang für England sicherlich niemand an diesem Tisch zweifelt." Sein stechender Blick streifte die Runde und zustimmendes Gemurmel war zu hören. „Doch für den Handel, und der ist es, der unsere Kolonie und damit auch uns", er blickte zu Penn, „am Leben erhält, steht es außer Frage, dass wir keine Kronbeamten brauchen, die sich in unsere Angelegenheiten einmischen. Daher ist es wichtig, dass wir die Angelegenheit selbst klären. Und zwar dauerhaft."

„Ihr meint damit, Ihr wollt das Ohio-Tal nicht nur von den Franzosen, sondern auch gleich von den Indianern befreien?" In Franklins Stimme klang sogar etwas Anerkennung mit. „Ihr seid kein Mann von halben Sachen, Logan, das muss man Euch lassen." Logans Grinsen wurde noch eine Spur breiter. Franklins Gesicht jedoch gefror zu einer verachtenden Maske. „Es fehlt Euch jedoch auch an jener Eigenschaft, die wahrhaft große Männer ausmachen: Anstand!" Logan winkte gelangweilt ab. „Ich bin Geschäftsmann, kein Schreiberling, Mr. Franklin. Ich kann mir solche Tugenden nicht leisten."

Penn unterbrach das Zwiegespräch ungeduldig und sagte: „Es liegt in unserem Interesse, die Grenzen von Pennsylvania für die Siedler wieder sicher zu machen. Wenn dies bedeutet, dass wir die Indianer weiter nach Westen vertreiben müssen, so werden wir dies in Kauf nehmen. Ich fühle mich den Idealen meines Vaters nicht verpflichtet. Es wird Zeit, dass die Rotgesichter erkennen, wer die neuen Herren in dieser Welt sind. Doch ich stimme Mr. Logan zu. Diese Angelegenheit erfordert selbstständiges Handeln. Je weniger sich die Krone in Pennsylvania einmischt, umso besser. Wenn die Mittel, die von Pennsylvania mit Hilfe der Quäker aufgebracht werden können, nicht

ausreichen, um die Indianer aus dem Hinterland fernzuhalten, so bin ich, im großzügigen Andenken an meinen Vater und seine Vision, bereit, aus meinem bescheidenen Reserven", an dieser Stelle zuckten seine Mundwinkel, „etwas beizusteuern, um die Sache voranzutreiben."
Conrad setzte zu einer Antwort an, doch Franklin kam ihm zuvor.
„Bei allem Respekt, Mr. Penn, Ihre Absichten klingen fast zu ehrenhaft, um wahr zu sein."
Penn sog genüsslich an der Pfeife und blies Franklin den Rauch fast in das Gesicht.
„Der Ursprung meiner Besorgnis, Mr. Franklin, liegt in der Sorge für das Allgemeinwohl in unserer Kolonie, der ich schon durch den großen Namen, den ich trage, verpflichtet bin."
„Verzeiht, wenn mir diese Antwort nicht genügt", entgegnete ihm Franklin und ließ ihn dabei nicht aus den Augen, „denn ich erinnere mich an gewisse Vorgänge, die nun fast genau zwanzig Jahre her sind, die jedoch in direktem Zusammenhang mit den Blutbädern stehen, die die Indianer an unseren Siedlern begehen." Dabei heftete er seinen Blick auf James Logan, der jedoch intensiv mit seinen Fingernägeln beschäftigt zu sein schien und dem Verlauf der Unterhaltung nur noch beiläufig folgte.
„Mr. Weiser war persönlich dabei, als Ihr jene einfältigen Wilden nach allen Regeln der Kunst über das Ohr gehauen habt. Jetzt sind sie zurück gekommen, um Rache dafür zu üben." Franklins Worte hingen schwer über der üppig gedeckten Tafel.
Penns Hand verkrallte sich um die Lehne seines Stuhls, sodass seine Knöchel weiß hervor traten, doch er presste seine Lippen zu einem schmalen Strich zusammen und schwieg.
„Was wollt Ihr damit sagen?", fragte Logan gelassen, ohne ihn anzusehen.
Franklin neigte sich ein wenig vor und zwang ihn schließlich, seinen Blick zu erwidern.
„Das wisst Ihr nur zu gut. Ihr habt einen Vertrag erfunden, den es nie gegeben hat, und habt die Delaware-Indianer dann dazu überredet, sich auf diese absurde Abmachung einzulassen."
Die Hände des Kolonieerben lösten sich von der Lehne und er griff wieder nach seinem Glas.

„Diese Sache war vollkommen legitim“, gab Logan kalt zurück, doch sein Blick flog kurz zu Thomas Penn hinüber.
„Legitim?“ Franklin lachte beinahe, als er das Wort wiederholte.
„Nachdem Ihr Euch mit Häuptling Sassoonan geeinigt habt, soviel Land in Euren Besitz zu nehmen, wie ein Mann an einem Tag durchlaufen kann, habt Ihr die drei schnellsten Läufer der gesamten Ostküste ausfindig gemacht, deren Schnellster eine Strecke von nicht weniger als fünfundsiebzig Meilen durchrannt hat.“
Thomas Penn nippte ärgerlich an seinem Glas.
„Ihr macht Euch lächerlich, Franklin. Eure Anschuldigungen sind absurd“, versuchte er das Thema zu beenden. Franklin lehnte sich langsam in seinem Stuhl zurück, ohne Logan dabei aus den Augen zu lassen.
„Wir werden sehen, ob William Pitt das genau so sieht.“
Alle Farbe wich plötzlich aus Thomas Penn’s ohnehin sehr blassem Gesicht und sein Adamsapfel hüpfte für einen Augenblick auf und ab.
„Ihr habt keine Beweise für einen Betrug“, antwortete er, doch Conrad glaubte, ein leises Zittern in seiner Stimme hören zu können. „So ist es“, antwortete Logan und griff nach seinem Glas. „Es gibt einen rechtmäßigen Vertrag, den wir Unserer Majestät und Ihrem obersten Staatssekretär jederzeit vorlegen können. Ihr könnt beruhigt sein, dass alles seine Richtigkeit hatte, Mr. Franklin und Euch ganz auf die Dinge konzentrieren, die Ihr am Besten beherrscht. Zeitungen drucken oder Hospitäler einweihen. Den Handel und die Politik überlasst besser Männern, die etwas davon verstehen.“
Franklin blieb ihm die Antwort schuldig, sah ihn jedoch noch eine Weile aus seinen durchdringenden blauen Augen an.
Penn nutzte die Gelegenheit, um in gemütlichem Plauderton das Thema zu wechseln: „Der Grund meiner Einladung war, zu erfahren, wie die Situation an der Grenze ist.“
Franklin schnaubte aufgebracht.
„Ihr meint wohl eher, wie viel Euer Land dort noch wert ist? Jeder weiß, wie groß Eure finanziellen Schwierigkeiten sind.“
Penns Züge erfroren. Mit einem steifen Lächeln wandte er sich wieder Franklin zu.
„Mr. Franklin“, sagte er frostig, „Ihr seid dafür bekannt, ein unangenehmer

Tischpartner zu sein, weil Euch wohl jedes Gespür für gesellschaftliche Konventionen fehlt - im Großen wie im Kleinen, wie ich mit einem kleinen Seitenblick auf Eure uneheliche Nachkommenschaft bemerken darf."
Franklin verspannte sich sichtlich bei diesen Worten, doch Penn fuhr mit lauter Stimme fort: „Doch es geht hier, und das möchte ich nicht bestreiten, auch um Geschäfte. Wie viel Unterstützung ist also nötig, um das Indianerproblem zu lösen?"
Franklin kniff die Augen zusammen und leckte sich über die Lippen.
„Einige Tausend Pfund werden reichen."
Armstrong verschluckte sich bei diesen Worten so heftig, dass Gouverneur Denny ihm auf den Rücken klopfen musste.
Penn presste seine Lippen zu einem schmalen Strich zusammen.
„Ich erwarte dafür jedoch auch im Gegenzug, dass es keine Nachrichten mehr über tote Siedler geben wird."
Fassungslos sah Conrad Franklin an, der sich zufrieden grinsend über den Bauch strich.
„Wir", versuchte er es erneut, doch Franklin ließ ihn nicht zu Wort kommen.
„Wir werden tun, was in unserer Macht steht, um Pennsylvania vor der Barbarei zu verteidigen."
Als Benjamin Franklin und Conrad Weiser kurze Zeit später in Franklins Kutsche stiegen und sie durch die von den Straßenlaternen hell erleuchteten Straßen Philadelphias zu Franklins Haus fuhren, wo Weiser die Nacht verbringen würde, machte Weiser seinen Einwänden Luft: „Wie konntet Ihr Euch auf so eine Vereinbarung einlassen? Wie sollen wir garantieren, dass es keine Überfälle mehr gibt?"
Er konnte im wechselnden Licht sehen, wie sich Franklins Mundwinkel zu einem triumphierenden Lächeln verzogen.
„Gar nicht, verehrter Weiser. Wenn Ihr meinen Worten sorgfältig gelauscht habt, so ist Euch sicher nicht entgangen, dass ich unserem geschätzten Mr. Penn lediglich zugesichert habe, Pennsylvania gegen die Barbarei zu verteidigen. Und diese findet sich nicht nur außerhalb der Kolonie in der Wildnis, sondern eben auch in so manchem Herrenhaus in Philadelphia", antwortete Franklin augenzwinkernd.

Er rieb sich über seinen Bauch. „Seht mich nicht so an. Wir beide wissen, dass Thomas Penn mehr Dreck am Stecken hat, als Shingas und seine Bande. Er hat die Delaware um ihr Land betrogen und hat sich dann noch Eure Brüder von der Irokesen-Liga als Verstärkung geholt, um sie endgültig zu vertreiben. Aus moralischer Sicht ist es also nicht mehr als recht, wenn er nun für die Dinge gerade steht, die er verursacht hat.“
„Habt Ihr Euch das auch wohl überlegt? Glaubt Ihr wirklich, er interessiert sich aus uneigennützigen Zielen auf einmal für das Problem?“
„Natürlich nicht. Er findet keine Käufer mehr für sein Land. Kein Siedler will sein Haus auf der Erde bauen, die noch blutgetränkt ist von seinem Vorgänger. Doch ich denke, wir können es uns leisten, seine Motive fürs Erste zu vernachlässigen und uns darüber freuen, dass wir mit seinem Geld und seiner Billigung nun bezahlte Männer unter Waffen nehmen, die Wright und seine Männer ersetzen können.“
Conrad schwieg.
„Nur zu gern würde ich diesem selbstgefälligen Kerl das Handwerk legen, doch auch dafür wird es eine Gelegenheit geben.“ Er schnäuzte sich.
„Wir beiden wissen, dass es zu einem nicht geringen Teil die Schuld von Thomas Penn ist, dass die Indianer nun die Siedler terrorisieren. Sein Vater hat in allen Landverträgen, die er mit den Indianern abgeschlossen hat, immer die Gerechtigkeit im Auge behalten. Er hat für das Land teilweise sogar zweimal bezahlt: An das Volk der Delaware und an ihre Eroberer, die Irokesen, weil er sie nicht bestehlen oder der Willkür ausliefern wollte. Doch in den Augen seines Sohnes und dieses geldgierigen Hais Logan lese ich nur unstillbare Habsucht.“
Conrad nickte, obwohl Franklin das im Halbdunkel der Kutsche nicht sehen konnte.
Er selbst hatte die erniedrigenden Worte, mit denen die Häuptlinge der Liga die Delaware dazu zwangen, ihr Land nach Thomas Penns List zu verlassen, in das Englische übersetzt und damit offiziell gemacht.
Der Gedanke, dass darin der Ursprung des Hasses lag, der nun die Grenze in Blut und Terror versinken ließ, war auch ihm schon gekommen.
„Wir sollten uns Thomas Penn nicht zum Feind machen“, sagte Conrad schließlich laut. „Er hat gute Verbindung zu Sir William Johnson.“

„Pah!“, machte Franklin, „noch so ein aufgeblasener Wichtigtuer!“
„Mag sein, dass Ihr recht habt. Aber wenn wir uns gegen ihn stellen, wird es keinen Frieden mit den Indianern geben. Er ist immerhin der königliche Indianerbeauftragte.“
Die Kutsche passierte die Einfahrt vor Franklins Haus.
„Doch nun, mein lieber Weiser, lasst uns das schmutzige Geschäft der Politik einmal vergessen. Ich habe einen köstlichen Wein aus Spanien und dazu einige Bücher aus Europa bekommen. Was haltet Ihr von einem Schlummertrunk in meiner Bibliothek?“
Conrad zögerte einen Augenblick. Dann gab er sich einen Ruck und sagte: „Gerne.“
Franklin zwinkerte zufrieden, als der Diener ihnen aus der Kutsche half.

*

Die Bäume leuchteten bereits im satten Grün, als Shingas, die Jungen und das blonde Mädchen endlich das erste Indianerlager an den Ufern des oberen Biber-Flusses erreichten, das die Lenapè Kuskusky nannten.
Der vertraute Klang der Trommeln führte sie zu den Hütten und Zelten, die sich zu beiden Seiten des Flusses an das Wasser schmiegten und Hugh atmete den Geruch von verbranntem Holz, Tabak und geröstetem Maisbrot ein, als sie ihre Pferde anhielten und sich mit steifen Gliedern von deren Rücken sinken ließen.
Miuskillamize war unter den Ersten, die den Häuptling und seine Begleiter begrüßten, doch ihr Blick streifte Hugh nur kurz, ohne dass er eine Regung darin lesen konnte.
Es schien fast, als habe sie den Vorfall vergessen, doch Hugh entschloss sich, auf der Hut vor ihr zu sein.
Er bemerkte jedoch, wie sich ihre Züge verhärteten, als sie Lina entdeckte.
Shingas hob sie von seinem Pferd und ihre blonden Locken flogen wild umher, als sie stolperte und er sie festhielt. Beide lachten laut. Undenkbar, wie viel Angst der Lenapé-Häuptling dem Mädchen noch vor wenigen Tagen eingeflößt hatte.
Hugh sah sich hoffnungsvoll unter den Bewohnern des Lagers um. Unter

den Kindern konnte er viele Europäer ausmachen, doch die kleine Mary war nicht unter ihnen. Hoffnungsvoll suchte er unter den vertrauten Gesichtern der Indianer nach Marie und Barbara, doch er entdeckte keine Spur von ihnen.

„Ihr schlaft hier“, bedeutete ihm Shingas knapp und wies mit dem Kopf auf die Hütte, die Miuskillamize errichtet hatte.

Hugh fühlte ein deutliches Unbehagen dabei, ein Zelt mit Shingas hartherzigen Ehefrau teilen zu müssen, doch er wusste, dass ihm auch in dieser Angelegenheit keine Wahl blieb. Er nahm sein Gepäck von Getaams Rücken und führte sie zum Fluss hinab, um sie zu tränken.

Überall suchte er dabei nach Barbaras blondem Lockenkopf, hoffte, eine der beiden tauchte gleich zwischen den Hütten auf, doch seine Hoffnung war vergeblich.

Niedergeschlagen kehrte er zu Hezekiah zurück, der mit gekreuzten Beinen vor Shingas Hütte wartete.

„Wo ist er?“, fragte er, als er den Häuptling nirgendwo entdecken konnte, dafür aber Miuskillamize, die mit einem seltsam versteinerten Gesichtsausdruck neben ihm saß und Maismehl mahlte.

Hezekiah kratzte sich am Kopf. „Er is’ mit seinem Liebchen ab.“ Hugh warf einen raschen Blick auf Miuskillamize, doch die Indianerin schien nicht zu verstehen, worüber die beiden sprachen.

„Seinem was?“, wiederholte er ungläubig.

„Na, seinem Liebchen, das dralle Blondchen sag’ ich dir.“ Hezekiah leckte sich über die Lippen. „Lina?“

„Sag’ ich doch. Hat sich ihm gleich um’n Hals geworfen und es war mir nich’ als hätt’ er keinen Gefallen dran, wenn du verstehst!“

Hugh schüttelte stirnrunzelnd den Kopf und verstaute seine Sachen in ihrem Zelt.

„Ich habe Hunger“, sagte er. „Unten am Fluss braten sie einen großen Hirsch. Lass’ uns hingehen.“ Miuskillamize rollte ungerührt den Stein über die Maiskörner, doch etwas an ihrem Blick erschien Hugh seltsam.

Hezekiah stand auf und folgte ihm zurück zum Flussufer.

Dabei blickte er sich staunend um. „Ne, das is’ ja ganz anders, als ich es mir vorgestellt hab’“, wurde er dabei nicht müde zu sagen und Hugh erinnerte

sich plötzlich daran, wie fremd Kittanning auf ihn gewirkt hatte, als er das erste Mal dorthin gekommen war.
Unten am Fluss hatten sich bereits einige der Einwohner aus Kuskusky versammelt und saßen beim Klang der großen Trommeln zusammen.
Tatsächlich entdeckte Hugh Shingas unter ihnen, auf dessen Schoß tatsächlich Lina saß, deren blonden Locken bis über seine Schultern fielen.
Ihre Wangen waren gerötet und ihre Augen glänzten.
Hugh ertappte sich bei dem Gedanken, dass sie nicht allzu viel Trauer um ihre Familie empfinden konnte, wenn sie bereits so ausgelassen mit den Indianern trinken konnte. Oder sie ist vielleicht besonders furchtlos, fügte er mit einem Blick auf Shingas hinzu, der so heiter gestimmt schien, wie er ihn noch nie erlebt hatte.
Shingas flüsterte ihr etwas ins Ohr und sie warf den Kopf in den Nacken und lachte schallend. Das Grinsen, das daraufhin über die sonst so grausamen Züge des Häuptlings zog, war so ungewohnt, dass es Hugh beinahe noch Furcht einflößender erschien, als das gefährliche Funkeln, wenn ihn der Blutdurst überkam.
Doch Lina in seinen Armen zeigte sich keineswegs von ihm beängstigt, dem Mann, dessen Terror die gesamte Grenze bis nach New York in Angst und Schrecken versetzte.
Ein wenig erinnerte sie ihn an Catherine, doch ihre Hüften und ihr Busen waren noch runder, ihr Mund noch eine Spur voller und ihr Lachen noch lauter.
„So isses, das Weiberpack“, bemerkte Hezekiah altklug, der neben ihm saß und das Schauspiel mit einem anzüglichen Grinsen beobachtete.
„Was meinst du damit?“
Hezekiah sah ihn an, als habe er ihn gerade gefragt, warum der Himmel so blau sei.
„Na, das wollen ’se, verstehste? Shingas hat hier ’was zu sagen, er ist der Meister, die anderen folgen ihm.“ Er nahm einen herzhaften Bissen von der Hirschkeule, die wie durch Zauberhand in seine Finger geraten war, und fuhr mit vollem Mund fort: „Glaub’ mir, ich hab’ das schon oft genug gesehen, die Männer mit’n dicksten Hosen bekommen die prallsten Frauen.“
Er spuckte einen Knochenrest aus.

„Die haben da so’n Gespür für, die Weiber, und den greifen ’se sich dann. Nu kuck’ se dir ma’ an, die kriegt ja gar nicht genug von ihm.“
Die Blonde steckte Shingas gerade ein Stück Kruste zwischen die Lippen, das dieser mit einem lauten Lachen zerkaute.
Hezekiah rieb sich über die Lippen.
„Sieht ja auch nich’ schlecht aus“, sagte er und zerkaute krachend ein Stück Knorpel. „Für’n Indianer, mein’ ich.“
Hugh lachte und nahm sich ein Stück von dem Hirschbraten, an dem er seinen Hunger stillte. Während er das sehnige Fleisch durchkaute, sah er sich im Halbdunkel neben dem Feuer um. Einige der Lenapé tanzten zum dumpfen Schlag der Trommel oder erzählten sich lautstark Geschichten.
Der Schnaps hatte bereits seinen Tribut gefordert und einige Indianer waren nur noch als dunkle Schatten in der Böschung zu erkennen, wo sie ihren Rausch ausschliefen.
Kühle Nachtluft zog vom Wasser zu ihnen hinauf und die Funken des großen Feuers stiegen hoch in den Himmel hinauf.
Auf einmal bemerkte er einen Schatten zwischen den Bäumen.
Sofort dachte er an den Angriff auf Shingas in Fort Duquesne und wollte dem Häuptling eine Warnung zu rufen, doch dann sah er, dass die Gestalt zu schmal war für einen Mann.
In der Dunkelheit zwischen den Bäumen hinter Shingas und Lina stand Miuskillamize, wie erstarrt hielt sie sich an einem Baumstamm fest und sah ihrem Mann und seiner neuen Braut bei ihren Neckereien zu.
So gebannt war sie von diesem Anblick, dass sie Hugh noch nicht einmal bemerkte.
Als die Flammen im Feuer aufloderten und ihr Widerschein ihr Gesicht erreichte, sah Hugh einen Ausdruck darin, den er nie mehr vergessen sollte.
In ihrem Gesicht stand tiefer Hass geschrieben, eine Qual, die ihre Züge zu einer schmerzhaften Grimasse verzerrte und der es nur ein wenig mehr bedurft hätte, um der Verzweiflung in ihr mit einem gellenden Schrei Luft zu machen.
Plötzlich verstand er ihren seltsamen Blick oben an der Hütte. Und er verstand, warum sie alle Weißen hasste.

Die Sonne stand schon hoch am Himmel, als das Leben in den Zelten von Kuskusky langsam wieder erwachte. Reichlich Schnaps war am Abend zuvor bei Shingas Rückkehr geflossen und es brauchte seine Zeit, bis sich die Menschen von seinen Nachwirkungen befreit hatten.
Auch Hugh erwachte mit dröhnendem Schädel und richtete sich benommen auf.
Zu seiner Verwunderung bemerkte er, dass das Zelt völlig leer war. Von Hezekiah und Miuskillamize war keine Spur zu sehen. Er schlug die Matte zurück und das grelle Licht des Frühlingstages brannte in seinen Augen. Schützend hob er die Hand davor.
„Psst", machte es plötzlich in den Bäumen hinter ihm. Erschrocken fuhr er herum und drehte sich schwankend um seine eigene Achse, doch niemand war zu sehen.
„Hey, hier bin ich." Die Stimme kam aus einem Busch ganz in der Nähe. Vorsichtig näherte Hugh sich dem Blattwerk und schob ein paar Zweige zur Seite. Hezekiah hockte dahinter und legte einen Finger auf seine Lippen.
„Hezekiah, was tust du da?", fragte Hugh ihn verwundert.
„Psst, sei leise. Komm' mit." Er drehte sich um und verschwand zwischen den Bäumen.
Verwirrt folgte Hugh nach einigem Zögern.
„Was ist los? Seit wann bist du wach?"
Ärgerlich sah Hezekiah ihn an. „Na, du warst ja nich' wach zu kriegen, nach dem ganzen Schnaps gestern. Also musste ich mal wieder ran, als es Ernst wurde."
Hugh blieb stehen. „Was meinst du damit?" Unwillig verlangsamte auch Hezekiah seinen Schritt.
„Hörst du das?"
Hugh horchte einen Moment. Schreie und Rufe drangen von der anderen Seite der Siedlung zu ihnen hinüber.
„Na, und?" Ungeduldig riss ihn Hezekiah am Arm und bedeutete ihm mit einer Hand an seinem Ohr, genauer hinzuhören.
Hugh tat, was er verlangte. Zunächst konnte er unter den Geräuschen nichts Ungewöhnliches ausmachen, es waren die alltäglichen Laute in der Indianersiedlung, Kinder, die spielten, Frauen, die sich etwas zuriefen.

Doch dann hörten sich die Schreie schriller an, es klang, als zerbarsten Gegenstände.
Er lief zurück zum Waldrand und spähte vorsichtig durch das Gebüsch auf die Zelte davor. Aus der Ferne konnte er sehen, wie die Leute aus den abgelegeneren Hütten zusammenliefen. Mit aufgerissenen Augen sah er Hezekiah an.
Dieser nickte. „Hörste das?", fragte er ihn überflüssigerweise.
„Das ist die Frau vom alten Shingas." Er kratzte sich am Kopf.
„Ich meine, seine erste Frau. Sie hat ihm heute Nacht ein Messer an den Hals gehalten und ihn und sein Weibchen fast im Schlaf erstochen, während wir alle geschlummert ham." Um seine Worte zu unterstreichen, strich er mit einem Finger quer über seinen Hals. „Er hat's im letzten Augenblick gemerkt und 'se dran gehindert. Nu' schmeißt sie was 'se kriegen kann und schreit wie vom wilden Hund gebissen. Na jedenfalls hat der Meister sich entschieden, hier erst ma' zu verduften. Ich soll mit. Na, und du auch. Also komm', er wartet dahinten."

*

Tauwinipen, der Monat Mai, in dem der Sommer beginnt, hatte den Bäumen um Saukunk wildes, unbändiges Leben eingeflößt.
Das dichte Grün der Blätter ließ nur an wenigen Stellen das strahlende Sonnenlicht hindurch und warmer Wind kitzelte die nackten Beine und Arme der Mädchen und Frauen, die sich in der Nähe des Flussufers versammelt hatten, um Körbe zu flechten.
In kleinen Gruppen saßen sie beieinander und bogen mit flinken Bewegungen die geschmeidigen Zweige zu kunstvollen und stabilen Körben.
Früher hatten die Körbe den Lenapé als Behältnisse für ihre Ernte gedient, doch Saukunk war von dichten Wäldern umgeben und bis zum Fall Kittannings war es nur eine Übergangsstation für die Männer auf der Reise tiefer in das Ohio-Tal gewesen.
Zwar hatten die Frauen einige Stellen urbar machen können, doch der dort gelegte Mais und die Kürbisse würden niemals reichen, all die hungrigen Mäuler, die sich inzwischen in Saukunk versammelt hatten, satt zu machen.

Die außergewöhnliche Belastbarkeit und lange Lebensdauer der Körbe hatte sie jedoch zu einem begehrten Gut im Tausch gemacht, früher hatten die Siedler der englischen Kolonien, später die Franzosen, die Körbe der Lenapé in großen Mengen abgenommen, sodass sie zu einer wichtigen Einnahmequelle für die Indianer geworden waren.
Die Frauen erzählten sich beim Flechten leise Geschichten und ihr Lachen übertönte nur manchmal das gleichmäßige Gemurmel des Flusses.
Barbara und Marie saßen ein wenig abseits von den anderen Frauen, und während Barbara die noch feuchten Zweige verflocht, sortierte Marie die Zweige und befreite sich von Schmutz und Rinde.
Ihre Hand war inzwischen dank Gischapans Heilkünsten sauber verheilt, doch eine dumpfe Steifheit war in dem gesplitterten Gelenk zurück geblieben, die wohl auch nie mehr ganz verschwinden würde und das Körbeflechten für Marie unmöglich machte.
Sie gähnte. Eine angenehme Müdigkeit steckte in ihren Gliedern, deren Trägheit sich auch auf ihre Gedanken erstreckte.
Der Sommer bei den Lenapé war eine entspannte, unbeschwerte Zeit.
Es gab nach dem anstrengenden Frühjahr kaum Arbeit, die verrichtet werden musste, Kälte und Hunger gehörten für die nächsten Monate der Vergangenheit an, und gäbe es nicht die schrecklichen Dämonen in ihrem Innern, gegen die Marie Nacht für Nacht kämpfte, seit sie aus Fort Duquesne zurück gekehrt war, so hätte sie diese von hellem Licht und Wärme erfüllten Tage fast genießen können.
Lächelnd bemerkte sie die ersten Sommersprossen, die Barbaras helle Haut verzierten und stellte sich vor, wie wohl ein Lenapé mit Sommersprossen aussähe.
Die Vorstellung belustigte sie und sie lachte in sich hinein.
„Denkst du manchmal noch an sie?“ Barbaras Stimme holte sie unsanft aus ihren Gedanken zurück.
„Wen meinst du?“
Barbara warf ihr über ihren Korb hinweg einen missbilligenden Blick zu. „An Jean, an Regina, an Marianne - an wen sonst?“
Marie seufzte. Ihre Unbeschwertheit war mit einem Mal verflogen.
Entschlossen richtete sie sich auf und schüttelte ihre Müdigkeit ab, bevor sie

antwortete: „Natürlich denke ich an sie, es vergeht kein Tag, an dem ich nicht an sie denke. Wieso fragst du?“

Barbara ließ die Arbeit in ihren Händen sinken und starrte auf die Wellen, die ans Ufer rollten. „Weil ich mich frage, ob sie noch leben. Ich meine, geht es ihnen gut? Während wir hier in der Sonne sitzen, leiden sie vielleicht schreckliche Qualen, sind vielleicht …“ Marie schnitt ihr mit einer energischen Handbewegung das Wort ab: „Nein, dass sind sie sicher nicht! Wir sind doch auch noch am Leben und es geht uns gut. Das Letzte, das wir von Regina und Marianne wissen, ist, dass sie von Indianern adoptiert wurden. Und du weißt, wie gut es die Kinder hier haben. Vermutlich haben sie uns längst vergessen!“

„Niemals! Sie ist meine Schwester!“ Barbara funkelte sie aufgebracht an.

„Natürlich“, beschwichtigte Marie sie sofort.

Sie fragte sich wie so oft, was wohl mit Jean geschehen war, wenn er seine schreckliche Verletzung überlebt hatte.

Er war zu alt, um adoptiert worden zu sein. Und sie wusste, die Alternative war der schreckliche Tod durch die Folter.

Kälte kroch plötzlich ihren Rücken hinauf und es war, als legte sich ein Schatten über den freundlichen Sonnentag.

„Vielleicht sollten wir es versuchen.“

„Was?“

Barbara zögerte einen Augenblick, bevor sie antwortete: „Vielleicht sollten wir fliehen.“

Marie dachte einen Augenblick über ihre Worte nach.

„Aber wohin? Wir wissen nicht, wie es steht zwischen den Engländern und den Franzosen. Woher willst du wissen, wo wir auf englische Milizen stoßen könnten? Und wenn wir den Franzosen in die Hände fallen, liefern sie uns an Shingas aus. Wenn wir überhaupt bis dahin kommen …“

Sie verstummte, als Netawatees direkt vor ihnen aus dem Fluss stieg.

Die Sonne fiel auf seine dunkle Haut, als er sein nasses Haar schüttelte und die Tropfen flogen bis zu ihnen herüber.

Barbara rümpfte empört die Nase, enthielt sich jedoch einer entsprechenden Bemerkung.

Ohne ihr Missfallen zu bemerken, ließ sich Netawatees neben den Mädchen

ins Gras sinken und begann, auf einem Grashalm herum zu kauen.
Marie zwang sich zu lächeln und er schien ihre düsteren Gedanken nicht zu bemerken. Barbara fuhr, ohne ihn anzusehen, mit ihrer Flechtarbeit fort.
„Morgen“, sagte er, „werden eure Körbe fertig sein.“ Irritiert sahen sie ihn an. „Warum?“
„Morgen verlassen wir Saukunk. Galasko und Souchy sind auf dem Weg hierher. Wir werden gemeinsam mit ihnen nach Kuskusky reiten.“
Marie runzelte die Stirn.
„Aber warum? Ich meine, was habt ihr vor?“
Ihre Frage schien Netawatees zu überraschen.
„Wollt ihr denn hier bleiben? Saukunk ist ein kleiner Ort, es gibt nicht genug Platz für alle und es ist nur wenige Tage von den Franzosen entfernt. Jeden Tag kommen mehr unserer Leute in dieses Tal. Sie bauen ihre Hütten an die Ufer des Allegewi Sipu.
Auch unsere Brüder, die Shawnee, haben Gefallen an dieser Gegend, sie liegt weit ab von den Wapsitàk, sie ist fruchtbar und in diesen Wäldern gibt es mehr Hirsche, Rehe und Wildschweine, als wir je essen können. Kuskusky ist ein großes Dorf, fast so groß wie Kittanning, es liegt weiter im Westen. Dort werden gute Zeiten für die Lenapé kommen.“
Marie und Barbara wechselten rasch einen Blick.
Jede von ihnen wusste in diesem Augenblick, was die andere dachte: Wenn die Indianer sie noch weiter mit nach Westen, in die Wildnis nahmen, schwanden ihre ohnehin sehr geringen Chancen auf eine erfolgreiche Flucht zur Unmöglichkeit dahin.
Barbara stand auf. Ein bitterer Zug lag plötzlich auf ihrem Gesicht.
Marie sah ihr nach, als sie fort ging, um neue Zweige zu holen.
Netawatees blitzte sie aus fröhlichen Augen an.
Es war seltsam. In den letzten Monaten hatte es in der Tat Momente gegeben, in denen sie nicht mehr an ihr früheres Leben gedacht hatte, in denen es nur das Hier und Jetzt bei den Lenapé gegeben hatte. Gischapan und die anderen waren freundlich und gut zu ihnen, sie behandelte sie als ihresgleichen und selbst Galasko hielt sich zurück.
Marie ahnte mehr, als dass sie wusste, dass Netawatees daran nicht unschuldig war.

Doch es gab auch die anderen Momente, wenn sie nachts nicht schlafen konnte, wenn sie an Jean dachte, an ihren Vater, wenn Barbara schluchzend neben ihr lag, während sie die Bibel im Halbschlaf fest umklammert hielt oder wenn sie Dumas vor sich sah, seine schrecklichen, starren Augen und das Skalpell in seiner Hand.
Unwillkürlich tastete sie unter ihrem Hemd nach der langen, wulstigen Narbe, die sich von ihrem Hals über ihre Schultern bis auf die Brust erstreckte.
Gischapan hatte ihr gesagt, dass der Blutverlust sie beinahe getötet hatte.
In den letzten Wochen hatte sie kaum Gelegenheit gehabt, über Flucht nach zu denken, doch nun, als Barbara darüber sprach, erschien es ihr, als habe sie nie aufgehört, auf die richtige Gelegenheit zu warten.
Sie zuckte zusammen, als Netawatees mit dem Grashalm ihren Fuß kitzelte.
Der Blick seiner tiefschwarzen Augen traf sie und zu ihrem Ärger bemerkte sie, dass ihr das Blut in die Wangen schoss.
Er entblößte seine weißen Zähne zu einem wilden Lachen und schleuderte seinen Kopf mit einer so heftigen Bewegung, sodass ein feiner Tropfenregen von seinem nassen Haar auf Marie niederging.
Sie sah, wie das Wasser sich in feinen Rinnsalen seinen Weg über den nackten Oberkörper suchte, folgte den Linien der Tätowierungen auf seiner Haut und sie erinnerte sich unwillkürlich an ihr erstes Gespräch mit Netawatees vor fast genau einem Jahr in Kittanning.
Sie wusste nicht, was es war, dass in seiner Gegenwart sich auf einmal alles anders anfühlte, dass ihr die Schamesröte ins Gesicht stieg, wenn sie ihn nur ansah.
Oft schalt sie sich albern deswegen, doch sie konnte nichts dagegen tun.
Sein Grashalm wanderte sanft ihren Unterschenkel hinauf, verweilte eine Weile auf ihrem Knie und krabbelte dann in ihre Kniekehle.
Marie lachte laut auf und schlug sich dann beschämt die Hand vor den Mund.
Sie schob seine Hand mit halbherziger Entschlossenheit weg und zog ihr Kleid über ihre Knie. Es waren diese kleinen Berührungen, die ihr das Denken manchmal so erschwerten, weil ihr Herz dann schneller schlug, die Art und Weise, wie er sie ansah, sein Lachen, wenn er mit ihr sprach. Es war die Art, wie er ging, wie er seinen Kopf bewegte, die Sicherheit, mit der er

zu ihr kam.
Wieder dachte sie an die erste Begegnung am Fluss.
Vom ersten Augenblick an hatte seine Nähe sie auf seltsame Weise in seinen Bann gezogen.
Sie wusste, dass es nicht richtig war. Jedes Mal, wenn sie in Barbaras Augen sah, las sie ihren stillen Vorwurf darin.
Dann dachte sie an ihren Vater, an Jean, an das Leben, das sie für sie geplant hatten.
Aber ihr Vater war tot und Jean vielleicht auch nicht mehr am Leben.
Vielleicht war damit auch ihr Schicksal besiegelt worden.
Sie glaubte fast, Barbaras Stimme in ihrem Kopf hören zu können: Gottes Plan gilt für dich, das Schicksal, dass er dir vorherbestimmt hat.
Ihre Augen wanderten zu Netawatees, der inzwischen damit beschäftigt war, aus einem der Zweige, die beim Körbe flechten übrig geblieben waren, einen Pfeil zu schnitzen.
Dann dachte sie an Dumas, an das Entsetzliche, dass er ihr und ihrer Seele angetan hatte. Sie hatte niemals mit Netawatees oder Barbara darüber gesprochen, auch wenn sie nachts schreiend aus ihren Albträumen auffuhr und die Freundin versuchte, sie zu trösten. Kein Wort wollte über ihre Lippen kommen, so unaussprechlich und abstoßend war nur der Gedanken an das, was er mit ihr gemacht hatte.
Wieder strich sie über die Narbe. Die Haut darum spannte und auch ihr Arm ließ sich nicht mehr richtig anheben.
Netawatees sah von seinem Pfeil auf.
„Was ist mit dir?“, fragte er sie. Sie wich seinem Blick aus.
„Nichts“, antwortete sie. „Wann wollt ihr aufbrechen?“
„Schon Morgen. Gischapan kommt mit uns. Es wird dir gefallen in Kuskusky. Dort leben viele Wapsitàk.“
Wie so oft leuchtete ein kleiner Hoffnungsschimmer in Marie auf. Vielleicht war Jean unter den Gefangenen, doch sie schalt sich sofort darauf eine Närrin.
Jean war tot, gestorben in den Armen der Lenapé-Frau mit den Rehaugen.

Der Allegheny Fluss trug ihre Kanus hinab an die Stelle, an dem er sich mit

dem Biberfluss vereinte und an dem wenig später das Dorf Kuskusky hinter einer scharfen Biegung umgeben von dichtem Laubwald und einigen fruchtbaren Wiesen auftauchte.
Netawatees lenkte das Kanu, in dem Marie und Barbara saßen, während Gischapan mit Souchy und Galasko fuhr.
Die Männer zogen die Boote die Böschung hinauf und die Mädchen hatten Zeit, sich ein wenig umzusehen.
Es gab nur wenige mit Stein befestigte Häuser in Kuskusky, die meisten Zelten waren aus Ästen und Baumrinde gebaut. Wie schon in den anderen Indianerlagern des Ohios stellte Marie fest, dass nicht nur Lenapè-Indianer unter den Bewohnern zu sein schienen, denn sie sah Indianer in ungewohnter Kleidung und Haartracht zwischen den Hütten umherlaufen, die wohl zum Brudervolk der Lenapé, den Shawnee gehörte, von denen ihr Gischapan bereits erzählt hatte.
Eine Gruppe Kinder stürmten lärmend zum Ufer und Marie entdeckte viele vertraute Gesichter unter ihnen, viele davon mit leuchtend blauen Augen, doch von den Frauen, mit denen sie in Kittanning oft zusammen gesessen hatte, lebte keine in Kuskusky.
„Mein Zelt soll nahe am Wasser stehen", sagte Gischapan und blinzelte in die helle Sonne, „doch für die nächsten Tage werden wir uns einen anderen Schlafplatz suchen müssen."
„Der Himmel ist klar und die Sonne ist warm. Wir brauchen kein Zelt", sagte Netawatees und zwinkerte Marie zu. Diese senkte rasch ihren Blick, doch sie konnte spüren, wie ihre Wangen heiß wurden.
„Er hat recht", antwortete Gischapan, „lasst uns draußen schlafen, bis wir unsere Zelte aufgebaut haben."
Netawatees, Souchy und Galasko verschwanden zwischen den Hütten und Gischapan sagte: „Ich werde uns etwas zu essen besorgen. Warum breitet ihr nicht schon einmal die Decken aus. Ich bin sehr müde von unserer langen Reise."
Marie und Barbara holten die Decken aus den Kanus und breiteten sie an einer geschützten Stelle etwas oberhalb der Böschung aus.
Während Barbara eine der Decken ausschlug, warf sie Marie einen eigenartigen Blick zu.

„Was hast du?“
Barbara antwortete nicht, sondern strich die Decke auf dem Boden glatt.
„Sag mir, was ist los!“
Barbara richtete sich wieder auf und sah sie aufgebracht an: „Was tust du da, Marie? Denkst du, ich sehe nicht, wie ihr euch anseht, wie er dich berührt, dieses halbe Tier? Was ist los mit dir, frage ich dich?“
Vor Wut und Scham schoss Marie das Blut ins Gesicht.
Sie drehte Barbara den Rücken zu, damit sie nicht sehen konnte, was in ihr vorging und antwortete: „Du übertreibst! Er ist, wie soll ich sagen, er ist, ach, du verstehst das nicht.“
Barbara packte sie heftig am Handgelenk und riss sie zu sich herum.
„Oh, doch, ich verstehe, Marie, ich verstehe sogar sehr gut! Er ist ein Indianer, hast du das vergessen? Galasko ist sein Onkel, er hat deinen Vater getötet! Und selbst wenn sie sich nicht durch so schreckliche Verbrechen den Weg zur Hölle geebnet hätten, er ist und bleibt ein Indianer! Wie kannst du nur?“
Wütend riss Marie sich los.
„Was soll das? Du bist weder mein Vater noch meine Mutter! Sie sind tot, hast du verstanden? Und das hier“, sie breitete die Arme zu einer weitausholenden Geste aus, „ist jetzt unser Leben.“
Barbaras Hand traf sie mitten ins Gesicht.
„Wie kannst du so etwas sagen?“ Ihre Augen funkelten vor Wut. Sie spuckte vor ihr aus. „Unsere Familien sind durch die Hand dieser Mörder gestorben, wie kann es für uns ein Leben mit ihnen geben? Was ist nur mit dir geschehen, seit wir aus Fort Duquesne zurück sind? Ich erkenne dich nicht mehr wieder!“
Marie sah sie einen Augenblick lang fassungslos an und hob die Hand an ihre brennende Wange. Dann schob sie sich an Barbara vorbei und lief zurück zum Fluss.
Schwer atmend ließ sie sich auf die Knie sinken und verbarg das Gesicht in den Händen. Ein heftiges Schluchzen ließ ihre Schultern erbeben. Seit ihrer Entführung hatten sie und Barbara sich nicht gestritten, war sie die einzige Verbindung an ihr altes Leben auf dem Hof ihres Vaters gewesen.
Doch nun erschien es ihr, als sei es gerade diese Verbindung, die eine Kluft zwischen ihnen auftat.

Sie war nicht mehr das Mädchen, dass Galasko und Shingas am Penn's Creek entführt hatte. Selbst wenn sie noch heute nach Tulpehocken zurückkehrte, es würde nicht ungeschehen machen, was sie in den letzten zwei Jahren erlebt hatte.
Der Schmerz und die Angst hatten sie für immer verändert, sie wusste nicht mehr, wer sie war und was sie sein wollte.
Doch die Vorstellung, mit Barbara fliehen zu können, hatte in den letzten Wochen viel von ihrer Zauberkraft verloren.
Niemand wusste, wie ihr Leben sein würde, wenn sie zurück kamen.
Vielleicht freute man sich gar nicht über ihre Rückkehr, vielleicht würde man sie für immer als die Frauen ächten, die bei den Indianern gelebt hatten.
Und wohin sie auch ginge, das Bild ihres erschlagenen Vaters, ihr sterbender Bruder, Sarahs verstümmeltes Gesicht und Dumas würden sie begleiten. Es gab keinen Ort, an den sie zurückkehren konnte und keinen, an den sie fliehen konnte.
Die Verzweiflung, die diese Erkenntnis mit sich brachte, war so heftig, dass Marie sich in Weinkrämpfen schüttelte.
Sie schlang ihre Arme um ihre Knie und wiegte sich sanft hin und her.
„Es scheint, als habe dich meine Geschichte von der Frau, die mit den Schlangen lebte, keines Besseren belehrt." Erschrocken fuhr Marie auf. Netawatees trat aus dem Gebüsch oberhalb der Böschung auf sie zu. „Noch immer finde ich dich am Wasser mit Tränen in den Augen."
Er kletterte zu ihr hinab und ließ sich neben ihr auf die Knie sinken. Sein Gesicht war nun ganz dicht an ihrem und er griff nach ihrer Hand. Sie fühlte die raue, kühle Oberfläche seiner Haut.
„Gefällt es dir hier nicht?"
Marie schüttelte den Kopf. „Warum weinst du dann?"
„Du würdest es nicht verstehen. Frag mich nicht."
Sie entzog ihm ihre Hand und sah zu dem anderen Flussufer hinüber.
„Ich weiß nicht, was mit mir geschieht. Soviel Zeit ist vergangen, seit Galasko uns geholt hat. Meine Familie ist tot und irgendwie bin ich es auch. Es gibt nur diesen Zustand, als treibe man wie ein gefällter Baumstamm den Fluss hinunter."
Er folgte ihrem Blick zu dem gegenüberliegenden Ufer.

„Vielleicht solltest du einen anderen Namen annehmen."
Sie blinzelte ihn verständnislos an. „Warum?"
„Mein Volk glaubt, dass jeder Mensch in verschiedenen Zeiten des Lebens einen anderen Namen tragen sollte, einen der genau zu dem passt, was er ist und was ihn ausmacht. Du bist heute nicht mehr die, der deine Eltern einen Namen gaben."
„Es ist der Name der Gottesmutter. Meine Mutter hat ihn für mich ausgewählt."
„Dann hat sie ihn wohl mit Liebe für dich bestimmt."
Wieder stiegen ihr die Tränen in die Augen. „Ja, das hat sie", presste sie hervor.
Netawatees sah sie an. „Mich erinnerst du an Ptukqumiuschi, eine schwarze Walnuss."
Sie hob den Blick und lächelte ihn traurig an. „Ich fühle mich aber nicht wie eine Nuss. Eine Walnuss hat eine Schale, die sie umgibt, die sie schützt und wärmt. Ich wünschte mir manchmal, ich hätte auch eine solche Schale."
Sie wischte sich die Tränen von den Wangen.
„Manchmal", sagte Netawatees und sah auf den Fluss vor ihnen, „sind es unsere Träume, die uns verraten, was wir tun sollen. Was siehst du in deinen Träumen?"
„Ich sehe meinen Vater mit einem Tomahawk, meinen Bruder, ich sehe Fort Duquesne …", ihre Stimme brach ab, zu schmerzhaft waren die Bilder.
„Und was tust du in diesen Träumen?"
„Ich stehe auf einer Brücke. Ein Sturm tobt und ich weiß nicht, zu welchem Ufer ich laufen soll." Sie senkte den Blick. Tränen tropften von ihrem Gesicht auf ihre Brust.
Sanft berührte Netawatees ihr Kinn und hob ihr Gesicht. Sie sah ihn an, in seine Augen, in denen sie zu ertrinken glaubte. Rasch schlug sie die Augen wieder nieder.
„Mein Volk glaubt, dass in den Träumen die manito'wàk zu uns sprechen. Wir sehen, was in der Vergangenheit liegt und was die Zukunft uns bringt. Wir können sie nicht immer verstehen, doch sie verraten uns die Wahrheit über die Dinge hinter den Dingen. Die Brücke im Sturm sagt dir, dass du zwischen zwei Ufern stehst, zwischen zwei Welten. Putamohen nennen wir

Menschen, die zwischen den Welten wandeln."
Sanft strich er mit seinen Fingerspitzen über ihr Gesicht und wischte ihre Tränen fort.
Dann ergriff er ihre beiden Hände und schloss seine Finger fest um ihre.
Sein Blick nahm sie gefangen, doch diesmal wich sie ihm nicht aus.
Es schien, als könnte sie in den dunklen Seen seiner Augen versinken und der Geruch seiner Haut kitzelte sie in ihrer Nase. Nie zuvor hatte sie Gelegenheit gehabt, ihn von so Nah betrachten zu können und sie glaubte, sich jede Linie seines Gesichtes, jede Besonderheit seiner Haut und Hände einprägen zu müssen.
Ein leises Lächeln zog unter ihren Blicken über sein Gesicht. Dann beugte er sich zu ihr hinab und küsste sie.
Seine Hände umfassten ihr Gesicht und schließlich legte sie ein wenig ihre Arme um ihn und zog ihn an sich, spürte, wie das Leben von ihm in sie überfloss, die köstliche, starke Energie seines Wesens und es erschien, als stillten seine Berührungen einen Hunger, von dem sie gar nicht wusste, dass sie ihn empfunden hatte. Es war, als hielte die Zeit selbst den Atem an.
Als sie sich schließlich voneinander lösten, schlug ihr Herz so schnell, dass ihr schwindelte.
„Putamohen", flüsterte er.
„Deine Augen haben mich verfolgt, seit ich dich zum ersten Mal gesehen habe", sagte er und strich ihr eine Haarsträhne aus dem Gesicht.
„In Puncksotonay?", fragte sie ihn.
„Ja, es war wohl in Puncksotonay, als Galasko dich mit sich brachte. Als ich dich sah, konnte ich meinen Blick nicht mehr von dir lösen, es war, als hättest du einen großen Zauber um mich gewebt."
Ein verlegenes Lächeln trat auf Maries Gesicht.
„Hast du Barbara deswegen gerettet?"
Er lachte leise. „Nein, ich glaube, Galasko hätte sie nicht wirklich verbrannt. Er wollte ihr nur Angst einjagen."
„Das ist ihm gelungen", erwiderte sie mit plötzlicher Bitterkeit.
„Er wird euch nichts zuleide tun, glaube mir, sonst wärt ihr nicht hier."
Sie stieß ein hartes Lachen aus, doch er strich ihr mit den Fingerspitzen über die Wangen, sanft, wie die Berührung eines Windhauches.

Für einen Augenblick hatte sie den heftigen Impuls, ihn von sich zu stoßen und zu Barbara und Gischapan zu laufen, doch dann sah sie in sein Gesicht, sah die Lippen, die sie einen Augenblick zuvor so zärtlich berührt hatten. Etwas Eigenartiges geschah mit ihr in diesem Moment, ihr Innerstes fasste einen Entschluss, ohne, dass ihre Gedanken daran beteiligt waren.
„Komm", sagte sie und zog ihn an sich.
Sie spürte die süße Schwere seines Körpers auf ihr, als sie sich nebeneinander auf den kühlen Uferboden legten und ihre Küsse wurden begieriger, ungeduldiger. Leise hörte sie noch einmal eine Stimme in ihrem Kopf, die sie warnte, die sie an Tulpehocken und an Barbara erinnerte, doch seine Berührungen lösten einen Rausch aus, in dem diese Stimme unterging.
Plötzlich hielt er inne und sah sie an.
In dem immer dunkler werdenden Schatten konnte sie seinen Blick und die stumme Frage darin nur erahnen, doch sie antwortete ihm, in dem sie die Arme ausstreckte, sie um seine Schultern schlang und seinen Kopf an ihren Hals zog.
Langsam beugte er sich über sie und öffnete die Lederriemen, die ihr Kleid zusammenhielten, bis sie nackt im Licht der untergehenden Sonne vor ihm lag.
Seine Fingerspitzen fuhren über die dunkle Wulst ihrer Narbe und sie ließ es geschehen. Ein dunkler Schatten zog über seine Augen und sie fasste seine Finger, führte sie an ihre Lippen und küsste sie.
Der Fluss rauschte an ihnen vorüber.
Er richtete sich auf und zog sein Hemd von seinem Körper.
Die Schlangen auf seiner Haut schienen zu tanzen, als er sich zu ihr hinab beugte und sich zwischen ihre Schenkel drängte.
Sein Geruch umfing sie und berauschte ihre Sinne, er schien durch ihr Blut zu toben wie ein Zaubertrank von ungekannter Wirkung.
Ein kurzer, heftiger Schmerz verschlug Marie den Atem, als sie ihn in sich empfing, und sie versenkte ihre Zähne in seiner Schulter.
Für einen winzigen, schrecklichen Augenblick sah sie plötzlich Dumas vor sich, der sie mit kalten Augen angrinste.
Doch dann umschlangen Netawatees Arme sie und sie spürte seinen Atem, sein Herz, das schneller schlug und sie warf sich ihm entgegen und hielt sich

an ihm fest.
Lange lagen sie noch beieinander, stumm, und lauschten dem schnellen Atem des anderen, und Marie folgte mit ihren Fingerspitzen den Spuren seines Körpers, der sie so sehr berauscht hatte.
Um sie herum war es dunkel geworden. Hin und wieder trug der Wind die Geräusche der Siedlung zu ihnen hinab.
Maries Gedanken bewegten sich angenehm langsam, als müsse ihr Kopf erst mühsam wieder die Vorherrschaft über ihren Körper erlangen.
Sein Kopf lag an ihrem Hals und sie hielt ihn fest, während sein heißer Atem die Haut an ihrer Brust streifte.
„Putamohen", murmelte er an ihrem Hals.
„Ehoalid", antwortete sie leise und er lächelte mit geschlossenen Augen. „Mein Geliebter."
„Komm", sagte er plötzlich in verändertem Tonfall. „Wohin?", fragte sie überrascht und richtete sich benommen auf, während er schon aufgesprungen war und zum Wasser lief.
„Du willst baden? Jetzt bei Nacht?", fragte sie ihn ungläubig. „Fürchtest du dich, Putamohen?", neckte er sie. „Nein, ich fürchte mich nicht, ich …", ihre Worte klangen albern in ihren Ohren, also gab sie sich einen Ruck und sprang auf. Irgendwo vor ihr in der Dunkelheit konnte sie hören, wie Netawatees in das Wasser eintauchte und das Mondlicht in vielen Wellen über den Fluss lief.
Das Wasser war kühl und köstlich. Sie watete bis zur Hüfte hinein. „Ich kann nicht schwimmen", sagte sie. Netawatees Lachen klang zu ihr herüber. „Dann lass dich von dem Fluss treiben, lass einfach los. Er nimmt dich mit sich mit. Und keine Angst, ich lasse ihn dich nicht fort ziehen zu den gehörnten Schlangen." Marie zögerte einen Augenblick.
Ihr Unterleib brannte heiß von ihrer Vereinigung, ihr ganzer Körper fühlte sich stark und lebendig an. Sie schloss die Augen und ließ sich vornüber in die Wellen sinken. Nur für einen winzigen Moment überkam sie Panik. Dann spürte sie, wie der Fluss sie trug, gefahrlos, sanft.
Netawatees Arme schlossen sich im Wasser um sie und hielten sie fest.
„Der Fluss", wisperte er leise in ihr Ohr, „ist unsere Mutter und unser Vater. Er gibt uns alles, was wir brauchen, er trägt uns von einem Ort zum ande-

ren, stillt unseren Durst und wäscht uns sauber. Doch er ist noch viel mehr. Im Wasser, so sagt man, liegen alle Geheimnisse verborgen. Du musst dem Murmeln des Flusses nur zu hören, dann wird er dich all sein Wissen lehren. Deshalb lebt mein Volk immer an den Ufern eines Flusses."
Marie lauschte auf die Geräusche der Nacht. Leises Trommelschlagen drang zu ihnen. Offensichtlich war dies eine Nacht, in der niemand in den Schlaf fand. Und neben den Trommeln, den Wind in den Blättern und Netawatees Atem an ihrem Ohr hörte sie den Fluss, ein Flüstern und Rauschen, wie das Zischen von tausend Stimmen.
„Ich höre ihn", sagte sie leise, „ich kann ihn hören."

*

Shingas führte Hugh, Hezekiah und seine deutsche Braut, weiter westlich den Ohio entlang, wo die Bäume noch dichter zusammen standen und vermutlich noch nie ein Weißer seinen Fuß hingesetzt hatte.
Er fand Gefallen an einer kleinen Lichtung, die dicht am Ufer lag und entschied, dass sie an dieser Stelle ihr Lager aufschlagen sollten.
Die Lichtung war vom Wasser aus nur schwer einzusehen und die Strömung schwächte sich an dieser Stelle des Flusslaufes etwas ab.
Hugh war sich nicht ganz sicher, ob der Häuptling an dieser Stelle Schutz vor den englischen Milizen oder vor Miuskillamize suchte, als sie sich daran machten, mit ihren Tomahawks einige Bäume zu fällen, die das Gerüst für ihre Zelte bilden sollten.
Das Abschälen der Rinde, die dann einige Tage in der Sonne trocknete, war eine anstrengende Aufgabe, doch nach einer Woche hatten sie dem Wald zwei Hütten abgerungen, die Hugh mit großer Zufriedenheit betrachtete.
Lina ging den Männern dabei nur wenig zur Hilfe. Shingas hatte ihr einen Speer geschnitzt und sie stand mit gerafftem Rock im seichten Wasser des Flusses und versuchte, einige der silbrig beschuppten Fische zu treffen.
Ihr Speer stieß immer wieder ins Leere und schließlich glitt sie mit ihren nackten Füßen auf den glatten Steinen am Flussgrund aus und stürzte ins Wasser.
Prustend kam sie wieder an die Oberfläche und stieß ein schallendes Gelächter

aus, das zwischen den Bäumen widerhallte.
Shingas hielt in der Arbeit inne und ein Lächeln zog über sein Gesicht.
Zum erneuten Male fragte sich Hugh, wie es möglich sein konnte, dass der Mann, den er mit eigenen Augen die grausamsten Dinge verüben gesehen hatte, zu solch zärtlichen Gefühlen in der Lage sein konnte.
Hezekiah stieß einen Pfiff aus.
„Wir kriegen Besuch", sagte er und wies mit dem Kopf den Fluss hinauf.
Tatsächlich näherten sich ihrem Lagerplatz mehrere Kanus, doch Hugh konnte bereits von Weitem an den Mustern auf ihren Seiten erkennen, dass es sich um Lenapé handeln musste. Mehrere Männer in Kriegsbemalung saßen darin, allen voran, Tamaqua, Shingas und Pisquetumens Bruder.
Tamaqua begrüßte sie winkend, als er aus seinem Boot stieg, durch das Wasser auf das Ufer zu watete und Hugh versteifte sich, als er sah, wer nach ihm aus dem Kanu kam.
Es war Nachenum, der Mörder seiner Mutter.
Seit der schrecklichen Folter in Kittanning hatte er ihn nicht mehr gesehen und ein Teil in ihm hatte bis zu diesem Zeitpunkt gehofft, dass es dabei bleiben würde. Doch nun war er hier.
Ein kaltes Gefühl kroch seinen Rücken hinauf und er wandte sich mit einer ruckartigen Bewegung ab und verschwand zwischen den Bäumen.
Als er sicher war, dass ihm niemand gefolgt war, ließ er sich auf einem Baumstamm nieder.
Er dachte an Marie. Verzweifelt fragte er sich, was mit ihr geschehen war und ob er sie jemals wieder sehen würde. Er wünschte sich, Pisquetumen käme zurück, und er könnte ihn nach ihr fragen, doch sein Bruder kam nicht.
Der Sommer neigte sich bereits seinem Ende zu, am Abend stieg schon dichter Nebel vom Fluss auf.
Wenn der Winter erst kam, würde er die Siedlung nicht mehr verlassen können.
Lautes Pfeifen schreckte ihn aus seinen Gedanken. Hezekiah schlenderte zwischen den Bäumen auf ihn zu.
„Was machst'n hier?", fragte er ihn und ließ sich neben ihm auf den Stamm sinken. Hugh schüttelte nur den Kopf. Nachenums Gesicht kam ihm vor Augen und hasserfüllt ballte er seine Fäuste.

„Denkste manchmal darüber nach, wie dein Leben wär', wenn du nicht bei Shingas und seinen Leuten wärst?"
„Ja, manchmal." Er dachte an seine Mutter und an ihre Farm bei Carlisle. „Aber ich wüsste nicht, wohin ich gehen sollte."
Hezekiah neben ihm nickte nachdenklich.
„Weißte, die Leute erzählen sich manchmal Sachen."
„Was für Sachen?"
„Na, man sagt, da oben, im Norden, da gibt es keine Sklaven. 'N schwarzer Mann is' da so gut wie'n Weißer, so lange er arbeitet, geht es ihm gut."
Hugh legte den Kopf schief. Er kannte freie, schwarze Männer aus Pennsylvania, ihr Schmied war einer gewesen. „Ja, das stimmt."
„Siehste. Da könnt' einem schon der Gedanke kommen, sich einfach auf den Weg zu machen und sein Glück zu versuchen. Der Meister, bei dem meine Mommy und ich gelandet sind, hat Mühlen gebaut, verstehste, Wassermühlen. Ich weiß, wie man das macht. Meinste, so Leute brauchen 'se da oben?"
„Sicher, jeder Farmer braucht eine Mühle, zu der er sein Korn bringen kann, von den Webereien einmal abgesehen."
„Na, verstehste denn nicht, was ich sage? Ich könnt' dir beibringen, was ich weiß und wir könnten zusammen richtig gut ins Geschäft einsteigen, du und ich zusammen, wir würd'ns zu 'was bringen."
Er reckte seine schmächtigen Arme.
Hugh drehte seinen Kopf und sah ihn an.
Das Bild vom Skalp seiner Mutter an Nachenums Gürtel kam ihm in den Sinn und für einen Augenblick glaubte er, Sarahs Schreie zu hören, als der Indianer ihr Gesicht verstümmelte.
„Es ist ein weiter Weg bis in die Kolonien, mitten durch die Wildnis. Der Winter kommt bald und dann ist es für uns fast unmöglich."
Hezekiah stieß einen leisen Pfiff aus. „Meister, ich sehe, du verstehst."
„Wir brauchen ein Pferd. Und ich brauche Munition."
„Wann willste die ganze Sache angehen?"
„Bald, sonst ist es zu spät."
Hugh sah sich gründlich zwischen den Bäumen um sie herum um und fuhr mit gesenkter Stimme fort: „Sie werden Tamaquas Ankunft mit einem Fest feiern. Ich habe gesehen, dass sie ein Fass mit sich gebracht haben. Wenn sie

genügend getrunken haben, um unaufmerksam zu sein, werde ich uns ein zweites Pferd und Zaumzeug besorgen. Bis sie aus ihrem Rausch erwachen, können wir den Ohio bereits überquert haben und uns in den Wäldern verstecken."

Der Plan war wahnsinnig. Nur bei dem Gedanken an ihre Flucht schlug Hugh das Herz vor Angst bis zum Hals. Seine Vorstellungskraft reichte kaum aus, um sich auszumalen, wie Shingas Rache aussehen mochte.

„Abgemacht." Hezekiahs dunkle Augen blitzten, als er seine von Erdreich bedeckte Hand Hugh hinhielt. Hugh sah ihn einen Augenblick an. Dann ergriff er sie. „Abgemacht."

Als sie auf die Lichtung zurückkehrten, hatten die Indianer bereits ein Feuer entfacht, über dem wie aus Zauberhand eine Rehkeule briet.

Die Frauen hatten ein Loch in die Erde gegraben und mit glühenden Holzstücken gefüllt, über denen sie die Innereien des Tieres garten.

Hugh und Hezekiah hatten bei ihnen gesessen und den ein oder anderen Schluck genommen, um nicht aufzufallen, während die Lenapé-Männer zusehends betrunkener wurden. An ihren glasigen Augen und ihren lauten Stimmen konnte Hugh merken, dass der Alkohol seine Wirkung tat.

Als der Mond schließlich hoch am Himmel stand, wurde es schließlich still um das Feuer, da die Indianer einfach an der Stelle, an der sie gesessen hatten, umfielen und einschliefen.

Hugh spürte, dass sich der geeignete Zeitpunkt für ihre Flucht näherte. Er warf Hezekiah einen letzten, verschwörerischen Blick zu, den dieser mit einem Nicken erwiderte.

Dann erhob er sich lautlos und verschwand zwischen den Zelten.

Getaam stand mit den anderen Pferden etwas abseits an ein paar Bäume gebunden, das Zaumzeug aber befand sich in dem Zelt, das direkt neben dem von Shingas stand.

Hugh hatte das Gefühl, sein Herz schlage so laut, dass es die Indianer in ihrem Rausch noch wach klopfen würde, als er sich dem Zelt von der Rückseite her näherte.

Niemand schien ihn zu beobachten, also atmete er tief ein und schlüpfte ins Innere. Es dauerte eine Weile, bis er sich im Dunkel zurechtfand und mehr tastend als sehend gelang es ihm, ein paar Zügel und zwei Halfter zu grei-

fen.
Er schlich sich zu der Baumgruppe, zwischen denen die Pferde angebunden waren und entschied sich für ein kleines, dunkles Pferd, das Getaam nicht unähnlich war.
Mit zitternden Fingern zäumte er beide Pferde auf, schwang sich auf den Rücken der Stute und ritt, das andere Pferd am Zügel, auf den Waldrand zu, wo Hezekiah auf ihn wartete.
Er hatte einige Mühe, sich ohne Sattel auf den Rücken des Pferdes zu schwingen, doch es gelang ihm schließlich und sie trieben die Pferde an.
Während sie zwischen den Bäumen dahin jagten, konnte Hugh es nicht fassen, dass ihre Flucht so leicht gelungen war.
Bald schon erreichten sie eine Stelle, an der sie den Ohio durchqueren konnten, ohne allzu schnell von eventuellen Verfolgern entdeckt zu werden.
Das Wasser war dennoch so tief, dass die Pferde schwimmen mussten.
Hugh saß ab und ergriff Getaam am Zügel. Hezekiah hingegen machte keine Anstalten, den Rücken des Pferdes zu verlassen.
„Na, komm!", forderte Hugh ihn auf.
„Ich? Schwimmen? Ich kann nicht schwimmen, Meister."
Hugh seufzte. Irgendwie hatte er das geahnt.
Er packte Hezekiahs Zügel mit der anderen Hand und führte die Pferde ins Wasser.
Die Strömung war an dieser Stelle abgeschwächt und sie erreichten das andere Ufer ohne Zwischenfälle, wenn auch Hezekiah immer wieder vor Angst zu ertrinken, laut aufschrie.
Am anderen Ufer angekommen, suchte Hugh einen Platz zum Feuer machen, entledigte sich seiner nassen, kalten Kleider und setzte sich mit nackter Haut dicht vor die Flammen. Er genoss das Prickeln seiner Haut, die langsam von der Wärme erreicht wurde, und schloss die Augen.
„Meinste, 'se wissen schon, dass wir weg sind?" Hezekiahs Stimme klang deutlich dünner als sonst. Hugh öffnete die Augen und sah ihn an. „Keine Ahnung, ich denke nicht. Vor dem Morgengrauen wird uns niemand vermissen. Ich glaube sogar, sie werden zuerst bemerken, dass eines der Pferde fehlt."
Hezekiah starrte in das Feuer. Sein Magen gab ein lautes Knurren von sich.

Hugh lachte laut darüber. „Hast du eigentlich immer Hunger?“
Hezekiah grinste ein wenig schief. „Na, nich’ immer, aber schon die meiste Zeit.“
Hugh schloss die Augen wieder, doch er spürte, dass Hezekiah ihn noch immer ansah.
„Wenn meine Kleider trocken sind, reiten wir weiter.“
„Mmh“, brummte Hezekiah. „Sag’ mal, Meister, hat denn schon mal jemand die Flucht geschafft? Ich meine, ’se sind ja Teufel im Reiten und im Spuren lesen.“
Hugh zuckte die Schultern. Er dachte an Kittanning.
„Es gab einen Überfall von pennsylvanischen Milizen auf eines der Indianerdörfer. Als die Männer auf der anderen Seite des Flusses standen, sind einige von den Gefangenen einfach losgerannt, zwischen die Schüsse und so. Einige haben es geschafft.“
„Und die anderen?“
Hugh sah Hezekiah an. „Die haben sie wieder eingefangen.“ Das Feuer mochte die Kälte nicht vertreiben, die sich in seinem Inneren ausbreitete, als er an die schrecklichen Szenen der Tage nach dem Überfall auf Kittanning dachte.
Hezekiah schien sich mit seiner Antwort nicht zufrieden geben zu wollen.
„Nu’ sag’ schon.“
Hugh rückte noch ein wenig dichter an die Flammen heran.
„Sie haben sie gefoltert, eine Frau und ein Mann, nein, er war wohl mehr ein Junge, so alt wie wir. Es war ...“, er suchte verzweifelt nach Worten, die das Unbeschreibliche, dass er damals gesehen und gehört hatte, wiedergeben konnten, „es war grauenhaft, einfach schrecklich. Sie haben sie den Hunden zum Fraß vorgeworfen.“
Hezekiah sah ihn aus aufgerissenen Augen an.
„Das sachste nich’ nur, um mir Angst zu machen? Das hast du gesehen?“
Hugh nickte langsam. Beunruhigt sah Hezekiah sich nach allen Seiten um.
„Was werden ’se wohl mit uns machen, wenn ’se uns fangen?“
Hugh legte Holz nach. „Sie werden uns nicht fangen.“ Er versuchte, seiner Stimme einen zuversichtlichen Klang zu verleihen.
„Na, wenn aber doch?“

Hugh starrte in die Bäume hinter dem Feuer. „Dann gnade uns Gott!"
Auch Hezekiah zitterte nun, obwohl seine Kleider trocken waren.
„Weißt du, Meister, vielleicht is' das Ganze doch keine so gute Idee, ich meine, wir können doch einfach wieder zurück und 'se merken gar nich', dass wir weg waren, was meinste?" Hugh sah ihn eine ganze Weile nachdenklich an.
Er las die Angst in Hezekiahs Augen und er gestand sich selbst ein, wie groß seine eigene Angst war.
Die Rache der Lenapé-Indianer würde schrecklich sein. Er selbst kannte ihre Fähigkeiten, sich im Wald zu orientieren und Wild nachzustellen.
Sie hatten mit ihren Pferden Spuren in der Größe eines Grizzly-Bären im Wald hinterlassen, es würde Shingas und den anderen ein Leichtes sein, sie aufzuspüren.
Er dachte an das schreckliche Glitzern in Shingas Augen, wenn er von den Überfällen zurückkehrte und an die verstümmelten Leichen der Gefangenen in Kittanning.
„Vielleicht hast du recht. Wenn wir uns beeilen, sind wir vor dem Morgengrauen zurück." Ohne ein weiteres Wort streifte er sich seine klammen Kleider über, sie holten die Pferde und kehrten zum Flussufer zurück.
Der Morgen graute bereits, als die Zelte der Indianer wieder vor ihnen auftauchten. Es gelang Hugh, die Pferde zurückzubringen, ohne einem der Indianer zu begegnen.
Offensichtlich war tatsächlich noch niemanden ihr Fehlen aufgefallen.
Mit dem Zaumzeug in der Hand schlich er sich an Shingas Zelt vorbei, als ihn ein Geräusch zusammenfahren ließ.
„Wo kommst du denn her?" Lina trat vor den Zelteingang und streckte sich. Ihr blondes Haar fiel ihr in weichen Locken fast bis um die Hüften.
„Ich … ähm", hüstelte Hugh verlegen, während er das Zaumzeug hinter seinem Rücken verbarg.
„Schon gut", sie winkte gelangweilt ab, „ich verstehe schon." Obwohl Hugh sich sicher war, dass sie es nicht verstand, grinste er und verschwand dann eilig in eine andere Richtung.
Er knüllte das Zaumzeug zusammen und verbarg es unter einer Decke in seinem Zelt.

Es würde eine andere Gelegenheit geben, es zurückzubringen.
Die Sonne war inzwischen aufgegangen, und er spürte die Strapazen der Nacht in seinen Gliedern, er fühlte sich müde und unendlich erschöpft. Hezekiah rollte sich neben ihm in seine Decke und in nur wenigen Minuten waren beide Jungen tief eingeschlafen.

*

Aufgebracht schritt Thomas Penn in der Bibliothek auf und ab.
Einer seiner Diener meldete ihm Gouverneur Denny, der kurz darauf den großen Saal betrat. Ungeduldig winkte ihn Thomas Penn zu sich heran und ließ sich in einen der Sessel vor dem Kamin fallen, wo bereits sein Bruder John saß.
„Ihr habt mich rufen lassen?" Denny sah ihn beunruhigt an. Der akkurat getrimmte Bart in seinem Gesicht entstammte dem missglückten Versuch, über seine jungenhaften Züge hinwegtäuschen zu wollen, betonte aber nur seine unangenehmen wässrigen Augen. Soviel er Thomas Penn auch verdankte, an diese Art konspirativer Treffen mochte er sich einfach nicht gewöhnen. Seine Hände spielten nervös mit seinen Manschetten-Knöpfen.
„Hört zu, Denny, die Lage ist ernst." Thomas Penn nahm einen tiefen Schluck aus dem kunstvoll geschliffenen Weinglas. „Von welcher Lage genau sprecht Ihr?"
„Welche Lage? Mein Gott, Denny, seid Ihr wirklich so beschränkt, wie Ihr ausseht?
Die Überfälle an der Grenze, die Sache wächst sich zu einem Desaster aus. Niemand will mehr Siedlungsland kaufen, die Flüchtlinge kosten der Kolonie bereits ein Vermögen."
„Nun, Sir, mit Verlaub, dies sind nun keine tatsächlichen Neuigkeiten."
Penn warf ihm einen ärgerlichen Blick zu.
„Nun, zumindest keine, mit denen Ihr umzugehen wisst."
Er sprang aus seinem Sessel auf.
„Wir haben gehofft, dass es Loudoun und seinen Männern gelingen würde, den Nachschub für die Franzosen in Fort Duquesne abzuschneiden und damit die Überfälle zu beenden. Soeben erreichte uns jedoch die Nachricht,

dass Loudoun alle Militärkampagnen auf das nächste Jahr verschoben hat. Weiser und dieser verfluchte Franklin haben bisher keine Fortschritte bringen können, im Gegenteil, die Überfälle der Indianer werden immer dreister. Wir können das so nicht mehr hinnehmen."
Ein Diener schenkte Denny ein Glas Wein ein, von dem er vorsichtig nippte.
„Ich habe bereits ein Vermögen verloren. Auf die Krone und ihre Befehlshaber ist kein Verlass mehr, ebenso wenig auf Franklin und diesen Deutschen."
Penn baute sich vor ihm auf. „Die Überfälle müssen ein Ende haben. Ich nehme Euch dafür in die Verantwortung."
Denny erblasste. „Wie stellt Ihr euch das vor?"
„Nun, das ist Eure Sache, oder warum seid Ihr der Gouverneur von Pennsylvania? Macht diesen Indianern ein paar teure Geschenke, die sie zufriedenstellen, oder noch besser, schenkt ihnen ein paar Fässer Rum und pockenverseuchte Decken!"
Denny schluckte. Sein Adamsapfel rutschte hektisch an seinem Hals hoch und runter. Penn erschien es, als könne er den Angstschweiß des jungen Gouverneurs förmlich riechen und wie für Dennys Vorgänger, den vertrottelten Gouverneur Morris, empfand er nur leise Verachtung. Er war eine Marionette, ein Spielball für seine Interessen. Jede englische Kolonie musste einen Gouverneur vorweisen, der den englischen König offiziell vertrat, daran konnte auch Thomas Penn nichts ändern. Doch er hatte schon früh gelernt, auf die jeweilige Person des Gouverneurs mit genügend Druck und vor allem Geld einzuwirken, um dafür zu sorgen, dass die pennsylvanischen Gouverneure in allererster Linie seinen Interessen gerecht wurden.
„Was ist denn mit diesem Deutschen, diesem Weiser? Soweit ich weiß, hat er doch beste Kontakte zu den Indianern. Es ist an der Zeit, neue Wege zu beschreiten, um das Ganze aufzuhalten. Die Forts und Männer schüchtern die Indianer nicht ein. Er soll sich etwas einfallen lassen für das Geld, das er von mir erhalten hat."
„Mit Verlaub, Sir, warum sprecht Ihr nicht selbst mit ihm?"
Penn warf ihm einen verächtlichen Blick zu.
„Seid Ihr tatsächlich so dämlich?", schnappte er. „Ich kann nicht erst horrende Summen für die Bewaffnung der Milizen ausgeben und dann

Friedensverhandlungen aufnehmen. Das ist Eure Aufgabe. Immerhin seid Ihr der Gouverneur.“ Unverhohlener Spott klang aus Thomas Penns Stimme und er konnte etwas in Dennys Augen aufblitzen sehen, das wie Wut darüber aussah. Penn mahnte sich selbst zur Vorsicht. Bei aller Verachtung, die er für diesen Mann empfinden mochte, es war nicht ratsam, sich ihn zum heimlichen Feind zu machen.

Denny erhob sich langsam. Er hatte das Gefühl, der Boden unter ihm schwankte. Kalte Wut erfüllte sein Inneres. Er hasste Thomas Penn, seine herablassende Art und sein Geld. Doch am allermeisten hasste er sich selbst für seine Unfähigkeit, sich gegen Thomas Penns Anmaßungen zur Wehr zu setzen. Er wusste, dass man über ihn lachte, ihn nicht ernst nahm. Er sei zu jung, sagten viele, er stehe unter dem Einfluss von Thomas Penn. Doch er hatte nicht vor, es dabei zu belassen. „Ach, noch etwas.“ Thomas Penn ging zu seinem Schreibtisch und holte einen klirrenden Beutel heraus.

„Unser Mann bei den Indianern, Ihr wisst, wen ich meine. Wo steckt er?“

Denny zuckte bei der Erwähnung zusammen. An diese Sache wollte er nicht erinnert werden. Sie konnte ihn nicht nur sein Amt, sondern zugleich auch seinen Kopf kosten. Seine Stimme klang seltsam dünn, als er antwortete: „Wir haben seit Monaten keine Nachricht von ihm erhalten. Vermutlich haben die Indianer ihn ausgeliefert an die Franzosen.“

„Das Schicksal eines jeden Spions. Umso besser. Sollte er noch einmal auftauchen, bringt ihn zum Schweigen. Wir brauchen ihn nicht mehr. Wenn Franklin ernst macht mit seiner Drohung, dann könnte es bald eine vom König angeordnete Untersuchung von allem geben, das auch nur entfernt irgendwie mit den Indianern zu tun hat. Dann können wir uns eine solche Verbindung nicht leisten.“

Mit steifen Schritten entfernte Denny sich. Ein kaltes Lächeln zog über Penns Züge.

Das macht wohl einen Mann von großem Einfluss aus, dachte er, als er sich vor seinem Kamin niederließ und sich seine Pfeife mit süß duftendem Tabak stopfte, sich jederzeit den Gegebenheiten anzupassen.

*

„Hei“, weckte ihn eine Stimme. „Munhut`takiswilluxissohipon, wach auf, dein Bruder ist zurück.“ Verschlafen richtete sich Hugh auf und sah sich einen Augenblick lang verwirrt um. Hezekiahs Schlafplatz war leer, doch neben ihm kniete Pisquetumen, der ihn mit einem freundlichen Grinsen begrüßte.
„Pisquetumen!“ Nervös fuhr sich Hugh durch sein Haar. „Seit wann bist du hier?“
„Schepaje.“
„Seit heute Morgen? Wo steht die Sonne denn jetzt?“
Hugh streckte seinen Kopf aus dem Zelt. Die Sonne hatte ihren Zenit bereits überschritten. Er hatte den ganzen Tag verschlafen.
Unsicher musterte er Pisquetumen, der ihn noch immer lächelnd ansah.
Wenn er etwas von ihrem Fluchtversuch wusste, so ließ er es sich nicht anmerken.
„Ich gehe zum Fluss, um mich zu waschen.“
Dankbar, Pisquetumens prüfendem Blick zu entkommen, ging Hugh zum Ufer hinab.
Laute Stimmen ließen ihn zu Shingas Zelt hinübersehen.
„Da, da ist er!“ Lina, Tamaqua, Shingas und einige andere Indianer drehten sich zu ihm herum. „Ich habe ihn heute Morgen gesehen, wie er sich in der Nähe der Pferde herumgetrieben hat.“ Lina zeigte mit ausgestrecktem Finger auf ihn.
Shingas machten einen Satz auf ihn zu und packte ihn unsanft am Kragen.
„Was hast du da zu suchen gehabt?“ Hugh starrte entsetzt in Shingas wutentbrannte Augen. „Mein Hengst, er ist verletzt. Sein Lauf ist lahm.“
Hugh schluckte. Es war vorbei. „Ich …“, setzte er an, doch Shingas ließ ihn nicht zu Wort kommen. Er schüttelte ihn und stieß ihn dann zu Boden.
„Ich weiß, was du vor hattest, du wolltest fliehen! Glaubst du, ich hätte nicht gesehen, wie du tagein, tagaus mit dem Schwarzen zusammengesteckt hast, wie ihr geflüstert habt? Habt ihr wirklich geglaubt, ihr könntet mich hinter das Licht führen?“
Er spuckte Hugh mitten ins Gesicht.
„Verbrennt den Verräter!“ Entsetzt sah Hugh, wie die Indianer auf ihn zu kamen und ihn ergriffen. „Nein, ihr versteht da etwas falsch, das … ihr dürft

das nicht!“
Verzweifelt sah er sich nach Pisquetumen um, doch der Indianer war nirgendwo zu sehen.
Die Männer schleiften ihn zu der großen Feuerstelle, an der am Abend zuvor das Fest stattgefunden hatte, und schichteten Holz zu einem Haufen auf. Nachenum kam mit einem großen Stamm aus dem Wald, den er aufrecht in die Mitte des Haufens steckte.
„Nein, nein!“, schrie Hugh, doch sie schienen ihn gar nicht zu hören.
Sie fesselten seine Hände und entfachten den Scheiterhaufen.
„Was’n hier los?“ Hezekiah stand mit großen Augen vor der aufgebrachten Menge.
Shingas fuhr zu ihm herum. „Du! Du mieser, kleiner Verräter, dich werden wir gleich nach diesem Schwächling verbrennen.“
Hezekiah machte einen Satz zurück. „Langsam, Meister! Was ham’ wir denn getan?“
Sein Gesicht wirkte so ahnungslos, dass selbst Hugh ihm fast geglaubt hätte.
Shingas packte auch ihn an den Schultern und rüttelte ihn.
„Ihr wolltet mich hintergehen! Mein Pferd habt ihr mir gestohlen!“
„Wieso gestohlen, es steht doch da vorne, oder seh’ ich schlecht, mmh?“
Hezekiah sah unschuldig zwischen Shingas und seinem braunen Hengst, der in Sichtweite an einen Baum gebunden stand, hin und her.
„Er ist verletzt! Sein Bein lahmt!“
Hezekiah stieß einen Pfiff aus. „Meister, das ’ne dumme Sache, das! Mein Freund hier und ich“, bei diesen Worten legte er dem vor Angst zitternden Hugh die Hand auf die Schulter, „haben ein kleines Experiment gemacht.“
„Was?“ Shingas Augen funkelten.
„Na, wir haben doch gesehen, dass das mit der Ernte und dem Anbau in diesem Jahr nich’ so gut geklappt hat, da haben der Meister und ich uns gedacht, wir helfen euch n’bißchen auf die Sprünge. Einen Pflug haben wir gebaut, wie ihn die Weißen haben, mit dem man die Erde tiefer umgraben kann. Na, und als wir deinen Braunen davor gespannt haben, ist er durchgedreht. Ich meine, völlig durchgegangen. Hat den Pflug zerstört - die Arbeit von Tagen, sag’ ich euch - und sich noch selbst die Hacken aufgeschürft. Tut uns echt

leid, Meister, wir wollten das nich'."
Einen Moment lang herrschte angespannte Stille.
Shingas drehte sich zu Hugh herum. „Ist das wahr?"
Hugh beeilte sich, zu nicken. „Ja, genauso war es. Wir wollten euch überraschen", beteuerte er.
Shingas schien noch einen Augenblick zu zögern. Dann nickte er.
„Bindet ihn los!"
Mit einem missmutigen Knurren schnitt Nachenum seine Fesseln durch. Tamaqua klopfte ihm auf die Schulter.
„Entschuldige, mein Bruder", flüsterte er auf Lenapé.
Hugh nickte nur und rieb sich seine schmerzenden Handgelenke.
Hezekiah biss sich auf die Lippen und setzte ein schuldbewusstes Gesicht auf.
„Danke."
„Nix zu danken, Meister."
Plötzlich sah Hugh Pisquetumen, der in einiger Entfernung an einem Baum lehnte und ihn beobachtete.
Offenbar hatte er die ganze Szene verfolgt, ohne einzugreifen.
Wütend ging er zu ihm. „Warum hast du nichts getan? Sie hätten mich fast verbrannt!"
Pisquetumen musterte ihn einen Augenblick lang mit einem seltsamen Blick.
„Komm mit."
Verunsichert folgte Hugh ihm.
Pisquetumen ging zurück zu dem Zelt, in dem er und Hezekiah schliefen.
„Wenn ihr doch einen Pflug gebaut habt, erkläre mir, warum ich das in deinem Zelt finde!" Er hielt das Zaumzeug hoch, das Hugh versteckt hatte.
„Ich …", Hugh setzte zu einer Erklärung an, doch Pisquetumen hörte ihm nicht zu. Er versetzte ihm einen so heftigen Stoß, dass Hugh zu Boden stürzte. Schläge hagelten auf ihn ein, gegen seinen Bauch, seine Arme, seinen Kopf.
„Warum willst du mich verraten?", schrie der Indianer. „Habe ich dich nicht behandelt wie einen Bruder? Warum willst du mich hinter gehen?" Hugh hielt sich schützend seine Arme vors Gesicht und ertrug den Angriff stumm.
„Nenachgistawachtin", sagte er schließlich, „ich höre dich", als Pisquetumen

für einen Moment inne hielt.
Dieser starrte ihn an.
Dann sank er neben ihm auf die Knie und schloss ihn in die Arme.
„Mein Bruder, verzeihe mir. Ich muss den Verstand verloren haben."
Hugh schmeckte Blut in seinem Mund.
„Machtapeek", antwortete Hugh, „es sind schlechte Zeiten", und erwiderte seine Umarmung.

*

Schreiend fuhr Marie auf. Das Hemd, das sie in der Nacht trug, klebte schweißnass an ihrem Körper und sie hatte das Gefühl, keine Luft mehr zu bekommen. Nach Luft ringend fuhr sie sich an den Hals.
Netawatees Gesicht war nur ein dunkler Schatten im fahlen Mondlicht, das durch den Rauchabzug in seine Hütte einfiel.
„Was ...?", stieß sie hervor, doch ihre Kehle war so trocken, dass es nur ein heiseres Krächzen war.
„Du hast geträumt", hörte sie seine ruhige Stimme in der Dunkelheit.
Sie zerrte an dem Kragen ihres Hemdes. „Dumas", sagte sie und versuchte, ihren Atem zu beruhigen, der sich stoßweise aus ihr heraus presste. Ihr Herz raste so sehr in ihrer Brust, dass sie glaubte, es zerspränge.
Sie streckte ihre Hände nach Netawatees aus, doch als sie seine warme, glatte Haut mit den Fingerspitzen berührte, zuckte sie zurück. „Nicht", schrie sie mit erneutem Entsetzen, „ich ertrage es nicht." Er wich von ihr zurück.
Die Dunkelheit um sie herum, schien sie zu ersticken.
„Licht, ich brauche Licht."
Ein Rascheln drang an ihr Ohr und wenige Augenblicke später hatte Netawatees das Holz in der Feuerstelle wieder zum Brennen gebracht.
Die Flamme blendete ihre Augen, doch sie konnte die vertrauten Umrisse der Indianerhütte um sich erkennen und wusste, dass sie sich nicht mehr in dem unterirdischen Verließ von Fort Duquesne befand.
„Er kommt immer wieder", flüsterte sie mit starrem Blick, „es ist, als könnte er mich überall finden, auch hier und mich zurück schleifen in seine Kammer, in sein Verließ."

Nie zuvor hatte sie mit Netawatees über die Dinge gesprochen, die sich ereignet hatten, als Kommandant Dumas sie gefangen hielt.
Stumm saß er ihr mit gekreuzten Beinen gegenüber, die Augen auf die Flammen zwischen ihnen gerichtet.
„Er ist der Teufel, ich habe es in seinen Augen gesehen, er ist kein Mensch mehr. Er tötet die Frauen, nur zum Spaß." Ihre Stimme wurde schrill beim Gedanken an die Knochen, gegen die sie in der totalen Finsternis in dem Verließ gestoßen war.
„Er hat Werkzeug, schreckliches Werkzeug, er tut grausame Dinge, grausamer, als Worte sie ausdrücken können."
Eine ganze Weile schwieg Netawatees. „Ich weiß", antwortete er schließlich mit ruhiger Stimme, „was mit den englischen Soldaten geschehen ist, die er und seine Männer nach Braddocks Angriff gefangen genommen haben. Ich habe in seinen Augen gesehen. Er ist besessen von einem bösen Geist. Die Medizin der Folter vergiftet seine Gedanken."
Seine Worte schienen von weit her, in ihr Bewusstsein zu dringen.
„Wie kannst du etwas so Grausames Medizin nennen?", fragte sie und sah ihn an.
Er hielt ihrem Blick stand.
„Ich habe dir erklärt, warum mein Volk seine Gefangenen foltert: Um sich von dem Wunsch nach Rache zu befreien. Was Dumas tut, ist keine Medizin mehr. Es ist böse."
Marie schloss die Augen. Endlich spürte sie, wie ihr die Tränen in die Augen schossen. „Ja", wisperte sie, „es ist böse."
Netawatees streckte seinen Arm nach ihr aus.
„Komm, Putamohen, leg dich wieder schlafen. Die bösen Träume werden nicht mehr zurück kommen."
Sie stieß seine Hand weg. „Fass mich nicht an", zischte sie und erschrak über sich selbst.
In seinen Augen konnte sie für einen winzigen Moment sehen, wie sehr ihn das verletzte. Doch dann nahm sein Gesicht jene Ausdruckslosigkeit an, die seinem Volk eigen war.
„Ich wusste nicht, dass Galasko euch zu ihm gebracht hat", sagte er leise.
Sie konnte hören, wie er an seinem Gürtel herum nestelte.

„Irgendwann, Putamohen, wenn deine Seele nach der Medizin seines Blutes verlangt, dann werde ich sie dir bringen.“
Sie schauderte. „Sein Blut kann mich nicht mehr heilen“, erwiderte sie kalt. „Nur der Tod wird die Erinnerung löschen.“
Netawatees schwieg einen Moment. Dann erhob er sich und verschwand ohne ein Wort aus dem Zelt und ließ sie mit ihren quälenden Gedanken allein.
Als Marie einschlief, verblassten die Sterne bereits am Himmel.
Lauter Gesang weckte sie. Benommen rieb sie sich die Augen und plötzlich fielen ihr mit schrecklicher Klarheit die Ereignisse der letzten Nacht wieder ein. „Netawatees“, flüsterte sie und erhob sich rasch, um draußen nach ihm zu suchen.
Vor ihrer Hütte saß Gischapan. Die Lenapé-Frau sang mit geschlossenen Augen und klatschte dabei hin und wieder in ihre Hände.
„Hast du Netawatees gesehen?“, unterbrach Marie sie.
Gischapan öffnete langsam ihre Augen und lächelte sie an.
„Nein“, sagte sie, „die Männer sind heute Morgen auf die Jagd gegangen.“
Niedergeschlagen ließ Marie sich neben sie sinken.
„Es war eine böse Nacht“, sagte sie leise.
Gischapan hatte ihre Augen wieder geschlossen und summte die Melodie, die sie bereits zuvor gesungen hatte, weiter, als habe sie Marie gar nicht gehört. Einige Augenblicke vergingen.
„Nipahuma stand voll am Himmel“, antwortete sie schließlich. „Manchmal ist sie eine verrückte, alte Frau und treibt die Menschen zu schlimmen Dingen.“
Marie schüttelte den Kopf. „Nein, die schlimmen Dinge habe wohl ich selbst getan.“
Sie barg ihren Kopf zwischen ihren Händen und dachte an Netawatees.
Hoffentlich kam er bald zurück. Die Vorstellung, tagelang im Streit von ihm getrennt zu sein, gefiel ihr nicht.
Traurig rieb sie sich über ihr Gesicht und stand auf.
Barbara würde bald erwachen und Marie wollte nicht, dass sie bemerkte, dass sie bei Netawatees geschlafen hatte.
Als sie sich umwandte, spürte sie Gischapans Hand an ihrem Arm.

Überrascht sah sie in deren Gesicht, in das sich feine Fältchen um Mund und Augen eingegraben hatten.
„Nimm das“, sagte sie und drückte ihr einen kleinen schwarzen Gegenstand in die Hand. Marie öffnete ihre Hand und sah, dass es ein kleines, dunkles Stück der Wurzel war.
„Wenn dein Mond vorbei ist“, sagte Gischapan, „und du zu ihm gehst, dann trage es unter deiner Zunge. Sonst wirst du bald sein Kind tragen.“
Überrascht sah Marie die Wurzel an. „Ist das die Pflanze, von der du im Wald gesprochen hast?“ Gischapan nickte: „Nimm sie. Ich weiß, die Missionare und eure Priester nennen dies Teufelswerk. Aber es ist kein Teufelswerk. Der Mond schenkt uns Frauen eine ungeheure Macht. Es ist unsere Aufgabe, mit ihr umzugehen, sonst sind wir wie ein Pfeil, der seinen Bogen ohne Richtung verlässt.“
Marie berührte die Wurzel zögernd. Dies war also das Geheimnis der Lenapé-Frauen, auf diese Weise gelang es ihnen, nicht mehr als zwei Kinder zu bekommen. Dann schloss sie ihre Finger darum.
„Danke“, sagte sie, doch Gischapan hatte ihre Augen bereits wieder geschlossen und setzte ihre leise Melodie fort.

*

Mehr als dreihundert Männer, Frauen und Kinder folgten Teedyuscung nach Easton, als die Blätter von den Bäumen zu fallen begannen, und in manchen Nächten der Frost schon den Boden gefror.
Teedyuscung, der neue Indianerkönig vom Susquehanna, wie er sich von nun an nannte, fand Gefallen an dem großen Publikum, das ihn auf seinem Siegeszug begleitete. Seine Verhandlungen mit der Kolonie von Pennsylvania waren erfolgreich gewesen und der Gouverneur selbst hatte ihn einen „König“ genannt. Was war schon das Amt eines Häuptlings, wenn er ein König sein konnte? Shingas konnte ihm nichts mehr anhaben.
Als die Lenapé-Indianer den Stadtrand von Easton erreichten, kamen die weißen Einwohner aus ihren Häusern gelaufen und beobachteten mit einer Mischung aus Belustigung und Misstrauen, wie die Indianer vor den Toren ihrer Stadt ihr Lager aufschlugen.

Viele von ihnen waren dagegen gewesen, die Verhandlungen an diesem Ort führen zu lassen, doch Gouverneur Denny hatte einige der Stadtoberen durch gewisse Zuwendungen für sich gewinnen können.
In Teedyuscungs Kopf rauschte es, als er sich, gefolgt von seinen Leuten, den Kriegern, den Frauen und Kindern auf den Weg in die Stadt machte.
Er ging an ihrer Spitze, führte sie an, auf dem Weg in den Frieden.
Es war lange her, dass er durch diese Straßen gegangen war, überhaupt einen Fuß in eine Siedlung der Weißen gesetzt hatte. Vor einigen Jahren, nachdem er die Herrnhuter Mission verlassen musste, hatte er sich als Korbmacher unter ihnen durchschlagen müssen, eine demütigende Erinnerung, die er sofort wieder verdrängte.
Denn nun kehrte er hierher zurück und sie achteten ihn als einen König, einen hohen Gast, zu dessen Ehren man ein Fest ausrichtete.
Es war ihm, als berührten seine Füße den Boden nicht mehr, sondern als flöge er eine Handbreit darüber hinweg.
Die Ehre des heutigen Abends gebührte nur ihm, ihn hatte man nach Easton geladen, um ihn dort mit allem Respekt zu empfangen, während Shingas sich wie ein Verbrecher in der Wildnis verbergen musste.
Unter seiner Führung würde sein Volk in eine sichere Zukunft finden und noch in hundert Jahren würde man sich an den Feuern mit ehrfurchtsvoller Stimme von ihm erzählen, Teedyuscung, dem größten Häuptling, den das Volk der Lenapé kannte.
Er hielt im Laufen inne und nahm einen tiefen Schluck aus dem Wasserschlauch an seinem Gürtel, den er mit Schnaps gefüllt hatte, und genoss das Brennen, das durch seine Eingeweide schoss.
Die Türen und Fenster des großen Gemeindesaals waren weit geöffnet und kleine Papierfahnen wehten im Wind.
Im Inneren beleuchteten unzählige Kerzen die langen Tische, die sich unter dem Gewicht des auf ihnen aufgebauten Buffets bogen, Kuchen, Pasteten, Braten, Wurst und andere Köstlichkeiten, die er noch nie gesehen hatte, ließen ihm das Wasser im Munde zusammen laufen.
Hinter ihm drängten sich die mageren, schmutzigen Kinder an den Kleidern ihrer Mütter hängend und starrten mit großen Augen auf den unfassbaren Überfluss, der ihnen dargeboten wurde.

Zu seiner besonderen Freude standen unter den Tischen gleich mehrere Schnapsfässer, die einige seiner Männer sogleich in Augenschein nahmen und sich daran gütlich taten. Jemand drückte ihm einen Becher mit Schnaps in die Hand.
Jetzt erst hob er den Blick und sah zu den tribünenartig aufgebauten Bänken hinter dem Büfett.
Etwas abseits des großen Kerzenscheins konnte er Conrad Weiser ausmachen, der neben einem großen Mann saß, den er nicht kannte. Unsicher nickte er ihm zu und Weiser erwiderte seinen Gruß.
Dann erkannte er einige Plätze von Weiser entfernt den massigen Schatten Israel Pembertons und prostete ihm mit einem vertraulichen Grinsen zu.
„Haltet Ihr es für eine gute Idee, die Indianer Schnaps trinken zu lassen?“ Charles Thomson, der Vorsteher der Quäker-Schule in Philadelphia starrte sorgenvoll auf das Treiben vor ihnen.
„Nur keine Sorge, das wird unsere Sache nicht gefährden.“
Zufrieden lehnte sich Israel Pemberton in seinem Stuhl zurück.
„Wir haben immerhin schon mehrere Treffen mit Teedyuscung verschieben müssen, weil er tagelang seinen Rausch ausschlief.“
„Nur die Ruhe. Er wird dem Friedensschluss schon zustimmen können. Er mag ein Trinker sein, aber er ist nicht dumm. Das hier ist seine große Gelegenheit, um sich als Häuptling und Verhandlungspartner zu profilieren. Wir haben viel Zeit in den letzten Wochen miteinander verbracht. Die Hilfeleistungen haben ihr Übriges getan. Alles wird so laufen, wie wir es uns wünschen.“ Er strich sein Hemd über der beachtlichen Wölbung seines Bauches glatt.
Thomson seufzte leise, wagte es jedoch nicht, Pemberton zu widersprechen, und breitete den Papierbogen vor sich aus, auf dem er den Verlauf des Treffens protokollieren würde.
In diesem Augenblick öffnete sich die große Tür am Haupteingang und Gouverneur Denny und einige seiner Mitarbeiter betraten den Saal.
Der Gouverneur trug einen feinen Rock und ein seltsam siegessicheres Lächeln lag auf seine Zügen.
„Nun schaut euch das an!“, rümpfte Thomas seine Nase.
Auch auf Pembertons Stirn erschienen ein paar ernste Falten, doch sie lösten

sich in einem dröhnenden Lachen auf. „Unser Gouverneur erinnert mich immer wieder aufs Neue an einen eitlen, einfältigen Gockel.“ Die Bank knarrte unter seinem Gewicht. „Seid unbesorgt, Thomson, wir haben nichts vor ihm zu befürchten. Seine Selbstgefälligkeit wird nur noch von seiner Dummheit übertroffen.“

Zwischenzeitlich war Denny an Teedyuscung herangetreten und klopfte ihm vertraulich auf die Schulter. Die beiden wechselten einige Worte und dann erhob Denny sein Glas und sagte mit lauter Stimme zu den Menschen im Saal: „Heute, meine verehrten Gäste, ist ein ganz besonderer Tag. Er soll für uns alle im Zeichen des Friedens stehen.“ Er machte eine kurze Pause und wartete, bis auch der letzte Indianer verstummt war. Mit einem gekünstelten Lächeln fuhr er fort: „Wir sind hier zusammen gekommen, um das Ende des Krieges zwischen unseren Lagern zu feiern.“ Er wies mit der Hand auf Teedyuscung. „Und das alles haben wir nur einem Mann zu verdanken: König Teedyuscung.“

Conrad starrte den Gouverneur mit offenem Mund an. Benjamin Franklin neben ihm zischte: „Mir scheint, wir haben den Gemeindesaal mit einem Komödientheater verwechselt.“

Nervös zupfte Pemberton an seinen Rockaufschlägen. Feine Schweißperlen standen ihm auf der Stirn und auch Thomson begann, unruhig mit seinem Federkiel auf die Tischplatte zu klopfen.

Teedyuscung erhob nun ebenfalls sein Glas und sagte mit schnapsverwaschener Stimme: „Nichts kann einen Mann aufhalten, der für sein Volk kämpft. Doch ich stehe heute nicht hier, um nur für mein Volk den Frieden zu erreichen. Meine Macht erstreckt sich noch viel weiter. Ich spreche heute nicht nur für die Lenapé, sondern für alle Indianer der östlichen und westlichen Wälder.“

An dieser Stelle stieß Conrad einen erstaunten Pfiff aus. Er selbst hatte ein Treffen zwischen dem trunksüchtigen Indianerhäuptling vom Susquehanna und dem selbstgefälligen Gouverneur von Pennsylvania veranlasst. Gouverneur Denny hatte sich unter dem Vorwand an ihn gewandt, dass die Quäker im Pennsylvania States House nicht länger bereit waren, Waffen und Milizen zu gestatten, wenn nicht zugleich Friedensverhandlungen aufgenommen würden. Doch in diesem Moment erschien es ihm, als habe es

zwischen Teedyuscung und Denny einen viel engeren Kontakt gegeben, als er hätte absehen können. Offensichtlich war Teedyuscung größenwahnsinnig geworden, es gab keine andere Erklärung für die unglaubliche Anmaßung, sich König zu nennen und zugleich für alle Indianer der westlichen Wälder, den Irokesen einbegriffen, zu sprechen. Nicht wenige Indianerhäuptlinge westlich des Allegheny würden Teedyuscung für diese Anmaßung töten.
Plötzlich erschien es ihm warm und stickig in dem Saal, obgleich noch immer alle Fenster und Türen weit offen standen.
Franklin sah ihn schmunzelnd von der Seite an. „Dieser Abend scheint noch einige Überraschungen für uns bereitzuhalten."
Weiser schluckte trocken und enthielt sich einer Antwort. Ihm war nicht nach dieser Sorte Humor zumute. Eine ungute Ahnung überkam ihn. Irgendetwas stimmte hier nicht.
Teedyuscung fuhr indes ungerührt mit seiner lallend dargebotenen Rede fort.
„Unsere Waffen sollen gegen unsere weißen Freunde schweigen."
Es fiel Denny sichtlich schwer, sich seine Langeweile nicht anmerken zu lassen. „Aber natürlich!", unterbrach der den Indianer schließlich und wies mit einer übertriebenen Geste auf Pemberton und Thomson in den vorderen Sitzreihen.
„Nicht zu vergessen sind an dieser Stelle jedoch die Kräfte, die bis zuletzt für den Frieden an den Grenzen unserer geliebten Heimat gekämpft haben."
„Schleimer", zischte Franklin, doch Pemberton nickte Denny huldvoll zu.
Dieser holte gerade zu einer neuen Lobpreisung seiner und der Mühen Teedyuscungs aus, als dieser ihn plötzlich mit starrem Blick ansah.
„Wir wollen eine Reservation, nur für uns. Hier, im Wyoming Valley", platzte es aus ihm heraus. Für einen Moment herrschte völlige Stille in dem Saal.
Einige der Indianer, die die Reden offensichtlich nicht verstanden hatten, sahen sich unruhig um und warteten darauf, dass die anderen das gerade Gesagte übersetzten.
Denny überwand seinen Schock als Erster und hüstelte, bevor er ansetzte: „Sicher, sicher …", doch Teedyuscung ließ ihn nicht zu Wort kommen.
„Ich werde euch den Frieden bringen. Meine Brüder im Ohio-Tal werden mir folgen und die Überfälle werden aufhören. Doch zuerst brauchen wir

Gerechtigkeit."
Conrad sah, wie sich Pemberton vor ihm zufrieden die Hände rieb.
„Er hat das alles geplant", murmelte er.
„Was sagt ihr?", fragte ihn Franklin laut, doch er schüttelte den Kopf.
„Pemberton, das ist alles Teil seines Plans, die Hilfeleistungen, die Friedensvermittlungen. Er wusste, dass Denny irgendwann mit Teedyuscung Kontakt aufnehmen würde. Er hat die Indianer benutzt." Conrad Weisers Kopf fühlte sich seltsam leer an. Es ging immer nur um Macht, um die Durchsetzung von Interessen. Er schalt sich selbst einen Narren, dass er geglaubt hatte, Israel Pemberton sei ein Mann des Friedens. In allererster Linie wollte Pemberton den Einfluss von Thomas Penn zurückdrängen und seiner Partei, den Quäkern, denen diese Kolonie eigentlich von William Penn gewidmet worden war, wieder zu mehr Geltung verhelfen. Israel Pemberton hatte Weisers Kontakte zu den Indianern benutzt, um an Denny und Penn vorbei Friedensverhandlungen mit ihnen aufzunehmen, doch damit war es nicht genug. Er wollte, dass Thomas Penns Verhalten auch im fernen England bekannt wurde, dass sozusagen von höchster Stelle, vom König selbst gegen den Kolonieerben und seine Machenschaften vorgegangen wurde. Und um dies zu erreichen, wollte er auf den Landbetrug hinweisen, er wollte zeigen, dass der Krieg der Indianer eine direkte Folge von Thomas Penns Verhalten war. Doch Conrad wusste, dass die Dinge nicht so einfach waren. Jemand wie Israel Pemberton würde die Indianer nie verstehen und auch er benutzte sie nur für seine Zwecke.
In der Mitte des Saals setzte Teedyuscung seine Forderungen unbeirrt fort: „Wir wollen, dass die Landnahme von 1737, der Walking Purchase, in dem ihr durch den Betrug mit den drei Läufern unser Land an euch genommen habt, neu untersucht wird."
Die Falle war zugeschnappt.
Diesmal überwand Denny seinen Schock nicht so rasch. Mit hektischen Bewegungen flogen seine Augen zwischen dem Indianer und seinen Mitarbeitern hin und her. Er öffnete den Mund zu einer Erwiderung und schloss ihn, ohne dass ein Ton über seine Lippen kam. Seine Berater steckten nervös die Köpfe zusammen und tuschelten eifrig.
Franklin beugte sich ein wenig nach vorne, um das Geschehen besser ver-

folgen zu können. „Das Schlitzohr“, entfuhr es ihm, „das hat er nun wirklich geschickt eingefädelt.“
Conrad beobachtete Pemberton, in dessen Augen es siegessicher funkelte, und hielt den Atem an. Wenn Denny nun einen Fehler beging, dann war Teedyuscung imstande, die ganzen Friedensverhandlungen zum Platzen zu bringen. Teedyuscung hatte den Gouverneur in seiner Hand. Denny war hier, um Frieden zu schließen, um den Siedlern an der Grenze eine gute Nachricht zu bringen. Wenn der Friedensschluss mit Teedyuscung scheiterte, so unbedeutend er angesichts von Shingas Bande auch sein mochte, dann würde in den Straßen das Chaos ausbrechen. Doch auch eine offizielle Untersuchung des sogenannten Walking Purchase würde den Gouverneur in arge Bedrängnis bringen, denn wenn in England auch nur der Verdacht aufkäme, es handele sich um einen Betrug, konnte das für Thomas Penn ernst zunehmende Folgen bis hin zur Todesstrafe haben. In diesen Dingen verstand die Krone keinen Spaß, selbst wenn es sich nur um Indianer handelte. Es stand außer Frage, Denny steckte in der Klemme.
„Wir wollen, dass Ihr uns versprecht, dass Bruder Onas die Sache untersuchen und es Gerechtigkeit geben wird. Wir brauchen eine Heimat, einen sicheren Ort zum Leben. Wir wollen nicht fortziehen. Wir wollen im Wyoming Valley bleiben.“
Nervös fuhr sich Denny über die Schläfen. Weiser konnte förmlich hören, wie es hinter seiner Stirn arbeitete. Kein Laut war im Saal zu hören, auch die Menschen vor den Fenstern waren verstummt. „Nun, sicher, aber das Tal liegt mitten in der Kolonie, es ist Siedlungsland, versteht ihr?“, versuchte sich Denny hilflos aus der Affäre zu ziehen.
Teedyuscungs Blick verfinsterte sich. „Kein Frieden ohne Land für meine Leute.“
Denny warf ihm einen verzweifelten Blick zu.
Er schien zu wissen, dass er in der Falle saß.
„Nun, das war so nicht besprochen, aber wenn ihr es wünscht, dann werden wir die Sache noch einmal betrachten.“
Ein triumphierender Ausdruck trat auf Teedyuscungs aufgedunsene Züge.
„Dann ist es an der Zeit, den Frieden zu beschließen.“ Er rief seinen Leuten etwas auf Lenapé zu, das diese mit aufgeregten Rufen erwiderten.

Denny war die Erleichterung anzusehen, auch wenn Weiser wusste, dass dem jungen Gouverneur erst nach und nach klar werden mochte, in was er da gerade eingewilligt hatte. Siedlungsland war teuer. Das Letzte, das Thomas Penn wollte, war, es an ein paar Indianer zu verschenken, die man erst wenige Jahre zuvor von dort vertrieben hatte.
„Die Lenapé des Susquehanna-Flusses schließen Frieden mit Bruder Onas. Kein Blut soll mehr zwischen uns vergossen werden", rief Teedyuscung und seine Stimme dröhnte.
„Yo-hah", riefen die Lenapé-Indianer in dem Saal und vor den Fenstern, „Yo-hah!" Sie sprangen auf und jubelten ihrem neuen Anführer zu. Einer von Dennys Mitarbeitern öffnete eine Truhe, die zu diesem Zweck bereitstand, und entnahm ihr einen kostbaren, mit Goldfäden durchwirkten Mantel, den Denny dem Indianerhäuptling mit gequältem Gesicht über die Schultern legte.
Dieser hob feierlich die Hand.
„Unsere Völker sollen von nun an in Frieden miteinander leben."
„Das hat der alte Fuchs sich fein ausgedacht", sagte Franklin, der, wie Weiser keinerlei Anstalten machte, in den allgemeinen Jubel einzustimmen. „Mit Teedyuscung hat er einen waschechten Indianer, der Thomas Penns verbrecherisches Vorgehen vor zwanzig Jahren bezeugen kann. Ich wette, sein Ziel ist es, soviel Lärm um die Sache zu machen, dass es George II. noch im fernen England hört und so dafür zu sorgen, dass Thomas Penn sich von nun an aus den Angelegenheiten der Kolonie heraushält."
Weiser sah ihn mit gerunzelter Stirn an.
„Nun, das ist doch auch Euer Anliegen."
„Sicher, sicher, und ich muss sagen, Pemberton und seine Männer sind mir nicht unsympathisch. Nur dieses ganze Gerede um Religion und ein frommes Leben, das verursacht mir körperliche Übelkeit."
Er rieb sich den Bauch und lachte.
„Nehmt es mir nicht übel, Weiser, ich weiß, auch Ihr seid ein gläubiger Mann. Doch in meinen Augen ist Religion das Hemmnis der freien Entwicklung des Menschen und seiner Möglichkeit, die Wurzel allen moralischen Verfalls."
Pemberton und Thomson erhoben sich von ihren Plätzen und gingen nach vorne, um Teedyuscung und Denny die Hände zu schütteln.

Als Denny die Hand des Quäkers ergriff, verengte er seine Augen zu schmalen Schlitzen. „Das haben wir nur Euch zu verdanken!“, zischte er. Pemberton schüttelte ihm eifrig die Hand und lächelte.
„Nun, Gouverneur, ich gratuliere zu diesem diplomatischen Sieg. Die Familie Penn wird Eure Verdienste zu würdigen wissen.“ Er konnte die Wut in den blassblauen Augen des Gouverneurs lodern sehen.
Doch plötzlich glätteten sich seine Züge und er sagte mit verächtlichem Tonfall: „Ich hoffe, Ihr habt bei Eurem Plan bedacht, dass offizielle Untersuchungen in Indianerangelegenheiten natürlich nur von einem durchgeführt werden: Dem verehrten Sir William Johnson persönlich. Ich muss Euch wohl nicht erklären, dass bei einer Untersuchung dieser Art keinerlei Unregelmäßigkeiten auftauchen werden.“
Das Grinsen auf Pembertons Gesicht erstarb.
Der Gouverneur hob sein Glas und prostete ihm spottend zu. Auch dieser fette Quäker Pemberton hatte ihn unterschätzt. Sie alle wollten ihre Spielchen mit ihm treiben, der versoffene Indianerhäuptling und Thomas Penn. Doch so leicht war er nicht zu haben.
Pemberton starrte ihn mit grimmigen Augen an.
„Lasst Euch versichert sein, Denny, ich werde nicht eher ruhen, als bis in dieser Sache Gerechtigkeit herrscht.“
Mit versteinertem Gesicht wandte er sich ab und verließ mit steifen Schritten die Halle. Franklin sah ihm nachdenklich nach.
„Ich bin mir nicht sicher, ob Pemberton seiner Sache wirklich einen Gefallen getan hat, wenn er sich auf diesen Indianer stützt“, sagte er.
Sein Blick richtete sich auf Teedyuscung, der zügig mehrere Gläser des scharfen Brandys hinunter stürzte.
Conrad folgte seinem Blick und seufzte: „Ich schließe mich euch an.“
Er dachte an Teedyuscungs Worte. Es stellte eine unglaubliche Anmaßung dar, sich vor aller Augen und Ohren König zu nennen. Mit seinen Reden und seinem Agieren als unabhängiger Vermittler setzte Teedyuscung sich ohnehin einem unwägbaren Risiko aus.
Weiser konnte sich nur allzu gut vorstellen, wie die Liga auf die Nachricht seiner Rolle als König reagieren mochte.
Doch das hatte er billigend in Kauf genommen. Seit er Teedyuscung die

Möglichkeit eines unabhängigen Friedensschlusses mit der Kolonie eröffnet hatte, wusste er, dass er ihn einer großen Gefahr aussetzte.
Die Rache der Liga für seine Anmaßung würde schrecklich sein und nur die Protektion so wichtiger Männer wie Denny oder Pemberton mochte ihn davor bewahren, den Friedensschluss mit seinem Leben zu bezahlen.

*

Das unstete Leben der Lenapé, die kaum länger als einige Monate an einem Ort verweilten und sich dann aufmachten, um ihre Hütten in einem anderen Dorf, einem unbewohnten Ort oder einfach einem besseren Jagdgebiet aufzuschlagen, brachte es mit sich, dass den Mädchen oft nur wenig Zeit blieb, sich an ein einen Ort zu gewöhnen.
Ende September zogen Gischapan, Netawatees und einige der anderen Familien zu einer etwas kleineren Siedlung weiter südlich von Kuskusky und nahmen Barbara und Marie mit sich.
Während sie durch die inzwischen bunt gefärbten Wälder dem Beaver Creek nach Süden folgten, fragte Marie sich, welcher Tag es nach europäischer Zeitrechnung wohl sein mochte.
Seit sie bei den Lenapé lebte, hatte sie jedes Zeitgefühl verloren, denn die Lenapé kannten keine Wochentage, sie wussten nicht, was eine Stunde oder eine Woche war. Sie zählten das Jahr in Mondmonaten, deren Namen sich am Lauf der Jahreszeiten orientierten.
Maries Geburtstag war am 15. September. Dann wurde sie siebzehn Jahre alt.
Sie dachte daran, dass sie wohl, wenn sie noch mit ihrem Vater und Jean auf der Farm am Penn`s Creek gelebt hätte, inzwischen wohl einem Mann versprochen oder gar verheiratet gewesen wäre. Sie lächelte bei dem Gedanken und ihr Blick wanderte zu Netawatees, der vor ihr ritt.
Die Muskeln seines Rückens spielten unter dem Lederhemd, wenn er sein Pferd mit sanftem Druck seiner Beine antrieb, während sein pechschwarzes Haar in der goldenen Herbstsonne schimmerte.
Sie hatte in den letzten Wochen in seinem Zelt geschlafen. Sie hatte sich heimlich, wenn Barbara und Gischapan schliefen, zu ihm gestohlen und war

nach Einbruch der Dunkelheit in sein Zelt geschlüpft.
Die Erinnerung an das rauschhafte Gefühl, dass seine Berührungen in ihr auszulösen vermochten, ließ sie immer wieder auflächeln.

Barbara war natürlich nicht lange verborgen geblieben, was zwischen ihr und Netawatees vorging, verlor jedoch kein Wort darüber.
Dennoch spürte sie, wie Barbara ihr aus dem Weg ging und es schmerzte sie sehr, eine solche Entfremdung von ihrer Freundin zu fühlen.
Manchmal plagten sie in solchen Momenten furchtbare Gewissensbisse, in denen sie sich schuldig fühlte. Sie hatte das Gefühl, nicht nur Barbara zu verraten, wenn sie zu Netawatees ging, sondern auch Jean und ihren Vater.
Er war ein Indianer aus dem Volk der Lenapé, jener Männer, die ihre Farm niedergebrannt und ihre Familien ermordet hatten.
Und sie legte sich zu ihm, schlang gierig ihre Arme um ihn, konnte nicht genug von ihm, seiner Haut, seinem Geruch bekommen.
Netawatees drehte sich zu ihr um und sah sie an.
Seine Augen blitzten und Marie lachte ihn an.
Ein Grinsen zog über sein Gesicht und sie konnte spüren, wie ihr Herz schneller schlug.
Marie wünschte sich, sie könnte mit Barbara sprechen, doch es gab keine Worte, die erklären konnten, was mit ihr geschah.
Und ein Teil in ihrem Inneren gab Barbara recht. Es war nicht richtig, sich einfach einem Mann hinzugeben und schon gar nicht einem Indianer. Schlechte Frauen taten dies, die Huren in Fort Duquesne, gefallene Mädchen ohne Ehre.
Doch das Gefühl, das heiß und immer heißer in ihrem Inneren für Netawatees brannte, war nicht von sündhafter Natur, das wusste sie jedes Mal mit erneuter Gewissheit, wenn sie in seine Augen sah.
Es war rein und perfekt und über alle Zweifel erhaben.
Sie wünschte sich, sie könnte der Freundin erklären, was sie fühlte, könnte ihre Erfahrungen mit ihr teilen, doch in Barbaras Augen stand ihr eine stumme Wand aus Vorwürfen entgegen.
Marie holte tief Luft. Es würde wohl eine Zeit geben, in der sie wieder zueinanderfinden würden. Sie trieb ihr Pferd an und schloss zu Netawatees auf.

„Wohin reiten wir?“ Er lächelte. „Nach Goschgosching, es ist nicht mehr weit.“
„Aber warum konnten wir nicht in Kuskusky bleiben? Ich meine, was war schlecht dort?“
„Was ist schlecht an dem Ort, an den wir jetzt gehen? Du kennst ihn doch gar nicht.“
Seine Augen blitzten belustigt, als er sah, wie sie sich kurz über seine Antwort ärgerte. Er streckte seinen Arm aus und berührte ihren Schenkel.
„Meine kleine Putamohen, schau nicht so!“
Sie lächelte widerwillig und schob seine Hand beiseite.
Auch sein Gesicht wurde wieder ernst, als er fortfuhr: „Wir reiten nach Goschgosching, weil dort ein großes Fest stattfinden wird. Die Frauen dort bringen gerade die Maisernte ein und dann feiern wir das Fest des geernteten Maises und die Saat für das neue Jahr. Es wird dir gefallen, du wirst sehen!“
Ihre Pferde erreichten die Siedlung noch vor Einbruch der Dunkelheit. Goschgosching lag nicht direkt an den Ufern einer der Flüsse, sondern abgelegen inmitten von dichtem Wald. Es gab keine Hütten, die aus Ästen gefertigt waren, sondern nur die vertrauten Zelte aus Rindenhaut, in denen bereits die Vorfahren der Lenapé gelebt hatten, die jedoch in Goschgosching mit besonderer Sorgfalt und teilweise sogar mit bunten Farben verziert waren. In der Mitte der Siedlung stand ein sehr viel größeres Zelt, dessen Eingang nicht wie die der anderen mit einer Matte verhängt war, sondern weit offen stand.
„Was ist das?“, fragte sie Netawatees, der sein Pferd vor dem Zelt anhielt.
Kinder und Frauen kamen aus den Hütten gelaufen und begrüßten sie und er rief ihn etwas zu. Dann drehte er sich zu ihr herum: „Das ist ein Versammlungshaus. Hier werden wir heute Abend zusammen kommen und einem weisen Mann lauschen. Sein Name ist Neolin. Es heißt, der große Schöpfer selbst spricht zu ihm. Deshalb werden wir dieses Fest heute Abend feiern, damit Glück und Frieden zu unserem Volk zurückkehren.
Gischapan stieg von ihrem Pferd und berührte andächtig die kunstvoll verzierten Rindenwände „So viele Jahre haben wir dieses Fest nicht mehr gefeiert“, sagte sie wehmütig und in ihre Augen trat ein seltsamer Glanz, als erin-

nerte sie sich an ferne, vergangene Zeiten, in denen das Leben noch glücklicheren Bahnen gefolgt war, doch sie schüttelte die Gedanken mit einem Lächeln ab. „Die manito`wak werden es zu schätzen wissen."

„Nicht alle werden kommen können", riss Netawatees seine Tante aus ihren Gedanken.

„Weshalb nicht?"

„Es gibt Gerüchte. Teedyuscung soll sich mit den Engländern zusammengetan haben. Unruhe herrscht unter meinem Volk. Shingas wurde angegriffen, weil Geld auf seinen Kopf ausgesetzt ist. Pisquetumen tritt nun an seine Stelle. Doch er ist in Fort Duquesne. Wir haben keine Waffen, kein Werkzeug und vor allem", er wies auf eine Gruppe junger Männer, die um eines der Feuer zwischen den Hütten herumsaßen und sich betranken, „fehlt uns ihr Zauberwasser."

Seine Stimme klang so bitter, dass Marie seine Hand griff und sie fest mit ihren Fingern umschloss, doch er starrte an ihr vorbei auf die Menschen, die zwischen den Hütten ihren Tätigkeiten nachgingen.

„Mein Volk kann keinen Winter mehr ohne die Hilfe der Wapsitàk überleben. Die Ernte der nächsten Tage wird noch nicht einmal für ein paar Wochen reichen. Wir brauchen das Eisen, die Pferde, das Korn und den Alkohol des weißen Mannes. Die Alten sterben und die Jungen wissen nicht mehr, wie man Essen sammelt, sie wissen nicht mehr, wie man zu den Geistern spricht oder wie man ohne ein Gewehr auf die Jagd geht. Das Fest des Grünen Mais soll uns wieder vereinen, soll uns wieder daran erinnern, dass unsere Ahnen sehr lange ohne die Weißen gelebt haben. Wir müssen den richtigen Weg zurück zu uns finden."

Er hielt inne, als er plötzlich Maries betroffenen Blick bemerkte.

Sanft streichelte er ihr Gesicht. „Nicht du Putamohen. Du bist doch gar keine richtige Wapsitàk mehr. Du bist jetzt meine Frau."

Marie wusste nicht, was sie ihm antworten sollte und lächelte.

Er löste seine Hand aus ihrer, und erst als er sie verließ, um nach den Pferden zu sehen, wurde ihr die Bedeutung seiner Worte klar.

Er hatte sie „meine Frau" genannt.

Sie spürte Barbara mehr, als dass sie sie sah und drehte sich zu ihr um.

„Sie werden feiern heute Abend."

Barbara nickte grimmig.
„Ich weiß. Soviel verstehe ich inzwischen auch." Sie legte den Kopf ein wenig schief und sah Marie eindringlich an. „Ich verstehe aber viele andere Sachen nicht. Warum sagt er, du bist seine Frau? Trägst du etwa sein Kind?"
Marie spürte, wie ihr das Blut in die Wangen schoss.
„Nein, wie kommst du denn darauf?"
Barbara sah sie aus schmalen Augen an.
„Wie ich darauf komme? Du schleichst dich jeden Abend vor allen Augen in sein Zelt und kehrst erst im Morgengrauen zurück. Glaubst du, ich weiß nicht, was hier los ist? Du hast dich ihm hingegeben, einem gottlosen Indianer und nun lebt ihr wie Tiere ohne die Ehe zusammen." Sie machte einen Schritt auf Marie zu und ergriff sie an den Schultern. „Was ist nur mit dir geschehen, Marie? Was haben sie mit dir gemacht?"
Wütend löste sie sich aus ihrem Griff.
„Nichts haben sie mit mir gemacht, verstehst du? Sie machen überhaupt nichts mit irgendjemandem. Ich bin freiwillig in sein Zelt mit ihm gegangen und wir leben nicht in Sünde zusammen, hörst du mich? Ich bin seine Frau, das hast du doch gehört. Zwischen uns ist etwas, das so schön und gut ist, dass Gott es nicht schlecht finden kann. Ich gebe mich nicht einem Wilden hin. Ich schlafe bei dem Mann, für den mein Herz schlägt."
Marie holte tief Luft. Sie konnte selbst kaum verstehen, was sie da gerade gesagt hatte. Barbara wich einen Schritt von ihr zurück. „Ist das so? Liebst du ihn mit reinem, aufrichtigem Herzen? Wirst du bei ihm bleiben, dein Leben lang und seine Kinder bekommen, wirst du als Indianerin unter seinesgleichen leben, auch wenn dieser Krieg längst vorbei und wir anderen tot oder zurück bei unseren Familien sind?" Marie spürte, wie ihr die Tränen in die Augen stiegen.
„Ich", begann sie, „ich weiß es nicht."
Wieder fasste Barbara ihren Arm, doch diesmal sanfter.
„Ich verstehe nicht, was mit dir geschehen ist. Aber du bist meine Freundin, du bist alles, was mir geblieben ist. Marie, höre mich an, mache dich nicht unglücklich. Er ist ein Indianer, er kommt aus einer fremden Welt. Du wirst ihn niemals verstehen, genauso wenig wie er dich. Er glaubt nicht an Gott,

sondern an Geister, die in den Bäumen wohnen. Er trägt sein Haar so offen, wie es die Narren und Armen tun, er kennt weder die Schrift noch richtige Kleidung."
Sie griff Maries Kinn und drehte ihren Kopf.
Marie sah zu Netawatees, der sorgsam ihre Pferde versorgte, sie sah die einfache Lederkleidung, die er trug, die Schlangen auf seiner Brust und seinen Armen, sein wildes, schwarzes Haar. Sie sah die Kraft in seinen Bewegungen und dachte an seinen Geruch, die Art, wie er sie hielt, die Sanftheit seiner Stimme, wenn er mit anderen sprach, seine großen, kummervollen Augen.
Langsam löste sie Barbaras Hände. „Du verstehst das nicht, Barbara."
Sie drückte die Hände der Freundin einen Augenblick lang und wandte sich dann um, um zu Netawatees zu gehen.
„Marie", hörte sie Barbara hinter sich sagen. Gegen ihren Willen blieb sie stehen und drehte sich noch einmal herum.
„Marie, vielleicht bist du verhext, hast du daran schon einmal gedacht? Vielleicht haben sie dich mit einem Zauber belegt, damals, als du so viele Tage in der Hütte geschlafen hast." Marie sah Barbara aus aufgerissenen Augen an.
Dann schüttelte sie entschieden den Kopf.
„Nein, Barbara, es ist keine Hexerei. Es ist seine Seele, die meine ruft. Ich kann nicht anders, als ihrem Ruf zu folgen."
Sie spürte Barbaras Blick, der sich in ihren Rücken bohrte, als sie sich erneut umdrehte, zu Netawatees ging und ihren Arm um ihn legte.

Tatsächlich gab es nur wenig Mais auf den Feldern rund um die Siedlung zu ernten. Die Frauen brauchten nicht ganz sieben Tage, um kleine gelbe Kolben von den mannshohen Stauden in Körben einzusammeln und einige direkt zu Mehl zu mahlen.

Am Tag darauf, nach dem Untergang der Sonne, konnte das Grünmaisfest beginnen. Die Menschen aus Goschgosching versammelten sich in dem großen Versammlungszelt und setzten sich im Kreis auf den mit Matten ausgelegten Boden der Hütte.
Einige hatten ihre Gesichter mit roter und schwarzer Farbe bemalt, ihre

Haare trugen sie mit Federn und Muscheln geschmückt. Die Frauen saßen den Männern gegenüber und Netawatees zwinkerte Marie aufmunternd zu, als er sich mit gekreuzten Beinen zwischen den anderen Lenapé-Männern hinsetzte.
Als alle schließlich einen Platz gefunden hatten, erhob sich ein älterer Lenapé-Mann.
Sein dickes Haar hing im lang über die Schultern, weiße Strähnen darin kündeten von seinem Alter. Tiefe Falten zerfurchten sein schmales Gesicht, aus dem seine Augen stechend herausleuchteten.
„Das ist Neolin", flüsterte Gischapan neben ihr. „Große Kraft liegt in seinen Worten. Er spricht mit den manito`wak und sie hören auf ihn. Die Menschen sind von weit her gekommen, um ihn zu hören, immer mehr wollen seine Botschaft kennen."
Neolin stopfte eine lange und sehr kunstvoll verzierte Holzpfeife mit Tabakkraut aus einer ebenso kunstvoll verzierten Holzschale, dann entzündete er sie, nahm einen tiefen Zug und reichte sie an die anderen Männer auf dem Boden weiter.
Einer von ihnen begann in diesem Augenblick, leise die Trommel zu schlagen, ein dumpfes, stampfendes Geräusch im Hintergrund.
Der alte Mann erhob langsam seine Stimme, ließ sie zu einem melodischen Singsang anschwellen und erzählte den Menschen die Geschichte, wie Nanabosh, der große Geisthelfer des Lenapé-Volkes, ihnen den Mais brachte, damit sie auch in harten Wintern überleben konnten. Der monotone Klang seiner Stimme wurde durch das Rasseln eines Stabes, an dessen Ende ein Schildkrötenpanzer hing, betont. Marie erinnerte sich daran, einen solchen Stab schon einmal gesehen zu haben, in dem Zelt der jungen Lenapé-Indianerin, die sich um Jean gekümmert hatte, kurz bevor sie von ihm getrennt wurde. Ein kurzer, heftiger Schmerz brannte in ihrer Brust, doch sie hatte sich damit abgefunden, dass ihr Platz nun hier war, bei Netawatees und seinem Volk.
Der alte Mann beendete seine Geschichte mit lautem Gerassel der Schildkröte und ein zustimmendes Gemurmel und Rufen erhob sich unter seinen Zuhörern.
„Lenapé'wak", Neolin streckte sich und breitete die Arme hoch über sei-

nen Kopf aus. Ein eigenartiger, entrückter Ausdruck lag in seinen Augen und seine Stimme nahm einen beschwörenden Klang an. „Kishelamàk hat die Menschen geschaffen. Er schuf die Menschen mit weißer Haut und die mit schwarzer und er schuf die Lenapé und ihre Brüder aus allen Himmelsrichtungen von Taxwax, der Großen Schildkröte. Er gab ihnen unterschiedliches Land, auf dem sie leben sollten, in Frieden und ungestört voneinander, denn Kishelamàk wusste, wenn die Menschen mit ihren verschiedenen Hautfarben sich begegnen, dann wird es Krieg geben unter ihnen. Die Wapsitàk sind ausgezogen und haben sich zuerst in das Land des schwarzen Volkes begeben, um es ihm zu nehmen und das Volk zu seinen Sklaven zu machen. Dann sind sie über das große Wasser hierher gekommen und wollen uns unser Land nehmen. Sie wollen, dass wir verschwinden."
Feierlich hob er seine Hände über die Köpfe der Menschen vor ihm und Marie sah, wie die Menge gebannt an seinen Lippen hing.
Der Klang der Trommeln setzte wieder ein und Neolin schüttelte die den Schildkrötenpanzer in seiner Hand zu einem tragenden Rhythmus.
„Lenapé'wak, mein geliebtes Volk, meine Heimat, meine Seele! Es sind nicht nur ihre Waffen, die unser Blut vergießen, es ist ihr Zauberwasser in den Händen unserer Leute. Kishelamàk hat für jedes seiner Völker, dem weißen, schwarzen und den Lenapé'wak einen Weg bestimmt, eine Art zu leben und zu beten, die Geister zu ehren und auf die Jagd zu gehen. Doch die Lenapé'wak und ihre Brüder sind zu weit von ihrem Weg abgekommen. Sie versuchen, das Leben des weißen Mannes zu leben, sie trinken sein Zauberwasser und schießen mit seinem Pulver. Sie vergessen den Ruf ihrer Seele. Wir müssen zu unseren alten Wegen zurückkehren, wir müssen hören, was die Alten uns von den vergangenen Zeiten erzählen, wir müssen unsere Feste wieder feiern und die Manìto'wak ehren, sonst wird unser Volk untergehen, verschwinden und niemand wird mehr unsere Lieder singen. Viele unserer Krieger können heute nicht bei uns sein. Sie führen Krieg an der Seite der Wapsitàk gegen die Wapsitàk. Das kann nicht richtig sein. Meine Freunde!" Seine Stimme dröhnte in Maries Kopf, sie schien sich ungehindert im ganzen Raum auszubreiten.
„Lasst uns die Trommeln schlagen und die Tänze aus uralter Zeit tanzen. Kishelamàk wird es sehen und es wird ihm gefallen! Unsere Krieger werden

wieder zu uns zurückkehren und wir werden wieder ein Volk sein!“
An dieser Stelle brach unter den Zuhörern ein wahrer Begeisterungstaumel aus, sie sprangen auf und klatschten wild in die Hände, einige von ihnen ergriffen Neolins Hände und klopften ihm auf die Schulter.
Dann begannen vier Männer große Trommeln zu schlagen, in einem wilden, lauten Takt. Einige der Männer in der Mitte sprangen auf und begannen zu tanzen, erst langsam und vorsichtig, doch dann immer schneller, bis sie wild durcheinander sprangen. Sie bildeten einen Kreis und nahmen einen von ihnen in die Mitte.
Dieser begann zu singen, eine sehnsuchtsvolle, laute Melodie, anders als der eindringliche, hypnotische Gesang Neolins.
„Was singt er?“, fragte Barbara Marie.
Marie lauschte seinem Gesang eine Weile konzentriert und antwortete dann: „Er singt von einem Traum, den er gehabt hat. Sein Bruder ist ihm erschienen und hat ihn gewarnt, er solle sein Leben ändern. Er hat getrunken und seine Frau geschlagen.“
So ging es fort, die ganze Nacht hindurch. Die Männer tanzten und sangen, sie erzählten ihre Träume, ihre Hoffnungen und Ängste, sie erzählten die Geschichte ihres Volkes und von der Sehnsucht nach anderen, besseren Zeiten.
Die Frauen auf den Bänken klatschten in die Hände und wippten im Takt der Trommeln mit den Füßen.
Schließlich war auch Netawatees an der Reihe. Er sprang in die Mitte und schleuderte seine Arme und Beine zu einem wilden Tanz, sein Gesicht verzerrt vor Anstrengung. Wirr flog sein Haar um seinen Kopf und seine Stimme klang schrill und wütend, als er mehr schrie als sang: „Ich habe von einem Schiff geträumt, einem großen Schiff, das das Ende der Zeit so wie wir sie kennen, anzeigt.“
Keuchend holte er Luft. Schweiß rann seinen Körper hinunter und Marie konnte die Schlangen auf seinem Körper einen eigenen, zuckenden Tanz vollführen sehen.
„Die weißen Götter“, sang er mit rauer Stimme, „sind gekommen, doch als sie unsere Erde betraten, verwandelten sie sich in böse Geister.
Sie werden unsere Welt nicht mehr verlassen, doch ich träumte auch von

einem langen, traurigen Weg, den mein Volk gehen wird, um in eine bessere Zukunft zu finden. Ich weiß, die Lenapé sind bereit, ihn zu gehen.“ Die Frauen auf den Bänken schrien ihm begeistert etwas zu, als er begann, sich immer schneller und schneller zu bewegen.

Auch Marie starrte wie gebannt auf Netawatees zuckenden Körper, der sich wie in Ekstase hin und her warf und schließlich mit dem letzten dumpfen Trommelschlag auf dem Boden des Versammlungshauses zusammenbrach. Seine Brust hob und senkte sich in einem schnellen Rhythmus, sein ganzer Körper bebte.

Die Menschen jubelten ihm zu, die Frauen erhoben sich und auch die Männer sprangen durcheinander und wiederholten seine Worte. Alle klatschten und redeten durcheinander.

Ein Gefühl völliger Fremdartigkeit überfiel Marie plötzlich, als sie Netawatees so zwischen den Menschen seines Stammes mit bebenden Schultern auf dem Boden liegen sah, als seien die letzten Jahre bei den Lenapè wie weggewischt.

Die Rufe und Trommelschläge verloren ihren vertrauten Klang und selbst die Gesichter der Menschen, die sie seit so vielen Wochen und Tagen kannte, erschienen ihr die von Fremden zu sein.

Sie sah Netawatees an, doch er bemerkte sie nicht, so sehr war er mit den Zurufen seiner Leute und ihrem Schulterklopfen beschäftigt.

In den letzten Wochen waren sie einander so nahe gewesen, dass sie manchmal das Gefühl gehabt hatte, nicht mehr zu wissen, wo sie begann und er aufhörte, als verwischten sich die Grenzen zwischen ihren Körpern und ihren Seelen mit jeder Berührung, mit jedem Wort, das sie sich erzählten.

Sie kannte seinen Körper, jede seiner Eigenheiten war ihr vertraut und wurde von ihr mit einer solchen Heftigkeit begehrt und geliebt, dass es sie selbst manchmal erschrak. Doch als sie ihn im Kreise seines Stammes zwischen den tanzenden und trommelnden Kriegern und den johlenden Frauen auf dem Boden liegen sah und die tiefe Sehnsucht in seinen Worten, die unstillbare Wut seiner Gesten noch in ihr nachhallten, war er ihr so fremd wie es die Indianer ihr am ersten Tag gewesen waren. Sie erinnerte sich wieder an das Gefühl, das sie vor dem Überfall auf Kittanning so oft empfunden hatte, das Gefühl einer unsichtbaren Mauer.

Bisher hatte sie keine Sekunde daran gezweifelt, dass ihre Liebe zu Netawatees, das Gefühl zwischen ihnen, diese Mauer lange überwunden hatte, dass sie sich auf einer Ebene begegneten, auf der solche Dinge keine Bedeutung hatten.

Aber Netawatees Tanz, seine Schreie erzählten eine andere Geschichte.

Marie senkte den Kopf, damit niemand die Tränen sah, die in ihren Augen standen, doch die Lenapé waren mit so mit sich und dem Fest beschäftigt, dass niemand auf sie achtete.

Es war Barbara, die schweigend nach ihrer Hand griff und sie festhielt.

Überrascht und dankbar erwiderte Marie die Berührung und still saßen sie beieinander, während die Indianer die Nacht hindurch tanzten und trommelten.

Erst im Morgengrauen löste sich die Versammlung auf.

Maries Ohren summten von den Klängen der Trommeln und die lauten Gesänge hallten in ihrem Kopf wieder.

Netawatees Haar klebte ihm nass auf den Schultern, sein Atem ging schnell und seine Beine zitterten, als sie im Licht des anbrechenden Tages zu ihrem Lager gingen.

Auf seinem Gesicht lag ein seltsamer Ausdruck, den Marie kannte.

So sah er auch aus, wenn er mit ihr geschlafen hatte, ein entrückter, sehnsuchtsvoller Blick in seinen tiefdunklen Augen.

Sie krochen unter die schweren Felldecken in ihrem hastig errichteten Zelt.

Hungrig fasste er sie, kaum, dass sie darunter lagen, und zog sie an sich.

Keine Zärtlichkeiten hielten ihn auf dem Weg in sie auf, er packte ihre nackten Schenkel und drängte sich in sie. Er erschien Marie mit einem Mal wie ein Fremder, als habe es all die vergangenen Momente der gemeinsamen Zärtlichkeit nicht gegeben.

Die Schlangen auf seinen Armen zuckten im Takt seiner Muskeln, schneller, immer schneller, als wiederholten sie seinen wilden Tanz während des Festes. Dann hielt er plötzlich inne und sah sie an.

Marie hob den Kopf und legte sein Gesicht an ihres. Sie konnte fühlen, wie sich ihre Gedanken mit den seinen verbanden, sie fühlte seine Sehnsucht, seinen Zorn, die stille Verzweiflung in seinem Innern.

„Ahoaltie‘que“, flüsterte sie in sein Ohr, doch er hörte sie kaum. „Ich liebe dich."

Das Fest der Lenapé dauerte zwölf Tage lang, denn zwölf war die heilige Zahl. An jedem Tag versammelten sich die Menschen bei Sonnenuntergang in dem Haus, um Neolin, der den Menschen seines Volkes die Kraft ihrer Vorfahren zurück geben wollte.
Sie dankten für die reichen und warmen Felder, für die Ernte des Maises, den Ahornsirup und baten um viel Wild und Fisch für den Winter. In unzähligen Gesängen und Tänzen baten sie darum, dass die Saat des neuen Jahres gelingen würde und sie alle ernähren konnte, dass ihre Dörfer von Hunger und Krieg verschont blieben und die Krankheiten, die die manito'wak ihnen von Zeit zu Zeit sandten, an ihnen vorübergingen.
Die Frauen lauschten den Gesängen der Männer, ihren traurigen, ihren wütenden Geschichten, sie ließen sich vom Klang der Trommeln hinfort tragen, und wenn einer der Männer besonders gut tanzte, dann sprangen sie von ihren Plätzen und jubelten ihm zu, doch keiner tanzte so gut, wie es Netawatees getan hatte, keiner reichte an seine Kraft, an seine Tiefe heran, wie Marie nicht ohne Stolz bemerkte.
Auch am Abend des letzten Tages der Zeremonie riefen die Trommeln die Bewohner von Goschgosching zusammen, doch das Ritual hatte seine Fremdartigkeit für Marie verloren, keine Trauer überkam sie mehr, wenn sie Netawatees zwischen den Männern auf dem Boden sitzen sah.
„Heute", flüsterte Gischapan ihr zu, als sie das Zelt betraten, „heute tanzen die Frauen und die Männer sehen zu." Ein seltsames Gefühl der Erregung erfasste Marie. Barbara zögerte sichtlich, doch die Vorstellung, allein zwischen den Männern zurück zu bleiben erschien ihr wohl deutlich unheimlicher, als den Frauen zu folgen, sodass sie sich zu ihnen setzte.
Die Trommeln erklangen und Neolin erschien in ihrer Mitte.
Wie an den anderen Abenden zuvor hob er die Schale mit den heiligen Kräutern der Lenapé empor und ließ ihren Rauch die Seelen der Anwesenden erreichen und ihre Bitten und Danksagungen mit sich in den Himmel nehmen.
Dann hob er die Schildkrötenrassel in seiner Hand und sagte: „Heute ist der letzte Tag des Grünmaisfestes, des höchsten Festes, das unser Volk kennt

und dieser Tag gehört den Frauen. Wir feiern den Mais des vergangenen Sommers und bitten um eine gute Saat für das neue Jahr.“ Einige der Frauen klatschten begeistert in die Hände.

„Es sind nicht Frauenhände, die den Bogen und den Speer in den Krieg tragen, sie kennen die Wege des Krieges nicht, doch sie sind es, die die Krieger gebären und sie sind es, die um ihre toten Söhne weinen.“ Er hielt inne und ließ die Schildkröte in seiner Hand laut rasseln.

„Doch es sind Frauenhände, die unsere Felder bestellen. Sie säen den Mais im Frühjahr, wachen über sein Wachstum und bringen die Ernte ein. Sie mahlen sein Korn und backen das Brot. Sie sind es, die unsere Zelte errichten, die unsere Wunden heilen. Das Geheimnis unseres Lebens empfangen wir aus dem Schoß der Frauen, sie sind das Tor unserer Seelen in die Welt. Kein Mann kann die Kraft einer Frau erreichen, ganz gleich, wie viele Feinde er im Kampf zu töten vermag. Aus diesem Grund gehört dieser Tag den Frauen und wir wollen ihnen zu hören und ihre Tänze sehen, damit ihre Kraft unser Volk für die Zukunft stärkt.“ Die Männer stampften zustimmend mit den Füßen.

Der Klang der Trommeln veränderte sich, und als Marie aufsah, bemerkte sie, dass Sisawin hinter der großen Trommel kniete und den Takt schlug. Er unterschied sich deutlich von dem der Männer, auch wenn sie nicht hätte beschreiben können, worin dieser Unterschied bestand. Gischapan neben ihr schloss die Augen und begann, leise zu singen.

Zuerst waren ihre Worte unverständlich und ihre Stimme klein neben den mächtigen Trommelschlägen, doch mit jeder Silbe, die über ihre Lippen kam, gewann ihr Gesang an Kraft, bis ihre Stimme jeden Teil und jeden Körper im Raum erfüllte.

Marie kannte die Macht, die Gischapans Stimme inne wohnte und sie schloss die Augen und ließ ihre Worte durch sich hindurch strömen.

Weit streckte sie ihre Arme von ihrem Körper aus, eine Bewegung, die jeden im Raum erfasste, obgleich sie von so schmaler und kleiner Statur war.

„Ihr Männer habt viel gesprochen in den letzten Tagen. Ihr habt uns von euren Träumen und Visionen erzählt, in denen die Geister zu euch sprachen. Ihr habt viel von der Feindschaft des weißen Mannes gesprochen, von seinen Waffen und von unseren Waffen. Habt ihr vergessen, dass euch nichts

verletzlicher machen kann, als Feindschaft in euren Herzen? Dieses Gefühl öffnet euch für die schlechten Gedanken eures Gegners und es wird euch töten, wenn ihr es nicht verhindert." Raunen und Gemurmel war von den Bänken zu hören.
„Der weiße Mann ist in unser Land gekommen, er hat den Rücken der Großen Schildkröte betreten. Er ist unser Bruder. Wir müssen aufhören, unsere Waffen gegen ihn zu erheben und Frieden mit ihm schließen. Sonst werden noch viele einen sinnlosen Tod sterben. Diesen Krieg werden wir nicht gewinnen können." Die Frauen neben ihr klatschten laut und übertönten die Rufe der Männer von den Bänken. „Kommt, meine Schwestern", sagte Gischapan, „kommt und tanzt mit mir für die Rückkehr des Friedens, damit die Wälder wieder voll Wild, die Felder voll Korn und unsere Herzen voller Glück sein können."
Die Frauen erhoben sich und Sisawin veränderte den Takt ihrer Schläge, sie wurden heller und schneller. In einem Kreis stellten sich die Indianerinnen auf und nahmen Marie wie selbstverständlich in ihre Reihen auf. Ein flüchtiger Blick von ihr fiel auf Barbara, die zurück gewichen und nun am Eingang des Hauses stand, direkt unter der Maske mit dem angstvollen und dem wütenden Gesicht, doch dann zogen die Frauen sie mit sich.
Zögernd nur ergriff die Musik Besitz von Marie. Sie schloss die Augen und sie fühlte den Gesang der Frauen durch sich hindurch strömen, die Kraft ihrer Gemeinschaft, die Sehnsucht nach Frieden und ihre Beine und Hüften bewegten sich scheinbar wie von selbst, im Gleichklang mit den anderen, als seien sie alle nur Glieder ein- und desselben Körpers.
Schneller und lauter wurden die Schläge von Sisawins Trommel, immer durchdringender der Gesang. Maries Mund formte Worte, die sie nicht verstand, die sie aber zugleich mit Gefühlen erfüllten, die fremd und zugleich vertraut waren. Schweiß trat ihr auf die Stirn, sie warf ihr Haar zurück und gab sich den Klängen hin, wirbelte mit den Frauen umher, als verliehen die Trommelschläge ihnen Flügel und die Welt um sie herum verschwand hinter einem Vorhang aus verwischten Farben.
Als der letzte dröhnende Trommelschlag erklang, sanken einige Frauen wie erschöpft zu Boden. Die Männer sprangen von ihren Bänken, sie schrien vor Begeisterung. Atemlos blieb Marie stehen und öffnete die Augen. Ihr Blick

begegnete Netawatees, der sie unverwandt ansah und sie las in seinen Augen all die Dinge, die sich nicht in Worte fassen ließen, seine Begierde, seinen Schmerz und seine Liebe. Langsam trat sie auf ihn zu und ihre Hände umfassten einander. „Putamohen“, sagte er so leise, dass niemand außer ihr sie verstehen konnte. „Du bist die schönste Indianerin, die mir je begegnet ist. Unser Schöpfer kann stolz auf dich sein.“ Marie lächelte ein wenig verlegen, doch zugleich stolz. Ihr Herz raste vor Anstrengung und da war noch etwas in ihrem Körper, ein Pochen, ein Rufen.
„Komm“, flüsterte sie und streckte die Hand nach ihm aus.

*

1758

Der Februar in Hartford war bitterkalt. Kleine Eisblumen schmückten die Fenster des Gemeindehauses und der graue Schneehimmel hing tief über der Stadt.
Lord Loudoun rieb sich seine schmalen, klamm gefrorenen Finger mit den manikürten Fingernägeln, während er ungeduldig vor dem Rednerpult auf- und abschritt.
Vor ihm versammelten sich die Gouverneure der neu-englischen Kolonien samt ihren Schreibern und anderen Abgesandten auf den in sauberen Reihen angeordneten Stühlen.
Loudouns Gesicht verfinsterte sich, als er William Shirley und Thomas Pownall unter ihnen ausmachte.
Die beiden waren zu einem nicht unerheblichen Teil schuld daran, dass seine militärischen Pläne zu einem Fiasko geworden waren. Sie hatten sich standhaft geweigert, die von ihm als General-Kommandant und damit höchstem Amtsträger ganz Nordamerikas geforderten Männer einzuberufen und bereitzustellen, und den regulären Soldaten aus England Quartier zu bieten. In ihrem aufrührerischen Widerstand hatten sie auch die anderen Kolonien dazu gebracht, sich bezüglich Loudouns Forderungen zurückhaltend zu zeigen, sodass nun der gesamte Angriff auf Neu-Frankreich infrage gestellt war.
Eindringliche Briefe, deren strenger Ton keinen Zweifel daran ließ, wie

ernst man die Lage am Königshof inzwischen interpretierte, hatten ihn zum Jahreswechsel aus England erreicht.
Fort William Henry war bereits in der Hand des französischen Generals Montcalm und auch Fort Edward würde bald fallen. Ein englischer Einmarsch nach Neu-Frankreich war damit in weite Ferne gerückt, im Gegenteil befürchtete die Zivilbevölkerung und ihre hetzerische Presse ein Vordringen französischer Truppen in die englischen Kolonien.
Wütend schlug er mit seinem Paradestab gegen das Holz des Rednerpults, um sich in dem allgemeinen Lärm Gehör zu verschaffen, doch es dauerte dennoch eine ganze Weile, bis Ruhe in dem Saal eingekehrt war. James Abercromby sah unruhig zwischen seinem Vorgesetzten und den Gouverneuren hin und her und befürchtete, jeden Augenblick Zeuge eines neuerlichen Wutausbruchs zu werden.
Loudoun ließ seinen Blick langsam zwischen den Männern umherwandern, sie sollten wissen, dass er sie im Auge hatte, sie und ihr unloyales, verräterisches Verhalten.
„Meine Herren“, sagte er schließlich und ärgerte sich im gleichen Moment über seine Stimme, die seltsam dünn und hoch klang. „Ich bin nicht gewillt, noch mehr Zeit zu verschwenden.
Ungeheuerliches hat sich ereignet. Unser Vorstoß ist durch die Unfähigkeit einiger von Ihnen völlig zum Erliegen gekommen, der Feind steht an unseren Grenzen. Nur eine erfolgreiche und unerbittliche Offensive in den nächsten Monaten kann das Blatt noch wenden.“
Seine Stimme hatte zu ihrer gewohnten Festigkeit zurück gefunden und zerschnitt nun mit eisigem Klang den Raum.
„Unsere Hoheit, König George II. und sein ergebener Sekretär, Sir William Pitt lassen keinen Zweifel daran, dass der Sieg über Frankreich in den Kolonien von höchster Priorität ist.“
An dieser Stelle machte er eine kurze Pause und richtete seinen stechenden Blick direkt auf Thomas Pownall und William Shirley.
„Meine Berechnungen haben ergeben, dass mir von den Kolonien New York, New Jersey, Pennsylvania und Massachusetts mehr als zweitausend Männer zur Verfügung stehen sollten. Wo sind sie?“
Die letzten Worte hatte er so laut geschrien, dass James Abercromby neben

ihm erschrocken zusammen gefahren war.
„Ich werde“, fuhr der General-Kommandant fort, nachdem er seine Fassung wieder erlangt hatte, „derartige mutwillige Verzögerungen nicht länger hinnehmen. Ihr Handeln entspricht dem Tatbestand einer Rebellion gegen seine Majestät George II.“
Unruhe brach aus unter den Männern vor ihm aus und ein zufriedenes Glitzern trat in seine Augen.
„Sollten sich“, sagte er und sah sie der Reihe nach scharf an, um keinen Zweifel an der Ernsthaftigkeit seiner Drohung aufkommen zu lassen, „nicht innerhalb der nächsten vier Wochen die geforderten Männer bei meinen Kommandanten melden, werde ich dies genauso nach London vermelden - mit allen zu erwartenden Konsequenzen.“
Beklommenes Schweigen schlug ihm nach seiner Rede entgegen und er trat triumphierend einen Schritt von dem Rednerpult zurück.
Sie hatten ihn herausgefordert. Und er hatte sie besiegt.
Es war Thomas Pownall, der sich zuerst mit einem leisen Räuspern zu Wort meldete.
„Mit aller Ehrerbietung, die ich Euch als oberstem Kommandanten der Krone von England zugestehe, kann ich Eurer Forderung nicht entsprechen.“
Ein Raunen ging durch die Reihen, vereinzelte Rufe und zustimmendes Klopfen waren zu hören.
Abercromby konnte beobachten, wie Loudouns Gesichtsfarbe innerhalb von Sekunden die vertraute tiefrote Farbe annahm, und wich vorsichtshalber noch einen Schritt von ihm zurück.
„Wie könnt Ihr es wagen?“, presste Loudoun hervor. „Das ist Rebellion und wird Euch Euren Kopf kosten.“
Pownall schien dies nicht zu beeindrucken, denn er erhob sich und ein kaum verhohlenes Lächeln umspielte seine Mundwinkel. „Mit Verlaub, Lord Loudoun, es scheint eher, als sei es Euer Kopf, der zurück nach London rollt.“
Vereinzeltes Gelächter war in den Reihen der Gouverneure zu hören, das jedoch sofort verstummte, als der Blick des General-Kommandanten auf sie fiel.
Pownall entnahm seiner Tasche ein Schriftstück, auf dem schon von Weitem

erkennbar das Siegel des Königs klebte, und gab es einem seiner Schreiber, der es nach vorne zu Loudoun trug.
Dieser erdolchte den Mann fast mit seinen Blicken und nahm den Brief mit eisigem Schweigen entgegen, bevor er ihn mit spitzen Fingern entrollte.
Vorsichtig reckte Abercromby ein wenig seinen Kopf und las die Zeilen über die schmalen Schultern seines Vorgesetzten hinweg mit. Seine Augen weiteten sich vor Erstaunen, als er den Brief zu Ende gelesen hatte und auch Loudoun ließ das Papier fassungslos sinken.
Ein lautes Hüsteln Pownalls, das entfernt an ein hämisches Lachen erinnerte, ließ die Köpfe der gespannten Gouverneure zu ihm herumfahren.
„Wie ich Eurem Blick entnehme, war Euch der Inhalt dieses Briefes nicht bekannt“, sagte er, doch Loudoun gab ihm keine Antwort. Mit einem gekünstelten Lächeln fuhr er fort: „Meine Herren, dann werde ich Sie wohl aufklären müssen. Dieser Brief unseres allseits verehrten Staatssekretärs, William Pitt im Auftrage unserer Majestät, König George II. erreichte mich in den Stunden vor meiner Abreise nach Hartford. Es gab einige Verzögerungen, deshalb wollte es der Zufall oder das Schicksal, dass ich noch anwesend war, als der Bote mein Haus erreichte. Dramatische Entwicklungen auf dem alten Kontinent haben unseren König in große Sorge versetzt. Hannover, die geliebte Heimat unserer Majestät ist nach der Niederlage in der Schlacht von Hastenbeck einer französischen Invasion schutzlos ausgeliefert. Deshalb besitzt ein rascher Sieg über Frankreich nun höchste Priorität am Hofe.
Man hat dort nach den Ereignissen des vergangenen Sommers das Vertrauen in die Vorgänge hier verloren. Lord Loudoun wird mit sofortiger Wirkung als General-Kommandant abberufen und muss sich in London für seine Fehler verantworten.“
Lärm brach aus in den Reihen um ihn herum, erregt sprangen die Männer auf und riefen durcheinander. Lord Loudoun jedoch schien zu wanken, er taumelte einige Schritte zurück und klammerte sich mit bleichem Gesicht an dem Rednerpult fest.
Pownall beobachtete ihn mit dem Genuss einer Katze, die eine Maus in die Falle gelockt hatte, und erhob seine Stimme für den finalen Stoß: „Oberste Befehlsgewalt behält ab nun William Pitt persönlich. Im Frühjahr wird ein neuer General-Kommandant eingesetzt, in der Zwischenzeit wird James

Abercrombie das Amt übernehmen. Man will sich in England keine weiteren Niederlagen leisten. Der Angriff auf Neu-Frankreich soll in diesem Frühjahr mit neuer Härte voran getrieben werden. Aus diesem Grund bittet“, hier hielt er einen Moment inne und ließ das Wort auf die aufgeregte Menge wirken, „bittet er die Gouverneure der Kolonien, so viele Männer und Mittel, wie sie entbehren können, unter eigenen Kommandanten bereitzustellen.“ Seine letzte Worte gingen in dem Tumult unter, der nun ausbrach.
Einige der Gouverneure schüttelten sich begeistert die Hände und klopften ihm auf die Schulter.
Loudoun jedoch wankte rückwärts, bis er den schweren Stoff des Vorhanges an seiner Hand hinter seinem Rücken fühlte. Bis auf Pownall und Shirley bemerkte niemand, wie er dahinter verschwand.

*

Der Winter hielt Goschgosching fest in seiner eisigen Hand.
Schneeflocken fielen leise durch den Rauchabzug in Maries Zelt und vergingen zischend in den Flammen ihrer Feuerstelle. Die wenigen Vorräte der Lenapé waren bereits vor einigen Wochen zu Ende gegangen und die Männer hatten begonnen, die wenigen mageren Hunde der Siedlung zu schlachten. Ein Stück eines Hundeschenkels kochte nun im Sud über den Flammen. Der Hunger hatte Marie nur allzu rasch den Ekel vor dem Fleisch vergessen lassen, das seltsam fade schmeckte. Die Lenapé sahen ihre Hunde nicht nur als tierische Gefährten, sondern auch ganz selbstverständlich als Notration für schlechte Zeiten an.
Marie schlang sich eine Decke um und verließ ihre gemeinsame Hütte, um zu den Vorratstöpfen zu gehen, die hinter Gischapans Hütte lagen. Sie hatten einige Körbe in der lehmigen Erde oberhalb des Flusses versenkt und bewahrten dort ihre Vorräte auf.
Sie schob den schweren Stein beiseite, der die Gruben verdeckte, und füllte einen kleinen Korb mit einigen wenigen getrockneten Bohnen, die sie noch hatte aufbewahren können, kümmerliche braune Körner, kaum eine Handvoll. Barbara kam ihr entgegen, als sie aufstand, um zurück zu ihrer Hütte zu gehen, ihr Gesicht blass und schmal.

Marie berührte sanft ihren Arm, als sie sie fragte: „Was ist mit dir?"
Barbara schüttelte nur stumm den Kopf, doch Tränen glitzerten in ihren Augen.
Schweigend schritten sie nebeneinander her durch den Schnee, der zwischen den Hütten lag.
„Ich ertrage es nicht", brach es plötzlich aus Barbara heraus. „Der Hunger, die Kälte in den Zelten … zu Hause wäre nun bald Weihnachten." Das Wort löste auch in Marie längst vergessene, schmerzhafte Bilder aus, doch sie schüttelte den Kopf und schob einen Arm aus der Wärme unter ihrer Decke und legte ihn um sie.
Niemand außer ihnen war zwischen den Hütten zu sehen, denn es dämmerte bereits und der Schnee fiel immer dichter auf das Dorf.
„Komm", sagte Marie, „ich werde uns etwas zu essen machen." Barbara leistete keinen Widerstand und ließ sich mit ihr ziehen.
Netawatees sah überrascht auf, als die Mädchen gemeinsam die Hütte betraten.
Nie zuvor war Barbara in ihre Hütte gekommen.
Marie weichte die Bohnen in einem Topf mit Wasser ein und wendete das Fleisch über dem Feuer. Dabei bemerkte sie, wie Barbara Netawatees misstrauisch ansah. Er war damit beschäftigt, sich ein paar Schneeschuhe zu bauen, um damit in wenigen Tagen auf die Bärenjagd zu gehen, bevor diese aus ihrem Winterschlaf erwachten.
Ein heftiger Windhauch erfasste die Hütte und rüttelte an den Rindenwänden. Barbara schlang ihre Arme um die Knie und begann, leise zu weinen. „Gischapan hat mich gefragt, ob ich einen ihrer Brüder heiraten will", schluchzte sie leise. Marie runzelte die Stirn. „Und?" Barbara warf ihr einen Blick zu, der verriet, dass diese Frage völlig unangebracht war. „Ich habe ihr gesagt, dass ich lieber tot wäre, als mich einem von ihnen zur Frau zu geben." Marie seufzte und war insgeheim froh, dass Netawatees ihre Unterhaltung nicht verstehen konnte, da sie deutsch miteinander sprachen.
„Es ist alles so schrecklich!", wimmerte Barbara leise.
„Oh, Barbara", sagte Marie leise und legte hilflos ihre Hand auf ihre.
Barbara hob den Kopf und sah sie aus rot geräderten Augen an.
„Was soll nur werden, Marie? Die Zeit vergeht und wir sind immer noch bei

den Indianern. Vielleicht erinnert sich niemand mehr an uns.“
Stumm sah Marie sie an.
„Was ist, wenn wir nie wieder zurück kommen, sondern hier, bei den Indianern sterben?“
Tränen stiegen ihr wieder in die Augen und sie schluchzte heftig.
„Wir werden immer älter und älter. Wenn ich zu Hause leben würde, hätte ich sicher einen Mann, Samuel hätte gewiss irgendwann um meine Hand angehalten. Und ich sitze hier, unter diesen Wilden.“ Marie strich ihr tröstend über den Rücken.
„Was soll ich nur tun?“ Sie starrte Netawatees an, der sie gar nicht zu beachten schien.
„Du hast ihn. Sag, Marie, ganz ehrlich, bist du glücklich?“
Marie sah sie zögernd an. „Das kann ich dir nicht sagen“, antwortete sie leise. „Nach allem, was geschehen ist …“ Barbara nickte und wischte sich entschlossen die Tränen vom Gesicht.
„Ich will keinen Indianer zum Mann“, sagte sie trotzig, „ich will nach Hause, verstehst du?“
Schniefend sah Barbara sie an.
„Du willst nicht mehr zurück, nicht wahr?“ Marie setzte zu einer Antwort an, doch in diesem Moment erkannte sie, dass sie es selbst nicht wusste.
Barbara wartete ihre Antwort nicht ab, sondern fuhr fort: „Vermutlich könntest du es auch nicht mehr. Du kannst nicht mehr die ehrbare Braut eines guten Mannes werden.“ Sie erhob sich plötzlich, doch bevor sie aus dem Zelteingang ging, drehte sie sich noch einmal um und sagte: „Dein Vater, Marie, er hätte es sich gewünscht, dass du glücklich wirst.“ Dann verschwand sie.
Marie blieb allein mit ihren Gedanken zurück, Netawatees schien nichts von ihrer Unterhaltung auf deutsch mitbekommen zu haben und war mit seinen Schneeschuhen beschäftigt.
Barbara mochte recht haben. Ein Teil von ihr konnte und wollte nicht wieder nach Tulpehocken zurückkehren.
„Warum ist deine Freundin so traurig?“, fragte Netawatees sie in ihre Gedanken.
Stumm hob Marie ihre Schultern und strich sich gedankenverloren eine

Haarsträhne, die sich aus ihren Zöpfen gelöst hatte, aus der Stirn.
„Sie vermisst ihre Familie. Sie ist einsam.“ Er erhob sich, um die Matte am Eingang mit einigen Lederriemen zu befestigen, damit der Wind sie in der Nacht nicht fortriss.
„Du bist doch hier.“ Er legte etwas Holz auf das Feuer nach.
Marie schüttelte den Kopf. „Ihre Mutter und ihre kleine Schwester sind noch am Leben. Sie warten gewiss auf sie.“
Sie spürte seinen forschenden Blick auf sich ruhen und sah ihn an. „Was ist mit dir, Putamohen, vermisst du jemanden?“ Nie zuvor hatten sie über ihre Entführung und ihre Familie gesprochen, als wüsste sie, dass dies eine tiefe Kluft zwischen ihnen aufreißen könnte. Rasch senkte sie den Blick und murmelte leise: „Meinen Bruder. Aber er ist vermutlich nicht mehr am Leben. Als ich ihn das letzte Mal gesehen habe, war er sehr krank. Shingas hat auf ihn geschossen, als …“, sie konnte nicht weitersprechen, zu schmerzhaft waren die Bilder, die bei ihren Worten in ihrem Kopf aufstiegen.
Sanft sagte Netawatees: „Viele Menschen verlieren die, die sie lieben, durch die Hand anderer.“
„Was ist mit deiner Familie?“, fragte sie ihn.
Er wandte seinen Blick ab.
„Meine Familie ist hier, Gischapan ist meine Tante und Galasko mein Onkel.“
„Aber wo ist dein Vater und deine Mutter? Hast du denn keine Geschwister?“
Sie konnte den Schatten sehen, der bei ihrer Frage über sein Gesicht flog.
„Sie sind gestorben in Kittanning. Jacob war mein Vater. Er war so stark wie zehn Krieger auf einmal und die Jenkise haben ihn sehr gefürchtet. Als sie Kittanning angegriffen haben, haben sie sein Haus in Brand stecken müssen, damit er herauskam. Dann haben sie ihn und meine Mutter erschossen. Meine Geschwister verbrannten in dem Haus.“
Marie glaubte, Tränen in seinen Augen schimmern zu sehen, kroch zu ihm und umschlang seinen Hals mit ihren Armen.
Schweigend saßen sie beieinander und hielten sich eng umschlungen, bis die Glut ihres Feuers zusammen gesunken war und Netawatees sich erhob, um trockenes Holz zu holen.

Als die Flammen wieder höher schlugen, fragte Marie ihn leise, ohne ihn dabei anzusehen: „Bist du bei den Männern gewesen, die die Siedler überfallen und entführen?"
Es schien ihr aus dem Augenwinkel, als zuckte er bei ihrer Frage zusammen, doch seine Stimme klang ruhig und fest, als er ihr antwortete: „Nein, ich bin nie mit ihnen geritten."
„Warum nicht?"
Seine Antwort kam nicht sofort, er schob einen Ast zurück in die Flammen und richtete sich dann wieder auf.
Schließlich sagte er: „Weil es falsch ist. Nicht die Siedler sind unser Problem, sondern die Irokesen-Liga. Taxwax Mèna'te, das Land auf dem Rücken der großen Schildkröte ist so groß, dass wir weit genug von den Siedlern wegziehen können. Unsere Heimat am Lenapwihìtàk ist verloren. Aber solange die Irokesen behaupten, sie seien die Herren über die Lenapé, werden wir niemals frei sein. Du hast gehört, was Neolin sagt: Wir müssen unsere eigenen Wege wieder finden. Jede der Menschengruppen hatte ihren eigenen Weg, und wenn sie ihn verlässt, geschehen schreckliche Dinge. Die Irokesen versuchen, wie Wapsitàk zu leben und zu denken, deshalb sind sie verdorben. Aber mein Volk wird wieder zu seinen Wurzeln zurück finden, ohne Feuerwasser, den Mann am Kreuz und Gewehre."
„Was wirst du tun, wenn die Engländer euch besiegen?" Sie konnte nicht verhindern, dass ihre Stimme ein wenig zitterte.
Netawatees straffte sich sichtlich. „Wir sind große Krieger. Sie werden uns nicht besiegen. Solange wir kämpfen, werden wir nicht verlieren."
Er schichtete das übrige Holz neben dem Eingang auf und setzte sich dann mit gekreuzten Beinen neben sie auf die Matte.
„Ich war dabei, als die Engländer unter Häuptling Braddock Fort Duquesne angriffen. Sie hatten keine Chance gegen unsere Krieger. Wenn sie in den Ohio kommen, werden wir sie besiegen. Dieses Land wird niemals ihnen gehören."
Nur das Knistern des Feuers störte ihre Gedanken, als sie nebeneinander saßen und über die Worte des anderen nach dachten.
„Was ist mit dir, Putamohen?", fragte er sie schließlich leise und sie spürte seinen Blick.

„Willst du fort von hier?“
Langsam hob sie den Kopf und erwiderte seinen Blick.
„Ich will nicht fort von dir“, sagte sie und küsste ihn.

*

Es war lange her, dass Conrad Weiser diesen Weg gegangen war.
Nach den Ereignissen der letzten Monate erschien es ihm, als gehörten die Erinnerungen an diesen Ort zu einem anderen, längst vergangenen Leben.
Er konnte den süßen Rauch von Zedernholz und Tabak riechen und hören, wie die dumpfen Trommelschläge seine Ankunft ankündigten.
Er holte tief Luft, bevor er den letzten Schritt machte und das Langhaus der Irokesen-Liga betrat, in dem das große Ratsfeuer brannte. Die Häuptlinge der sechs Stämme saßen entlang der Seiten, je sechs an jeder.
Alle waren sie gekommen, Cayutanego von den Seneca, Kinkan von den Onondaga und Shickellamy, der den Mohawk vorstand.
Hier an dieser Stelle kamen sie zusammen, um über das Geschick ihrer Völker zu entscheiden, hier wurden Kriege begonnen und andere beendet.
Conrad blieb dicht vor den zuckenden Flammen stehen. Er konnte ihre Wärme auf seinem Gesicht spüren, als er langsam in die Gesichter der Männer sah, die ihn erwartet hatten.
Einst war er hierhin als ihr Bruder gekommen, als einer ihrer Krieger, auch wenn er nie Blut vergossen hatte.
Nun kehrte er zurück als Verräter.
So war es denn auch Shickellamy, der zuerst das Wort an ihn richtete, so wie es das Gesetz der Liga seit ihrem Anbeginn vor mehr als einhundert Jahren bestimmt hatte.
Das Recht, das erste Wort der Versammlung zu sprechen, gebührte seine Brüdern, den Männern, unter denen er wie ihresgleichen aufgewachsen war.
„Tarachiawagon, du bist unserem Ruf gefolgt“, richtete Shickellamy das Wort an ihn. Seine Stimme klang laut und dröhnend über das Knistern des Feuers hinweg.
„Es gab eine Zeit, da warst du einer von uns. Dein Herz schlug im gleichen Takt und ich selbst habe dir als meinem Bruder geschworen, mein Leben für

dich zu geben. Umso tiefer trifft mich dein Verrat."
Ihre Blicke trafen sich über das Feuer hinweg. Conrad konnte in den Augen seines Bruders lesen, wie viel Kummer ihm die Ereignisse der letzten Wochen bereitet hatte.
„Wir wissen von dem Vertrag von Teedyuscung und Gouverneur Denny", fuhr dieser mit rauer Stimme fort. „Die Nachricht von deinem Handeln hat uns alle mit tiefer Trauer erfüllt, denn wir haben dir vertraut. Nie hätten wir gedacht, dass uns der Dolch aus der Hand unseres Bruders trifft."
Conrad konnte die Blicke der anderen Häuptlinge auf sich ruhen fühlen und straffte seine Schultern. Stumm hielt er ihren Blicken stand.
„Es gibt Zeiten des Krieges und Zeiten des Friedens", sagte Shickellamy, „Es liegt nicht in unserer Hand, sie zu erzwingen. Auch nicht in deiner. Du hast dich anmaßend verhalten. Die Indianer im Ohio-Gebiet und auch Teedyuscung sind Aufständische, Verräter. Ein Vertrag mit ihnen ist soviel wert, wie der Ruf einer Eule am Tag. Die Konföderation der Irokesen erkennt ihn nicht an. Kehre zurück und bringe diese Nachricht an jene, die ihn geschlossen haben."
Conrad neigte ein wenig seinen Kopf.
„Ich habe eure Worte gehört, und nichts bereitet mir mehr Kummer, als euch, die ihr meine Brüder seid, traurig zu sehen. Doch viele Menschen sterben. Unschuldige, Kinder, Frauen.
Das Blutvergießen muss ein Ende haben."
In diesem Augenblick erhob sich Cayutanego. Seine schmalen Augen richteten ihren brennenden Blick auf Conrad.
„Wir wissen, dass es dein Wunsch nach Frieden war, der dich zu deinem Handeln getrieben hat, deshalb wollen wir dein Leben verschonen. Doch es wird niemals Frieden geben, wenn die Häuptlinge der Liga es nicht wünschen."
Shickellamy sah Conrad unverwandt an. „Großer Schmerz wohnt in unseren Herzen über deinen Verrat. Doch wir sind Brüder. Mein Schwur gilt dir noch immer und du bist noch immer ein Sohn der Hüter des östlichen Tores der Irokesen. Bedenke dies, wenn du deine Entscheidungen triffst."

*

Als der Schnee endlich taute und die Flüsse wieder hoch im Wasser standen, bauten Gischapan, Netawatees, Marie und Barbara ihre Zelte ab, um an einen anderen Ort zu ziehen, wo sie im Frühjahr etwas Getreide und Bohnen anbauen konnten.
Galasko hatte Goschgosching bereits vor einigen Wochen mit ungewissem Ziel verlassen und die Mädchen waren nicht traurig darüber, ihm nicht begegnen zu müssen.
„Viele meines Stammes leben nun in Tuscarawas“, erklärte Netawatees Marie am Abend vor ihrer Abreise. „Der Boden ist fruchtbar und sie erwarten uns dort.“
Marie hatte nichts dagegen einzuwenden, sie hatte es aufgegeben, sich an einem Ort auf Dauer einrichten zu wollen. Manchmal erschien es ihr, als könnten die Lenapé nicht anders, als von Zeit zu Zeit davon zu ziehen, ganz gleich wie gut der Boden oder die Jagd war, als läge es in ihrem Blut, ihre Zelte zu packen und sich einen neuen Ort zu suchen.
Sie verstauten ihre wenige Habe in zwei Kanus und lenkten ihre Boote dann auf den schnell fließenden Strom des Ohio. Marie konnte die Vögel zwitschern hören und die Sonne ließ vorsichtig etwas von der Kraft ahnen, die sie im Sommer haben würde.
Sogar Barbara, die hinter Gischapan in dem schmalen Boot saß, schloss die Augen und genoss die ersten warmen Strahlen auf ihrer blassen Haut.
Der lange, dunkle Winter lag hinter ihnen und als sie zwischen den langsam erblühenden Bäumen und Büschen der Wälder hindurch liefen, schien es Marie, als könne sie das Versprechen der Natur fast hören, dass das Frühjahr und der Sommer sie für all ihre Entbehrungen entlohnen würde.
Ein neuer Sommer nahte und Wärme und Überfluss kehrten zu ihnen zurück.
Auch Gischapan, von der Frühlingsluft ebenso heiter gestimmt wie Marie, stieß nur hin und wieder das Paddel in die Fluten, um die Richtung des Kanus zu korrigieren und pfiff dabei eine heitere und ausgelassene Melodie. Der Fluss trug sie mit schneller Geschwindigkeit davon.
Gegen Mittag entdeckten sie einige indianische Frauen zwischen einer Gruppe Ahornbäume am Ufer und Netawatees und seine Tante paddelten ihre Kanus dort hin.

Als sie die Boote verlassen hatten, begrüßten sie die Frauen ausgelassen und Marie konnte ihren Worten entnehmen, dass sie Cousinen und Großtanten von Gischapan und Netawatees sein mussten.
Die Frauen waren damit beschäftigt gewesen, kleine Kerben in die Rinde der Bäume zu schlagen, an die sie halmartig ausgehöhlte Zweige hielten. Marie sah, dass sich in den kleinen Holzschälchen darunter eine dickflüssige, braun schimmernde Flüssigkeit sammelte.
Hinter ihnen brannte ein qualmendes Feuer, über denen riesige Kessel standen. Die Frauen lachten ausgelassen bei der Arbeit.
„Achsinn'aminschi", erklärte Gischapan ihr, als sie ihren Blick bemerkte.
„Ahornsirup", erkannte Barbara. „Wir werden ihn kochen und dann wird es ein Fest mit köstlichem Essen geben." Freudig klatschte Gischapan in die Hände und auch die anderen Frauen lachten.
Netawatees zwinkerte Marie zu. „Ich werde sehen, ob ich unserem Abendessen noch etwas hinzufügen kann", sagte er und verschwand mit seinem Gewehr in der Hand zwischen den Bäumen.
Die Frauen ließen sich mit gekreuzten Beinen vor den Bäumen nieder und warteten, bis die kleinen Schälchen mit der kostbaren Flüssigkeit gefüllt waren.
Marie schloss die Augen und lauschte den Gesprächen der Frauen über die Ereignisse des letzten Winters. Barbara saß neben ihr und zupfte an den Fransen ihres Lederkleides.
Eine der Frauen, deren Mund fast keine Zähne mehr enthielt, öffnete einen Lederbeutel und verbrannte etwas Tabak auf einem flachen Stein.
„Der Rauch ist unser dank an die Manito'wak, die in den Bäumen leben für ihre Großzügigkeit." Eine Weile sahen die Frauen schweigend den kräuselnden Rauchfahnen zu, die zu den Baumkronen aufstiegen, bis Gischapan ein leises Lied anstimmte, in das die anderen klatschend einfielen.
Nachdem die Schälchen gefüllt waren, verschlossen die Frauen das kleine Loch in der Rinde mit einem Stück Holz.
„Der Baum verblutet sonst. Er hat uns reich beschenkt. Wir wollen ihm sein Leben nicht nehmen und er wird uns vielleicht im nächsten Jahr wieder reich beschenken."
Gischapan streichelte über die Rinde des großen Baumes. „Jeder Baum hat

eine Metschitschank, eine Seele würdet ihr Wapsitàk wohl dazu sagen. Nicht jeder Baum will uns etwas von seinem Saft schenken. Du darfst es ihm nicht gegen seinen Willen nehmen, sondern er muss es dir zum Geschenk machen."

Ein Rascheln im Gebüsch hinter ihnen ließ die Frauen aufsehen. Netawatees stand ein Stück abseits. Über seinem Rücken hing ein Wildhuhn, dessen Blut über seine Schultern tropfte.

Er grinste Marie zufrieden an und sie erwiderte es.

Sie versteckten die Kanus im Unterholz und machten sich mit den Frauen zu Fuß auf den Weg nach Tuscarawas, nachdem sie sich von Gischapans Verwandten verabschiedet hatten, die noch einige Tage im Wald bleiben wollten, um den Sirup einzukochen.

Bereits bevor sie die ersten Hütten vor sich ausmachen konnten, begegneten sie den Frauen auf den Feldern, die mit ihren Grabstöcken das zuvor verbrannte Land umgruben, um Mais, Kürbis und Bohnen darauf anzupflanzen.

Sie trugen ihre Kinder dabei in den kunstvoll gefertigten Kindertragen, wie sie die Lenapè-Frauen in langen Wintern anfertigten, auf dem Rücken.

Als sie die Hütten erreichten, kamen ihnen einige Männer entgegen.

Aufgebracht riefen sie Netawatees etwas zu.

Sie kamen so eben zurück aus Fort Duquesne. Marie zuckte bei der Erwähnung des Forts unwillkürlich zusammen.

Die Männer hatten versucht, ihre im Winter erjagten Felle an die Franzosen zu verkaufen, doch sie hatten nichts dafür erhalten.

Netawatees presste seine Lippen zusammen. „Noch immer keine Waffen, kein Mehl und kein Zauberwasser", sagte er bitter. Das unbefangene Lächeln war aus seinem Gesicht verschwunden. Er nahm das tote Wildhuhn von seiner Schulter und gab es Marie.

„Hier, Putamohen, nimm es und geh mit Gischapan. Ich werde später nachkommen."

Dann ging er mit den Männern davon.

„Wir werden bei Kigischgotum schlafen", erklärte ihr Gischapan und wies auf eine der Frauen, die sie bei den Ahornbäumen getroffen hatten. Sie folgten der Indianerin durch das Dorf und Marie schreckte auf, als sie auf einmal

Galasko entdeckte, der sichtlich schlecht gelaunt vor einem der Zelte hockte.
Gischapan rief ihm ein paar aufmunternde Worte zu, doch er zuckte nur mit den Schultern und beachtete die Mädchen mit keinem Blick, wofür Marie nicht umhin kam, eine gewisse Dankbarkeit zu empfinden.
Sie luden das wenige Gepäck, das sie mit nach Tuscarwas gebracht hatten, in Kigischgotums Hütte ab und folgten ihr dann zu den anderen Frauen, die inzwischen den Ahornsirup in verbeulten Kesseln über dem Feuer kochten.
Marie und Barbara setzten sich neben sie auf den Boden und Barbara half ihr, das Wildhuhn von seinen Federn und Innereien zu befreien.
Die Frauen redeten und lachten ausgelassen durcheinander und Marie genoss es, dass die dunkle und einsame Zeit des Winters nun endgültig vorbei war.
Lautes Rufen ließ sie alle aufsehen und sie beobachteten, wie einige der Männer zum Fluss hinab liefen, der an dieser Stelle eine scharfe Biegung machte.
Neugierig reckten auch sie die Köpfe, um zu sehen, dass eine ganze Gruppe Einbäume am Ufer anlegte.
Unter den Männern, die aus ihnen an Land stiegen, konnte Marie auch Shingas, Tamaqua und Pisquetumen ausmachen.
Plötzlich stieß Barbara neben ihr einen überraschten Laut aus und sprang auf, um ebenfalls zum Ufer zu laufen. Stirnrunzelnd sah Marie ihr nach, doch in diesem Moment spürte sie Netawatees Arme, die sich von hinten um sie schlangen.
„Putamohen“, flüsterte er in ihr Ohr und sein Atem kitzelte ihren Hals dabei. „Morgen schon baue ich uns ein eigenes wikwàm.“
Ein Lächeln zog über Maries Gesicht und sie drehte sich zu ihm um. „Hast du auch etwas anderes im Sinn, als allein mit mir zu sein?“, neckte sie ihn. Mit gespieltem Ernst runzelte er die Stirn und zog sie an sich. „Lass mich nachdenken, nein, ich denke, ich habe nur das im Sinn.“ Laut lachend küsste sie ihn.
„Marie?“ Barbaras Stimme hinter ihr klang eigenartig. Marie löste sich von Netawatees und sah zu ihr hoch. Neben Barbara stand ein fremder Mann, der sie mit einem seltsamen Ausdruck in den Augen anstarrte. Es dauerte einen Augenblick, bis sie an seinen hellen Augen erkannte, wer er war: „Hugh! Du

bist es!“
Er starrte sie wortlos an. Seine Augen blickten, als habe sich so eben ein Pfeil in seinen Rücken gebohrt.
„Was ist mit dir? Geht es dir nicht gut?“
Mit brennendem Blick wandte er sich ruckartig um, ohne ihr eine Antwort zu geben und ging mit steifen Bewegungen zum Flussufer zurück. Ratlos zuckte Barbara die Schultern, als Marie sie fragend ansah. „Seltsam, als ich ihn begrüßte, war er noch völlig normal. Vielleicht ist er krank.“
Hugh fühlte sich wie gelähmt, als er an den Hütten vorbei zurück zum Fluss ging.
Nach all den Monaten, den Nächten, in denen er sich nach ihr gesehnt hatte, er sich immer wieder mit dem Gedanken an sie gequält hatte, hatte er sie endlich wieder gefunden.
Sie war noch anziehender geworden, alles Kindliche an ihr war verschwunden und hatte der atemberaubenden Schönheit einer Frau Platz gemacht. Eine Frau, die sich offenbar in einen Indianer verliebt hatte.
Hugh kannte ihn nicht und er hatte auch kaum auf ihn geachtet, denn es war ihm gleichgültig, wem sie ihre Zuneigung geschenkt hatte, um wessen Hals sie ihre Arme schlang. Es war nicht seiner.
Er versuchte, seine Tränen zurückzuhalten, bis er sicher war, dass ihn niemand beobachten konnte, und fragte sich mit einem Kloß im Hals, ob er sich so in ihr getäuscht haben konnte, in der Art, wie sie ihn ansah oder ob einfach zu viel Zeit verstrichen war, seit sie sich zuletzt gesehen, und sie ihn deshalb vergessen hatte.
An einer durch eine leichte Biegung des Flusses verborgene Stelle am Ufer setzte er sich unter eine Trauerweide, deren zartgrüne Zweige bis tief hinunter auf das Wasser reichten und verbarg seinen Kopf zwischen seinen Armen.
Endlich ließ er seinen Tränen freien Lauf, es war zwecklos, sie weiter verbergen zu wollen.
In den letzten Monaten war es nur der Gedanke an Marie gewesen, der ihn voran getrieben hatte, all die Angst, die Streitigkeiten mit den Indianern, das Gefühl der Fremdheit und des Verlorenseins hatte er nur ertragen, weil er wusste, dass all diese Dinge ihn zu ihr führen würden. Doch nun widerte es

ihn an. Er fühlte sich allein, unendlich allein. Es erschien ihm, als habe man ihn betrogen, um einen wohlverdienten Preis und auch wenn er wusste, dass dies albern war, so schmeckte die Enttäuschung bitter.

*

Kopfschüttelnd betrachtete Benjamin Franklin das Treiben vor der Außenstelle des Militärbüros. Das Büro, das bis vor wenigen Wochen noch völlig verwaist war, erlebte nun trotz eines heftigen Frühjahrsregens einen ungekannten Andrang junger Männer, die sich freiwillig meldeten, um im Dienst der Krone von England gegen Frankreich zu kämpfen.
„Diese armen Tölpel!“, ereiferte er sich, als er sich zu Conrad umwandte. „Niemals zuvor standen unsere Chancen, diesen Krieg zu gewinnen, so schlecht wie jetzt. Und da kommen sie auf die Idee, in den Krieg zu ziehen! Pitt hat Lord Loudoun wie einen ungezogenen Jungen nach Hause berufen.“
Kopfschüttelnd schlug er den Kragen seines Mantels hoch, um sich gegen den schräg fallenden Regen zu schützen. „Und kaum überlässt er den Kolonien die Dinge selbst, funktionieren sie. Schaut Euch das an, Weiser und dann denkt an meine Zeichnung mit der Schlange. Genau das schwebte mir dabei vor. Das die Idee dazu nun vom Königshofe selbst kommt, amüsiert mich natürlich.“
Er grinste spitzbübisch, doch Conrads Gesicht blieb ernst.
„Mein Sohn Samuel hat sich gestern gemeldet“, sagte er betrübt.
Franklin räusperte sich.
„Seid unbesorgt, William Pitt ist ein Fuchs“, antwortete er. „Eine wirklich köstliche Sache, wie er diesen selbstherrlichen und unfähigen Loudoun abserviert hat, ich hätte Geld für den Anblick seines Gesichtes bezahlt, als er ausgerechnet von seinem schlimmsten Widersacher erfahren musste, dass die Krone ihn absetzte. Ich bin mir sicher, dass Pitt die Sache richtig einschätzt, auch über den Atlantik hinweg. Und Jeffrey Amherst ist auf dem Weg hierher, um Abercrombie als General-Kommandant abzulösen. Er kommt mit der vollen Unterstützung des gesamten Königreiches, ein einflussreicher, ehrgeiziger Mann, schlau und gefährlich. Er wird versuchen,

den Versorgungsweg für Fort Duquesne zu unterbrechen und Fort Frontenac angreifen. Und dann wird er Loudouns Plan, nach Neu-Frankreich einzumarschieren, endlich in die Tat umsetzen, doch das wird vermutlich bis in das nächste Frühjahr warten müssen. Die See-Blockade der Navy funktioniert inzwischen fast perfekt. Kein Schiff der Franzosen mit Nachrichten oder Nachschub dringt mehr durch. Ihr werdet sehen, dieses Jahr wendet sich das Blatt und Ihr Sohn kehrt gesund nach Hause zurück."
„Vermutlich habt Ihr recht! Trotzdem schlafe ich nachts nicht mehr, seit er fort ist."
Conrad zog seinen Hut tiefer ins Gesicht und folgte Franklin zurück auf den schmalen Gehweg. Als sie um die nächste Straßenecke bogen, tauchten vor ihnen die hellerleuchteten Fenster von Franklins Druckerei auf.
„Das habt Ihr ja fast im Alleingang gemacht, diese Sache mit den Indianern und dem Friedensschluss", stellte Franklin fest, als sie durch die Tür traten und ihre tropfenden Mäntel und Hüte ablegten.
Als Conrad ihm nicht antwortete, sagte Franklin mit einem verschmitzten Lächeln: „Nichts für ungut, das ist das Geheimnis jeder guten Konspiration, mein guter Weiser." In veränderter Tonlage fuhr er fort: „Zu dumm nur, dass Pemberton sich so ungeschickt angestellt hat. Er hätte wissen müssen, dass ein Indianer, der Anklage gegen Thomas Penn und den Walking Purchase erhebt, nicht ausreicht, um den König zu beunruhigen. Sir Johnson wird sich der Angelegenheit annehmen und es wird nichts dabei herauskommen. Dabei sollte man diesem gestelzten Gockel das Handwerk legen." Erregt schlug er auf den Tisch, sodass die kleinen Bleiletter im Setzkasten darauf klapperten.
Conrad seufzte schwer. „Immerhin haben wir den Friedensvertrag."
„Pah", schnaubte Franklin, als er sich auf einem einfachen Holzstuhl niederließ und Weiser einen anderen zuwies, während seine Angestellten geschäftig um sie herum werkelten.
Conrad konnte den Geruch des Papieres und der Druckerschwärze riechen.
„Von Shingas und seinen Männern konnte ich in Easton keine Spur entdecken und berichtigt mich, wenn ich falsch liege, aber die Überfälle gehen doch auf sein Konto. Daraus ziehe ich die Schlussfolgerung, dass Teedyuscungs Vertrag und sein Gerede vom Frieden nur große Worte waren, die die Leute

beruhigen sollten."
Der Regen prasselte gegen die große, gläserne Ladenfront, auf der in großen Lettern Benjamin Franklins Name stand.
„Ja, Ihr habt recht", gestand Weiser. „Doch ich hoffe, dass Teedyusungs Entscheidung ein Zeichen gesetzt hat. Auch Shingas kann nicht ewig kämpfen." Und wir auch nicht, fügte er in Gedanken hinzu, doch Franklin schien zu wissen, was in ihm vorging.
„Wie laufen die Dinge in Fort Augusta?"
Die Falten um Conrads Augen schienen, noch ein wenig tiefer zu werden. „Die Männer sind müde. Sie kämpfen seit drei Jahren einen aussichtslosen Kampf gegen die Indianer und die Regierung lässt uns im Stich. Wir zählen inzwischen mehr als tausend tote Siedler, ebenso viele entführt. Selbst Armstrong hat viel von seinem Tatendrang verloren." Er lachte bitter.
Franklin schnäuzte sich geräuschvoll die Nase. „Eure Bemühungen in allen Ehren, Weiser, aber ich bleibe bei meiner Meinung, dass Pennsylvania erst sicher sein wird, wenn keine Indianer mehr an seinen Grenzen leben werden. Seht, wie wenig wir selbst mit den Forts und den bewaffneten Milizen gegen sie ausrichten konnten."
Conrads Blick wanderte durch das Fenster in die schweren Wolken über ihnen.
„Es gab einmal eine Zeit, in der ich genauso dachte. Doch die Indianer verschwinden nicht einfach. Die Politik der letzten Jahre fordert nun ihren Tribut. Wir zahlen jetzt den blutigen Preis für die Fehler der Vergangenheit. Nur das Bewusstsein für das christliche Gebot von Frieden und Nächstenliebe wird das Blutvergießen beenden können."
„Ach", Franklin hob abwehrend die Hand, „ich glaube ja fast, ich spreche mit Pemberton persönlich. Reden wir über Politik, hier und jetzt, das liegt mir mehr als so Abstraktes wie die christliche Nächstenliebe."
Conrad dachte an Shickellamy und ein Stich fuhr ihm in das Herz. „Ihr kennt meine Verbindungen zur Liga der Irokesen. Man ist dort, nun, gelinde ausgedrückt, sehr ungehalten darüber, dass man sie als Vermittler und vor allem auch Machtbefugte beim Friedensschluss mit Teedyuscung übergangen hat. Sie haben den Vertrag in einem Brief an Denny als ungültig erklären lassen."

Nur allzu schmerzhaft waren ihm die Worte seines Gefährten in Erinnerung geblieben.
Doch nicht eine Sekunde hatte er bereut, sich gegen den Willen der Liga entschieden zu haben. Das schreckliche Blutvergießen musste ein Ende haben.
Franklin kratzte sich an der Stirn und brummte etwas Unverständliches.
„Und was habt Ihr nun vor?“, fragte er schließlich laut.
„Aus Gründen, die ich selbst nicht ganz verstehen kann, ist Denny noch immer sehr eifrig an Friedensverhandlungen interessiert. Es scheint, als wolle er unbedingt beweisen, dass er nicht nur unter Thomas Penns Einfluss steht. Denny will Teedyuscung dazu bringen, mit Shingas und den anderen Häuptlingen im Ohio zu sprechen. Ich vermute, er möchte den Helden spielen, den großen Politiker und sich den Ruhm des Friedensschlusses selbst auf die Fahnen schreiben, nachdem ihn Teedyuscung und Pemberton bezüglich des Walking Purchase so in die Enge getrieben haben. Diese Schmach hat er nicht vergessen.“
„Das klingt, als hättet Ihr Zweifel an seinem Vorhaben?“
Conrad zögerte. „Teedyuscung wird von Shingas und den anderen nicht als Häuptling anerkannt. Es könnte schwierig für ihn werden, sich bei ihnen Gehör zu verschaffen. Oder aber sehr gefährlich.“
„Ich verstehe.“ Nachdenklich fuhr Franklin einige Rillen der Tischplatte mit seinem Daumennagel entlang.
„Was sagt Johnson dazu?“, fiel ihm plötzlich ein und ihm entging das unmerkliche Zucken Conrads Mundwinkel bei dieser Frage nicht.
„Er hat Pitt in einem Brief schriftlich garantiert, die Ohio-Indianer auch ohne Teedyuscung zum Frieden zwingen zu können, weil sie der Liga unterworfen sind. Aber er will keine Verhandlungen. Er will die Stämme im Ohio unterwerfen, koste es, was es wolle. Ihm liegt nichts am Frieden mit den Delaware, er ist einzig und allein den Irokesen und dem englischen König verpflichtet. Die militärischen Mittel der englischen Krone kommen ihm da gerade recht.“
„Ich kann mir nicht helfen, Weiser. Mehr als zwanzigtausend reguläre englische Soldaten sind bereits in den nördlichen Kolonien stationiert. Manchmal erscheint es mir, als trieben wir mit ihnen den berüchtigten Teufel mit dem ebenso berüchtigten Beelzebub aus.“

Er kniff die Augen zusammen und sah hinaus in die graue Regenwand.
„Es könnte ein heißer Sommer werden“, sagte er wie zu sich selbst.
Conrad folgte seinem Blick und nickte stumm.

General John Forbes war ein Mann von aufrechter Statur mit klaren, freundlichen Augen. Sein schottischer Akzent schwang unverkennbar in jeder Silbe seines Englisch mit, als er sich mit Gouverneur Denny und einigen anderen Politikern unterhielt, doch Franklin kam trotzdem nicht umhin, ihn vom ersten Augenblick an, sympathisch zu finden.
„Ich glaube fast, der Kerl könnte schaffen, woran alle anderen bisher gescheitert sind. Er hat dieses gewisse Funkeln in den Augen. Auch wenn er wohl ein wenig blass um die Nase ist“, sagte er halblaut zu Conrad Weiser, der neben ihm stand. Ihm dagegen, schien es noch etwas verfrüht, solche Aussagen zu machen, war doch Forbes erst vor wenigen Tagen auf William Pitts Befehl nach Pennsylvania gekommen, um den Angriff auf Fort Duquesne anzuführen.
Er war der neue General-Kommandant der Krone für Nordamerika, oberster Befehlshaber über alle Soldaten und Milizen und ausgestattet mit allen Vollmachten, nach dem kläglichen Scheitern von Braddock und Loudoun. Auf ihn setzten sich nun alle Hoffnungen, diesseits und jenseits des Atlantiks.
Der neue General schien keine Zeit verlieren zu wollen, soviel stand fest, denn er hatte jeden, der in irgendeiner Weise für seinen Feldzug wichtig sein konnte, sofort in sein Hauptquartier nach Carlisle bestellt, wo seine Männer bereits eifrig dabei waren, eine neue Schneise nach Westen zu schlagen, nicht unweit der, die Braddock und seine Männer in den Tod geführt hatte.
Franklin leckte sich die Lippen und starrte den General mit unverhohlener Neugier an.
„Ich bin mir sicher, bald weht über den Mauern dieses Rattenlochs die rote Fahne unseres Königs.“
Conrad nickte gedankenverloren. Er dachte an Samuel, der Forbes Männern zugeteilt worden war und sich bereits in Fort Bedford befand. Vor zwei Tagen hatte ihn ein heiterer und abenteuerlustiger Brief seines Sohnes erreicht, der das Warten in Philadelphia satt hatte und froh war, endlich eine Aufgabe zu bekommen.

Anna waren die Tränen in die Augen geschossen, als er ihr den Brief hinhielt, und sie hatte die Zeilen nicht bis zum Ende lesen können.
Er teilte ihre Sorge, ihren Kummer und nach allem, was er wusste, war ihre Besorgnis mehr als angebracht. In den vergangenen vier Jahren hatte bis auf Armstrongs Vorstoß niemand einen nennenswerten Erfolg gegen die Indianer im Ohio erreichen können.
Obgleich Fort Duquesne nur ein kleiner Außenposten Neu-Frankreichs war, dessen Versorgungswege lang und beschwerlich waren, war es den Franzosen gelungen, sich mit Hilfe der Indianer zu behaupten.
Conrad war sich nicht sicher, ob Forbes daran etwas zu ändern vermochte, doch er betete an jedem Abend inständig dafür, dass das Leben seines Sohnes verschont bleiben würde.
Samuel hingegen schien keine Angst zu haben vor dem Feldzug, der ihm bevorstand.
Erstmal, so hatte er seinen Eltern mitgeteilt, gehörte er zu den Männern, die den Wäldern der Allegheny Berge einen Pass abringen.
„Bei einem so gläubigen Menschen, wie Ihr es seid, vermisse ich manchmal das gewisse Gottvertrauen, das Männer Eures Schlages ausmacht“, riss ihn Franklin aus seinen Gedanken.
Conrad zwang sich zu einem gequälten Lächeln.
Dichtes Gedränge herrschte in dem Raum oberhalb des Waffenlagers, den Forbes zu seiner vorläufigen Zentrale gemachte hatte, bis auch er sich nach Fort Bedford begeben würde.
Die Luft war stickig, und obwohl der Kalender noch den Frühling anzeigte, war es bereits heiß.
Müde und niedergeschlagen ließ Conrad seinen Blick unter den Anwesenden umher gleiten und lauschte dem lauten Stimmengewirr.
Sein Blick fiel plötzlich auf Sir Johnson und seinen schmalgesichtigen Assistenten George Croghan, die sich zu Denny und Forbes gesellt hatten.
General Forbes war nicht sonderlich groß, doch seine straffen Schultern und sein kantiges Gesicht wiesen ihn als einen Mann von großer Entschlossenheit aus.
In diesem Moment wandte sich Denny zu ihnen herum und warf Franklin einen herausfordernden Blick zu, den dieser mit gerecktem Kinn erwiderte.

„Dieser Schleimer“, zischte er zwischen zusammen gebissenen Zähnen, „ob Thomas Penn schon weiß, was sein Friedensschluss wert ist?“
„Wo ist Penn?“, fragte Weiser und sah sich suchend nach ihm um.
„Er zieht es vor, sich in vornehmer Zurückhaltung zu üben, damit ihm niemand vorwerfen kann, er mische sich in Dinge ein, die ihn nichts angehen. Aber für meinen Geschmack haben wir auch schon genug hohen Besuch“, antwortete Franklin mit einem ärgerlichen Blick auf Johnson, der in diesem Moment ein seidenes Taschentuch zog und sich mit einer gezierten Bewegung die Nase schnäuzte.
Bevor Conrad etwas erwidern konnte, trat General Forbes an den großen Tisch in der Mitte des Raumes, auf dem er einige skizzierte Karten und Notizen ausgebreitet hatte und sagte mit lauter, knarriger Stimme: „Meine Herren, ich freue mich, dass Sie alle meiner Bitte, sich hier zu versammeln, so rasch und zahlreich Folge leisten konnten.“
Nur langsam kehrte Ruhe unter den Anwesenden ein.
„Ich hoffe, Sie verzeihen, die etwas ungewohnten Umstände, doch die Situation erlaubt es mir nicht, mich zu Beratungsgesprächen an anderen Orten zu treffen. Unser Ziel heißt unverändert Fort Duquesne. Die Fehler der Vergangenheit haben uns gezeigt, dass wir den Feind nicht unterschätzen dürfen.“
Seine Finger zeichneten einen Pfad von Carlisle über die Allegheny Mountains.
„Unser Hauptquartier wird Fort Bedford sein, wo sich noch morgen ein Großteil meiner regulären Truppen und auch ich selbst hinbegeben werden. Wir hoffen, so Gott will, noch im August das Fort zu erreichen und einnehmen zu können.“
Zustimmendes Gemurmel erhob sich unter den Männern.
„Zuvor jedoch hoffen wir, dass unsere Truppen im Norden“, er wies auf Louisbourg im Norden, „einen entscheidenden Vorstoß erreichen und so verhindern können, dass Fort Duquesne mit weiteren Truppen versorgt wird.“
Er nickte Johnson zu, der hinter ihm an einem Stützbalken lehnte. Dieser erwiderte das Nicken huldvoll.
„Ich möchte mich in dieser Lage jedoch nicht nur auf unser Kriegsglück verlassen, das, wie uns die letzten Jahre gezeigt haben, sehr launisch sein

kann."
Er fixierte erst Denny und dann Johnson mit einem stechenden Blick.
„Unser Erfolg hängt in nicht geringem Maße davon ab, wie es um die indianischen Verbündeten bestellt ist. Wie mir zugetragen wurde, haben einige von ihnen bereits die Waffen niedergelegt. Was ist mit dem Rest?"
Johnsons Grinsen erstarb urplötzlich, doch es war sein Assistent, der sich umständlich räusperte, um zu einer Antwort anzusetzen: „Wie wir bereits Sir Pitt versichert haben, unterstehen die aufständischen Indianer der Kontrolle der Irokesen-Liga, die seit vielen Jahren mit England verbündet sind."
Forbes Augen verengten sich zu schmalen Schlitzen.
„Warum konnten sie dann die Überfälle bisher nicht beenden?"
Erneut hob Croghan zu sprechen an. „Es …", diesmal war es sein Vorgesetzter, der ihm das Wort abschnitt. „Der Friedensschluss von Easton ist ungesetzlich und wertlos. Die Liga der Irokesen, treue Verbündete des englischen Königs, erkennt ihn nicht an. Sein Blick traf Conrad, der ihm ungerührt stand hielt.
Es war Franklin, der ein erregtes Zischen vernehmen ließ.
Forbes sah die beiden Männer eindringlich an.
„Wir wissen", fuhr er schließlich fort, „dass der Schwachpunkt der Franzosen in Fort Duquesne ihre lange und verletzliche Versorgungslinie ist." Er strich über das Gebiet auf der Karte. „Wir wissen außerdem, dass die Franzosen auf dem ganzen Kontinent an Nachschubproblemen leiden, die wir unserer Royal Navy zu verdanken haben." Er richtete seinen Blick wieder auf Johnson. „Das, meine Herren, ist aber auch schon alles, was wir wissen. Da wir keine indianischen Verbündeten mehr haben, fehlen uns jegliche Informationen über den Feind."
Johnson verstand den Seitenhieb sehr wohl, bemühte sich aber, sich nichts anmerken zu lassen. Die Beschaffung indianischer Verbündete gehörte eindeutig zu seinem Aufgabengebiet.
Forbes wandte sich wieder der Karte zu.
„Sir Pitt plant, durch die Einnahme von Fort Frontenac", er deutete auf das französische Fort im Norden, „die Versorgung der Franzosen für Fort Duquesne gänzlich zu unterbinden. General Amherst wird sich so dann Louisbourg zuwenden und die Stadt vor Einbruch des Winters unter britische Kontrolle bringen. Zu diesem Zweck werden bis zum Sommer mehr

als sechzehntausend weitere Soldaten der Krone im Norden der Kolonien stationiert werden."

Franklin stieß einen erstaunten Pfiff aus. „Das sind mehr englische Soldaten als jemals diesen Kontinent betreten haben", murmelte er leise. „Ich erinnere Euch an meinen Vergleich von Teufel und Beelzebub." Seine Finger zeichneten eine unsichtbare Schlange in die Luft.

Nur Weiser schien ihn gehört zu haben. Er nickte langsam, während er gedankenverloren auf die Karte sah.

Johnson wusste nur zu gut, dass die Liga keinen Einfluss mehr auf Shingas und seine Männer ausüben konnte. Ihre einzige Möglichkeit, sie zum Frieden zu bewegen, war sie auszuhungern.

Doch Conrad ahnte, was Johnson vor hatte. Er wollte keinen Frieden.

Sobald die entscheidenden Schlachten im Norden geschlagen waren, an denen er als Feldherr in Fort Johnson erheblichen Anteil haben wollte, so würde sich das Augenmerk der Truppen nach Westen richten und sechzehntausend Mann in den Ohio einmarschieren.

Damit würden die schärfsten Gegner der Liga, die Lenapé- und Shawnee-Indianer, für immer ausgelöscht.

*

Die hohen Fenster in Thomas Penns Stadthaus waren hell erleuchtet und die Bediensteten, die hinter ihnen umhergingen und das Abendessen für die Herrschaften anrichteten, waren von der Straße aus zu sehen.

Eine hohe Maucr umschloss das Anwesen, die nur an einer Stelle von einem schmiedeeisernen Tor unterbrochen wurde. An einigen Stellen schmiegten sich jedoch die Alleenbäume so dicht an die Mauer, dass es einem geübten Kletterer möglich war, sie zu überwinden und so bemerkte im Haus niemand den seltsam gebückt laufenden Schatten, der sich dem Haus aus dem Dunkel des Parks näherte.

Thomas Penn schlenderte langsam die Galerie zu seiner Bibliothek entlang, wo er nach dem Abendessen den Tag mit einem guten Tropfen beschließen wollte.

Einer seiner Diener hatte bereits ein Feuer im Kamin entzündet und Penn ließ

sich mit einem wohligen Seufzen in dem Ohrensessel nieder und schwenkte das flache Glas mit der schimmernden Flüssigkeit in seiner Hand.
Er ließ den Kopf nach hinten sinken und schloss die Augen.
Denny hatte ihm am Vormittag von dem Treffen mit General Forbes berichtet. Es schien, als könne dieser Mann endlich vollbringen, woran alle anderen gescheitert waren, nachdem die Friedensverhandlungen mit den Indianern sich als ein teures Possenspiel erwiesen hatten.
Denny war unglaublich unfähig und diese verqueren, selbstgerechten Quäker hatten tatsächlich geglaubt, sich über ihn hinweg setzen zu können.
Doch er brauchte sie nicht. Die Zeit arbeitete für ihn, dessen war er sich sicher, seit er wusste, dass Forbes der neue General-Kommandant war. Frieden war etwas für Schwächlinge. Diese Indianer verstanden nur eine Sprache: Gewalt und sie sollten soviel davon bekommen, wie sie wollten. Bald würde es keine Indianerüberfälle an der Grenze mehr geben.
Und dann war es nur noch eine Frage der Zeit, bis die Siedler zurück kehren, die Grundstückspreise wieder steigen und sich sein geplagter Geldbeutel wieder füllen würde.
„Wie viele dieser Gläser müsst Ihr trinken, um in der Nacht schlafen zu können?“, ließ ihn eine seltsam verzerrte Stimme hinter sich aufschrecken.
Thomas fuhr aus seinem Sessel in die Höhe und sah sich panisch um. Seine Hand tastete nach der Klingel, um sein Personal zu rufen, doch in diesem Moment löste sich eine Gestalt aus der Dunkelheit zwischen den hohen Regalen.
„Wer ist da?“, stieß Thomas ängstlich hervor. Er verstummte jäh, als das schwache Licht auf die entsetzlich entstellten Züge eines Mannes fiel, der sich in eigenartig gekrümmter Haltung auf ihn zu bewegte. Er begegnete seinem Blick aus eisgrauen Augen, über die sich die vernarbte Gesichtshaut wie zu einer hässlichen Fratze spannte.
„Wer seid Ihr?“, fragte Penn erneut, als er seine Stimme wiederfand.
„Ihr kennt mich nicht? Das solltet Ihr aber!“ Der Mann trat nun vollends in das Licht des Kamins und Penn erkannte, dass sein Antlitz wie durch eine schwere Verbrennung entstellt war, die sich jedoch nur über die eine Hälfte seines Gesichtes erstreckte. Die andere Hälfte war von den Augen bis zum Kinn durch einen tiefen, schlecht vernarbten Schnitt verstümmelt.

Die Narben verzerrten den Mund des Mannes so sehr, dass er die Lippen kaum einen Spaltbreit öffnen konnte, ihm fehlten Wimpern und Augenbrauen und unter dem Schlapphut, den er tief in seine Stirn gezogen trug, war seine rotfleischige Kopfhaut zu erkennen.

Entsetzt wich Penn einige Schritte zurück, bis er mit dem Rücken hart gegen den Kaminsims stieß und die Hitze des Feuers an der Rückseite seiner Unterschenkel nagte.

„Es sind meine Hände, die es Euch ermöglicht haben, Euren Hintern vor einem gemütlichen Feuer zu wärmen." Er streckte ihm seine klauenartig deformierten Hände entgegen.

Penn starrte ihn an. „Was wollt Ihr von mir?"

„Meinen verdienten Lohn, um den Ihr mich prellen wolltet."

Penns Adamsapfel hüpfte nervös auf und ab. „Ihr seid …", sagte er mit erstickter Stimme.

„Ganz richtig, ich bin der Mann, den Ihr ermorden lassen wolltet, nachdem er für Euch die Drecksarbeit getan hat. Eure Männer haben mich geschickt, um die deutschen Siedler an der Grenze zu vertreiben, Ihr wolltet, dass es so aussieht, als seien es die Indianer, damit ihr das Land für mehr Geld an neue Siedler verkaufen konntet. Was Ihr nicht bedacht habt, war, dass die Indianer Gefallen an dieser Art von Krieg finden konnten."

Der Narbenmann zog ein langes Messer aus seinem Gürtel.

„Ich werde nach meinem Diener klingeln", kreischte Penn entsetzt, als er die Klinge sah.

„Ihr wärt tot, bevor sie hier wären", erwiderte der Mann gelassen und machte einen langsamen Schritt auf ihn zu. „Und nachdem ich Euch zu Diensten war, wolltet Ihr mich aus dem Weg räumen lassen, habt Eure Mörder in der Dunkelheit auf mich losgelassen. Doch ich war schlauer als Ihr. Ich bin Euch entkommen. Und nun bin ich hier, um meinen Lohn einzufordern. Mit Zinsen, versteht sich."

Penn sprang auf eine kleine Kommode zu. Hektisch zog er die Schubladen auf und zerrte einen klimpernden Beutel hervor. „Nehmt das und was Ihr wollt und dann verschwindet."

Doram umschloss den Beutel mit seinen verkrüppelten Fingern.

„Ich sollte Euch töten", knurrte er und machte einen bedrohlichen Schritt auf

den vor Angst zitternden Penn zu. Dieser wich entsetzt zurück, als Doram die Klinge hob und mit nur einem Hieb auf sein Ohr niedersausen ließ.
Penn stieß einen spitzen Schmerzensschrei aus und presste seine Hand auf seinen blutenden Kopf.
Doram tippte sich an den Hut. „Ich empfehle mich“, sagte er. „Aber seid gewarnt: Ich komme wieder. Menschen wie Euch darf man nicht aus den Augen lassen.“
Dann huschte er als schwarzer Schatten aus dem Fenster in den dunklen Park hinaus.

*

Sakaweuhewi Gischuch, der Höhepunkt des Sommers, wurde in Tuscarawas mit einem ausgelassenen Fest gefeiert.
Die Frauen hatten den ganzen Tag damit zugebracht, Maisbrot zu backen, Bohnen zu kochen und Fleisch zu garen, sodass sie sich alle bei Einbruch der Dämmerung entlang der Flussufer versammeln konnten, wo die Männer große Feuer entzündeten und die Trommeln von dem nahenden Fest kündeten. Kinder sprangen ausgelassen um sie herum und versuchten sich in den wilden Tänzen der Erwachsenen, die sie im Laufe des Abends zu sehen bekommen würden.
In der Siedlung lebten längst nicht mehr nur Lenapé-Indianer, auch viele Indianer anderer Völker, die der Strom der englischen Siedler von der Küste im Osten in das Landesinnere gedrängt hatte, waren unter ihnen.
Heno, einer der Anführer der Shawnee-Indianer war mit seinem Stamm im Frühjahr zu ihnen gestoßen und auch viele Mingos waren unter ihnen, eigentlich Seneca-Indianer, die sich aber bereits vor mehr als einer Generation von der Irokesen-Konföderation getrennt hatten und in den Tälern des Ohio siedelten.
Auch sie kämpften an der Seite von Shingas Männern gegen die Engländer im Osten.
Die Siege der Franzosen im vergangenen Jahr hatten das Ohio-Tal zu einem sicheren Rückzugsort gemacht, an dem sie keine Angriffe der Engländer mehr zu fürchten hatten.

„Die Jenkise kämpfen im Norden, weit weg von hier“, hatte Pisquetumen Hugh erklärt und vermutlich war es auch diese Sicherheit, die die Indianer in dieser Nacht feierten. Doch Hugh war nicht nach Feiern zumute. Er fühlte sich elend und einsam.
Von seinem Platz etwas abseits der großen Feuer konnte er Marie und die anderen beobachten, die mit den kleinen Kindern herumtobten.
Hezekiah saß neben ihm und nagte schmatzend an einer Wildhuhnkeule, während er Hugh neugierig ansah. Es war ihm deutlich anzusehen, dass er das seltsame Verhalten seines Freundes, seit sie Tuscarawas erreicht hatten, nicht verstehen konnte.
Hugh saß mit angezogenen Knien da und biss sich auf die Lippen, während er zu den Feuern hinübersah, wo sich auch Marie und Barbara eingefunden hatten.
Barbara fasste gerade Maries Hände und sie drehten sich ausgelassen im Kreis, sodass ihre Haare wild umher flogen. Ihr helles Lachen klang zu ihnen herüber und ließ die Sehnsucht in Hughs Herz noch größer werden.
Mit einem Mal sah er sie im Tanzen inne halten, sie streckte die Arme nach jemandem aus, der im Schatten zwischen den Feuern stand.
Hugh konnte nicht erkennen, wer es war, doch das brauchte er auch nicht. Netawatees trat in das Licht der Feuer und hob sie hoch, als sie sich innig küssten.
Ein Schmerz wie ein Dolchstoß durchfuhr Hughs Herz bei diesem Anblick und er schlug mit bebenden Schultern die Augen nieder.
Er fühlte wieder den Kloß in seinem Hals und Tränen brannten in seinen Augen, dic cr jedoch entschlossen zurück drängte.
In diesen Augenblicken wünschte er sich, er könnte sein Herz aus ihrem Zauber lösen und sie vergessen. Doch wann immer er sie ansah, erschien sie ihm noch Schöner und Begehrenswerter und der Schmerz in seinem Inneren noch Unerträglicher.
„Was'n los mit dir?“, fragte ihn Hezekiah undeutlich zwischen zwei Bissen, doch Hugh schüttelte nur den Kopf. „Seit wir hier angekommen sind, machste 'n Gesicht, als kämste an den Galgen.“ Als er keine Antwort bekam, erhob er sich schließlich schulterzuckend.
„Teufel nich', ich muss ma' austreten.“ Geräuschvoll verschwand er zwi-

schen den Büschen, während Hugh wieder mit brennenden Blicken zu Marie hinübersah. Seit seiner Ankunft in Tuscarawas hatte sie kaum ein Wort mit ihm gesprochen und ständig war er um sie herum. Er, der starke und schöne Lenapé-Jäger, an dem alles so ganz anders war, als an Hugh.
Heute Morgen hatte er sie dabei beobachtet, wie sie sich aus seiner Hütte stahl, nachdem sie die Nacht bei ihm verbracht hatte.
Wütend ballte er bei dem Gedanken daran seine Fäuste. Alles war nur in seiner Einbildung geschehen. Maries Blicke hatten niemals ihm gegolten. Er war ein Narr.
„Nimat, was ist mit dir?", riss ihn plötzlich jemand aus seinen dunklen Gedanken. Pisquetumen trat aus der Dunkelheit neben ihn und setzte sich zu ihm.
„Warum tanzt du nicht mit den anderen? Bist du krank?" Hugh machte eine abwehrende Handbewegung, aus Angst, seine Stimme könnte ihn verraten. Pisquetumen schien nicht überzeugt zu sein, war jedoch klug genug, ihn nicht weiter zu bedrängen.
Wieder hallte das Lachen der Mädchen zu ihnen hinüber und Hugh konnte nicht verhindern, dass er dabei zusammen zuckte, als habe er einen Schlag erhalten. Pisquetumen folgte seinem Blick und lachte sein kehliges Lachen.
„Mein Bruder ist einsam, nicht wahr? Dein Herz sehnt sich nach einer Frau! Du warst so lange mit uns Männern alleine, dass wir nicht bemerkt haben, dass auch du inzwischen ein Mann bist."
Hugh zwang sich zu lächeln. „Warum bist du alleine?", fragte er den Indianer, mehr um von sich abzulenken, als aus wirklichem Interesse, obgleich ihm im selben Augenblick klar wurde, dass er tatsächlich noch nie nach Pisquetumens Familie gefragt hatte.
Ein Schatten zog über Pisquetumens Gesicht, als er mit dunkler Stimme antwortete: „Ich hatte eine Frau und Kinder, einen starken, schönen Sohn und eine kleine Tochter. Es gab eine Krankheit, ein seltsames Fieber, gegen das keine Medizin mehr half. Sie sind alle gestorben und mein Herz ist mit ihnen gegangen."
Er schwieg eine Weile gedankenverloren.
„Aber du, mein Bruder, bist jung. Es ist Zeit, dein Herz zu verschenken."
Für einen Moment wünschte Hugh sich, er könnte Pisquetumen alles erzäh-

len, von Marie und seiner Sehnsucht und dem anderen, dem Indianer, den sie liebte. Doch sein Stolz war zu groß. Auch Pisquetumen würde ihn für einen Narren halten.
„Gibt es denn eine Tochter des Waldes, die dir gefallen könnte? Wenn es so ist, dann lass es mich wissen, vielleicht kann ich etwas tun."
Zögernd wich Hugh seinem Blick aus.
„Du verstehst mich nicht … ich", lautes Rufen unterbrach sie, bevor er seinen Satz zu Ende sprechen konnte.
„Pisquetumen? Wo bist du?" Es war Tamaqua, der nach seinem Bruder suchte. „Mein Bruder, ich bin hier", antwortete Pisquetumen ihm mit ruhiger Stimme.
„Wir haben Besuch bekommen. Eine Delegation der Irokesen-Liga. Sie wollen mit uns sprechen." Steile Falten erschienen zwischen Pisquetumens Augen. „Wo ist Shingas?", fragte er.
„Er weiß Bescheid." Pisquetumen erhob sich.
„Komm", sagte er zu Hugh. „Lass uns hören, was sie von uns wollen."
Nur widerwillig verließ Hugh seinen Aussichtspunkt am Flussufer, um ihm zu folgen.
Ihm stand der Sinn wirklich nicht nach langwierigen Verhandlungen unter den Indianerhäuptlingen, die sich, wie er aus leidvoller Erfahrung wusste, bis in die frühen Morgenstunden hinziehen konnten.
In Shingas Zelt trafen sie auf eine Delegation aus acht Männern, sie alle trugen ihr Haar kurz geschoren bis auf einen schmalen Streifen in der Mitte. Ihr Anführer war ein großer breitschultriger Mann, namens Shickellamy, dessen Gesicht von einer riesigen Narbe entstellt war.
Nachenum und Souchy hatten ihnen ihre Waffen abgenommen, während sie Shingas mit stechendem Blick musterte. Hugh konnte die Spannung spüren, die zwischen den Männern herrschte.
Zu Hughs Ärger betrat nun auch Netawatees das Zelt und ließ sich mit gekreuzten Beinen neben Shingas und seinen Brüdern nieder.
Hugh setzte sich etwas abseits und beobachtete, wie Tamaqua eine Pfeife anzündete und sie unter den Männern herumgehen ließ.
Pisquetumen richtete als Erster das Wort an sie. „Unsere Onkel aus dem Norden kommen uns besuchen. Was wollt ihr von uns?"

Shickellamy nahm einen tiefen Zug aus der Pfeife, bevor er antwortete: „Wir haben eine lange Reise auf uns genommen, um mit euch zu sprechen. Vor vielen Monden haben wir euch und eure Väter ermahnt, euch nicht wie Kinder zu benehmen.“

Einer von Shickellamys Männern übersetzte das Gesagte in ein seltsam hölzern klingendes Lenapé, sodass auch Hugh ihn verstehen konnte. Er bemerkte das angriffslustige Schaudern in Shingas Augen und malte sich für einen Augenblick aus, was wohl geschähe, wenn der Häuptling sich noch weiter herausgefordert fühlen würde.

„Doch ihr habt uns ein taubes Ohr zugewandt“, fuhr Shickellamy fort. „Ihr seid gegen unsere weißen Verbündete auf den Kriegspfad gezogen, weil ihr Land für euch beansprucht, dass euch nicht gehört. Wir haben euch eure Waffen abgenommen und euch zu Frauen gemacht. Viele Jahre dauert dieser Krieg nun an. Doch er ist nicht euer Krieg. Die Weißen kämpfen unter sich. Sie wollen Fort Duquesne einnehmen.“

Pisquetumen sah ihn eine Weile nachdenklich an, während er an der Pfeife zog. „Es war einer von euch, Häuptling Johnson, der uns die Kriegsaxt zurück gegeben und uns damit wieder zu Männern gemacht hat. Nun sagt ihr, wir sollen nicht mehr kämpfen. Aber Männer entscheiden selbst, wann sie kämpfen und wann nicht.“

Etwas loderte in Shickellamys Augen bei seinen Worten auf, doch seine Stimme klang ruhig und gefasst, als er erwiderte: „Wir haben euch wieder zu Kriegern gemacht, damit ihr an unserer Seite und nicht gegen uns und unsere Verbündete in den Krieg zieht.“

Er zog einen kunstvoll geknüpften Wampum-Gürtel aus einer Tasche. „Nehmt dies als Aufforderung eurer Onkel, der Konföderation der Irokesen und ihrer weisen Häupter am Großen Ratsfeuer in Onondaga, endlich Frieden zu schließen mit den Engländern und ihre Feinde, die Franzosen nicht länger zu unterstützen. Dann wollen wir vergessen, dass ihr als Frauen zu den Waffen gegriffen habt.“

Er legte den Gürtel vor Pisquetumens gekreuzten Beinen nieder.

Pisquetumen starrte den Wampum-Gürtel an, als sei er eine giftige Schlange. Dann ging auf einmal alles ganz schnell.

Aus dem Augenwinkel sah Hugh Shingas mit einer fast unsichtbaren

Bewegung aus dem Halbdunkel nach vorne schnellen und Shickellamy an seinem Haarschopf packen. Ein Messer blitzte an dessen Kehle auf. „Shickellamy“, knurrte er. „Geh nach Hause und sag deinen Häuptlingen, dass wir nicht länger eure Frauen sind! Wir sind Männer, verstehst du mich? Wir kämpfen wie Männer und wir schließen Frieden wie Männer. Geh und sag ihnen das! Wenn du das nächste Mal mit einem solchen Auftrag kommst, werde ich dich töten.“

Shickellamys Augen blitzten und seine Hände zuckten. Die anderen Irokesen sprangen auf.

Shingas lachte sein schreckliches Lachen.

„Verschwindet!“

Er versetzte Shickellamy einen heftigen Stoß, der den kräftigen Krieger auf seine Männer zutaumeln ließ. Blut tropfte in einem feinen Rinnsal von seinem Hals.

Vorsichtig wichen die Männer zurück und verschwanden aus dem Zelt, ohne Shingas den Rücken zu zukehren.

Kurz darauf verlor sich das Hufgetrappel ihrer Pferde in der Dunkelheit.

Shingas starrte ihnen mit erhobenem Messer nach. Seine Augen blitzten und er lachte ein unheimliches Lachen, sodass Hugh erschauderte, bevor er die Klinge wieder an seinem Gürtel verschwinden ließ.

„Jemand muss sie geschickt haben“, stellte Pisquetumen fest.

„Sir Johnson steckt dahinter“, knurrte Shingas, in dessen Augen noch immer ein gefährlicher Funke flackerte. „Ihre Macht reicht nicht aus, um uns zum Aufgeben zu zwingen.“

Mit finsterem Gesicht starrte Pisquetumen auf den Zeltausgang, aus dem die Irokesen verschwunden waren. „Wie lange werden wir noch kämpfen können?“, fragte er seine Brüder.

Tamaqua antwortete ihm: „Ich teile deine Sorge, mein Bruder. Wir haben neue Felder angelegt und neue Dörfer gegründet. Doch uns fehlt es an Waffen, Schießpulver, Werkzeug und Decken. Wenn wir sie nicht von Dumas erhalten, werden viele von uns den nächsten Winter nicht überleben.“

„Wir brauchen die Wapsitàk nicht!“, fuhr Netawatees auf. „Wir haben eigene Waffen, die unsere Vorväter satt gemacht und geschützt haben.“

Pisquetumen lächelte nachsichtig und legte eine Hand auf den Arm des jun-

gen Kriegers.
„Die Zeiten unserer Vorväter sind vorbei“, sagte er traurig. „Unser Volk braucht die Wapsitàk.“
Hugh konnte die Wut in Netawatees Augen aufleuchten sehen, als er mit gepresster Stimme fragte: „Was wollt ihr dann tun?“
Es war Tamaqua, der nun das Wort an ihn richtete: „Es ist deine Jugend, die aus deinen Worten spricht und ich höre ihre Wahrheit. Doch das rettet uns nicht vor dem nächsten Winter.“
„Dann lasst uns weiter kämpfen!“, unterbrach ihn Netawatees aufgebracht. „Wir holen uns, was wir brauchen.“
Traurig schüttelte Tamaqua den Kopf. „Wir kämpfen schon lange, doch es hat nur wenig bewirkt. Dein Vater war ein großer Krieger und er ist in diesem Krieg gefallen. Wenn die Franzosen Fort Duquesne verlassen, werden sich die englischen Truppen in Richtung des Ohio Tals wenden und uns angreifen. Dann wird sich Kittanning in jedem unserer Dörfer entlang des Ohio-Flusses wiederholen.“
„Ihr wollt euch freiwillig ergeben?“ Fassungslos starrte Netawatees die Häuptlinge an.
Pisquetumen versuchte, ihn zu besänftigen. „Netawatees, einst wirst du unser Volk anführen. Dann wirst du verstehen, dass ein weiser Häuptling sein Volk vor Hunger und Vernichtung schützen muss, auch wenn dies bedeutet, die Waffen ohne einen Sieg nieder zu legen. Wir haben gekämpft und unseren Mut bewiesen. Die Menkwe werden uns nicht mehr zu Frauen machen können. Aber wir können die Jenkise nicht besiegen.“ Netawatees starrte ihn aus brennenden Augen an.
„Mein Vater hätte das niemals zugelassen. Wenn ihr mit den Jenkise Frieden schließt, ist er umsonst gestorben.“
Er drehte sich um und stürmte aus dem Zelt.
Pisquetumen versuchte nicht, ihn aufzuhalten.
„Er ist jung. Viele denken so wie er. Es ist Neolins Stimme, die aus ihnen spricht.“
Er sah seinen Bruder an.
„Teedyuscung hat schon im letzten Herbst Frieden geschlossen mit Bruder Onas. Sie haben ihn reich beschenkt und ihm eigenes Land versprochen.“

Eine Weile schwiegen die Männer. Hugh konnte spüren, wie sie ihren Gedanken nachhingen.
Er fragte sich, was wohl mit ihm geschähe, wenn sie wirklich Frieden schlössen mit den Engländern.
Shingas, der seit die Irokesen das Zelt verlassen hatten, geschwiegen hatte, richtete sich auf einmal auf und sah Pisquetumen und Tamaqua nacheinander lange an.
Dann wandte er sich zu Hugh um, der mit gesenktem Kopf an einer der Zeltwände lehnte.
„Was meinst du, Munhut`takiswilluxissohipon?" Überrascht schrak Hugh aus seinen düsteren Gedanken auf. Nie zuvor hatte einer der Häuptlinge bei einer ihrer Beratungen das Wort an ihn gerichtet. Er kniff die Augen zusammen und überlegte kurz. „Ich denke, dass es bald Frieden geben wird zwischen den Jenkise und dem Volk der Lenapé. Die Zeit des Krieges ist vorbei."
Er wusste selbst nicht genau, warum er das gesagt hatte.
Ein seltsames Lachen zog über Shingas Gesicht. „Es scheint, als bist auch du ein weiser Bruder, Munhut`takiswilluxissohipon."
Er erhob sich und ging zu Tamaqua, dann legte er ihm die Hände auf die Schultern und sah ihm in die Augen.
„Nimat", sagte er, „nun ist es an dir, unser Volk zu führen. Meine Zeit ist vorbei." Er ließ seine Arme sinken und sah Pisquetumen an. „Geh und rede mit Teedyuscung."
Mit steifen Schritten ging er zum Ausgang und verließ das Zelt.
Als er verschwunden war, sagte Pisquetumen: „Ich werde morgen nach Jenkiklahmus reiten und mit Teedyuscung sprechen."

Netawatees bebte noch immer vor Wut.
Schwer atmend blieb er an einer abgelegenen Uferstelle stehen und holte tief Luft. Er versuchte, seine Gedanken zu beruhigen und den roten Nebel, den seine Wut um sie gebildet hatte, beiseite zu schieben.
Es war schwer zu glauben, dass Tamaqua und Pisquetumen für ein paar Decken und Zauberwasser alles verraten wollten, wofür sie in den letzten Jahren gekämpft hatten.

Die Jenkise hatten immer wieder bewiesen, dass ihr Wort nichts wert war und dass sie es jederzeit brachen. Es gab keinen Grund, ihnen jetzt zu vertrauen.
Die alten Männer waren schwach und feige.
Plötzlich hörte er Schritte hinter sich. Er glaubte, es sei Pisquetumen, der ihn beruhigen wollte und sagte, ohne sich umzudrehen: „Ich stimme eurem Frieden nicht zu, ganz gleich, was du sagst."
„Wer spricht von Frieden?", hörte er eine fremde Stimme und drehte sich überrascht um.
Hinter ihm stand Heno, der Anführer des Shawnee-Stammes, der mit ihnen in Tuscarawas lebte. Das Volk der Shawnee und Lenapé verband eine lange Freundschaft, viele Kriege hatten sie schon Seite an Seite bestritten.
Er sah die Umrisse weiterer Männer, die sich gegen den Nachthimmel abzeichneten und er erkannte Nachenum, Shingas jüngsten Bruder und andere der Krieger, die mit Shingas auf den Kriegspfad gegen die Jenkise gezogen waren.
„Netawatees, man nennt dich einen weisen Ratgeber. Dein Vater war ein großer Anführer und sein Blut fließt in deinen Adern. Lass deinen Zorn nicht deine Gedanken verwirren", sagte Heno ruhig.
Netawatees senkte den Kopf, damit er nicht sehen konnte, wie aufgewühlt er war. „Du hast recht. Aber wir können nur verlieren bei diesem Frieden. Habt ihr nicht gehört, was uns Neolin erzählt? Wir müssen unabhängig werden von den Weißen und ihren Dingen. Sonst werden unsere Kinder sich schon nicht mehr an unsere Geschichten und Lieder erinnern."
Heno nickte traurig. „Ich kann dich verstehen. Es geht den Jenkise nicht darum, Frieden mit uns zu schließen. Sie wollen Fort Duquesne einnehmen und sie fürchten sich vor unseren Angriffen."
Überrascht sah Netawatees ihn an. „Woher weißt du das?"
„Unsere Kundschafter haben gesehen, dass die Jenkise wieder beginnen, die Bäume zu fällen, um den Weg über die Alleghenys zu erleichtern, so wie sie es bei ihrem letzten Angriff unter General Braddock taten. Eine große Schlacht steht bevor. Im Sommer werden sie Fort Duquesne einnehmen. Kommandant Dumas und seine Männer werden nicht lange Widerstand leisten können. Viele der Soldaten sind krank."

Netawatees ballte seine Fäuste.
„Dann hängt alles von uns ab. Wenn wir die Jenkise jetzt schlagen, wird es lange dauern, bis sie zurück kommen. Und von der Liga haben wir nichts zu befürchten, sonst hätten sie uns längst angegriffen. Wir dürfen jetzt keine Schwäche zeigen, sonst war alles umsonst. Die alten Männer sind müde und feige. Sie wollen für ein paar Decken und Zauberwasser alles verraten, wofür wir gekämpft haben. Es kann keinen Frieden mit den Weißen geben. Sie wollen uns wieder unter die Kontrolle der Liga bringen, uns unser Land wegnehmen, uns demütigen. Wir dürfen das nicht zu lassen."
Mit grimmiger Entschlossenheit sah er Heno an.
Der Shawnee-Häuptling musterte ihn einen Augenblick lang.
„Du willst wieder auf den Kriegspfad ziehen, auch ohne Shingas?"
„Wenn es sein muss. Wir kämpfen nicht nur für uns. Wir kämpfen auch für die Freiheit unserer Kinder und deren Kinder. Wenn die Jenkise erst Fort Duquesne erobert haben, dann wird sie nichts mehr daran hindern können, das gesamte Ohio-Gebiet einzunehmen. Für unser Volk wird es dann keinen Platz mehr geben."
Nachenum trat neben ihn. Er sah in seine kleinen, flackernden Augen, die ihn ein wenig an Shingas erinnerten.
„Wir sind Krieger", sagte Nachenum, „unser Krieg ist erst vorbei, wenn wir oder der Feind tot am Boden liegen, wenn das Blut in Strömen unseren sterbenden Körper verlässt und es nichts mehr gibt, mit dem wir weiterkämpfen könnten. Das ist die einzige Art von Frieden, die wir kennen. Wir werden nie wieder unsere Waffen niederlegen und Röcke tragen, als seien wir wehrlose Weiber."
Leise, ganz leise hörte er die Männer hinter ihnen. „Yo-hah", sagten sie, „so soll es sein."

Dichter Nebel hing am nächsten Morgen über dem Flussufer und der Siedlung. Marie richtete sich langsam in ihrem Zelt auf. Netawatees neben ihr schlief noch.
Er war erst spät in der Nacht in ihr Zelt gekommen.
Leise, um ihn nicht zu wecken, erhob sie sich und streifte ihre Beinlinge und das Lederkleid über. Dann ging sie hinunter zum Flussufer, um sich Gesicht

und Hände zu waschen und Wasser mit hinauf zu bringen.
In dem Dorf war noch alles still, die Meisten schienen nach dem ausgelassenen Fest am Vorabend noch tief zu schlafen. Marie streckte sich und sog die kühle, feuchte Luft ein, die bereits vom nahen Ende des Sommers kündete. Vorsichtig kletterte sie auf den glitschigen Steinen die Böschung hinab und streckte ihre Hände in das eisige Wasser, als ihre Augen auf einen seltsamen Gegenstand fielen und sie einen entsetzten Schrei ausstieß. Direkt vor ihr trieb ein großer Körper im Wasser.
Vor ihr lag mit dem Kopf nach unten die Leiche des schwarzen Jungen, der mit Hugh und Pisquetumen nach Tuscarawas gekommen war.
Hugh hörte ihren Schrei in seinem Zelt und wusste sofort, dass sie es war, die geschrien hatte. Nur mit seinem Hemd bekleidet, rannte er durch das Dorf zum Flussufer.
Als er Hezekiahs toten Körper sah, der von dem Auf und Ab der Wellen an das Flussufer gedrückt wurde, hatte er das Gefühl, seine Beine versagten ihm den Dienst.
Pisquetumen tauchte hinter ihnen auf und packte den Arm des toten Jungen, um ihn mit Hughs Hilfe aus dem Wasser zu ziehen. Als er den Körper des Jungen herumdrehte, wurde eine inzwischen grau verfärbte, zickzackförmige Wunde an dessen Stirn sichtbar. Die Verletzung schien nicht tief zu sein.
„Er ist gestürzt“, stellte Pisquetumen fest. „Er hat den Halt verloren und ist in den Fluss gestürzt. Die Strömung hat ihn hier an das Ufer gespült.“
Fassungslos starrte Hugh das so vertraute Gesicht mit den gebrochenen Augen an. „Er konnte nicht schwimmen, ich …“, stotterte er, doch seine Stimme versagte ihm den Dienst. Er schluckte und versuchte es erneut. „Er wollte austreten, gestern, als wir am Ufer gesessen haben. Seitdem habe ich ihn nicht mehr gesehen.“ Er hatte noch nicht einmal bemerkt, dass Hezekiah nicht in ihrem Zelt geschlafen hatte.
Mit Tränen in den Augen sah Hugh Pisquetumen an. „Ich habe nicht einmal bemerkt, dass er fort war, ich war so beschäftigt …“, er brach ab und blickte zu Marie hinüber, die Barbaras Hand fest umklammert hielt und noch immer entsetzt auf Hezekiahs Leiche starrte. Ich war so damit beschäftigt, an sie zu denken, dass ich nicht bemerkt habe, dass er nicht zurück gekommen ist, dachte Hugh verzweifelt und ballte seine Fäuste. Ich wusste, dass Hezekiah

nicht schwimmen kann. Ich hätte nach ihm suchen müssen.
Ruckartig wandte er sich ab und stürmte davon.
Er suchte nach Getaam, zäumte sie auf und jagte auf ihr in den Wald davon.
Hezekiahs Tod war seine Schuld, die Schuld seiner grausamen, unstillbaren Sehnsucht nach Marie. Er hatte alle seine Gedanken, sein ganzes Verlangen, die gesamte Kraft seines Willens nur auf sie gerichtet und nicht mehr wahrgenommen, was um ihn herum geschah.
Deshalb war Hezekiah, der einzige Freund, den er je gehabt hatte, sein Bruder, nun tot.
Er verlangsamte sein Tempo und ritt ziellos zwischen den Laubbäumen umher, als es zu regnen begann. Die Tropfen fielen schwer auf sein ungeschütztes Haupt und rannen in dicken Strömen von seinem schulterlangen Haar, das er offen trug, über seinen Rücken und seine Brust. Getaams Hals und ihre Flanken dampften und er sog den Geruch des nassen Waldbodens in sich hinein.
Auf einmal machte er in der Ferne eine Bewegung aus.
Zuerst glaubte er, der Regen habe ihm einen Streich gespielt, doch dann sah er wieder die Bewegung eines großen Schattens.
Er hielt Getaam an und ließ sich lautlos von ihrem Rücken rutschen. Er befestigte ihre Zügel an einem Baum und klopfte ihr noch einmal zärtlich auf den Hals, bevor er sich vorsichtig in die Büsche schlug.
Langsam näherte er sich der Stelle, als ihn ein Geräusch innehalten ließ.
Es waren eindeutig Stimmen, die er hörte. Er duckte sich so tief er konnte und schlich sich noch näher heran. In einer kleinen Mulde sah er jemanden liegen. Mit einiger Mühe gelang es ihm, sein Gesicht zu erkennen.
Es war Nachenum, Shingas und Pisquetumens Bruder, der Mann, der seine Mutter ermordet hatte.
Es regnete immer stärker. Seine Lederkleidung war bereits bis auf die Haut durchnässt. Er konnte nur hoffen, dass das Pulver in seiner Waffe nicht völlig durchnässt war, dachte er plötzlich und erschrak über sich selbst. Er erinnerte sich an seinen Schwur, den Tod seiner Mutter an Nachenum zu rächen.
Dies schien die Gelegenheit dazu zu sein. Außer ihnen war niemand zu sehen. Sein Herz raste in seiner Brust. Es hatte bereits einen Toten gegeben an diesem Tag.

Doch etwas an Nachenums Haltung verriet ihm, dass der Indianer etwas im Schilde führte und er war neugierig, was es war.
Er nestelte an seinem Gürtel herum und verlor dabei auf dem matschigen Waldboden den Halt. Mit lautem Knacken zerbrach ein Zweig unter seinen Mokassins.
Hugh erstarrte. Ängstlich sah er in die Richtung, in der sich Nachenum versteckt hielt.
Er schien etwas gehört zu haben, konnte aber wohl durch das Prasseln des Regens seine Richtung nicht ausmachen.
Hugh zog die Pistole aus seinem Gürtel und überprüfte ihre Ladung. Es war eine uralte Waffe. Pisquetumen hatte sie ihm nach ihrem letzten Aufenthalt in Fort Duquesne gegeben, wahrscheinlich war sie Raubgut aus einem der Überfälle.
Die Zeit verstrich. Nichts geschah.
Hugh wurde bereits unruhig und überlegte, ob er sich zurück zu Getaam schleichen sollte, als Nachenum sich auf einmal tiefer in die Mulde duckte.
Er schien, etwas gesehen zu haben.
Hugh folgte der Richtung seines Blickes und erkannte zwischen den Bäumen einen Reiter näher kommen.
Hugh stockte der Atem, als er erkannte, wer sich ihnen zwischen den Bäumen näherte. Es war Pisquetumen auf Netopalis.
Hughs Herz schlug ihm auf einmal bis zum Hals und ein trockenes Gefühl der Anspannung breitete sich in seiner Kehle aus.
Fieberhaft überlegte er, was zu tun sei. Aus seiner Entfernung heraus konnte er Pisquetumen nicht warnen, bevor er in Nachenums unmittelbare Schussweite kam, ganz zu schweigen von dem Risiko, dem er sich selbst damit aussetzen würde.
Als ihm klar wurde, dass es nur eine Möglichkeit gab, Pisquetumens Leben zu retten, wich alle Nervosität von ihm. Er legte seine Waffe an und zielte auf Nachenum.
Zeit zum Nachladen würde er nicht haben.
Der erste Schuss musste treffen.
Hektisch suchte er nach seinen Feuersteinen, als er sah, wie Nachenum tatsächlich auf seinen Bruder anlegte.

Endlich war sein Gewehr bereit. Hugh atmete aus und zielte mit angehaltenem Atem auf Nachenum, während er inständig darum betete, dass sich dessen Schuss nicht als Erstes löste und Pisquetumen vor seinen Augen tötete. Dann hallte sein Schuss durch den Wald und die Vögel stieben laut kreischen aus den Baumwipfeln auf.
Als sich der Pulverrauch legte, konnte Hugh sehen, dass Nachenum mit ausgestreckten Beinen auf dem Boden lag. Hugh konnte nicht erkennen, wo er ihn getroffen hatte.
Pisquetumen hatte sein Pferd angehalten und sah sich mit erhobener Waffe um. Hugh stieß einen Pfiff aus, den Pisquetumen und er bei der Jagd verwendeten, wenn sie sich sagen wollten, dass die Beute erlegt war. Pisquetumen erwiderte seinen Pfiff und Hugh richtete sich auf, damit der Indianer ihn sehen konnte.
Pisquetumen schwang sich von seinem Pferd und kam zu ihm.
„Mein Bruder, was tust du hier?“, fragte er ihn überrascht. Stumm vor Entsetzten über sich selbst wies Hugh mit dem Kinn in die Richtung, in der Nachenums Leiche lag.
Pisquetumen sah ihn fragend an und ging, als er keine Antwort bekam, zu der Stelle.
Nachenum lag mit dem Gesicht nach unten auf dem Waldboden.
Hughs Schuss hatte seinen Schädel zerschmettert. Das feuchte Astwerk um ihn herum war mit seiner Hirnmasse und seinem Blut bespritzt.
„Er wollte dich töten“, sagte Hugh mit zitternder Stimme.
Er konnte sehen, wie sich Pisquetumens Züge bei seinen Worten verkrampften.
„Dann bin ich froh, dass mein Bruder mir das Leben gerettet hat“, erwiderte Pisquetumen.
Schweigend starrte er die Leiche mit den leeren Augen an.
Dann wandte er sich ab und ging mit steifen Schritten zu Netopalis zurück.
„Was hast du vor?“, fragte ihn Hugh, während er hinter ihm herlief.
„Nachenum hat nur getan, was viele von ihnen denken. Sie wollen keinen Frieden. Sie fürchten, dass wir uns unterwerfen müssen. Wenn ich jetzt mit dir zurück reite, haben sie gesiegt. Das alles muss ein Ende haben. Gehe du und sage ihnen, was passiert ist.

Die Seele meines Bruders wird keinen Frieden finden, nachdem, was er getan hat. Sollen die anderen entscheiden, was mit ihm geschieht.“ Er schwang sich auf Netopalis Rücken.
„Reite nach Hause und beerdige deinen Freund.“

Marie hatte vor dem Regen Schutz in Netawatees Zelt gesucht und wartete auf ihn, während sie eines ihrer Netze ausbesserte.
Der Regen prasselte gegen die Rindenwände und ein kalter Wind zog in ihr Zelt. Sie wickelte sich in das große Bärenfell, dass Netawatees im vergangenen Winter erjagte und das sie von Fleischresten befreit und in der Sonne gegerbt hatte.
Da es Sommer war, hatten sie ihre Feuerstellen nach draußen verlegt, sodass es im Inneren wundervoll nach den getrockneten Kräutern duftete, die sie im Frühjahr mit Gischapan gesammelt hatte.
Marie hoffte, dass der Regen bald aufhörte, damit sie das Essen vorbereiten konnte.
Ihre Gedanken wurden von einem Geräusch vor dem Zelt unterbrochen und im nächsten Moment kletterte Netawatees zu ihr herein.
Sein Haar hing ihm in nassen Strähnen über den Rücken und er entledigte sich mit einer raschen Bewegung seinen nassen Leder-Leggins.
„Putamohen“, sagte er lächelnd, als er sie entdeckte und kroch zu ihr unter das Bärenfell. Sie umarmte seinen nackten, vom Regen gekühlten Körper und er bedeckte ihr Gesicht mit regennassen Küssen.
„Wo warst du solange?“, fragte sie ihn, doch er antwortete nicht, sondern küsste gierig ihren Hals und öffnete mit geschickten Fingern die Riemen ihres Lederkleides.
Marie lachte und zog ihn an sich.
Er hielt inne und sah sie eine Weile mit einem seltsamen Ausdruck in seinem Gesicht an.
„Was hast du?“, flüsterte sie leise.
„Nichts“, sagte er und wandte sich wieder ihrem Lederkleid zu.
Laut prasselten die Regentropfen außen gegen die Rindenmatten, als er sich nach einer süßen Ewigkeit später schwer atmend an sie schmiegte und sie ihren eigenen, raschen Atem spürte.

Sie dachte daran, wie sie zum ersten Mal zu ihm in sein Zelt gekommen war, wie unwissend sie gewesen war und wie sehr sie Netawatees begehrt hatte.
„Ich werde morgen reiten“, sagte er plötzlich in ihr Schweigen hinein.
Überrascht öffnete Marie die Augen. „Wohin?“
Er löste sich sanft aus ihren Armen und stützte sich auf, um sie anzusehen.
„Die Jenkise wollen Fort Duquesne angreifen. Heno und die anderen wollen auf den Kriegspfad ziehen. Ich werde mit ihnen reiten.“
Außer sich starrte Marie ihn an. Sie suchte nach einem Zeichen in seinen Augen, seiner Stimme, dass er nur einen üblen Spaß mit ihr trieb. Doch sie konnte nur grimmige Entschlossenheit in seinen Augen lesen.
Entsetzt sprang sie auf. „Warum? Warum willst du die Männer angreifen? Du bist doch bisher nie mit ihnen geritten, warum jetzt?“
Netawatees streckte die Hand nach ihr aus und wollte sie wieder zu sich auf ihr Lager ziehen, doch sie machte sich wütend los.
„Putamohen, hör mir zu: Ich bin nie mit Shingas und den anderen geritten, weil sie Siedler angegriffen haben, unbewaffnete Männer. Sie haben sich in den Dienst der Franzosen nehmen lassen oder haben es für Bruder Onas getan.“
Marie holte tief Luft, um ihm etwas zu entgegnen, als sie ihn auf einmal mit gerunzelter Stirn ansah.
„Was sagst du da? Warum für Pennsylvania?“
Netawatees zögerte einen Augenblick, als suchte er nach den richtigen Worten. „Nicht alle Überfälle sind geschehen, weil es die Franzosen so wollten.“
Marie sah ihn verständnislos an. „Was mcinst du damit?“
Wieder griff er nach ihr und diesmal ließ sie sich zurück auf das Bärenfell sinken.
„Galasko und die anderen haben die ersten Überfälle für Bruder Onas gemacht.“
Marie hörte seine Worte, doch sie ergaben keinen Sinn in ihrem Kopf.
„Du meinst die Regierung von Pennsylvania hat Indianer bezahlt, um ihre eigenen Siedler zu überfallen?“ Sie schüttelte ungläubig den Kopf. „Du musst dich täuschen.“
„Nein, Putamohen, glaube mir. Sie haben viel Geld dafür bekommen, euch

zu überfallen.“
„Und uns zu töten?“
„Nicht alle. Aber eure Häuser sollten brennen. Erinnerst du dich an den Mann mit den hellen Augen, der zu uns nach Kittanning kam, als …“ Er ließ den Rest unausgesprochen.
„Du meinst Doram?“
„Ja, ich glaube so ist sein Name. Er hat Galasko und Souchy angeheuert. Die Gefangenen waren ein Teil ihrer Belohnung. Wir haben ihn einen ganzen Winter bei uns versteckt. Eines Tages war er verschwunden. Er hatte wohl noch etwas zu erledigen.“
„Warum sollte jemand so etwas tun, ich meine, die Franzosen, aber warum die Kolonie?“
Sie stützte ihren Kopf auf ihre Hände und starrte nachdenklich vor sich hin.
„Ich weiß es nicht, Putamohen, ich glaube, es ging um Geld. Die alten Siedler haben nicht genug gebracht.“
Plötzlich sah Marie die Farm ihres Vaters am Penn’s Creek vor sich, sie erinnerte sich an die Schüsse im Wald, an die rücksichtslose Brutalität, mit der Shingas, Jacob, Galasko und Souchy sie überfallen hatten.
„Das kann nicht wahr sein, das …“, stammelte sie. „Der Mord an meinem Vater hat also mit diesem Krieg nichts zu tun? Er musste sterben, weil sie an unser Land wollten?“
Netawatees nickte langsam. „Ja, ich glaube, das ist die Wahrheit.“
Sprachlos über das Gehörte dachte Marie nach. Ihre Augen flogen hin und her, während die Gedanken in ihrem Kopf rasten.
„Warum willst du dann wieder kämpfen?“
„Wir kämpfen nicht gegen die Siedler. Wir kämpfen gegen die Soldaten der Jenkise, verstehst du nicht? Wenn sie Fort Duquesne einnehmen, ist es nur eine Frage der Zeit, bis sie hierher kommen und das Massaker von Kittanning wiederholen. Wir müssen sie aufhalten.“
„Was sagt Shingas dazu?“
Zornig schüttelte Netawatees den Kopf. „Shingas ist ein alter Narr. Sein Bruder Tamaqua ist jetzt unser Anführer. Er will Frieden mit den Jenkise, er glaubt ihren Lügen.“
Langsam stand Marie auf. „Wenn du kämpfen willst, kann ich dich nicht

aufhalten. Ich kann dir nur sagen, dass mein Herz bluten wird, bis ich dich wieder unversehrt in meinen Armen halte.“ Auch Netawatees erhob sich. Er nahm ihr Gesicht in seine Hände und küsste sie sanft.
„Habe keine Angst, meine kleine Putamohen. Ich werde bald zurück sein.“
Tränen standen in ihren Augen. Etwas in ihr schrie, dass sie ihn zurückhalten musste, koste es, was es wollte. Doch ein anderer Teil in ihr wusste, dass es sinnlos war. Es gab nichts, dass ihn aufhalten konnte.
„Wo gehst du hin?“, fragte sie ihn überrascht, als sie sah, dass er sich ankleidete.
„Die Krieger treffen sich am großen Feuer, um gemeinsam die heilige Pfeife zu rauchen und den Segen des großen Schöpfers für unseren Kriegszug zu erbitten. Wir brechen schon morgen auf.“
„Morgen?“, wisperte sie blind vor Tränen.
Netatwatees küsste ihre Stirn. „Ja, Morgen.“
Er sah sie noch einen Augenblick lang unentschlossen an, doch sie wandte sich schluchzend ab. Dann verließ er ihre Hütte.
Nichts ergab mehr einen Sinn.
Sie schlang ihre Arme um die Knie und gab sich ihren Tränen hin, bis ihr Körper sich leer und unendlich erschöpft anfühlte.
In den letzten Jahren hatte sie immer wieder gehofft, der Krieg zwischen England und Frankreich fände endlich ein Ende und damit auch ihre Gefangenschaft. Doch nichts war so, wie es schien.
Sie waren keine Kriegsgefangenen, sie waren noch nicht einmal Kriegsbeute.
Ihr Leben war der Preis für das blutige und menschenverachtende Geschäft mit Siedlungsland gewesen; ihr Vater war nicht dem Grenzkrieg, sondern der Geldgier zum Opfer gefallen, verraten von der Regierung der Kolonie, die er für das Gelobte Land hielt, den Ort, an dem sich alle Träume verwirklichen ließen und die Freiheit das höchste Gut von allen war. Nichts davon war wahr.
Man hatte sie verraten, im Stich gelassen, ihrem Schicksal unter den Indianern ausgeliefert.
Gott allein wusste vermutlich, warum sie und Barbara noch am Leben waren und so viele andere nicht.

Marie biss sich auf die Unterlippe, bis sie Blut schmeckte.
Tränen liefen unablässig ihr Gesicht hinab.
Dann war der Krieg ausgebrochen und Shingas und seine Männer hatten sich entschieden, mit den Franzosen gegen die Engländer zu kämpfen. Doch die Franzosen verloren diesen Krieg nun.
Niemand konnte sagen, was dann mit ihnen geschah, den Menschen, die sie während der Überfälle gefangen genommen hatten.
Vielleicht bestanden die Kolonien darauf, alle Gefangenen auszuliefern.
Aber vielleicht töteten die Indianer sie alle, aus Angst vor der Rache der Engländer. Alles schien so absurd, so verwirrend.
Endlich würde es Frieden geben. Pisquetumen war auf dem Weg nach Pennsylvania, um Frieden für sein Volk auszuhandeln, Freiheit.
Und Netawatees hatte sich im gleichen Augenblick entschieden, in den Krieg zu ziehen.

Es war bereits dunkel, als Hugh Tuscarawas erreichte.
Die meisten Bewohner hatten sich schon in ihre Zelte zurück gezogen und niemand schien von den Ereignissen im Wald etwas mitbekommen zu haben.
Hugh versorgte Getaam und ging hinab zum Flussufer, wo sich einige der Männer an einem großen Feuer versammelt hatten.
Netawatees und Shingas waren unter ihnen, auch Heno, der Shawnee-Führer.
Sie rauchten und schlugen leise die Trommel, ihre Gesichter waren mit tiefschwarzer Farbe bemalt und sie sangen leise Gebete. Hätten die Ereignisse des Tages Hughs Wahrnehmung nicht so sehr getrübt, hätte er vielleicht die Anspannung spüren können, die von den Männern ausging.
Als er bis auf wenige Schritte an sie heran war, ohne von ihnen bemerkt worden zu sein, blieb er stehen. Er sah in ihre Gesichter und lauschte dem Klang ihrer Trommeln und Gesänge.
Etwas Seltsames geschah in diesem Augenblick mit ihm.
So lange Zeit hatte er Shingas und seine Brüder verabscheut, hatte sich nach dem Tag gesehnt, an dem er von ihnen und ihrer Gegenwart befreit war und zurückkehren konnte.

Er hatte Rache an ihnen geübt. Der Mörder seiner Mutter war tot, gestorben durch seine Hand und ihm wurde bewusst, dass dies die letzte Verbindung war, die er zu seinem alten Leben gehabt hatte.
Es gab nichts mehr, zu dem er zurück kehren konnte.
Niemand wartete auf ihn, niemand hatte ihn auch nur vermisst. Er war nicht mehr der kleine Junge, dessen Mutter von Indianern bei Fort Robinson ermordet worden war.
Er blickte an sich herunter.
Im schwachen Licht des Feuers sah er sein langes Haar, das ihm inzwischen bis weit über die Schulter reichte, sah seine Füße, die in kunstvoll verzierten Moccassins steckten, ein Geschenk von Pisquetumen, seine Beinlinge und das Hemd aus Leder, die Waffen an seinem Gürtel.
Er hatte an nur einem Tag seinen Bruder verloren und einen Mann getötet, um seinen anderen Bruder zu schützen.
Die Grenze, die ihn von Pisquetumen und den anderen getrennt hatte, war verwischt.
Sie würde niemals ganz verschwinden, aber er würde nie wieder gänzlich aufhören können, zu denken und zu handeln wie ein Lenapé.
Er war nun einer von ihnen.
Langsam trat er in den Widerschein des Feuers.
Die Männer verstummten überrascht und sahen ihn an.
„Es hat einen Anschlag gegeben“, sagte er mit lauter Stimme, sodass er weithin zu hören war.
„Nachenum wollte seinen Bruder ermorden. Ich habe ihn getötet.“
Ein Raunen ging durch die Menge. Shingas sprang auf.
In seinen Augen loderte plötzlich jenes schreckliche Feuer mit einer ungekannten Intensität.
„Wer von euch“, stieß er hervor, „wusste davon?“
Es war Netawatees, der sich erhob und ihm antwortete: „Niemand, mein Bruder. Nachenum hat allein gehandelt. Auch das haben wir den Jenkise zu verdanken. Brüder erheben die Waffen gegeneinander. Wir dürfen diesen Kampf nicht aufgeben.“
Zustimmendes Gemurmel erhob sich unter den Männern.
„Wir brechen noch morgen früh auf. Wir erreichen Fort Duquesne in nur

zwei Tagen. Von dort aus werden wir die ganze Nacht hindurch reiten, bis wir die Truppen der Jenkise finden. Im Morgengrauen greifen wir sie an."
Erst jetzt verstand Hugh den Grund ihrer Versammlung am Flussufer, ihre Bemalung und ihre Gesänge. Die Männer wollten auf den Kriegspfad ziehen.
„Ich werde mit euch reiten", hörte er sich sagen.
Niemand sagte etwas, bis Shingas hinter ihm einen seltsamen Laut ausstieß, der fast wie ein Lachen klang, doch ungleich schrecklicher wie das Knurren eines wilden Tieres.
„Ich kann Munhut`takiswilluxissohipon nicht alleine mit euch reiten lassen", sagte er. In seinen Augen funkelte es und er entblößte seine Zähne zu einem wilden Lächeln.
„Ich bin für den Krieg geboren, es ist das einzige Handwerk, das ich kenne. Wenn es Frieden gibt und mein Volk tatsächlich unter das Joch der Liga zurück kriecht wie ein Weib, dann wird es auch für mich keine Aufgabe mehr geben. Deshalb lasst uns reiten und den Jenkise das Fürchten lehren!"
Er zog seinen von den Blutschichten seiner Opfer beschmierten Tomahawk von seinem Gürtel und hielt ihn in die Höhe.
„Yo-hah", riefen die Männer, zuerst vereinzelt und leise, doch dann immer lauter, bis ihre Stimmen zu einem einzigen, großen Gesang anschwoll, der ihrem Anführer ihre Treue und Zustimmung schwor. Hugh sah in die schwarz bemalten Gesichter der Männer und stimmte in ihren Chor ein.

*

Samuel Weiser ließ seine Axt sinken und wischte sich den Schweiß von der Stirn. In der brütenden Hitze der Julisonne wurde der Kampf mit der undurchdringlichen Wildnis zu einer Qual. Seit mehreren Wochen kämpften er und die anderen Männer seiner Einheit sich durch das dichte Buschwerk der Allegheny-Wälder, um den Pass freizumachen für General Forbes Angriff.
Jacob Roths, ein beleibter Schotte aus seiner Einheit mit leuchtend rotem Haar und Bartwuchs, reichte ihm eine Kelle mit warmen, widerwärtigen Wasser, die er gierig hinunterstürzte.
„Alles nur wegen der verfluchten Rothäute", schimpfte Jacob und wischte

sich über das Gesicht.
Die Worte seines Vaters kamen Samuel in den Sinn: „In diesem Teil der Welt werden Kriege nur mit oder gegen die Indianer gewonnen, doch niemals ohne sie.“
Conrad Weiser hatte mit allen Mitteln versucht, seinen Sohn davon abzuhalten, sich freiwillig zu melden. Doch Samuel hat fünf ältere Brüder. Es gab nicht viele Möglichkeiten für ihn, außer Tulpehocken zu verlassen und seinen eigenen Weg zu gehen.
Der Krieg mit den Franzosen war die willkommene Gelegenheit, etwas anderes zu sehen, ein wenig Abenteuer, Freiheit zu erleben und auch die Bezahlung war nicht schlecht.
Entschlossen bückte er sich nach seiner Axt, um den nächsten Busch dem Erdboden gleich zu machen, als lautes Trompetengeheul ihn innehalten ließ.
Zwei Berittene näherten sich den Männern, die mit Äxten und Sägen gegen den Wald und sein Buschwerk vorgingen.
Einer der Reiter stieß in unregelmäßigen Abständen ein Trompetensignal aus, während der andere eine Fahne mit dem Wappen des englischen Königshauses schwenkte und immer wieder etwas brüllte, doch sie waren zu weit von ihnen entfernt, um seine Worte verstehen zu können.
„Was ist denn los?“ Roths leckte sich die Schweißtropfen von der Oberlippe.
„Sieg!“, schrien die Männer plötzlich um sie herum, „Sieg! Fort Frontenac ist gefallen und General-Kommandant Abercromby marschiert auf Louisbourg zu! Lang lebe der König, lang lebe George II.“
Samuel und Jacobs sahen sich schmunzelnd an.
„Der König geht mir, gelinde ausgedrückt, am Allerwertesten vorbei“, bemerkte Roths trocken. „Aber das sieht ja so aus, als ginge es vorwärts. Komm’, schmeiß die Schaufel weg. Einen solchen Sieg werden sie sich einige Fässer Schnaps kosten lassen.“

Auf General Forbes Stirn standen steile Falten und dunkle Ringe verschatteten seine Augen.
In den letzten Tagen hatte er kaum geschlafen, die Schmerzen in seinen Eingeweiden hielten ihn wach. Die schwere Feldkost in Fort Bedford war für

ihn nahezu unverdaulich, doch es schien ihm unpassend, als Kommandant um püriertes, ungewürztes Essen zu bitten, als sei er ein zahnloser Säugling.
Er beugte sich tief über die Karten, die vor ihm ausgebreitet auf dem Tisch lagen. Unzählige Male hatte er sie in den vergangenen Wochen studiert und alle Möglichkeiten abgewogen.
Der Fall von Fort Frontenac bedeutete, dass die Franzosen in Fort Duquesne so gut wie von jeder Versorgung abgeschnitten waren. Seine Männer unter Colonel Henry Bouquet kamen mit ihrer Schneise durch die Alleghenys gut voran. Wenn alles planmäßig verlief, konnten sie das Fort noch im Oktober einnehmen.
Ein jäher Schmerz in seinem Unterleib ließ ihn plötzlich zusammenzucken. Er lockerte seinen Gürtel und lehnte sich vorsichtig zurück.
„General?“ Einer der Wachsoldaten steckte seinen Kopf in sein Zelt.
„Ja?“, sagte Forbes mit erstickter Stimme. Die Schmerzen in seinem Unterleib nahmen ihm fast die Luft zum Atmen.
„Da ist ein Mr. Weiser für Euch.“
Bemüht, sich vor seinem Untergebenen nichts anmerken zu lassen, presste er zwischen seinen Zähnen hervor: „Schickt ihn zu mir.“ Der Soldat nickte.
„Ist noch etwas?“ Ungeduldig sah Forbes ihn an. Ein Krampf tobte durch seinen Bauch und er würde den Schmerzenslaut nicht mehr lange unterdrücken können.
„Das Erste Virginia Regiment unter Colonel George Washington ist soeben hier eingetroffen.“
„Sehr schön, ich werde später mit ihm sprechen.“ Zu Forbes Erleichterung wandte sich der Mann endlich um und er konnte sich vor Schmerz keuchend nach vorne beugen.
Im letzten Moment erkämpfte er sich seine Fassung zurück und wischte sich die kalten Schweißperlen von der Stirn, bevor Conrad Weiser sein Zelt betrat.
„Mr. Weiser, nehmt Platz.“
Conrad nahm seinen Hut ab und nickte höflich. Er bemerkte, dass das Gesicht des Kommandanten angestrengter als bei ihrem letzten Zusammentreffen wirkte, dabei schien das Kriegsglück ihm im Augenblick doch zuzuspielen.
„Mr. Weiser, ich habe viel von Euch gehört. Eure Männer waren hier an der

Grenze bisher nahezu auf sich gestellt und haben dabei Unglaubliches geleistet. Meine Hochachtung!“
Ein müdes Lächeln strich über Conrads Gesicht, er wusste nur zu gut, wie vergeblich all seine Bemühungen gewesen waren, die Siedler zu beschützen.
„Doch der entscheidende Punkt in der Sicherung der Grenze bleibt dabei nach wie vor Fort Duquesne. Wir gehen davon aus, dass sich zur Zeit etwa dreihundert Männer dort befinden und unzählige indianische Verbündete. Wir wissen nur wenig über die Vorgänge dort und Ihr könnt sicher verstehen, dass ich meine Männer nicht in ein ähnliches Fiasko schicken möchte, wie es General Braddock das Leben gekostet hat.“
Samuels Gesicht trat Conrad plötzlich deutlich vor Augen, die weichen, jungenhaften Züge in seinem Gesicht und seine Entschlossenheit, nun mit aller Gewalt ein Mann werden zu wollen. Er hatte ihn nicht aufhalten können. Und nun hing sein Leben von Forbes Geschick ab.
„Wir haben aus unseren Fehlern gelernt. Unsere Männer sind besser bewaffnet und es wird keinen Durchmarsch geben, wir werden nur in einzelnen Etappen in das feindliche Gebiet vordringen. Unser letzter Sammelpunkt wird Fort Ligonier sein, das weniger als einen halben Tagesritt von Fort Duquesne entfernt liegt. Sollte es also zu einem indianischen Überfall kommen, können sich meine Männer dorthin zurückziehen.“
Mit einer auffälligen Steifheit, die Conrad verwundert zur Kenntnis nahm, setzte sich der General an seinen Schreibtisch. „Und dennoch bereiten mir die Indianer Magenschmerzen.“ Forbes verzog sein Gesicht, sodass Conrad glaubte, er litte tatsächlich körperliche Schmerzen.
„Sir Johnson hat mir zwar mehrfach versichert, die Angelegenheit sei unter Kontrolle, doch ich kann dem nicht ganz Glauben schenken. Zu oft sind wir in der Vergangenheit eines Besseren belehrt worden, wenn wir die Indianer unterschätzt haben.“
Er faltete seine Hände auf dem Tisch und beugte sich zu Weiser hinüber.
„Ich will offen sprechen.“ Sein Blick suchte Conrads und hielt ihn fest.
„Ich halte es für einen lohnenswerten Versuch, bevor wir das Fort angreifen, eine friedliche Einigung mit den aufständischen Indianern zu finden. Wenn wir sie dazu bringen, ihr Bündnis mit den Franzosen zu beenden, dann liegt

das Fort auf dem sprichwörtlichen Silbertablett vor uns."
Es dauerte einen Moment, bis Conrad die richtigen Worte für seine Antwort fand.
„General, versteht mich nicht falsch, aber ich kann mich in meiner Position nicht einfach über Johnson hinwegsetzen. Wie stellt Ihr Euch das vor?"
Forbes seufzte. „Ihr sollt Euch nicht über ihn hinweg setzen, Ihr sollt nur eine gewisse Verantwortung tragen. Der englischen Krone ist letztlich egal, wie ein Friedensschluss zustande kommt, wenn er nur zu unserem Vorteil ist."
„Ich verstehe. Dennoch sind meine Möglichkeiten begrenzt."
Angestrengt rieb sich Conrad die Stirn. Es war stickig und heiß in dem Kommando-Zelt.
„Durch meine engen Beziehungen zur Irokesen-Konföderation gehöre ich nicht zu den gerngesehenen Gästen bei den Indianern im Ohio und entlang des Allegheny."
Forbes nickte.
„Doch es gibt jemanden, den ich für den Richtigen in einer solchen Angelegenheit halte. Sein Name ist Friedrich Post. Er gehört zu den Herrnhutern und er hat viele der Indianer getauft. Er spricht ihre Sprache fließend. Er ist zwar ein Mann Gottes, doch nicht unbeholfen darin, sich zur Wehr zu setzen. Soweit ich weiß, hält er sich gerade in New York auf. Ich könnte ihm schreiben. Wenn jemand die Häuptlinge zur Einsicht bringen kann, dann er."
Ein Leuchten trat bei seinen Worten in Forbes Augen.
„Mr. Weiser, das klingt, als seien die Geschichten, die man sich über Euch erzählt, nicht übertrieben." Langsam stand er auf und reichte ihm die Hand.

*

Friedrich Post klopfte sich den Staub von seinem langen schwarzen Mantel, nachdem er von seinem Pferd gestiegen war. Er war ein hochgewachsener Mann mit fein geschnittenen Gesichtszügen, die in scharfem Widerspruch zu seinen von schwerer Arbeit gezeichneten Händen standen. Die Herrnhuter Brüdergemeine legte Wert darauf, dass jedes ihrer Mitglieder ein Handwerk erlernte und so war er ein Schmied geworden, bevor er sich vor vielen Jahren

von der deutschen Oberlausitz aus auf die Heidenmission nach Nordamerika begeben hatte.
Eine aufgeregte Menge war bei seiner Ankunft in dem kleinen Indianerdorf am Susquehanna zusammen gelaufen und hatte ihn mit lautem Geschrei begrüßt. Viele der Gesichter waren ihm noch von seiner Zeit in der Mission in Gnadenhütten vertraut und so erwiderte er ihren Gruß freundlich und ließ geduldig zu, dass die Kinder seine Taschen durchwühlten und an seinen Rockschößen zerrten.
Teedyusung trat aus einer der Hütten, die windschief und schlecht gezimmert zwischen den traditionellen Rindenzelten der Lenapé standen. Das Alter hatte seine Spuren in dem einst so jungenhaften Gesicht des Häuptlings hinterlassen und auch der Alkohol hatte ihm im Laufe der Jahre sichtlich zugesetzt.
„Ich grüße dich, Gideon", sagte Post, als er auf ihn zu ging. Ein müdes Lächeln huschte über das Gesicht des Häuptlings. „Diesen Namen trage ich schon lange nicht mehr."
„Es ist der Name, den Gott dir gegeben hat. Du wirst ihn immer tragen." Teedyuscung blieb ihm die Antwort schuldig und sagte stattdessen: „Wir haben Euch bereits erwartet."
Post folgte ihm gebückt in das Innere seiner Hütte, wo ihn eine weitere Reihe vertrauter Gesichter erwartete. Es waren die alten Männer des Dorfes, jene, die man von den Ufern des Delaware Rivers vertrieben hatte und die sich noch allzu gut an Sassoonan und Thomas Penns Landbetrug erinnern konnten.
Post ließ sich zwischen ihnen auf den Knien nieder und sog die fremden Gerüche in sich hinein. Noch immer übte das Leben der Lenapé jene Faszination auf ihn aus, der er schon als junger Mann, kurz nach seiner Ankunft in Nordamerika, erlegen war.
Der Indianer neben ihm reichte ihm eine Pfeife und er nahm einen tiefen Zug von dem süß duftenden Tabakkraut. Post lauschte den kehligen Klängen ihrer Sprache und es dauerte nicht lange, bis die Worte in seinem Kopf wieder einen Sinn ergaben und er ihrem Gespräch folgen konnte.
Es war Teedysucung, der als Erster das Wort ergriff: „Lange Zeiten des Krieges liegen hinter uns. Im letzten Winter haben wir Frieden geschlossen mit den Jenkise und Bruder Onas. Doch unsere Brüder im Westen haben am

Krieg festgehalten. Nun ist einer von ihnen hier. Er hat eine Nachricht für uns."
Überrascht sah Post auf, als sich einer der Indianer mit schütterem Haar und klugen Augen aufrichtete und sagte: „Ich bin Pisquetumen. Shingas ist mein Bruder, doch er ist nicht länger unser Häuptling. Die Stämme des Ohio-Gebietes schicken mich zu euch. Wir sehnen uns nach dem Frieden, den wir einmal hatten."
Post starrte ihn noch immer ungläubig an. Er fragte sich, ob ihn seine Lenapé-Kenntnisse vielleicht gerade einen Streich gespielt hatten.
„Ihr wollt den Frieden?" Vor seiner Ankunft in Jenkiklahmus hatte er dies für eine fast unlösbare Aufgabe gehalten, die nur durch die Hilfe des allmächtigen Gottes zu bewältigen war, und nun stand einer der Häuptlinge vor ihm und erklärte, er wolle Frieden.
Post deutete eine Verneigung an, was im Sitzen etwas albern aussah.
„Eure Anwesenheit hier muss ein Zeichen des allmächtigen Gottes sein. Man schickt mich, um Frieden mit euch zu schließen."
Er begegnete dem prüfenden Blick aus Pisquetumens Augen. „Nicht alle Indianer im Ohio stehen hinter mir. Viele wollen keinen Frieden mit den Jenkise. Sie fürchten, dass wir uns wieder dem Willen der Irokesen-Liga beugen müssen, dass wir erneut von unserem Land vertrieben werden. Es wird nicht leicht werden, sie zu überzeugen."
Post neigte bedächtig den Kopf. „Der Frieden ist niemals leicht zu erringen, sonst würden wir ihn wohl alle schon in diesem Leben finden."
Er bemerkte die seltsamen Blicke, die ihm die anderen Indianer zu warfen, doch er erwiderte sie mit einem freundlichen Lächeln.
„Vielleicht", setzte Teedyuscung an, doch Pisquetumen unterbrach ihn: „Wir werden mit ihnen sprechen. Wir werden an den Feuern entlang der großen Flüsse im Ohio-Tal sitzen und mit ihnen die heiligen Pfeifen rauchen. Unsere Gedanken werden sich mit ihren vermischen und wir werden einen Weg finden, das Töten zu beenden."
Das Lächeln in Posts Gesicht wurde noch breiter.
Gott hatte ihm einen starken Verbündeten bei seiner schwierigen Aufgabe zur Seite gestellt.

*

Die Männer versammelten sich im Morgengrauen. Heno und seine Leute waren unter ihnen, außerdem Shingas und Souchy und viele der jungen Männer, die Neolins Predigten im vergangenen Winter mit brennenden Augen gelauscht hatten.

Sie beschmierten ihre Gesichter mit dem Ruß der kalten Lagerfeuer, sodass ihre Augen wie weiße Schlitze daraus hervor sahen und sie kaum noch voneinander zu unterscheiden waren.

Als Hugh zu der Holzkohle griff, hielt Shingas ihn zurück und sah ihn aus schmalen Augen an. „Es wird Pisquetumen das Herz brechen, wenn sein kleiner Bruder auf dem Kriegspfad stirbt.“ Hugh bemühte sich, seiner Stimme einen festen Klang zu verleihen, als er antwortete: „Er wird mich verstehen.“ Shingas sah ihn einen Augenblick lang an. Dann nickte er und strich mit seinen rußgeschwärzten Fingern über seine Wangen.

Hugh fühlte sich seltsam berauscht und entrückt. Er hatte die Nacht mit der Totenwache bei Hezekiah verbracht und seinen Bruder im Morgengrauen mit dem Kopf in Richtung der aufgehenden Sonne am Flussufer beerdigt.

Er griff nach seinem Jagdmesser und dem Pulverhorn und befestigte beides an seinem Gürtel, als er sah, wie Marie aus ihrem Zelt trat. Sie erschien ihm noch kleiner und zerbrechlicher als sonst.

Ihre schwarzen Augen wirkten riesig in ihrem schmalen, blassen Gesicht und Hugh sah ihr an, dass sie geweint haben musste.

Sie schlang eine Decke fest um ihre Schultern und strich sich über ihr zerzaustes Haar, dass ihr offen in langen Wellen den Rücken hinunterfiel. Ihre Lippen bebten und sie presste ihre Hände so fest zusammen, dass ihre Knöchel weiß hervortraten, bevor sie sich ihren Weg durch die Krieger und ihre Pferde bahnte.

Netawatees stand mit dem Rücken zu ihr. Er hatte mit den anderen Männern am großen Feuer geschlafen und war nicht zu ihr in ihr gemeinsames Lager zurückgekehrt. Sie streckte ihre zitternde Hand nach ihm aus und berührte ihn an seiner Schulter.

Ein Lächeln trat auf sein Gesicht, als er sich zu ihr herumdrehte. „Putamohen“, flüsterte er zärtlich und nahm ihr Gesicht in seine Hände. Sie wollte etwas

erwidern, doch sie brachte nur ein Schluchzen hervor. Er zog sie an seine Brust und hielt sie fest.
Sie atmete seinen vertrauten Geruch, die Wärme seiner Umarmung und heiße, verzweifelte Tränen liefen ihr Gesicht hinunter. „Ich bin bald zurück", sagte er sanft, bevor er ihr Kinn hob und ihre Lippen mit seinen berührten. Sie küsste ihn mit einer verzweifelten Leidenschaft, ließ noch einmal seine Kraft in ihren Körper fließen und ihr Herz zu seinem sprechen. Dann löste er sich von ihr. Sie sah in seine klugen, schwarzen Augen, streckte ihre Hand nach seinem Gesicht aus und berührte seine sanften Lippen mit ihren Fingerspitzen. „Ehoaldie'que", flüsterte sie mit tränenerstickter Stimme. Er lächelte. „Ehoaldie'que", antwortete er und küsste ihre Stirn.
Hugh beobachtete ihren Abschied mit brennendem Herzen. Er schalt sich einen Narren, doch er konnte nichts an seinen Gefühlen ändern. Vielleicht würde der Kriegszug alles ändern, vielleicht wurde er erst durch den Tod von ihrem Bann erlöst.
Entschlossen zog er Getaams Zaumzeug fest und schwang sich auf den Rücken der Stute.
Fest in ihre Decke geschlungen, als könnte der raue Stoff die Wärme seiner letzten Umarmung für sie festhalten, sah Marie den Kriegern nach, als sie Tuscarawas in Richtung der aufgehenden Sonne verließen. Eine leise Stimme in ihrem Inneren wisperte, dass sie ihn niemals wieder sehen würde.

*

Wutentbrannt schleuderte William Johnson den Brief in die Flammen des Kaminfeuers. „Dieser verfluchte schottische Hundesohn!"
„Sir?" Neugierig starrte George Croghan auf den Brief, der mit leisem Knistern zu Asche verbrannte.
„Forbes hat mich übergangen, dieser Bastard eines Hochlandschafes!"
Johnson rieb sich erregt die Stirn. Eine der Adern an seiner Stirn pochte heftig, als er wieder zu Croghan herumfuhr: „Er hat sich von Staatssekretär Pitt die offizielle Erlaubnis eingeholt, Friedensverhandlungen mit den aufständischen Indianern im Ohio-Gebiet zu führen, ohne uns und die Liga. Und Denny, dieser gottverdammte Schwachkopf hat ihn auch noch mit der Nase

darauf gestoßen. Ich hätte mir denken können, dass Weiser, der widerliche Besserwisser, nicht eher Ruhe geben wird, bis er zu seinem Teil gekommen ist. Stellt Euch vor, sie haben einen dieser schwarzberockten Herrnhuter dazu auserwählt, Shingas und die anderen an den Friedenstisch zu bringen! Diese unfähigen Schwachköpfe!“
„Was wollt Ihr nun tun, Sir?“
Johnson schnaubte wütend. „Ihr werdet mit einer Nachricht nach Onondaga reiten und ich werde mich persönlich noch morgen nach Philadelphia begeben und diesen Taugenichtsen in das Gewissen reden.“
Seine Stimme nahm einen gefährlichen Klang an: „Es wird keinen Frieden geben, solange ich ihm nicht zustimme.“

*

Die Krieger erreichten Fort Duquesne nach nur wenigen Tagen.
Mehr als einhundert Indianer aus den anderen Dörfern des Ohio-Gebietes schlossen sich ihnen auf ihrem Weg nach Osten an.
Nur wenige Wachposten standen auf den Mauern und eine ungewöhnliche Stille empfing die Indianer, als sie das Tor passiert hatten. Nur wenige Soldaten waren zu sehen und sie alle wirkten krank und angeschlagen. Ein eigenartiger, widerlich süßer Gestank lag in der Luft.
Shingas packte einen der Soldaten am Arm „Wo ist Dumas?“, fragte er ihn.
Der Junge schüttelte den Kopf. Seine Augen lagen tief in seinen Höhlen und sein Gesicht war so blass und ausgezehrt, als gehörte es einem Toten.
Stumm ging er mit schwankendem Gang auf das Haus zu, in dem sich das Zimmer des Kommandanten befand, und stieß die Tür auf.
Der Gestank wurde unerträglich und Hugh presste seine Hand auf den Mund.
Vor ihnen lag Kommandant Dumas aufgebahrt auf seinem Schreibtisch, sein Gesicht verzehrt von einer unheilvollen Krankheit und seine Haut hatte eine unnatürlich gelbe Farbe angenommen.
Seine eisblauen Augen blickten starr an die Decke, während ein ganzer Fliegenschwarm seine Leiche umgab. „Er ist tot“, stellte Hugh überflüssigerweise fest.

Shingas warf dem Leichnam einen kurzen abschätzigen Blick zu und verließ den Raum, um nach frischer Luft zu schnappen.
Netawatees drängte sich an ihm vorbei und schritt auf den Tisch zu. Mit einem seltsamen Ausdruck in den Augen riss er sein Messer von seinem Gürtel und jagte es dem toten Kommandanten zwischen die Beine. Ein widerlicher Laut erklang, als die Klinge in das verwesende Fleisch eindrang. Netawatees drehte das Messer in alle Richtungen, bevor er es wieder herauszog. Dann spuckte er der Leiche mitten ins Gesicht.
Shingas sah ihn fragend an, doch der junge Krieger gab ihm keine Antwort, sondern ging nach draußen und reinigte seine Klinge im Sand.
Eine schreckliche Krankheit wütete in dem Fort und hatte unzählige Opfer unter den französischen Soldaten gefordert. Der Geruch des Todes war überall gegenwärtig und die Überlebenden schienen dem Tod geweiht.
Shingas entschied, dass sie keinen Augenblick länger an diesem Ort bleiben sollten, und gab seinen Kriegern das Zeichen zum Aufbruch, als ihn der Junge, der sie zu Dumas Leiche geführt hatte, am Arm festhielt. „Die Engländer“, brachte er mühsam hervor. „Sie haben einige ihrer Männer nur eine Tagesreise von hier entfernt in Stellung gebracht. Sie werden uns in den nächsten Tagen angreifen.“ Er hustete heftig. „Aber wir werden Widerstand leisten bis zum letzten Mann. Wir sind ohnehin verloren.“
Shingas sah ihn einen Augenblick lang nachdenklich an. „Nur eine Tagesreise von hier entfernt sagst du?“ Der Junge nickte. „Dann scheint es, als haben wir den richtigen Zeitpunkt gewählt.“
Die Indianer schwangen sich auf ihre Pferde und verließen das dem Untergang geweihte Fort.
Auf ihrem Weg nach Osten folgten sie der Schneise, die der unselige Kommandant Braddock in die Wildnis hatte schlagen lassen.
Immer wieder stießen die Hufe ihrer Pferde gegen die Überreste jener armer Tölpel, die bei Braddocks Angriff auf Fort Duquesne hier ihr Leben gelassen hatten.
Hugh sah Totenschädel, deren bleiche Knochen in der Dämmerung leuchteten, verwitterte Kleidung, vereinzelt auch Gepäck.
Regen setzte ein und sie kamen nur langsam voran.
Schweigend ritten die Männer durch den Wald.

Der Mond war nur als schmale Sichel am wolkenlosen Himmel zu sehen und so bot die Dunkelheit ihnen Schutz vor zu früher Entdeckung, doch Hugh konnte spüren, wie die Anspannung unter den Indianern wuchs.
Im Morgengrauen erreichten sie das Lager und er konnte in der Ferne das rote Wappen des britischen Königs ausmachen und auch die weiß schimmernden Zelte, in denen die Soldaten schliefen.
Shingas zögerte nicht lange.
Ohne dass Hugh erkennen konnte, was das Zeichen gewesen war, jagten die Männer plötzlich in hartem Galopp auf den Fluss zu, der eine natürliche Barriere zwischen dem Wald und dem Lager bildete. Er presste Getaam seine Schenkel und Hacken gegen den Leib und preschte ihnen hinterher. Die Pferde vor ihm versanken bis zum Hals in den Fluten, auch Getaam kämpfte mit der Strömung. Das Wasser war so kalt, dass es ihm den Atem raubte.
Tausend Nadelstiche schienen seine Beine zu treffen, dann wurde sein Körper von der Hüfte abwärts taub.
Sie jagten auf das Lager der Soldaten zu.
Die Indianer um ihn herum stimmten ein ohrenbetäubendes Geheul an, als sie die ersten Zelte erreichten. Hughs Herz in seiner Brust raste so schnell, dass er glaubte, es müsse weithin zu hören sein. Chaos brach um ihn herum aus.
Schüsse und überraschte Schreie gellten in seinen Ohren, er sah Männer, die nur in ihren Unterkleidern schlaftrunken aus ihren Zelten stürzten und desorientiert durcheinander liefen, während sie ihre Waffen zu ihrer Verteidigung erhoben.
Viele von ihnen gingen bereits in den ersten Minuten des Angriffs von den tödlichen Kugeln der Indianer getroffen zu Boden.
Shingas Männer trieben ihre Pferde zwischen die Zelte und hieben nun, da sie nah genug waren, unbarmherzig mit ihrem Tomahawks auf die in schierer Panik flüchtenden Männer ein.
Die Getroffenen stürzten mit schrecklichen Wunden zu Boden, ihr Wimmern und Schreien erfüllte die Luft.
Shingas spaltete nur wenige Meter von ihm entfernt einem blonden jungen Mann, der nur wenig älter als er selbst sein konnte, den Schädel. Die Hirnmasse des Jungen spritzte in das noch von Tau bedeckte Gras. Netawatees

saß auf seinem Pferd und schoss auf die Männer, die verzweifelt versuchten, die Angreifer zurückzuschlagen.
Nacheinander gingen sie zu Boden und Netawatees Pferd jagte über sie hinweg.
Hugh hatte das Gefühl, als habe sich die Zeit verändert. Was er sah, bewegte sich in einem anderen Tempo, als er selbst.
Unfähig, sich auch nur zu rühren, hielt er sich auf Getaam, die unruhig hin- und hertänzelte, die nutzlose Pistole in den Händen.
Netawatees sah ihn an, als er an ihm vorbei kam, sein Mund schien Worte zu formen, doch Hugh konnte sie nicht hören.
Er bemerkte den Soldaten hinter sich erst, als es zu spät war.
Der Mann war klein und dick und Hugh sah wie in einem schrecklichen Albtraum die seltsam rostige Farbe seines Bartes und das kleine, keltische Silberkreuz um seinen Hals, ähnlich dem, das seine Mutter getragen hatte.
In Todesverachtung stürzte der Mann sich nur mit einem Messer bewaffnet auf Hugh.
Hugh sah in seine Augen, er sah die Angst und die Verzweiflung darin, den gleichen Adrenalinrausch, der auch in seinen Adern seit dem letzten Stück ihres Weges gepocht hatte.
Sein Körper schien ihm nicht zu gehorchen.
Etwas in ihm schrie, forderte ihn auf, sich endlich zu bewegen und seine Pistole zu benutzen, doch Hugh konnte nicht darauf reagieren.
Der Mann verkrallte sich in seinem Bein und versuchte, auf ihn einzustechen.
Der Stoß verfehlte ihn, fügte jedoch Getaam eine heftig blutende Wunde zu.
Scheinbar eine Ewigkeit lang starrte Hugh die Verletzung an der Seite des Pferdes an, er sah das Fleisch auseinanderklaffen und Blut heraus quellen.
Eine Kugel surrte dicht an ihnen vorbei. Hugh hob den Kopf und sah Netawatees, der verzweifelt mit seinem Gewehr kämpfte, um es nachladen zu können.
Dann sah er wieder den Mann an. Dieser hob seine Waffe zu einem neuen Angriff. In diesem Moment verschmolz seine Zeitebene wieder mit der des Geschehens.
Als der Mann auf ihn zu stürzte, verpasste er ihm einen heftigen Tritt, der den Mann von den Füßen schleuderte.

Der Mann schüttelte sich kurz und sprang wieder auf, doch Hugh gab ihm keine Gelegenheit für einen neuen Angriff.
Er hämmerte seine Hacken in Getaams Seiten und jagte mit ihr zurück in den Wald. Das Letzte, das er sah, war, wie Netawatees sein nutzloses Gewehr von sich schleuderte und sich mit dem Messer zwischen den Zähnen auf den rothaarigen Soldaten stürzte.
Schüsse weckten Samuel. Die Männer um ihn herum sprangen von ihren Schlafstätten auf und stürzten sich in die Dunkelheit vor den Militärzelten. „Indianer, Indianer!“ Er hörte die Rufe und sein Herz setzte für einen Augenblick aus.
Jacob richtete sich neben ihm auf und küsste das kleine keltische Kreuz, das er unter seinem Hemd trug.
Sie packten ihre Gewehre und rannten nach draußen. Schreckliche Schreie und Kampflärm hallten von der Uferseite des Lagers zu ihnen herauf. Gewehrsalven rollten über das Lager und einige der Zelte hatten bereits Feuer gefangen und brannten lichterloh im Schein des heranbrechenden Tages.
Soldaten und Milizen irrten zwischen den Zelten umher, während die Rotberockten verzweifelt versuchten, die Lage unter Kontrolle zu bekommen. Und dann sah Samuel die Angreifer.
Wie Furcht einflößende Gespenster jagten die Indianer auf ihren Pferden auf sie zu, die Gesichter bis zur Unkenntlichkeit bemalt, und stießen schrille Schreie aus, die in seinen Ohren gellten. Er klammerte sich an seine Waffe, unfähig, zu entscheiden, was nun zu tun sei.
Jacobs duckte sich hinter ihm. „Hier entlang!“, schrie er ihm über den Lärm hinweg zu.
Jacobs rannte im Zickzack auf einige Angreifer zu und Samuel folgte ihm. Er stolperte über einen am Boden liegenden Soldaten und schlug mit dem Gesicht auf die Erde, doch er rappelt sich sofort wieder hoch. Der Mann war tot. Ein Tomahawk hatte seinen Schädel gespalten und sein blondes Haar klebte blutverkrustet in seinem jungenhaften Gesicht.
Samuel riss sich los und suchte nach Jacobs, doch der Ire war nirgendwo zu sehen. Verzweifelt schrie er seinen Namen und blickte sich nach allen Seiten nach ihm um.
Dann entdeckte er ihn. Jacob lag auf dem Rücken. Er blutete im Gesicht,

doch er schien noch bei Bewusstsein zu sein, denn er machte Anstalten, aufzustehen.
Samuel wollte ihm etwas zurufen, als er aus den Augenwinkeln den Indianer bemerkte, der sein Gewehr wegschleuderte und sich mit dem Messer zwischen den Zähnen von seinem Pferd auf Jacobs stürzte.
Er sah, wie der Indianer dicht vor Jacobs auf dem Boden aufkam und sein Messer zog. Samuel machte einen Satz nach vorne und versuchte, den Indianer aufzuhalten. In diesem Augenblick sah er in Jacobs Augen. Das Licht in ihnen erstarb. Das Messer des Indianers steckte noch in seinem Hals.

Es dauerte nicht lange, bis auch die anderen zurück kamen.
Rauchfahnen stiegen von dem verwüsteten Lager auf und der Geruch von Schwarzpulver und Blut lag in der Luft.
Die Sonne war bereits als roter Feuerball am Horizont zu sehen.
Die Indianer jagten den Weg entlang des Flussufers zurück, der sie zu dem Lager geführt hatte.
Erst als sie genug Entfernung zwischen sich und dem Lager der Milizen gebracht hatten und ihre Pferde in ein gemächlicheres Tempo verfielen, war es Zeit, ihre Verluste zu betrachten.
Der Überraschungsmoment hatte nicht lange angehalten.
Große Lücken klafften in ihren Reihen, viele Männer hingen verletzt über den Rücken ihrer Pferde. Hugh hielt den Blick gesenkt. Er schämte sich für seine Feigheit, für seine Dummheit, seine Unfähigkeit. Getaams Wunde blutete nicht mehr, doch ihr Hals war schweißnass und ihr Atem ging schwer. Es war seine Schuld, dass sie verletzt worden war. Sie hatte ihn in die Schlacht hinein getragen, obwohl es gegen ihre Instinkte gewesen war, sie hatte ihm vertraut und er hatte sie nicht beschützt, so wie er auch nicht auf Hezekiah geachtet hatte. Er fragte sich, was in ihn gefahren war, als er sich entschlossen hatte, mit den Kriegern zu reiten.
Etwas in ihm war so überzeugt von der Erkenntnis gewesen, dass ihn seine Zeit bei den Lenapé bereits zu einem Indianer gemacht hatte, dass er es für nur folgerichtig betrachtet hatte, sie auf ihren Kriegszügen zu begleiten. Doch als er in die Augen des Mannes gesehen hatte, der Getaam verletzte, war ihm klar geworden, dass ein Teil von ihm immer der Hugh Gibson blei-

ben würde, der er war, bevor die Indianer ihn holten, der Sohn katholisch-irischer Einwanderer.
Er war kein Indianer!
Wieder dachte er an Marie, an den verzweifelten Ausdruck ihrer rot geweinten Augen, als Netawatees mit den Kriegern Tuscarawas verlassen hatten. Er fragte sich, ob sie ihre alte Identität, ihr altes Leben als weißes Siedlermädchen hinter sich gelassen hatte, um die Grenze endgültig zu überschreiten und zu einer Lenapé-Frau zu werden, oder ob es nur das Gefühl für Netawatees war, den großen, furchtlosen Krieger, das sie so sehr an die Gemeinschaft der Indianer band.
Unwillkürlich suchte er unter den Männern nach Netawatees, doch er konnte ihn nirgendwo entdecken.
Auch als sie Fort Duquesne gegen Mittag passierten, konnte er den Indianer nicht unter den Männern ausmachen. Heno blutete heftig aus einer Wunde am Kopf.
„Wo ist Netawatees?“, fragte Hugh Shingas, dessen Arme bis zu den Schultern mit Blut bedeckt waren. Er schüttelte den Kopf und zeigte seine Zähne. Ein wildes Feuer brannte noch immer in seinen Augen. „Machtapeek, viele unserer Krieger kehren nicht mit uns zurück. Sie treten vor Kishelamàk, ohne dass wir sie mit den Riten unserer Ahnen bestatten können.“

*

Marie und Barbara saßen mit Gischapan und Kigischgotum vor ihrem Zelt und mahlten etwas getrockneten Mais zu feinem Mehl, das sie mit Wasser vermischt auf im Feuer erhitzten Steinen backen würden. Die Arbeit mit zwei flachen Steinen, zwischen denen sie die harten Maiskörner zerrieben, war anstrengend und mühselig, doch sie hatten sich inzwischen daran gewöhnt, vertrieben sich die Zeit, indem sie sich Geschichten erzählten.
Marie saß blass und schweigsam zwischen den Frauen. Dunkle Schatten lagen um ihre Augen und ihre Bewegungen wirkten zerfahren und nachlässig. Die Worte der Frauen zogen an ihr vorbei, wie das Rauschen des Windes, sie hörte sie zwar, doch sie konnte ihnen nicht folgen.
Ihre Gedanken waren nur bei Netawatees.

Die Sonne fiel schräg durch das grüne Blätterdach der Birken am Flussufer und der Duft von gebratenem Fisch zog durch die Siedlung. Bald würden die Feuer zwischen den Zelten entzündet werden und die Männer von der Jagd zurückkehren.
Galasko war bei ihnen zurückgeblieben und besserte eines der Netze aus, mit denen sie im Fluss Fische fingen.
„Sieh mal!“, machte Barbara sie plötzlich auf zwei Männer aufmerksam, die sich langsam auf ihren Pferden näherten.
Marie legte eine Hand über die Augen und sah angestrengt in die Richtung, in die Barbara gewiesen hatte. Einer der Männer erkannte sie als Pisquetumen, doch als der andere näher kam, stieß sie einen überraschten Schrei aus.
Er trug den langen schwarzen Rock der Herrnhuter Brüdergemeine, wie sie sie aus Gnadenhütten kannte. Unter seinem Filzhut blitzte blondes Haar hervor. Rasch wechselten die beiden Mädchen einen verstohlenen Blick.
Galasko starrte die Männer an.
Auch Gischapan blickte auf. Sie erstarrte, als sie die beiden Reiter näher kommen sah.
„Das ist Friedrich Post“, sagte sie mit leiser Stimme. „Er hat mich und Teedyuscung getauft.“
Wieder sahen Marie und Barbara sich an. Der Reiter kam aus Gnadenhütten, der Indianermission der Herrnhuter Brüdergemeine, keine halbe Tagesreise von Tulpehocken entfernt. Die Herrnhuter Missionare waren Deutsche.
Fieberhaft überlegte Marie, was seine Ankunft in Tuscarawas bedeuten mochte, doch sie konnte sie sich nicht erklären.
Gischapan erhob sich mit abwesendem Gesicht und ging in die entgegengesetzte Richtung zwischen den Hütten davon und Kigischgotum wandte sich wieder der Arbeit zu.
Vorsichtig neigte Barbara sich zu Marie hinüber.
„Was tut er hier?“ Marie zuckte die Achseln.
Neugierig spähten sie zu den Männern hinüber, die inzwischen abgesessen hatten und sofort von einer dichten Menschentraube umgeben waren.
„Wir sollten mit ihm sprechen. Vielleicht weiß er etwas, ich meine, vielleicht haben sie Frieden geschlossen ...“ Barbara sprang auf und wollte in die Richtung der Männer laufen, doch Galasko löste sich wie eine Schlange

aus dem Schatten und hielt sie zurück.
„Nein, Wapsitàk. Wenn ich sehe, dass ihr mit ihm sprecht, werde ich euch töten."
Mit einer groben Bewegung schubste er Barbara zurück zu Kigischgotum und wandte sich selbst in die Richtung der Männer.
Erschrocken sahen Marie und Barbara ihm nach. Der Indianer hatte sich in der letzten Zeit sehr zurückhaltend ihnen gegenüber verhalten. Irgendetwas stimmte nicht. Die Ankunft des Missionars musste ihn sehr beunruhigen.
Marie wünschte sich, Gischapan käme zurück und erklärte ihnen, was das sollte. Doch sie blieb verschwunden.
„Was hat das zu bedeuten?" Marie hob die Schultern. „Vielleicht kommt er wegen Friedensverhandlungen." Barbara sah Marie nachdenklich an. „Was wird dann aus uns?"
Als sie keine Antwort erhielt, sagte sie: „Vielleicht lassen sie alle Gefangenen frei."
Sie verengte ihre Augen zu schmalen Schlitzen. „Oder sie bringen uns alle um."

Eine lange Reise lag hinter Pisquetumen und Friedrich Post. Die vielen Tage im Sattel machten sich schmerzhaft in Friedrich Posts Rücken bemerkbar. Der Lenapé hatte ihn auf einem beschwerlichen und anstrengenden Weg über das Allegheny-Gebirge und die dichten Wälder des Ohio-Tals geführt. Ihre ersten Stationen waren die Siedlungen entlang des oberen Laufs des Allegheny Flusses gewesen, wo viele Lenapé-Indianer lebten.
Die Männer an den Feuern hatten ihrem Anliegen zugehört und viele hatten zugestimmt: Der Krieg dauerte schon zu lange, es drohten Hunger und Elend, wenn die alten Beziehungen mit Bruder Onas und den Jenkise nicht wiederhergestellt werden konnten.
Doch nun wandten sie sich den Siedlungen weiter im Westen zu, wo neben den Lenapé viele Mingo und Shawnee lebten. Dort hielt man an den Lagerfeuern an der Überzeugung fest, sich niemals dem Willen der Irokesen-Konföderation zu beugen, koste es, was es wolle.
Nach zwei Wochen erreichten sie endlich Tuscarawas, die westlichste Siedlung des Ohio-Gebietes.

Hier erwarteten sie Shingas und seine Brüder, jene Männer, die seit drei Jahren die Grenze von hier bis nach New York und Maryland in Atem hielten.
Post ließ sich dankbar von einigen der Lenapé-Frauen mit Essen und Wasser versorgen und zog sich dann in Pisquetumens Zelt zurück, um sich ein wenig von dem anstrengenden Ritt zu erholen, bis er am Abend mit den Männern des Dorfes über den Frieden sprechen wollte.
Als Post erwachte, fühlte er sich erfrischt und gestärkt.
Bevor er Pisquetumen an das Ratsfeuer folgte, an dem sich die Männer nach Einbruch der Dunkelheit versammelt hatten, betete er zu Gott, er möge ihm bei seinen Reden beistehen. Wenn es ihm nicht gelänge, Shingas und seine Brüder für den Frieden zu gewinnen, dann war seine gesamte Mission umsonst gewesen.
Die Trommeln schwiegen, als er in den Kreis der Männer am Feuer trat.
Er setzte sich zwischen sie und nahm die heilige Tabakpfeife in Empfang. Langsam nahm er drei Züge und reichte sie dann weiter.
Es war Tamaqua, Shingas Bruder, der das Wort an ihn richtete: „Unser Gast ist heute zu uns gekommen, um mit uns über den Frieden mit den Jenkise zu sprechen. Lasst uns hören, was er uns zu sagen hat."
Post warf einen kurzen Blick in den dunklen Nachthimmel, bevor er antwortete: „Viel Blut ist in den letzten Jahren geflossen. Es hat Verluste auf beiden Seiten gegeben. Doch dies ist nicht euer Krieg. Es ist der Krieg der Weißen untereinander. Darum lasst sie ihren Krieg alleine ausfechten."
Zustimmendes Gemurmel erhob sich unter einem Teil der Männer.
Post fuhr fort: „Vor diesem Krieg hat es eine lange Zeit des Friedens gegeben. Was ist nötig, um zu ihm zurückzukehren?"
Tamaqua schwieg eine Weile nachdenklich, während er die Asche aus der Pfeife klopfte und sie erneut mit Tabak befüllte, bevor er zu sprechen begann: „Auch in unseren Herzen ist die Sehnsucht nach Frieden groß." Einige Zwischenrufe ließen ihn innehalten und seinen strengen Blick über die Männer schweifen. Als wieder Ruhe unter ihnen eingekehrt war, fuhr er fort: „Wir wollen Frieden und Sicherheit vor den Weißen. Die großen Berge im Osten sollen die Grenze sein für die Siedlungen der Wapsitàk. Wir wollen Handelsstationen, in denen man uns gerechte Preise für unsere Pelze gibt."

„Seid ihr dann bereit, die Waffen schweigen zu lassen? Beendet ihr euer Bündnis mit den weißen Männern aus dem Norden?“ Alle Blicke richteten sich auf Tamaqua.
Der Häuptling neigte seinen Kopf erst zur einen und dann zu anderen Seite, als brauchte er Zeit, um seine Antwort zu überdenken.
„Wir wissen von dem Kriegszug der Engländer gegen Fort Duquesne. Wenn …“ Er kam nicht dazu, seinen Satz zu beenden, denn Lärm schallte zu ihnen herüber, und als die Indianer neugierig die Hälse reckten, sahen sie eine Gruppe Reiter auf schweißnassen Pferden in das Dorf jagen. Tamaqua schwieg mit gerunzelter Stirn und erhob sich langsam. Die Reiter sprangen von ihren tänzelnden Tieren, denen der Schaum vor dem Maul stand, und kamen auf das Feuer zu. Ihre Gesichter waren wutverzerrt, Enttäuschung, Trauer und tiefe Verzweiflung waren darin zu lesen. Es war Shingas, der als Erster in das Licht des Feuers trat. Das schreckliche Feuer seiner Augen loderte stärker als je zuvor, es schien, als würde es ihn von innen heraus zerfressen. „Wir haben gekämpft und wir haben verloren. Die Jenkise waren stärker als wir.“
Sein Blick fiel plötzlich auf Post, der zwischen den Häuptlingen saß. Er machte einen Satz nach vorne und packte den Missionar am Kragen, um ihn zu sich in die Höhe zu ziehen.
„Was macht er hier?“ Als ihm niemand antwortete, zog er sein Messer von seinem Gürtel und hielt es Post an die Kehle. „Wenn dich Dumas und seine Männer zu fassen bekommen würden, so würden sie dich wohl bei lebendigem Leibe rösten. Wie würde dir das gefallen?“
Post schluckte und versuchte, Ruhe zu bewahren. Shingas Augen flackerten, doch Tamaqua trat neben seinen Bruder und berührte den Arm, mit dem er seine Klinge an den Hals des Missionars presste.
„Ihr habt ein letztes Mal gekämpft, Shingas. Nun ist die Zeit für den Frieden gekommen. Die Jenkise und Bruder Onas sind bereit, alle unsere Forderungen zu erfüllen.“
Shingas richtete seinen Blick auf ihn, als wollte er ihn nur mit der Kraft seines Willens verbrennen. „Es ist vorbei“, sagte Tamaqua leise, doch es war so still um das Feuer, das jeder der Männer ihn hören konnte.
Langsam ließ Shingas sein Messer sinken. Alle Kraft schien plötzlich aus

seinen Gliedern zu weichen und das Feuer in seinen Augen erlosch. Wortlos wandte er sich ab und ging in die Dunkelheit davon.
Er stieß gegen Hugh, der vor Getaam stand und die ganze Szene mit großen Augen verfolgt hatte.
Mit einem seltsamen Ausdruck in den Augen sah Shingas ihn an.
„Munhut`takiswilluxissohipon, mir scheint, du bist ein größerer Prophet als Neolin. Du hast gesagt, es wird Frieden geben mit den Jenkise und nun ist dieser Wapsitàk hier aufgetaucht.“ Hugh blickte ihn nur stumm an, unfähig zu irgendeiner Antwort. In seinen Gedanken herrschte noch immer Chaos.
Der alte Häuptling ging mit hängenden Schultern an ihm vorbei und verschwand in seiner Hütte.
Friedrich Post stand wie vom Donner gerührt vor dem großen Feuer und rang um seine Fassung. Sein Hals blutete aus einer kleinen Schnittwunde, die ihm der Häuptling zugefügt hatte. Er hatte viele Geschichten über Shingas und seine Männer gehört, ihre Grausamkeit und ihren Blutdurst. Nun wusste er, dass sie nicht übertrieben waren. Diese Krieger waren vom Teufel selbst besessen, Dämonen, die alle Menschlichkeit verloren hatten.
Marie hörte den Lärm in der Siedlung und das Schnauben der Pferde.
Langsam, wie in Trance, trat sie vor ihre Hütte und schritt zwischen den aufgebrachten Kriegern und ihren Pferden hindurch. Mit jedem Schritt, den sie zwischen den Reitern ging, ohne Netawatees unter ihnen auszumachen, füllten sich ihre Augen mit mehr Tränen und schließlich fiel sie auf die Knie und schrie seinen Namen: „Netawatees, wo bist du?“
Niemand antwortete ihr und sie barg ihren Kopf in den Armen, während ihr Körper durch heftiges Schluchzen erschüttert wurde.
Ihre Stimme riss Hugh aus seinen Gedanken. Er drehte sich um und ging zu ihr, um sich neben ihr auf die Knie fallen zu lassen.
In hilfloser Trauer fasste er ihre Schultern, doch sie stieß ihn von sich, kaum dass er sie berührt hatte.
„Wo ist er?“, schrie sie und die Verzweiflung in ihren Augen brach ihm das Herz. „Sag mir, wo er ist!“ Langsam schüttelte er den Kopf.
„Es tut mir leid“, flüsterte er. Er konnte sehen, wie seine Worte etwas in ihrem Inneren zerbrachen. „Nein“, stieß sie hervor, „nein, du lügst …“ Sie drehte sich um sich selbst, ihr Blick irrte zwischen den Männern umher, doch

sie fand ihn nicht, ihren Geliebten.
„Netawatees“, flüsterte sie mit leerem Blick.

*

Unruhig ging Forbes in seinem Zelt auf und ab. Nicht nur der Schmerz in seinen Eingeweiden hatte ihn in den vergangenen Nächten um den Schlaf gebracht. Sein zweiter Kommandant Henry Bouquet hatte sich entschieden, einen ersten Angriff auf die Franzosen zu wagen. Noch in diesen Stunden würden seine Männer das Fort erreichen.
Doch es gab noch immer keine Nachricht aus dem Ohio.
Gott allein wusste wohl, ob Post mit seiner Friedensmission bei den Indianern inzwischen Erfolg gehabt hatte.
Ihnen fehlte jegliche Information über die französischen Soldaten in Fort Duquesne und die Zahl ihrer indianischen Verbündeten.
Bouquet wagte den Angriff praktisch im Blindflug.
Ein Geräusch vor seinem Zelt riss ihn aus seinen Gedanken und plötzlich wurde die Plane, die den Eingang seines Kommandozeltes verhängte, heftig zurückgeschlagen und ein über und über mit Matsch und Schlamm bedeckter Mann stürmte herein.
Schwer keuchend stützte er sich vor Forbes auf die Knie.
„Was ist geschehen?“
„Ein Überfall“, stieß der Mann keuchend hervor, „es hat einen Überfall gegeben … sie kamen nachts … dreihundert unserer Männer sind tot oder verletzt … es waren … Indianer.“
Wie vom Donner gerührt, starrte Forbes den Boten an.
„Die Überlebenden unter Colonel Bouquet konnten sich nach Fort Ligonier zurückziehen.“
Hinter Forbes Stirn begann es zu pochen. Der Rückzug seiner Männer nach Fort Ligonier hatte eine Katastrophe, wie sie Braddocks Männer erlebt hatten, verhindern können.
Dennoch waren ihre Verluste verheerend.
„General, hier ist ein Missionar, der Euch sprechen möchte“, meldete in diesem Augenblick ein anderer Soldat, der vorsichtig in das Zelt des Generals

hineinspähte. Hinter ihm betrat Friedrich Post das Kommandozelt. Ein Blick auf den Boten und auf Forbes Gesicht genügte, um ihn wissen zu lassen, dass etwas Furchtbares geschehen sein musste.

„Was habt Ihr mir mitzuteilen?“, wandte sich Forbes an den Missionar, nach dem der völlig erschöpfte Bote gegangen war. Post zögerte einen Augenblick. „Die Ohio-Indianer sind bereit, Frieden zu schließen. Pisquetumen, Teedyuscung und viele weitere Anführer befinden sich auf dem Weg nach Easton …“ Ein erregtes Zucken um Forbes Mundwinkel ließ ihn mitten im Satz verstummen.

„Warum habe ich dann gerade dreihundert meiner Männer bei einem Überfall von Indianern verloren?“ Die Stimme des Generals überschlug sich fast vor Wut. Posts Augen weiteten sich vor Entsetzen.

„Sir“, erwiderte er, „nicht alle im Ohio waren mit dem Friedensschluss einverstanden. Doch wenn ihre Anführer den Frieden unterzeichnen, werden sie sich ihnen anschließen.“

Forbes verengte seinen Augen zu schmalen Schlitzen. „Wie lauten die Bedingungen?“

„Sie wollen das Versprechen, dass es nach dem Kriegsende keine weißen Siedler westlich des Allegheny Gebirges geben wird. Außerdem verlangen sie, dass feste Handelsstationen errichtet werden, in denen ihnen faire Preise für ihre Felle gezahlt werden.“

Ein heftiger Krampf jagte plötzlich durch Forbes Eingeweide. Er unterdrückte den Impuls, zusammenzuzucken und erwiderte mit erstickter Stimme: „Sie sollen bekommen, was sie wollen. Im Gegenzug finden mit sofortiger Wirkung keine Überfälle mehr auf Soldaten oder Siedler statt.“

Post deutete ein Nicken an. „Ich habe Pisquetumens Wort, dass die Feindseligkeiten beendet sind.“ Forbes sah den Missionar eindringlich an. „Es darf keine weiteren Überfälle auf meine Männer mehr geben. Ich hätte sie alle auf die gleiche Weise verlieren können, wie General Braddock.“

„Ich habe soeben erfahren, dass sich auch Sir Johnson und Mr. Croghan auf dem Weg nach Easton befinden“, erwiderte Post, „gemeinsam mit einigen Häuptlingen der Irokesen-Liga. Sie werden ihr Einverständnis in einen solchen Friedensschluss nicht geben.“

Wieder krampfte es in Forbes Unterleib. Alles Blut wich aus seinem Gesicht

und nun schien auch Post zu bemerken, dass etwas mit ihm nicht in Ordnung war.
Unter Aufbietung all seiner Kräfte zwang der General sich, sich aufzurichten und erwiderte: „Der Frieden mit den Ohio-Indianern hat absolute Wichtigkeit. Wir müssen sie auf unsere Seite ziehen, koste es, was es wolle.“
Er wandte sich von Post ab, damit dieser nicht sehen konnte, wie er sein Gesicht zu einer schmerzverzerrten Grimasse verzog. „Manchmal muss man am Beginn einer Angelegenheit ein wenig nachgeben, um am Ende einen großen Gewinn herauszuschlagen.“
Post verneigte sich. Es schien ihm, als wolle der General allein gelassen werden. „Sobald der Friedensschluss unterzeichnet ist, werde ich Euch davon unterrichten.“

*

Mehr als fünfhundert Indianer von dreizehn verschiedenen Stämmen hatten sich in Easton eingefunden, um an der großen Friedenskonferenz teilzunehmen und die Bewohner betrachteten die Besucher, die ihre Lagerplätze überall in und um ihre Stadt aufschlugen, mit einer Mischung aus Faszination und Abscheu.
Aus den fremdartigen Wilden, die man zugleich belächelt und verachtet hatte, waren in den Augen der meisten Siedler inzwischen gefürchtete Feinde geworden, denen man mit Misstrauen und Hass begegnete.
Die wichtigsten Delegierten der angrenzenden Kolonien und der pennsylvanischen Kolonialverwaltung drängten sich in der großen Gemeindehalle neben der Kirche, wo die Ohio-Indianer erwartet wurden, doch alle Fenster wurden geöffnet und draußen vor der Halle drängten sich die indianischen und weißen Zuschauer, um kein Wort zu verpassen, das im Inneren gesprochen wurde.
Die goldene Oktobersonne schien hell über der kleinen Stadt und es schien, als habe es nie einen besseren Tag gegeben, um diesen Frieden zu beschließen.
Conrad Weiser setzte sich schwerfällig auf eine der Plätze in den Zuschauerbänken und legte seinen steifen, schwarzen Hut ab, während er

seinen Blick über die Anwesenden schweifen ließ. In den letzten Monaten schien er um Jahre gealtert zu sein. Noch immer konnte er nicht glauben, dass diese Friedenskonferenz stattfand, dass nicht nur Teedyuscung, sondern auch die anderen Indianerstämme des Ohio-Tals sich bereitgefunden hatten, nach all dem Blutvergießen über den Frieden zu sprechen. Shingas war nicht länger der Häuptling des Delaware-Volkes, wie man sie hier nannte. Tamaqua fehlte der Blutdurst seines Bruders. Viel Leid war auf beiden Seiten geschehen, Familien und Freundschaften zerstört. Es würde Jahrzehnte dauern, bis diese Wunden heilten.
Gouverneur Denny hatte bereits vorne an dem Rednerpult Stellung bezogen und war in ein eifriges Gespräch mit Sir Johnsons Assistenten George Croghan vertieft; vor ihnen auf dem Boden der Halle saßen mit gekreuzten Beinen Teedyuscung und gut ein Dutzend seiner Männer, auf der anderen Seite auf den Bänken Pisquetumen mit einer Handvoll Indianer aus dem Ohio-Gebiet und dem Herrnhuter Missionar Friedrich Post, der in gewohnt aufrechter Haltung mit seinem schwarzen Mantel unter den Indianern herausstach.
Ihm gegenüber saß Israel Pemberton, umgeben von einem Pulk von Mitgliedern der Freundlichen Gesellschaft und dahinter etliche Abgesandte der anderen Kolonien wie New Jersey, Maryland, Virginia und New York.
„Seht nur, Johnson hat seinen Bluthund hierher geschickt", sagte Benjamin Franklin, als er sich neben ihn setzte und ein dickes Notizbuch aufschlug. Eifrig kritzelte er einige unleserliche Sätze hinein.
Conrad kam nicht umhin, ihm recht zu geben.
Es sah Johnson ähnlich, nicht selbst an der Friedenskonferenz teilzunehmen. Damit wollte er wohl unmissverständlich zu Verstehen geben, dass diese Versammlung und ihre Beschlüsse keinen offiziellen Charakter besaßen, denn jeder Friedensschluss mit den Indianern war wertlos, solange ihn nicht der Indianerbeauftragte des englischen Königs unterzeichnete.
Nervös rieb Conrad seine schweißnassen Hände und schloss die Augen.
Alles hing heute davon ab, dass sich die Lenapé-Indianer und die Offiziellen der Kolonien auf einen Friedensschluss einigten. Samuel hatte den hinterhältigen Angriff auf ihr Lager vor Fort Ligonier nur mit knapper Not überlebt. Anna war fast wahnsinnig vor Angst geworden, bis sein Brief mit der

Nachricht, er sei unversehrt, sie erreicht hatte.
Sollten die heutigen Verhandlungen aus irgendwelchen, unvorhersehbaren Gründen scheitern, so war General Forbes Angriff auf Fort Duquesne zum Scheitern verurteilt, der Krieg an der Grenze würde mit neuer Gewalt aufflammen und vielen mit in den Tod reißen. Niemand konnte sagen, ob es dann je wieder zu einer Friedenskonferenz kommen konnte. Viel hing vom heutigen Tag ab.
„Worauf warten wir?“, fragte ihn Franklin ungeduldig, als er von seinen Notizen aufsah.
„Auf die Liga“, antwortete Conrad und er hatte das Gefühl, als schnürte sich ihm bei dem bloßen Gedanken daran die Kehle zu.
Wie auf sein Wort hin kam plötzlich Unruhe unter den Zuschauern vor den Fenstern auf und Conrad konnte die Trommelschläge hören, die von der Ankunft seiner Brüder kündeten.
Die Delegation der Irokesen drängte in die Hallen, angeführt von Cayutanego und Shickellamy.
Sie boten ein eindrucksvolles Bild. Jeder von ihnen hatte sich seinen Haarstreifen mit Tierfett in die Höhe gekämmt und mit Federn geschmückt. Ihre Gesichter waren mit bunter Farbe bemalt und sie alle trugen ihre Waffen bei sich.
Als Cayutanego Platz genommen hatte, gab er Denny das Zeichen, die Versammlung zu eröffnen.
Dieser räusperte sich umständlich und sagte dann mit einem angestrengten Lächeln: „Es ist ein guter Tag, um gemeinsam nach einer Lösung zu suchen. Die vergangenen Jahre haben von jedem von uns große Opfer gefordert. Umso wichtiger ist es, nun ein neues Kapitel aufzuschlagen und einen Weg in den Frieden zu finden.“
An dieser Stelle legte er eine kurze Pause ein.
„Bereits im letzten Herbst hat es genau an diesem Ort eine Versammlung gegeben, deren Ziel der Frieden an unseren Grenzen war. Leider hat das Blutvergießen auch danach kein Ende gefunden. Doch wir wollen uns darauf besinnen, dass wir einen gemeinsamen Feind haben: Frankreich!“
Lautes Klatschen und Rufen erklang bei seinen Worten in und vor der Halle, und erst als sich der Jubel wieder beruhigt hatte, sprach Denny weiter: „Lasst

uns nun mit den Beratungen beginnen."
Er gab den Indianern Zeit, seine Worte in ihre Sprachen zu übersetzen. Es war Teedyuscung, der sich als Erster der Indianer erhob und zu sprechen begann. Weiser bemerkte das Schwanken seiner schlaksigen Beine und den trüben Blick seiner Augen. „Mein Volk hat bereits im letzten Herbst den Weg in den Frieden gefunden. Wir sind froh, auch unsere Brüder aus dem Ohio nun hier begrüßen zu können." Er sah zu Pisquetumen, der ein Nicken andeutete. „Der Frieden soll ..." Er kam nicht dazu, seinen Satz zu beenden. Cayutango hatte sich erhoben und sah den betrunkenen Häuptling aus glühenden Augen an. „Der Frieden, den du und deine Leute hinter unseren Rücken geschlossen haben, ist nichts wert. Wir erkennen ihn nicht an", donnerte seine Stimme. Die Menge wurde unruhig.
Unsicher starrte auch Teedyuscung von ihm zu Denny, als könne er nicht glauben, was er so eben gehört hatte, doch der Gouverneur wich seinem Blick aus.
„Wir befehlen euch, in eure Dörfer im Wyoming Tal zurückzukehren und zu warten. Die Liga wird entscheiden, was mit euch geschieht und ob wir euch für euer aufrührerisches Verhalten bestrafen werden."
Teedyuscung blinzelte. „Unser Frieden besitzt Gültigkeit. Gouverneur Denny selbst hat ihn unterschrieben, wir werden eine Reservation ..."
„Nichts werdet ihr." Cayutanego sah ihn mit einem vernichtenden Blick an. „Gouverneur Denny erkennt die Macht der Liga über dein Volk an. Dein Friedensschluss existiert nicht."
Teedyuscung schien zu schwanken. Conrad fürchtete einen Augenblick, er könne stürzen, doch er fing sich wieder.
„Was hat er gesagt?", fragte ihn Franklin zischend. Cayutanego hatte auf Mohawk mit Teedyuscung gesprochen. Conrad holte tief Luft und versuchte, seine Fassung wieder zu erlangen. Denny hatte Teedyuscung und seinen Stamm verraten. Und er hatte ihm dabei geholfen. Die Liga hatte gesiegt.
Denny und die anderen weißen Delegierten sahen Conrad ungeduldig an. Er versuchte, seine Gedanken zu ordnen, bevor er mit klaren Worten Cayutanegos Worte in die englische Sprache übersetzte.
Eine Weile herrschte daraufhin beklommenes Schweigen im Saal.
Pisquetumen starrte Teedyuscung schweigend an und Pemberton rutsch-

te unruhig auf seinem Stuhl hin und her, während die anderen Quäker um ihn herum sich aufgeregt flüsternd berieten. „Was zur Hölle geht hier vor, Weiser?“, zischte ihm Franklin zu.
„Es muss eine Absprache zwischen Denny und Johnson geben. Vermutlich hat ihm die Liga Hilfstruppen für seinen Angriff im nächsten Sommer als General des englischen Königs in Aussicht gestellt, wenn er Teedyuscung zum Schweigen bringt.“
Franklin stieß einen leisen Fluch aus. „Warum tut dann Pemberton nichts?“
„Er kann nicht“, antwortete ihm Weiser. „Er ist kein offizieller Delegierter. Teedyuscung und sein Stamm sind verloren. Niemand wird ihnen nun mehr helfen.“
Vorne hatte Denny das Wort wieder an sich gerissen und fuhr mit seiner scheinbar ausgelassen Rede fort, als habe es den Zwischenfall nicht gegeben: „Lasst uns nun hören, welche Bedingungen unsere Brüder aus dem Ohio an uns stellen.“
Pisquetumen erhob sich. Sein von grauen Strähnen durchzogenes Haar fiel ihm lang über die Schultern und seine klugen Augen blickten traurig in der überfüllten Halle umher.
„Schwere Jahre des Krieges liegen hinter uns“, sagte er auf Lenapé. „Nun wünscht sich mein Volk den Frieden, in dem wir einmal lebten. Wir wollen, dass neue Handelsstationen errichtet werden, in denen wir gerechte Preise für unsere Pelze bekommen. Und wir wollen, dass es keine weißen Siedler westlich des Allegheny Gebirges gibt.“
Er richtete seinen durchdringenden Blick auf Shickellamy und Cayutenago. „Und wir wollen in Zukunft von der Herrschaft der Liga befreit sein. Alle Verhandlungen und Vereinbarungen werden in Zukunft mit den Indianern des Ohio direkt geschlossen.“
Ein Raunen ging durch die Zuschauer, als ein junger Indianer seine Worte übersetzt hatte.
Croghan neigte sich zu Denny und flüsterte ihm aufgeregt etwas zu.
„Er sitzt in der Falle“, stellte Benjamin Franklin fest und rieb sich aufgeregt die Hände. „Forbes hat Denny Druck gemacht, unter allen Umständen Frieden mit den Ohios zu schließen. Doch wenn er Pisquetumen zustimmt, dann hat er Johnson und die Liga gegen sich und das wird dem alten Penn

und besonders Johnson gar nicht gefallen."
Denny wandte sich wieder der Versammlung zu. Er zwang sich zu einem Lächeln.
„Wir erkennen eure Forderungen an." Erneutes Jubelgeschrei unter den Indianern ließ den Rest seiner Worte untergehen, doch Weiser entging das wütende Funkeln in Cayutanegos Augen im allgemeinen Begeisterungstaumel nicht. Der Gouverneur hob beschwichtigend die Hände.
„Doch auch wir haben Bedingungen: Keine weiteren Überfälle auf Siedler oder Soldaten mit sofortiger Wirkung, auch keine Übergriffe mehr auf Eigentum der Krone. Wir wollen eine Sicherheitsgarantie für unsere Grenzen."
Die Delegierten der anderen Kolonien nickten zustimmend. Denny reckte sein Kinn und fuhr fort: „Und noch etwas: Wenn wir euch im Namen der Krone von England zusichern, dass nach dem Sieg über die Franzosen keine weißen Siedler das Allegheny Gebirge überqueren werden, so verlangen wir im Gegenzug, dass ihr alle weißen Gefangenen, die sich in euren Dörfern befinden, mit sofortiger Wirkung freilasst."
Pisquetumen schien einen Augenblick darüber nachzudenken, bevor er antwortete: „Wir werden alle Menschen, die in unseren Siedlungen gefangen gehalten werden, freilassen."
Wieder ließ lautes Jubeln und Klatschen, diesmal vonseiten der weißen Delegierten die Halle erzittern, und als sich die Menge wieder beruhigt hatte, sagte Pisquetumen: „Es ist unser Wunsch, das alte Ratsfeuer mit Bruder Onas wieder zu entzünden." Zufrieden nickte Denny ihm zu. „Dann können die Feierlichkeiten beginnen!"
Im allgemeinen Gedränge, das nun ausbrach, hatte der beleibte Pemberton einige Schwierigkeiten, zu Denny durchzudringen. „Gouverneur", rief er, „Gouverneur." Denny verdrehte entnervt die Augen und wandte sich zu ihm um. „Mr. Pemberton?"
„Gouverneur, es kann nicht Euer Ernst sein, Teedyuscung der Willkür der Liga auszuliefern, immerhin gibt es einen Vertrag." Erregt wischte sich Pemberton den Schweiß von der Stirn. Ein Funkeln trat in Dennys reptilienhafte Augen und er lächelte spöttisch, als er erwiderte: „Dieser Vertrag ist nichts wert, das habt Ihr doch so eben gehört. Außerdem, wozu brauchen wir Teedyuscung, wenn wir Frieden mit den Ohios schließen können?"

*

General Forbes Hände verkrampften sich um die Zügel seines Pferdes.
Ein Schwindelanfall erfasste seinen Körper und er schloss für einen Augenblick die Augen. Als er sie wieder öffnete, sah er vor sich die hastig errichteten Palisaden Fort Ligoniers aufragen.
Colonel Bouquet kam ihm bereits aus dem Tor entgegen geritten. Sein zweiter Kommandant sah blass und mitgenommen aus. „General", grüßte er ihn und deutete eine Verbeugung an.
Forbes folgte ihm in das Innere. „Was wissen wir über die Lage in Fort Duquesne?"
„Wenn Ihr es wünscht, zeige ich Euch die Karten." Forbes nickte und stieg sich von seinem Pferd.
„Wir können keine genauen Aussagen machen", erklärte ihm Bouquet, als sie in seinem Kommandozimmer angelangt waren. „Aber in den letzten Wochen haben wir mehrere Dutzend indianische Gruppen beobachtet, die sich in der Nähe des Forts aufhielten und nun auf einmal in die Wälder nach Westen verschwunden sind. Irgendetwas scheint dort vor sich zu gehen, doch wir wissen nicht, was. Seit mehr als drei Monaten hat es keine Versorgungslieferungen aus dem Norden mehr gegeben. Wir gehen davon aus, dass die französischen Soldaten im Fort Hunger leiden ..."
In diesem Augenblick ließ eine gewaltige Explosion den Boden unter ihnen erzittern und brachte die Wände des Forts zum Beben.
Die Soldaten sprangen auf und sahen sich entsetzt um.
„Ein Angriff, auf Eure Posten!", schrie Bouquet ihnen zu, während die Männer auf die Palisaden stürmten und das Tor verschlossen. Forbes und Bouquet liefen zur Treppe, die zu dem westlichen Wachturm führte, und stiegen sie hinauf.
Zunächst glaubte Forbes, seine Augen spielten ihm einen Streich, doch vor dem Fort und auch in den Wäldern dahinter war nichts zu sehen, weder Angreifer noch Pulverrauch, den eine solche Explosion hinterlassen haben musste.
Er rieb sich die Augen und spähte ungläubig nach allen Seiten, doch der Wald um sie herum blieb völlig ruhig.

Verwirrung breitete sich auch unter den Männern auf den Wachtürmen aus.
„General, seht nur!“ Bouquet reichte sein Fernrohr an Forbes weiter. Ganz in der Ferne, etwa an dem Punkt, an dem sich Fort Duquesne befand, stieg eine dichte Rauchwolke in den wolkenverhangenen Novemberhimmel. Langsam ließ Forbes das Fernrohr sinken.
„Sie haben das Fort in die Luft gesprengt.“ Er wandte sich zu seinem zweiten Kommandanten um. „Dumas und seine Männer räumen das Fort freiwillig.“ Bouquet sah ihn ungläubig an und griff nach dem Fernrohr.
Ein Lächeln breitete sich auf Forbes Gesicht aus. „Stellt ein paar Männer zusammen. Wir marschieren noch morgen nach Fort Duquesne.“ Bouquet zögerte. „Sir, was ist mit den Indianern?“ Forbes Lächeln wurde noch eine Spur breiter. „Ich habe so eben Nachricht von dem Missionar Post erhalten. Die Ohio-Indianer haben den Friedensschluss unterzeichnet und offiziell alle Feindseligkeiten eingestellt.“

*

Winigischuch, der Monat des ersten Schnees brachte den Indianern in Tuscarawas viele Veränderungen. Pisquetumen kehrte aus Easton zurück und verkündete seinen Brüdern entlang des Allegheny und des Ohios, dass Pennsylvania und die anderen Kolonien in ihre Bedingungen eingewilligt hatten.
Der blutige Grenzkrieg war beendet.
Doch Pisquetumens Gemüt war nicht so erleichtert und frei, wie es nach einem solchen Erfolg zu erwarten war. Cayutango und die anderen der Liga hatten sich in Easton zwar zurück gehalten, doch Pisquetumen wusste nur zu gut, dass die Irokesen eine solche Beschneidung ihrer Macht nicht einfach hinnehmen würden. Sie würden einen Weg finden, wieder Kontrolle über die Stämme im Ohio zu erlangen. Doch das war nicht alles, das seine Gedanken in diesem Augenblick betrübte.
In Easton waren keine Formalitäten bezüglich der Freilassung der Gefangenen festgelegt worden, doch es erfüllte sein Herz mit tiefer Trauer, wenn er sich vorstellte, all die Kinder und Ehefrauen, die inzwischen ein Teil seines Volkes geworden waren, nach Pennsylvania zurück zu bringen und besonders sei-

nen kleinen Bruder ein zweites Mal zu verlieren.
Er beschloss, diesen Teil des Vertrages zunächst für sich zu behalten, als sein Kanu die Ufer der entlegenen Indianersiedlung erreichte.
Viele der Krieger, die sich noch in der Nähe von Fort Duquesne aufgehalten hatten, kehrten endlich zu ihren Familien zurück, und es schien, als könne ihr Leben zu jenen friedlichen Wegen zurück kehren, die es gekannt hatte, bevor der Krieg zwischen Frankreich und England sie in seinen Sog gezogen hatte.
Hugh begrüßte seinen Bruder, als dieser aus dem Kanu stieg.
„Nimat", sagte er und lächelte. „Du warst lange fort. Ich hoffe, es ist dir gut ergangen."
Pisquetumen legte ihm die Hand auf die Schulter. „Das hoffe ich auch, mein Bruder. Es ist schön, dich wohlbehalten wieder zu sehen." Sie verließen das Ufer und gingen in die Siedlung hinein, wo sie am großen Feuer bereits erwartet wurden.
Tamaqua umarmte seinen Bruder. „Sind es gute Nachrichten, die du uns bringst?" Pisquetumen nickte. „Wir haben den Frieden unterzeichnet. Die Jenkise haben eingewilligt, keine weißen Siedler westlich des Allegheny Gebirges ziehen zu lassen und nach Abzug der Franzosen aus Fort Duquesne werden sie neue Handelsstationen für uns errichten."
Ausgelassen klatschte der sonst so zurückhaltenden Tamaqua in seine Hände. „Das sind gute Nachrichten, wir …" Er brach ab, als sich eine Gruppe fremder Indianer der Siedlung vom Waldrand aus näherte.
Ein eigenartiger Ausdruck lag auf den Gesichtern der Menschen, und als Hugh genauer hinsah, bemerkte er, dass viele von ihnen weißer Herkunft waren.
Verwirrt sahen die Männer am Feuer sich an. Tamaqua ging auf sie zu und sprach mit dem Mann, der die Gruppe anführte. Ein junges Mädchen löste sich aus den Reihen und kam auf ihn zu.
Es dauerte eine Weile, bis er erkannte, wer das schlanke Mädchen mit den großen, blauen Augen und dem aschblonden Haare war. „Mary?", fragte er sie ungläubig.
Sie lächelte und er erkannte das kleine Mädchen, das ihn bei seiner Ankunft in Kittanning empfangen hatte und ihn vor Miuskillamize heimtückischen

Plan, ihn zu ermorden, bewahrt hatte.

„Hugh“, sagte sie und ergriff seine Hände. „Du bist …“, ihm fehlten die rechten Worte und so beendete er den Satz schließlich angesichts ihrer Situation ein wenig unbeholfen: „… groß geworden.“ Er umarmte sie. „Du auch! Wie kommst du hierher?“ Ein ängstlicher Ausdruck huschte über ihr Gesicht und sie trat einen Schritt näher auf ihn zu. „Die Indianer haben Angst“, flüsterte sie. „Wir wissen nicht, was geschehen ist, aber sie haben alle Gef…“, sie sah sich zögernd um, „alle weißen Frauen und Kinder auf den Kanus hierher gebracht.“ Hugh runzelte die Stirn. Er trat zu Pisquetumen, der in ein Gespräch mit einem der Neuankömmlinge vertieft war.

„Was ist geschehen?“ Pisquetumen presste die Lippen aufeinander. „Die Franzosen haben Fort Duquesne aufgegeben und General Forbes hat es mit seinen Leuten eingenommen. Die Soldaten sind in diesem Augenblick damit beschäftigt, ein neues Fort zu errichten. Sie nennen es nach ihrem Anführer in England Fort Pitt. Netopalis und seine Männer fürchten die Rache der Soldaten an ihnen. Deshalb bringen sie alle Wapsitàk, die bei ihnen leben, hierher.“

Mit langsamen Schritten kehrte Marie vom Flussufer zurück in Barbaras Hütte. Sie hatte das Zelt, das sie gemeinsam mit Netawatees bewohnt hatte, nicht mehr aufgesucht. Zu schmerzhaft war die Erinnerung daran, wie sie es gemeinsam errichtet hatten, an all die Stunden, die sie dort miteinander verbrachten.

Ein rauer Wind strich durch das Dorf.

Die Luft roch nach Schnee und Marie fröstelte. Alles um sie herum erschien ihr, als sähe sie es in einem Traum, es besaß keine Bedeutung mehr, hatte nichts mehr mit ihrem eigenen Leben, ihren eigenen Empfindungen zu tun. Er war tot, umgekommen bei diesem letzten, sinnlosen Kriegszug und hatte sie allein zurück gelassen.

In ihrem Inneren gab es keine anderen Gedanken mehr, sie war durch und durch erfüllt von dem Schmerz seines Verlustes. Alles erinnerte sie an ihn, der Geruch von Leder und Baumharz, die Lieder der Lenapé-Sprache, Gischapan und die anderen, die ihn gekannt hatten.

Barbara hatte sie mit zu sich in ihr Zelt genommen, sie hatte versucht, ihr

beizustehen, ihrer Freundin Trost zu spenden, doch Marie hatte sie abgewehrt.
Sie wollte sie nicht hören, diese hohlen Worte und sie wollte die mitleidigen Blicke der anderen nicht sehen. Sie wusste, was die anderen dachten. Jeder von ihnen hatte bereits jemanden verloren, den er geliebt hatte. Und sie wusste, was Barbara dachte. Er war doch nur ein Indianer.
Müde und niedergeschlagen trat Marie in Barbaras Zelt.
Sie fuhr überrascht zusammen, als sie sah, dass Barbara nicht allein im Inneren war. Um das Feuer ihrer Feuerstelle saßen Hugh, ein Mädchen mit aschblondem Haar und ein groß gewachsener Mann mit tiefblauen Augen. Barbara saß zwischen ihnen und lächelte sie freundlich an.
„Marie! Wir haben Besuch. Das ist Mary“, sie wies auf das Mädchen, „und das hier ist David. Sie sind heute Morgen aus Kuskusky zu uns gekommen.“
Marie sah sie nur stumm an.
Dann schob sie sich an ihnen vorbei und wickelte sich in das Bärenfell, dass ihr als einzige Erinnerung an Netawatees geblieben war.
Ein jäher Schmerz bemächtigte sich Hughs Gedanken, als er sie so sah. Ihr Gesicht war blass und mager, ihre Augen lagen in dunklen Höhlen und alle Lebendigkeit schien daraus verschwunden zu sein.
Barbara beachtete Marie nicht weiter und wandte sich wieder David zu.
„Ihr glaubt also wirklich, die Engländer sind auf dem Weg hierher?“ Hugh antwortete an seiner Stelle. „Fort Duquesne ist zerstört. An seiner Stelle bauen die Engländer ein neues Fort.“
Barbara biss sich auf die Lippen, doch dann bemerkte sie Davids Blick und errötete. Verlegen strich sie sich eine Haarlocke aus der Stirn und fuhr fort: „Wir müssen fliehen.“
Sie sah die anderen an. „Sonst werden sie uns alle töten aus Angst vor den Engländern.“
Mary sah unsicher zwischen ihnen hin und her.
Hugh betrachtete Marie, die mit den Rücken zu ihnen auf ihrem Lager lag, die Beine bis fast an die Brust gezogen. Er glaubte, ein leichtes Zittern zu erkennen, als weinte sie.
„Was ist mit dir, Marie?“, fragte er sie, doch sie gab ihm keine Antwort.
Er sah Barbara fest in die Augen. „Wenn sie nicht geht, gehe ich auch nicht.

Ich lasse sie nicht allein hier zurück."
Barbara seufzte. „Wir brauchen dich. Ohne dich werden wir uns weder zurecht finden, noch uns versorgen können. Du kannst dich orientieren und du hast eine Waffe."
Hugh sah sie stumm an. Sein Entschluss stand fest. Ohne Marie ginge er nirgendwo hin.
Marie sah die Vier mit ausdruckslosen Augen an. Seit sie Netawatees das erste Mal in sein Zelt gefolgt war, hatte sie immer seltener an Flucht gedacht. Sie schlang das Bärenfell enger um sich. „Ich gehe hier nicht weg", sagte sie schließlich noch einmal. Tuscarawas zu verlassen würde bedeuten, Netawatees zu verlassen, die Hoffnung auf seine Rückkehr aufzugeben. Hier war alles, was sie geliebt und geteilt hatten. Es gab keine andere Welt mehr für sie. Sie hatte sich entschieden, seine Frau zu sein. Etwas an ihrer Stimme ließ jeden Widerspruch der anderen verstummen.

*

1759

Steil ragten die hohen Steinmauern um Fort Pitt in den schneeverhangenen Januarhimmel.
Nichts erinnerte mehr an den Bretterverschlag, in dem bis vor wenigen Wochen die letzten Überlebenden der französischen Soldaten ausgeharrt hatten, bis sie sich entschieden, ihr Fort mit den verbleibenden Pulvervorräten in die Luft zu sprengen und seine Ruinen den Engländern zu überlassen.
Nur knapp zweihundert Mann waren den Winter über mit Colonel Mercer zurück geblieben, um das neue Fort fertigzustellen. General Forbes hatte sich nach New York begeben. Man munkelte, es sei um seine Gesundheit nicht gut bestellt und er wolle vor seinem Tod noch ein letztes Mal die dunklen Hügel seiner schottischen Heimat sehen.
Colonel Mercer stieg von dem Holzgerüst, dass die östliche Mauer des Forts umgab, und rieb sich seine steifgefrorenen Finger.
Er war ein großer Mann mit kantigen Gesichtszügen, um dessen Augen sich jedoch freundliche Lachfalten eingegraben hatten.

„Wir bekommen Besuch“, sagte er, als er seinen Blick auf den Waldrand vor ihnen richtete. Von der Nordseite des Flusses her näherte ihnen ein gutes Dutzend Reiter.
„Das sind Indianer“, stellte Samuel fest, der hinter dem Colonel von dem Gerüst gestiegen war. „Was hat das zu bedeuten?“
„Keine Sorge, es handelt sich um Verbündete der Liga. Sir Johnson hat mir ihren Besuch in einem Brief angekündigt“, antwortete Mercer.
Samuel legte eine Hand über seine Augen und erkannte die typische Haartracht der Irokesen, die die Männer trugen. Seine Augen weiteten sich überrascht, als er sah, wer die Indianer anführte.
„Shickellamy?“
Der breitschultrige Mohawk-Krieger mit der großen Nase sah ihn einen Moment ausdruckslos an, doch dann leuchtete ein Erkennen in seinen Augen auf. „Samuel“, sagte er in gebrochenem Englisch, „du bist einer der Soldaten?“
Samuel nickte stolz. „Ich war unter den Ersten, die diese Räuberburg eingenommen haben. Doch der Vogel war bereits ausgeflogen.“ Ein Grinsen flog über sein Gesicht, das jedoch bei einem Blick auf seinen Vorgesetzten Mercer sofort wieder einem ernsthaften und dienstbeflissenen Ausdruck wich.
„Wie geht es deinem Vater?“, fragte Shickellamy und ein Schatten flog über Samuels Gesicht.
„Es geht ihnen gut, ihm und meiner Mutter. Er ist froh, dass der Krieg an der Grenze nun vorbei ist.“
Etwas blitzte in Shickellamys Augen auf.
Samuel sah ihn fest an. „Sein Herz weint in seiner Brust, seit eure Seelen nicht mehr die gleiche Sprache sprechen“, sagte er leise auf Mohawk. Ein kurzes Zucken huschte über Shickellamys Züge und Colonel Mercer sah Samuel überrascht an.
„Was habt Ihr zu ihm gesagt?“, fragte er ihn. Samuel lächelte traurig. „Nichts Wichtiges. Es ging um Familienangelegenheiten.“
Mercer räusperte sich. „Ich vergaß, dass Euren Vater eine Art Freundschaft mit den Irokesen verbindet.“ Er warf Samuel einen eindringlichen Blick zu, den dieser nicht ganz zu deuten wusste, und wandte sich dann Shickellamy und Cayutanego zu. „Wenn mir die Herren nun bitte folgen möchten. Es spricht

sich nicht sonderlich gut, wenn einem der Wind um die Ohren pfeift.“
Die Irokesen waren inzwischen abgesessen und folgten Mercer in das Innere des Forts.
Auch dort waren überall Soldaten und Männer der Miliztruppen damit beschäftigt, mit Hammer, Mörtel und Säge an dem neuen, ungleich größeren Fort zu arbeiten, als sollte es nur durch seine Größe jedem Betrachter mitteilen, wer diesen Krieg gewonnen hatte.
Ein großer, wohlbeleibter Mann mit buschigen Augen und schwarzem Hut kam Mercer entgegen. „Colonel“, rief er mit dröhnender Stimme. „Mr. Pemberton, was kann ich für Euch tun?“, fragte ihn Mercer mit gespielter Liebenswürdigkeit.
Samuel musste bei seinem Anblick ein Lächeln unterdrücken.
Pemberton war zu Weihnachten in Fort Pitt eingetroffen, um dort den, den Indianern versprochenen, Handelsposten einzurichten.
Seither trieb er Colonel Mercer mit immer neuen Forderungen und Vorschlägen in den Wahnsinn.
„Sagt Euren Männern, sie sollen ihre Finger von meinen Vorräten lassen. Sie sind für die Indianer bestimmt.“
„Mr. Pemberton, es tut mir sehr leid, doch wie ich Ihnen bereits erklärt habe, werden wir für die Verluste aufkommen.“
„Darum geht es doch gar nicht! Was sollen wir machen, wenn die ersten Indianer hierher kommen, um ihre Felle einzutauschen? Wir haben einen Vertrag mit ihnen unterschrieben, in dem wir ihnen zugesichert haben, sie mit Waffen, Alkohol, Decken und Mehl zu versorgen.“
Mercer stieß einen tiefen Seufzer aus. „Sicher, Mr. Pemberton, Euer Engagement in allen Ehren. Doch bisher haben wir hier noch keinen einzigen Indianer zu sehen bekommen.“
Pemberton riss seine Augen auf. „Keine Indianer? Und was sind dann die?“
Diesmal konnte sich Samuel ein Grinsen nicht verkneifen.
„Das, Mr. Pemberton, sind Indianer der Irokesen-Liga. Sie haben mit dem Vertrag nichts zu tun und sind zu Gesprächen und nicht zum Handel hier“, erklärte ihm Mercer geduldig.
„Na gut“, brummte Pemberton. „Trotzdem möchte ich mich gegen die Übergriffe Eurer Männer verwahren.“

„Ich werde tun, was in meiner Macht steht“, versicherte Mercer und ging rasch weiter, damit der Quäker seine zuckenden Mundwinkel nicht sehen konnte.
„Captain Weiser, gebt der Küche Bescheid, dass wir Besuch haben“, befahl der Colonel und Samuel ging mit flinken Schritten in Richtung der Küche davon.
„Masita?“, rief er, als er an der Küchentür angekommen war, „Masita?“
Von der Sklavin war nichts zu sehen. Unschlüssig blickte Samuel sich um. Sie mochte es nicht, wenn sich einer der Soldaten in der Küche zu schaffen machte, und konnte sehr ungehalten darüber werden.
Samuel erinnerte sich nur allzu gut daran, wie er und die anderen Männer aus Mercers Truppen das noch rauchende Fort vor gefunden hatten. Sie hatten Leichen gefunden, viele Leichen, doch Mercer ging davon aus, dass diese Männer schon tot waren, bevor das Fort explodiert war.
„Seit Monaten scheißen wir uns vor den Franzosen in Fort Duquesne in die Hose, und nun kommen wir hierher und stellen fest, dass nicht einer mehr von ihnen am Leben ist“, hatte der Colonel gesagt, als sie über die verbrannten Trümmer hinweg stiegen.
Umso größer war ihre Überraschung, als sie plötzlich eine Stimme hörten, die eindeutig einer Frau gehörte. Masita hatte die Explosion in ihrer halb unterirdisch gelegenen Küche nahezu unbeschadet überlebt und unter den Trümmern ausgeharrt.
Als die englischen Soldaten sie befreit hatten, hatte sie ganz selbstverständlich aus den verbliebenen Vorräten ein Mittagessen für sie bereitet und Colonel Mercer hatte sich danach sofort entschieden, sie als Köchin bei sich zu behalten.
Seitdem war ihre Herrschaft über die Küche und die Vorräte des Forts ungebrochen und es schien ihr ganz gleichgültig zu sein, ob sie nun französische oder englische Soldaten bekochte.
Samuels Neugier, warum Shickellamy und die anderen Irokesen Mercer aufsuchten, war jedoch größer als die Angst vor der wohlbeleibten Köchin.
Er stieß die quietschende Küchentür auf und stieg die provisorische Treppe in das Reich der Küche hinab. Dort suchte er rasch ein wenig Brot, Pastete und Wein zusammen und eilte damit in Richtung von Colonel Mercers Hütte

davon, bevor sie ihn entdecken konnte.
„… das Ratsfeuer in Onondaga hat entschlossen, dass es für die Mitglieder der Liga an der Zeit ist, in den Kampf einzutreten und ihren weißen Brüdern aus dem Osten zur Hilfe zu eilen“, hörte er Cayutanego sagen, als an die Tür klopfte.
„Nicht, dass ich mich nicht über neue Verbündete in unserem Kampf gegen Frankreich freuen würde, erscheint mir doch der Zeitpunkt ein wenig überraschend“, antwortete Mercer, während Samuel eintrat und den Wein auf den Tisch stellte.
„Immerhin dauert unser Krieg nun vier Jahre, in denen die Liga sich immer nur auf diplomatische Beratung beschränkt und nicht am aktiven Kampf teilgenommen hat.“
„Das ist nicht richtig“, erwiderte Cayutanego scharf. Es dauerte einen Augenblick, bis der Junge, den sie als Übersetzter mitgebracht hatten, alle seine Worte wiedergab.
„Der freie Durchmarsch der englischen Truppen nach Norden erfolgte durch Indianergebiet. Ohne unseren Einfluss wären Amhersts Männer niemals so weit gekommen.“
Mercer musterte den Irokesen mit den harten Gesichtszügen scharf.
„Ohne unhöflich zu sein, möchte ich anmerken, dass es dazu unterschiedliche Sichtweisen gibt.“ Cayutanegos Blick schien ihn daraufhin zu durchbohren. Doch Mercer erwiderte seinen Blick mit der ihm eigenen Mischung aus Freundlichkeit und Bestimmtheit.
„Um uns das zu sagen, hättet ihr die weite Reise nicht auf euch nehmen müssen. Sir Johnson hat mich in seinem Brief bereits über diese erfreuliche Entscheidung informiert.“
„Wir sind gekommen, um euch zu warnen.“
Verwundert sah ihn Mercer an.
„Warnen? Wovor?“
„Vor Shingas und seinen Männern. Wir haben Nachricht davon, dass er und seine Bande den Frieden nur vorgetäuscht haben, um sich eine Atempause zu verschaffen. Bereits im Sommer wollen sie den Kampf wieder aufnehmen.“
Mercer runzelte die Stirn. „Soweit ich weiß, hat Shingas das Häuptlingsamt niedergelegt und sein Bruder führt den Stamm jetzt an. Ich glaube nicht, dass

wir von ihnen noch etwas zu befürchten haben."
Cayutanegos Augen blitzten, als er sich langsam nach vorne beugte und Mercer fest in die Augen sah. „Seid wachsam", sagte er in bedrohlichem Tonfall, „sie warten nur darauf, dass Ihr Euch zu sicher fühlt."
„Ich werde Eure Warnung ernst nehmen", entgegnete Mercer. Er wies auf den Wein und das Essen und sagte: „Ihr seid sicher hungrig nach eurer langen Reise. Wenn ihr noch etwas benötigt, lasst es mich wissen."
Er gab Samuel ein Zeichen und sie ließen die Männer der Irokesengesandtschaft allein.
„Weiser, wie schätzt Ihr das ein?", fragte ihn der Colonel, als sie zurück zum Tor des Forts schlenderten.
„Ich bin nicht so sehr mit den Indianerdingen vertraut, wie mein Vater", wich ihm Samuel aus.
„Dafür sprecht Ihr ihre Sprache aber sehr gut. Also heraus mit der Sprache: Was sollte dieser Auftritt?"
Samuel zögerte noch immer. „Ich kann nicht sagen, ob ihre Warnung begründet ist. Ich weiß nur, dass die Irokesen sehr geschickte Politiker sind. Sie wissen, welche Informationen wie verbreitet werden müssen, damit sie einen Vorteil daraus gewinnen."
Mercer sah ihn aufmerksam an.
„Das erklärt, warum sich Johnson unter ihnen so wohl fühlt!" Er stieß ein kurzes Lachen aus und sagte dann: „Ich möchte, dass Ihr Euch um die Delegation kümmert. Sie sind in der Tat wichtige Bündnispartner, wenn unsere Truppen im Sommer Quebec einnehmen wollen. Sorgt dafür, dass es ihnen an nichts mangelt."
Er grüßte knapp und ging davon. Samuel blieb keine Wahl, als seinen Befehl auszuführen, doch wohl war ihm nicht dabei.
„Es kommt also auch bei den Indianern darauf an, welcher Nation sie angehören. Sind sie uns nützlich, liegt uns ihr Wohlergehen am Herzen, sind sie uns lästig, dann zum Teufel mit ihnen!" Überrascht sah sich Samuel um und bemerkte Israel Pemberton, der sich aus dem Schatten der Fortmauer löste.
„Mr. Pemberton", grüßte er den Quäker höflich.
„Seht, da kommen sie schon, wie die Heuschrecken sind sie auf der Suche nach immer neuem Land, dass sie bebauen und ausbeuten können."

Pemberton wies mit dem Kopf in Richtung des Waldrandes, von wo sich zwei Pferdefuhrwerke auf sie zu bewegten.

„Ich habe sie gezählt. In den letzten Wochen sind mehr als zwanzig Familien mit mehr als einhundert Menschen hierher gekommen. Sie haben ein eigenes Dorf gegründet, keine zwei Meilen von hier. Sie fühlen sich sicher, weil das Fort und die Soldaten in der Nähe sind."

„Nun, wir hoffen, dass sie sicher sind."

„Und was ist mit den Indianern? Wir haben ihnen versprochen, dass es keine Siedlungen westlich der Alleghenys geben wird und sogar dieses Fort wieder abgerissen wird, sobald der Krieg mit Frankreich vorbei ist. Aber", er legte den Kopf in den Nacken und sah an den Steinmauern hoch, an denen der Mörtel noch nicht ganz getrocknet war, „diese Mauern sehen nicht so aus, als wollte man sie in ein paar Monaten einfach wieder dem Erdboden gleich machen."

Ein grimmiger Ausdruck trat auf sein Gesicht. „Es wird einen neuen und noch viel schrecklicheren Krieg mit den Indianern geben, wenn wir unsere Versprechen nicht halten. Viele Unschuldige werden sterben und ihr Blut wird an unseren Händen kleben."

Mit düsterem Blick wandte er sich ab und ging nach drinnen.

Samuel sah ihm einen Augenblick lang nachdenklich nach. Dann zuckte er mit den Schultern und folgte ihm nach drinnen, um nach der Irokesen-Delegation zu sehen.

*

Tsqualligischuch nannten die Lenapé den Februar, der Monat, in dem die Frösche zu quaken beginnen.

Die Vorräte der Indianer in Tuscarawas waren kurz nach dem Einbruch des Winters zu Ende gegangen. Nur das Fleisch, das die Jäger in unregelmäßigen Abständen erjagten, bewahrte die Bewohner vor dem Hungertod. Spitze Wangenknochen und übergroße Augen in den ausgezehrten Gesichtern erzählten von den Entbehrungen, die sie während der letzten Monate erdulden mussten. Dies war ein fremdes, unwirtliches Land für sie. Die Jäger fanden hier keine Zeichen, an denen sie sich orientieren konnten. Niemand wagte

sich, den langen Weg nach Osten anzutreten und in Fort Pitt um Nahrung zu bitten. Die Kunde dieses mächtigen Forts und der vielen Soldaten darin hatte sich schnell unter den Indianern im Ohio, den Lenapé, den Shawnee und den Mingo verbreitet und für Furcht und Verunsicherung unter den Kriegern gesorgt, doch sie glaubten daran, dass die Jenkise ihr Versprechen halten und der ganze Spuk mit dem Ende des Krieges vorbei sein würde.
Erst als Ende Februar der Schnee zu schmelzen begann, sammelten sich die Männer in Tuscarawas, um ihre erjagten Pelze nach Fort Pitt zu bringen und dort zu verkaufen.
Man hatte ihnen berichtet, dass eigens zu diesem Zweck ein Handelsposten in den Mauern des Forts errichtet worden war.
„Wir gehen in den Wald und suchen nach Wurzeln", sagte Gischapan zu Marie und Barbara, als die Männer durch den Schnee davon ritten. Die Suche nach den bitteren, gelben Wurzeln, die man zwei Tage lang kochen musste, um sie genießen zu können, war eine beschwerliche Aufgabe, deren Ergebnis den Hunger nicht stillen konnte, doch fast alle Hunde Tuscarawas waren bereits vor Wochen geschlachtet worden und ihr Fleisch war längst verzehrt.
Schweigend stapften sie neben Gischapan durch den Schnee, Eisregen schlug ihnen in die Gesichter, doch wie so oft schien es Marie, als laufe sie durch einen Traum und nicht mehr durch die Wirklichkeit. Seit Netawatees fort war, war auch ein Teil ihres Geistes fort, als sei nur eine Hälfte von ihr im Leben zurückgeblieben. Ihr erstes Lager schlugen die Frauen am Abend noch gemeinsam auf. Erst am nächsten Tag wollten sie sich trennen, damit jede an einer anderen Stelle nach Wurzeln suchen konnte. Ein kleines Feuer wärmte sie, doch der Hunger nagte heftig an ihren Mägen und so saßen sie schweigend dicht aneinander gedrückt und sahen die Sonne hinter den kahlen Baumwipfeln untergehen. Selbst Gischapan schienen Hunger und Entbehrung schwermütig zu machen, denn es gab keine Geschichte, mit der sie versucht hätte, die beiden Mädchen aufzuheitern. Schließlich rollten sie sich vor der Glut in ihre Felle und versuchten, trotz ihrer knurrenden Mägen Schlaf zu finden.
Marie hatte einen seltsamen Traum in jener Nacht. Sie träumte, ein Wolf und ein Bär kämen dicht an ihr Lager heran, sie sah sich selbst, Barbara und

Gischapan vor dem Feuer liegen, doch in ihrem Traum empfand sie keine Angst vor den wilden Tieren. Der Bär kam zu Marie, sein schwerer Kopf neigte sich neben ihren und plötzlich sah Marie, dass Blut an seinen Schläfen klebte. Sie sah, wie der Wolf, ein altes, silbergraues Tier, zu Gischapans schlafendem Körper ging, doch als Marie sah, wie er seinen schmalen Rachen mit den tödlichen Reißzähnen aufriss und in Gischapans Hals versenkte, erwachte sie schreiend.

Neben ihr richtete sich Barbara benommen auf. „Was ist geschehen?", fragte sie verwirrt, als sie Maries Gesicht sah. „Ich habe geträumt …", stammelte Marie und strich sich das Haar aus dem Gesicht „… Tiere waren hier … sie …" Erst jetzt bemerkte sie, dass Gischapan noch immer regungslos da lag, obwohl ihre Stimmen sie sicher geweckt hatten. Etwas Dunkles stieg in Marie auf. Wie in Trance erhob sie sich und ging zu Gischapan hinüber, deren Gesicht mit geschlossenen Augen neben der kalten Asche ihres Lagerfeuers lag, während um sie der graue, eisige Tag erwachte. Gischapans Züge wirkten friedlich, als schliefe sie entspannt. Doch Marie musste sie nicht berühren, um zu wissen, dass ihr Herz nicht mehr schlug. Gischapan war tot, im Schlaf neben ihnen gestorben. Plötzlich erinnerte Marie sich an all die kleinen Zeichen, der unregelmäßige, rasselnde Atem der alten Frau auf ihrem Weg, ihre Schweigsamkeit. Gischapan hatte gewusst, dass sie sterben würde.

„Ist sie tot?", fragte Barbara ungläubig und berührte Gischapans reglosen Körper vorsichtig mit den Fingerspitzen. Marie nickte nur stumm. Tiefe Trauer ergriff unerwartet Besitz von ihr, ein heftiger, neuer Schmerz neben dem alten von Netawatees Verlust. Die alte Frau war ihre Gefährtin gewesen, sie hatte die Mädchen beschützt und versorgt. Nun lag ihr kalter Körper hier im Schnee. „Marie …?" Marie sah Barbara an, die schon eine ganze Weile auf sie eingeredet haben musste, ohne, dass sie ihr zugehört hatte. „Marie, hörst du mich? Verstehst du nicht, was das bedeutet? Wir können fliehen! Das Frühjahr ist nicht mehr weit, der Schnee schmilzt am Mittag schon. Niemand sucht uns, sie alle werden denken, dass wir nach Wurzeln suchen. Jetzt ist der Moment!" Ihre Worte prallten an Marie ab, sie wollte diese Dinge nicht hören, sie hatte Barbara in den letzten Wochen für ihr ständiges Gerede über Flucht hassen gelernt. Sie wollte nicht fliehen. Alles, was sie wollte, war auf

Netawatees warten und wenn es für immer sein sollte. Sie sah zu Gischapan hinunter und dachte an ihren eigenartigen Traum in der vergangenen Nacht. Die Lenapé glaubten, dass Träume dem Träumenden eine tiefere Wahrheit erzählten, wenn er sie denn verstand. Doch Marie verstand ihren Traum nicht und mit Gischapans Tod gab es auch niemanden mehr, der ihn ihr zu deuten vermochte.

Tränen traten ihr in die Augen, sie sah Barbara an, deren verzweifelte Augen eine Antwort erwarteten. „Ja", hörte sie sich selbst sagen, „du hast recht. Wenn wir jetzt nicht fliehen, sind wir verloren." Barbara griff ihre Hand und zerrte sie fort von Gischapans Leiche und ihrem Lagerplatz. Sie mussten Hugh finden, bevor irgendjemand von Gischapans Tod erfuhr.

Tamaqua hatte Hugh eingeladen, mit ihm nach Fort Pitt zu reiten, doch er hatte dankend abgelehnt.

„Ich muss mein Zelt ausbessern, der Schnee fällt bereits durch die Ritzen", entschuldigte er sich und der Häuptling gab sich damit zufrieden, denn auch Pisquetumen blieb lieber im Winterlager. „Meine Knochen sind müde, Munhut`takiswilluxissohipon", sagte er, „und die Frauen brauchen jemand, der ihnen hilft. Ich bleibe bei ihnen."

„Die Frauen brechen morgen wieder zum Wurzelsuchen auf", sagte er, als sich alle im Schutz der Bäume eingefunden hatten. Der Schnee schmolz zwar mit jedem Tag mehr Flecken braunen Waldbodens frei, doch in den Nächten war er noch immer mit Raureif bedeckt.

Marie und Barbara hatten sich zurück zum Lager geschlichen und verbargen sich nach Einbruch der Dunkelheit im Dickicht. Sie beobachteten Hugh und Pisquetumen, doch erst als Hugh noch einmal nach Feuerholz suchte, kam er endlich dicht genug an ihr Versteck heran, sodass sie ihn mit leisem Rufen auf sich aufmerksam machen konnten.

„Marie, Barbara?", fragte er verwundert, als er ihre zerzausten Köpfe im Gebüsch entdeckte. „Was macht ihr hier? Ich dachte, ihr seid mit Gischapan …". Etwas in den Gesichtern der Mädchen ließ ihn verstummen. „Sie ist tot …", sagte Barbara schnell, „ihre Leiche liegt etwa einen Tagesmarsch von hier." Marie zuckte zusammen, als sie das Wort „Leiche" sagte, doch sie blieb stumm. Hughs Blick brauchte ihr Gesicht nur zu streifen, um zu wissen, was in ihr vorging. Der Tod der alten Indianerfrau machte ihr deutlich

mehr zu schaffen als Barbara.
„Der Schnee schmilzt“, fuhr Barbara fort, „wenn wir jetzt fliehen, haben wir einen Vorsprung.“ Hugh sah zu Marie. „Willst du fort?“ Marie nickte, langsam, mechanisch, als habe sie kein Vertrauen in ihren eigenen Willen. „Tamaqua und die anderen Männer sind heute Morgen fortgeritten, nach Fort Pitt, sie wollen ihre Pelze eintauschen. Nur noch einige Frauen und Kinder sind hier, auch Gefangene. Einige wollen morgen auch nach Wurzeln suchen. Am Besten ist, ihr geht zu ihnen. Sagt ihnen, ihr hättet Gischapan im Wald verloren, dann wird niemand Verdacht schöpfen.“ Er sah zu Pisquetumens Zelt, in dem ein schwacher Feuerschein zu sehen war. „Eine von euch muss sich krank stellen, damit die andere bei ihr bleiben kann, um sie zu versorgen. Viele sind krank, niemand wird das wundern. Wartet auf mich in Barbaras Zelt. David und Mary sind ohnehin noch im Lager, seid vorsichtig, wenn ihr ihnen von den Plänen berichtet, man könnte euch belauschen. Nur Pisquetumen ist hier, aber ich werde mir etwas einfallen lassen. Ich muss Munition von ihm bekommen, sonst werden wir unterwegs verhungern. Sammelt alles ein, was wir brauchen können, heimliche Vorräte, Decken, Felle. In zwei Tagen brechen wir auf.“ Hugh wunderte sich bei seinen Worten ein wenig über den festen Klang seiner Stimme. Es klang, als habe er einen Plan und die Mädchen, Marie, schienen ihm zu vertrauen. Alles andere war nebensächlich. Er hatte die Flucht schon einmal gewagt. Sie konnte gelingen. Er sah die Mädchen eindringlich an: „Die anderen Frauen werden etwa zehn Meilen in nordwestliche Richtung gehen, um dort nach Wurzeln zu suchen.“
Barbara nickte, eine kaum erkennbare Geste in der Dunkelheit: „Ich werde mich krank stellen und Marie wird bei mir zurück bleiben. Wir treffen uns am Abend vor dem nächsten Vollmond, also in zwei Tagen, in meiner Hütte, und bevor der Mond aufgeht, fliehen wir.“ Schweigend sahen sie einander an. Der Mond stand bereits hoch am Himmel und leuchtete so hell, dass sie ihre Gesichter gut erkennen konnten. Hugh konnte Maries Augen sehen, die groß und leer wirkten, er las Schmerz darin, doch keine Angst. In Barbaras Augen leuchtete der alte Eifer auf, sie hatte die vergangenen Jahre so sehr auf diesen Moment gewartet, dass er ihr keine Furcht mehr einzuflößen vermochte.

Die Mädchen umrundeten das nächtliche Lager und näherten sich den Zelten von der Seite her, von der sie es auch mit Gischapan verlassen hatten, und schlüpften in Barbaras Zelt, um noch ein paar Stunden Schlaf zu bekommen, obgleich sie beide noch lange mit klopfendem Herzen wach lagen.
Die anderen Frauen brachen mit der Morgendämmerung auf und ließen nur die Kinder und Alten im Lager zurück. Marie wusste nicht, wie sie das Kunststück fertig brachte, die Frauen zu belügen, doch niemand schien Zweifel an ihrer Geschichte von Barbaras plötzlichem Fieber zu haben, viele in Tuscarawas waren bereits daran gestorben, und die Frauen nickten nur. Marie spürte, dass eine schreckliche Ahnung über den Hütten und Zelten lag, eine Art dunkles Vorwissen. Die Frauen boten ihr weder Medizin noch Hilfe an, sie fragten auch nicht nach Gischapan. In ihren Augen spiegelten sich nur noch Hunger und Hoffnungslosigkeit in einem Ausmaß, das sogar Marie in ihrem eigenen Kummer berührte. Es ging den Lenapé schlecht, sehr schlecht. Netawatees hätte dies das Herz gebrochen, dass wusste sie.
Sie warteten eine gefühlte Ewigkeit in der Hütte, ohne vor Aufregung nur ein Wort zu wechseln, bis sie endlich sicher sein konnten, dass die Lenapé-Frauen die Siedlung inzwischen verlassen hatten.
Niemand schien sich mehr für sie zu interessieren und so huschten sie so schnell und unauffällig sie konnten in das Zelt, in dem die kleine Mary lag, die sich vor einigen Tagen den Fuß vertreten hatte und dort mit ein wenig kümmerlichem Proviant zurück geblieben war, um ihr von den Fluchtplänen zu berichten.
„Ich habe in den letzten Wochen ein wenig Dörrfleisch und Welschkorn zurücklegen können. Das wird uns einen Tag lang reichen“, sagte sie, als sie den beiden zugehört hatten.
„Wir werden damit zurecht kommen“, wischte Barbara ihre Besorgnis mit einer Handbewegung zur Seite. Nichts schien an ihrer Entschlossenheit zur Flucht rütteln zu können. Die anderen Mädchen fügten sich stumm. Auch David nahm die Nachricht ihrer nahenden Flucht mit schweigender Zustimmung, doch sie entschieden sich, die Zeit bis Vollmond jeder in seinem gewohnten Zelt zu verbringen, Marie und Barbara mit vermeintlicher Krankheit, Mary mit ihrem Knöchel und David als eine Art Kriegsgefangener ohne Fesseln, den man vergessen hatte. Die Männer waren zunehmend ner-

vös gewesen in den Tagen vor ihrem Aufbruch nach Fort Pitt, es fehlte nicht viel, um Misstrauen zu wecken, auch wenn sie vielleicht schon Meilen entfernt waren.

Marie und Barbara verbrachten den Rest des Tages mit nervösem Warten, jeder Versuch, sich unauffällig zu verhalten, schien umso mehr Beachtung zu erfahren, als sie die Siedlung nach Decken und Vorräten absuchen wollten. Marie glaubte, die misstrauischen Blicke der Alten und Kinder spüren zu können, Menschen, unter denen sie gelebt hatte, und die ihr doch so fremd geblieben waren, dass sie nun vor ihnen floh, und so entschlossen sich die Mädchen, ihren Proviant notgedrungen auf die Dinge zu beschränken, die sie hatten.

Die zweite Nacht brach herein und sie legten sich in der Erwartung der großen Anstrengung, die vor ihnen lag, zum Schlafen, obwohl jede von ihnen sich sicher war, kein Auge zu tun zu können.

Marie starrte schweigend an die Decke von Barbaras Hütte. Durch den Rauchabzug konnte sie die Sterne leuchten sehen. Der fast volle Mond ließ bleiches Licht hereinfallen.

Wie immer vor dem Einschlafen dachte sie an Netawatees. Sie fragte sich, ob er verstehen konnte, dass sie floh oder ob er sich gewünscht hätte, dass sie bei seinem Stamme blieb.

Doch nun war es zu spät für solche Gedanken. Die Entscheidung war gefallen. Morgen würden sie die Lenapé verlassen und nach Hause zurück kehren, was auch immer das bedeuten mochte. Sie drehte sich zur Seite und schloss die Augen. Ihr leerer Magen schien sich vor Hunger hin und her zu bewegen und sie zog die Knie an die Brust, um ihn nicht mehr zu spüren. Immer wieder hatte sie in den letzten Wochen diese eigenartigen Schmerzen in ihrem Leib gespürt, doch sie schob sie auf den Hunger und ihre Erschöpfung.

Der nächste Morgen war klar und kalt. Die Luft roch nach Schnee und Barbara und Marie wechselten vor Nervosität kaum ein Wort, als sie aufstanden.

Barbara streckte ihren Kopf aus dem Zelt und sah sich vorsichtig um. Niemand war zu hören, nur einige Hunde bellten zwischen den Hütten. „Die Hunde“, zischte sie, „was machen wir, wenn die Hunde uns verraten?“ Entsetzt sah Marie sie an. Daran hatte niemand von ihnen gedacht. „Vielleicht schlagen

sie nicht an."
„Vielleicht?"
„Niemand wird sich etwas dabei denken, wenn sie bellen. Los jetzt, lass uns gehen."
Pisquetumens Zelt lag in direkter Sichtweite von Barbaras Hütte und sie konnten hören, wie Hugh und der Lenapé-Indianer sich davor unterhielten. Barbara schlang sich eine Decke um und stützte sich auf Marie, damit sie weiterhin wirkte wie eine Kranke, falls sie jemand beobachtete. Maries Herzschlag rauschte in ihren Ohren, während sie sich zu der Hütte schlichen, in der Mary schlief.
Zu ihrer Überraschung fanden sie das Mädchen noch in seinem Nachtlager.
„Was ist mit dir, Mary? Warum liegst du hier?"
Tränen liefen über das Gesicht des Mädchens. „Ich kann nicht aufstehen", schluchzte sie.
„Was meinst du damit?"
Mary schlug ihre Decke zurück und streckte mit schmerzverzerrtem Gesicht ihr Bein heraus.
Der Knöchel war dunkelblau verfärbt und auf das Dreifache seiner normalen Größe angeschwollen.
„Ich dachte, es ginge deinem Bein schon besser?", fragte Barbara sie entsetzt.
Das Mädchen schüttelte den Kopf. „Nein, die Schmerzen sind immer schlimmer geworden. Heute Morgen konnte ich nicht auftreten." Sie sah die Mädchen mit verzweifelten Augen an.
„Ich dachte, es würde schon vorüber gehen, bis wir fliehen."
„Dann werden wir die Flucht verschieben, bis es dir besser geht", sagte Marie entschlossen. Barbara schien etwas erwidern zu wollen, doch Marie schnitt ihr das Wort ab. „Wir gehen nicht ohne dich."
„Ihr könnt nicht warten", schluchzte Mary. „Wenn die Männer zurück sind, ist die Gefahr zu groß, dass sie euch verfolgen können." Sie wischte sich energisch über ihr Gesicht. „Ich könnte mir nie verzeihen, wenn ihr wegen mir die einzige Gelegenheit für eure Flucht verpasst."
„Niemals! Es wird eine andere Gelegenheit geben, wir warten bis …" Marie fühlte, wie auch ihr die Tränen in die Augen stiegen.

„Es gibt keine andere Gelegenheit!“, sagte Barbara mit zitternder Stimme. Marie wollte ihr etwas entgegen, doch sie wusste, dass sie recht hatte.
Mary lächelte tapfer. „Nehmt meinen Proviant und geht!“
„Sie hat Recht, Marie, jetzt oder nie ist die Gelegenheit. Wenn wir noch länger warten, sind Shingas und die anderen zurück. Wir können nicht auf sie warten.“ Marie funkelte Barbara an. „Aber wir können sie doch nicht einfach hier lassen. Was ist, wenn sich Shingas und die anderen an ihr rächen?“
Die Augen des Mädchens weiteten sich vor Schreck bei ihren Worten.
„Niemand wird sich an ihr rächen.“ Barbara packte Marie am Arm. „Wir müssen gehen!“
„Wie kannst du so kalt sein?“, schrie Marie sie an und riss sich los.
„Wenn wir sie zurück lassen, wird sie für immer hier bleiben müssen.“
„Und wir auch, wenn wir noch länger warten. Verstehst du nicht? Bald werden die Soldaten kommen. Und ich muss dich nicht daran erinnern, was die Indianer das letzte Mal mit ihren Gefangenen getan haben, als die Milizen sie angegriffen haben.“
Verzweifelt sah Marie das Mädchen an. „Geh“, flüsterte Mary mit Tränen erstickter Stimme.
Alles in Marie weigerte sich, eine solche Entscheidung treffen zu müssen. Schließlich packte Barbara sie am Arm und zog sie mit sich.
Als sie hinter ihr aus der Hütte stolperte, hörte sie noch einmal Marys Stimme. Fast blind vor Tränen drehte sie sich noch einmal zu ihr um. „Ja?“ Das Mädchen sah klein und unendlich verletzlich aus, wie es so allein zwischen den Decken auf dem Hüttenboden lag.
„Bitte sage meiner Mutter und meinem Vater, dass ich sie liebe!“
Marie ging noch einmal zu ihr, beugte sich hinab und küsste ihre Stirn. „Ich verspreche es dir!“ Dann wandte sie sich endgültig um und überließ die kleine Mary ihrem Schicksal.
Noch vor Anbruch des neuen Tages hatte sich Hugh zu der Wiese geschlichen, auf der die Pferde der Indianer grasten.
Getaam schnupperte zutraulich an seiner Hand, als er über ihren Rücken strich.
Von ihrer Verletzung im letzten Jahr war nur noch eine kleine Narbe oberhalb ihrer Flanke übrig geblieben. „Mach`s gut, kleine Haselnuss“, flüsterte

er in ihr großes Ohr. Die Stute schnaubte leise, als habe sie ihn verstanden. Er konnte sie nicht mit auf ihre Flucht nehmen.
Dann löste er den Strick, mit dem sie an einen der Bäume gebunden war, und gab ihr einen Klaps. Unentschlossen sah sie ihn aus ihren großen, dunklen Augen an.
„Na los, geh schon, du bist frei!“, sagte er mit Tränen in den Augen. Sie schien noch ein wenig unschlüssig zu sein und stupste ihn sanft mit ihrer Schnauze an.
Dann drehte sie sich langsam um und trabte zwischen den Bäumen davon.
Hugh wischte sich die Tränen von den Wangen und ging zurück zu Pisquetumens Zelt.
Der Lenapé-Indianer saß mit gekreuzten Beinen vor seiner Feuerstelle und flickte seine Mokassins.
„Getaam ist verschwunden“, sagte Hugh. Überrascht sah Pisquetumen auf. Hugh zwang sich, seinem Blick standzuhalten, doch sein Lenapé-Bruder schien keinen Verdacht zu schöpfen.
„Ich habe ihre Spur gesehen.“
„Dann solltest du keine Zeit verlieren“, antwortete Pisquetumen und wandte sich wieder seiner Arbeit zu.
Hugh nickte zögernd. „Ich möchte auf die Jagd gehen. Vielleicht kann ich etwas schießen, bis die anderen zurück sind. Von den Wurzeln werden wir nicht satt werden.“
Pisquetumen lächelte mild. „Das ist ein guter Vorschlag.“
Er erhob sich und kramte in seinen Sachen. Dann reichte er Hugh ein bis oben hin gefülltes Horn mit Schwarzpulver, einige Kugeln Munition und zwei Decken. „Vergiss nicht, eine davon über das erlegte Tier zu hängen, um die Aasvögel abzuhalten!“ Hugh nahm die Sachen mit klopfendem Herzen im Empfang und bemühte sich, ein unverfängliches Gesicht zu machen. „Danke“, sagte er und seine Stimme klang seltsam dünn, doch Pisquetumen war bereits wieder mit seiner Arbeit beschäftigt und bemerkte die Tränen nicht, die in Hughs Augen glitzerten.
Der Tag verstrich mit quälender Langsamkeit.
Marie und Barbara saßen schweigend in ihrer Hütte. Marie hatte ihren Kopf auf ihre Knie gelegt und starrte gedankenverloren vor sich hin, während

Barbara zum unzähligen Male die Sachen, die sie auf ihre Flucht mitnehmen wollten, ordnete und zusammen packte.
Auch die Bibel, die Souchy ihr an jenem verhängnisvollen Tag vor mehr als drei Jahren gegeben hatte, steckte sie in den kleinen Beutel, in dem bereits der Proviant der kleinen Mary steckte.
Marie starrte auf den goldenen Einband der Bibel und erinnerte sich daran, wie ihre Mutter das kleine Buch in ihren zierlichen Händen vor der Brust trug, während sie am Sonntag in die Kirche gingen.
„Warte hier“, sagte sie plötzlich zu Barbara und verschwand aus dem Zelt.
„Wo willst du hin?“, hörte sie die Freundin hinter sich rufen, doch sie lief mit flinken Schritten zu der Hütte, in der Souchy schlief, seit er in Tuscarawas angekommen war.
Zunächst wusste sie selbst nicht, warum sie jetzt danach suchte, doch als sie endlich den Rosenkranz ihrer Mutter fand, den Souchy in einem kleinen Lederbeutel gemeinsam mit anderem geraubten Schmuck aufbewahrte, schloss sie fest ihre Finger darum.
„Mama“, flüsterte sie und das Wort klang so fremd und vertraut zugleich, dass ihr erneut die Tränen in die Augen schossen. Sie steckte den Rosenkranz in ihr Kleid und schlich sich unbemerkt zurück in Barbaras Hütte.
Die Siedlung schien wie ausgestorben zu sein, seit die Frauen aufgebrochen waren. Eine unheimliche Stille lag über den Hütten und kein Feuerrauch zog in den Himmel.
Die Sonne hatte ihren Zenit bereits überschritten und das bedeutete, dass in wenigen Stunden ihre Flucht beginnen würde.
Hugh machte sich bei Einbruch der Dämmerung zum Aufbruch bereit. Sorgfältig überprüfte er noch einmal seine Ausrüstung. Das Pulverhorn steckte neben seiner Pistole und einem Tomahawk, den er während des langen Winters selbst gefertigt hatte, an seinem Gürtel, außerdem seine Feuersteine in einem kleinen Beutel und die zwei Decken trug er zu einem Bündel verschnürt über dem Rücken.
„Willst du trotz der hereinbrechenden Dunkelheit nach deinem Pferd suchen?“, fragte ihn Pisquetumen, der ihn dabei aus halbgeschlossenen Augen beobachtete.
Hughs Herz schlug in diesem Moment ein wenig schneller, doch seine Stimme

klang ruhig und gelassen, als er antwortete: „Ich will keine Zeit verlieren. Außerdem finde ich mich gut zurecht in den Wäldern um Tuscarawas."

Der Lenapé-Indianer nickte und schloss seine Augen ganz. Eine Weile stand Hugh da und betrachtete ihn. Pisquetumen wirkte müde und erschöpft, sein Gesicht in nur wenigen Wochen um Jahre gealtert. Es schien, als habe der Friedensschluss mit den Engländern alle seine Kräfte erschöpft. Außerdem hatte Hugh sich in den letzten Wochen nicht des Eindrucks erwehren können, dass Pisquetumen etwas bekümmerte, etwas, das nicht durch den Friedensvertrag gelöst werden konnte.

Es versetzte Hugh mit einem Male einen schmerzhaften Stich, seinen Bruder nun auf so hinterhältige Weise im Stich lassen zu müssen. In den letzten Jahren hatten sie alles miteinander geteilt, die endlosen, schweigsamen Stunden der Jagd, ihre Schlafstätten und ihre Werkzeuge. Alles, was er konnte, hatte Pisquetumen ihm beigebracht. Ohne ihn wäre er noch immer der kleine Junge aus Carlisle, dessen Mutter tot vor Fort Robinson lag. Hugh wusste nur zu gut, dass er Pisquetumen viel verdankte, ganz gleich, was dessen Brüder ihm angetan hatten. In den letzten Jahren war er ihm Lehrer und Freund zugleich geworden.

Mit einem Ruck riss Hugh sich von seinen fast wehmütigen Erinnerungen los. Es gab kein zurück mehr.

Er wandte sich in die Richtung, in die auch Getaam verschwunden war, damit seine Spuren ihn nicht verrieten. Über stundenlange Umwege erreichte er schließlich wieder die Rückseite des Dorfes und konnte den Rauch aus Barbaras Hütte aufsteigen sehen, als er sich in den Büschen am Waldrand verbarg, um auf die anderen zu warten.

Marie und Barbara schraken ängstlich auf, als jemand die Matte, die den Eingang ihrer Hütte verkleidete, beiseite schob, doch zu ihrer Erleichterung war es nur David. Er zwängte sich durch die schmale Öffnung und sah die Mädchen mit einem schiefen Grinsen ansah.

„Seid ihr soweit?" Barbara bedeutete ihm ärgerlich mit einem Finger auf den Lippen, still zu sein. „Willst du, dass sie uns hören?"

Vorsichtig streckte sie ihren Kopf aus der Hütte.

Draußen war alles still. „Wir müssen den Wald erreichen, bevor der Mond aufgeht," flüsterte Barbara. Schweigend luden sie ihre Bündel auf die Rücken

und verließen das Zelt.
Barbara ging wie selbstverständlich voran, sie schlich sich immer an den Wänden der verlassenen Hütten entlang, während Marie dicht hinter ihr blieb und David die Nachhut bildete.
Als sie den schützenden Waldrand erreichten, konnten sie den Rauch aus Pisquetumens Hütte aufsteigen sehen. Barbara sah sich suchend um. „Wo steckt er?“, zischte sie.
Ein leiser Pfiff ließ sie herumfahren und kurz darauf trat Hugh aus dem Dickicht. „Ich dachte schon, ihr würdet niemals kommen!“
„Los, runter zum Fluss“, wies Barbara sie an und lief wieder voraus. Die anderen folgten ihr, doch Hugh blieb noch einen Augenblick stehen und sah zu dem schwachen Feuerschein aus Pisquetumens Hütte. „Lapeech knewil, Nimat“, flüsterte er in die Dunkelheit.
Dann wandte er Pisquetumen und Tuscarawas den Rücken.
Zwischen den Bäumen herrschte eine fast körperliche Finsternis und Hugh glaubte mehr als einmal, ein Geräusch wie von sich wetzenden Klauen und fletschenden Zähnen zu hören, doch sie blieben unbehelligt, bis sie aus dem Wald heraus wieder an das Flussufer etwas weiter flussabwärts von Tuscarawas traten.
Der Mond stand inzwischen als große, bleiche Scheibe am Nachthimmel und beleuchtete das durch die Frühjahrsschmelze schnell fließende Wasser und die Kieselsteine am Ufer.
Unweit von hier lagerten die Indianer einige ihrer Kanus und David und Hugh verschwanden zwischen den Büschen, um nach ihnen zu suchen.
Barbara kletterte plötzlich auf einen der Baumstämme, die längs entlang des Ufers lagen, und sang leise vor sich hin, während sie ihre Arme ausbreitete und auf dem glitschigen Stamm entlang balancierte: „Ach, wer doch bald hinüber wär, schrei' ich aus Angst der Seelen. Ach! Nun geht erst recht an die Noth, auf allen Seiten steht der Tod! Ach, was ist noch abhanden!“ Entsetzt packte Marie sie am Arm und versuchte, sie herunter zu ziehen.
„Barbara! Bist du verrückt geworden?, zischte sie ihr zu. Doch die Freundin schien sie gar nicht zu hören und schüttelte ihre Hand ab. „In jenen wüsten Landen, da fehlet Wasser, Fleisch und Brot, da ist all' Morgen neue Not“, sang sie unbeirrt mit lauter Stimme weiter. „Den Hunger wollte ich leiden,

wenn nur der Wilden grausames Heer, ich könnte fliehen und meiden, dies mörderisches Volk, das sticht und streit, und Satan selbst steht ihm zur Seit! Nun, wenn die Rotte uns anficht, dann hilf' uns Gott und lass und nicht", sie hatte das Ende des Baumstammes erreicht und schien unschlüssig, ob sie hinab steigen oder zurück balancieren sollte. Plötzlich trat David aus dem Gebüsch hinter ihr, streckte eine Hand nach ihr aus und fiel mit dröhnender Stimme ein: „Wir sind getrost, bleib' du uns nah und sei du unser Joschuah."
Überrascht sah Barbara ihn an und ergriff seine Hand. „Du kennst das Lied?"
Seine Zähne blitzten im Mondlicht. „Der Kirchgang gehört zu den Pflichten jedes gottgefälligen Mannes." Barbara lachte laut.
„Wollt ihr uns verraten?", zischte Hugh den beiden ärgerlich zu. Barbara und David lachten weiter, als sie Hugh und Marie dabei halfen, den Einbaum, den sie zwischen den Büschen gefunden hatten, in das Wasser zu schieben und hinein zu klettern.
David kletterte zuerst hinein und versuchte, Barbara zu helfen, doch die Strömung war so stark, dass das schmale Boot sofort von ihr erfasst wurde und den Fluss hinab trieb.
Barbara verlor den Halt und wäre fast in das Wasser gefallen, wenn Hugh sie nicht im letzten Moment aufgefangen hätte. David stieß einen leisen Fluch aus und ruderte das Boot zurück an das Ufer. Hugh half Barbara und Marie, in den gefährlich schwankenden Einbaum zu klettern und sprang im letzten Augenblick selbst hinein. Seine Lederhose war bereits bis zu den Knien mit Wasser vollgesogen.
Die Strömung war sehr stark und die beiden Jungen mussten beim Paddeln all ihre Kräfte aufbieten, um auf ihrem Weg an das andere Ufer nicht allzu weit abgetrieben zu werden.
Als sie es schließlich erreicht hatten, schoben sie das Kanu in das Dickicht am Waldrand und verdeckten es sorgfältig mit Astwerk und Laub, sodass es von außen kaum noch zu sehen war.
„Ich schlage vor, wir laufen zu erst eine Weile nach Süden", übernahm Hugh die Führung. „Das wird sie verwirren, falls sie uns verfolgen wollen und sie werden versuchen, uns auf dem Fluss den Weg abzuschneiden, denn der Muskingum macht unweit von hier einen scharfen Knick nach Süden. Wenn die Sonne aufgeht, wenden wir uns nach Osten."

Die anderen nickten stumm und folgten ihm zwischen die Bäume, die an dieser Stelle weniger dicht standen, als auf der anderen Seite des Ufers, was ihnen das Vorankommen zwar erleichterte, ihnen jedoch auch weniger Schutz bot.
Schweigend liefen sie Stunde um Stunde hintereinander her, nur ein gelegentliches Knacken eines Astes unter ihren Schuhsohlen oder ein erschöpftes Keuchen, wenn sie ein steiles Wegstück zurück legten, unterbrach die Stille zwischen ihnen.
Als die Sonne schließlich ihre ersten fahlen Strahlen zwischen die Bäume schickte, fühlte Marie sich bereits zu Tode erschöpft. Ihre Beine schienen sie keinen Schritt mehr weiter tragen zu wollen.
„Wann werden wir endlich rasten?“, fragte sie Hugh. Dieser biss sich auf die Unterlippe, als er in ihr blasses, hohlwangiges Gesicht sah.
„Wir haben noch nicht genug Entfernung zwischen sie und uns gebracht. Es ist besser, wenn wir weiter laufen.“
„Denkst du, sie verfolgen uns?“, sprach Barbara die bange Frage schließlich aus. Auch ihr war die Anstrengung deutlich anzusehen. Er schüttelte den Kopf. „Vermutlich haben sie noch nicht einmal bemerkt, dass wir fort sind.“ Er bemühte sich um ein aufmunterndes Grinsen, das jedoch zu einer halbherzigen Grimasse misslang.
„Vor dem Mittag wird niemand bemerken, dass wir nicht mehr da sind.“ Er kratzte sich nachdenklich am Kopf. „Aber wir müssen achtgeben, dass wir auch keinem der anderen Dörfer zu nahe kommen.“
So liefen sie weiter, bis die Sonne hoch am Himmel stand und nur von einigen Wolken verdeckt wurde, immer getrieben von der Angst vor Verfolgung und Entdeckung.
„Ich kann nicht mehr weiter“, sagte Barbara irgendwann und ließ sich einfach erschöpft auf eine Moosbank fallen.
„Wenn ich noch einen einzigen Schritt weiter gehe, breche ich zusammen.“
Hugh sah sie sorgenvoll an, doch auch er sah ein, dass sich eine Rast nicht weiter aufschieben ließ. Trotz aller Angst mussten sie mit ihren Kräften sorgsam umgehen. „Also gut“, sagte er und streifte sein Gepäck ab. „Aber nur einen Augenblick. Hier sind wir nicht in Sicherheit.“ Unruhig blickte er sich zwischen den kahlen Laubbäumen um, als erwartete er jeden Augenblick,

Shingas und seine Männer unter schrecklichem Geheul auf sie zu jagen zu sehen.
Marie ließ sich neben Barbara auf das weiche Moos sinken. Ihre Füße schmerzten und Hunger und Erschöpfung nagten an ihr. Sie teilten sich etwas Wasser aus einem ihrer Wasserschläuche und etwas von dem getrockneten Maisbrot, bevor Hugh sie anhielt, endlich weiter zu gehen.
Stumm setzten sie ihren Weg fort, ein jeder allein mit sich und seinen Gedanken, seiner Angst und seiner Erschöpfung.
Der Mond stand bereits hoch am Himmel, als sie sich endlich einen Platz zum Schlafen suchten, doch Hugh weigerte sich, ein Feuer zu entzünden. „Sie würden den Rauch noch meilenweit riechen", erklärte er ihnen. Frierend rollten sie sich also auf dem kalten Boden zusammen, wo sie sich in ihre Decken wickelten und trotz der Kälte und ihrer knurrenden Mägen sofort einschliefen.
Hugh erwachte als Erster noch vor dem Sonnenaufgang. Es dauerte einen Augenblick, bis er gewahr wurde, wo er sich befand. Seine Glieder fühlten sich steif vor Kälte an und seine Beine schmerzten. Er streckte sich und blinzelte in das schwache Licht des heranbrechenden Tages. „Ich habe nicht weit von hier etwas gesehen, dass wie eine Höhle aussieht. Die Bären werden bald aus ihrem Winterschlaf erwachen", sagte er zu den anderen, die sich, kaum erholt durch die kalte und unbequeme Nacht, aus ihren Decken schälten. „Ich werde sehen, ob ich einen von ihnen herauslocken kann."
„Ich komme mit dir", sagte David entschlossen.
„Und wer bleibt bei uns? Was sollen wir tun, wenn die Indianer kommen?"
Hugh sah sie nachdenklich an. „Wenn sie kommen, helfen uns meine Waffen auch nicht. Warum sucht ihr nicht nach einer Quelle oder einem Flusslauf, um unsere Schläuche zu befüllen. Erschreckt nicht, wenn ihr einen Schuss hört. Das bin ich. Aber wenn ihr mehrere Schüsse hört", fügte er ernst hinzu, „dann lauft um euer Leben."
Er bereute seine Worte sofort, als er in die entsetzten Gesichter der Mädchen sah, doch Barbara nickte schließlich tapfer und sagte: „Viel Glück!"
Die beiden Jungen verschwanden zwischen den Bäumen und ließen die Mädchen allein zurück.
„Los, komm", forderte Barbara Marie auf, als sie allein waren, doch Marie

schien sie gar nicht zu hören, den Kopf auf die Knie gelegt, starrte sie ins Leere und schien nichts um sie herum mit zu bekommen. „Was ist mit dir?“ Marie schrak aus ihren Gedanken auf. „Ach, nichts“, wehrte sie ab, „ich habe nur schlecht geträumt heute Nacht.“
Barbara strich ihr tröstend über die Wange. Erschrocken über die plötzliche Berührung fuhr Marie erneut zusammen. „Bald“, flüsterte Barbara mit leuchtenden Augen, „bald ist das alles hier vorbei, Marie. Dann sind wir wieder zu Hause.“ Marie sah sie einen Moment lang mit kalten Augen an. „Das alles“, erwiderte sie bitter, „wird nie vorbei sein.“ Ruckartig stand sie auf und ging an Barbara vorbei. Eine schreckliche Übelkeit bemächtigte sich ihrer, kaum dass sie sich ein wenig von ihrem Lagerplatz entfernt hatte, und sie übergab sich würgend hinter einem Busch, bis sie nur noch bittere Galle ausspuckte.
„Ist alles in Ordnung?“, hörte sie Barbara plötzlich hinter sich. Hastig wischte sie sich den Mund ab. „Ja, ich sagte doch, ich habe schlecht geträumt.“
Barbara sah sie einen Augenblick lang forschend an, entschied sich dann jedoch, sie mit ihrer Antwort zufrieden zu geben. „Wir sollten nach Wasser suchen“, sagte sie schließlich und Marie nickte.
Eine ganze Weile liefen sie ziellos zwischen den Bäumen umher, aus Angst, sich allzu weit von ihrem Schlafplatz zu entfernen, bis sie schließlich zwischen einigen Felsen eine Quelle mit köstlichem Wasser fanden, wo sie ihre Schläuche befüllen konnten.
Die beiden Jungen hatten inzwischen die Höhle erreicht.
„Woher willst du wissen, dass er wirklich da drin schläft?“, fragte ihn David ängstlich.
„Es ist noch zu früh. Die Bären wachen erst beim nächsten Neumond aus dem Winterschlaf auf.“
Seine Worte schienen David nicht ganz zu überzeugen. Hugh konnte sich ein Lächeln nicht verkneifen, als er sah, wie dem hochgewachsenen Kerl die Knie schlotterten bei dem Gedanken, einem Bären zu begegnen.
Hugh schlich sich vorsichtig an die Höhle heran und sammelte unterwegs etwas trockenes Reisig. „Versteck dich zwischen den Büschen dort“, flüsterte er David zu. David sah ihn mit blassem Gesicht an und tat dann, was er sagte. Kaum war sein Kopf zwischen dem Buschwerk verschwunden, entzündete

Hugh das Reisig.

Als die dürren Halme brannten, schleuderte er das Bündel, soweit er nur konnte in die Höhle hinein. Er wartete nicht ab, bis er etwas hören konnte, sondern folgte David so schnell er nur konnte in sein Versteck.

Mit klopfendem Herzen richtete er sein geladenes Gewehr auf den Eingang der Höhle und wartete.

Eine ganze Weile geschah nichts. Hugh wurde unruhig. Vielleicht hatte er sich getäuscht und es befand sich gar kein Bär in der Höhle. Doch dann ertönte plötzlich ein tiefes, dröhnendes Brummen zwischen den Steinen, das den Waldboden zum Beben brachte.

David zuckte zusammen und wäre vermutlich vor Schreck davon gelaufen, wenn ihn Hugh nicht mit einem Griff nach seinem Ärmel zurück gehalten hätte.

Der Bär kam auf allen Vieren aus der Höhle gelaufen. Es war ein großes und altes Tier.

Hugh konnte das graue und struppige Fell an seinem Hals sehen. Einen Augenblick lang blieb der Bär benommen stehen und blinzelte in das ungewohnte Sonnenlicht.

Dann richtete er sich plötzlich zu seiner vollen Größe auf und ließ ein lautes Knurren hören. Hugh spürte, wie seine Finger um den Lauf seiner Waffe zitterten. Er legte an, holte tief Luft und atmete aus. Der Schuss betäubte sein Gehör, doch er konnte den schrillen Schmerzensschrei des Tieres hören und wusste, dass er dessen Kopf verfehlt hatte. Als sich der Pulverrauch legte, sah er, dass die Kugel den Bären in die Brust getroffen hatte.

Wie ein Stein ging der Koloss zu Boden und blieb reglos liegen.

Für eine Weile wagte Hugh nicht zu atmen. Er starrte auf das braune Fellbündel nur wenige Meter von ihm entfernt.

„Ist er tot?", flüsterte David.

„Ich denke schon", antwortete Hugh. Vorsichtig kroch er zwischen den Büschen hervor und robbte langsam auf den Bär zu. Die Brust des Tieres hob und senkte sich nicht mehr.

Er konnte seine Augen nicht mehr sehen, doch er roch den intensiven Gestank, den sein Fell nach dem langen Winterschlaf verströmte, in den sich der unverwechselbare Geruch von frischem Blut mischte.

„Er ist tot!“, rief Hugh David zu und richtete sich auf.
In diesem Augenblick schlug der Bär die Augen auf und sah ihn an. In diesem Moment wusste Hugh, dass er einen schrecklichen Fehler begangen hatte. Er stolperte einen Schritt zurück, doch es war zu spät. Mit unglaublicher Geschwindigkeit schnellte der Kopf des Tieres nach vorne und im gleichen Augenblick jagte ein entsetzlicher Schmerz Hughs Bein hinauf.
Die scharfen Reißzähne des Bären gruben sich tief in seinen Knöchel. Mit verzweifelter Kraft schlug er mit seinem Gewehrkolben auf den Kopf des Tieres ein. Ein hässliches Knirschen war zu hören und plötzlich ließ das Tier von ihm ab. Hugh stürzte, rappelte sich jedoch sofort wieder auf, doch der Bär setzte nicht zu seiner Verfolgung an, sondern schleppte sich schwerfällig zurück zum Eingang der Höhle.
David Gesicht tauchte bleich vor Angst neben ihm auf. „Geht es dir gut?“
Hugh sah an seinem Bein herunter. Seine Lederhose hing über seinem Knöchel in blutigen Fetzen herunter, doch der Bär schien ihm nur eine stark blutende Fleischwunde versetzt zu haben, Sehnen und Knochen waren unversehrt.
Mit Davids Hilfe gelang es ihm, aufzustehen und langsam zu ihrem Lagerplatz zurück zu humpeln, während sein Blut eine deutliche Spur auf dem Waldboden hinterließ. Als sie sich den Mädchen näherten, die bereits an ihrem Schlafplatz auf sie warteten, sprangen die beiden entsetzt auf. „Was ist passiert?“
Hugh ließ sich mit einem Stöhnen neben ihnen nieder und betrachtete die Wunde an seinem Fuß.
„Ein Bär“, erklärte David, „er hat ihn angegriffen!“ Panisch sah Barbara sich um. „Wo ist er jetzt?“ Mit schmerzverzerrtem Gesicht winkte Hugh ab. „Er ist angeschossen. Er kann uns nicht mehr gefährlich werden. Vermutlich ist er längst tot.“
„Vermutlich?“ Barbaras Stimme klang schriller als normal. Marie beugte sich über Hughs Fuß.
„Ich habe etwas getrocknetes Weißmoos aus Tuscarawas mitgenommen“, sagte sie und berührte sein Bein.
„Setz dich hier hin“, sie wies auf einen umgestürzten Baumstamm. „Ich werde die Wunde verbinden.“ Trotz der unsäglichen Schmerzen, die die Wunde

in seinem Fuß verursachte, lächelte Hugh glücklich. Ihre Berührungen fühlten sich wundervoll an und er atmete den Geruch ihres Haars, als sie sich neben ihm niederbeugte und seine Wunde mit Geschick und Behutsamkeit versorgte.
„Kannst du gehen?“, fragte sie ihn, als sie fertig war. Vorsichtig trat Hugh mit dem verletzten Bein auf. Es schmerzte, doch es schien erträglich. Auch die Blutung ließ bereits nach.
„Ja, ich denke, es geht.“ Er rieb sich über die Stirn. Seine Worte hatten überzeugter geklungen, als ihm selbst zu Mute war. Das Pochen in der Wunde war so schmerzhaft, dass er sich nicht ausmalen wollte, wie es sich nach einem stundenlangen Fußmarsch durch das unebene Gelände der Alleghenys anfühlen würde. Doch ihm blieb keine Wahl.
Langsam setzten sie ihren Weg durch die dichten Wälder des Ohio-Tals fort. Ihre Mägen knurrten vor Hunger und sie alle fühlten sich schwach und erschöpft.
Doch als die Sonne hinter den Bergen verschwand, ungefähr an der Stelle, an der sich die Blue Ridge Mountains und damit Pennsylvania befinden mussten, konnte Hugh den Pass sehen, der sie über die Berge nach Fort Pitt bringen würde.
In dieser Nacht entzündeten sie ein Feuer und die Wärme fühlte sich so gut auf ihren erschöpften Gliedern an, dass sie alle trotz ihres nagenden Hungers sofort einschliefen.
Am Morgen lud Hugh seine Pistole. Ihm war schwindlig vor Hunger.
„Ich werde sehen, ob ich etwas schießen kann.“ Mühsam richtete er sich auf. Scin Bein war auf das Doppelte seiner normalen Größe angeschwollen, doch er biss die Zähne zusammen und bemühte sich, sich nichts anmerken zu lassen.
„Lass dich nicht auffressen“, scherzte David und Hugh schenkte ihm ein grimmiges Grinsen, bevor er im Dickicht verschwand.
Eine ganze Weile strich er erfolglos zwischen den Bäumen umher, während ihm sein Bein immer mehr zu schaffen machte, bis er endlich eine Gruppe Hirsche auf einer von der Märzsonne hell erleuchteten Lichtung ausmachte.
Es gelang ihm trotz seiner Verletzung, sich lautlos an das Wild heranzuschleichen, bis er in Schussweite war. Er wählte eine junge Hirschkuh als

sein Ziel aus, die etwas abseits stand und graste.
Vorsichtig griff er zur Pistole, ohne den Blick von ihr zu nehmen. Doch plötzlich war ein Rascheln zu hören, dass einige der Tiere aufschreckte, doch der Leithirsch senkte seinen Kopf rasch wieder und graste weiter, sodass auch die anderen nicht länger Gefahr witterten.
Er kniff ein Auge zu, atmete aus und zielte auf das Tier. Als der Schuss sich löste, wurde er heftig zurück geschleudert, da er auf seinem verletzten Fuß keinen festen Halt gehabt hatte. Als er sich wieder aufrappelte, konnte er sehen, wie die Herde zwischen den Bäumen davon stob und die tote Hirschkuh am Boden zurückblieb.
Zufrieden humpelte er auf die Lichtung und band die Läufe des Tieres mit einigen Lederriemen zusammen, die er zu diesem Zweck an seinem Gürtel trug.
Er strahlte vor Glück über das ganze Gesicht, als er mit dem Tier zu ihrem Lagerplatz zurück kehrte. Barbara stieß einen Freudenschrei aus und auch Maries Augen leuchteten. Die Mädchen halfen ihm sofort, das Tier auszuweiden und ein neues Feuer zu entzünden. Sie brieten, soviel sie konnten über den Flammen und aßen sich satt. Das dunkle, zähe Fleisch schmeckte köstlich, es vertrieb den Hunger und die Kälte aus ihrem Inneren und eine eigenartige Euphorie bemächtigte sich ihrer.
„Wir könnten Fort Pitt in fünf Tagen erreichen“, sagte Hugh. „Der Pass ist nicht mehr weit von hier.“
„Was ist, wenn uns die Indianer auf dem Weg suchen.“
Hugh kaute nachdenklich auf seinem Fleischstück herum. „Ehrlich gesagt wundere ich mich, warum sie uns nicht schon längst gefunden haben.“ Die Mädchen fuhren zusammen.
„Wie meinst du das?“, fragte ihn David ungehalten.
„Nun, es gehört nicht sonderlich viel Kombinationsgabe dazu, um zu wissen, dass wir versuchen werden, Fort Pitt anzusteuern. Außerdem hinterlassen wir eine Spur von der Größe einer ganzen Kuhherde.“
„Und warum fangen sie uns dann nicht?“
Hugh kniff die Augen zusammen. „Vielleicht wissen sie noch immer nicht, dass wir weg sind.“
„Aber Pisquetumen wird es bemerkt haben“, warf Barbara ein.

Hugh schluckte. „Ja, du hast recht. Vielleicht haben sie einfach kein Interesse daran, uns zu verfolgen.“ Barbara wandte sich ab und begann, das übrig gebliebene Fleisch in ein Stück der sauber geschabten Hirschhaut zu packen, doch Hugh konnte förmlich spüren, wie Marie ihn noch eine ganze Weile zweifelnd ansah. Er zwang sich, ihren Blick zu ignorieren. Es half nichts, sich Gedanken über eine mögliche Verfolgung zu machen, für eine Rückkehr war es längst zu spät.

Sie setzten ihre Wanderung fort und überquerten den Pass bereits am nächsten Nachmittag.

Regen setzte ein und weichte den Boden auf, die Kälte kroch in ihre Kleider und in ihre Knochen, doch sie alle kämpften sich verbissen weiter vorwärts, bis sie das Tal erreichten und schließlich an den Ufern des Ohio-Flusses standen, der sich als mächtiger, grauer Strom an ihnen vorüberwälzte.

„Wie sollen wir dort nur hinüber kommen?“, sprach Barbara ihre Verzweiflung aus.

Hugh sah sich nachdenklich um. „Die Sonne wird gleich untergehen. Denkst du, es könnte uns gelingen, mit einigen Ästen und den Lederriemen ein Floß zu bauen?“

David starrte nachdenklich auf den Fluss, der mit beachtlicher Strömung an ihnen vorbei schoss.

„Sicher“, antwortete er zögernd. Ihr Abendessen bestand aus den Resten des Hirschfleisches und dann sanken sie für wenige Stunden in kostbaren Schlaf.

Hugh war noch vor Anbruch des neuen Tages auf den Beinen und weckte David.

Sie begannen, aus einigen Ästen, die herumlagen und den Lederriemen ein primitives Floß zu bauen.

„Ob uns das alle tragen wird?“, fragte Marie ihn skeptisch, als sie das Ergebnis bei Tageslicht betrachteten. Hugh teilte insgeheim ihre Zweifel, doch er war in keinem Fall gewillt, dies nach der anstrengenden und verzweifelten Arbeit einer ganzen Nacht zuzugeben. „Wir werden es versuchen.“

Vorsichtig stiegen zuerst die Mädchen und dann David auf das Floß, doch er hatte nur einen Fuß darauf gesetzt, als ihre Konstruktion nachgab und die Mädchen mit entsetzten Schreien ins Wasser fielen. Marie tauchte nach kurzer Zeit prustend wieder auf, doch Barbara blieb verschwunden. „Wo ist

sie?“, schrie Marie.
Hugh zögerte keine Sekunde und sprang in das Wasser. Es war noch eisiger, als erwartet und er fühlte tausend Nadelstiche, die durch seine Haut in seinen Körper jagten, die Kälte presste ihm die Luft aus den Lungen, noch ehe er das erste Mal nach Barbara tauchte.
Dennoch tauchte er entschlossen zwischen die Fluten, doch die Strömung verwirbelte den Schlamm dicht unterhalb der Wasseroberfläche und er konnte nichts sehen. Verzweifelt tastete er in alle Richtungen, ruderte verzweifelt mit den Armen, um sich nicht selbst davon treiben zu lassen. Nach Luft japsend kam er wieder nach oben, doch keine Spur von Barbara war zu sehen. Er holte tief Luft und tauchte erneut unter. Das eisige Wasser hatte bereits jedes Gefühl in seinen Gliedern vertrieben.
Er tastete mit den Armen um sich, und als seine Luft knapp wurde, berührte er auf einmal etwas, das sich wie Haut anfühlte. Er griff entschlossen danach und zog Barbara mit letzter Kraft ans Ufer. Nach Luft schnappend, spuckte sie das eisige Flusswasser aus, das sie geschluckte hatte. Ihre Lippen waren blau gefroren und sie klapperte erbärmlich mit den Zähnen. Marie rieb ihr verzweifelt die Arme und Beine, um ein wenig Wärme in sie zurückzubringen. Atemlos stand Hugh neben ihnen, selbst am ganzen Leib vor Kälte schlotternd, doch überglücklich, sie der eiskalten Strömung entrissen zu haben.
„Wir werden die Mädchen einzeln übersetzen müssen“, sagte Hugh leise zu David, als er wieder sprechen konnte und sah zu ihrem wackligen Floß.
„Zuerst müssen wir eure Kleider trocknen“, warf Marie, die ihn dennoch gehört hatte, entschieden ein. Hugh wusste, dass sie recht hatte. Die Nässe in ihren Kleidern konnte bei diesen Temperaturen hier draußen ihr Ende bedeuten. Er suchte an seinem Gürtel nach dem Beutel mit den Feuersteinen und stellte mit Entsetzen fest, dass er verschwunden war. Panisch klopfte er seine Hose ab und suchte mit den Augen das Ufer ab.
„Meine Feuersteine“, sagte er schließlich entsetzt. „Sie sind weg.“
Ungläubig starrten ihn die anderen an. „Gut“, meldete sich Marie in das fassungslose Schweigen, „dann müsst ihr euch Decken umhängen. Wenn ihr die Kleider anbehaltet, seid ihr noch vor morgen früh tot.“
Hugh überlegte nicht lange und begann, seine Beinlinge und sein Lederhemd

auszuziehen. „Nein“, stieß Barbara, die noch immer nach Luft rang, hervor. „Auf keinen Fall …“

„Auf jeden Fall wirst du sterben“, gab Marie ungerührt zurück und hielt ihr eine der Decken hin. Barbara zögerte nur kurz. Dann packte sie die Decke und verschwand hinter einem der Bäume.

Die Überfahrt auf dem wackligen Floss wurde ein schwieriges und gefährliches Unterfangen. Hugh setzte zuerst Barbara hinüber und kam dann zurück, um Marie zu holen. Die Strömung trieb sie weit ab, und als er das letzte Mal mit David übersetzte, mussten die Mädchen eine ganze Strecke am Ufer entlang laufen, um sie wieder zu finden.

Eigentlich hatte Hugh geplant, den Ohio hinab direkt auf das Fort zu zu treiben, wie es die Lenapé taten, doch mit ihrem Floß war das ausgeschlossen. Also zogen sie das Gefährt an das Ufer und verdeckten es, so gut sie konnten, mit Ästen und Buschwerk.

Unsicher sahen sie sich um.

Die Schwierigkeiten waren noch nicht vorbei, denn direkt vor ihnen erhob sich die Wand einer gewaltigen Schlucht, die fast hundert Fuß in die Höhe ragte.

Mit zurückgelegten Köpfen sahen sie die Felswand empor. Sie erstreckte sich zu beiden Seiten entlang des Flusses. Es schien keinen Weg zu geben, sie umgehen zu können.

„Worauf warten wir?“, fragte Hugh, nachdem er sich seine klammen Kleider wieder übergestreift hatte.

Barbaras Augen weiteten sich. „Ihr wollt da hinauf?“

„Hast du einen besseren Vorschlag?“ Stumm schüttelte sie den Kopf.

Hugh kletterte voran und zeigte den anderen, an welchen Ästen und vorstehenden Steinen sie sich festhalten konnten, doch es wurde nicht nur für die Mädchen zu einer Herausforderung. Immer wieder rutschten sie von den glatten Felsen und brachen sich ihre Fingernägel ab. Mehr als einmal drohte einer von ihnen, den Halt zu verlieren und in die Tiefe zu stürzen.

Als sie schließlich alle heil das Plateau erreichten, blieben sie schwer atmend vor Anstrengung auf den kalten Steinen liegen. Keiner war in der Lage, auch nur ein Wort zu sagen, ihre Hände und Fingernägel zerschunden von dem Aufstieg, der all ihre Kräfte aufgezehrt zu haben schien.

Es war Hugh, der sich wieder in die Höhe rappelte. Er vermochte selbst nicht zu sagen, woher die Kraft in seinem Inneren stammte, doch etwas trieb ihn voran. Er hatte nicht vor, in diesen Wäldern zu sterben, er würde nicht aufgeben, nicht hier und nicht jetzt. Von dem hohen Felsen aus hatte man eine gute Aussicht über das Tal, den Wald und die Flüsse, auch wenn die Wolken tief hingen und die Sonne sich nur mit mattem Glanz zwischen ihnen zeigte.
Er stand auf und legte eine Hand über die Augen, um sich umzusehen.
„Kannst du etwas erkennen?“, fragte ihn Marie, die hinter ihn getreten war.
Hugh spürte, wie er nervös wurde. Noch immer verunsicherte es ihn zutiefst, wenn sie ihn ansprach und ihn dabei mit ihren tiefdunklen Augen ansah.
„Ja“, sagte er, bemüht, sie nichts von seinen Gefühlen spüren zu lassen. „Da vorne, siehst du diesen Baum am Flussufer?“ Marie nickte.
„Er ist eine Markierung der Lenapè. Ich kenne ihn. Von dort aus sind es noch etwa einhundertfünfzig Meilen bis nach Fort Duquesene, oder besser Fort Pitt.“
Marie holte tief Luft. „Aber wir können nicht entlang des Flussufers gehen, die Felsen sind dort viel zu steil und ein Floß haben wir nicht.“ Hugh dachte nach. Er wusste, dass sie recht hatte.
„Es wird uns nichts anderes übrig bleiben, als einfach in Richtung des Sonnenaufgangs zu gehen.“ Stumm blickten sie zu Barbara und David, die müde auf den kalten Felsen kauerten.
Es war an der Zeit, sich einen Schlafplatz zu suchen. Morgen würden sie entscheiden, wie es weiter gehen würde.
In der Nacht begann es zu regnen und die kalte Feuchtigkeit kroch erbarmungslos durch ihre Kleider und durchnässte ihre Haut bis auf die Knochen. Hugh verfluchte sich im Stillen dafür, dass er seine Feuersteine verloren hatte, als er sah, wie sich Marie und Barbara vor Kälte zitternd aneinander klammerten, ihre Lippen nur noch zwei blaue Striche.
Der Hunger nagte an ihnen, als sie sich bei ihrer ersten Rast zitternd aneinander drückten, um sich gegenseitig ein wenig Wärme zu spenden. In wenigen Stunden würde die Sonne untergehen und sie hatten weder Essen noch Feuer. Hugh wusste, dass sie auf diese Weise nicht lange im Wald überleben, geschweige denn ihre Reise fortsetzen konnten.
„Eine weitere Nacht bei solcher Kälte ertrage ich nicht“, jammerte Barbara.

Sie hatten vor dem immer wieder einsetzendem Regen, in den sich am späten Nachmittag auch Schneeflocken mischten, Schutz unter einen Felsvorsprung gesucht. Grimmig presste Hugh seine Lippen zusammen. Er war nicht bereit, aufzugeben. Schon einmal hatte er die Flucht gewagt, hatte sich entschieden, sein Leben bei den Lenapé und den Mördern seiner Mutter hinter sich zu lassen, doch die Angst hatte ihn zur Umkehr gebracht. Diesmal würde er keine Schwäche zeigen. Diesmal würde es ihm gelingen. Er würde zurück kehren und er würde Marie in Sicherheit bringen. Weder Shingas, noch der Hunger, noch die Kälte würden ihn aufhalten. Vorsichtig stand er auf. Die anderen sahen ihn verwundert an.
Über der Wunde an seinem Bein hatte sich dank Maries aufmerksamer Pflege bereits trockener Schorf gebildet und er konnte bereits wieder ohne Schmerzen auftreten. „Wartet hier auf mich“, sagte er. „Ich pfeife dreimal, wie ein Kauz. Wenn sich jemand nähert, ohne zu pfeifen, versteckt euch und wartet.“
„Hugh, wo willst du hin?“, rief ihm Marie noch hinterher, als er hinkend zwischen den Bäumen verschwand und die anderen zurück ließ. Ohne ihn konnten sie nicht weitergehen, deshalb blieb ihnen nichts anderes übrig, als auf seine Rückkehr zu warten.

Die Sonne versank bereits hinter den kahlen Baumwipfeln, als er zu ihrem Lager zurück kam. Dreimal pfiff er, bis die Köpfe der Drei hinter einem Felsvorsprung auftauchten.
Er zog sein Bein schwer hinter sich her, das Klettern über die Felsen und das Laufen während der Jagd hatte ihm schwer zu schaffen gemacht. Ein pochender, quälender Schmerz nagte bis in sein Rückenmark an ihm und seine zerfetzte Hose war klebrig von seinem eigenen Blut. Doch er hatte den Schmerz, die Müdigkeit, den Hunger und die Angst ignoriert, so wie er es gelernt hatte, in den einsamen Nächten im Wald an Pisquetumens Seite. All diese Gefühle existierten nur, wenn er sie zu ließ, es waren die manito`wak, die ihm einen Streich spielen wollte, doch er war stärker gewesen als sie: Über seiner Schulter hing ein toter Rehbock und unter seinen Armen klemmte etwas Reisig.
Die Mädchen stimmten ein Freudengeheul an, als sie ihn mit seiner unerwar-

tet reichen Beute sahen und auch er konnte es kaum erwarten, das Tier über den Flammen rösten zu sehen und den Geschmack des würzigen Fleisches auf der Zunge zu spüren. Das erjagte Reh würde sie mehrere Tage lang satt machten, außerdem glaubte er, zwei Steine gefunden zu haben, doch er war sich nicht sicher, ob es ihm mit ihnen auch tatsächlich gelingen mochte, ein Feuer zu entfachen.
Die anderen sahen ihm mit großen Augen dabei zu, er konnte die Hoffnung in Maries Augen schimmern sehen und das gab ihm neuen Antrieb.
Er schichtete das Reisig zu einem kleinen Haufen auf und schlug die Steine aneinander. Funken stoben auf, doch keiner besaß genügend Kraft, das Reisig tatsächlich zu entzünden.
„Du musst es mit mehr Kraft machen“, mischte sich Barbara ungeduldig ein.
Er warf ihr einen warnenden Blick zu und versuchte es dann erneut, doch nichts geschah. Er schloss die Augen und dachte an Pisquetumen, daran, wie der Lenapé-Indianer in unzähligen Nächten ihr Lagerfeuer entzündet hatte, an die gleichmäßigen, kraftvollen Bewegungen, die schließlich die Funken stieben ließen. Nachdem er Dutzende weitere Versuche gestartet hatte und der Verzweiflung mehr als nahe war, glomm plötzlich ein winziger Funke zwischen den Reisighalmen auf und entzündete leiste knisternd auch die anderen Ästchen.
Kurze Zeit später ließ ihnen der Geruch des gebratenen Rehfleisches das Wasser im Mund zusammenlaufen und Marie drückte mit einem seligen Lächeln Hughs Arm. „Danke“, sagte sie mit leuchtenden Augen. Hugh war sich sicher, nie zuvor erschöpfter und glücklicher gewesen zu sein.

Sie brauchten fünf weitere Tage, um das felsige Gelände hinter sich zu lassen, in denen sie sich mit zerschundenen Händen und schmerzenden Knien vorankämpfen mussten, um wieder zwischen die laubleeren Baumstämme und Nadelwipfel einzutauchen, zwischen denen ihnen das Gehen leichter fiel. Dennoch war es nur Hughs dürftiges Jagdglück, das sie nicht endgültig die Hoffnung verlieren ließ. Marie erinnerte sich mit schmerzhaft knurrendem Magen und einem immer stärker werdenden Gefühl der Hoffnungslosigkeit an die scheinbare Leichtigkeit, mit der sich Netawatees und Gischapan in den Wäldern orientiert hatten. Netawatees war es beinahe täglich gelungen, einen Hirsch oder ein Reh zu jagen, während Hugh nur noch einen einzigen, alten Rehbock hatte schießen können, dessen zähes Fleisch wie altes Schuhleder war.

Als sich der Wald am Fuße der letzten Ausläufer des Allegheny Gebirges schließlich lichtete, bestätigte sich Hughs Befürchtung, dass sie den Lauf des Ohios nicht wieder finden würden. Vor ihnen erstreckte sich zu beiden Seiten nur der endlose, undurchdringliche Wald.

„Was hast du vor?“, fragte ihn Barbara, als er sich daran machte, einen der großen Laubbäume zu erklimmen. „Mich umsehen“, antwortete er knapp.

Es kostete ihn einige Anstrengung, den Baumwipfel zu ersteigen, doch als er oben angekommen war, bestätigten sich seine schlimmsten Befürchtungen. Sie waren im Gebirge noch weiter von ihrem Weg abgekommen, als er angenommen hatte.

Der Lauf des Ohios verlor sich weit im Westen in der braunen Endlosigkeit der Wälder und Felsen.

Niedergeschlagen kletterte er wieder herunter und teilte den anderen seine Entdeckung mit.

Schweigend saßen sie an diesem Abend um das Feuer herum, das Hugh nur mit großer Mühe entfacht hatte. Erschöpfung und Hoffnungslosigkeit drohten einen jeden in der Dunkelheit zu überwältigen.

Marie schloss die Augen und lauschte dem Knistern des Feuers. Sie dachte daran, was wohl mit ihnen geschehen würde, wenn sie zurückkämen. Sicher glaubte niemand in Tulpehocken mehr daran, dass sie noch am Leben waren. Vermutlich würde es schwer werden, die Farm und das Land ihres Vaters zurück zu erhalten, nach allem, was Netawatees ihr erzählt hatte.

Doch zuerst mussten sie Pennsylvania überhaupt erreichen, und dieses Ziel schien in immer weitere Ferne zu rücken. Obwohl keiner der anderen es laut aussprach, waren Zweifel und Angst in jedem ihrer Gesichter immer deutlicher zu lesen.

Nacheinander rollten sie sich vor dem Gluthaufen, der von ihrem Feuer übrig geblieben war, zusammen und schliefen über ihre düsteren Gedanken ein, jeder für sich allein.

Schweigend brachen sie am nächsten Morgen auf und setzten ihren Weg

durch den Wald fort, immer in Richtung der aufgehenden Sonne. „So müssen wir irgendwann die Grenze von Pennsylvania erreichen“, versuchte Hugh ihnen Mut zu machen, doch es wollte ihm immer weniger gelingen. Selbst in seinen eigenen Ohren hatten seine Worte an Überzeugungskraft verloren. Vielleicht lagen noch viele Tagesmärsche vor ihnen. Zu allem Überfluss hatte es am Mittag auch noch unablässig zu regnen begonnen, die kalte Feuchtigkeit durchweichte nach einiger Zeit selbst ihre robuste Lederkleidung und ließ sie alle vor Kälte mit den Zähnen schlagen.
Hugh wusste nur zu gut, dass es unter diesen Bedingungen unmöglich war, ohne seine Feuersteine ein Feuer zu entfachen, das sie zwischendurch aufwärmen konnte. Niemand konnte sagen, wie lange sie das überleben würden, bis Fieber und Entkräftung sie zum Aufgeben zwingen würden. Zum unzähligen Male verfluchte sich Hugh innerlich für den Verlust seiner Feuersteine.
Am Schlimmsten aber war der Hunger. Sie alle hatten schlechte Winter bei den Lenapé erlebt, hatten das zähe Hundefleisch und schließlich die giftigen Wurzeln gegessen und waren an Entbehrung gewöhnt. Doch das unablässige Laufen durch den unwegsamen Wald und vor allem die letzte Flussüberquerung hatte an ihren Kräften gezehrt. Ihre Reserven erschöpften sich unaufhaltsam.
„Warum schießt du nicht eines der Kaninchen?“, fragte ihn Barbara, als sie am Mittag auf einer kleinen Anhöhe rasteten und das Knurren ihrer Mägen deutlich zu hören waren. Tatsächlich kreuzten immer wieder ganze Gruppen von Kaninchen ihren Weg, schlugen einige Haken und verschwanden wieder im Unterholz.
Hugh schüttelte nur den Kopf. „Das geht nicht.“
„Wieso nicht?“
Er zögerte einen Augenblick. „Weil Kaninchen und Hasen bei den Lenapé heilige Tiere sind.“ Barbara sah ihn verwirrt an. „Und? Was hat das mit uns zu tun?“
Hugh wich ihrem Blick aus. „Ich kann nicht“, murmelte er leise. Barbara schien zu einer Antwort ansetzen zu wollen, doch Marie kam ihr zuvor: „Wir werden sicher etwas anderes finden. Die Lenapé glauben, dass es großes Unglück bringt, wenn man einen Hasen oder ein Kaninchen tötet. Wir sollten unser Schicksal nicht herausfordern.“

Barbara warf beiden einen vielsagenden Blick zu, verzichtete jedoch auf jeden Kommentar.
„Dort“, sagte Hugh, während er seinen Blick über das scheinbar unendliche Waldland vor ihnen schweifen ließ. Plötzlich jedoch blieb sein Blick an einem schmalen, graubraunen Streifen hängen, der sich in einiger Entfernung vor ihnen durch den Wald zog.
„Da“, rief er aufgeregt, „seht mal!“ Die anderen sprangen auf und stellten sich neben ihn.
Angestrengt spähten sie in die von ihm gewiesene Richtung. „Was denn?“, fragte Barbara schließlich irritiert.
„Das ist der Allegheny Fluss.“
„Wo denn?“
Wieder deutete er in die Richtung.
„Ja, ich kann etwas sehen. Woher willst du wissen, dass es ausgerechnet der Allegheny ist?“
„Welcher Fluss kann es sonst soweit östlich sein?“ Er drehte sich zu den anderen um. „Versteht ihr nicht, was das bedeutet? Wir können nicht mehr weit von Fort Pitt entfernt sein!“
Die anderen wollten seine Zuversicht nicht so recht teilen, ließen sich jedoch von ihm dazu überreden, die Anhöhe zu verlassen und noch einige Stunden in die Richtung zu laufen, in der er den Fluss ausgemacht zu haben glaubte.
Hugh spürte, dass es ihnen allmählich gleichgültig wurde, wohin sie liefen.
Keiner wollte es aussprechen, doch die anderen hatten inzwischen den Glauben daran verloren, dass sie Fort Pitt oder die Grenze jemals erreichen würden, doch Hugh wollte sich der entsetzlichen Gleichgültigkeit, die hinter diesem Gedanken stand, nicht hingeben. Er hatte sie bis hierhin geführt und er würde sie in Sicherheit bringen, dazu war er fester entschlossen denn je. Sie konnten nicht mehr weit von ihrem Ziel entfernt sein, dessen war er sich sicher, auch wenn die anderen zweifeln mochten. Sie durften nun nur nicht aufgeben. Zumindest der Himmel schien endlich ein Einsehen mit ihnen zu haben und beendete den unablässigen Regen, der ihre Körper entkräftete und ihre Verzweiflung ins Unerträgliche zu steigern schien.
Als die Dämmerung hereinbrach, ließen sie sich auf einer kleinen Lichtung einfach auf den durchweichten Waldboden nieder, zu erschöpft, um auch

nur zu sprechen. Hugh machte sich nicht einmal mehr die Mühe, zu überlegen, ob ihr Lagerplatz klug gewählt war, so träge waren seine Gedanken vor Müdigkeit, und bemerkte nur mit Bestürzung, dass sein Vorrat an Pulver und Kugeln langsam zur Neige ging. Ihnen blieb nicht mehr viel Zeit, um das Fort zu erreichen. Es war seine Aufgabe, sie mit der Jagd am Leben zu halten. Bisher hatte ihn das Glück trotz des Bärenangriffs nicht endgültig verlassen, doch er spürte, wie das tagelange Marschieren und die Angst an seinen Nerven und an seinen Kräften zehrten. Das Magenknurren drang vorwurfsvoll in seine Ohren, er brauchte Barbara nicht anzusehen, um zu wissen, was sie über ihre Unterhaltung über die Kaninchenjagd dachte.
Zu allem entschlossen und mit letzter Kraft schlug er sich in die Büsche, um etwas Essbares zu jagen. Verzweiflung und Hunger nagten ebenso an ihm wie an den anderen. Sie hatten sich alle kaum eine Vorstellung davon gemacht, was ihre Flucht bedeutete, doch nun war es längst zu spät, sie konnten nur weiter laufen oder in den Wäldern sterben.
Hugh wusste, dass der Tod stets nur einen Atemzug von ihnen entfernt sein mochte, sein Jagdgeschick war nicht einmal annähernd das eines Lenapé-Mannes. Es war reines Glück, dass sie überhaupt soweit gekommen waren, ohne entdeckt zu werden oder sich hoffnungslos zu verirren. Trotz der Entfernung, die sie zurück gelegt hatten, waren sie jede Sekunde in Gefahr, auch wenn er sich inzwischen sicher war, dass Pisquetumen und die anderen Lenapé sich nicht die Mühe gemacht hatten, sie zu verfolgen. Sonst hätten sie sie längst gefunden. Er wusste das und die anderen ebenso.
Er hatte sich noch nicht allzu weit von ihrem Lagerplatz entfernt, als plötzlich ein Geräusch an sein Ohr drang, das sein Herz vor Angst schneller schlagen ließ. Wie erstarrt blieb er stehen und lauschte in die Richtung, aus der sie gekommen waren. Wieder hörte er etwas.
Es waren nicht einfach nur die Geräusche des Waldes, das ewige Knacken und Rauschen der Äste und Blätter, das nur von leisen Tierlauten unterbrochen wurde. Was er hörte, war eindeutig das dumpfe Schlagen einer Indianertrommel, ganz in der Nähe. Hugh duckte sich und schlich leise weiter in die Richtung, aus der das Trommeln kam. Er wusste, dass er die Gefahr einer möglichen Entdeckung damit vergrößerte, doch er musste Gewissheit haben, auch wenn ihm seine vor Panik überreizten Sinne das Gefühl gaben,

bei jedem Schritt einen nahezu ohrenbetäubenden Lärm zu machen. Doch dann sah er sie, sah den rötlichen Widerschein eines Lagerfeuers. Direkt vor ihm auf einer kleinen Lichtung lagerte eine Gruppe von Lenapé-Männern. Hugh glaubte in seiner Panik Marie, Barbara und David sprechen zu hören, blanke Angst stieg in ihm auf. Er spähte durch die Bäume hindurch, um zu erkennen, wie viele Männer es waren und wie viele Waffen sie bei sich hatten, doch ganz gleich, ob sie sich auf der Jagd oder auf dem Kriegspfad befanden, für die scharfen Ohren dieser Männer waren die Flüchtlinge bald auszumachen. Hugh wollte sich nicht ausmalen, was dann geschehen mochte.

Mit rasendem Herzen wich er zwischen das dichte Buschwerk zurück und schlich sich so schnell und leise er konnte zurück zu den anderen. Hugh wusste, dass es reines Glück war, dass die Lenapé-Krieger ihn nicht bemerkt hatten. Es war nicht allzu schwer, die anderen wieder zu finden, selbst seine Ohren konnten sie hören, lange bevor er sie zwischen den Bäumen sitzen sah. Sie mussten hier weg, so schnell sie konnten, es war nur eine Frage der Zeit, bis die Lenapé-Männer auf sie aufmerksam werden würden.

Die anderen saßen leise flüsternd in der immer dichter werdenden Dämmerung zusammen, sie verstummten, als er sich ihnen geduckt näherte und sie seinen raschen Atem hörten.

Sie brauchten sein Gesicht nicht zu sehen, um zu wissen, dass etwas geschehen war. „Schnell", zischte er so leise und deutlich er konnte, „wir müssen hier weg. Indianer, Lenapé-Krieger ganz nah!"

Die anderen fuhren entsetzt in die Höhe. Voller Panik rafften sie ihre Sachen zusammen und schlugen sich in die Büsche. Atemlos rannten sie durch die Bäume davon, ohne darauf zu achten, in welche Richtung sie liefen. Als sie schließlich stehen blieben, lauschten sie mit klopfenden Herzen in die Dunkelheit, doch an ihre Ohren drangen nur die Geräusche des nächtlichen Waldes.

„Denkst du, sie haben uns bemerkt?"

„Nein, sie haben ein Fest gefeiert."

„Was machen sie hier?"

„Ich habe keine Ahnung."

Sie wagten in dieser Nacht nicht, ein Feuer zu entzünden, sondern lagen mit

angehaltenem Atem und vor Kälte zitternden Lippen in der Dunkelheit.
Übernächtigt und halb erfroren, setzten sie ihren Weg im Morgengrauen fort. Hugh kletterte auf einen Baum, um ihre Position bestimmen zu können. Ihre Flucht vor den Indianern hatte sie nicht allzu weit von ihrem Weg abgebracht. Sein Herz schlug schneller, als er bemerkte, dass sich vor ihm gleich zwei Flüsse durch den Wald schlängelten. Der Zusammenfluss und damit Fort Pitt konnten nicht mehr weit entfernt sein.
Trotz ihrer unendlichen Erschöpfung zwangen sie sich mit eisernem Willen weiter in Richtung Nordosten oder dem, was sie dafür hielten, zu marschieren, und nach einer weiteren Nacht voller Hunger, Angst und Kälte und einem Tagesmarsch erhoben sich vor ihnen in der Dämmerung die gewaltigen Mauern des neu errichteten Fort Pitt. Nur der Fluss trennte sie noch.
„Es ist so groß", flüsterte Barbara beeindruckt.
Tatsächlich übertrafen allein die neuen Mauern und Wachtürme das alte französische Fort um ein Vielfaches.
Ein kalter Schauder fuhr Marie über den Rücken, als ihr mit einem Mal bewusst wurde, dass sich nur wenige Meter von ihnen entfernt ihre schreckliche Begegnung mit Dumas abgespielt haben musste.
„Und jetzt?", fragte Barbara die Jungen. Diese sahen sich eine Weile ratlos an. Bisher hatten sie das Fort immer nur als ihr Ziel vor Augen gesehen. Keiner von ihnen hatte sich Gedanken darüber gemacht, was sie tun sollten, wenn sie es tatsächlich erreicht hatten.
Schließlich formte David seine Hände zu einem Trichter vor seinem Mund und brüllte so laut er konnte: „Hallo! Hört uns jemand?" Die Mauern warfen seine Stimme zurück, doch dahinter blieb alles ruhig.
„Wir sind Flüchtlinge! Die Indianer haben uns gefangen gehalten. Wir brauchen Hilfe! Kann uns jemand hören?" Nichts regte sich. David sah die anderen ein wenig hilflos an.
„Versuche es noch einmal", forderte Barbara ihn ungeduldig auf, „vielleicht warst du nicht laut genug."
David holte tief Luft und brüllte noch lauter als zuvor: „Hallo! Wir brauchen Hilfe!"
In diesem Moment schlugen Kugeln neben ihnen in die Erde ein.
Mit einem entsetzten Aufschrei sprangen sie zurück und versuchten, in der

Uferböschung Deckung zu suchen.
„Wer seid ihr?“, erklang die tiefe Stimme eines Mannes von den Mauern des Forts.
„Wir“, setzte Hugh an, doch Davids dröhnende Stimme übertönte ihn: „Wir sind Flüchtlinge. Die Indianer haben uns gefangen genommen. Wir sind seit fast zwei Wochen auf der Flucht. Wir brauchen Hilfe!“ Keine Antwort war zu hören. Stattdessen konnten sie die Umrisse dreier Männer auf den Wachmauern erkennen.
Barbara und Marie winkten mit den Händen, um auf sich aufmerksam zu machen.
„Wie viele seid ihr?“, rief einer der Männer mit unverkennbar schottischem Akzent ihnen zu.
„Wir sind vier, zwei Männer und zwei Frauen. Bitte, wir brauchen Hilfe!“
Sie konnten hören, wie sich die Männer auf der Mauer leise berieten.
„Ihr werdet die Nacht am Ufer verbringen müssen“, riefen sie ihnen schließlich zu. „Morgen im Tageslicht werden wir uns euch ansehen.“
Vor Verzweiflung, so nahe am Ziel nun noch eine Nacht mit Kälte und Hunger verbringen zu müssen, ließ Barbara alle Vorsicht fahren, sprang auf und rannte zum Ufer.
„Nein, bitte, wir haben schrecklichen Hunger, bitte, lasst uns ein!“
Marie befürchtete einen Augenblick, die Soldaten könnten erneut auf sie schießen, doch dann rief der Mann mit dem schottischen Akzent: „Alles klar. Wir schicken zwei Boote zu euch herüber. Sollten sich mehr als vier von euch am Ufer befinden, werden wir das Feuer eröffnen.“
Marie konnte nicht fassen, dass nun, wo all die Strapazen der Gefangennahme, ihrer Zeit bei den Indianern und vor allem die anstrengende Flucht hinter ihnen lagen, ihre Rückkehr daran scheitern sollte, dass man ihnen nicht glaubte.
Die Zeit verging und nichts rührte sich. Sie glaubten bereits, die Nacht tatsächlich am Ufer verbringen zu müssen, als sich auf einmal eines der Seitentore des Forts öffnete und sie den Widerschein einer Fackel sehen konnten.
Das Plätschern von Wasser, das auf Holz traf, verriet ihnen schließlich, dass die Männer sich ihnen auf Booten näherten. Im verzerrenden Licht der Fackeln sahen sie ein Dutzend Soldaten in zwei Booten, die ihre Gewehre

direkt auf sie gerichtet hatten.
„Einzeln vortreten“, bellte der Schotte.
David fasste sich ein Herz und trat nach vorne. Gleich mehrere Gewehrläufe richteten sich direkt auf ihn.
„Name und Ort der Gefangennahme“, befahl die gesichtslose Stimme des Soldaten. „Nenn sie mir!“
„Mein Name ist David Breckenreadge. Ich bin im letzten Herbst bei einem Überfall der Indianer auf ein Lager der Milizen in Loyal Hanna gefangen genommen worden. Dabei fuhr ich auf einem Wagen, der die Nummer 39 trug.“
Leises Gemurmel war unter den Männern auf den Booten zu hören.
„Alles klar, scheint, als sagst du die Wahrheit“, rief der Schotte schließlich. „Komm zum Boot, aber lass deine Hände oben, verstanden?“
David watete vorsichtig in das Wasser und wurde von den Soldaten in eines der Boote gezogen.
Hugh machte einen Schritt nach vorne. „Hugh Gibson“, sagte er zögernd.
„Lauter!“, bellte die Stimme des Schotten und das Licht der Fackel erfasste sein Gesicht. Geblendet hob er die Hände vor sein Gesicht. „Hugh Gibson“, stotterte Hugh, „gefangen im Sommer 1756 in Fort Robinson.“ Wieder hörten sie die Männer flüstern.
„Da hat es einen Überfall gegeben. Komm’ zum Boot, aber mach keine Dummheiten, sonst knallen wir dich ab, wie einen tollwütigen Hund.“
Marie und Barbara standen allein in der Dunkelheit, vor sich die Boote mit den bewaffneten Männern, deren Fackellicht der Fluss tanzen ließ.
Barbara fasste Maries Hand und trat vor. Marie konnte ihr Herz klopfen hören.
„Barbara Leininger und Marie le Roy“, sagte Barbara mit fester Stimme. „Gefangen von Shingas und seiner Bande in der Gemeinde Tulpehocken am Penn’s Creek am 16. Oktober des Jahres 1755.“
„Das Penn’s Creek Massaker?“, fragte die Stimme ungläubig.
Die Fackel wurde dicht vor ihnen hin und hergeschwungen und Marie wich geblendet zurück.
„Es heißt, niemand habe diese Überfälle überlebt.“
Das Gesicht eines anderen Mannes schob sich in den Lichtschein, dessen

Züge Marie auf eine eigenartige Weise bekannt vorkam. „Barbara Leininger? Die Tochter von Sebastian Leininger?“ Auch die Stimme des Soldaten klang seltsam vertraut in ihren Ohren, sie glaubte sogar, einen deutschen Akzent heraus hören zu können, doch sie schob es auf ihre Erschöpfung, die ihre Sinne ihr einen Streich spielen ließ.

„Ja“, antwortete Barbara. Sie kniff die Augen zusammen und beugte sich ein wenig nach vorne, um das Gesicht des deutschen Soldaten erkennen zu können. „Samuel?“, fragte sie ungläubig und riss ihre Augen weit auf, „Samuel Weiser?“

„Ja, der bin ich“, antwortete der Soldat. „Barbara, du bist es wirklich. Wie ist das möglich?“

Barbara vergaß alle Vorsicht und lief durch das Wasser auf das Boot zu. „Samuel, Samuel!“ rief sie, außer sich vor Freude und Erleichterung.

Sofort richteten einige der Männer ihre Waffen auf sie.

Ist in Ordnung, Männer“, beschwichtigte Samuel sie, „ich kenne die Mädchen. Was sie sagen, entspricht der Wahrheit.“

Er streckte seine Arme nach Barbara aus, die sie dankbar ergriff und sich von ihm in das Boot ziehen ließ. „Barbara“, konnte Marie Samuel sagen hören. „Alle dachten, du wärst längst tot.“

Marie stand allein am Ufer des Flusses. „Was ist mit dir?“, knurrte einer der Männer sie an.

„Komm, Marie“, rief Barbara ihr zu.

Marie holte tief Luft. Dann machte sie einen Schritt nach vorne und konnte spüren, wie das eisige Flusswasser ihre Knöchel umspielte.

Als ihre Hände das Holz des Bootrandes umschlossen, hörte sie plötzlich eine Stimme mit seltsam knarrigem Akzent sagen.

„Wie kommt es, dass ihr euch soviel Zeit gelassen habt? Vier Jahre sind seitdem vergangen.“

Irritiert hielt Marie inne und suchte nach dem Gesicht zu der Stimme. Ihr Herz setzte einen Augenblick lang aus, als sie im flackernden Widerschein der Fackeln ein Gesicht mit eindeutig indianischen Zügen unter den Männern im Boot ausmachte.

„Weil wir große Not gelitten haben“, antwortete Barbara rasch an ihrer Stelle und griff nach ihrer Hand, doch Marie war unfähig, sich zu rühren. Der

Indianer beugte sich vor. Es erschien ihr, als habe sie sein von Narben zerfurchtes Gesicht und seine unergründlichen Augen schon einmal gesehen.
„Lass gut sein, Shickellamy, ich habe doch gesagt, ich kenne sie."
„Wenn ihr solange bei den Lenapé gelebt habt, dann sprecht ihr sicher ihre Sprache", fuhr der Irokese unbeirrt fort. „Kocu ktellzinsi?", fragte er und der stechende Blick seiner tiefschwarzen Augen bohrte sich in Maries Augen. Sie schloss die Augen. „Putamohen haben sie mich genannt." Sie konnte Shickellamys prüfenden Blick auf ihrem Gesicht spüren. Als sie die Augen wieder öffnete, streckte Samuel Weiser seine Hand nach ihr aus und zog sie in das Boot.

*

Helles Licht fiel durch die kleinen Fenster in Benjamin Franklins Schreibstube.
Marie nestelte an den Bändern ihrer Schärpe herum, an die sie sich, genauso wie an den schweren Rock und die gestärkte Schürze, noch immer nicht gewöhnen konnte. Schlimmer noch waren die schweren Stiefel mit der Holzsohle, die wie bleierne Gewichte an ihren von den Mokassins verwöhnten Füßen hingen.
„Seid ihr bereit?", fragte Franklin die beiden Mädchen, die sichtlich nervös auf ihren Stühlen hin- und herrutschten.
Marie und Barbara nickten. Franklin nickte Conrad zu und dieser zog einen Stuhl zu dem Schreibpult in der Mitte des vollgestopften Raumes, setzte sich, tauchte seine Feder in das Tintenfass und schrieb mit sorgfältigem Federstrich auf den oberen Rand des Papiers vor ihm: Erzählungen von Maria le Roy und Barbara Leininger, welche viereinhalb Jahre unter den Indianern gefangen gewesen, und am 6ten May in dieser Stadt glücklich angekommen sind.
Barbara sah zu Samuel hinüber, der neben der Tür an einem Pfosten lehnte und sie aufmunternd anlächelte.
Er hatte sie von Fort Pitt aus hierher gebracht, David war bei den Soldaten in Fort Bedford zurück geblieben, während sich Hugh auf dem Weg nach Carlisle befand, um Anspruch auf das Land seiner Eltern zu erheben.

Ihnen war nicht viel Zeit für einen langen Abschied geblieben und außer den Erinnerungen an ihre gemeinsame Flucht gab es wohl auch nur wenig, was sie in der Zukunft verbinden konnte.
Barbara hatte darauf bestanden, zuerst nach Tulpehocken zu reisen, doch Samuel hatte sie davon überzeugen können, sich zuerst den Behörden in Philadelphia vorzustellen und bei dieser Gelegenheit ihre Geschichte sogleich dem Verlagshaus von Benjamin Franklin anzuvertrauen. Conrad Weiser war damit zunächst nicht einverstanden gewesen, da er den Zeitungen und ihrer Meinungsmache noch immer zutiefst misstraute.
„Denk nur", hatte Samuel auf ihrem Weg nach Philadelphia auf seinen Vater eingeredet, „wie viel Mut ihre Geschichte all den anderen Familien machen könnte, deren Kinder entführt worden sind. Sie können sich an so viele Namen und Menschen erinnern und deren Angehörige haben ein Recht zu wissen, dass ihre Lieben noch am Leben sind." Conrad hatte schließlich eingewilligt und sich, aufgrund der geringen Englischkenntnisse der Mädchen bereit erklärt, ihre Geschichte aufzuzeichnen.
Der Sieg der englischen Truppen unter General-Kommandant Jeffrey Amherst, der den zögerlichen James Abercromby nach seiner Rückkehr aus England inzwischen abgelöst hatte, stand unmittelbar bevor.
Es war nur eine Frage der Zeit, bis sich Frankreich und alle seine indianischen Verbündeten dem König von England ergeben mussten.
Mit fieberhaft glänzenden Augen neigte sich Franklin ein wenig nach vorne und sagte zu den beiden: „Nun, erzählt uns, wie seid ihr zu den Indianern gekommen und wie ist es euch dort ergangen? Haben sie euch gut behandelt? Oder haben sie euch gar misshandelt, geschändet? Habt ihr gesehen, wie sie Menschenfleisch gefressen haben, so wie es sich die Leute im Grenzland erzählen?"
Marie schluckte. Sie richtete ihren Blick aus dem Fenster, wo die Menschen in der hellen Maisonne unter Sonnenschirmen die Straßen entlangflanierten. „Sie kamen im Morgengrauen", begann sie mit leiser Stimme zu erzählen. „Ich war gerade dabei, die Kühe zu melken, als ich Schüsse hörte. Als ich nach draußen rannte, sah ich, wie sie meinen Vater niederschossen, mit einem Tomahawk seinen Schädel und seine Brust zerschlugen und ihn dann skalpierten. Auch auf meinen Bruder Jean haben sie geschossen. Dann haben

sie uns mitgenommen …“ Stockend kamen die Worte zunächst über ihre Lippen, nur langsam traten ihr die schrecklichen Erinnerungen an ihre Flucht wieder vor Augen.

Doch dann löste sich ihre Zunge und sie begann, mit fester Stimme und immer heftigeren Gesten von ihrer ersten Zeit unter den Lenapé zu berichten, sie erinnerte sich an ihre Angst, an das Gefühl der Fremdartigkeit, ihre Verzweiflung, ihren Kummer.

Dann gelangte sie in ihrer Erzählung zu der Stelle, an der Netawatees Barbara vor dem Flammentod rettete und wieder geriet sie ins Stocken.

Barbara warf ihr einen eindringlichen Blick zu und sprang ein. Sie erwähnte seinen Namen nicht. Marie konnte nicht verhindern, wie ihr bei der bloßen Erinnerungen an ihre erste Begegnung die Tränen in die Augen stiegen.

Sie hörte, wie Barbara den Männern von Galasko und Kittanning berichtete, von der grausamen Folter an Sarah und dem Jungen und sie konnte die entsetzlichen Bilder vor sich sehen, als sei kein Tag seitdem vergangen.

„Ihr sagt also, ein Weißer habe sich an dem Herz des Jungen vergangen?“, fragte sie Franklin ungläubig. Barbara nickte. „So war es. Sein Name ist William Doram, wir kennen ihn aus Tulpehocken.“

„Was sagst du da, Willie Doram soll so etwas getan haben?“ Samuel stieß ein fassungsloses Lachen aus.

„Wenn du mir nicht glaubst, frage doch Marie. Sie kann es bezeugen.“ Marie nickte stumm.

„Warum sollte er so etwas tun?“, fragte Conrad die Mädchen. Barbara zuckte mit den Schultern. „Wir haben ihn nicht mehr gesehen seither. Aber es schien, als verstehe er sich prächtig mit den Indianern.“

Conrad rieb sich nachdenklich über die Stirn. „Es ist also wahr“, murmelte er zu sich.

„Was ist wahr, Vater?“

Marie hob ihren Blick und bohrte ihn in Conrad Weisers Augen. „Es ist wahr, dass William Doram an den Überfällen auf unsere Häuser beteiligt war. Sie alle wurden dafür bezahlt. Von der Ohio Company und Thomas Penn.“

Franklin schnappte deutlich hörbar nach Luft. „Bist du dir darüber im Klaren, was du da sagst, Kindchen?“ Marie sah ihn an. In ihren Augen flackerte ein seltsames Feuer.

„Die Wahrheit."
„Es gibt keine Beweise, für das, was du sagst", warf Samuel scharf dazwischen. „Willie ist einer von uns, ganz gleich, was mit ihm geschehen ist."
„Was meinst du damit?"
Conrad starrte auf seinen Federkiel. „Doram verschwand während des Angriffs auf Kittanning spurlos. Einige Jahre später tauchte er plötzlich wieder in Tulpehocken auf, auf entsetzliche Art und Weise entstellt, doch mit einer Menge Geld. Niemand weiß, was ihm angetan wurde oder wo er war."
„Er ist zurück in Tulpehocken?", fragte Marie ungläubig.
„Ja, Gott verzeiht den Reuigen, weißt du das nicht? Und ich kenne wohl niemanden, der so bereut, wie William Doram."
Marie starrte die Männer an. „Ein seltsamer Gott ist das, der den Reuigen vergibt und deren Opfer allein lässt", erwiderte sie mit kalter Stimme.
„Marie, wie kannst du so etwas sagen?", entrüstete sich Barbara.
„Lass nur", winkte Conrad ab. „Ihr habt viel durchmachen müssen. Ich kann verstehen, dass euer Glaube durch das, was euch widerfahren ist, auf eine harte Probe gestellt wurde."
„Und er hat diese Prüfung bestanden", antworte Barbara mit deutlichem Stolz. Samuel lächelte bei ihren Worten. „Und Gott hat euch erhört, ihr seid zurück gekommen."
Marie verspürte einen heftigen Würgereiz bei ihren Worten und wandte sich ab.
„Wie ging es weiter mit euch? Was geschah nach dem Fall von Kittanning?", mischte sich Franklin ein.
Barbara warf einen zögernden Blick auf Marie, doch als diese keine Anstalten machte, ihre Geschichte weiter zu erzählen, antwortete sie: „Man hat uns nach Fort Duquesne gebracht, zu den Franzosen."
„Ihr wart bei Dumas und seinen Männern?"
Barbara nickte nervös. „Ja, man hat uns als Arbeitskräfte dorthin verkauft, aber wir sind nicht lange dort geblieben", fügte sie rasch hinzu. „Die Indianer haben uns bald darauf wieder abgeholt und in eine ihrer neuen Siedlungen entlang des Ohio Flusses gebracht."
Weiter und weiter erzählte sie von ihrem Schicksal unter den Lenapé, sie berichtete ihnen von der harten Arbeit, dem Hunger, der Kälte und der Angst.

Außer Galasko, Shingas und Souchy, die sie in den schrecklichsten Farben zeichnete, erwähnte sie keinen der Indianer beim Namen.
„Warum habt ihr euch erst so spät zur Flucht entschieden?", fragte sie Samuel schließlich.
„Weil", begann Barbara zögernd, „weil man uns mit indianischen Männern verheiraten wollte. Und wir wären lieber gestorben, als darin einzuwilligen."
Conrads Blick ruhte auf Marie, die stumm und mit leerem Blick neben Barbara saß, ohne ihrem Bericht auch nur ein weiteres Wort hinzu zufügen. Ihn beschlich das leise Gefühl, dass an der Geschichte des blonden Mädchens, das sein Sohn mit so glänzenden Augen anstarrte, nicht alles ganz der Wahrheit entsprach, doch er war klug genug, um sie nicht direkt darauf anzusprechen. Es würde eine Gelegenheit geben, um hinter ihre Geheimnisse zu kommen.
Es dämmerte bereits, als sie endlich zum Ende kamen. Barbara zählte die Namen aller Gefangenen auf, denen sie in all den Jahren begegnet waren und an die sie sich noch erinnern konnte und Conrad fügte sie sorgfältig an das Ende ihrer Geschichte an.
Schließlich streckte sich Franklin und rief: „Genug jetzt mit diesen Indianergeschichten! Das Essen wartet in meinem Haus und ihr seid alle meine Gäste! Ich kann euch sagen, einen Gänsebraten, wie ihn meine Bertha macht, habt ihr nie zuvor gegessen. Das ist genau das Richtige, um wieder etwas Speck auf eure dünnen Knochen zu bekommen."
Er zwinkerte den Mädchen ausgelassen zu, die ihn schüchtern anlächelten.

Es war weit nach Mitternacht, als Marie und Barbara zwischen die mit Daunen gefüllten Kissen in einem der Gästezimmer in Franklins Haus krabbelten. Kerzen brannten auf ihren Nachttischen und ihre Bäuche wölbten sich nach dem köstlichen Mahl nach außen.
Die Laken dufteten nach frischem Lavendel und trotz der warmen Temperaturen brannte im Kamin ein Feuer.
Marie schloss die Augen und genoss das weiche Bett, ihren sauberen, satten und vor allem warmen Körper und stieß einen tiefen Seufzer aus.
„Herrlich, nicht?", sagte Barbara und lachte laut. „Ich habe dir doch gesagt, irgendwann wird alles gut!"

Marie antwortete ihr nicht. Sie fühlte sich benommen vor Müdigkeit und Sättigung.

Sie hörte, wie Barbara sich zu ihr herumdrehte.

„Marie?“, hörte sie ihre Stimme plötzlich mit ungewohnter Ernsthaftigkeit. Sie öffnete ihre Augen und sah Barbara an, deren Gesicht neben ihrem auf dem Kissen lag.

„Was willst du tun, Marie?“

„Was meinst du damit? Ich werde euch nicht lange zur Last fallen. Vielleicht kann mir Mr. Franklin eine Anstellung in einem guten Haus in Philadelphia vermitteln …“

„Das meine ich nicht“, unterbrach sie Barbara.

Marie sah sie verwundert an.

Mit einem energischen Griff packte Barbara plötzlich ihre Decke und schlug sie zurück.

Anklagend wies sie auf Maries Bauch, der sich deutlich als kleine Kugel unter ihrem Nachthemd hervorwölbte.

„Ich meine, was hast du damit vor?“

Entsetzt riss ihr Marie die Decke aus den Händen und wich vor ihr zurück.

„Das …“, setzte sie an, doch Barbara ließ sie nicht zur Wort kommen.

„Denkst du, ich habe es nicht bemerkt? Das Spucken, während wir durch die Wälder geflohen sind? Dein Busen, der immer mehr anschwillt und vor allem dein Bauch? Du kannst es nicht länger verbergen, Marie. Bald wird es jeder sehen können!“

Marie starrte sie aus fassungslosen Augen an. Sie war sich sicher gewesen, ihr Geheimnis auch während ihrer Flucht gut gehütet zu haben.

„Was soll ich deiner Meinung nach tun? Ich werde ein Kind bekommen.“

„Sein Kind!“, fauchte Barbara und Marie erschrak über den kalten Ausdruck ihrer Augen.

„Wie stellst du dir das vor, Marie? Du bringst dein Indianerbalg mitten in Tulpehocken zur Welt? Was glaubst du, werden die Leute dazu sagen? Was werden sie über mich sagen? Sie werden denken, dass auch ich mich zu ihrer Hure gemacht habe, verstehst du nicht?“

Marie sprang mit einem Satz aus dem Bett. Sie sah in Barbaras funkelnde Augen, sie las den Hass und die tiefe Abscheu darin.

„Wie kannst du …?“
„Nein, Marie, wie konntest du? Glaubst du, Samuel wird mich noch heiraten wollen, wenn er denkt, ich hätte mich einem Wilden hingegeben?“
Etwas Seltsames geschah mit Marie in diesem Augenblick. Ihr Entsetzen wich einer gefährlichen Kälte.
„Denkst du, Samuel wird dich noch heiraten wollen, wenn er weiß, was für ein verlogenes und hinterhältiges Miststück du bist?“
Barbara schnappte nach Luft, doch Marie schlang sich die Decke um und stürmte aus dem Zimmer. Sie konnte Barbaras wütendes Kreischen hören, als sie den Gang hinunter lief.

*

1764

Conrad Weiser stand auf dem großen Platz vor der Kirche in Reading, die am heutigen Tage ihre neue Kirchglocke erhalten sollte. Es war kein großer Bau, jedoch stattlich, mit einem Fundament aus Stein und starker, dunkler Esche gebaut, ein guter Ort, an dem eine gute Kirche stehen würde. Reading war in den letzten Jahren zu einer ansehnlichen Siedlung herangewachsen, fast fünfhundert Seelen lebten bereits hier. Dies war die Erfüllung von Weisers Lebenstraum, die Verwirklichung einer Gemeinschaft, die in Arbeit und Gottesdienst vereint, und dennoch frei genug war, für all jene, die ohne feste soziale Bindungen durch das Grenzgebiet streiften.
Einen Hufschmied gab es inzwischen, einen kleinen Laden und sogar einen Doktor, der einige Semester in London bei gelehrten Professoren studiert hatte.
Alles sah danach aus, als würde Reading ein Ort werden, an dem noch viele Generationen glücklich werden konnten. Der Verkauf des Landes, das er vor so vielen Jahren von James Logan und der Ohio Company erworben hatte, an die zahlreichen landhungrigen Siedler, hatte Conrad zu einem reichen Mann gemacht.
Die Siedler fühlten sich von den sanften grünen Hügeln, den dichten, noch immer wildreichen Wäldern mit ihren hochgewachsenen, starken Bäumen

und den vielen kleinen Flüssen mit ihren Nebenarmen, ebenso angezogen wie Conrad. Er, der sich einst vor so vielen Jahren, als er seine Brüder des Mohawk-Stammes hoch im Norden verließ, hier mit seiner Familie niedergelassen hatte. Doch so sehr er sich auch über die Prosperität seiner Siedlung freute, so sehr ihn jedes neue Gesicht und die geschäftige Betriebsamkeit zwischen den Blockhütten mit Stolz erfüllten, so sehr wusste er, dass der Preis für diesen Ort nicht allein in Geld zu bemessen war.
Er hatte Schuld auf sich geladen, große Schuld. Nicht nur gegenüber dem Volk der Lenapé, dessen Heimat diese Täler einst gewesen waren, sondern auch gegenüber seinen Brüdern. Nie würde er Shickellamys Gesicht im zuckenden Widerschein der Flammen des Ratsfeuers in Ononodaga vergessen, doch er hatte den Schmerz über den Verlust seines Bruders tief in sich vergraben, denn er hatte sich entschieden, dass dies hier, dieser Ort, das Städtchen Reading, dass war, was er auf Erden vollenden wollte.
Auch die schrecklichen Ereignisse der letzten Monate hatten daran nichts ändern können. Unter dem Ottawa-Häuptling Pontiac hatte sich eine Art indianische Allianz gebildet, nachdem der General-Kommandant Jeffrey Amherst und der raffgierige und skrupellose alte und neue Kronbeauftragte für Indianerangelegenheiten Sir William Johnson die Regierungsrationen für die verbündeten Indianerstämme gekürzt hatten und den Indianern, die von der Jagd und vor allem vom Pelzhandel lebten, keine Waffen mehr ausgehändigt hatten. Fort Niagara war als Erstes in Flammen aufgegangen, vier weitere Forts folgten, zwei, darunter Fort Pitt wurden monatelang belagert. Erst das Verteilen von pockenverseuchten Decken bei vorgetäuschten Kapitulationsverhandlungen hatte das Blatt für die englischen Truppen und die Milizen gewendet.
„Eine jede Stadt steht und fällt mit dem Ort, an dem sich ihre Bewohner versammeln", dröhnte eine laute Stimme hinter ihm. Conrad Weiser drehte sich um und sah in das runde Gesicht von Israel Pemberton, der die buschigen Augenbrauen in die Höhe zog.
Conrad lüftete seinen Hut zum Gruß, und Pemberton, hoch zu Roß, nickte freundlich.
„Was bringt Euch hierher?" Wieder lachte Pemberton schallend. Er wies auf sein Packpferd. „Ich gehe zurück." Verwirrt runzelte Conrad die Stirn, doch

dann begriff er. „Ihr wollt zurück nach Fort Pitt?“ Pemberton nickte. „Die Indianer haben kapituliert, Pontiacs Krieg ist vorüber. Wer kümmert sich um die Frauen und Kinder, viele, die man ihren Familien entrissen hat, die Kranken und Hungrigen?“

Conrad trat auf den Brettern, die man über den Matsch vor der Baustelle gelegt hatte, einige Schritte näher an Pemberton heran. Er warf einen Blick auf die Säcke und Körbe des Packpferdes. „Denkt Ihr im Ernst, Ihr könnt dort etwas ausrichten?“ Diesmal blickte ihn Pemberton fest in die Augen, sein großes Gesicht mit dem Backenbart blieb ernst, als er sagte: „Jeder von uns hat eine Aufgabe ihm Leben, etwas, was er tut, weil Gott es von ihm will.“ Er machte eine weitausholende Bewegung. „Dies ist euer Traum. Lasst mir meinen.“ Conrad lächelte. „Ihr seid unverbesserlich, nicht wahr?“ Pemberton nickte.

„Das Erste, was Pontiacs Krieger gemacht haben, als sie hier runter kamen, um Fort Pitt zu belagern, war, Croghans Anwesen, dass er sich direkt neben dem Fort errichtet hatte, und dass er in Speichelleckerei zu seinem Dienstherrn Sir Johnson Croghan Hall getauft hat, in Flammen aufgehen zu lassen. Schon der Herrgott berichtet uns in der Schrift vom reinigenden Feuer …“ Pemberton lachte so laut und dröhnend, dass seine Pferde scheuten.

Conrad war sich nicht sicher, ob er lachen oder weinen sollte, als er Pembertons massige Gestalt auf dem Weg nach Fort Pitt zwischen den Hügeln verschwinden sah. Kein Mann diesseits des Atlantiks hatte in den letzten Monaten des wiederaufflammenden Indianerkrieges an der Westgrenze mehr Ächtung und Schmähung erfahren, als Israel Pemberton. Und dennoch gab dieser Mann nicht auf. Conrad Weiser schmeckte den schalen Geschmack der Scham auf seiner Zunge, doch er schluckte ihn hinunter und wandte sich wieder dem hellweiß gestrichenen Kirchturm von Reading zu.

*

Ich nehme ein Pfund von den getrockneten Äpfeln dort“, sagte Marie zu dem kleinen, in viele Schichten aus Decken und Wolljacken gehüllten Mann, der von seinem Wagen aus seine kümmerliche Auswahl an getrocknetem Obst feilbot.

Ein eisiger Wind wehte durch die Markthalle an der Hickory Lane und ihr Atem stand ihr in dichten Wolken vor dem Gesicht.
„Danke“, sagte sie auf Deutsch zu dem Mann und drehte sich dann suchend um.
Für einen Augenblick weiteten sich ihre Augen vor Schrecken, doch dann sah sie eine kleine Gestalt zwischen den dicht gedrängten Menschen und den Marktwagen hervor hüpfen.
„Jean-Jacques“, rief sie laut und bemühte sich um einen tadelnden Ton, „wie oft habe ich dir gesagt, du sollst nicht einfach davon laufen?“
Der kleine Junge mit der hellen Haut, den tiefdunklen Augen und Haaren war mit nur einem Satz an ihrer Seite und streckte bereitwillig seine kleine, von Straßenschmutz bedeckte Hand nach ihrer aus. Marie lächelte still und nahm seine Hand.
„Komm“, sagte sie deutlicher milder, „wir wollen nach Hause. Hast du Hunger?“ Jean-Jacques nickte so heftig, dass ihm beinahe seine Mütze vom Kopf gerutscht wäre.
Sie verließen die notdürftig aus Brettern zusammengezimmerte Markthalle in Richtung Süden, wo sich ihre Wohnung in einer kleinen Seitenstraße der Second Street befand.
Menschen drängelten sich auf der engen Straße an Pferdegespannen vorbei, die in dem Menschenstrom nur langsam vorankamen, überall boten die Farmer aus dem Umland an den Straßenrändern ihre, aufgrund der Jahreszeit nur sehr spärlichen, Waren feil und ein durchdringender Geruch nach Gerbmitteln lag in der Luft.
„Sieh nur, Mama“, rief Jean-Jacques plötzlich.
Marie hielt im Laufen inne und sah ihn die Richtung, in die ihr kleiner Sohn gedeutet hatte.
An einer Straßenkreuzung direkt vor ihnen hatte sich eine Menschentraube versammelt.
Aufgebrachte Rufe und Pfiffe drangen zu ihnen herüber.
„Ihr verfluchten indianischen Hunde, fahrt zur Hölle“, hörte Marie einen Mann mit hochrotem Gesicht brüllen. „Nur ein toter Indianer ist ein guter Indianer! Bringt diese Hunde um!“, schrie ein anderer.
Maries Herz setzte für einen Moment aus, als sie hinter dem aufgebrachten

Mob eine Gruppe von Menschen mit langen dunklen Haaren sah, die verängstigt vor den Männern zurück wichen.
„Indianer", schoss es ihr durch den Kopf. Die Männer waren mit Knüppeln und Messer bewaffnet und waren dabei, die etwa zwei Dutzend Indianer in eine Sackgasse zu treiben.
Aufgrund der Entfernung war es unmöglich, zu erkennen, zu welchem Stamm sie gehörten, doch Marie bemerkte, dass sie alle europäische Kleider trugen.
Einer von ihnen, offenbar ihr Anführer, hob abwehrend die Hände und machte einen Schritt auf die Angreifer zu. „Bitte, hört auf, wir haben nichts getan. Wir sind Christen ..." Ein brutaler Schlag mit einem der Knüppel streckte ihn nieder. Blutüberströmt blieb er auf dem Pflaster liegen. Die anderen wichen mit einem Aufschrei zurück.
„Los, macht sie fertig!", schrie der Mob. Marie konnte die Gesichter der Männer sehen, ihre von Wut und Hass verzerrten Gesichter, die vom Bier glasigen Augen und sie wusste, dass die Indianer keine Chance hatten. Dann spürte sie Jean-Jacques kleine Hand in ihrer. Er hielt sie vor Angst fest umklammert.
Die Männer, die in der deutlichen Überzahl waren, schwangen ihre Knüppel und Messer und drängten auf die zu Tode geängstigten Indianer zu. Schaulustige liefen aus den umliegenden Gassen und von der Markthalle zusammen, um das zu erwartende Blutbad nicht zu verpassen.
„Halt!", schrie auf einmal eine dröhnende Stimme. Die Köpfe flogen herum. Marie sah, wie ein Mann mit dünnem Haarschopf und beachtlicher Körperfülle auf sie zulief. Er fuchtelte wild mit den Händen herum. „Halt! Lasst diese Menschen in Ruhe!"
„Franklin", entfuhr es Marie halblaut, doch keiner der Umstehenden achtete auf sie, zu gebannt waren sie von dem Geschehen.
Benjamin Franklin baute sich vor den Männern auf und sah ihnen scharf in die Augen. „Was habt ihr vor?"
„Wir werden diese Hunde zurück in die Hölle schicken", zischte ihm der Mann mit dem hochroten Gesicht zu und trat dabei bedrohlich nah an ihn heran. Franklin sah ihm ungerührt in die Augen.
„Und welchen Grund habt ihr dazu?"

„Welchen Grund wir haben?“ Der Mann drehte sich zu den anderen herum, die in lautes Gelächter ausbrachen. „Lest Ihr keine Zeitung, Mr. Franklin?“ Wieder lachte die Menge.
„Die verfluchten Rothäute haben vier unserer Forts besetzt, sie morden und rauben immer weiter und wir sollen dabei zu sehen?“
„Der Krieg mit den Indianern ist vorbei. Sie haben sich bei Fort Pitt endgültig ergeben.“
„Ja“, lachte der Mann, „nachdem die Pocken ihnen den Garaus gemacht haben.“
Franklin kniff die Augen zusammen. „Sie haben kapituliert und alle Forts freigegeben. Wir haben gesiegt.“
„Wir haben erst gesiegt, wenn keiner dieser Hunde mehr am Leben ist. Und nun tretet beiseite, sonst könnt Ihr sie auf ihrem Weg in die Hölle begleiten.“
Franklin machte keinerlei Anstalten, den Weg freizugeben. Marie schloss die Augen, um nicht zu sehen, was ihm gleich geschehen würde.
Lautes Pfeifen ließ sie ihre Augen wieder aufreißen. Schwere Schritte näherten sich der Kreuzung aus gleich zwei Straßen. Marie konnte die roten Röcke der englischen Armee erkennen.
„Los“, sagte sie zu Jean-Jacques, der wie gebannt auf Franklin und die Indianer hinter ihm starrte, „hier lang.“ Sie zerrte ihn mit sich mit durch eine der schmalen Nebengassen ihres Viertels und hielt nicht eher im Laufen inne, bis sie den Eingang ihres Hauses erreicht hatten.
Atemlos liefen sie die Treppen hinauf und erst als die Tür hinter ihnen in das Schloss fiel, atmete Marie auf.
„Was ist geschehen?“ Hugh blickte von seiner Zeitung auf. „Wo wart ihr so lange?“
„Es hat einen Übergriff gegeben auf einige Indianer, direkt um die Ecke.“
Hugh runzelte die Stirn. „Die Paxton Boys. Diese blutrünstigen Schweine geben keine Ruhe.“
Marie warf ihm einen strafenden Blick zu. „Sprich nicht so vor dem Jungen.“
An Jean-Jacques gewandt sagte sie: „Geh und wasch dir die Hände. Es wird gleich Abendessen geben.“ Der Junge tat, wie ihm befohlen und sie ging zum

Ofen und legte etwas Feuerholz nach. Hugh seufzte tief und faltete seine Zeitung zusammen.
„Jeffrey Amherst ist der ignoranteste und dümmste Befehlshaber, der mir je untergekommen ist." Marie antwortete ihm nicht, sondern setzte etwas Wasser in einem Kessel auf.
„Ihm haben wir diesen schrecklichen Krieg mit den Indianern zu verdanken. Er war es, der sich nicht an die Vereinbarungen von Easton gehalten hat. Er hat ihnen keine Waffen mehr gegeben, die Rationen gekürzt, damit sie Viehzüchter und Bauern werden, dabei braucht es Jahre, um dies aufzubauen. Die Indianer haben gehungert. Es war nur eine Frage der Zeit, bis sie zurückschlagen würden. Pontiac hat sich doch nur an die Spitze einer Bewegung gesetzt, die unausweichlich war. Sogar die Seneca, treue irokesische Verbündete der Engländer, haben sich ihnen angeschlossen. Und nun haben die englischen Truppen die indianische Allianz endlich vernichtend geschlagen. Bouquet und seine Männer kannten kein Erbarmen. Sie lassen die Überlebenden einfach verhungern. Es heißt, man habe mit Pocken verseuchte Decken verteilt, stell dir das vor. Es gibt kein Rückzugsgebiet im Ohio mehr, keine Handelsstationen, keine Verträge, die ihre Jagdgründe vor den Siedlern schützen. Wie sollen sie ohne die Wälder und Flüsse überleben?"
Sie warf ihm einen warnenden Blick zu. „Ich will davon nichts hören."
Hugh stand auf und ging an das Fenster, vor dem sich langsam die Dämmerung über die Stadt senkte. „Da ist ein Brief für dich gekommen."
Er konnte sehen, wie Marie in ihrer Bewegung erstarrte. Als sie sich zu ihm herum drehte, war ihr Gesicht gefasst, doch er konnte das Flackern in ihren Augen sehen, als sie langsam zum Tisch ging und mit spitzen Fingern den Brief berührte.
Die Schrift auf dem Umschlag kam ihr merkwürdig vertraut vor. Sie strich mit ihren Fingerspitzen über das raue Papier. Dann zerbrach sie das Siegel und überflog die eng geschriebenen Zeilen. Der Brief rutschte ihr aus den Händen und fiel zu Boden.
Mit bleichem Gesicht starrte sie Hugh an.
„Was ist? Was steht da?", fragte er sie und machte einen Schritt auf sie zu.
Sie klammerte sich so fest an eine der Stuhllehnen, dass ihre Knöchel weiß

hervortraten und er befürchtete, sie könne die Besinnung verlieren.
„Marie, sprich zu mir“, sagte er eindringlich und fasste ihren Arm.
„Jean …“, brachte sie hervor, „man hat sie freigelassen. Marianne und Regina … sie sind in Tulpehocken.“ Mit weit aufgerissenen Augen starrte sie ihn an. Fassungslos runzelte er die Stirn und bückte sich nach dem Brief.
„Er ist von Barbara“, stellte er fest. „Du hast recht. Sie schreibt, dein Bruder sei heil nach Tulpehocken zurück gekehrt und lebe nun im Haus ihres Schwiegervaters Conrad Weiser.“
Mit steifen Bewegungen ließ sich Marie auf einen der Stühle sinken und legte den Kopf in ihre Hände. Ihre Augen starrten ins Leere.
„Was ist mit dir, Mama?“, riss sie Jean-Jacques aus ihren Gedanken. Sie setzte ein freundliches Gesicht auf. „Nichts, mein Junge, alles ist gut. Wir werden eine Reise machen, hörst du?“
„Kommt Papa mit uns?“, fragte der Junge und sah Hugh an. Marie und Hugh wechselten einen raschen Blick. „Natürlich kommt Papa mit uns. Wie sollten wir beide denn ohne ihn fahren?“

*

Undeutlich tauchten die weit verstreuten Farmen zwischen den Hügeln am Penn's Creek aus dem Nebel vor ihnen auf. Es erschien Marie, als sei die Zeit stehen geblieben, seit sie diesen Ort vor mehr als zehn Jahren zum letzten Mal gesehen hatte, während sie in ihrer Kutsche die holprigen Wege entlang fuhren. Der Winter hielt die Kolonie zum Jahreswechsel fest in seiner eisigen Hand und Marie spürte, wie Jean-Jacques neben ihr trotz der dicken Wolldecke, die sie ihm umgelegt hatte, vor Kälte zitterte.
„Wo fahren wir hin, Mama?“, fragte er sie zum wiederholten Male. Sie hatte versucht, ihm zu erklären, was sie am Ziel ihrer Reise erwarten würde, doch es schien keinen Sinn für ihn zu ergeben und so hatte sie es schließlich aufgegeben. Sie wusste selbst nicht, was sie erwartete.
Konnte dieser Mann, von dem Barbara in ihrem Brief geschrieben hatte, denn wirklich Jean sein, ihr so lange vermisster Bruder?
Die hell erleuchteten Fenster von Conrad Weisers Haus in Reading waren vor ihnen zu sehen und Hugh lenkte ihre Kutsche auf den Hof. Sie hatten die

Pferde kaum angehalten, als sich die Tür öffnete und Conrad ihnen entgegen eilte.
Marie konnte die Aufregung auf seinem sonst so beherrschten Gesicht erkennen.
„Frau Le Roy“, sagte er auf Deutsch zu ihr, als er ihr aus der Kutsche half. Sie erwiderte seinen Gruß mit einem stummen Nicken. „Und du musst der kleine Jean sein, nicht wahr?“
Ängstlich klammerte sich Jean-Jacques an den Rock seiner Mutter. „Ist schon gut“, flüsterte ihm Hugh zu. „Möchtest du den großen Jean kennenlernen?“
Marie zuckte bei der Erwähnung ihres Bruders zusammen. Sie schob eine Hand aus ihrem Umhang hervor und fasste Conrads Arm. „Ist es wahr? Ist er wirklich mein Bruder?“
Bevor Conrad ihr antworten konnte, trat eine Gestalt mit wehenden Röcken und hellem Haarschopf auf sie zu. „Marie“, rief Barbara, „wie schön, dass ihr so rasch kommen konntet.“
Sie streckte die Hände nach Marie aus, doch diese machte keine Anstalten, sie zu ergreifen.
Stumm starrte sie in Barbaras Gesicht. Es war älter und rundlicher geworden, die jugendliche Schönheit war daraus verschwunden und hatte einer bestürzenden Gewöhnlichkeit Platz gemacht. Zwei kleine Mädchen mit langen blonden Zöpfen, aus denen sich einzelne Strähnen gelöst hatten, schmiegten sich an Barbaras Rockschöße. Sie waren ihrer Mutter wie aus dem Gesicht geschnitten.
Marie ging an Barbara vorbei auf das Haus zu. Mit einem Mal verdunkelte ein großer Schatten den Lichtschein in der Haustür. Marie musste sein Gesicht nicht sehen, um zu wissen, dass es sich um Jean handelte. Sie raffte ihre Röcke und rannte auf ihn zu.
„Jean, du bist es wirklich!“, rief sie außer sich vor Freude, als sie ihn endlich erreicht hatte, fasste sein Gesicht in ihre Hände und küsste es wieder und wieder. Sein Gesicht war das eines Mannes geworden, mit Falten um Augen und Mund und seine Schultern und seine Arme erzählten von schwerer körperlicher Arbeit.
„Mon corbeau“, flüsterte Jean in ihre Haare, während er sie so fest an sich drückte, dass sie glaubte, zu ersticken. Lachend und weinend zugleich, löste

sie sich aus seiner Umarmung.
„Darf ich dir meinen Sohn vorstellen?“ Sie griff nach Jean-Jacques Hand, der sich hinter ihr versteckt hielt, und zog ihn in das Licht. „Jean-Jacques, das ist dein Onkel Jean.“
Tränen liefen in Strömen über Jeans Gesicht, als er sich auf die Knie niederließ und seinen Neffen begrüßte.
Ein Räuspern ließ die Drei aus ihrer andächtigen Betrachtung aufsehen. Hugh trat neben Marie. „Darf ich dir meinen Mann vorstellen?“, beeilte Marie sich zu sagen, „Hugh Gibson.“ Die beiden Männer reichten sich die Hände. Plötzlich fiel Maries Blick auf zwei weitere Gestalten, die aus dem Haus heraus auf sie zu traten.
Eine davon hatte dunkelblondes Haar, doch ihre Augen schienen eine exakte Kopie von Barbaras grünen Augen zu sein. „Regina“, sagte Marie fassungslos und trat auf sie zu.
Marianne sah sie aus traurigen Augen an. Ihre roten Locken hingen ihr in wirren Strähnen um den Kopf. Marie umfasste die Schultern des Mädchens und drückte sie an sich.
„Ihr seid wohlauf, es ist unglaublich!“ Regina begann zu schluchzen. Sie wisperte etwas vor sich hin, dass Marie nicht verstand. Conrad nahm sie am Arm und zog sie mit sich.
„Sie ist noch immer sehr aufgewühlt“, versuchte er zu erklären. „Sie betet, den ganzen Tag. Es scheint, als seien dies die einzigen Worte, die sie noch in unserer Sprache kennt.“
Verwirrt blieb Marie zurück und sah in Mariannes Gesicht. Unendlicher Schmerz sprach aus ihren Zügen. „Ihre Eltern werden erst morgen hier eintreffen. Sie leben inzwischen in Virginia“, sagte Jean. „Was ist mit ihr?“
„Sie wollte nicht fort. Sie spricht kein deutsch mehr, sie hat alles vergessen. Sie glaubt, die Indianer seien ihre Eltern und die Soldaten haben sie entführt.“
„Marianne, erinnerst du dich nicht an mich?“, sagte Marie, doch Marianne wandte sich wortlos um und verschwand im Inneren des Hauses.
„Sie braucht Zeit“, sagte Jean, der den Arm um seine Schwester legte und mit ihr auf die Haustür zu ging. „So wie ihr ging es vielen. Die Soldaten mussten sie mit Gewalt von ihren El… von den Indianern trennen“, verbes-

serte er sich hastig.
Maries Gedanken überschlugen sich.
„Lasst uns essen“, versuchte Conrad sie aufzumuntern, als sie die Stube der Weisers betraten, wo es nach köstlichem Gänsebraten roch.
Viele Stunden später erst fanden Jean und Marie Zeit, miteinander zu sprechen, als alle anderen bereits zu Bett gegangen waren.
„Wie ist es dir ergangen?“, fragte sie ihren Bruder, der am Fenster stand und in die Nacht hinaussah. „Ich dachte, du seist tot. Als ich dich das letzte Mal sah, warst du schwer krank. Ich war mir sicher, dass du deine Verletzungen nicht überleben würdest. Und dann haben sie uns weggebracht, mich und Barbara, sie sagten uns, ihr hättet nun eine neue Familie …“, sie brach ab, zu überwältigend waren die Erinnerungen an den erlittenen Schmerz.
Sie trat neben ihn und nahm seine Hand „Ich kann es noch immer nicht glauben, dass ich nun hier mit dir spreche. Weißt du, wie oft ich weinend in den Himmel gestarrt und um dich getrauert habe, weil ich glaubte, du seiest tot?“
Stumm nickte Jean und legte ihre Hand zärtlich an seine Wange. „So ging es mir auch, mon corbeau.“
Er seufzte tief. „Mamalis hat mich gepflegt, sie ist keine Sekunde von meiner Seite gewichen.“
„Das also ist ihr Name“, antwortete Marie. „Ich kann mich nur an ihre Augen erinnern, aber ihr Name passt zu ihr. Sie hatte so große, sanfte, braune Augen, wie ein junges Reh.“
Ein Schatten legte sich auf Jeans Gesicht. Seine Schultern strafften sich. „Ja“, sagte er wie zu sich selbst, „sie war wunderschön.“
„War?“, horchte Marie auf. Ein wilder Ausdruck trat in seine Augen, der bisher von seiner Freude über ihr Wiedersehen überdeckt worden war, und der Marie von unendlichem Schmerz berichtete.
„Sie ist tot“, erzählte er mit tonloser Stimme. „Die Pocken, die Captain Ecuyer den Indianern in Fort Pitt mitgegeben hat, haben sie dahin gerafft. Sie und …“
Er brach ab. Tränen liefen seine Wangen hinab. „Und wen, Jean?“
„Meine Söhne, meine wunderschönen Kinder! Wir waren so glücklich.“ Er schlug die Hände vors Gesicht und seine Schultern bebten. Stumm saß Marie

bei ihm und legte ihre Hand auf seinen Arm.
„Du hast sie geheiratet“, stellte sie fest. Er nahm die Hände von seinem Gesicht.
„Nein, ich habe sie geliebt. Wir waren glücklich, verstehst du?“
Hilflos sah sie ihn an. „Ja“, flüsterte sie, doch er schien sie nicht zu hören, „ich verstehe.“
„Eine Zeit lang, nach dem Ende des Krieges, waren wir glücklich.“ Verzweiflung und Wehmut klangen aus seiner Stimme, als Jean weitersprach. „Es herrschte Frieden. Ich dachte doch, du seiest tot. Aber dann kamen immer mehr weiße Siedler über die Alleghenys. Sie nahmen uns das Jagdland und drängten uns immer weiter nach Westen. Es fehlte an allem und zwei Jahre nach dem Friedensschluss litten wir alle wieder Hunger, weil Amherst verboten hatte, Waffen und Nahrung an die Indianer zu verteilen. Die Männer wurden unruhig, die Rufe nach Krieg wieder laut. Und dann kam Pontiac. Niemand glaubte daran, dass er siegen konnte. Aber er hat ein Fort nach dem anderen eingenommen.“ Er stockte. „Und dann kamen die Pocken.“
„Ich wäre nie hierher zurückgekehrt, wenn Mamalis und meine Söhne noch am Leben wären.“ Er sah sie mit flackernden Augen an. „Aber als Captain Bouquet die Kapitulation forderte, gab er allen Stämmen im Ohio genau vierzehn Tage Zeit, alle Gefangenen frei zu lassen, sonst würde er mit seinen Truppen zurückkehren und vollenden, was die Seuche nicht geschafft hatte.“
Marie schwieg.
Jeans Augen starrten ins Leere, als er sich an die erste Station seiner Rückkehr erinnerte. „Sie brachten uns alle nach Fort Pitt. Du kannst dir nicht vorstellen, was sich dort abgespielt hat. Sie haben Eltern von ihren Kindern getrennt, Mütter von ihren Söhnen, Liebende voneinander. Viele haben versucht, zu den Indianern zurück zu laufen, doch Bouquet ließ Wachen aufstellen, um sie davon abzuhalten.
Ich habe Kinder gesehen, die vor ihren weinenden Eltern standen, und ihre Sprache einfach nicht verstanden. Die Soldaten haben sie ihren Müttern einfach aus den Armen gerissen.“
Marie starrte auf die zuckenden Flammen im Kamin. Nur zu deutlich standen ihr die von Jean beschriebenen Szenen vor Augen. Sie sah ihn an. Schmerz und Verwirrung standen in seinen Zügen geschrieben. „Was hast du nun

vor?“
„Ich weiß es nicht. Ich werde sehen, ob ich etwas von dem Land, das uns einst gehörte, zurück erlangen kann. Wenn du und Hugh es wollt, so werden wir es ehrlich teilen.“
„Es gibt kein Land mehr“, stieß Marie hervor. Verwundert sah Jean sie an. „Wie meinst du das? Sie werden doch sehen, das ich noch am Leben bin und Anspruch auf das Land meines Vaters erheben kann?“ Marie schüttelte den Kopf und erhob sich langsam. Sie schritt zum Fenster und starrte hinaus in die Dunkelheit.
„Die Dinge sind nicht so, wie sie zu sein scheinen. Die Indianer, die uns entführt und Vater getötet haben, befanden sich noch nicht im Krieg. Sie wurden dafür bezahlt.“
Verwirrt runzelte Jean die Stirn. „Bezahlt? Von wem? Ich verstehe nicht, wovon du sprichst.“
Marie holte tief Luft. Netawatees Bild trat ihr mit einem Mal mit so schmerzhafter Deutlichkeit vor Augen, dass ihr Herz schneller schlug. „Thomas Penn hat Shingas und seine Männer angeheuert, um uns von unserem Land zu vertreiben. Er wollte es teurer verkaufen.“
Ungläubig schüttelte Jean den Kopf. „Das kann nicht sein. Wer hat dir das erzählt?“
Sie drehte sich zu ihm um. „Sein Name ist Netawatees, er …“
„Netawatees?“, unterbrach sie Jean. „Ich kenne ihn.“ Wie betäubt sah Marie ihn an. Sie hörte seine Worte, doch es schien, als gelänge es ihren Gedanken nicht, ihren Sinn zu erfassen.
„Er hat bei uns gelebt in den letzten Jahren. Er war bei Pontiacs Kriegern.“
In Maries Ohren rauschte es. „Das ist unmöglich“, stieß sie hervor, „er starb bei dem Überfall auf Forbes Männer.“
„Nein, du irrst dich, Marie“, widersprach ihr Jean entschieden. „Netawatees ist am Leben. Ich habe ihn noch in Fort Pitt zum letzten Mal gesehen.“
Der Boden unter Maries Füßen schwankte.
„Schwöre mir, dass du die Wahrheit sagst, Jean!“ Etwas in ihrer Stimme ließ ihn aufhorchen. „Wieso ist das so wichtig?“ Marie ging auf ihn zu und packte ihn heftig am Handgelenk. „Jean, bist du dir ganz sicher?“ Verwirrt sah Jean sie an und nickte.

„Warum sollte ich dich belügen? Was hast du mit Netawatees zu tun?"
Marie griff nach einer Tischkante und zog sich in die Höhe. Als sie wieder sicher stand, sagte sie mit bebender Stimme: „Jean-Jacques zweiter Name ist Ahoaltowaganit." Etwas flackerte in Jeans Augen auf.
„Er ist Netawatees Sohn."

Jean war zu Bett gegangen. Marie hatte sich leise nach draußen geschlichen und stand, fest in eine Wolldecke gewickelt, vor dem Haus der Weisers und starrte in den klaren Himmel über ihr. Es schien ihr unmöglich zu schlafen, nachdem, was Jean ihr erzählt hatte.
Der Mond stand bleich und voll über ihr, wie an jenem Abend, als sie, David, Hugh und Barbara Tuscarawas verließen.
„Netawatees", flüsterte sie leise, „wo bist du?" Alles um sie blieb still. Die kahlen Baumwipfel neigten sich ein wenig im eisigen Winterwind. Ihre Gedanken kehrten zurück nach Saukunk, nach Goschgosching, zurück in Netawatees Arme, sie sah die Schlangen auf seinen Schultern wieder tanzen, wenn er zu ihr kam.
Plötzlich huschte ein Schatten an der Mauer des Schuppens, der ihr direkt gegenüber lag, entlang. Marie fuhr vor Schreck zusammen. „Wer ist da?", rief sie vorsichtig. Keine Antwort war zu hören, stattdessen ein seltsam schlurfendes Geräusch. Im Haus hinter ihr blieb alles ruhig. Leise machte sie einige Schritte auf den Schuppen zu.
„Hallo?", rief sie. „Jean, bist du das?" Etwas fiel polternd zu Boden und im Haus schlugen die Hunde an. Licht leuchtete in den Fenstern auf. Im Widerschein sah Marie eine seltsam gebückte Gestalt an ihr vorbei huschen, die einen breiten Hut tief in ihr Gesicht gezogen trug.
„Marie?" Sie hörte Samuel hinter sich. „Was machst du hier draußen?"
„Alles in Ordnung", antwortete sie mit fester Stimme, „ich schnappe nur ein wenig frische Luft."
„Bleib nicht zu lange da draußen. Es ist eine kalte Nacht."
„Keine Sorge, ich gehe gleich zu Bett."
Sie konnte hören, wie sich die Haustür wieder schloss und das Licht verlosch.
Vorsichtig ging sie auf die Stelle zu, an der sie die Gestalt vermutete.

Zunächst glaubte sie, er sei ihr entwischt, doch dann hörte sie ein tiefes, rasselndes Atmen, das zwischen den großen Rädern des Heuwagens hervorrasselte.
Der Mond schien hell durch die Ritzen des Schuppens und sie konnte nun deutlich den Schlapphut erkennen. Als sie vor ihm stand, hob der Mann den Kopf.
„Ihr seid William Doram, nicht wahr?“ Sie streckte die Hand aus, um seinen Hut beiseite zu schieben, doch er wich zurück und Marie konnte in dem Zwielicht nur eine Ahnung von einem entsetzlich verstümmelten Gesicht erlangen.
„Ja“, sagte er mit einer eigenartig verzerrten Stimme, als könne er seine Mundwinkel nicht bewegen.
„Was willst du hier?“ Maries Stimme klang hart und fremd.
„Ich habe gehört, dass ihr alle zurückgekehrt seid.“
„Das stimmt nicht. Mein Vater, Martin und Sebastian werden nie wieder zurückkehren können.“
Eine Weile konnte sie nur Dorams rasselnden Atem hören.
Dann streckte er plötzlich die Hand aus. Er hielt einen kleinen, dunklen Gegenstand darin.
Marie traute ihren Augen nicht, als sie sah, was er zwischen seinen Fingern hielt.
Es war die kleine Holzschildkröte, die das Lenapé-Mädchen bei Dumas in Fort Pitt verloren hatte und die sie an sich genommen hatte. Sie musste sie bei ihrer Flucht aus dem unterirdischen Verließ verloren haben.
„Du warst dort? Bei Dumas?“
Doram nickte stumm.
„Ich habe für das, was ich getan habe, gebüßt.“
Marie nahm die Schildkröte in ihre Hand und fühlte das glatte, anschmiegsame Holz.
„Warum bist du hier?“
„Ich wollte sehen, wie es euch geht, ich … ich weiß es nicht.“
„Hat er dir das angetan?“
Wieder nickte Doram stumm, doch sie glaubte zu sehen, wie sein Schlapphut zitterte.

Fest schlossen sich ihre Finger um das Holz. Sie dachte an Netawatees, der sie nach ihrer Flucht aufhob und zu Gischapan brachte.
„Was willst du von uns?“
Doram machte einen Schritt nach vorne und das bleiche Mondlicht fiel auf seine Gesichtszüge.
Mit einem erstickten Aufschrei wich Marie zurück. Dorams Gesicht schien einem Albtraum entsprungen. Sie schluckte und sah ihm fest in die Augen.
„Es gibt etwas, dass du nicht weißt, Marie.“ Seine Stimme klang dunkel und schwerfällig, als habe er sie lange Zeit nicht benutzt.
„Warum sollte ich dir etwas glauben? Du hast meine Familie getötet.“ Doram hielt ihrem Blick stand. „Es waren nicht nur Penn und Logan, die sich für euer Land interessiert haben. Weißt du, wem es jetzt gehört?“ Marie sah ihn schweigend an. „Was soll das ändern? Mein Vater und viele andere sind tot, weil du dich für ihre Ermordung hast bezahlen lassen und das Ganze den Lenapé in die Schuhe geschoben hast.“ Doram machte eine eigenartige Bewegung mit dem Kopf, es hätte ein Nicken oder ein Kopfschütteln sein können. „Conrad Weiser“, antwortete er, „es gehört Conrad Weiser. Er braucht es, um darauf seine neue Siedlung zu bauen. Reading soll größer werden. Eine eigene Kirche gibt es schon. Sie steht ungefähr an der Stelle, an der einst euer Haus stand.“ Für einen Moment glaubte Marie, der Boden unter ihr wankte. Sie streckte die Hand aus und hielt sich an einem der Wagen fest. Sie wünschte sich, sie könne Doram anschreien, schreien, bis die Männer aus dem Haus gelaufen kämen und den Eindringling umbrachten, doch zugleich wusste sie, dass er recht hatte. Sie selbst hatte die Kirchturmspitze auf dem Weg hierher von Weitem gesehen. Conrad hatte seine Dienste für die Kolonie gegen die Indianerbedrohung nicht gering vergütet bekommen.
„Es gibt etwas, das du für mich tun kannst“, sagte sie plötzlich und ihre Stimme schien von weit her zu kommen.
In seinen Augen funkelte es. „Woher willst du wissen, dass ich deswegen hier bin?“ Marie machte einen verächtlichen Laut. „Es kann nur dein Verlangen nach Reue, nach Vergebung sein, dass dich dazu bringt, dich hier herum zutreiben und dich der Gefahr der Entdeckung auszusetzen.“
Doram deutete ein Nicken an. Sein Schlapphut zitterte. Marie dachte daran, wie sie ihn damals auf dem Versammlungsplatz in Kittanning gesehen hatte,

wie er sich an dem Fleisch des gefolterten Jungen vergangen hatte und sie schüttelte sich vor Ekel. Diese Neue Welt veränderte die Menschen, die in ihr lebten, soviel stand fest. Doch vielleicht brachte sie auch nur Dinge zum Vorschein, die lange im Verborgenen gelegen hatten.

„Bring mich zurück."

Selbst im Halbdunkel der Vollmondnacht konnte sie sehen, dass er überrascht aufblinzelte.

„Ich schaffe den Weg nicht allein mit meinem Sohn. Ich brauche einen Führer, einen Jäger, einen Mann, der sich in den Wäldern auskennt und der sich zu wehren weiß."

Doram schwieg eine Weile. Marie gab ihm Zeit zum Nachdenken.

„Wann willst du aufbrechen?"

„Noch heute Nacht." Ihr Entschluss stand fest. Sie würde Reading, die Weisers, Hugh und Philadelphia verlassen und nie wieder zurückkehren.

Eine Weile sahen sie sich schweigend an. Dann nickte Doram.

„Wir werden Proviant, Waffen und ein Boot brauchen."

Ein erneutes Zittern des Schlapphutes verriet ihr Dorams Zustimmung. „Ich lebe sehr zurückgezogen. Meine Vorräte reichen, um uns bis westlich des Mississippi zu bringen, wenn es sein muss."

Beinahe hätte Marie gelacht. Alles schien so einfach und klar. Doch vielleicht verlor sie auch einfach den Verstand, vielleicht hatte ihr das Wiedersehen mit Jean und nun mit Doram die Sinne geraubt. „Ich warte hier", sagte Doram.

Marie verschwendete keine Zeit. Sie drehte sich auf dem Absatz herum und lief zurück zum Haus. Leise schloss sie die Tür auf und schlich nach drinnen. In dem langen Flur blieb sie stehen und band sich die kleine Schildkröte um ihren Hals, wo sie bereits den Rosenkranz ihrer Mutter trug, seit sie ihn Souchy vor ihrer Flucht entwendet hatte.

Sie konnte nicht zu Hugh in das Schlafzimmer, das Conrad und Anna ihnen zugewiesen hatte, doch unter ihren Sachen war ohnehin nichts, dass sie mitnehmen wollte. Nach dieser Nacht würde es nie wieder eine Marie Gibson geben, dessen war sie sich sicher.

Behutsam, um ja keinen Laut zu verursachen, öffnete sie die Tür zu dem Zimmer, in dem Jean-Jacques mit Barbaras Töchtern schlief. Sie schlich sich auf Zehenspitzen an das Bett ihres Sohnes und streichelte ihm sanft über das

Haar. Im Schlaf sah er klein und verletzlich aus. „Jean-Jacques“, flüsterte sie in sein Ohr. Verschlafen schlug er die Augen auf. „Mama“, sagte er und rieb sich gähnend die Augen. Für einen Moment spürte Marie einen dicken Kloß in ihrem Hals, als sie ihn in seinem Nachtgewand in den sauberen und warmen Decken liegen sah. Sie fragte sich, ob sie ein Recht zu ihrem Vorhaben hatte. Er war ihr Kind, sie hatte Verantwortung dafür zu tragen, dass es gesund und in Sicherheit aufwuchs. Doch es war auch Netawatees Kind, einem der letzten Krieger des Lenapé-Volkes, das Blut seiner Ahnen floss durch seine Adern. Woher wollte sie wissen, dass das Leben in den Mauern einer Stadt besser für ihn war, als in der Freiheit der Wälder, selbst wenn diese Welt vom Untergang bedroht war. Rasch legte sie einen Finger auf die Lippen und bedeutete ihm so, zu schweigen.

„Komm“, flüsterte sie. „Wir spielen ein Spiel. Niemand darf uns hören. Zieh dich an und folge mir.“ Verwirrt sah Jean-Jacques sie an, doch die Neugier siegte und er zog sich flink und lautlos an. Ungeduldig half Marie ihm dabei. Jede Sekunde länger, brachte sie in Gefahr. Nicht auszudenken, was geschehen würde, wenn Hugh oder einer der Weisers etwas von ihren Plänen mitbekam. Ein Geräusch ließ Marie plötzlich aufschrecken. Sie hielt inne und lauschte in die Dunkelheit. Die Tür öffnete sich mit einem leisen Quietschen und für einen Moment dachte Marie, ihre Flucht wäre vorbei, noch ehe sie begonnen hatte.

„Du hast mich erschreckt“, sagte sie.

Mariannes Gesicht hatte etwas Geisterhaftes, als sie mit wehendem roten Haar und dem Nachtkleid durch das Mondlicht auf sie zu kam.

„Wo geht ihr hin?“, fragte sie Marie auf Lenapé.

Marie biss sich auf die Lippen. Es war zu gefährlich, Marianne in ihre Pläne einzuweihen. Sie sah der jungen Frau ins Gesicht, sie las das Heimweh in ihren Augen, ein Gefühl, das ihr auf seine Art unendlich vertraut war.

„Geh schlafen“, sagte sie sanft, doch Mariannes Hände umfassten ihren Arm so fest, dass es schmerzte. „Ich werde mit euch gehen“, sagte sie und ihre grünen Augen glitzerten im schwachen Licht der Vollmondnacht. Es war keine Bitte. Es war eine Feststellung, gegen die es keinen Widerspruch gab. Doch Marie wollte sich nicht noch einmal schuldig machen. Mariannes Familie hatte ein Recht darauf, ihre verlorene Tochter wiederzusehen, sie war ihnen schon einmal ihrer Obhut entrissen worden. Ein zweites Mal durfte dies nicht geschehen.

„Nein“, erwiderte Marie entschlossen auf Deutsch und schob sie von sich. „Du musst hier bleiben. Hier ist dein zu Hause, Marianne.“

„Mein zu Hause liegt in den Wäldern, an den Ufern des Flusses. Und mein Name ist nicht Marianne. Ich heiße Mehokhokus.“ Marianne hatte laut gesprochen und Marie fürchtete, dass sie die anderen weckten.

„Rote Zeder“, übersetzte Marie nachdenklich murmelnd. Deutlich stand ihr der Begriff vor Augen. Die Lenapé benannten Menschen nicht einfach nach etwas Fremden. Sie benannten sie nach den Dingen und Eigenschaften, die sie von allen anderen unterschieden, und ließen es dabei an Poesie nicht fehlen. Sie sah Marianne fest in die Augen und las die Angst darin. Marianne war eine Fremde an diesem Ort, sie hatte zu lange bei den Lenapé gelebt und war zu jung gewesen, als man sie ihrer Familie fortnahm. Dies war nicht länger ihr zu Hause und konnte es auch nie mehr werden. Ihr Denken und Fühlen war zu dem einer Lenapé-Frau geworden, sie in Baumwollkleidern und Holzschuhe zu stecken, würde ihren Tod bedeuten. Es gab keine Rückkehr für Marianne. Wie vielen anderen, die Bouquet den Ohio-Indianern abgerungen hatte, mochte es ebenso ergehen? Die Zugehörigkeit zu einer Kultur oder einer Familie machte sich nicht am Aussehen oder dem Namen fest. Es war einzig das Gefühl, das darüber entschied. Marie erkannte dies in aller Deutlichkeit. Außerdem dachte sie, auch ich treffe die Wahl zu den Lenapé zurückzukehren, wie also kann ich es ihr verwehren? Sie hat ihre Familie dort, die sie vermisst und um sie trauert. Ich habe niemanden. Auf mich wartet die Ungewissheit.

„Komm“, sagte sie schließlich. „Wir haben nicht viel Zeit. Wir treffen uns draußen vor der Scheune. Und zu niemandem ein Wort, hörst du?“

Sie war sich nicht sicher, ob Marianne, ihre deutschen Worte verstanden hatte, doch das Mädchen verschwand mit eiligen Schritten in das Schlafzimmer, das sie sich mit Regina teilte, während Marie Jean-Jacques eine Decke umhängte und sich selbst einen dicken Schal um die Schultern legte. Sie hatten keine Zeit, sich um Proviant zu kümmern. Dies würde Dorams Aufgabe sein. Eine leise Stimme in ihrem Kopf mahnte sie eindringlich, dass ihr Vorhaben wahnsinnig war, dass sie sich einem Mörder und Verbrecher auslieferte, um

einer Illusion nachzulaufen. Doch Marie ignorierte die Stimme, sie konnte nicht anders. Seit sie mit Jean allein gesprochen hatte, war der Ruf ihres Herzens so laut und stark geworden, dass sie lieber sterben wollte, als ihm nicht zu folgen.
Leise schlichen sie sich aus dem Haus. Der Himmel war sternenklar und es war eiskalt. Schnee fiel leise vom Himmel und würde es jedem, der es wollte, leicht machen, sie zu verfolgen, doch Marie verdrängte den Gedanken. Etwas in ihr wusste, dass Hugh sie verstehen würde. Vielleicht erhoffte sie sich dies auch nur.
Geduckt liefen sie auf den Schatten der Scheune zu und warteten. Es dauerte nicht lange, bis sich die Haustür ein zweites Mal öffnete und Marianne mit wehenden Haaren über den Hof gelaufen kam.
„Wohin gehen wir?“, fragte sie Jean-Jacques, der sich müde und verschlafen an seine Mutter drängte.
„Wir gehen nach Hause“, antwortete Marie ihm leise, „wir gehen nach Hause.“
Sie begegnete Mariannes Blick und sie war sich in der Dunkelheit nicht sicher, was sie darin las, doch es schien kein Vorwurf zu sein. Marianne schien vor allen anderen erkannt zu haben, dass Jean-Jacques nicht Hughs Sohn war. „Wo ist Papa?“, fragte Jean-Jacques und wollte sich aus ihrer Hand lösen, doch Marie zog ihn wieder zu sich. „Papa schläft, er muss sich ausruhen, weißt du? Du und ich, wir machen jetzt eine lange Reise, ein Abenteuer, es wird dir gefallen. Habe keine Angst, mein Kleiner. Ich werde dich beschützen. Versprich mir nur, dass du auf mich hören wirst, egal was passiert.“ In Jean-Jacques tiefdunklen Augen spiegelte sich der Vollmond. „Ich verspreche es dir, Mama.“

*

Der Fluss trug sie zurück in die unendlichen Wälder des Ohio-Tals. In der Ferne zeichneten sich die weißen Gipfel der Allegheny Mountains ab und Schnee fiel in dichten Flocken auf die Decken, die sich Marie, Jean-Jacques und Marianne zum Schutz umgelegt hatten. Doram saß am Bug des schmalen Floßes, das er wohl selbst in Anlehnung an die Kanus aus Birkenrinde, die

die Indianer benutzten, gefertigt hatte. Marie hatte nichts mitgenommen aus dem Haus der Weisers, nichts, das sie an ihr altes Leben als Marie Gibson erinnern würde. Was auch immer geschehen würde, sie konnte nicht mehr zurück. Es erschien ihr seltsam, dass ihr dieser Entschluss nun so deutlich vor Augen stand, dass sie in all den Jahren seit ihrer Rückkehr gewusst hatte, dass dieser Augenblick kommen würde.

Sie drückte Jean-Jacques an sich, Schneekristalle glitzerten in seinem kurz geschnittenem, pechschwarzen Haar. Die dunklen Augen des Jungen suchten unruhig die Ufer ab, deren dichtes Unterholz nur hin und wieder durch ein einzelnes Blockhaus, das einem Händler oder einem Waldläufer gehören mochte, unterbrochen wurde. Eisschollen trieben neben ihnen den Fluss hinab, und doch konnte Marie das Rauschen des Flusses hören. Es klang so vertraut, als heiße er sie willkommen, als sei es seine Stimme gewesen, die schon so lange in ihrem Inneren gerufen hatte und die sie nun erst laut und deutlich vernahm.

In der Nacht ihrer Flucht waren sie bis zum Morgengrauen durch den Wald gelaufen, voller Panik, jemand möge ihr Verschwinden bemerken. Marie wusste nicht, was sie erwartet hätte. Der Krieg und vor allem der Aufstand der Indianer unter Häuptling Pontiac und die offensichtliche Hilflosigkeit des Militärs hatte die Siedler misstrauisch gemacht, man traute einander nicht mehr über den Weg, jeder konnte ein Freund der Indianer sein und heimlich Handel mit ihnen treiben. Wie so viele Jahre zuvor, hatte sie festgestellt, wie wenig geeignet ihre schweren Schuhe und die langen Röcke für eine solche Wanderung durch den dichten Winterwald waren und nichts sehnte sie sich mehr herbei, als ein Paar warme Mokassins und Schneeschuhe.

Jean-Jacques hatte das ganze für ein Abenteuer gehalten, einen Ausflug. Erst als sie den Susquehanna erreichten und Doram sein selbst gebautes Floß aus einem Gebüsch hervor zog, dass er wohl schon länger dort versteckt haben mochte, hatte er erkannt, dass dieser Abschied endgültig sein würde. Marie rührte es, wie tapfer er gegen die Tränen kämpfte und sich bemühte, stark zu sein. Nur einmal hatte er sie nach Hugh gefragt, doch Marie hatte keine Antwort für ihn gehabt. Hugh war ihr ein guter und liebevoller Ehemann gewesen, in all den Jahren hatte er nie etwas von ihr verlangt, seit sie in jener Nacht aus Franklins Haus zu ihm geflohen war. Er hatte Jean-Jacques an

Kindes statt angenommen, er hatte für sie gearbeitet und sie beschützt und in Maries Herzen hatte sich ein zartes Gefühl der Freundschaft für ihn entwickelt, doch sie wusste immer, dass sie die brennende Liebe, die er für sie empfand, niemals erwidern konnte. Ihr Herz war in den Wäldern des Ohio geblieben.
In der ersten Zeit hatte Hugh versucht, das zu ignorieren, er hatte sich bemüht, sie zu erobern, doch es war vergeblich gewesen und seine Annäherungsversuche waren trauriger Verbitterung gewichen, die er sich jedoch zu verbergen bemühte.
Die vergangenen Jahre erschienen Marie wie in einem Zwischenreich verbracht. Zum einen war da die unsagbare Freude, die ihr kleiner Sohn jeden Tag in ihr Leben brachte, war die Sicherheit und der Komfort des Lebens als eine verheiratete Frau in der Stadt. Hughs Erbe hatte sich nach seiner Rückkehr als nicht zu gering erwiesen, sodass sie gut davon leben konnten. Doch die Wunde, die Netawatees Verlust in ihr Herz gerissen hatte, wollte nicht verheilen.
Es gab die dunklen Stunden, in denen sie sich eine schlechte Frau schalt, weil er immerhin zu jenen Männern gehörte, die ihren Vater und ihren Bruder ermordet hatten, wie sie damals noch dachte. Doch so sehr sie sich auch bemühte, sie fühlte in ihrem Inneren ein liebevolles Andenken an ihre Familie, der Schmerz über ihren brutalen Tod ging ihr noch immer sehr nahe. Aber der bloße Gedanke an Netawatees rührte sie zu Tränen.
Marianne hatte ihren Arm um Jean-Jacques gelegt und sang leise auf Lenapé, Worte und Klänge, die Marie fast vergessen hatte, und die sie mit einer eigenartigen Wehmut erfüllten. Marianne hatte keine Zweifel, wohin sie gehörte. Ihre Heimat war das Volk der Lenapé, waren die Wälder und Flussufer der Wildnis. Sie war eine Tochter der Wälder geworden. Marie dachte an das kleine Mädchen, mit dem sie vor so vielen Jahren durch die Herbstwälder gelaufen war, jenem letzten Tag in ihrem alten Leben und Marie wusste, dass sie nicht vergessen konnte, woher sie kam. Sie wusste, dass so lange sie lebte, sie jene Stimme in ihrem Kopf behalten würde, die sie mahnen würde, sich anständig und christlich zu verhalten. Aber ihr Lebensweg hatte ihr die Freiheit gegeben, diese Stimme zu überhören, anders als Barbara, die sich dieser Stimme hörig ergeben hatte, weil sie sie für den einzigen Ausweg

hielt.
Für einen Augenblick fragte sich Marie, ob Barbara glücklich sein mochte. Sie dachte an das aufgedunsene Gesicht, den schnellen Lidschlag, an die Kinder und an die Familie Weiser und schob den Gedanken beiseite. Es lag nicht in ihrem Ermessen zu erkennen, was Barbara glücklich machte.
Dorams dunkle Gestalt kauerte am Bug des Floßes. Aus Gründen, die Marie nicht umschreiben konnte, vertraute sie jenem Mann, der soviel Leid über ihre Familie gebracht hatte, der anderen Menschen unmenschliches angetan hatte. Sie hatte in jener Nacht im Schuppen in seine Augen gesehen und sie hatte seine Reue erkannt. William Doram hatte gebüßt für die Dinge, die er getan hatte.

Ihr Kanu legte an den Ufern von Jenkiklahmus an und die Menschen liefen aus den Hütten zusammen, um sie zu betrachten. Marianne erhob sich und wollte sich aus dem Kanu schwingen. Marie griff nach ihrem Arm und hielt sie zurück. „Sie werden nach dir suchen", sagte sie in schleppendem Lenapé. Anstelle einer Antwort sah Marianne sie eine Weile mit dem eigenwilligen Gesichtsausdruck an, der Marie aus ihrer Zeit mit Gischapan so vertraut war.
Es war das Unverständnis über die Angewohnheit der Europäer, sich Gedanken über Dinge zu machen, die sie so wie so nicht ändern konnten. Dann löste sich Marianne sanft aus ihrem Griff, watete durch das eisige Wasser des Susquehanna und verschwand zwischen den Menschen am Flussufer. Es war ein seltsamer Anblick, es schien, als teilten sich die Reihen der großen, dunkelhaarigen Menschen nur für einen winzigen Augenblick, um das rothaarige Mädchen in den hellen Baumwollkleidern für immer in sich aufzunehmen. Marianne war ein Teil dieser Menschen, dieses Volkes geworden. Nur ihre Haut und ihre Haare würden sie bis an das Ende ihres Lebens an ihre wahre Herkunft erinnern.
Marie sah in die Gesichter der Menschen am Ufer, es waren jener Teil des Lenapé-Volkes, den Teedyuscung einst angeführt hatte, doch sie wusste aus den Zeitungen, dass der eigenwillige Anführer tot war, im Schlaf ermordet durch einen Unbekannten. Das Schicksal dieser Menschen war so ungewiss wie ihr eigenes. Sie schlang die Decke enger um sich und Jean-Jacques und

die kleine Siedlung verschwand hinter der nächsten Flussbiegung.

Viele Tage führte sie der Fluss durch die verschneiten Wälder, doch die manito'wak schienen ihrer Reise wohlwollend zu sein, denn die Strömung floss sanft und gleichmäßig und kein Eis versperrte ihnen den Weg. An den Abenden zogen sie das Kanu an die sandigen Ufer unter den Kiefernbäumen und Doram verschwand mit seinem Gewehr, um ihnen etwas zum Abendessen zu jagen, meistens mit Erfolg.

Marie dachte an all die Abende, die sie mit Gischapan am Feuer verbracht hatte, an die Geschichten der Lenapé, die von längst vergangenen Zeiten berichteten und sie fragte sich, ob noch jemand ihrem Sohn diese Geschichten erzählen konnte. Viele hatten den Tod gefunden. Jean hatte ihr erzählt, dass die Lenapé und die anderen Verbündeten des Ottawa-Häuptlings Pontiac, der den größten und erfolgreichsten Aufstand gegen die englischen Eindringlinge anführte, keine Gnade zu erwarten hatten. Ihre Jagdgründe waren bis weit westlich der Alleghenys an weiße Siedler verkauft. Ihnen blieb nur die ungewisse Flucht nach Westen, wo sie fremde, feindliche Stämme erwarteten, deren Sprachen sie nicht verstanden und deren Sitten sie nicht kannten. Marie fragte sich, wie das Volk der Lenapé außerhalb dieser Wälder, die sie mit allem, was sie brauchten, versorgten, überleben sollte, doch sie wusste auch um die unglaublichen Fähigkeiten dieser zähen Gemeinschaften, sich an immer neue Bedingungen anzupassen.

Ihr Blick fiel auf Jean-Jacques, der blass und müde neben ihr saß und an einem Stück Rehkeule nagte. War ihr Sohn nicht der beste Beweis, dass das Volk der Lenapé überleben würde, wenn auch vielleicht in veränderter Form? Es rührte Marie, zu sehen, wie tapfer ihr Sohn war. Sie hatte versucht, ihm zu erklären, wohin sie gingen, doch sie hatte in seinen Augen lesen können, dass er sie nicht verstand. Alles, was er über Indianer und das Volk der Lenapé wusste, wusste er aus den Geschichten der Leute. Marie und Hugh hatten nie darüber gesprochen, zu schmerzhaft und gefährlich waren die Erinnerungen. Bis zu dem Moment, in dem ihr Jean gesagt hatte, dass Netawatees noch am Leben war, hatte Marie keine Sekunde daran gezweifelt, dass es für Jean-Jacques das Beste war, in Philadelphia unter den europäischen Einwanderern aufzuwachsen, Lesen und Schreiben zu lernen und

niemals zu erfahren, wer sein wirklicher Vater war. Doch als sie mit Jean sprach, als sie die tiefe Sehnsucht aus seinen Worten hörte und erkannte, dass die Indianer auch für ihn zur Heimat geworden waren, trotz all dem Schrecklichen, das sie ihrer Familie angetan hatten und als sie erfuhr, dass Netawatees noch lebte, da war ihr mit aller Deutlichkeit bewusst geworden, dass auch sie selbst eine Fremde unter den Menschen in Philadelphia geworden war, dass auch sie nie aufgehört hatte, zu denken, wie sie es von Gischapan gelernt hatte, und dass die einzige Heimat, das einzige zu Hause, das sie je gekannt hatte, in Netawatees Armen gewesen war. Marie ließ nicht zu, dass sie sich auch nur die Frage stellte, was geschähe, wenn ihr Bruder sich geirrt hätte, wenn Netawatees nicht mehr am Leben war.
Ein Teil in ihr hatte es immer gewusst, sie hatte stets gespürt, dass er noch in ihrer Nähe war. „Dort vorne“, riss Doram sie aus ihren Gedanken und deutete auf einige braune Flecken, die vor ihnen entlang des Flussufers auftauchten.
Es waren Wikwams, schmale Zelte aus Rindenhaut, die sich nach Art der Lenapé dicht an das Flussufer schmiegten, doch sie hatten in den vergangenen Tagen mehrere solcher Siedlungen gesehen, die Doram schweigend passiert hatte, während sie die Indianer vom Flussufer aus angestarrt und sie vermutlich für englische Händler gehalten hatten.
„Warum seid Ihr Euch so sicher, dass er hier ist?“, fragte Marie Doram, als er ihr Boot an das Ufer lenkte. „Weil dieser Ort seinen Namen trägt“, antwortete er, „diese Siedlung heißt Newcomer's Town. So nennen ihn die englischen Händler.“
Plötzlich konnte Marie den Rauch der Feuerstellen und das gebackene Maisbrot riechen, sie konnte den Tabak und auch das gebratene Hundefleisch riechen, das im Winter so oft als Nahrung diente. Leise, ganz leise, hörte sie den Klang der Trommeln, den vertrauten Rhythmus, der die Erde unter ihren Sohlen zum Zittern brachte.
Die ersten Menschen kamen nun aus den Zelten und Hütten an das Ufer gelaufen, auch wenn sie ihr Kommen sicher schon viel früher bemerkt hatten. Jedes ihrer Gesichter schien Marie unendlich vertraut zu sein und doch waren sie Fremde, niemand, den sie mit Namen ansprechen konnte. Für einen Augenblick nur überkamen Marie Zweifel. Sie erinnerte sich an die

Grausamkeit, mit der die Lenapé ihre Gefangenen behandelten und sie fragte sich, ob es ihr gelingen würde, sie zu überzeugen, dass sie zu ihnen gehörte.
„Hei“, sagte Marie mit fester Stimme und die ungewohnten Worte kamen ihr plötzlich mit eigenartiger Leichtigkeit über die Lippen. „Ta'heu Netawatees?“
Eisiges Schweigen umgab sie. Sie sah in die tiefdunklen Augen, die ihren Blick mieden, sah die stolzen, hochwangigen Gesichtszüge. Sie suchte bereits nach den richtigen Worten, um zu erklären, wer sie war, versuchte sich an Namen und Ort zu erinnern, als eine der Frauen schließlich die Hand hob und auf eine der Blockhütten zwischen den Rindenzelten wies.
„Talli,“ sagte sie. „Dort.“ Marie nickte und griff nach Jean-Jacques kleiner Hand. Der kleine Junge starrte mit großen Augen auf die fremden Menschen.
„Komm“, sagte sie. Zögernd folgte Jean-Jacques ihr zwischen die Zelte und Hütten.
Der lang vergessene Geruch nach Bärenfett und Leder schlug ihnen entgegen, Marie sah die Werkzeuge, die kleinen Steinmühlen und sorgfältig geflochtenen Körbe zwischen den Zelten, deren Eingänge zum Schutz vor der Kälte mit Tierhäuten und Matten bedeckt waren. Rauch stieg aus den Rindenzelten empor und die Menschen hatten sich fest in Wolldecken gehüllt, ihre Gesichter spitz vor Entbehrung. Einige magere Hunde streunten herum. Der Hunger herrschte in dieser Siedlung, das war nicht zu übersehen.
Die letzten Schritte auf die Blockhütte zu, kosteten unendlich viel Kraft. Es schien eine Art Versammlungshaus zu sein, größer als die anderen Hütten und Zelte und in ihrer Mitte angelegt.
Marie blieb stehen und holte tief Luft. Mit zitternden Händen griff sie nach dem Hirschleder, das den Eingang verdeckte, als sie auf einmal eine Bewegung auf der anderen Seite der Hütte bemerkte.
Sie hielt inne und richtete sich wieder auf. Nur wenige Meter von ihr entfernt stand jemand, den Rücken zu ihr gewandt, doch sie musste sein Gesicht nicht sehen, um zu wissen, dass er es war. Er schien sie gespürt zu haben, denn in diesem Augenblick drehte er sich um. Fassungsloses Erkennen breitete sich auf seinen Gesichtszügen aus.
„Putamohen?“, fragte er ungläubig. Sie sah in seine tiefdunklen Augen, sie

sah die Falten und Narben in seinem Gesicht, sie sah die vergangenen Jahre, seinen Kummer, seinen Schmerz und sie sah den Mann, in den sie sich vor so langer Zeit unsterblich verliebt hatte, all das sah sie auf einmal, als er seine Hände nach ihr ausstreckte und sie zögernd in seine Arme schloss, als könne er nicht glauben, dass sie es tatsächlich war und keine Traumgestalt. Marie schloss die Augen und atmete seinen vertrauten Geruch, sie konnte seinen Herzschlag durch all die Schichten der Kleidung spüren und plötzlich schienen die vielen Tage und Nächte, die vielen Meilen und Gedanken, die sie getrennt hatten, vergessen.

Eine Berührung an ihrem Bein holte sie zurück und sie löste sich aus seiner Umarmung und fasste Jean-Jacques an den Händen. Der kleine Junge sah mit großen Augen zu dem fremden Mann mit den langen Haaren, in denen Federn steckten und der seine Mutter in den Armen hielt. Beinahe musste Marie lächeln, als sie sah, wie sehr ihr Sohn sich bemühte, seine Angst zu verbergen.

Netawatees hingegen sah seinen Sohn an und verstand. „Wie ist dein Name?“, fragte er Jean-Jacques auf Lenapé. Der Junge verstand ihn nicht, doch Marie antwortete an seiner Stelle: „Ahoaltowaganit.“ Netawatees lächelte. „Du bist zurück“, sagte er. „Ich habe dich gesehen, in meinen Träumen.“ Marie kämpfte mühsam mit den Tränen. „Ich dachte, du seist tot.“ Netawatees neigte ein wenig den Kopf, seine Augen tasteten über ihr Gesicht, ihre Haare, das lange Kleid und ihre Hände. „Ich war sehr schwer verletzt. Doch die manito'wak haben mich gerettet und ich bin zurück gekommen. Da warst du schon fort.“

Plötzlich erklang aus einer der Hütten lautes Geheul, ein schrecklicher, schmerzvoller Laut, wie ihn Tiere in höchster Not von sich geben. Marie wurde blass. Die Bilder der Folter in Kittanning zuckten unwillkürlich durch ihre Gedanken. „Was ist das?“, fragte sie Netawatees.

Er lächelte traurig. „Das ist Shingas“, antwortete er. „Seine Frau ist vor zwei Tagen gestorben. Sie war sehr schön und er hat sie sehr geliebt. Sie war auch eine Wapsitàk.“

„Lina“, sagte Marie. „Ja, das war ihr Name. Seit sie begraben ist, heult er wie ein Tier, seine Tränen wollen nicht versiegen.“

Ihr Blick fiel auf die anderen Hütten und Zelte um sie herum.

Viele schienen verlassen zu sein. „Ihr verlasst diesen Ort“, stellte Marie verwundert fest.
„Fort von hier. Bouquet hat uns nur wenige Wochen Zeit gegeben, dieses Land zu verlassen. Wir ziehen nach Westen, in das Gebiet der Miamis und darüber hinaus. Vielleicht finden wir eine neue Heimat.“ Marie sah sich um. Sie konnte sich nicht vorstellen, dass die halb verhungerten Bewohner dieses Dorfes mitten im hereinbrechenden Winter eine solche Wanderung bewältigen konnten. „Sie können euch doch nicht einfach vertreiben.“ Netawatees lächelte schmerzhaft. „Wir haben einen Krieg gegen sie begonnen und ihn verloren. Dieses Land gehört uns nicht mehr. Hier werden schon bald die Blockhütten und Zäune der Wapsiták stehen.
Morgen breche ich mit einigen Häuptlingen nach New York auf. Sir Johnson will, dass wir einen seiner Verträge unterzeichnen, als ob dies irgendeine Bedeutung hätte. Er ist der große Sieger. Seine Söhne werden mit Stolz von ihm sprechen.“ Marie konnte den Schmerz und die Verbitterung in seiner Stimme hören, Dinge, die sie nicht von ihm kannte. Als junger Mann war er wütend gewesen, voller Mut und Hoffnung. Doch aus seinem Gesicht sprach die Endgültigkeit eines Kriegers, der wusste, dass er verloren hatte.
„Hier ist kein Platz mehr für uns“, sagte Netawatees und sein Blick wanderte hinab zum Flussufer. „Vielleicht wird uns der Fluss in eine bessere Zukunft tragen.“
„Was ist mit dir Putamohen?“, fragte er sie und seine warme, schwielige Hand legte sich auf ihre. „Bist du nur gekommen, um mir meinen Sohn zu zeigen?“ Marie versuchte zu lachen, doch es misslang. Dies war kein Ort mehr, an dem ein Lachen seine Wirkung entfalten konnte. Und dennoch spürte sie mit aller Deutlichkeit, dass es in ihrem Inneren keinen Zweifel mehr gab, sie wollte bei Netawatees und den Lenapé bleiben, was immer die Zukunft auch für sie bereithalten mochte.
„Wir gehen mit dir“, antwortete sie.

Epilog

Die Dämmerung vor dem Fenster war der Dunkelheit gewichen und nur eine einzige Kerze erhellte den kleinen Raum. Hugh Gibson stand noch immer am Fenster und sah hinaus in die Straßen von Pittsburgh, der Stadt, die man um Fort Pitt auf den Ruinen des kleinen französischen Fort Duquesne errichtet hatte, schwer auf seinen Stock gestützt.

Die letzten Worte schienen noch im Raum zu schweben, als Alden sich vorsichtig in das Schweigen räusperte und fragte: „Haben Sie je wieder von Marie gehört? Was wurde aus ihr?“

Gibson seufzte schwer und drehte sich langsam zu ihm um. Alle Müdigkeit aus seinen Augen schien verschwunden und er sah Alden mit klaren, blauen Augen an.

„Vor etwa zehn Jahren, es mag das Jahr 1815 gewesen sein, erhielt ich den Brief eines Reverends aus einem Indianerreservat in Oklahoma. Marie Gibson starb dort im Alter von fünfundsiebzig Jahren. Sie hat es abgelehnt, die letzten Sakramente zu empfangen.“

„Was wurde aus Ihrem Sohn?“

„Ich weiß es nicht. Vermutlich ist er seinem Volk ein ebenso mutiger und starker Anführer geworden, wie es sein Vater war.“

„Haben Sie nie nach ihr gesucht? Nach allem, was Sie für sie getan haben?“

Gibson lachte laut los und schüttelte den Kopf, als habe Alden etwas ganz und gar Albernes gesagt. „Nein. Schließlich ist sie immer nur ihrem Herzen gefolgt, so wie ich meinem folgte. Und wer von uns kann schon sagen, wo es uns hinführt? Vielleicht ist es nicht an uns, diese Dinge zu verstehen.“

Alden schüttelte fassungslos den Kopf. „Ihre Geschichte, Mr. Gibson, übertrifft alle meine Erwartungen, sie ist ganz und gar unglaublich! Ich meine, Sie haben an all diesen Dingen teilgenommen, Sie waren dabei. Sie haben mit Shingas in einem Zelt geschlafen, Sie sind sogar mit den Lenapé in die Schlacht gezogen. Haben Sie je daran gedacht, zurück zukehren, nachdem Marie fort war?“ Er blickte von den Einträgen in seinem Notizbuch, das noch immer aufgeschlagen auf seinen Knien lag, in das Gesicht des alten Mannes. Ein eigenartiger Frieden lag in seinen Zügen, der brennende Schmerz, den die Bilder der Erinnerung in seinen Augen hatte leuchten lassen, war verschwunden. „Er hat nach mir gesucht.“ Verwirrt runzelte Alden die Stirn. „Wer?“ Gibson schloss die Augen. „Pisquetumen, mein Bruder. Er hat mich nicht vergessen. Nachdem 1765 die überlebenden Lenapé westlich des Mississippi zogen, kam er nach Carlisle. Als Marie verschwand, habe ich einen Teil des Landes zurück gekauft, das meinen Eltern gehörte. Eines Tages hörte ich Gerüchte von einem hochgewachsenen Indianer mit grauen Haaren, der auf der Suche nach mir war.“

„Was haben Sie getan?“, fragte Alden erwartungsvoll. „Na was wohl! Ich bin verschwunden. Und dennoch …“, erwiderte Gibson und kratzte sich gedankenverloren an seinem runzeligen Kinn, „und dennoch habe ich nie wieder ein zu Hause gefunden. Ich konnte nicht wieder aufhören, wie ein Lenapé zu denken, wie einer von ihnen. Manchmal, wenn ich still in meinem Bett liege, dann glaube ich, den Wald und den Fluss rufen zu hören. Als die Lenapé mich in ihrer Mitte aufnahmen, bin ich einen Pakt eingegangen, ein Bündnis, wenn Sie so wollen. Es gibt Dinge, von denen verstehen wir Europäer nichts und auch nach all den Jahren wüsste ich nicht, wie man sie erklären könnte. Man muss sie gefühlt haben, denke ich.“

Er blickte Alden an und ein Lächeln umspielte seinen Mund. „Ich habe nie wieder geheiratet. Es gibt nichts, dass ich besitze, ich habe noch nicht einmal eigene Kinder. Meine Ersparnisse reichen gerade aus, um dieses Zimmer bis zu meinem letzten Atemzug zu bezahlen. Man könnte meinen, meine Zeit bei den Lenapé hat mich unfähig gemacht, ein Leben in meiner eigenen Kultur zu führen. Doch als junger Mann waren mir diese Dinge nicht bewusst. Alles, was ich wollte, war Marie. Und ich habe sie verloren.“

Alden kniff seine Augen zusammen. „Die Zeit bei den Indianern hat auch Marie verändert.“ Gibson nickte langsam. „Ja, aber im Gegensatz zu mir, ist es ihr gelungen, eine Heimat unter ihnen zu finden. Und deshalb ist meine Geschichte, so abenteuerlich und unglaublich sie für Sie auch klingt, doch nur die traurige und ganz alltägliche Geschichte eines Mannes, der sich unsterblich in eine Frau verliebte, die ihr Herz einem anderen schenkte, eine Geschichte, wie man sie tausendmal auf dieser Welt und zu allen Zeiten hören kann.“ Der Reverend überlegte einen Augenblick. „Warum haben Sie sie jetzt, nach all den Jahren, mir erzählt?“

Diesmal lachte Gibson laut, ein krächzender Laut. „Weil ich es ihnen schul-

dig bin, verstehen Sie nicht? Irgendjemand muss doch die Wahrheit erzählen. Sie waren keine Wilden. Sie waren Männer, die mit Geschick und Mut für das Überleben ihres Volkes kämpften. Es liegt nicht an unserer kulturellen Überlegenheit, dass wir sie besiegen konnten. Letztlich war es wohl nur verdammtes Glück, dass die Pocken und der Schnaps den Weg bereitet haben. Seien wir doch einmal ehrlich, nicht nur Pontiac, sondern auch Shingas haben uns ganz schön Feuer unterm Arsch gemacht. Es war bis zuletzt nicht klar, wer diesen Krieg gewinnen würde." Gibson strich sich eine imaginäre Strähne aus dem Gesicht, als erinnerte sich ein unbewusster Teil in ihm an Zeiten, in denen ihm das Haar voll und schwer in die Stirn gefallen war.
„Als ich das erste Mal an Pisquetumens Seite entlang der Flussufer in das Ohio-Tal ritt, da war ich voller Hass auf diesen Wilden und seine Horde, die meine Mutter getötet hatten. Aber in der Zeit, in der ich bei ihnen lebte, habe ich etwas begriffen. Man kann aus diesen Männern keine Bauern und Christen machen. Ihr Herz schlägt in den Bäumen, ihre Seelen murmeln im Gleichklang mit dem Rauschen der Flüsse. Sie werden sich niemals an unsere Art zu leben gewöhnen können. In dieser neuen Welt, in dieser von ihnen allen so hoch gelobten Nation ist kein Platz für sie. Und nun sagen Sie mir, welcher Art kann ein solches Land sein, dass doch die Freiheit so hoch preist?"
Alden räusperte sich erneut. „Mr. Gibson, ich verstehe Sie ja. Aber warum sind sie dann nicht bei ihnen geblieben? Immerhin waren sie einer von ihnen, ein Bruder Pisquetumens." Gibson machte eine wegwerfende Bewegung. „Ich konnte nicht. Ich war zu alt, ich konnte nicht vergessen, wo ich herkam." Sein Blick wanderte hinaus zu den grauen Häuserzeilen vor seinem Fenster. „Außerdem hätte es mich immer an sie erinnert." Ein stilles Lächeln zog auf sein runzeliges Gesicht, aus dem seine Augen heraus leuchteten. „Es ist eigenartig, wie der menschliche Geist funktioniert. Wenn ich an diese Zeit zurück denke, dann sehe ich nicht Shingas, nicht Pisquetumen, nicht die Hütten am Fluss und auch nicht meine tote Mutter. Ich sehe sie, Marie, wie sie mit wehenden schwarzen Locken am Ufer steht und in die Ferne sieht. Sie war die schönste Indianerin, die ich je gesehen habe."

Nachwort

1759 haben tatsächlich zwei deutsche bzw. schweizerische Mädchen mit Namen Marie le Roy und Barbara Leininger in Philadelphia die Geschichte ihrer Gefangenschaft bei den Lenapé-Indianern erzählt.

Der Überfall auf ihre Familien ging als das Penn's Creek Massaker in die Geschichte des Siebenjährigen Krieges ein. Die Quelle, die ihr Bericht uns hinterließ, ist in vielerlei Hinsicht bemerkenswert. Nur wenige deutsche Texte sind uns aus dieser Zeit bekannt, in der die Indianer mehr Siedler entführten, als jemals zuvor oder danach.

Tatsächlich hat die Entführung und Adoption kulturfremder Menschen bei vielen Indianerstämmen eine lange Tradition, die in der weißen Siedlerkultur zur Entstehung einer eigenen Textgattung führte, den Captivity Narratives. Diese Geschichten sind sehr vielfältig, sie berichten von den Schrecken und Grausamkeiten während der Entführungen, von erfolgreicher Anpassung und gelungenen Fluchten.

Marie und Barbaras Informationen über ihren Aufenthalt bei den Indianern sind nur sehr lückenhaft. Es scheint, als hätten sie Angst vor Diskriminierung gehabt, wenn sie zugäben, nicht nur als Gefangene, sondern als Teil der Gesellschaft, die ihre Familien und die so vieler anderer Siedler zerstört hatte, gelebt zu haben.

Wir wissen nicht, ob Marie und Netawatees sich tatsächlich begegnet sind, Barbara berichtet nur von Galaskos Absicht, sie nach ihrer misslungenen Flucht zu verbrennen und wie sie daraufhin von einem jungen Indianer gerettet wurde, auch ob William Doram tatsächlich eine so schreckliche Rolle spielte und ob er der Engländer war, der den Kannibalismus an dem gefolterten Jungen in Kittanning beging.

Armstrongs Überfall und auch der Aufenthalt der Mädchen in Fort Duquesne sind bezeugt. Von Dumas und seinem Verhalten ist nur bekannt, dass die Mädchen freiwillig mit Galasko und den anderen zu den Indianern zurück kehrten, obwohl die Franzosen ihnen Schutz anboten.

Hugh Gibson erzählt seine Geschichte tatsächlich erst als alter Mann dem Reverend Timothy Alden, wenige Wochen vor seinem Tod. In seinem Bericht werden Marie und Barbara nur kurz erwähnt.

Die Berichte über ihre gemeinsame Flucht decken sich jedoch.
Auch Reginas Freilassung nach dem Sieg von Henry Bouquet ist verbürgt, sie erzählte ihre Geschichte Pastor Heinrich Mühlenberg, der mit Conrad Weisers Tochter verheiratet war.
Conrad Weiser, Israel Pemberton und die anderen Figuren sind so wirklichkeitsgetreu dargestellt, wie es mir nach dem Studium der biografischen Fragmente, die sie uns hinterlassen haben, möglich war. Dennoch erhebe ich keinen Anspruch auf Authentizität. Mir haben zahlreiche wissenschaftliche Arbeiten wertvolle Anregungen gegeben, darunter C. A. Weslager: „The Delaware Indians", Fred Anderson: „The War that made America", Francis Parkman: „The Conspiracy of Pontiac" und als Quelle von unschätzbarem Wert die Sammlung der oral tradierten Mythen der Delaware: „Hìtakonanu'laxk, The Grandfathers speak: Native american Folk Tales of the Lenapé People".

Ich danke meiner Mutter Susann Rubal für ihren unermüdlichen Einsatz an meiner Seite, ich danke Robert Reyl für seine Geduld und Vorschläge und ich danke meinen Kindern, die mir die Kraft für dieses Buch gegeben haben und natürlich danke ich Herrn Professor Marin Trenk, der mich durch sein Seminar "Captivity Narratives" an seiner Faszination für kulturelle Grenzgänger hat teilhaben lassen.

Erklärung und Übersetzung der Lenapé-Wörter

Achgook:	Grüne Schlange
Achpineen:	Hier sind wir
Allegewi Sipu:	Der Ohio-River
Achsinn'aminschi:	Ahornsirup
Ahoaltowaganit:	Er, der die Liebe ist
Amemens:	Baby, kleines Kind
Anischik:	Danke
Anixigischuch:	Januar, der Monat, an dem das Streifenhörnchen zu laufen beginnt
Axpo'kwès:	Maus
Bruder Onas:	Name, den die Lenapé dem Koloniegründer William Penn als Beweis ihrer Freundschaft verliehen. Nach seinem Tod nannten sie so die Kolonialverwaltung
Chèmà'mès:	Hase
Ehoalid:	Meine Geliebte, mein Geliebter
Ehoaldie'que:	Ich liebe dich
Etachgilowank:	Im letzten Winter
Getaam:	Haselnuss
Gischapan:	Der Morgen, Tagesanbruch
Huma Shawànewànk:	„Großmutter" Süden, sie ist die Hüterin des Elements Feuers und bringt den Sommer
Kehella!:	Jawohl!
Ktalanchisch hatsch?:	Sprichst du Lenapè?
Kigischgotum:	Grüner Grashüpfer
Kinkinhikàn:	Grabzeichen der Lenapé
Kishelamàk:	Der große Schöpfer
Kitschitachquoak:	September, der Herbstmonat
Kocu ktellschinsi?:	Wie ist dein Name?
Ksha'te:	Tabakpflanze
Kukhus:	Eule
Kumlamalschi hatsch?:	Geht es dir gut?
Kunkna:	Mutter Erde

Kunakwat, lowat, nuchink ..:	Vor langer, langer Zeit …
Jenkise:	Name für die Engländer, daraus entwickelte sich später die Bezeichnung „Yankee“
Lamatahpi!:	Setze dich!
Lapeech knewil:	Auf Wiedersehen
Lèpa’chik:	Die Geschichtenerzähler der Lenapé
Lenapé:	Mann, Mensch
Lenape’hokink:	Die Heimat der Lenapé, das Land der Vorväter
Lenapé’wak:	Das Volk der Lenapé
Lenapwihìtàk:	Der Delaware-River, die Heimat der Lenapé
Leppoewina:	Listiger Mann
Machtapeek:	Schlechte, schwere Zeiten, Krieg
Machtapequonitto:	Böse Geister, die die Seelen der Menschen in die Irre leiten
Mànàka’has:	Die Regenbogen-Krähe
Manìto’wak:	Geisterwesen
Masgichteu:	Der Mai-Apfel
Matantu:	Geist, der für Zerstörung und das Böse verantwortlich ist, der den Ausgleich zwischen Hell und Dunkel schafft
Maxa’xak:	Gehörnte Schlange
Maxkwe:	Der Bär
Mechoammowigischuch:	März, der Monat des Frühlingsfisches
Menkwe:	Onkel, Bezeichnung für die Liga der Irokesen
Metirnmeu:	Der Wolf
Metschitschank:	Die Seele
Misinkhalikàn:	Der Hüter des Waldes
Moccasins:	Lederschuhe der Lenapé
Munhut`takiswilluxissohipon:	Großer Sack Mehl

Muxumsa Lowànewànk:	„Großvater" Norden, der Nordwind, Hüter des Elementes Stein, bringt Schnee und Eis
Muxumsa Pethakowe:	„Großvater" Donner
Muxumsa Wapànewànk:	„Großvater" im Osten, Hüter des Elements Luft, bringt den „Lebensatem"
Muxumsa Wunchèwànk:	„Großvater" Westen, Hüter des Elementes Wasser, bringt den Tod
Nachenum:	Der Waschbär
Nanabosh:	Das einzige weise Wesen, der göttliche Helfer und Beschützer der Lanapè
Nenachgistawachtin:	„Ich höre dich"
Netnawatees:	Weiser Anführer
Netopalis:	Krieger
Nhakewelendamoagan:	Die Hoffnung
Nimat:	Bruder
Nipahuma:	„Großmutter" Mond
Nutemahuma:	Die weise Wächterin am Ende des Pfades der Seelen
Nescalenk:	Ein Mann mit schwarzem Gesicht, schwarzer Hautfarbe
Nux Kishux:	„Vater" Sonne
Olàmàn:	Heilige rote Farbe der Lenpé
Ochqueu:	Frau, junges Mädchen
Pallalogasowaaan:	Verbrechen, schreckliche Handlung, Gewalt
Petapan:	Tagesanbruch
Pilapeu:	Junger Mann, Junge, unverheiratet, an der Schwelle zum Mannesalter
Pima'kàn:	Das Schwitzhüttenritual der Lenapè, das zur inneren und äußeren Heilung diente
Pisquetumen:	Er, der stark bleibt, wenn es dunkel wird
Pochgama:	Wilde, rote Pflaume
Pooxit:	Oktober, der Monat der fallenden Blätter
Ptukqumiuschi:	schwarze Walnuss
Putamohen:	fliehende Person, Flüchtling

Sakaweuhewi Gischuch:	August, der Monat, in dem das Rehfell grau wird
Sakima:	Häuptling, Anführer. Die Lenapé kannten keine Häuptlinge, die über ihr Volk herrschten. Nur in Kriegszeiten wählten sie einen von ihnen zum Anführer. Doch die Kolonialisten hatten Schwierigkeiten, mit einem Volk, dass keine übergeordnete Autorität hatte, zu verhandeln. Daher zwangen sie die Lenapé dazu, einen der ihren zu ihrem Häuptling zu ernennen. Sassoonan, Pisquetumens Onkel, war der erste Häuptling dieser Art.
Schepaje:	Dieser Morgen, heute Morgen
Shikak:	Stinktier
Shingas:	feuchte Erde, Schlamm
Tachquoch:	Landschildkröte
Tamaqua:	Der Biber
Táme'tut:	Coyote
Tauwinipen:	Mai, der Monat, in dem der Sommer beginnt
taxoxi kowànikan:	Rassel aus Schildkrötenpanzer
Taxwax:	Die große Schildkröte, auf deren Rücken das Land der Lenapè liegt
Taxwax Mèna'te:	Das Land der Schildkröte, die Heimat der Lenapé
Techthunnentschik:	Gefangene
Teedyuscung:	Der die Erde zum Beben bringt
Te`samana'ne:	Das „blaue" Korn der Lenapé
Tsqualligischuch:	Februar, der Monat, in dem die Frösche zu quaken beginnen
Tombikan:	Wilder Apfel

Wampum:	Ein kunstvoller Gürtel aus Leder und Perlen, der zur Überbringung von Nachrichten und zum Festhalten von Informationen diente.
Wapink:	Opossum
Wapsitàk:	Menschen weißer Hautfarbe, Europäer
Wàte'him:	Erdbeere
Weli kischku:	Es ist ein guter Tag
Wikwàm:	Zelt aus Ästen und Rindenmatten, das sich leicht auf- und abbauen ließ und einfach zu transportieren war
Winigischuch:	November, der Monat des Schnees
Wilachkey:	Männliche Genitalien
Wilano:	Zunge
Yakon:kwe:	Frauen, abwertende Bezeichnung der Irokesen für die Lenapé
Yakwawi:	Das urzeitliche Mastodon
Xaskwim:	Dunkles Wildkorn
Xinkwikàn:	Die Zeremonie des großen Hauses